PLANUNG, ORGANISATION UND UNTERNEHMUNGSFÜHRUNG

Herausgegeben von Prof. Dr. Dr. h. c. Norbert Szyperski, Köln, Prof. Dr. Udo Winand, Kassel, Prof. (em.) Dr. Joachim Griese, Bern, Prof. Dr. Harald F. O. von Kortzfleisch, Koblenz, Prof. Dr. Ludwig Theuvsen, Göttingen, und Prof. Dr. Jan Marco Leimeister, Kassel

Band 130
Melanie Kramp
Zukunftsperspektiven für das Prozessmanagement – Der Umgang mit Komplexität
Lohmar – Köln 2011 ♦ 304 S. ♦ € 59,- (D) ♦ ISBN 978-3-8441-0069-3

Band 131
Andreas Palm
Post Merger Integration von Unternehmenskulturen – Interkulturelles Integrationskonzept unter besonderer Berücksichtigung einer ganzheitlichen Kommunikationsstrategie
Lohmar – Köln 2012 ♦ 192 S. ♦ € 49,- (D) ♦ ISBN 978-3-8441-0137-9

Band 132
Katja Theuerkorn
Corporate Social Responsibility als Erfolgsfaktor bei M&A-Transaktionen
Lohmar – Köln 2013 ♦ 360 S. ♦ € 64,- (D) ♦ ISBN 978-3-8441-0233-8

Band 133
Christian Zuber
Kulturelle Veränderungen bei international handelnden Unternehmen – Der Bedarf eines kulturellen Managements im internationalen Wertschöpfungsverbund
Lohmar – Köln 2013 ♦ 340 S. ♦ € 63,- (D) ♦ ISBN 978-3-8441-0254-3

Band 134
J. Ruben Dost
Produktionsverlagerungen deutscher Unternehmen nach China – Eine neo-institutionalistische Perspektive
Lohmar – Köln 2014 ♦ 524 S. ♦ € 74,- (D) ♦ ISBN 978-3-8441-0315-1

JOSEF EUL VERLAG

Reihe: Planung, Organisation und Unternehmungsführung · Band 134

Herausgegeben von Prof. Dr. Dr. h. c. Norbert Szyperski, Köln, Prof. Dr. Udo Winand, Kassel, Prof. (em.) Dr. Joachim Griese, Bern, Prof. Dr. Harald F. O. von Kortzfleisch, Koblenz, Prof. Dr. Ludwig Theuvsen, Göttingen, und Prof. Dr. Jan Marco Leimeister, Kassel

Dr. J. Ruben Dost

Produktionsverlagerungen deutscher Unternehmen nach China

Eine neo-institutionalistische Perspektive

Mit einem Geleitwort von Prof. Dr. Stefan Schmid,
ESCP Europe Wirtschaftshochschule Berlin

Bibliografische Information der Deutschen Nationalbibliothek

Die Deutsche Nationalbibliothek verzeichnet diese Publikation in der Deutschen Nationalbibliografie; detaillierte bibliografische Daten sind im Internet über <http://dnb.d-nb.de> abrufbar.

Dissertation, ESCP Europe Wirtschaftshochschule Berlin, 2014

ISBN 978-3-8441-0315-1
1. Auflage März 2014

© JOSEF EUL VERLAG GmbH, Lohmar – Köln, 2014
Alle Rechte vorbehalten

JOSEF EUL VERLAG GmbH
Brandsberg 6
53797 Lohmar
Tel.: 0 22 05 / 90 10 6-6
Fax: 0 22 05 / 90 10 6-88
E-Mail: info@eul-verlag.de
http://www.eul-verlag.de

Bei der Herstellung unserer Bücher möchten wir die Umwelt schonen. Dieses Buch ist daher auf säurefreiem, 100% chlorfrei gebleichtem, alterungsbeständigem Papier nach DIN 6738 gedruckt.

Geleitwort

China ist heutzutage für manche Unternehmungen aus Deutschland – etwa für Unternehmungen aus der Branche der Automobilhersteller – zum wichtigsten Absatzmarkt geworden. Und auch für die Wertschöpfungsaktivität der Produktion hat China eine große Bedeutung. Innerhalb des Wertschöpfungsnetzwerks, welches Unternehmungen über Länder hinweg aufgebaut haben, ist China oftmals einer der wichtigsten Standorte. Wenn Unternehmungen in China nicht neue Kapazitäten schaffen, sondern existierende Produktion von Deutschland in das „Reich der Mitte" verlagert wird, so wird dies in der Öffentlichkeit oftmals kritisch beurteilt.

Produktionsverlagerungen nach China stellen die zentrale Thematik der vorliegenden Dissertation von Herrn Dost dar. Dabei greift Herr Dost die Frage auf, ob ein Teil der Produktionsverlagerungen auf scheinbar irrationalen Entscheidungen beruht. Mit Hilfe des aus der Soziologie stammenden neo-institutionalistischen Ansatzes „fängt" Herr Dost die Kräfte im organisationalen Feld „ein", die bei Produktionsverlagerungen eine Rolle spielen (können) und die einen Zusammenhang zu den von Meyer/Rowan thematisierten Rationalitätsmythen und Legitimitätsvorstellungen sowie zu den von DiMaggio/Powell so prominent in der Literatur dargestellten Isomorphismen aufweisen. Besonderes Augenmerk schenkt Herr Dost in seiner Arbeit den Medien. Dabei geht es ihm nicht nur um die Frage, wie Produktionsverlagerungen nach China in Zeitungen und Zeitschriften, wie z. B. „Handelsblatt", „Manager Magazin" oder „Wirtschaftswoche", beurteilt werden. Ziel der systematisch und akribisch durchgeführten Inhaltsanalyse ist es auch, aus der Medienberichterstattung Hinweise für Isomorphismen bei Produktionsverlagerungen zu bekommen.

Die Arbeit von Herrn Dost beschäftigt sich mit einem betriebswirtschaftlich wie gesellschaftlich besonders aktuellen Phänomen. Herr Dost erkennt treffend, dass Medien heutzutage einen sehr großen Einfluss auf unser Wirtschaftsgeschehen haben können. Medien können Börsenkurse steigen oder sinken lassen, sie können Vorstände und Aufsichtsräte zu Fall bringen, sie können Insolvenzen von Unternehmungen beschleunigen – oder eben Produktionsverlagerungen in bestimmte Länder (im vorliegenden Fall nach China) beeinflussen. Das empirische Material der Arbeit liefert nicht nur eine Bestandsaufnahme zu Produktionsverlagerungen nach China, sondern zeigt auch, was sich in der Medienberichterstattung der letzten Jahre verändert hat.

Ich wünsche der spannenden Arbeit eine breite Leserschaft. Leser mit Interesse an Wirtschaft, Gesellschaft und Medien werden gleichermaßen von der Arbeit profitieren, die klar strukturiert und sehr gut lesbar ist. Ich bin überzeugt, dass die vorliegende Schrift auch für zukünftige wissenschaftliche Arbeiten Impulse bereithält und weiterer Forschung, die unternehmerische Entscheidungen nicht nur aus einer ausschließlich ökonomischen Perspektive betrachtet, den Weg weist.

Berlin, März 2014   Stefan Schmid

Vorwort

Mit dem Vorwort einer Dissertation blickt man zurück auf oftmals viele Jahre harter Arbeit mit Höhen und Tiefen. Vor allem aber gibt es eine ausgezeichnete Gelegenheit zur Danksagung an die vielen direkt und indirekt beteiligten Personen. Diese Gelegenheit möchte auch ich an dieser Stelle nutzen.

Zuvorderst gilt mein Dank Herrn Prof. Dr. Stefan Schmid, ESCP Europe Wirtschaftshochschule Berlin, an dessen Lehrstuhl für Internationales Management und Strategisches Management ich auch als Wissenschaftlicher Mitarbeiter tätig war. Dank gilt ihm dabei für die mir eingeräumte Freiheit bei der Themensuche, für seine Betreuung und kritische Begleitung – insbesondere in Form vieler gemeinsamer Forschungskolloquien mit anderen Lehrstühlen im gleichen akademischen Feld – und für die Übernahme des Erstgutachtens. Besonderer Dank gilt ebenfalls Herrn Prof. Dr. Torsten Wulf, Inhaber des Lehrstuhls für Strategisches und Internationales Management an der Philipps-Universität Marburg. Er hat nicht nur bereitwillig das Zweitgutachten dieser (doch etwas umfangreich geratenen) Arbeit übernommen, sondern er war mir auch bereits während meines Studiums an der Handelshochschule Leipzig (HHL) ein hervorragender akademischer Lehrer. Danken möchte ich Herrn Prof. Dr. Rolf Brühl nicht nur für seine Funktion als Vorsitzender der Promotionskommission, sondern auch für sein Engagement als Leiter des sowohl inhaltlich als auch organisatorisch sehr gut strukturierten Europäischen Promotionsprogramms in Internationaler Betriebswirtschaftslehre. Dank gilt ebenfalls Herrn Prof. Dr. Thomas Wrona für seine hilfreichen Anmerkungen in der frühen Phase meiner Arbeit.

Für die in fachlicher und menschlicher Hinsicht höchst bereichernde Unterstützung vieler meiner Kolleginnen und Kollegen am Lehrstuhl gilt diesen ein besonderer Dank. Bedanken möchte ich mich deshalb an dieser Stelle bei Dr. Monika Dammer-Henselmann, Lars Dzedek, Dr. Holger Endrös, Dr. Philipp Grosche, Dr. Swantje Hartmann, Dr. Thomas Kotulla, Dr. Andrea Luber, Esther Rödel und Dennis Wurster, die vielfach auch privat zu sehr engen Freunden geworden sind und mir nicht nur die Zeit am Lehrstuhl, sondern auch die wenige freie Zeit außerhalb des Lehrstuhls zu einer bleibenden und vor allem überaus positiven und wertvollen Erinnerung meiner „Berliner Jahre" gemacht haben. Auch vielen Kollegen anderer Lehrstühle sowie Kommilitonen aus dem Promotionsstudium – hier seien insbesondere Dr. Max Kury, Dr. Martina Maletzky, Dr. Timo Runge, Christoph Schmierer und Marina Steinbach genannt – gilt mein großer Dank.

Besonderer Dank gilt Renate Ramlau für ihre großartige administrative Unterstützung am Lehrstuhl sowie für ihre häufigen menschlichen, motivierenden und unterstützenden Worte, welche ich sehr geschätzt habe. Besonderer Dank gilt ebenfalls Vadim Brovkine, der jederzeit gewissenhaft und verlässlich für Nachschub an Literatur gesorgt hat. Dank gilt daneben Annette Augustat, Regina Gollnick, Katrin Grimm, Carsten Schiefelbein und Thilo Weck, die mich in vielerlei Hinsicht unterstützt haben.

Von ganzem Herzen danken möchte ich meiner Familie – meinen Eltern, meinen Großeltern und meinem Bruder – für die moralische, finanzielle und ideelle Unterstützung, der ich zu jeder Zeit gewiss war und welche keinesfalls selbstverständlich ist. Vielen Dank! Abschließend möchte ich mich bei meiner geliebten wundervollen Frau Christina bedanken, die in den letzten Jahren mit großer Unterstützung in jeglicher Hinsicht, aber auch mit viel Geduld und Nachsicht zum Gelingen meiner Arbeit beigetragen hat.

Großrückerswalde, März 2014　　　　　　　　　　　　　　　　　J. Ruben Dost

INHALTSÜBERSICHT

Geleitwort V

Vorwort VII

Inhaltsübersicht IX

Inhaltsverzeichnis XIII

Abbildungsverzeichnis XXI

Tabellenverzeichnis XXV

1 **Einführung** 1
   1.1 Hinführung zur Problemstellung und Zielsetzung der Arbeit 1
   1.2 Betriebswirtschaftliche Relevanz der Arbeit 5
   1.3 Aufbau der Arbeit 7

2 **Notwendigkeit einer alternativen theoretischen Perspektive zur Erklärung von Produktionsverlagerungen nach China** 9
   2.1 Sensibilisierendes Phänomen: Produktionsverlagerungen nach China als zum Teil scheinbar irrationales Verhalten 9
   2.2 Erklärungslimitationen vielfach genutzter Internationalisierungstheorien für scheinbar irrationale Produktionsverlagerungen 26
   2.3 Zwischenfazit und Forschungslücke 39

3 **Der Neo-Institutionalismus als alternative Erklärung von Produktionsverlagerungen** 41
   3.1 Überblick über den soziologischen Neo-Institutionalismus 42
   3.2 Zentrale Begriffe des Neo-Institutionalismus 70

3.3 Neo-Institutionalismus in der Forschung zum Internationalen Management und zur Erklärung von Produktionsverlagerungen 89
3.4 Zwischenfazit 96

4 Die Rolle der Medien im Rahmen der Erklärung von Produktionsverlagerungen 101

4.1 Begriffsdefinitionen 102
4.2 Information durch die Medien 106
4.3 Realitätskonstruktion durch die Medien 112
4.4 Medienberichterstattung und Realitätskonstruktionen als Grundlage menschlichen Handelns 119
4.5 Die Rolle der Medien in Verbindung mit der Untersuchung von Produktionsverlagerungen nach China 123

5 Untersuchungsdesign und Forschungsfragen 133

5.1 Einleitende Überlegungen 133
5.2 Vorstellung der Methode der Inhaltsanalyse 136
5.3 Forschungsfragen und forschungsleitende Annahmen 143
5.4 Erstellung des Kategorienschemas 154
5.5 Auswahl und Sampling der zu analysierenden Medien 175

6 Ergebnisse der Inhaltsanalyse 213

6.1 Anzahl der analysierten und kodierten Artikel 214
6.2 Bewertung der analysierten Artikel 219
6.3 Erwähnte Unternehmen 234
6.4 Deutsche vs. ausländische Unternehmen 238
6.5 Erwähnte Branchen 240
6.6 Sicht von Produktionsverlagerungen in der Öffentlichkeit 244
6.7 Im Rahmen der Berichterstattung genannte Vorteile bzw. Motive und Nachteile bzw. Probleme 248
6.8 Indizien bzw. Treiber für Isomorphismus im Rahmen von Produktionsverlagerungen nach China 325

7	**Zusammenfassende Diskussion der empirischen Auswertung**	**379**
	7.1 Hinweise auf institutionelle Isomorphismen bei Produktionsverlagerungen nach China	380
	7.2 Darstellung der Berichterstattung über China in den analysierten Medien	391
8	**Implikationen der Arbeit für Forschung und Praxis**	**397**
	8.1 Einleitende Bemerkungen	397
	8.2 Beitrag und Implikationen der Arbeit für die betriebswirtschaftliche Forschung und die Forschung zum Internationalen Management	399
	8.3 Implikationen der Arbeit für die unternehmerische Praxis/Handlungsempfehlungen für Unternehmen	403
	8.4 Limitationen der vorliegenden Arbeit	406
	8.5 Empfehlungen für die zukünftige Forschung	410
Anhang 1		**419**
Anhang 2		**445**
Literaturverzeichnis		**451**

INHALTSVERZEICHNIS

Geleitwort V

Vorwort VII

Inhaltsübersicht IX

Inhaltsverzeichnis XIII

Abbildungsverzeichnis XXI

Tabellenverzeichnis XXV

1 Einführung 1
   1.1   Hinführung zur Problemstellung und Zielsetzung der Arbeit 1
   1.2   Betriebswirtschaftliche Relevanz der Arbeit 5
   1.3   Aufbau der Arbeit 7

2 Notwendigkeit einer alternativen theoretischen Perspektive zur Erklärung von Produktionsverlagerungen nach China 9
   2.1   Sensibilisierendes Phänomen: Produktionsverlagerungen nach China als zum Teil scheinbar irrationales Verhalten 9
       2.1.1   Produktionsverlagerungen als zentrales Untersuchungsobjekt der Arbeit 10
       2.1.2   China als untersuchtes Zielland für Produktionsverlagerungen 14
       2.1.3   Produktionsverlagerungen nach China – Überblick und Hinweise auf scheinbar irrationales Verhalten 18
   2.2   Erklärungslimitationen vielfach genutzter Internationalisierungstheorien für scheinbar irrationale Produktionsverlagerungen 26
       2.2.1   Theorie des oligopolistischen Parallelverhaltens 29

2.2.2 Verhaltenstheorie nach Aharoni 32
2.3 Zwischenfazit und Forschungslücke 39

3 Der Neo-Institutionalismus als alternative Erklärung von Produktionsverlagerungen 41

3.1 Überblick über den soziologischen Neo-Institutionalismus 42
    3.1.1 Meyer/Rowan (1977): Rationalitätsmythen sowie Streben nach Legitimität und die Verknüpfung zu Produktionsverlagerungen nach China 46
    3.1.2 DiMaggio/Powell (1983): Angleichung von organisationalen Formen und Praktiken durch Isomorphismus 52
        3.1.2.1 Isomorphismus durch Zwang und dessen Verknüpfung mit Produktionsverlagerungen 55
        3.1.2.2 Isomorphismus durch normativen Druck und dessen Verknüpfung mit Produktionsverlagerungen 58
        3.1.2.3 Isomorphismus durch mimetische Prozesse und dessen Verknüpfung mit Produktionsverlagerungen 62
3.2 Zentrale Begriffe des Neo-Institutionalismus 70
    3.2.1 Institution 71
    3.2.2 Organisationales Feld 75
    3.2.3 Legitimität 78
    3.2.4 Rationalität 84
    3.2.5 Entkopplung 86
3.3 Neo-Institutionalismus in der Forschung zum Internationalen Management und zur Erklärung von Produktionsverlagerungen 89
    3.3.1 Neo-Institutionalistische Perspektiven in der Forschung zum Internationalen Management 90
    3.3.2 Die Arbeiten von Piotti zu Produktionsverlagerungen aus einer neo-institutionalistischen Perspektive 94
3.4 Zwischenfazit 96

4 Die Rolle der Medien im Rahmen der Erklärung von Produktionsverlagerungen ... 101

- 4.1 Begriffsdefinitionen ... 102
  - 4.1.1 Medium, Medien und Massenmedien ... 102
  - 4.1.2 Kommunikation und Massenkommunikation ... 104
- 4.2 Information durch die Medien ... 106
  - 4.2.1 Das realistische Paradigma der Medienwissenschaft ... 108
  - 4.2.2 Das konstruktivistische Paradigma der Medienwissenschaft ... 108
  - 4.2.3 Konstruktivistische Mediensicht als Grundannahme der vorliegenden Arbeit ... 110
- 4.3 Realitätskonstruktion durch die Medien ... 112
  - 4.3.1 Die Beziehung zwischen Realität und Medienrealität ... 113
  - 4.3.2 Die Beziehung zwischen Medienrealität und Publikumsrealität ... 116
  - 4.3.3 Gesamtüberblick zu den Beziehungen zwischen Realität, Medienrealität und Publikumsrealität ... 117
- 4.4 Medienberichterstattung und Realitätskonstruktionen als Grundlage menschlichen Handelns ... 119
- 4.5 Die Rolle der Medien in Verbindung mit der Untersuchung von Produktionsverlagerungen nach China ... 123
  - 4.5.1 Medien als Informationsvermittler bezüglich Produktionsverlagerungen nach China ... 124
  - 4.5.2 Medien als Treiber für mimetischen Isomorphismus bei Produktionsverlagerungen nach China ... 126

5 Untersuchungsdesign und Forschungsfragen ... 133

- 5.1 Einleitende Überlegungen ... 133
- 5.2 Vorstellung der Methode der Inhaltsanalyse ... 136
  - 5.2.1 Vorteile der Inhaltsanalyse ... 139
  - 5.2.2 Nachteile der Inhaltsanalyse ... 141
  - 5.2.3 Ablauf der Inhaltsanalyse ... 142
- 5.3 Forschungsfragen und forschungsleitende Annahmen ... 143

- 5.3.1 Information der Medien über die Existenz von institutionellen Isomorphismen bei der Produktionsverlagerung nach China 144
- 5.3.2 Art der Berichterstattung über Produktionsverlagerungen nach China 150
- 5.4 Erstellung des Kategorienschemas 154
  - 5.4.1 Allgemeiner Überblick zur Erstellung eines Kategorienschemas 154
  - 5.4.2 Überblick über das im Rahmen der Arbeit genutzte Kategorienschema und die Operationalisierung der Variablen 159
- 5.5 Auswahl und Sampling der zu analysierenden Medien 175
  - 5.5.1 Auswahl der relevanten Medien 176
  - 5.5.2 Wirtschaftsberichterstattung im Internet 181
  - 5.5.3 Betrachtungszeitraum 184
  - 5.5.4 Vorauswahl der relevanten Artikel per Stichwortsuche 185
    - 5.5.4.1 Manager Magazin 191
    - 5.5.4.2 Wirtschaftswoche 192
    - 5.5.4.3 Handelsblatt 193
    - 5.5.4.4 VDI Nachrichten 193
  - 5.5.5 Sampling und Screening der relevanten Artikel 194
  - 5.5.6 Vorgehensweise bei der Kodierung und Auswertung der relevanten Artikel 198
  - 5.5.7 Gütekriterien der inhaltsanalytischen Untersuchung 200
    - 5.5.7.1 Reliabilität der Untersuchung 200
    - 5.5.7.2 Validität der Untersuchung 208

6 Ergebnisse der Inhaltsanalyse 213
- 6.1 Anzahl der analysierten und kodierten Artikel 214
- 6.2 Bewertung der analysierten Artikel 219
  - 6.2.1 Bewertung aller analysierten Artikel 219
  - 6.2.2 Bewertung nach Zeitschriften 225
- 6.3 Erwähnte Unternehmen 234
- 6.4 Deutsche vs. ausländische Unternehmen 238

6.5 Erwähnte Branchen...240
6.6 Sicht von Produktionsverlagerungen in der Öffentlichkeit...244
6.7 Im Rahmen der Berichterstattung genannte Vorteile bzw. Motive und Nachteile bzw. Probleme...248
6.7.1 Vorteile und Motive einer Produktionsverlagerung...248
6.7.1.1 Neue Märkte/Nähe zu neuen Märkten...252
6.7.1.2 Sonstige Kostenvorteile/Kostenvorteile allgemein...257
6.7.1.3 Günstigere Lohnkosten/Lohnnebenkosten...259
6.7.1.4 Nähe zu momentanen Kunden...261
6.7.1.5 China als Brückenkopf/Produktionsbasis für den asiatischen Markt...261
6.7.1.6 Große Auswahl an geeigneten Arbeitskräften...262
6.7.1.7 Weitere Vorteile...263
6.7.1.8 Korrelationen zwischen den Bewertungen und den meistgenannten Vorteilen...265
6.7.2 Quantifizierte Vorteile einer Produktionsverlagerung...267
6.7.3 Nachteile und Probleme einer Produktionsverlagerung nach China...270
6.7.3.1 Einmischung des chinesischen Staates/Willkür/ Auflagen der Behörden...275
6.7.3.2 Probleme mit dem Schutz geistigen Eigentums/ Technologietransfer...281
6.7.3.3 Hoher Wettbewerb/wachsender Wettbewerb/ Überkapazitäten...288
6.7.3.4 Qualitätsprobleme...294
6.7.3.5 Lohnkostensteigerungen...296
6.7.3.6 Kulturelle Probleme/kulturelle Unterschiede...299
6.7.3.7 Weitere Nachteile...302
6.7.3.8 Korrelationen zwischen den Bewertungen und den meistgenannten Nachteilen...311
6.7.4 Quantifizierte Nachteile einer Produktionsverlagerung...312
6.7.5 Gegenüberstellung von genannten Vor- und Nachteilen...314
6.7.5.1 Gegenüberstellung der wichtigsten Vor- und Nachteilskategorien...314

6.7.5.2	Gegenüberstellung der Bewertungen der wichtigsten Vor- und Nachteilskategorien	319
6.8	Indizien bzw. Treiber für Isomorphismus im Rahmen von Produktionsverlagerungen nach China	325
6.8.1	Indizien bzw. Treiber für Isomorphismus durch Zwang	325
6.8.1.1	Druck durch bzw. Folgen von Schlüsselkunden	326
6.8.1.2	Druck durch chinesische Regierung/Local-Content-Forderungen	329
6.8.1.3	Kostendruck, Druck zu Kosteneinsparungen	333
6.8.1.4	Umgehen von Handelsbarrieren	334
6.8.1.5	Druck zur Suche nach neuen Märkten	336
6.8.1.6	Weitere Hinweise auf Isomorphismus durch Zwang	338
6.8.2	Indizien bzw. Treiber für Isomorphismus durch normativen Druck	340
6.8.2.1	Beschäftigung von Professionen/Verbänden mit Produktionsverlagerungen nach China	340
6.8.2.2	Weitere Hinweise auf Isomorphismus durch normativen Druck	342
6.8.3	Indizien bzw. Treiber für mimetischen Isomorphismus	342
6.8.3.1	Stark positive/optimistische Aussagen über China	346
6.8.3.2	Produktionsverlagerung nach China vorteilhaft/wünschenswert	353
6.8.3.3	Produktionsverlagerung nach China durch Unternehmensberatungen als vorteilhaft propagiert	360
6.8.3.4	Dringlichkeit einer Investition in China/zu langes Zögern	362
6.8.3.5	Hinweise auf ökonomisch fragwürdiges/unvorteilhaftes Verhalten	367
6.8.3.6	Ernüchterung nach China-Euphorie	373
6.8.3.7	Imitation von Wettbewerbern oder anderen Unternehmen	375
6.8.3.8	Sonstige Hinweise auf mimetischen Isomorphismus	377

7 Zusammenfassende Diskussion der empirischen Auswertung 379

7.1 Hinweise auf institutionelle Isomorphismen bei Produktionsverlagerungen nach China 380

7.1.1 Hinweise auf Isomorphismus durch Zwang bei Produktionsverlagerungen nach China 381

7.1.2 Hinweise auf Isomorphismus durch normativen Druck bei Produktionsverlagerungen nach China 383

7.1.3 Hinweise auf mimetischen Isomorphismus bei Produktionsverlagerungen nach China 385

7.1.4 Zwischenfazit zu den Hinweisen auf die Rolle von institutionellen Isomorphismen bei einer Produktionsverlagerung nach China 390

7.2 Darstellung der Berichterstattung über China in den analysierten Medien 391

7.2.1 Zusammenfassende Analyse der allgemeinen Darstellung von Produktionsverlagerungen nach China 391

7.2.2 Zwischenfazit zur allgemeinen Darstellung von Produktionsverlagerungen nach China 395

8 Implikationen der Arbeit für Forschung und Praxis 397

8.1 Einleitende Bemerkungen 397

8.2 Beitrag und Implikationen der Arbeit für die betriebswirtschaftliche Forschung und die Forschung zum Internationalen Management 399

8.3 Implikationen der Arbeit für die unternehmerische Praxis/ Handlungsempfehlungen für Unternehmen 403

8.4 Limitationen der vorliegenden Arbeit 406

8.5 Empfehlungen für die zukünftige Forschung 410

Anhang 1 419

Anhang 2 445

Literaturverzeichnis 451

ABBILDUNGSVERZEICHNIS

Abb. 2-1: Zielregionen deutscher Produktionsverlagerungen 20
Abb. 2-2: Verbreitete Internationalisierungstheorien 27

Abb. 3-1: Anzahl der Zitationen der grundlegenden Artikel des Makro-Institutionalismus 45
Abb. 3-2: Einflussfaktoren auf das organisationale Überleben 48
Abb. 3-3: Wirkungsweise der institutionellen Isomorphismen 54
Abb. 3-4: Ausschnitt aus dem Harvard Business Manager 61
Abb. 3-5: Ausschnitt aus Handelsblatt online 68
Abb. 3-6: Schematische Darstellung der Wirkungsweise von institutionellen Isomorphismen 69
Abb. 3-7: Schematische Darstellung der auf ein Unternehmen im Rahmen von Produktionsverlagerungsentscheidungen wirkenden Kräfte 99

Abb. 4-1: Beziehungen zwischen den verschiedenen Realitäten 112
Abb. 4-2: Verschiedene Stufen der Realitätskonstruktion 118
Abb. 4-3: Schematische Darstellung der Rolle der Medien im Rahmen der vorliegenden Arbeit 124

Abb. 5-1: Gegenstand der empirischen Erhebung 134
Abb. 5-2: Ablauf der Inhaltsanalyse 143
Abb. 5-3: Empirische Forschungsfragen der Arbeit im theoretischen Kontext 154
Abb. 5-4: Auswahl der zu analysierenden Medien 175
Abb. 5-5: Informationsquellen für Manager und Glaubwürdigkeit von Medien 177
Abb. 5-6: Reichweiten von Zeitungen und Zeitschriften im Bereich Leitende Angestellte und Selbständige 178
Abb. 5-7: Validitätskriterien für Suchergebnisse von Freitextrecherchen 186

Abb. 6-1: Verlauf der Suchergebnisse, gesampelter und kodierter Beiträge 217
Abb. 6-2: Bewertungen aller kodierten Artikel 221
Abb. 6-3: Häufigkeit der Bewertungen aller Artikel und Häufigkeit der Bewertung von Artikeln ohne reine Meldungen 223
Abb. 6-4: Durchschnittliche Bewertungen aller Artikel und durchschnittliche Bewertung von Artikeln ohne reine Meldungen 224
Abb. 6-5: Bewertungen aller kodierten Artikel der jeweiligen Zeitschriften 226
Abb. 6-6: Häufigkeit der Bewertungen aller kodierten Artikel nach Zeitschriften von 1989 bis 2010 227
Abb. 6-7: Häufigkeit der Bewertungen der Artikel ohne reine Meldungen von 1989 bis 2010 228
Abb. 6-8: Häufigkeit der Bewertungen aller kodierten Artikel nach Zeitschriften von 1990 bis 1995 229
Abb. 6-9: Häufigkeit der Bewertungen der Artikel ohne reine Meldungen von 1990 bis 1995 229
Abb. 6-10: Durchschnittliche Bewertungen der kodierten Artikel nach Zeitschrift 231
Abb. 6-11: Deutsche vs. ausländische Unternehmen in der Berichterstattung 239
Abb. 6-12: Erwähnte Branchen 241
Abb. 6-13: Nennungen der am häufigsten erwähnten Branchen im Zeitverlauf 242
Abb. 6-14: Durchschnittliche Bewertungen der häufigsten Branchennennungen 243
Abb. 6-15: Sicht von Produktionsverlagerungen nach China in der Öffentlichkeit 245
Abb. 6-16: Sicht von Produktionsverlagerungen nach China in der Öffentlichkeit im Zeitverlauf 248
Abb. 6-17: Häufigkeit der genannten Vorteile und Motive von Produktionsverlagerungen nach China 251

Abb. 6-18: Vorteile und Motive von Produktionsverlagerungen nach China im Zeitverlauf ... 252

Abb. 6-19: Häufigkeit der genannten Nachteile und Probleme von Produktionsverlagerungen nach China ... 273

Abb. 6-20: Nachteile und Probleme von Produktionsverlagerungen nach China im Zeitverlauf ... 274

Abb. 6-21: Vergleich der Berichterstattung über günstige Lohnkosten und Lohnkostensteigerungen ... 299

Abb. 6-22: Anzahl der fünf meistgenannten Vorteile und Nachteile von Produktionsverlagerungen nach China zwischen 1989 und 2010 ... 315

Abb. 6-23: Anzahl der meistgenannten Vorteile und Nachteile von Produktionsverlagerungen nach China zwischen 1989 und 1996 ... 316

Abb. 6-24: Meistgenannte Vor- und Nachteile von Produktionsverlagerungen nach China zwischen 1989 und 1996 ... 318

Abb. 6-25: Bewertungen der meistgenannten Vor- und Nachteile von Produktionsverlagerungen nach China zwischen 1989 und 2010 ... 322

Abb. 6-26: Bewertungen der meistgenannten Vor- und Nachteile von Produktionsverlagerungen nach China zwischen 1991 und 1996 ... 323

Abb. 6-27: Hinweise auf Isomorphismus durch Zwang ... 326

Abb. 6-28: Hinweise auf Isomorphismus durch normativen Druck ... 340

Abb. 6-29: Hinweise auf mimetischen Isomorphismus ... 343

Abb. 6-30: Hinweise auf mimetischen Isomorphismus im Zeitverlauf ... 344

Abb. 7-1: Bestätigung der forschungsleitenden Annahmen bzw. Beantwortung der empirischen Forschungsfragen ... 380

Abb. 8-1: Kurzüberblick der Arbeit ... 400

Abb. A-1: MAXQDA-Kodierungen im Beispielartikel 1 (schematische Darstellung, Unterstreichung durch den Verfasser) 446

Abb. A-2: MAXQDA-Variablen im Beispielartikel 1 (Screenshot) 447

Abb. A-3: MAXQDA-Kodierungen im Beispielartikel 2 (schematische Darstellung) 449

Abb. A-4: MAXQDA-Variablen im Beispielartikel 2 (Screenshot) 449

TABELLENVERZEICHNIS

Tab. 2-1: Formen der Produktionsverlagerung 12
Tab. 2-2: Studien über Direktinvestitionen und Produktionsverlagerungen nach China 19
Tab. 2-3: Motive und Probleme von Produktionsverlagerungen nach China 22

Tab. 3-1: Neo-Institutionalistische Ansätze 42
Tab. 3-2: Betrachtungsweisen organisationaler Felder 76
Tab. 3-3: Übersicht über die Nutzung einer neo-institutionalistischen Perspektive in der Forschung zum Internationalen Management 93
Tab. 3-4: Übersicht über die Beiträge von Piotti zu Produktionsverlagerungen aus einer soziologischen bzw. neo-institutionalistischen Perspektive 95

Tab. 5-1: Forschungsleitende Annahmen zur Forschungsfrage 1 149
Tab. 5-2: Forschungsleitende Annahmen zur Forschungsfrage 2 152
Tab. 5-3: Finales Kategorienschema 162
Tab. 5-4: Übersicht der Zeitungen und Zeitschriften in der engeren Auswahl 180
Tab. 5-5: Online-Berichterstattung in Deutschland: Die Top-40 Online-Angebote 182
Tab. 5-6: Online-Wirtschaftsberichterstattung in Deutschland: Die Top-40 Online-Angebote 183
Tab. 5-7: Anzahl der Suchergebnisse verschiedener Stichwortkombinationen in den unterschiedlichen Zeitschriften 189
Tab. 5-8: Reliabilitätskoeffizienten aller verwendeten Variablen 205
Tab. 5-9: Korrelationskoeffizienten für die Bewertungen kodierter Beiträge und der Anzahl genannter Vor- und Nachteile 207

Tab. 6-1:	Anzahl der Suchergebnisse, gesampelter und kodierter Beiträge	216
Tab. 6-2:	Korrelationskoeffizienten für die Anzahl kodierter Beiträge pro Jahr	218
Tab. 6-3:	Korrelationskoeffizienten für die Bewertungen kodierter Beiträge pro Jahr differenziert nach Zeitschriften von 1989 bis 2010	232
Tab. 6-4:	Korrelationskoeffizienten für die Bewertungen (gleitende Mittelwerte) kodierter Beiträge pro Jahr differenziert nach Zeitschriften von 1989 bis 2010	233
Tab. 6-5:	Korrelationskoeffizienten für die Bewertungen kodierter Beiträge pro Jahr differenziert nach Zeitschriften von 1990 bis 1997	233
Tab. 6-6:	Korrelationskoeffizienten für die Bewertungen (gleitende Mittelwerte) kodierter Beiträge pro Jahr differenziert nach Zeitschriften von 1989 bis 1998	234
Tab. 6-7:	Unternehmen mit zehn und mehr Nennungen im Zeitraum 1989 bis 2010	236
Tab. 6-8:	Unternehmen mit vier und mehr Nennungen im Zeitraum 1990 bis 1995	237
Tab. 6-9:	Korrelationen der jährlichen Branchennennungen	243
Tab. 6-10:	Vorteile und Motive von Produktionsverlagerungen nach China	250
Tab. 6-11:	Textfragmente zur Kategorie Neue Märkte/Nähe zu neuen Märkten	255
Tab. 6-12:	Textfragmente zur Kategorie Kostenvorteile sonstige/ allgemein	258
Tab. 6-13:	Textfragmente zur Kategorie Günstigere Lohnkosten/ -nebenkosten	260
Tab. 6-14:	Textfragmente zur Kategorie China als Brückenkopf/ Produktionsbasis	262
Tab. 6-15:	Textfragmente zur Kategorie Große Auswahl an geeigneten Arbeitskräften	263

Tab. 6-16: Textfragmente zur Kategorie Wechselkursvorteile/Umgehen von Währungsrisiken 264
Tab. 6-17: Textfragmente zur Produktqualität aus der Kategorie relativ hohe Produktivität/gute Qualität 265
Tab. 6-18: Korrelation zwischen den vergebenen Bewertungen und den meistgenannten Vorteilen 266
Tab. 6-19: Textfragmente zu quantifizierten (Lohn-)Kostenvorteilen 269
Tab. 6-20: Nachteile und Probleme von Produktionsverlagerungen nach China 272
Tab. 6-21: Textfragmente zur Kategorie Einmischung des chinesischen Staates/Willkür/Auflagen der Behörden 278
Tab. 6-22: Textfragmente zur Kategorie Probleme mit dem Schutz geistigen Eigentums/Technologietransfer 284
Tab. 6-23: Textfragmente zur Kategorie hoher Wettbewerb/wachsender Wettbewerb/Überkapazitäten 290
Tab. 6-24: Textfragmente zur Relativierung der Kategorie hoher Wettbewerb/wachsender Wettbewerb/Überkapazitäten 293
Tab. 6-25: Textfragmente zur Kategorie Qualitätsprobleme 295
Tab. 6-26: Textfragmente zur Kategorie Lohnkostensteigerungen 297
Tab. 6-27: Textfragmente zur Kategorie kulturelle Probleme/ Unterschiede 300
Tab. 6-28: Korrelation zwischen den vergebenen Bewertungen und den meistgenannten Nachteilen 312
Tab. 6-29: Textfragmente zur Kategorie Quantifizierte Nachteile 313
Tab. 6-30: Bewertungen aller Artikel von 1989 bis 2010 differenziert nach Vor- und Nachteilen 320
Tab. 6-31: Bewertungen der Artikel von 1991 bis 1996 differenziert nach Vor- und Nachteilen 321
Tab. 6-32: Textfragmente zur Kategorie Druck durch bzw. Folgen von Schlüsselkunden 328
Tab. 6-33: Textfragmente zur Kategorie Druck durch die chinesische Regierung/Local-Content-Forderungen 331
Tab. 6-34: Textfragmente zur Kategorie Kostendruck/Druck zu Einsparungen 334

Tab. 6-35:	Textfragmente zur Kategorie Umgehen von Handelsbarrieren 335
Tab. 6-36:	Textfragmente zur Kategorie Druck zur Suche nach neuen Märkten 337
Tab. 6-37:	Textfragmente zur Kategorie Beschäftigung von Professionen/Verbänden mit Produktionsverlagerungen nach China 341
Tab. 6-38:	Korrelationen der Subkategorien zum mimetischen Isomorphismus 345
Tab. 6-39:	Textfragmente zur Kategorie stark positive/optimistische Aussagen über China 350
Tab. 6-40:	Textfragmente zur Kategorie Produktionsverlagerung nach China vorteilhaft/wünschenswert 357
Tab. 6-41:	Textfragmente zur Kategorie Produktionsverlagerung nach China durch Unternehmensberatungen als vorteilhaft propagiert 361
Tab. 6-42:	Textfragmente zur Kategorie Dringlichkeit einer Investition in China/zu langes Zögern 365
Tab. 6-43:	Textfragmente zur Kategorie Hinweise auf ökonomisch fragwürdiges/unvorteilhaftes Verhalten 370
Tab. 6-44:	Textfragmente zur Kategorie Ernüchterung nach China-Euphorie 375
Tab. 6-45:	Textfragmente zur Kategorie Imitation von Wettbewerbern oder anderen Unternehmen 376
Tab. 7-1:	Forschungsleitende Annahmen zur Forschungsfrage 1 und deren Bestätigung oder Ablehnung 389
Tab. 7-2:	Forschungsleitende Annahmen zur Forschungsfrage 2 und deren Bestätigung 395
Tab. A-1:	Überblick über alle kodierten Artikel dieser Arbeit 444
Tab. A-2:	Überblick über alle erhobenen Daten im Beispielartikel 1 447
Tab. A-3:	Überblick über alle erhobenen Daten im Beispielartikel 2 450

*„Es gibt in der deutschen Wirtschaft
eine gewisse China-Besoffenheit."*
Otto Graf Lambsdorff
Wirtschaftswoche, 23.09.2004, S. 206.

1 EINFÜHRUNG

1.1 Hinführung zur Problemstellung und Zielsetzung der Arbeit

Die Medienberichterstattung hat in den letzten Jahren vermehrt darauf hingewiesen, dass in der Vergangenheit ein „Hype" bezüglich der (wirtschaftlichen) Entwicklung Chinas existierte bzw. noch immer existiert. Diese Entwicklung ging einher mit einer Vielzahl an Produktionsverlagerungen deutscher Unternehmen nach China. Eine ganze Reihe dieser Unternehmen sieht sich jedoch in China mit größeren Problemen konfrontiert als erwartet und stellt fest, dass die vorgenommenen Produktionsverlagerungen nach China aus einer ökonomischen Perspektive weniger erfolgreich sind, als erhofft.[1] Auch in der Öffentlichkeit bzw. in der Medienberichterstattung wurden solche Entscheidungen oftmals als naiv, irrational oder überstürzt dargestellt.[2]

Aus diesem Grunde stellen sich – sozusagen als Startpunkt der Arbeit – folgende Fragen:

---

[1] Siehe stellvertretend den Beitrag von Viehmann (2013), der am Beispiel deutscher Automobilhersteller aufzeigt, mit welchen Problemen deutsche Unternehmen in China zu kämpfen haben. Für eine ausführlichere Begründung der o. g. Aussagen sei verwiesen auf Abschnitt 2.1.3.

[2] Vgl. stellvertretend Mayer-Kuckuk (2010a). Im Rahmen der Arbeit wird noch eine Vielzahl ähnlicher Zitate erwähnt. Es soll jedoch bereits an dieser Stelle angemerkt werden, dass im Rahmen der Arbeit keine generell negative oder pessimistische Einstellung gegenüber Produktionsverlagerungen nach China eingenommen werden soll – es gibt durchaus eine Vielzahl an Produktionsverlagerungen nach China, die sehr erfolgreich sind.

Warum nehmen Unternehmen solche scheinbar überstürzten und ökonomisch nicht sinnvollen Produktionsverlagerungen überhaupt vor? Was können Unternehmen tun, um solche Entscheidungen fundierter zu treffen?

Bei der Suche nach einer theoretischen Fundierung dieser Fragen wurde offensichtlich, dass die Forschung zum Internationalen Management zwar auf einen großen Fundus an Theorien zurückgreift, um das Internationalisierungsverhalten von Unternehmen zu erklären – eine adäquate Erklärung des oben dargestellten Phänomens konnte bisweilen jedoch nicht geliefert werden.[3] Einige der genutzten Internationalisierungstheorien können dabei zwar vage Anhaltspunkte zur Erklärung für ein solches Verhalten geben, eine umfassende Erklärung bleiben die etablierten Theorien jedoch schuldig. Aus diesem Grund wurde der (soziologische) Neo-Institutionalismus als Erklärungsgrundlage herangezogen. Der Neo-Institutionalismus (wie auch aus der Soziologie stammende Theorien im Allgemeinen) wurde jedoch bisher für die Erklärung des Internationalisierungsverhaltens von Unternehmen stark vernachlässigt.[4] Deshalb wurde es im Rahmen der vorliegenden Arbeit notwendig, etwas „weiter auszuholen" und Produktionsverlagerungen im Allgemeinen aus einer neo-institutionalistischen Perspektive zu erklären. Es soll sich im Rahmen dieser Arbeit also nicht nur auf die scheinbar ökonomisch wenig sinnvollen Produktionsverlagerungen konzentriert werden, sondern unabhängig von einem solchen Phänomen Produktionsverlagerungen in ihrer Gesamtheit aus einer neo-institutionalistischen Perspektive erklärt werden. Die beobachteten ökonomisch scheinbar wenig sinnvollen Produktionsverlagerungen dienen also lediglich als „Startpunkt", der dazu geführt hat, den Neo-Institutionalismus als theoretische Fundierung zu Rate zu ziehen. Das Erklärungspotential dieser Theorie beschränkt sich dabei jedoch keinesfalls auf ökonomisch fragwürdige Produktionsverlagerungen, sondern bietet insgesamt die Möglichkeit einer neuen Perspektive auf Produktionsverlagerungen im Allgemeinen.

---

[3] Siehe für einen Überblick zu Theorien des Internationalen Managements Kutschker/Schmid (2011), S. 383.
[4] Vgl. Davis et al. (2000), S. 242 sowie Granovetter (2000), S. 201-202.

Dennoch wird in der vorliegenden Arbeit auch immer wieder darauf Bezug genommen, warum es auch zu scheinbar ökonomisch nicht vorteilhaften Verlagerungen kommen kann. Damit wird klar: Die Einnahme einer neuen Perspektive im Rahmen der Erklärung von Produktionsverlagerungen dient keinem Selbstzweck oder lediglich dem „Ausprobieren" einer neuen theoretischen Fundierung. Sie dient dazu, ein in der unternehmerischen Praxis zu beobachtendes Phänomen besser zu erklären, als dies bisher genutzte Internationalisierungstheorien vermögen. Die grundlegende Fragestellung lautet deshalb nicht (mehr), wie ökonomisch wenig sinnvolle Produktionsverlagerungen erklärt werden können, sondern wie folgt:

Wie können Produktionsverlagerungen nach China aus einer neoinstitutionalistischen Perspektive erklärt werden?

Diese übergeordnete Fragestellung wird vorrangig basierend auf theoretisch-konzeptionellen Überlegungen bearbeitet. Mit den von Meyer/Rowan beschriebenen Rationalitätsmythen und Legitimitätsvorstellungen der Umwelt sowie den drei von DiMaggio/Powell diskutierten Isomorphismen findet sich ein geeigneter Rahmen zur Beantwortung dieser Fragestellung.[5] Meyer/Rowan gehen davon aus, dass unternehmerische Entscheidungen nicht nur effizient, sondern auch gängigen Effizienzvorstellungen der Umwelt angepasst sein müssen – ganz gleich, ob es für diese Vorstellungen hinreichende Nachweise einer Effizienz gibt. DiMaggio/Powell nennen darüber hinaus drei konkrete Mechanismen – sogenannte Isomorphismen – die bewirken, dass sich unternehmerische Handlungsweisen einander angleichen. Darauf aufbauend wird eine Erweiterung dieser theoretischen Überlegungen anhand der Einbeziehung medientheoretischer Ansätze vorgenommen, auf welche sich die empirische Erhebung dieser Arbeit stützt. Es wird in der theoretischen Argumentation postuliert, dass insbesondere die Medien eine entscheidende Rolle in der Verbreitung solcher Effizienzvorstellungen spielen.

---

[5] Siehe hierzu die Beiträge von DiMaggio/Powell (1983) sowie Meyer/Rowan (1977).

Da die in dieser Arbeit eingenommene Perspektive als innovativ angesehen wird,[6] legt diese Arbeit primär eine theoretische Fundierung für die Erklärung von Produktionsverlagerungen aus einer neo-institutionalistischen Sichtweise. Aufgrund der Neuartigkeit dieser Perspektive und der damit einhergehenden Komplexität kann im empirischen Teil der Arbeit deshalb auch nur auf verschiedene Details der theoretischen Argumentation Bezug genommen, also keine die Theorie allumfassende empirische Untersuchung durchgeführt werden. Eine solche allumfassende empirische Untersuchung wäre ein zu ambitioniertes Ziel im Rahmen einer Dissertationsschrift. Es werden also nur Fragmente der zentralen Fragestellung bzw. theoretischen Argumentation im Rahmen einer Inhaltsanalyse der deutschen Medienberichterstattung über Produktionsverlagerungen nach China beleuchtet.

Die erste dieser empirisch zu beantwortenden Forschungsfragen befasst sich mit der Existenz der von DiMaggio/Powell definierten Isomorphismen im Rahmen von Produktionsverlagerungen. Hier wird in der Medienberichterstattung nach Hinweisen für die Existenz dieser Mechanismen gesucht, indem die Forschungsfrage lautet: *Gibt es in der Medienberichterstattung Hinweise darauf, dass institutionelle Isomorphismen bei Produktionsverlagerungen nach China eine Rolle spielen?* Die zweite dieser Forschungsfragen ist bewusst sehr breit gefasst und lautet: *„Wie werden Produktionsverlagerungen nach China im Allgemeinen dargestellt?"* Diese zweite Frage folgt der Logik im Rahmen des von DiMaggio/Powell thematisierten mimetischen Isomorphismus. Wird nämlich angenommen, dass die Medienberichterstattung im Rahmen des von DiMaggio/Powell thematisierten mimetischen Isomorphismus einen Einfluss auf die Produktionsverlagerungen deutscher Unternehmen ausübt, so ist zwingende Voraussetzung, dass die Medienberichterstattung über Produktionsverlagerungen nach China ein sehr positives – oder imitationswürdiges – Bild zeichnet und Produktionsverlagerungen als eine sinnvolle und/oder wünschenswerte Strategie kommuniziert. Dies ist im Rahmen der neo-institutionalistischen Argumentation ein notwendiges – wenngleich nicht hinreichendes – Erfordernis.

---

[6] Vgl. Krenn (2006), S. V.

Die zweite eingangs gestellte Frage nach einer besseren Fundierung betrieblicher Entscheidungen kann – und dies muss bereits an dieser Stelle vorweggenommen werden – aufgrund der gewählten theoretischen Fundierung nicht im Detail beantwortet werden: Da der Neo-Institutionalismus davon ausgeht, dass Unternehmen zu einem großen Teil von der Außenwelt abhängig sind bzw. sich nach den Anforderungen und Erwartungen anderer Akteure im Unternehmensumfeld richten müssen und damit nur über ein von außen bestimmtes und begrenztes Set an Handlungsmöglichkeiten verfügen,[7] bleibt die Möglichkeit normativ-gültiger Aussagen für die Unternehmenspraxis begrenzt. Der Neo-Institutionalismus verfolgt insgesamt auch nicht das Ziel, normativ-gültige Aussagen zu treffen.[8] Auch wenn es auf den ersten Blick bedauerlich erscheint, keine umfangreichen normativen Handlungsempfehlungen geben zu können, liegt die Aufgabe der (betriebswirtschaftlichen) Forschung nicht ausschließlich in der Abgabe solcher Empfehlungen, sondern auch darin, „*das tatsächlich vorfindbare Verhalten und damit die Realität zu beschreiben. Die Beschreibung der Realität liefert nicht nur die Basis für ein besseres Verständnis der Realität, sondern stellt auch den Ausgangspunkt dar für mögliche (oder eben nichtmögliche) Veränderungen der Realität.*"[9] Im Rahmen der (betriebswirtschaftlichen) Forschung gibt es schließlich ein berechtigtes Nebeneinander der Erkenntnisziele Beschreiben, Erklären und Gestalten.[10]

1.2 Betriebswirtschaftliche Relevanz der Arbeit

Dem möglichen Einwand, es handele sich bei der vorliegenden Arbeit um eine soziologische, medientheoretische oder kommunikationswissenschaftliche und nicht um eine betriebswirtschaftliche Arbeit, soll bereits an dieser Stelle entgegengetreten werden. Allein aus der gewählten theoretischen Fundierung und der gewählten Methodik zu schließen, die Arbeit sei nicht betriebswirtschaftlich relevant bzw. sei keine betriebswirtschaftliche Arbeit, ist ein Fehlschluss: Die

---

[7] Vgl. Senge (2005), S. 149.
[8] Vgl. Sandhu (2010), S. 18.
[9] Kutschker/Schmid (2011), S. 432. Siehe hierzu auch die Argumentation von Süß (2009), S. 47-48.
[10] Vgl. für die verschiedenen Erkenntnisziele z. B. Peters et al. (2005), S. 8-10; siehe auch Zelewski (2008), S. 24-31.

Inhaltsanalyse der Medienberichterstattung ist lediglich eine angewandte Methodik, um die theoretische Argumentation von (scheinbar irrationalen) Produktionsverlagerungen – also einem klassischen betriebswirtschaftlichen Problem – aus einer neo-institutionalistischen Sichtweise zu stützen. Es wird im Rahmen dieser Arbeit ein für die Unternehmenspraxis aktuelles Managementproblem – und für das Internationale Management klassisches Forschungsproblem – betrachtet, nämlich Produktionsverlagerungen ins Ausland (bzw. scheinbar überstürzte und irrationale sowie zum großen Teil nicht erfolgreiche Produktionsverlagerungen nach China). Zwar erfolgt dies durch eine „neue Brille", was jedoch keineswegs der betriebswirtschaftlichen Relevanz widerspricht. Im Gegenteil: Die Arbeit sucht nach einer besseren Erklärung für das in der Realität vorzufindende betriebswirtschaftliche Handeln. Es geht also um betriebswirtschaftliche Entscheidungen und um das Umfeld, in welchem diese Entscheidungen getroffen werden.

Auch wenn sich die Arbeit und vor allem die empirische Untersuchung zu großen Teilen mit der Medienberichterstattung über Produktionsverlagerungen nach China befasst – allein durch die theoretisch fundierte Annahme, dass die Medienberichterstattung das betriebliche Handeln beeinflusst, ist eine hohe betriebswirtschaftliche Relevanz gegeben. Dies ist insbesondere deshalb der Fall, weil detailliert aufgezeigt wird, wie die Medienberichterstattung das unternehmerische Handeln im Allgemeinen – und im Rahmen des mimetischen Isomorphismus im Speziellen – beeinflusst. Die Analyse der Medienberichterstattung ist also nicht der Zweck der Arbeit, sondern lediglich ein Mittel zum Zweck.

Daneben wird im Bereich der betriebswirtschaftlichen Forschung bzw. der Forschung zum Internationalen Management darauf hingewiesen, dass sich die Forschung nicht nur funktionalen Ansätzen widmen soll, sondern dass auch andere – zum Beispiel interpretative – Ansätze wertvolle Hinweise zum Internationalisierungsverhalten von Unternehmen geben können.[11] Die vorliegende

---

[11] Vgl. Kutschker/Schmid (2011), S. 474-475; siehe auch den Beitrag von Schmid (1994) sowie Davis et al. (2000), S. 240-241, Beschorner/Fischer et al. (2004), S. 12 und Schäfers (2004), S. vi. Vgl. auch Frank (2009), S. 309, Sandhu (2011), S. 25 sowie Keller (2012), S. 230-231.

Arbeit bereichert die Forschung zum Internationalen Management um eine solche Perspektive. Die Erklärung von Produktionsverlagerungen aus einer solchen Perspektive wurde bereits in der Forschung zum Internationalen Management mit Nachdruck gefordert bzw. es wurde kritisiert, dass eine solche Perspektive vernachlässigt wurde; auch dies bezeugt wiederum die hohe betriebswirtschaftliche Relevanz.[12]

Obwohl diese Arbeit zweifellos eine große Schnittmenge mit anderen Disziplinen aufweist, ist sie jedoch gleichwohl tief in der Disziplin der Betriebswirtschaftslehre verwurzelt. Und sollte es nicht auch Ziel der betriebswirtschaftlichen Forschung sein, fachübergreifende und ganzheitliche Betrachtungen anzustellen ohne myopische Festlegungen auf nur einen eingeschränkten Bereich der Sozialwissenschaften?[13]

1.3 Aufbau der Arbeit

Nachfolgend soll kurz erläutert werden, wie die vorliegende Arbeit aufgebaut ist. In Kapitel 2 erfolgt ein kurzer Überblick zu Produktionsverlagerungen im Allgemeinen und zu Produktionsverlagerungen nach China im Speziellen. Dabei wird darauf Bezug genommen, dass eine ganze Reihe solcher Produktionsverlagerungen ökonomisch scheinbar nicht sinnvoll ist – oder gar irrational, wie in der Presseberichterstattung zu lesen ist.[14] Deshalb wird versucht, eine adäquate theoretische Fundierung für das Phänomen ökonomisch scheinbar unvorteilhafter Produktionsverlagerungen zu finden. Wie weiter ausgeführt wird, bieten verbreitete Internationalisierungs- und Organisationstheorien jedoch keine oder nur eine unbefriedigende Erklärung für die Annahme von scheinbar irrationalem Internationalisierungsverhalten, da diese Theorien eine Internationalisierung zumeist aus einer sehr funktionalistischen bzw. ökonomischen Perspektive erklären. Aus diesem Grund wird in Kapitel 3 dafür plädiert, das menschliche Ver-

---

[12] Vgl. z. B. Davis et al. (2000), S. 242.
[13] Siehe hierzu stellvertretend Schäfers (2004), S. vi.
[14] Siehe z. B. Mayer-Kuckuk (2010b), S. 6. Eine Irrationalität soll an dieser Stelle jedoch nicht unterstellt werden, da a) sich dem Thema noch nicht ausreichend genähert wurde und b) auch sehr verschiedene Zugänge zum Rationalitätsbegriff existieren, wie später im Rahmen der Arbeit noch gezeigt wird.

halten näher in die Betrachtung einzubeziehen und zur Erklärung von Produktionsverlagerungen im Allgemeinen eine neo-institutionalistische Perspektive einzunehmen. Diese Perspektive vermag neben scheinbar ökonomisch sinnvollen Verlagerungen auch solche Verlagerungen zu erklären, die ökonomisch nicht sinnvoll erscheinen. Damit wird klar, dass sich die theoretische Erklärung auf Produktionsverlagerungen im Allgemeinen bezieht, unabhängig von einer unter Umständen ökonomisch geringen Sinnhaftigkeit. Die bis zu diesem Punkt erhaltenen theoretischen Erkenntnisse werden zum Abschluss des Kapitels in einem kurzen Zwischenfazit festgehalten.

Im Rahmen der Arbeit wird argumentiert, dass die Medienberichterstattung einen entscheidenden Einfluss auf die Entscheidung einer Produktionsverlagerung ausübt. Deshalb erfolgt in Kapitel 4 eine Einführung in die (konstruktivistische) Medientheorie, gefolgt von einer Verknüpfung der medientheoretischen Erkenntnisse mit den Erkenntnissen aus der neo-institutionalistischen Erklärung von Produktionsverlagerungen. In Kapitel 5 wird das empirische Vorgehen – eine Inhaltsanalyse verschiedener Zeitungen und Zeitschriften – umfangreich vorgestellt. Dabei wird nicht nur die Methode der Inhaltsanalyse näher beleuchtet, sondern auch das im Rahmen der empirischen Erhebung genutzte Kategorienschema ausführlich diskutiert. Besonderes Augenmerk gilt auch der Auswahl und dem Sampling der zu analysierenden Zeitungen und Zeitschriften.

In Kapitel 6 werden die Ergebnisse der empirischen Analyse ausführlich dargestellt. Dabei erfolgt nicht nur eine rein quantitative Auswertung der erhobenen Variablen, sondern vielfach auch eine qualitative Auswertung und die Vorstellung einer Vielzahl an Originalzitaten, um die theoretische Argumentation zu untermauern. Kapitel 7 widmet sich dann einer zusammenfassenden Diskussion der empirischen Auswertung vor dem Hintergrund der aufgeworfenen Forschungsfragen. Die Arbeit schließt in Kapitel 8 mit den Implikationen der Arbeit für die betriebswirtschaftliche Forschung und Praxis, geht dabei auch auf die Limitationen der Arbeit ein und zeigt mögliche weitere Forschungspfade auf.

„Andere gehen dagegen völlig naiv nach Fernost, um Geschäfte zu machen."
Eginhard Vietz, Vietz GmbH
Handelsblatt, 12.08.2005, S. k01.

2 NOTWENDIGKEIT EINER ALTERNATIVEN THEORETISCHEN PERSPEKTIVE ZUR ERKLÄRUNG VON PRODUKTIONSVERLAGERUNGEN NACH CHINA

Nachfolgend soll dargestellt werden, warum eine neue – neo-institutionalistische – Perspektive benötigt wird, um Produktionsverlagerungen nach China zu erklären. Dazu soll einleitend praxisnah veranschaulicht werden, welche – scheinbar irrationalen – Phänomene sich bei Produktionsverlagerungen nach China in den letzten Jahren beobachten ließen. Anschließend soll darauf eingegangen werden, warum diese Phänomene mit herkömmlichen Internationalisierungstheorien nicht erklärbar sind.

2.1 Sensibilisierendes Phänomen: Produktionsverlagerungen nach China als zum Teil scheinbar irrationales Verhalten

Im Rahmen dieser Arbeit sollen Produktionsverlagerungen nach China näher betrachtet werden, da diese in der Öffentlichkeit zum Teil als irrational empfunden wurden und es bisher keine befriedigende theoretische Fundierung von solchen scheinbar irrationalen Produktionsverlagerungen gibt. Aus diesem Grund soll in diesem Abschnitt geklärt werden, warum sich diese Arbeit gerade mit Produktionsverlagerungen – und nicht etwa mit der Verlagerung anderer Wertschöpfungsfunktionen oder gar des Headquarters – beschäftigt und wie im

Rahmen dieser Arbeit der Begriff der Produktionsverlagerung verstanden wird. Anschließend wird kurz dargestellt, warum das Forschungsinteresse dieser Arbeit gerade China betrifft. Darauf aufbauend wird eine Einführung in das Thema der als irrational empfundenen Produktionsverlagerungen nach China gegeben.

2.1.1 Produktionsverlagerungen als zentrales Untersuchungsobjekt der Arbeit

Im zentralen Fokus dieser Arbeit steht die Wertschöpfungsfunktion der Produktion und deren Verlagerung in andere Länder. Prinzipiell ist auch die internationale Verlagerung anderer Wertschöpfungsfunktionen[15] oder des gesamten Headquarters möglich und auch bei vielen Unternehmen an der Tagesordnung.[16] Da bei einer Verlagerung unterschiedlicher Wertschöpfungsfunktionen verschiedene Anforderungen an die Umweltbedingungen im Zielmarkt gestellt werden, erscheint die Fokussierung auf eine einzelne Wertschöpfungsfunktion im Bereich dieser Arbeit sinnvoll. Die Verlagerung der Wertschöpfungsfunktion der Produktion spielt dabei eine fundamentale Rolle und erreicht in der Öffentlichkeit eine hohe Aufmerksamkeit, da mit einer solchen Verlagerung in der Regel hohe negative Beschäftigungseffekte einhergehen.[17]

Die Produktion stellt *„die Erzeugung von Ausbringungsgütern (Produkten) aus materiellen und nichtmateriellen Einsatzgütern (Produktionsfaktoren) nach bestimmten technischen Verfahrensweisen"*[18] dar und gilt als eine der Grundfunktionen von Industrieunternehmen[19] bzw. als *„Kern des betrieblichen Umsatzpro-*

---

[15] Zur geographischen Verteilung verschiedener Wertschöpfungsfunktionen bzw. zur länderübergreifenden Konfiguration der Wertschöpfungskette siehe zum Beispiel den Beitrag von Schmid/Grosche (2008) sowie Kutschker/Schmid (2011), S. 998-1008 und die Ausführungen von Porter (1986), S. 25, siehe auch Wolge et al. (1998), S. 1/-20 sowie Schulte (2002), S. 98. Zum Internationalen Wertschöpfungsmanagement im Allgemeinen siehe das Standardwerk von Zentes et al. (2004).
[16] Vgl. beispielhaft den Beitrag von Laamanen et al. (2012), welche die Verlagerung sowohl von regionalen als auch von Corporate Headquarters untersuchen. Hilfreich für die Differenzierung zwischen verschiedenen Formen und Ebenen der internationalen Standortverlagerung ist die Systematisierung von Deuster (1996), S. 25, der zwischen einer funktionalen Ebene, einer strukturellen Ebene und einer Ausführungsebene unterscheidet.
[17] Vgl. Schulte (2002), S. 98.
[18] Günther/Tempelmeier (2004), S. 6.
[19] Vgl. Bloech et al. (2004), S. 4.

zesses, in dem die wesentliche materielle Wertschöpfung stattfindet".[20] Schon aufgrund dieser fundamentalen Bedeutung der Produktion erscheint eine Betrachtung dieser Wertschöpfungsfunktion interessant. Auch wenn im Rahmen des Produktionsbegriffes häufig die Erstellung von Dienstleistungen mit einbezogen wird,[21] sollen (reine) Dienstleistungen in der vorliegenden Arbeit von der Betrachtung ausgeschlossen werden, wenn die Verlagerung von Produktionskapazitäten betrachtet wird.[22]

Produktionsverlagerungen[23] können auf unterschiedliche Weise klassifiziert werden. Eine gebräuchliche Abgrenzung von Produktionsverlagerungen ist die Unterscheidung anhand einer räumlichen Dimension (national bzw. international) und einer Dimension der Eigentumsverhältnisse des verlagerten Produktionsunternehmens (intern bzw. extern). Verlagerungen können also prinzipiell entweder an einen anderen Standort im Inland oder im Ausland erfolgen. Dabei kann diese Produktionsstätte am neuen Standort entweder im Eigentum des betrachteten Unternehmens liegen – beispielsweise als vollbeherrschte Tochtergesellschaft – oder sich aber im Eigentum eines Dritten befinden.[24] In diesem Falle verlagert das Unternehmen seine Produktion an einen (Vor-)Lieferanten, zum Beispiel über die Vereinbarung einer Vertragsfertigung. Eine solche dichotome Trennung der Eigentumsverhältnisse scheint zwar verkürzt, da diese durchaus ein Kontinuum darstellen können. Zum Beispiel können im Rahmen eines Joint Ventures zwei (oder mehrere) Partner Eigentümer sein.[25] Dies ist jedoch für diese Arbeit nicht von Belang, da *internationale* Produktionsverlage-

---

[20] Steven (2007), S. 3.
[21] Vgl. Bloech et al. (2004), S. 3.
[22] Eine Abgrenzung zwischen der rein industriellen Produktion von Sachgütern und Dienstleistung ist dabei jedoch schwierig. Mittlerweile werden produktbezogene Dienstleistungen, die zum Beispiel den Verkauf eines Produktes oder dessen Lebenszyklus begleiten, immer wichtiger. Damit sind hergestellte Produkte in vielen Fällen bei einem angenommen Kontinuum mit den Extrempunkten Sachgüter und Dienstleistungen nicht mehr einem Extrempunkt zuzuordnen, sondern finden sich – je nach Intensität der produktbegleitenden Dienstleistungen – zwischen den beiden Extrempunkten; vgl. dazu zum Beispiel Gienke/Kämpf (2007), S. 5.
[23] Hierbei kann es sich um die Verlagerung der Produktion von einzelnen Produktteilen, Produktgruppen oder kompletten Produkten handeln oder um die Auslagerung vor- bzw. nachgelagerter Stufen der Produktion (z. B. Vorbehandlung von Rohstoffen und Produktion von Verpackungen); siehe dazu Schulte (2002), S. 99. Siehe zur gestreuten Produktion, bei der eine vertikale internationale Arbeitsteilung erfolgt (auch bezeichnet als internationale Verbundproduktion) auch die Ausführungen in Zentes et al. (2004), S. 406-411.
[24] Vgl. auch die Ausführungen von Deuster (1996), S. 25, 33-34.
[25] Zu den genannten und weiteren Strategien siehe Kutschker/Schmid (2011), S. 821-941.

rungen im Gesamten betrachtet werden sollen, unabhängig von den Eigentumsverhältnissen.[26] Tabelle 2-1 stellt die möglichen Formen der Produktionsverlagerung graphisch dar. Dabei sind die in dieser Arbeit zu betrachtenden Formen schwarz markiert.

		Eigentumsverhältnisse	
		intern	extern
räumliche Dimension	national	inländische Verlagerung	inländisches Outsourcing (Auslagerung)
	international	**ausländische Verlagerung (Offshoring)**	**ausländisches Outsourcing (Offshore Outsourcing)**

Tab. 2-1: Formen der Produktionsverlagerung
Quelle: in Anlehnung an Olsen (2006), S. 7, vgl. auch Kinkel et al. (2008), S. 2.

Eine klare Trennung zwischen solchen internationalen Standortentscheidungen, die keine Reduzierung von Produktionsaktivitäten an anderen Standorten (im Rahmen der vorliegenden Arbeit im Heimatland Deutschland) zur Folge haben und solchen, bei denen es sich um eine – im klassischen Wortsinne – Verlagerung (auch als *substitutive Verlagerung* bezeichnet)[27] handelt, ist ohnehin lediglich theoretisch konzeptionell möglich. In der Praxis erscheint eine solch klare Abgrenzung nicht durchführbar. Viele Unternehmen produzieren mittlerweile die gleichen Produkte an verschiedenen Standorten, um zum Beispiel eine hohe Kundennähe zu gewährleisten. Beim Aufbau einer solchen Parallelproduktion in einem anderen Land kommt es nicht zwangsläufig zu einer unmittelbaren Pro-

---

[26] Laut einer Studie des Fraunhofer Instituts nutzten im Jahr 2009 62% aller befragten Unternehmen, die eine internationale Produktionsverlagerungen vorgenommen haben, Offshoring als Methode, 34% nutzten Offshore Outsourcing und 4% nutzten beide Methoden (vgl. Kinkel/Maloca (2009), S. 11).

[27] Vgl. Deuster (1996), S. 26. Deuster (1996), S. 26-28 differenziert zwischen vier verschiedenen Formen der Verlagerung (substitutiv, additiv, komplementär und antizipativ) während Schulte (2002), S. 99-100 nur zwischen drei Formen unterscheidet (substitutiv, additiv und komplementär). Trotz dieser sehr ähnlichen Begrifflichkeiten unterscheiden sich die Definitionen beider Autoren – insbesondere bei der komplementären Form und der nur bei Deuster vorhandenen antizipativen Form, die bei Schulte zum Teil in der Definition der komplementären Form eingeschlossen ist. Nachfolgend soll sich an die Abgrenzung von Deuster orientiert werden.

duktionsverlagerung im klassischen Sinne; eine solche Art der Verlagerung wird dann als *additive Verlagerung* bezeichnet.[28] Oftmals werden jedoch in Zeiten von Nachfragerückgängen zuerst die – unter Umständen preisintensiveren – Produktionskapazitäten im Inland abgebaut, so dass bei einer dynamischen Betrachtung eine substitutive Produktionsverlagerung stattfindet.[29] Ähnlich verhält es sich, wenn eine Produktion im Ausland zu Testzwecken aufgebaut wird und bei Erfolg später eine substitutive Verlagerung stattfindet.[30] Daneben gibt es noch die Möglichkeit einer *komplementären Verlagerung*. Von einer solchen Verlagerung wird dann gesprochen, wenn lediglich einzelne Teile der Wertschöpfungskette ins Ausland verlagert werden.[31] Dies bedeutet, dass der inländische Standort erhalten bleibt, sich jedoch nur noch auf bestimmte Wertschöpfungsfunktionen fokussiert. Schließlich ist die Form der *antizipativen Verlagerung* zu nennen. Von einer solchen Verlagerung wird dann gesprochen, wenn Produktionskapazitäten für neue Produkte des Unternehmens im Ausland aufgebaut werden.[32] Es handelt sich dabei zwar nicht um eine tatsächliche Verlagerung im Wortsinn, da im Inland noch keine Produktionskapazitäten aufgebaut wurden. Der Begriff der Verlagerung ist dafür jedoch insofern geeignet, als dass es sich um eine negative Standortentscheidung im bzw. gegen das Heimatland handelt und damit zumindest indirekt von einer Verlagerung gesprochen werden kann.[33] Ein solches Vorgehen kann auch als „vorweggenommene Standortverlagerung" bezeichnet werden.[34]

Einfließen soll in die vorliegende Betrachtung der Aufbau neuer Produktionskapazitäten im Ausland – bzw. im Rahmen der vorliegenden Arbeit speziell in China – egal, ob diese zuvor an anderer Stelle im Inland abgebaut wurden.[35] In

---

[28] Vgl. Zentes et al. (2004), S. 383, 405-406 sowie Deuster (1996), S. 27. Zur möglichen Aufteilung der Produktion an mehrere Standorte vgl. die Abbildung 5.35 in Zentes et al. (2004), S. 385.
[29] Vgl. Schultheiß (2011), S. 28, 83-85.
[30] Vgl. Schulte (2002), S. 99.
[31] Vgl. Deuster (1996), S. 28.
[32] Vgl. Deuster (1996), S. 28.
[33] Vgl. Schulte (2002), S. 99.
[34] Deuster (1996), S. 28.
[35] Eine solche Betrachtung wird auch in der Arbeit von Schultheiß (2011) vorgenommen, während sich zum Beispiel Schulte der Betrachtung von Outsourcing im Sinne einer Auftragsfertigung verschließt (vgl. Schulte (2002), S. 100-101). Auch Zentes et al. (2004), S. 381 betrachten vorrangig die landesübergreifende unternehmenseigene Leistungserstellung.

diesem Sinne wird der Begriff der Produktionsverlagerung in der Regel auch in der Praxis genutzt.[36]

Von fundamentalem Charakter und deshalb auch von besonderem Interesse sind Entscheidungen zu Produktionsverlagerungen beim Aufbau eigener Kapazitäten im Ausland auch aufgrund ihrer geringen Reversibilität.[37] Ein solcher Schritt erfordert von dem betrachteten Unternehmen in der Regel ein sehr hohes finanzielles Engagement und bindet darüber hinaus auch andere wichtige Ressourcen – zum Beispiel die Arbeitszeit von Managern.[38] Erfolgt eine Produktionsverlagerung im Rahmen einer Auftragsfertigung ist ein Unternehmen stark von seinem Partner abhängig, was zum Beispiel im Fall von Qualitätsproblemen beim Auftragsfertiger zu einem enormen Imageschaden beim betrachteten Unternehmen führen kann. Auch hinsichtlich der Lieferzuverlässigkeit und -pünktlichkeit entsteht ein starkes Abhängigkeitsverhältnis zum Vertragspartner.[39] Die Entscheidung und Durchführung einer Produktionsverlagerung kann damit insgesamt einen existenzgefährdenden Charakter gewinnen.[40] Umso verwunderlicher erscheint es, dass eine solche Entscheidung in den letzten Jahren von vielen Unternehmen häufig scheinbar voreilig, unbedacht und irrational getroffen wurde, wie in den Ausführungen weiter unten in diesem Kapitel noch deutlich werden wird.[41]

Warum nun eine Betrachtung des Landes China – und dies insbesondere im Zusammenhang mit der Betrachtung der Wertschöpfungsfunktion der Produktion – sinnvoll erscheint, soll im folgenden Abschnitt geklärt werden.

2.1.2 China als untersuchtes Zielland für Produktionsverlagerungen

Es wurde nun kurz diskutiert, warum Produktionsverlagerungen als Forschungsprojekt besonders interessant sind. Doch aus welchem Grund beschäf-

---

[36] Vgl. Schultheiß (2011), S. 85.
[37] Vgl. Asmussen et al. (2009), S. 152 sowie Hagen/Hennart (2004), S. 14.
[38] Vgl. Kutschker/Schmid (2011), S. 909.
[39] Vgl. Kutschker/Schmid (2011), S. 884.
[40] Siehe das Geleitwort von Hirsch-Kreinsen in Schulte (2002), S. ix.
[41] Vgl. auch Schulte (2002), S. 141-142.

tigt sich die vorliegende Arbeit konkret mit China und nicht mit einem anderen Land? Insbesondere basiert diese Betrachtung auf zwei Gründen: Zum einen hat insbesondere China in den 20 Jahren nach dem Fall des Eisernen Vorhangs als Empfänger deutscher Direktinvestitionen von sich reden gemacht.[42] Einen großen Teil dieser Direktinvestitionen stellen Produktionsverlagerungen dar, die im Fokus dieser Arbeit stehen.[43] Der zweite Grund liegt darin, dass gerade China in der Vergangenheit im Rahmen der Medienberichterstattung immer wieder als ein Land bezeichnet wurde, mit dem sich Unternehmen nicht nur auseinandersetzen müssen, sondern in dem sie sich aktiv engagieren sollten. Stellvertretend dazu soll das folgende Zitat von Jörg Wuttke, Chief Representative BASF China, dienen:

„*Nobody can afford to stay out of China – the business world is sinocizing.*"[44]

Gerade für die im Rahmen dieser Arbeit betrachtete Produktionsfunktion, die „*im verarbeitenden Gewerbe in den meisten Fällen immer noch den größten Teil der Wertschöpfung eines Unternehmens*"[45] darstellt, ist im Rahmen einer betriebswirtschaftlichen Zielstellung die Minimierung der Kosten ein erstrebenswertes Unterziel.[46] China hat sich in den letzten 20 Jahren den Ruf erworben, für eine kostengünstige Produktion ein adäquater Standort zu sein.[47] Gleichzeitig wurde jedoch auch China gerade in den letzten Jahren immer wieder thematisiert als ein Land, in dem Unternehmen mehr Probleme haben als erwartet und aus dem viele Unternehmen mittlerweile desillusioniert zurückkehren. Aus diesem Grund erscheint insbesondere China ein Land zu sein, welches eine nähere Untersuchung wert ist.

---

[42] Vgl. z. B. PWC (2010), S. 29.
[43] Vgl. dazu die Anmerkung in Fußnote 55.
[44] Kaufmann et al. (2005a), S. 21, zitiert nach Keuper et al. (2011), S. 269. Vgl. auch Kaufmann et al. (2005b), S. 17. Eine ganze Reihe weiterer stark positiver Aussagen wird in der empirischen Auswertung der Arbeit vorgestellt.
[45] Geleitwort von Meckl in Schultheiß (2011), S. v.
[46] Vgl. Steven (2007), S. 11.
[47] Vgl. Piotti (2009b), S. 15. Vgl. hierzu auch die ausführliche Darstellung im empirischen Teil dieser Arbeit.

Im Rahmen der vorliegenden Arbeit kann nicht geklärt werden, warum insbesondere China eine solch große Aufmerksamkeit in der öffentlichen Meinung gewonnen hat. Es soll jedoch dargestellt werden, welche Auswirkungen diese Meinung auf die Produktionsverlagerungsentscheidungen von Unternehmen hat. Insgesamt – und dies soll trotz bzw. gerade wegen der in dieser Arbeit eingenommenen Perspektive immer wieder in Erinnerung gerufen werden – gibt es durchaus eine ganze Reihe an scheinbar „objektiven" Kriterien, die China für solche Produktionsverlagerungsentscheidungen attraktiv machen. So ist zum Beispiel der große potentielle Absatzmarkt von mehr als einer Milliarde Menschen – und damit etwa 20% der Weltbevölkerung – zu nennen. Der gefühlte Aufholbedarf der Chinesen – exemplarisch im Bereich der Konsumgüter – wird deutlich, wenn man zum Beispiel die PKW-Dichte je 1.000 Einwohner betrachtet: Kommen in Deutschland etwa 500 PKW auf 1.000 Einwohner, so waren es in China im Jahr 2004 lediglich 7 PKW, im Jahr 2008 18 PKW und im Jahr 2011 geschätzte 31 PKW auf 1.000 Einwohner[48] – die Prognosen gehen von 115 PKW je 1.000 Einwohner bis zum Jahr 2020 aus.[49] Selbst wenn man in Betracht zieht, dass nur etwa 20% der Chinesen zur sogenannten Mittelschicht gehören,[50] so scheint es doch – dem *„Gesetz der großen Zahl"* folgend – in absoluten Zahlen ausgedrückt eine enorme Käuferschicht in China zu geben.[51]

---

[48] Meyring (2009), S. 32; siehe auch Statistisches Bundesamt (2011).
[49] o. V. (2009c). Betrachtet man die Automobilindustrie in den sogenannten BRIC-Staaten (Brasilien, Russland, Indien und China) näher, so wird auch hier China bei weitem das größte Marktpotential bescheinigt: *„China, among the four BRIC countries, has the far and away biggest car market, and the sheer size of it is such that it dwarfs the rest of the area by a considerable margin. By any standards, China's carmarket has experienced the most extraordinary year, and like the rest of the world's major car markets it started last year with almost universally shared predictions of gloom and doom, but unlike the world's remaining markets, China has in fact ended 2009 with a bang. Kicked into overdrive by an evidently concerned government with a host of demand boosting measures helped catapult last year's sales into stratospheric new heights. (...) December's* [2009, Anm. d. Verf.] *0.9m sales already exceed the number of cars sold during the whole of 2001"* (AID (2010), S. 36-37). China hält von den vier BRIC-Staaten einen Anteil von 60% aller verkauften Neufahrzeuge (vgl. AID (2010), S. 60). Auch der deutsche Verband der Automobilindustrie (VDA) nennt China mittlerweile den wichtigsten Absatzmarkt für deutsche Hersteller überhaupt (vgl. VDA (2012)). Schließlich ist China mittlerweile das Land mit der bei weitem höchsten Anzahl an produzierten Kraftfahrzeugen. Im PKW-Segment lag China mit etwa 14,5 Millionen produzierten PKW an erster Stelle vor Japan (7,2 Millionen) und Deutschland (5,9 Millionen) (vgl. OICA (2012)).
[50] Deutsche Bank (2006).
[51] o. V. (2004a).

Als weiteres Beispiel für den postulierten Aufholbedarf können auch Statistiken über die Verbreitung weiterer Konsumgüter wie zum Beispiel Waschmaschinen oder Kühlschränke dienen. Im Jahr 1990 – und damit kurz vor dem wahrgenommenen „Run" deutscher und westlicher Unternehmen auf China war zwar bereits eine passable Anzahl städtischer Haushalte mit diesen Geräten ausgestattet (78 Waschmaschinen pro 100 Haushalte und 42 Kühlschränke pro 100 Haushalte), bei der Landbevölkerung zeichnete sich jedoch ein anderes Bild ab (9 Waschmaschinen pro 100 Haushalte und 1 Kühlschrank pro 100 Haushalte).[52] Diese Zahlen scheinen von einem überaus großen Marktpotential zu zeugen.

Auch weitere immer wieder in einem Atemzug mit China genannte Faktoren wie günstige Lohnkosten oder ein hohes Wirtschaftswachstum mögen aus betriebswirtschaftlicher Sicht gute Gründe darstellen, sich mit China zu beschäftigen. Insbesondere hinsichtlich der in dieser Arbeit thematisierten Produktionsverlagerungen scheint China aufgrund geringer Lohnkosten und eines großen Absatzmarktes ein Land geworden zu sein, an dem deutsche Unternehmer nicht mehr vorbeikommen, wenn man der aktuellen Berichterstattung Glauben schenkt.[53]

Ausschlaggebend für die Betrachtung Chinas im Rahmen dieser Arbeit war zusammenfassend also neben der vermehrten Direktinvestitionstätigkeit deutscher Unternehmen in China die immer wieder wahrgenommene Medienberichterstattung über das enorme Potential Chinas sowie die Berichterstattung über viele deutsche Unternehmen, die ihre Produktion (teilweise) nach China verlagert haben. Aber auch die in den letzten Jahren vermehrt auftretenden Berichte über Unternehmen, die in China letztlich doch nicht erfolgreich waren und wieder nach Deutschland zurückkehrten, formten das Forschungsinteresse. Diese letzten beiden Punkte werden im folgenden Abschnitt nochmals kurz

---

[52] Daten aus NBSC (1996a) sowie NBSC (1996b). Siehe auch Liu (2005), S. 79-80 sowie Yusuf et al. (2007), S. 55-56.
[53] Würde die vorliegende Arbeit das Outsourcing einer anderen Wertschöpfungsfunktion untersuchen, wäre unter Umständen ein anderes Land in den Fokus der Betrachtung gerückt – zum Beispiel Indien bei der Auslagerung von IT-Services.

thematisiert. Dieser kurze Abriss soll auch als Begründung ausreichen, warum China im Zentrum der vorliegenden Untersuchung steht.[54]

Schließlich soll an dieser Stelle nochmals dargelegt werden: Es geht im Rahmen dieser Arbeit nicht um objektiv bzw. tatsächlich in China vorhandene Rahmenbedingungen und Vorteile für (deutsche) Unternehmen, sondern darum, welches Bild deutschen Unternehmen über China sowie den dortigen Bedingungen vermittelt wird und inwieweit dieses Bild einen Einfluss auf betriebliche Produktionsverlagerungsentscheidungen hat. Oder anders ausgedrückt: Die im Rahmen dieser Arbeit eingenommene Perspektive verleiht den in Deutschland vorhandenen Vorstellungen über China ein höheres Gewicht als den tatsächlichen Zuständen in China, wenn es um die Entscheidung für eine Produktionsverlagerung geht. Aus diesem Grund widmet sich ein beträchtlicher Teil der vorliegenden Arbeit der Analyse des von den Medien kommunizierten Bildes über China.

2.1.3 Produktionsverlagerungen nach China – Überblick und Hinweise auf scheinbar irrationales Verhalten

Nachfolgend soll kurz dargestellt werden, welchen Stellenwert Produktionsverlagerungen nach China im Rahmen von Produktionsverlagerungen im Allgemeinen einnehmen. Die Recherche nach wirtschaftlichen Daten zu diesem Thema stößt jedoch sehr schnell an Grenzen: Aus der obigen Definition von Produktionsverlagerungen wird ersichtlich, dass eine bloße Betrachtung von Direktinvestitionen zur Analyse von Produktionsverlagerungen zu kurz greift, da in den Direktinvestitionen a) auch Investitionen enthalten sind, die keine Produktionsverlagerungen darstellen[55] und b) nicht-direktinvestive Produktionsverlagerungen nicht enthalten sind (z. B. im Rahmen einer Vergabe von Vertrags-

---

[54] Siehe für eine Übersicht über China und dessen wirtschaftliche Rahmenbedingungen und Entwicklungen den Beitrag von Keuper et al. (2011) sowie Reisach et al. (1997), S. 21-45.
[55] Eine Studie der Deutschen Bank geht davon aus, dass etwa 80% der Direktinvestitionen deutscher Unternehmen in China in das dortige produzierende Gewerbe fließen und damit größtenteils – jedoch wie oben argumentiert nicht ausschließlich – Produktionsverlagerungen darstellen (vgl. Deutsche Bank (2004), S. 3). Siehe in diesem Zusammenhang auch Keuper et al. (2011), S. 278.

fertigung ins Ausland); oder anders ausgedrückt: Deutsche Direktinvestitionen in China können nur ein erster Anhaltspunkt für das Ausmaß von Produktionsverlagerungen sein. Leider gibt es aber (noch) keine umfangreichen systematischen Statistiken über das Ausmaß deutscher Produktionsverlagerungen, so dass im Folgenden auch immer wieder Aussagen von Studien über Direktinvestitionen im Allgemeinen in die Argumentation einfließen (müssen).[56] Für eine bessere Einordnung der im Rahmen dieser Arbeit erwähnten Studien sind diese in einer Kurzübersicht in der nachfolgenden Tabelle 2-2 dargestellt.

Herausgeber	Im Rahmen der vorliegenden Arbeit wie folgt zitiert	Inhalt/Umfang der Studie bzw. des Forschungsprogramms	Einschränkungen
Booz Allen Hamilton	Booz Allen Hamilton (2008) Anmerkung: Die Studie wurde unter gleichem Titel und Inhalt, jedoch anderem Layout von Booz & Company veröffentlicht. Alle Verweise/Seitenangaben in dieser Arbeit beziehen sich auf die oben zitierte Studie.	In der Studie erfolgte eine Befragung von 66 Unternehmen des Verarbeitenden Gewerbes, die Mitglied im Manufacturing Business Council der Amerikanischen Handelskammer in Shanghai (American Chamber of Commerce in Shanghai) sind. 81% der befragten Unternehmen sind hundertprozentige Tochtergesellschaften ausländischer Unternehmen, 10% sind Joint Ventures zwischen ausländischen und chinesischen Unternehmen. 9% werden als „sonstige" kategorisiert.	keine ausschließliche Betrachtung von Produktionsverlagerungen; keine ausschließliche Betrachtung deutscher Unternehmen
Deutscher Industrie- und Handelskammertag (DIHK)	DIHK (2009) DIHK (2010) DIHK (2011)	Die Untersuchung „Auslandsinvestitionen in der Industrie" ist ein Teil der jährlichen DIHK-Konjunkturumfrage „Wirtschaftslage und Erwartungen" und reicht bis zum Jahr 1993 zurück. In den letzten drei Jahren flossen Antworten von jeweils mehr als 7.000 Unternehmen des Verarbeitenden Gewerbes in die Auswertung ein.	keine ausschließliche Betrachtung von Produktionsverlagerungen; kein ausschließlicher China-Bezug, China jedoch oftmals explizit bei der Datenauswertung erwähnt
Fraunhofer Institut für System- und Innovationsforschung	Kinkel et al. (2002) Kinkel et al. (2004) Kinkel/Maloca (2008) Kinkel/Maloca (2009) Kinkel et al. (2008)	Das Fraunhofer-Institut für System- und Innovationsforschung untersucht im Rahmen der Erhebung „Innovationen in der Produktion" seit 1993 regelmäßig Unternehmen der Metall- und Elektroindustrie, seit 2001 auch der chemischen und kunststoffverarbeitenden Industrie und seit 2005 des gesamten Verarbeitenden Gewerbes. Gegenstand der Erhebung sind neben einer ganzen Reihe an Faktoren unter anderem Produktionsverlagerungen ins Ausland. Die Erhebung der Daten erfolgte von 1993 bis 2003 alle zwei Jahre und seitdem alle drei Jahre in der Regel durch etwa 1.500 Fragebögen.	kein ausschließlicher China-Bezug, China jedoch oftmals explizit bei der Datenauswertung erwähnt
German Industry & Commerce Shanghai Branch (GIC)	GIC (2007)	Die Studie basiert auf einer Befragung von 273 deutschen Unternehmen, die in China tätig sind. Davon sind 141 Unternehmen hundertprozentige Tochtergesellschaften, 56 Unternehmen Joint Ventures zwischen deutschen und chinesischen Unternehmen und 74 Repräsentanzen. Dabei stellen etwa 60% der deutschen Mutterunternehmen Großunternehmen dar; 40% der Mutterunternehmen sind der Rubrik der kleinen und mittleren Unternehmen (KMU) zuzurechnen.	keine ausschließliche Betrachtung von Produktionsverlagerungen

Tab. 2-2: Studien über Direktinvestitionen und Produktionsverlagerungen nach China
Quelle: eigene Darstellung.

---

[56] Vgl. Kinkel et al. (2008), S. 2.

Wie der Tabelle zu entnehmen ist, betrachten drei der vier Studien Direktinvestitionen in China im Allgemeinen. Eine Ausnahme bildet das Forschungsprogramm des Fraunhofer Instituts, im Rahmen dessen bereits über einen längeren Zeitraum hinweg Produktionsverlagerungen im Verarbeitenden Gewerbe analysiert werden, dies jedoch nur auszugsweise für China. So konnten die Forscher jüngst in einer Studie zeigen, dass im Jahr 2009 im Verarbeitenden Gewerbe 27% der gesamten deutschen Produktionsverlagerungen China zum Ziel hatten. Damit gilt China als Hauptzielland für Produktionsverlagerungen innerhalb dieses Sektors.[57] Interessanterweise werden dabei in der Regel ganze Regionen betrachtet – außer bei China findet eine Betrachtung auf Landesebene statt (siehe Abbildung 2-1).

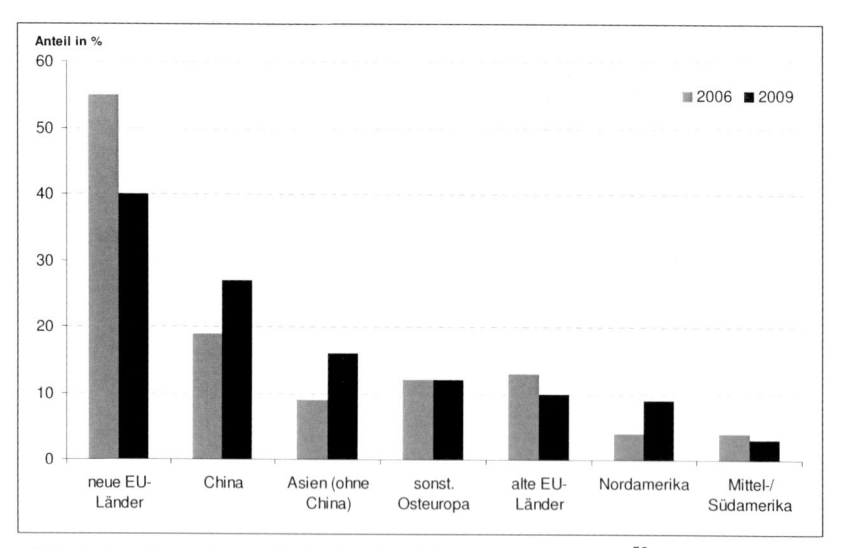

Abb. 2-1: Zielregionen deutscher Produktionsverlagerungen[58]
Quelle: Kinkel/Maloca (2009), S. 9.

Als Hauptmotive für Produktionsverlagerungen nach China gelten dortige niedrige Lohn- und Produktionskosten, die Größe des dortigen Marktes und ähnli-

---

[57] Vgl. Kinkel/Maloca (2009), S. 9; siehe auch DIHK (2010), S. 14. In der jüngsten Umfrage der DIHK (2011), S. 17-19 wird China mittlerweile sogar vor den neuen EU-Ländern auf dem ersten Platz gesehen.
[58] Aufgrund von Mehrfachnennungen der befragten Unternehmen ergibt sich bei der Addition der verschiedenen Werte eine Summe von mehr als 100%.

che „harte" Faktoren.[59] Es ist jedoch zu beobachten, dass eine Reihe von Unternehmen in China nicht erfolgreich ist, oder aber größere Herausforderungen zu bestreiten hat, als ursprünglich vermutet. Hierzu gehören zum Beispiel Probleme mit dem Schutz geistigen Eigentums, die (Nicht-)Verfügbarkeit von qualifiziertem Personal, ein großes Ausmaß an Bürokratie, rechtliche Unsicherheit oder Korruption.[60] Diese Probleme führen teilweise dazu, dass Unternehmen ihre Produktion entweder von China weg in andere Länder aussiedeln, oder aber ihre Produktion wieder nach Deutschland zurückverlagern. Eine Studie des Fraunhofer Instituts spricht davon, dass nahezu 20% der deutschen Unternehmen, die in den letzten Jahren in China investiert haben, China bereits wieder den Rücken kehren oder dies zumindest planen.[61] Ein ähnliches Phänomen beobachtet die Unternehmensberatung Booz Allen Hamilton in ihrer Studie auch bei internationalen Unternehmen.[62] Generell deuten neuere Forschungen darauf hin, dass Rückverlagerungen eher als *„kurzfristige Korrektur von Fehleinschätzungen und weniger als längerfristige Reaktion auf sich langsam abzeichnende lokale Entwicklungstrends vollzogen werden";* so haben etwa 85% der in der Fraunhofer Studie untersuchten rückverlagernden Unternehmen erst in den letzten vier bis fünf Jahren diese jetzt rückgängig gemachte Produktionsverlagerung ins Ausland vorgenommen.[63] In Tabelle 2-3 werden die Gründe/ Motive für eine Direktinvestition in bzw. Produktionsverlagerung nach China den von den Unternehmen dann vor Ort erfahrenen Nachteilen/Problemen bzw. Gründen einer Rückverlagerung gegenübergestellt.

---

[59] Vgl. GIC (2007), S. 16, Booz Allen Hamilton (2008), S. 2; vgl. weiterhin auch Kinkel et al. (2004), S. 15, DIHK (2009), S. 4 sowie DIHK (2011), S. 18-20.
[60] Vgl. GIC (2007), S. 25, Booz Allen Hamilton (2008), S. 3
[61] Vgl. Kinkel/Maloca (2009), S. 9-10.
[62] Vgl. Booz Allen Hamilton (2008), S. 2. Damit liegt der prozentuale Anteil der Rückverlagerungen noch leicht unter dem Anteil der Verlagerungen, die China zum Zielland haben. In den letzten Jahren ist der Anteil der Rückverlagerer aus China jedoch sprunghaft angestiegen (vgl. Kinkel/Maloca (2009), S. 9). Neben der reinen Rückverlagerung ist jedoch auch interessant, wie sich die Firmen in China entwickeln, die nicht nach kurzer Zeit wieder rückverlagern: Nach vier bis sechs Jahren Marktpräsenz in China weisen 20% der Unternehmen eine negative Umsatzrendite, weitere 20% der Unternehmen eine Umsatzrendite zwischen lediglich 0% und 5% auf (vgl. GIC (2007), S. 17). Siehe auch Kinkel/Maloca (2009), S. 9.
[63] Kinkel/Maloca (2008), S. 5.

Motive einer Direktinvestition/ Produktionsverlagerung nach China	Nachteile/Probleme bzw. Gründe der Rückverlagerung aus China
• Size of the Chinese Market (80%) • Following Key Account Customers (44%) • Low Labour and Production Costs in China (38%) • Low-Cost Sourcing (30%) • China as Platform to Target other Asian Markets (25%)	• Quality of Locally Sourced Products (58%)* • Adherence to Contract Terms (56%)* • Payment Behaviour (54%)* • Competition in China (52%)* • Punctuality of Chinese Suppliers (51%)* • Costs of Logistics (ca 25%)* • Labour Costs (ca. 20%)* • Legal Security (79%)+ • Protection of Intellectual Property (74%)+ • Availability of Qualified HR (74%)+ • Corruption (66%)+ • Availability of Market Data (57%)+

* prozentualer Anteil der befragten Unternehmen, die unzufrieden oder sehr unzufrieden sind;
+ prozentualer Anteil der befragten Unternehmen, die die Faktoren als „Problem" oder als „Major Problem" betrachten

Tab. 2-3: Motive und Probleme von Produktionsverlagerungen nach China
Quelle: GIC (2007), S. 16, 20-22, 25, 28.

Es fällt auf, dass primär zwei Motive für eine Direktinvestition/Produktionsverlagerung entscheidend sind: Erschließung des chinesischen Marktes und kostengünstigere Produktion.[64] Für beide Motive gibt es aber eine ganze Reihe an Nachteilen, die unter Umständen die Vorteile einer Direktinvestition/Produktionsverlagerung erodieren lässt. Hierunter fallen insbesondere der hohe Wettbewerb und die (Nicht-)Verfügbarkeit von Marktdaten für das Motiv der Markterschließung sowie eine geringe Qualität der hergestellten Produkte, die (Un-)Pünktlichkeit der Vertragspartner, hohe Logistikkosten und gestiegene Arbeitskosten für das Motiv der Kostensenkung. Stellvertretend für diese Probleme sollen die beiden Textboxen auf den nächsten Seiten einen kurzen Überblick darüber geben, mit welchen konkreten Problemen solche Unternehmen zu kämpfen haben, die ihre Produktion anhand eigener Investitionen (Vietz GmbH – ein mittelständischer Weltmarktführer im Bereich des Pipelinebaus) oder anhand von Vertragsfertigung (Steiff – ein Premiumhersteller für Spielwaren) ausgelagert haben.

---

[64] Vgl. hierzu auch Booz Allen Hamilton (2008), S. 6-7 sowie DIHK (2011), S. 18-20.

Beispiel 1: Vietz GmbH – Zeitungsausschnitte

„Verloren hatte Eginhard Vietz aus Hannover. Der Chef des gleichnamigen Pipelineunternehmens nahm 2005 in China die Produktion auf. 250 Chinesen standen vier Mitarbeitern aus Hannover gegenüber. „Wir sind Partner, wir sind Freunde", dachte Vietz. Bis er mitbekam, wie seine chinesischen Partner acht Kilometer entfernt die Fabrik als Eins-zu-Eins-Kopie aufbauten. „Die sind über Nacht hin und haben alle Zeichnungen kopiert und dort produziert." Seinen technischen Leiter erwischte er, wie der vom Hauptrechner Datensätze auf seinen Laptop lud. Als dann noch ein Tresor und der Server gestohlen wurden, kam Vietz das Vertrauen abhanden."

Quelle: http://www.welt.de/wirtschaft/article2187955/Was_deutsche_Unternehmen_an_China_stoert.html (Stand 05.06.2010).

„Bei Peking hatte Vietz vor fünf Jahren – auf Druck der chinesischen Behörden und staatlicher Ölfirmen – ein Produktions-Joint-Venture gegründet. „Aber die chinesischen Partnerfirmen hintergingen uns, sie hatten Mitarbeiter in der Firma installiert, die nur das Ziel hatten, möglichst viel Know-how abzuziehen. Also haben wir die Geschäfte allein weitergeführt. Und dann entpuppt sich auch der Betriebsleiter, den ich selbst eingestellt habe, als Kuckucksei. Der haute ab mit einem Laptop voller Baupläne", erinnert sich Vietz. Nach einem Handgemenge kam die Polizei und nahm den Betriebsleiter mit – der aber wenig später wieder auf freiem Fuß war. Doch der Laptop mit den Firmengeheimnissen blieb verschwunden (…) „Viele andere gehen völlig naiv nach Fernost, um Geschäfte zu machen."""

Quelle: http://www.handelsblatt.com/in-china-aufs-kreuz-gelegt-und-daraus-gelernt;2050999 (Stand 05.06.2010).

„Die Entdeckung war so ungeheuerlich, dass Eginhard Vietz es erst nicht glauben konnte. Die gleiche Produktionshalle, eins zu eins nachgebaut. Nur 85 Kilometer entfernt vom Original, der neuen Fabrik in China, die Vietz mit einem einheimischen Partner errichtet hatte, um die bekannten deutschen Vietz-Maschinen für den Pipeline-Bau endlich auch in Asien zu produzieren. Jeden Morgen, an dem der 68-jährige Unternehmer aus Hannover nicht vor Ort war, fuhr ein VW-Bus hin und her. Arbeiter wurden ausgetauscht. Ein Know-how-Transfer auf Rädern."

Quelle: http://www.spiegel.de/wirtschaft/unternehmen/0,1518,648933,00.html (Stand 05.06.2010).

„Chinas Wirtschaft boomt und immer mehr deutsche Mittelständler wollen daran teilhaben. Der Markt ist hart umkämpft – Unternehmer werden regelmäßig von der chinesischen Konkurrenz über den Tisch gezogen. Viele schweigen. Eginhard Vietz nicht mehr. (...) Seit über 10 Jahren ist er auf dem chinesischen Markt tätig. Nach einem Joint Ventures [sic!] in Peking 2003 erwischte er seinen chinesischen Partner dabei, wie der Geld und Technologie in die eigene Firma abzweigte. Einer der Betriebsleiter verschwand sogar mit dem Laptop voller Baupläne. Vietz wusste, dass chinesische Firmen Produkte nachbauen. Mit solchen Methoden hatte er nicht gerechnet. Jetzt sitzt er in China auf einer Produktionshalle mit Maschinen im Wert von über einer Million Dollar – die Firma war aber nie bei den Behörden angemeldet worden. Seine Frau hat das Chinageschäft übernommen, versucht zu retten, was zu retten ist."

Quelle: http://www.dw-world.de/dw/article/0,,1748152,00.html (Stand 05.06.2010).

Beispiel 2: Steiff – Zeitungsausschnitte

„Doch vor ein paar Jahren geriet die Firma in arge Schwierigkeiten. Der Umsatz stockte. Plötzlich galt die Fertigung in Deutschland als zu teuer, hinzu kamen Managementfehler. (...)

Die Folge: Steiff entließ Mitarbeiter und lagerte einen Teil der Produktion an chinesische Auftragshersteller aus. Steiff wurde zu einem Beispiel für die gescheiterte Globalisierungsstrategie eines deutschen Mittelständlers. Im vergangenen Jahr kündigte die Firma an, die Produktion aus China zurückzuholen – und bekam viel Beifall. Steiff produziert künftig in Duisburg, dort wurde jetzt eigens die Weberei Schulte erworben.

Für manch einen war es ein willkommener Beleg dafür, dass die Verlagerung in der globalisierten Wirtschaftswelt keine Einbahnstraße in Billiglohnländer ist. Für Steiff-Geschäftsführer Frechen ist der Strategiewechsel notwendig, damit die Firma überhaupt überleben kann. „Wir sind der teuerste Hersteller, dafür erwarten unsere Käufer Perfektion", sagt Frechen der Süddeutschen Zeitung.

Mit der Qualität bei Teddy & Co hatte es seit dem Start der Fertigung in China nämlich sehr gehapert; viele Stofftiere sortierten die Kontrolleure gleich vor Ort aus. Das hat etwas mit den Produktionsbedingungen dort zu tun, auf welche die Schwaben ebenso wie andere Mittelständler schlecht vorbereitet waren. Einen Teddybären setzen die Näherinnen aus 40 Teilen zusammen, die genau passen müssen. „Sitzt das Glasauge nur einen Millimeter schief, wird aus dem treuherzigen Blick des Bären schnell eine Fratze", meint Frechen. Schielende Stofftiere kann sich die Firma nicht leisten, anders als die Billigkonkurrenz, deren Kuscheltiere für wenige Euros verkauft werden.

Acht bis zwölf Monate Einarbeitungszeit brauchten die Arbeiter bei den chinesischen Lieferanten, um die Kuscheltiere zu nähen. Häufig wechselten sie jedoch nach kurzer Zeit ihren Job. Frechen berichtet, ein Textilbetrieb habe über Nacht einen Großteil seiner Näherinnen verloren, weil ein benachbarter Automobilzulieferer mehr zahlte."

Quelle: http://www.sueddeutsche.de/wirtschaft/stofftiere-steiff-verlaesst-china-der-teddy-kommt-zurueck-1.30480 (Stand 05.06.2010).

„Hinzu kam das Problem langer Lieferzeiten. Die Kuscheltiere waren per Schiff bis zu drei Monate unterwegs. Für Verkaufserfolge wie den Eisbären Knut, der binnen weniger Monate 80.000 Mal bestellt worden war, war das eine zu lange Wartezeit."

Quelle: http://www.welt.de/wirtschaft/article2169124/Steiff_Teddys_sind_zu_kompliziert_fuer_Chinesen.html (Stand 05.06.2010).

„Für Premiumprodukte ist China einfach nicht kalkulierbar." „Wir fertigen künftig wieder alles selber." (Martin Frechen, Geschäftsführer von Steiff)

Quelle: http://www.sueddeutsche.de/wirtschaft/rueckzug-aus-china-steiff-holt-produktion-nach-deutschland-zurueck-1.583637 sowie http://www.tagesspiegel.de/wirtschaft/steiff-hat-genug-von-china/1270788.html (Stand 05.06.2010).

Insgesamt kommen die Forscher des Fraunhofer Instituts in ihren Studien zu dem Schluss, dass *„gerade kostenorientierte Verlagerungsentscheidungen häufig vorschnell getroffen werden und die Gefahr groß ist, dass die Grundlage der Verlagerungsentscheidung nicht tragfähig ist"*. Generell führten *„die getroffenen Standortentscheidungen zu selten zu einer strategischen Verbesserung der betrieblichen Wettbewerbsposition"*.[65] Dennoch scheint das Interesse an Direktinvestitionen in bzw. Produktionsverlagerungen nach China ungebrochen. Es stellt sich demnach die Frage, ob solche Entscheidungen dann noch – wie viele der Internationalisierungstheorien annehmen – rationale Entscheidungen sind, die vorrangig auf der Basis von ökonomischen Gesichtspunkten, Effizienzkriterien oder einer ausführlichen strategischen Analyse getroffen werden.[66]

Anekdotische Hinweise, die in jüngerer Zeit sowohl von wissenschaftlicher als auch von unternehmenspraktischer Seite geäußert wurden, deuten darauf hin, dass dem nicht so ist und dass Unternehmen unter Umständen Risiken der Auslandsinvestition unterschätzt und scheinbar irrationale Produktionsverlagerungsentscheidungen getroffen haben. Es wurde vermutet, dass Unternehmen zum Teil einfach andere Unternehmen imitieren, ohne den Zielmarkt China genau zu analysieren.[67] Das Handelsblatt formulierte kürzlich in dem Beitrag *„Expandieren bis es kracht"* populistisch:

„Die deutschen Unternehmen können garnicht [sic!] genug neue Kapazitäten in China aufbauen. Die absehbaren Risiken spielen keine Rolle, denn: Jeder macht's doch so! (...) Die Manager fühlen sich trotz der Risiken mit ihrer Entscheidung pro China jedoch sicher: Alle, die etwas auf sich halten, machen es ja derzeit genauso. Falls die Strategie scheitert, haben sie damit auch gleich eine Entschuldigung parat."[68]

---

[65] Beide vorgenannte Zitate aus Kinkel et al. (2008), S. 2.
[66] Vgl. zur strategischen Analyse im Allgemeinen zum Beispiel Hungenberg/Wulf (2011), S. 174-198 sowie in einem internationalen Umfeld im Speziellen Kutschker/Schmid (2011), insbesondere Kapitel 6.
[67] Vgl. die Beiträge von Piotti (2007), Reppesgaard (2008), Dohmen (2009), Piotti (2009a), Bund et al. (2010), Piotti (2010). Vgl. zur Imitation von Auslandsmarkteintritten auch den Beitrag von Krenn (2006).
[68] Mayer-Kuckuk (2010a). In einem ähnlichen Artikel mit dem Titel *„Irrationaler Überschwang"* wurde davon gesprochen, dass die *„China-Euphorie die deutsche Wirtschaft fest im Griff"*

Aus diesem Grund erscheint eine Frage als *Startpunkt* – nicht als zentrale Forschungsfrage – dieser Arbeit essentiell:

Warum treffen Unternehmen im Rahmen von Produktionsverlagerungen scheinbar irrationale Internationalisierungsentscheidungen?

Dabei kann zum jetzigen Zeitpunkt nicht beurteilt werden, ob solche Entscheidungen wirklich irrational sind. Aus diesem Grund soll im Folgenden von *scheinbar* irrationalen Entscheidungen bzw. ökonomisch *scheinbar* unvorteilhaften Handlungen gesprochen werden. Nachdem eine kurze Sensibilisierung für das Problem scheinbar irrationaler Produktionsverlagerungen erfolgte, soll nun nach einer adäquaten theoretischen Fundierung für die oben genannte Fragestellung gesucht werden.

2.2 Erklärungslimitationen vielfach genutzter Internationalisierungstheorien für scheinbar irrationale Produktionsverlagerungen

Nachfolgend sollen überblicksartig die Einschränkungen von weit verbreiteten Internationalisierungstheorien erläutert werden um zu begründen, dass möglicherweise eine andere – eher soziologische – Sichtweise für die Erklärung der Internationalisierung von Produktionskapazitäten notwendig ist. Es wird also eine Forschungslücke aufgezeigt, die durch diese Arbeit geschlossen werden soll.

Im Bereich des Internationalen Managements wird eine Vielzahl von Theorien genutzt, um die Internationalisierung von Unternehmen – einschließlich Produktionsverlagerungen – zu erklären. Eine Übersicht häufig zitierter Internationalisierungstheorien findet sich in Abbildung 2-2. Im Rahmen dieser Arbeit können nicht alle abgebildeten Theorien im Detail betrachtet werden. Da in der vorliegenden Untersuchung sowohl direktinvestive als auch nicht-direktinvestive Pro-

---

hat (Mayer-Kuckuk (2010b), S. 6) und das Verhalten der Unternehmen – wie der Titel bereits sagt – als irrational beschrieben.

duktionsverlagerungen behandelt werden, kommen als Erklärung lediglich Theorien aus den Kategorien der direktinvestiven und der übergreifenden Theorien der Internationalisierung in Frage.[69] Die Theorien des Außenhandels werden aus diesem Grund von der weiteren Diskussion ausgeschlossen.

```
                        Theorien internationaler Unternehmungen
                                        |
        ┌───────────────────────────────┼───────────────────────────────┐
  Theorien des                  Theorien der Direktinvestition   Übergreifende Theorien der
  Außenhandels                                                     Internationalisierung

  Ultra-traditionelle Ansätze    Kapitalmarktorientierte Ansätze    Ansätze zur generellen
  • Merkantilismus               • Einfache Zinssatztheorie          Begründung der
  • Theorie der absoluten        • Erweiterte Zinssatztheorie        Internationalisierung
    Kostenvorteile (Smith)       • Währungsraumansatz (Aliber)      • Verhaltenstheorie (Aharoni)
  • Theorie der komparativen     • Portfoliotheorie (Rugman)        • Ansätze imperialistischer
    Kostenvorteile (Ricardo)                                          Begründung
  • Faktorproportionentheorem    Theorie des monopolistischen       • Ansätze der Kostendegression
    (Heckscher/Ohlin)            Vorteils
                                 (Hymer)                            Ansätze zur Begründung
  Traditionelle Ansätze                                             unterschiedlicher Formen der
  • (Nicht-)Verfügbarkeitsansatz                                    Internationalisierung
    (Kravis)                     Theorie des oligopolistischen      • Produkt(lebens)zyklusansatz
  • Theorie der technologischen  Parallelverhaltens                   (Vernon)
    Lücke (Posner)               (Knickerbocker/Graham)             • Standortansätze
  • Nachfragestrukturhypothese                                      • Diamant-Ansatz (Porter)
    (Linder)                     Handelsschrankenansatz             • Internalisierungstheorie
                                                                    • Eklektisches Paradigma
                                                                      (Dunning)
                                                                    • Internationalisierungsprozess-
                                                                      forschung (Uppsala-Schule)
```

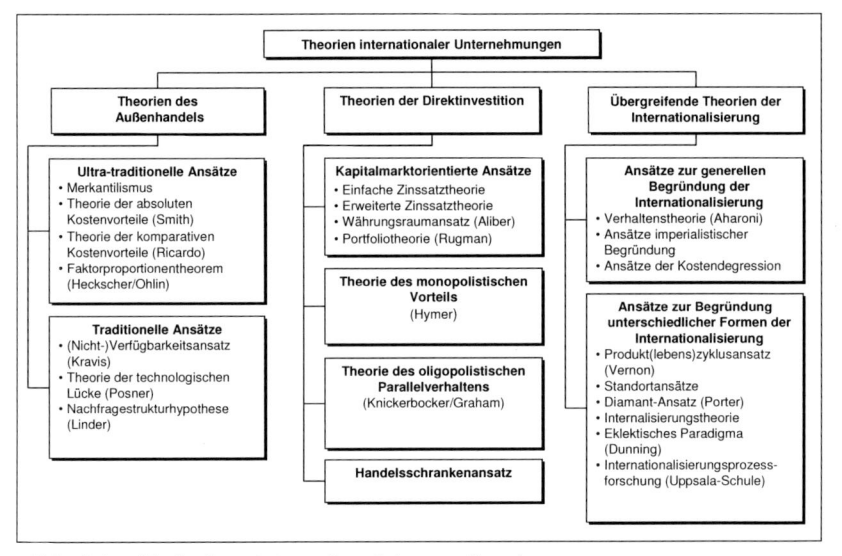

Abb. 2-2: Verbreitete Internationalisierungstheorien
Quelle: übernommen aus Kutschker/Schmid (2011), S. 383.

In Abschnitt 1 wurde bereits angesprochen, dass Unternehmen womöglich irrational in ihren Internationalisierungsentscheidungen handeln und andere Unternehmen – vielleicht sogar ohne eine genaue Analyse des Zielmarktes – imitieren. Um hierfür eine Erklärung zu finden, müsste eine Theorie zugrunde gelegt werden, die kein rein nutzenmaximierendes bzw. ökonomisch rationales Handeln, d. h. kein funktionalistisches Kosten-Nutzen-Kalkül der Akteure, beinhaltet. Es müsste vielmehr eine Theorie als Basis dienen, die auch eine Erklärung für das weiter oben skizzierte imitative Verhalten – etwa auf Basis verhaltens-

---

[69] Bei strenger Auslegung müssten auch die Theorien der Direktinvestition aus der weiteren Betrachtung ausgeschlossen werden, da sie nur direktinveste Internationalisierung erklären und die ebenfalls im Rahmen dieser Arbeit thematisierten nicht-direktinvestiven Produktionsverlagerungen – etwa in Form der Vergabe von Auftragsfertigung – vernachlässigen.

theoretischer Überlegungen – mit einbezieht.[70] Die Großzahl der in Abbildung 2-2 vorgestellten Ansätze scheidet aus diesem Grund von der weiteren Betrachtung aus.[71] Lediglich die Theorie des oligopolistischen Parallelverhaltens (und hier speziell die Follow-the-Leader-These) sowie die Verhaltenstheorie von Aharoni könnten auf den ersten Blick wichtige Anhaltspunkte für das vermutete Phänomen geben. Die Follow-the-Leader-These könnte deshalb relevant sein, weil sie ein imitatives Verhalten beschreibt, welches weiter oben als mögliche Begründung für eine scheinbar irrationale Produktionsverlagerungsentscheidung genannt wurde („Jeder macht's doch so!"). Der Ansatz von Aharoni bezieht neben rationalen und ökonomischen Überlegungen zusätzlich soziologische bzw. verhaltenstheoretische Überlegungen mit ein und könnte deshalb weitere wichtige Hinweise zu scheinbar irrationalem Verhalten geben. Im Folgenden soll deshalb überprüft werden, ob ein scheinbar irrationales Verhalten der Imitation von Wettbewerbern durch diese beiden Theorien erklärt werden kann.

Da die Tauglichkeit der Theorien zur Erklärung eines imitativen Verhaltens entscheidend ist, soll nachfolgend keine umfassende Erklärung und Prüfung der Theorien anhand eines umfangreichen Kriterienkataloges erfolgen, sondern sich im Rahmen einer verbalen Argumentation neben einer kurzen Vorstellung der Theorien darauf konzentriert werden, ob das Phänomen der Imitation sowie der scheinbar irrationalen Produktionsverlagerungen durch diese beiden Theorien ausreichend erklärt werden kann.

---

[70] Im Rahmen dieser Arbeit ist es nicht möglich, jede einzelne Theorie grundlegend zu diskutieren. Eine detaillierte Beschreibung aller in Abbildung 2-2 genannten Theorien findet sich in Kutschker/Schmid (2011), S. 384-472. Für eine kritische Gesamtbetrachtung der in Abb. 2-2 vorgestellten Theorien sei verwiesen auf Kutschker/Schmid (2011), S. 473-481. Insbesondere kritisiert wird die Verhaftung der meisten der Internationalisierungstheorien im von Burrell/Morgan (1979) erwähnten funktionalistischen Paradigma; siehe dazu auch den Beitrag von Beschorner/Fischer et al. (2004), insbesondere S. 12-16; „Das im Mainstream der Disziplin vorherrschende Paradigma [das funktionalistische Paradigma, Anm. d. Verf.] verhindert heute mehr denn je ein angemessenes Erkennen, Verstehen und Erklären von Unternehmen in ihrer Beziehung zu sich selbst und zu ihrer wirtschaftlichen und gesellschaftlichen Umwelt" (S. 12). Siehe hierzu auch Frank (2009), S. 308-309. Zu einer Kritik der Klassifizierung von Burrell/Morgan siehe stellvertretend die hervorragenden Beiträge von Chua (1986) und Deetz (1996).

[71] Vgl. auch Meckl (2010), S. 71-72.

2.2.1 Theorie des oligopolistischen Parallelverhaltens

Unter der Theorie des oligopolistischen Parallelverhaltens werden insbesondere zwei zentrale Strömungen zusammengefasst: Die „Cross-Investment-These" sowie die „Follow-the-Leader-These".[72] Die „Cross-Investment-These" sagt aus, dass ein Unternehmen A dann in einem fremden Land investiert, wenn ein Wettbewerber B aus diesem Land zuvor im Heimatland des Unternehmens A investiert hat. Für die Erklärung der Imitation von Auslandsmarkteintritten, ist jedoch die „Follow-the-Leader-These" ausschlaggebend. Diese geht davon aus, dass Unternehmen in den Ländern investieren, in welche ihre Wettbewerber investiert haben. Die These geht im Wesentlichen zurück auf Knickerbocker, der dieses Phänomen in seiner Dissertationsschrift empirisch untersucht hat.[73] Ausgehend von einer kurzen Begriffsbeschreibung des Oligopols und des Produktlebenszyklusmodells[74] analysiert Knickerbocker die Auslandsinvestitionen großer US-amerikanischer Unternehmen in den Jahren 1948 bis 1967.[75] Er nutzt dazu die Daten der „Multinational Enterprise Study", einer durch die Harvard Business School erhobenen großzahligen Datenbasis von etwa 200 großen US-Unternehmen und deren Tochtergesellschaften in etwa 20 Ländern.[76] Knickerbockers Basisannahme lässt sich auf die folgenden Sätze reduzieren:

„When one product pioneer, for any number of reasons, established a manufacturing subsidiary in a foreign market, its industry rivals faced a number of risks if they did not mimic the move. The loss of their export sales was only one risk. The foreign investor, armed perhaps with new

---

[72] Vgl. Kutschker/Schmid (2011), S. 419-422.
[73] Knickerbocker definiert das von ihm untersuchte Phänomen als *„an interactive kind of corporate behavior by which rival firms in an industry composed of a few large firms counter on another's moves by making similar moves themselves"* (Knickerbocker (1973), S. 1).
[74] Knickerbockers Argumentation zielt dabei insbesondere auf solche Unternehmen ab, die „product pioneers" sind; hiermit bezeichnet er innovative Unternehmen, die aufgrund ihrer erhöhten Wettbewerbsfähigkeit keinen Wettbewerb mit importieren Produkten bestreiten müssen und zugleich Kernkompetenzen aufbauen konnten, die sie auf ausländischen Märkten nutzen können (vgl. Knickerbocker (1973), S. 13). Nach seiner Argumentation sind es auch genau diese Voraussetzungen, die solche Firmen zu Oligopolisten werden lassen, indem sie die Fähigkeit besitzen, Produktinnovationen hervorzubringen, diese in die Massenproduktion zu überführen und dann auch großzahlig zu vertreiben (vgl. Knickerbocker (1973), S. 18-19).
[75] Vgl. Knickerbocker (1973), S. 4-34.
[76] Vgl. Knickerbocker (1973), S. 32-34.

marketing, manufacturing, or research skills acquired by its subsidiary, might challenge its rivals' market positions in other foreign countries and even in the United States. Given the prospect that the competitive equilibrium of the industry could be upset, the rivals frequently felt compelled to match the move of the first investor. Checkmating guaranteed that no one firm would gain an insurmountable upper hand."[77]

Die Direktinvestition eines oligopolistischen Wettbewerbers im Ausland führt also nach Knickerbockers Annahme zu einer Störung des oligopolistischen Gleichgewichtes im Heimatmarkt. Das betrachtete Unternehmen ahmt nun den Wettbewerber mit einem ähnlichen Auslandsengagement im gleichen Zielmarkt nach.[78] Damit wird quasi die wettbewerbsstrategische Ausgangssituation wieder hergestellt.[79] Knickerbocker erwähnt in einer eher intuitiven Argumentationskette eine ganze Reihe an Vorteilen, welche ein Unternehmen A im Rahmen einer Direktinvestition möglicherweise hat. Hierzu gehören sowohl produktionsorientierte als auch absatzorientierte Argumente:[80]

- Unternehmen A kann mit dem Aufbau einer lokalen Produktion Skaleneffekte erzielen
- Unternehmen A hat unter Umständen Zugriff auf innovative Technologien im Zielmarkt
- Unternehmen A kann sich wichtige Rohstoffe im Zielmarkt sichern, was insbesondere in vertikal stark integrierten Branchen eine Rolle spielt

---

[77] Knickerbocker (1973). Diese Aussage erfolgt zu Beginn der Arbeit im Abstract, welches ohne Seitenangabe der Arbeit vorangestellt ist.
[78] Vgl. Kreikebaum et al. (2002), S. 63.
[79] Vgl. Knickerbocker (1973), S. 6. Knickerbocker spricht weiter auf S. 24f. von den Vorteilen dieser „Matching"-Strategie: „*To illustrate, if firm B matched, move for move, the acts of its rival, firm A, B would have roughly the same chance as A to exploit each new foreign market opportunity. Thus for each new market penetrated by both A and B, B's gains, either in terms of earnings or in terms of the acquisition of new capabilities, would parallel those of A. And if some of firm A's moves turned out to be failures, B's losses would be in the range of those of A. Neither firm would be better or worse off. From the point of view of firm B, this matching strategy guaranteed that its competitive capabilities would remain roughly in balance with those of firm A.*"
[80] Vgl. nachfolgend Knickerbocker (1973), S. 26-29.

- Unternehmen A könnte die lokale Regierung beeinflussen, tarifäre oder nicht-tarifäre Restriktionen auf den Import zu erlassen und somit eine Monopolstellung im Ausland einnehmen
- Unternehmen A könnte die lokale Regierung beeinflussen, keine weiteren Investitionen von Wettbewerbern zuzulassen
- Unternehmen A könnte durch eine eigene Produktionsstätte im Ausland als lokales Unternehmen wahrgenommen werden, was insbesondere bei zunehmend nationalistischen Tendenzen vorteilhaft ist
- Unternehmen A kann Produkte und Werbekampagnen genauer dem Zielmarkt anpassen
- Unternehmen A kann sich eigene Distributionskanäle im Zielmarkt sichern.

Diese potentiellen Vorteile des Unternehmens A veranlassen ein Unternehmen B, die Strategie des Unternehmens A – insbesondere den Aufbau einer lokalen Produktion im Zielmarkt – relativ zügig nachzuahmen, um Unsicherheit zu vermeiden und sich selbst in eine dem des Wettbewerbers ähnliche strategische Position zu begeben. Knickerbockers Annahme des Parallelverhaltens basiert also auf wettbewerbsstrategischen Motiven und bezieht sich implizit auf die nicht-kooperative Spieltheorie.[81] Nach der Sichtweise Knickerbockers imitieren Unternehmen ihre direkten Wettbewerber, indem sie dort investieren, wo ihre Wettbewerber zuvor investiert haben. Die Planung und Durchführung solcher (defensiven) Direktinvestitionen im Ausland stellt jedoch nach Knickerbocker eine sehr rationale Entscheidung – basierend auf spieltheoretischen bzw. wettbewerbsstrategischen Motiven – dar und kann demnach das wahrgenommene scheinbar irrationale Verhalten von Produktionsverlagerungen nach China nicht ausreichend erklären.[82]

---

[81] Vgl. Kreikebaum et al. (2002), S. 63-64; vgl. auch Vernon (1974), S. 100. Knickerbocker (1973), S. 5 vergleicht das Verhalten der Marktteilnehmer mit einem Schachspiel: „*Each oligopolist, as if he were playing a game of chess, combines moves to improve his own offensive position with moves to offset his opponent's attempts to build an attack.*"

[82] Auch wenn Knickerbocker die Vermeidung von Unsicherheit als ein zentrales Thema betrachtet, so fußt seine Argumentation auf spieltheoretischen und wettbewerbsstrategischen Überlegungen und nicht auf verhaltenstheoretische Annahmen, wie sie in Kapitel 2.1 dieser Arbeit kurz umrissen werden (vgl. Knickerbocker (1973), S. 22-24).

Weiterhin ist die Theorie des oligopolistischen Parallelverhaltens lediglich ein Partialansatz, der die Imitation von Direktinvestitionen in spezifischen oligopolistischen Branchen – und damit stellvertretend für *„a few large firms"* – zu erklären versucht.[83] Andere Formen der Internationalisierung, eine branchenübergreifende Begründung sowie Unternehmen in polypolistischen Branchen schließt Knickerbocker in seiner Argumentation genauso aus wie offensive (Erst-)investitionen.[84] Insgesamt konnte Knickerbocker zwar die Existenz von gebündelten Direktinvestitionen amerikanischer Unternehmen im Ausland aufzeigen, einen kausalen Zusammenhang zu der Annahme des oligopolistischen Parallelverhaltens jedoch nicht zweifelsfrei nachweisen.[85]

2.2.2 Verhaltenstheorie nach Aharoni

Der zweite Ansatz, der auf den ersten Blick imitatives Verhalten erklären könnte, ist der verhaltenstheoretische Ansatz von Aharoni. Dieser entspringt – ebenfalls wie der Ansatz des oligopolistischen Parallelverhaltens – einer Dissertationsschrift, die an der Harvard Business School eingereicht wurde. Aharoni versucht anhand der Beobachtung des Internationalisierungsverhaltens von 38 ausländischen Unternehmen, die a) entweder in Israel investiert oder b) eine Investition in Erwägung gezogen, aber letztlich doch nicht vorgenommen haben, eine Internationalisierungstheorie zu entwickeln. Ergänzt wurde das Sample durch eine Befragung von Regierungsangehörigen und Beratern, die Investitionen in Israel fördern sollten.[86] Aharoni stellt einen vierstufigen Ansatz vor, anhand dessen er ausländische Direktinvestitionen erklärt:

1. The Decision to Look Abroad[87]

Unter dieser ersten Stufe führt Aharoni eine ganze Reihe an Argumenten auf, warum Unternehmen bestimmte Zielländer für ein Investment in Erwägung zie-

---

[83] Vgl. Knickerbocker (1973), S. 5, 8.
[84] Knickerbocker (1973), S. 1, vgl. auch Knickerbocker (1973), S. 8.
[85] Zu den Einschränkungen von Knickerbockers Studie sei auch verwiesen auf Kutschker/ Schmid (2011), S. 422 sowie Krenn (2006), S. 14.
[86] Aharoni (1966), S. 11.
[87] Vgl. nachfolgend für diese erste Stufe – soweit nicht anders angegeben – Aharoni (1966), S. 49-75.

hen und warum nicht. Aharoni erklärt also in einem ersten Schritt nicht die Gründe für oder gegen ein Investment, sondern die Gründe, warum Unternehmen ein Zielland für ein Investment grundsätzlich in Erwägung ziehen bzw. warum nicht. Er spricht zum Beispiel von einem „hypothetischen" Mr. Smith, der morgens in der Zeitung liest, dass sich das Investitionsklima in Sambia verbessert hat. Dennoch würde Mr. Smith nicht automatisch schlussfolgern, dass Sambia ein attraktives Ziel für eine Investition sei und dies schon gar nicht seinem Vorgesetzen vorschlagen. Mr. Smith würde dies nicht tun, *„because he believes Africa is „too risky". Precisely because he does not know enough about it, he bases his opinion on some generally held belief. For him an investment in Zambia is full of unknowns. Unknowns create uncertainty. Why bother with uncertainties when there are other opportunities on much more familiar ground?"*[88] Neben diesen spielen auch weitere Prädispositionen – wie die persönliche Risikoneigung des Managers – eine große Rolle, da laut dem hypothetischen Beispiel Aharonis die negativen Folgen für den Manager, dessen Investmentvorschlag in Sambia durch das Top-Management abgelehnt wird oder gar scheitert, höher sind, als die möglichen Vorteile eines erfolgreichen Investments.

Aharoni nennt in diesem ersten Schritt fünf konkrete Motive, die als Begründung dafür dienen können, eine Investition in einem *bestimmten* Land in Erwägung zu ziehen:

- ein starkes Interesse eines oder mehrerer Top-Manager des Unternehmens, in einem bestimmten Zielland zu investieren
- eine Anfrage von außerhalb des Unternehmens, die nicht einfach ignoriert werden kann – dies kann zum Beispiel eine Anfrage von

---

[88] Aharoni (1966), S. 52. Wie noch zu zeigen sein wird, scheint die öffentliche Meinung durchaus einen starken Einfluss auf Investitionsentscheidungen zu haben. Dennoch bleibt Aharoni gerade hier unklar, woher dieser Einfluss spezifisch kommt und wie er wirkt. Weiterhin argumentiert Aharoni stark hypothetisch, intuitiv und nutzt in seiner Arbeit einen induktiven Forschungsansatz. Daneben enthält diese Aussage auch die Vermutung, dass Legitimierungszwänge eine solche Entscheidung stark beeinflussen – auch hier führt Aharoni jedoch eher eine intuitive als eine theoretisch fundierte Argumentation. Für das im Rahmen dieser Arbeit im Zentrum der Betrachtung liegende Land China müsste man an dieser Stelle fragen, ob es Aharoni eher zu den „unknowns" und „uncertainties" oder aber zu dem „familiar ground" zählt; er gibt hier keine klaren Richtlinien bezüglich einer Einordnung eines bestimmten Landes. Da Aharoni später insbesondere auch Investitionen in Entwicklungsländer als sehr risikoreich betrachtet, müsste man wohl nach seiner Logik China als eher nicht investitionswürdig ansehen.

wichtigen Distributoren oder Kunden sein, oder aber eine Anfrage/ Aufforderung einer ausländischen Regierung[89]

- die Angst, Marktanteile gegenüber einem Wettbewerber zu verlieren
- ein sogenannter „Band Wagon"-Effekt – bzw. Gruppenzwang oder Herdenverhalten – nach dem dort investiert wird, wo andere Unternehmen auch investieren[90]
- ein starker Wettbewerb im Heimatmarkt durch ausländische „Eindringlinge"[91].

Von den oben genannten Motiven ist insbesondere der beschriebene „Band Wagon"-Effekt interessant, da dieser imitatives Verhalten beinhaltet und das wahrgenommene scheinbar irrationale Internationalisierungsverhalten deutscher Unternehmen nach China beschreiben kann. Dennoch bleibt Aharoni gerade hier unspezifisch und vermischt volkswirtschaftliche bzw. spieltheoretische Ansätze wie das Herdenverhalten mit eher soziologischen Sichtweisen wie Managementmoden oder „Fads".[92] Knickerbocker sieht deshalb in der Argumentationslinie Aharonis eher spieltheoretische Züge.[93] Aharoni selbst nimmt jedoch auch Bezug darauf, dass Unternehmen unter Umständen mehr oder weniger blind der Masse folgen, da er in *einem einzigen* seiner Interviews hierfür ein Indiz von *einem einzelnen* Manager erhalten hat. Der interviewte Manager gab an: *„I guess we have to do it. Everybody is going there."*[94] Genau dieser Fakt ist

---

[89] Dieses Motiv, welches Aharoni induktiv aus seinen geführten Interviews ableitet, könnte mit dem „Isomorphismus durch Zwang" von DiMaggio/Powell gleichgesetzt werden, wie später noch aufgezeigt wird.

[90] Dieses Motiv weist stellenweise Ähnlichkeiten zum „Mimetischen Isomorphismus" von DiMaggio/Powell auf, wie später noch gezeigt wird.

[91] Dieses Motiv könnte man mit dem insbesondere von Graham beschriebenen oligopolistischen Parallelverhalten in Form der „Cross-Investment-These" gleichsetzen.

[92] Zu einer ausführlichen Diskussion des Herdenverhaltens sei verwiesen auf Freiberg (2004). Zu einer Unterscheidung zwischen dem Herdenverhalten und der soziologischen Sichtweise sei verwiesen auf Abschnitt 3.1.2.3 und dort insbesondere Fußnote 200. Zu Beiträgen über Managementmoden und „Fads" siehe die Beiträge von Abrahamson (1996) und Kieser (1997). Eine genaue Abgrenzung solcher Moden von anderen imitativen Verhaltensweisen wird in der Literatur dabei nicht vorgenommen. Siehe hierzu auch Abschnitt 3.2.1.

[93] Vgl. Knickerbocker (1973), S. 25. Knickerbocker bezieht sich hier direkt auf die Aussage Aharonis, dass *„when several companies in the same industry went abroad, others felt compelled to follow suit in order to maintain their relative size and their relative rate of growth"* (Aharoni (1966), S. 65-66) bzw. dass *„imitating the commitments of a leader on the grounds that one is less vulnerable if his exposures are the same as those of his principal competitors"* (Aharoni (1966), S. 66). Aharoni argumentiert jedoch noch anhand weiterer Plausibilitätsaussagen, auf die Knickerbocker nicht weiter eingeht.

[94] Aharoni (1966), S. 66.

für die Erklärung der scheinbar irrationalen Produktionsverlagerungen von größtem Interesse – leider bleibt Aharoni hier jedoch nur an der Oberfläche und bietet keine theoretische Fundierung für ein solches Verhalten. Insgesamt sind die im Rahmen seiner Arbeit unter dem sogenannten „Band Wagon"-Effekt subsumierten Phänomene mehr eine lose Aneinanderreihung verschiedener möglicher Motive, die auf irgendeine Art und Weise ein imitatives Verhalten beinhalten als eine theoretisch fundierte Hilfe zum Verständnis des Verhaltens der Unternehmen. Der Sinn dieser ersten Stufe ist laut Aharoni „to gather information that will serve as a basis for an intelligent decision".[95] Er bleibt aber auch hier unklar, was genau er unter einer solchen „intelligenten" Entscheidung versteht.

2. The Investigation Process[96]

Der nächste Schritt ist laut Aharoni die genaue Analyse der verschiedenen (durch Stufe 1 bereits eingegrenzten) Investitionsalternativen. Hier werden insbesondere die Unternehmensumwelt und unternehmensinterne Faktoren analysiert. Aharoni präsentiert dazu eine ausführliche Liste mit möglichen Faktoren, zum Beispiel der allgemeinen politischen Umwelt, dem Rechtssystem, Freihandelsvereinbarungen, der Größe des Marktes, der Intensität des Wettbewerbs, Produktions-/Arbeitskosten usw. Aharoni greift hier also auf eine sehr rationale bzw. technische Analyse verschiedener Faktoren zurück.[97] Dennoch vermutet er („The author cannot imagine..."), dass ein Manager nicht fähig ist, alle diese genannten Größen für alle möglichen Zielländer im Detail zu analysieren und argumentiert, dass deshalb gerade die erste Stufe von hoher Wichtigkeit ist, bei der die möglichen Zielländer stark eingegrenzt werden. Auch geht Aharoni davon aus, dass gar nicht alle zur Verfügung stehenden Informationen genutzt und ausgewertet werden (können). Aharoni postuliert anschließend, dass die Wahrscheinlichkeit einer Auslandsinvestition umso höher ist, je mehr Informationen über das Zielland vorliegen. Aus diesem Grund sieht er in einer Investition

---

[95] Aharoni (1966), S. 75.
[96] Vgl. nachfolgend für diesen Abschnitt – soweit nicht anders angegeben – Aharoni (1966), S. 76-121.
[97] Aharoni leitet diese Faktoren von der „Foreign investments checklist – some factors for consideration by U.S. businessmen in exploring investment abroad" ab, einer vom US-amerikanischen Außenhandelsministerium veröffentlichen Checkliste für US-amerikanische Unternehmen, die im Ausland investieren wollen.

in Entwicklungsländer keine große Attraktivität. Dem vorher dargestellten „Band Wagon"-Effekt spricht er demnach eher eine schwache Wirkung zu, sofern für das Zielland eher wenige Informationen vorhanden sind.[98]

Einer der wichtigsten Einflüsse dafür, welche der oben genannten Faktoren genau untersucht werden, hängt laut Aharoni eng mit der Art der Initialkraft zusammen, die das Auslandsprojekt angeregt hat. Wenn ein Top-Manager ein bestimmtes Projekt in einem bestimmten Land vorschlägt, werden – laut Aharoni – oftmals nur bestimmte Einflussfaktoren für genau dieses spezifische Projekt untersucht; eine vergleichende Analyse mit ähnlichen Projekten in anderen Ländern unterbleibt in diesem Falle.[99] Damit könnte – bei breiterer Auslegung – das Phänomen beschrieben werden, dass Unternehmen zum Beispiel spezifisch untersuchen, ob sich eine Produktionsverlagerung nach China lohnen könnte und bei einem positiven Schluss dann keine weiteren (möglicherweise sogar ökonomisch besseren) Alternativen suchen. Warum allerdings eine Vielzahl an Unternehmen scheinbar irrationale Entscheidungen trifft und ihre Produktion ins Ausland verlagert, obwohl scheinbar die objektiven Gründe gar nicht gegeben sind, kann Aharoni nicht ausreichend erklären.[100]

Aharoni führt weiter aus, dass in dieser Stufe insbesondere ein hohes Maß an Risiko und Unsicherheit eine Investition weniger wahrscheinlich machen, da die meisten Manager Entwicklungsländer als *"inefficient, nationalistic, unstable, and corrupt"* beschreiben und deshalb von einem Investment Abstand nehmen.[101] Dies scheint jedoch der kürzlich in der Presse propagierten subjektiven Empfin-

---

[98] Diese Argumentation von Aharoni ist unter Umständen widersprüchlich mit der großen Anzahl an Produktionsverlagerungen nach China: Hier klagen Unternehmen, die ihre Produktion nach China verlagert haben, immer wieder, dass sie gar nicht die notwendigen Informationen für ein erfolgreiches Agieren haben – und unternehmen einen solchen Schritt trotzdem (vgl. hierzu z. B. die Studien von GIC (2007) sowie Booz Allen Hamilton (2008)).

[99] Vgl. Aharoni (1966), S. 82-83.

[100] Aharoni führt für eine erleichterte Investitionsentscheidung die oben erwähnte „Foreign investments checklist" an, mit der eine Entscheidung für eine Investition theoretisch ökonomisch rational ausfallen müsste.

[101] Aharoni (1966), S. 94. Aharoni nennt hier insbesondere Asien und Afrika als solche Regionen, von denen Manager Abstand nehmen (*"I shall think twice before I shall go to Asia or Africa. They are too risky."*) – aufgrund dieser aber nunmehr etwa 45 Jahre zurückliegenden Einschätzung und den geänderten Rahmenbedingungen insbesondere in Asien kann diese Aussage sicher in Aharonis Sinne so pauschal nicht mehr getätigt werden. Dennoch gehören noch immer ein Großteil der asiatischen Staaten zu den Entwicklungsländern und dürften deshalb – laut Aharoni – als nicht sonderlich attraktiv für ein Investment gelten.

dung zu widersprechen, dass den Unternehmen Risiken bei Investitionsentscheidungen in Entwicklungsländern – wie im vorliegendem Fall China – eher egal sind und sie dennoch investieren.[102]

3. The Decision to Invest sowie 4. Reviews and Negotiations[103]

Die letzten beiden Stufen in Aharonis Modell zeichnen vor allem unternehmensinterne Verhandlungen vor und nach der eigentlichen Entscheidungsfindung nach und stellen somit die finale Entscheidung hauptsächlich als einen Kompromiss divergierender Interessen verschiedener Akteure im Unternehmen dar. Letztlich kann es durch solche „Kompromisslösungen" unter ökonomischen Gesichtspunkten zu suboptimalen Investitionen kommen.

Insgesamt ist es Aharonis Verdienst, verhaltenswissenschaftliche Erkenntnisse bei der Analyse von Auslandsinvestitionen zu berücksichtigen und dadurch zu zeigen, dass Internationalisierungsentscheidungen nicht zwangsläufig rational bzw. ökonomisch optimal ablaufen.[104] Damit leistet Aharoni einen wertvollen Beitrag für ein besseres Verständnis der betriebswirtschaftlichen Realität, ohne dabei normative Gestaltungsempfehlungen zu geben.[105] Dies ist auch insofern erfrischend, als dass es insgesamt bisher nur sehr wenige Ansätze zur Erklärung der Internationalisierung zu geben scheint, die nicht im Burrell/Morganschen funktionalistischen Paradigma verortet sind und damit eben gerade nicht

---

[102] Vgl. Mayer-Kuckuk (2010a). Für die Klassifikation Chinas als Entwicklungsland sei z. B. verwiesen auf die Einteilung des Bundesministeriums für wirtschaftliche Zusammenarbeit und Entwicklung unter http://www.bmz.de/de/ministerium/zahlen_fakten/DAC_Laenderliste_ Berichtsjahre_2011_2013.pdf.

[103] Vgl. nachfolgend für diesen Abschnitt – soweit nicht anders vermerkt – Aharoni (1966), S. 122-172

[104] Vgl. Bäurle (1996), S. 57, Kutschker/Schmid (2011), S. 427-433 sowie Holtbrügge/Welge (2010), S. 61. Aharoni nimmt selbst darauf Bezug, wie wichtig eine Loslösung von herkömmlichen Theorien ist, um die in der Realität wahrgenommenen Phänomene zu erklären: *„Economic theory does not pretend to mirror reality. It only claims, by a process of simplification, to isolate some significant strands in economic causal sequences, and to describe how these strands operate. Economic theory, therefore, is rarely either right or wrong; it is only more or less useful, depending upon whether the necessary simplification constitutes a very large or very small deviation from reality. My conclusion, nevertheless, reached over a long period of time, was that the simplifying assumptions of classical economic theory represented so gross a departure from reality that the theory was an extremely inefficient frame of reference from which to observe, project, and prescribe on the subject of capital investment."* (Aharoni (1966), S. ix).

[105] Vgl. Kutschker/Schmid (2011), S. 432. Siehe auch Meckl (2010), S. 74.

primär Ursache-Wirkungsbeziehungen aufzeigen wollen.[106] Daneben will Aharoni mit seinem Konzept nicht nur Internationalisierungsentscheidungen erklären, sondern will sein Konzept auf die Erklärung aller unter Unsicherheit stattfindenden Unternehmensentscheidungen ausweiten.[107]

Dennoch kann auch Aharonis Modell das beobachtete scheinbar irrationale Verhalten deutscher Unternehmen, die ihre Produktion nach China verlagern, nicht vollständig erklären.[108] Auch wenn Aharoni bereits scheinbar irrationales Internationalisierungsverhalten in seine Argumentation einbezieht, so handelt es sich dabei mehr um eine theorielose Beschreibung bzw. strukturierte Darstellung anekdotischer Evidenz, die dann in einer intuitiven Argumentationskette zu einem Modell verknüpft wird, als um eine theoretisch fundierte Erklärung dieses Phänomens.[109] Insbesondere der von ihm genannte „Band Wagon"-Effekt könnte einen wertvollen Beitrag zur Erklärung des scheinbar irrationalen Verhaltens liefern – Aharoni fasst jedoch unter diesem Begriff verschiedene Perspektiven (z. B. eine spieltheoretische und eine eher verhaltenswissenschaftliche geprägte Sichtweise) zusammen. Eine weiterführende und vor allem trennschärfere Argumentation wäre jedoch gerade in diesem Fall nicht nur hilfreich, sondern essentiell gewesen. Dieser „Band Wagon"-Effekt wurde von Aharoni nicht theoretisch begründet, sondern nur anhand einer einzigen Aussage eines einzelnen Managers[110] beschrieben und daraus gefolgert, dass ein solcher Mechanismus im Rahmen von Internationalisierungsentscheidungen (auch) einen gewissen Einfluss haben könnte. Schließlich reduziert sich Aharonis Argumentation auf Direktinvestitionen; Produktionsverlagerungen werden jedoch häufig auch durch die Vergabe von Auftragsfertigung vorgenommen.

---

[106] Vgl. die Beiträge von Burrell/Morgan (1979), Gioia/Pitre (1990) sowie Scherer (2006), S. 35-38, Schmid/Oesterle (2009), S. 15-17 und Kutschker/Schmid (2011), S. 475. Vgl. zur Vorherrschaft funktionalistischer Theorien in der Organisationsforschung den Beitrag von Beschorner/Fischer et al. (2004) sowie Frank (2009), S. 308-309.
[107] Vgl. Aharoni (1966), S. 3.
[108] Vgl. für eine umfangreiche kritische Würdigung Kutschker/Schmid (2011), S. 431-433 sowie Holtbrügge/Welge (2010), S. 61-62. Nachfolgend soll nur auf die Punkte kritisch Bezug genommen werden, die mit dem Phänomen der scheinbar irrationalen Produktionsverlagerungen in Verbindung stehen.
[109] Vgl. dazu auch die kritische Würdigung von Bäurle (1996), S. 57.
[110] Vgl. Aharoni (1966), S. 66.

2.3 Zwischenfazit und Forschungslücke

Wie aus der bisherigen Diskussion ersichtlich wurde, vermögen die am häufigsten genutzten Internationalisierungstheorien das Phänomen scheinbar irrationaler Produktionsverlagerungen nicht ausreichend zu erklären.[111] Selbst die Ansätze, die ein imitatives Verhalten – welches als mögliche Ursache für das beschriebene Phänomen der scheinbar irrationalen Produktionsverlagerungen vermutet wird – berücksichtigen, sind insgesamt sehr vage und entweder von spieltheoretischem Hintergrund (Knickerbocker) oder aber intuitiver Natur (Aharoni). Damit besteht *folgende Forschungslücke*, welche die vorliegende Arbeit besetzen möchte:

Etablierte Internationalitätstheorien können scheinbar irrationale Handlungsweisen bei internationalen Produktionsverlagerungen nicht ausreichend erklären. Alternative Theorien wurden zur Erklärung dieses Phänomens bisher nicht ausreichend herangezogen. Aus diesem Grund bedarf es einer Theorie als Grundlage, die das scheinbar irrationale Produktionsverlagerungsverhalten deutscher Unternehmen offenlegt.

Der Neo-Institutionalismus kann als theoretische Fundierung zur besseren Erklärung dieses Phänomens beitragen.[112] Aus diesem Grund soll im nächsten Abschnitt der Neo-Institutionalismus näher vorgestellt werden.

Es soll an dieser Stelle nochmals darauf hingewiesen werden, dass sich die folgende Diskussion nicht nur auf scheinbar ökonomisch nicht sinnvolle Produktionsverlagerungen nach China bezieht, sondern auf Produktionsverlagerungen nach China im Allgemeinen – dies insbesondere auch deshalb, weil eine neo-

---

[111] Auch die ressourcenbasierten Ansätze sowie die Industrial-Organization-Ansätze, die sich zwar nicht ausschließlich der Erklärung der Internationalisierung widmen aber dennoch oft für die Erklärung herangezogen werden, werden dafür kritisiert, dass sie den formalen und informalen institutionellen Kontext, in dem Unternehmen agieren, vernachlässigen; vgl. hierzu Peng et al. (2008), S. 920.
[112] Siehe Davis et al. (2000), S. 242: „The usefulness of institutional theory as an alternative paradigm for market entry has been largely overlooked by researchers." Siehe auch Granovetter (2000), S. 201.

institutionalistische Sichtweise auf Produktionsverlagerungen in der betriebswirtschaftlichen Forschung bisher nur sehr eingeschränkt vorgenommen wurde.[113] Auch wenn die eingangs erwähnten Beispiele nicht erfolgreicher Verlagerungen weiterhin thematisiert werden, stehen diese nicht im Mittelpunkt der Arbeit. Vielmehr dienten sie vorrangig zur Sensibilisierung für die Notwendigkeit einer weitergefassten Sichtweise zu Produktionsverlagerungen, da vielfach genutzte Internationalisierungstheorien das beobachtete scheinbar irrationale Verhalten nicht ausreichend erklären können. Der Vorteil des Neo-Institutionalismus ist, dass solche scheinbar nicht erfolgreichen Verlagerungen besser erklärt werden können, als andere Internationalisierungstheorien dies vermögen, ohne dass er sich ausschließlich auf solche Phänomene anwenden lässt. Die *zentrale Fragestellung* bzw. *übergeordnete Forschungsfrage* dieser Arbeit lautet demnach:

__Wie können Produktionsverlagerungen nach China aus einer neo-institutionalistischen Perspektive erklärt werden?__

Diese Fragestellung soll im Rahmen der Arbeit vor allem theoretisch-konzeptionell beantwortet werden. Die spätere empirische Erhebung kann dabei nicht die gesamte theoretische Erklärung untersuchen, sondern dient als Stütze für ein Fragment dieser theoretischen Erklärung.

---

[113] Vgl. hier auch das Vorwort von Bühner in der Arbeit von Krenn (2006), S. V, der ausführt, dass ihre Arbeit als „*originär*" anzusehen ist, „*da sie erstmals dieses Erklärungsmuster* [den soziologischen Neo-Institutionalismus, Anm. d. Verfassers] *für Markteintrittsentscheidungen heranzieht*".

„The usefulness of institutional theory as an alternative paradigm for market entry has been largely overlooked by researchers."
Davis et al. (2000), S. 242.

3 DER NEO-INSTITUTIONALISMUS ALS ALTERNATIVE ERKLÄRUNG VON PRODUKTIONSVERLAGERUNGEN

Seit den 1970er Jahren rücken institutionelle Faktoren immer mehr ins Zentrum wissenschaftlicher Überlegungen zur Erklärung politischer und gesellschaftlicher Prozesse.[114] Damit wurde in der Organisationsforschung eine Öffnung bzw. Wendung vollzogen: weg von Theorien, die sich durch eine ausschließliche oder überwiegend ökonomistische Perspektive auszeichnen, hin zu Theorien, die verstärkt die organisationale Umwelt berücksichtigen.[115] Beim hier zu betrachtenden Neo-Institutionalismus handelt es sich jedoch nicht um eine geschlossene Theorie, sondern um einen Oberbegriff von einer Vielzahl verschiedener Strömungen, die zumeist nicht klar voneinander abgegrenzt werden. In der Tat, DiMaggio/Powell sprechen davon, dass *„there are as many „new institutionalisms" as there are social science disciplines".*[116] Diese Strömungen sind sich darin einig, dass institutionelle Umwelten und soziale Prozesse das Handeln beeinflussen: *„There are, in fact, many new institutionalisms – in economics, organization theory, political science and public choice, history, and sociol-*

---

[114] Vgl. Schulze (1997), S. 6.
[115] Vgl. Süß (2009), S. 50. Vgl. insbesondere auch Senge (2005), die im Rahmen ihrer Dissertationsschrift ausführlich die Dominanz der ökonomistischen Perspektive in der betriebswirtschaftlichen Forschung in den letzten 50 Jahren betrachtet und hier insbesondere die Kontingenztheorie, den Ressourcen-Dependence-Ansatz, den Populationsökologischen Ansatz sowie die Transaktionskostentheorie analysiert und diese dem (soziologischen) Neo-Institutionalismus gegenüberstellt.
[116] DiMaggio/Powell (1991), S. 1.

ogy – united by little but a common skepticism toward atomistic accounts of social processes and a common conviction that institutional arrangements and social processes matter."[117]

Die folgende Tabelle 3-1 liefert einen Überblick über den „Wirrwarr" an verschiedenen Strömungen des Neo-Institutionalismus. Allgemein kann man drei verschiedene Grundströmungen des Neo-Institutionalismus unterscheiden: eine ökonomische Variante, eine (organisations-)soziologische Variante und eine politische (manchmal auch bezeichnet als historische) Variante. In der folgenden Diskussion soll sich auf die organisationssoziologische Strömung – und hier insbesondere auf den Makroinstitutionalismus – konzentriert werden. Wenn im Folgenden vom „Neo-Institutionalismus" gesprochen wird, ist damit diese makroinstitutionalistische Strömung der Organisationssoziologie gemeint. Für eine Übersicht über die anderen Strömungen sei verwiesen auf Schulze (1997), S. 8-24, Senge (2005), S. 30-62 sowie Scott (2008), S. 1-46.

Neo-Institutionalistische Ansätze in der Ökonomie (Neue Institutionenökonomik)	Neo-Institutionalistische Ansätze in der Politologie	Neo-Institutionalistische Ansätze in der Organisationssoziologie
• Theorie der Verfügungsrechte • Agenturtheorie • Transaktionskostentheorie	• Entscheidungsprozesse in Politik und Verwaltung • World Polity	• Makroinstitutionalismus • Mikroinstitutionalismus

Tab. 3-1: Neo-Institutionalistische Ansätze
Quelle: in Anlehnung an Lederle (2008), S. 31.

3.1 Überblick über den soziologischen Neo-Institutionalismus

Walgenbach/Meyer fassen die Kernaussage des Neo-Institutionalismus wie folgt zusammen: „*Die Umwelt von Organisationen besteht aus institutionalisierten Erwartungsstrukturen, die die Ausgestaltung von Organisationen nachhaltig prägen.*"[118] Damit wird bereits deutlich, dass Unternehmen nicht unabhängig

---

[117] DiMaggio/Powell (1991), S. 3.
[118] Walgenbach/Meyer (2008), S. 11.

von ihrem Kontext bzw. ihrer Umwelt existieren und agieren,[119] was zur Folge hat, dass Unternehmen zu einem gewissen Grad „fremdgesteuert" sind. Das Handeln von Unternehmen (oder anderen Organisationen)[120] wird also maßgeblich durch die in der Gesellschaft bzw. bei verschiedenen Anspruchsgruppen[121] vorhandenen Vorstellungen und Werte geprägt, welche quasi eine Bandbreite an möglichen Handlungsweisen oder -alternativen festlegen, die als wünschenswert, angemessen und richtig gelten.[122] Man nimmt im Rahmen des Neo-Institutionalismus demnach an, dass Unternehmen nicht zwangsläufig nach Effizienz streben, sondern nach Effektivität.[123] Somit wird die Idee zurückgewiesen, dass einzig und allein die effiziente Planung und Steuerung über den Unternehmenserfolg (oder -misserfolg) entscheiden, sondern dass auch die Kongruenz mit Anforderungen und Erwartungen der Umwelt einen nicht unerheblichen Beitrag zum Überleben eines Unternehmens leistet.[124] Aus diesem Grunde können oftmals sogar Unternehmen überleben, die zwar nicht ökono-

---

[119] Vgl. hierzu auch Ortmann et al. (2000), S. 16-17.
[120] Auch wenn die Sichtweise des Neo-Institutionalismus in seiner frühen Phase primär auf das Agieren von gemeinnützigen und sozialen Organisationen angewendet wurde, so hat sich die Anwendung auch auf Wirtschaftsorganisationen übertragen. Im Nachfolgenden werden deshalb Auswirkungen der Umwelt generell auf Unternehmen betrachtet, da die vorliegende Arbeit von *Unternehmen* durchgeführte Produktionsverlagerungen thematisiert.
[121] Vergleiche zur Abgrenzung des Neo-Institutionalismus vom Stakeholder-Management insbesondere Beschorner (2004), Beschorner/Lindenthal et al. (2004), S. 303 sowie Beschorner/Osmers (2005). Die Autoren unterstellen als Hauptunterschied dieser beiden Ansätze, dass im Stakeholder-Ansatz eine unternehmenszentrierte Sichtweise eingenommen wird, während im Neo-Institutionalismus eine gesellschaftszentrierte Sichtweise eingenommen wird, bei der wechselseitige Beziehungen in organisationalen Feldern eine Rolle spielen. Im Gegensatz dazu sehen die Autoren im Rahmen des Stakeholder-Ansatzes keine Interdependenzen zwischen den verschiedenen Anspruchsgruppen, sondern nur bilaterale Beziehungen zwischen dem betrachteten Unternehmen und einzelnen Anspruchsgruppen; im Rahmen des Neo-Institutionalismus werden dagegen multilaterale Beziehungen in ganzen organisationalen Feldern thematisiert. Siehe hierzu auch die Argumentation im Beitrag von Rowley (1997). Zur Abgrenzung des Neo-Institutionalismus vom Kontingenzansatz sei verwiesen auf Walgenbach/Meyer (2008), S. 12-14.
[122] Vgl. Senge (2005), S. 149. Dies bedeutet jedoch nicht, dass Unternehmen völlig von der institutionellen Umwelt abhängig sind, da sie durchaus gewisse Wahlmöglichkeiten haben; vgl. Scott (1991), S. 167, Senge (2005), S. 118 und Donges (2006), S. 571-573. Vgl. dazu auch Barley/Tolbert (1997), S. 94. Dies wird auch später insbesondere in Abschnitt 3.2.5 näher ausgeführt. Dennoch können sich Unternehmen im Umgang mit der Unsicherheit des Unternehmensumfeldes entscheiden, ähnliche Strategien zu verfolgen, auch wenn sie über gewisse Wahlmöglichkeiten verfügen.
[123] Vgl. Morschett (2007), S. 47; vgl. auch Budros (1999), S. 72.
[124] Zu Anforderungen aus der Unternehmensumwelt siehe auch Schaltegger/Sturm (1990), S. 273-279. Siehe hierzu auch das Zitat von Alfred Herrhausen, dem ehemaligen Vorstandssprecher der Deutschen Bank (Heß (2010)): „An dem Tag, an dem die Manager vergessen, dass eine Unternehmung nicht weiterbestehen kann, wenn die Gesellschaft ihre Nützlichkeit nicht mehr empfindet oder ihr Gebaren als unmoralisch betrachtet, wird die Unternehmung zu sterben beginnen."

misch effizient arbeiten, jedoch überlebenswichtige Ressourcen deshalb bekommen, weil sie ihr Dasein extern legitimieren[125] können.[126] Diese Unternehmen sind also „*effektiv, ohne effizient zu sein*"[127], indem sie von ihrer Umwelt gestützt werden und somit in der Lage sind, die zur Aufrechterhaltung des Unternehmens benötigte Ressourcenausstattung zu akquirieren, selbst wenn sie ein Überleben aus eigener Kraft nicht sicherstellen können. Als Beispiel für eine ganze Branche, die auf diesem Wege ihr Überleben jahrzehntelang sicherte und bis heute sichert, kann der deutsche Steinkohlebergbau angeführt werden.[128]

Insgesamt konnte sich der Neo-Institutionalismus in den letzten Jahren als eine der führenden Organisationstheorien durchsetzen.[129] Der im Fokus der Betrachtung stehende Makroinstitutionalismus stützt sich insbesondere auf zwei Beiträ-

---

[125] Der Begriff der Legitimität ist einer der zentralen Begriffe des Neo-Institutionalismus. Auf diesen wird später – insbesondere in den Abschnitten 3.1.1 und 3.2.3 – eingegangen.

[126] Vgl. Wissing (2008), S. 63; vgl. insbesondere auch Meyer/Zucker (1989), die untersuchen, warum bestimmte Organisationen bzw. Unternehmen noch jahrelang bestehen, auch wenn sie nicht effizient arbeiten; sie demonstrieren dies zum Beispiel anhand der defizitären US-amerikanischen Stahlindustrie, die dennoch überleben konnte, da „*die sozialen Kosten der Schließung von Produktionsstandorten politisch und gesellschaftlich nicht akzeptiert*" wurden (Bleicher (2006), S. 43). Siehe auch die Ausführungen von Fligstein (1990), S. 21 (die ebenfalls von Bleicher (2006), S. 43 in seiner Argumentation erwähnt werden): „*Economic theory predicts that a firm will produce until it no longer can make a profit. Unfortunately (…) firms continued to produce well beyond the point of zero profitability.*" Vgl. auch Barreto/Baden-Fuller (2006), S. 1563.

[127] Bleicher (2006), S. 43.

[128] Die deutschen Subventionen für den Steinkohlebergbau laufen im Jahre 2018 aus; damit ist das Ende des deutschen Steinkohlebergbaus besiegelt (vgl. o. V. (2011a)). Zwischen 1980 und 2003 sind ca. 100 Mrd. € Subventionsgelder – und damit 30% aller Subventionen für die gewerbliche Wirtschaft – in den Steinkohlebergbau geflossen. Die Subventionen sicherten die „Wettbewerbsfähigkeit" deutscher Steinkohle gegenüber Importkohle, deren Preis 70% unter den deutschen Förderkosten liegt. Rechnerisch wurde im Jahr 2001 jeder Arbeitsplatz im Steinkohlebergbau mit 82.000 € subventioniert (vgl. für diese Daten o. V. (2003), S. 1; siehe auch Siebert/Lorz (2007), S. 119-120). Die „externe Legitimation" der Steinkohleindustrie scheint zum größten Teil darauf zurückzuführen zu sein, dass es für keine der politischen Parteien möglich gewesen ist, hier nennenswerte Kürzungen durchzusetzen, ohne bei der jeweiligen Stammwählerschaft empfindliche Einbußen hinnehmen zu müssen (vgl. Peters (2000), S. 373-374). Letztlich werden die Subventionen – in den letzten Jahren zwischen 2 und 4,5 Mrd. € jährlich – nicht auf Initiative deutscher politischer Parteien, sondern auf Druck der EU beendet. Gegen den Willen der EU setzte sich Deutschland durch, die Subventionen statt im Jahr 2014 erst im Jahr 2018 auslaufen zu lassen (vgl. o. V. (2010a)). Auch der deutsche Braunkohletagebau erhält – wenngleich größtenteils nicht auf direktem Wege – Subventionen (ohne Einberechnung externer Effekte) in Höhe von ca. 1 Mrd. € pro Jahr (siehe hierzu Lechtenböhmer et al. (2004)).

[129] Vgl. Walgenbach/Meyer (2008), S. 11. Für einen Überblick zur Entwicklung des Neo-Institutionalismus sei verwiesen auf Maurer/Schmid (2002), S. 9-22 sowie Senge (2007), S. 42-46. Für eine umfassende Analyse der geschichtlichen Wurzeln des ökonomischen Institutionalismus bietet das Werk von Reuter (1996) einen guten Einblick.

ge, die Ende der 1970er bzw. Anfang der 1980er Jahre veröffentlicht wurden: „Institutionalized Organizations: Formal Structure as Myth and Ceremony" von Meyer/Rowan (1977) sowie „The Iron Cage Revisited: Institutional Isomorphism and Collective Rationality in Organizational Fields" von DiMaggio/Powell (1983). In Abbildung 3-1 wird dargestellt, wie oft diese beiden Artikel bisher pro Jahr in den führenden Journals zitiert wurden.[130]

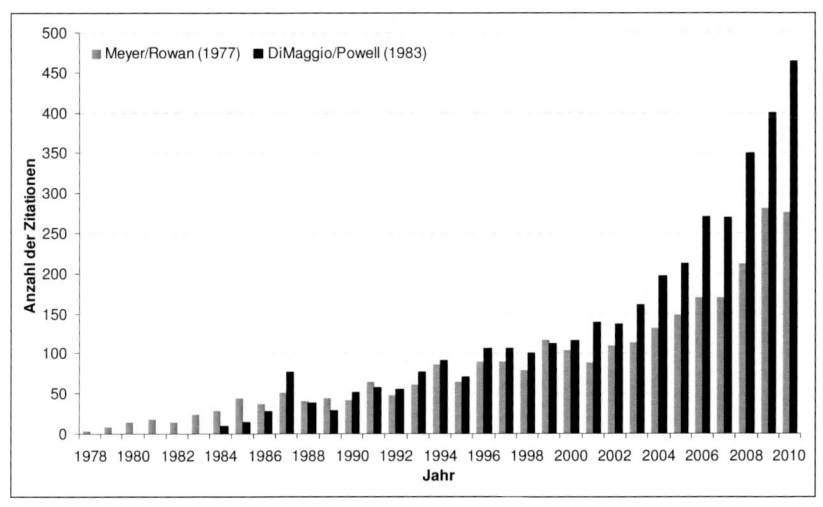

Abb. 3-1: Anzahl der Zitationen der grundlegenden Artikel des Makro-Institutionalismus
Quelle: Thomson Reuters Web of Science.

Dabei wird offensichtlich, dass die beiden Beiträge seit ihrem Erscheinen nahezu kontinuierlich steigende Zitationszahlen und somit eine wachsende Popularität aufweisen. Das Paper von DiMaggio/Powell gilt mittlerweile im Bereich der Sozialwissenschaften als der am dritthäufigsten zitierte Beitrag[131] mit inzwi-

---

[130] Die Zitationen beziehen sich dabei auf das Web of Science bzw. den Social Sciences Citation Index. Dabei handelt es sich um eine von Thomson Reuters bereitgestellte interdisziplinäre Zitationsdatenbank, die momentan etwa 2.500 Zeitschriften umfasst. Für eine Kritik der in dieser Datenbank enthaltenen Zeitschriften sei verwiesen auf den Beitrag von Klein/Chiang (2004).
[131] Vgl. Greenwood/Meyer (2008), S. 258. Die Anzahl der Zitationen bezieht sich auf den Social Science Citation Index (Stand 26.09.2011). Dabei wird gemessen, in wie vielen anderen Beiträgen der jeweilige Beitrag zitiert wird. Ein Artikel gilt bereits mit mehr als 50 Zitationen als sehr erfolgreich. Im Schnitt werden 55,8% aller Artikel lediglich einmal zitiert, 33,1% der Artikel weisen zwischen zwei und neun Zitationen auf. 10,1% der Artikel werden zwischen

schen mehr als 3.700 Zitationen insgesamt und mit mehr als 460 Zitationen allein im Jahr 2010. Das Paper von Meyer/Rowan weist nahezu 2.900 Zitationen auf, davon etwa 280 im Jahr 2010. Am häufigsten wurden die beiden Artikel in den Zeitschriften Administrative Science Quarterly (141 bzw. 140 Zitationen für den Beitrag von DiMaggio/Powell bzw. Meyer/Rowan), Academy of Management Journal (133 bzw. 86 Zitationen), Organization Studies (122 bzw. 120 Zitationen) sowie Academy of Management Review (114 bzw. 106 Zitationen) erwähnt. Insgesamt gehen dabei etwa 77% bzw. 70% der Nennungen auf die Bereiche Business und Management zurück, die verbleibenden Nennungen verteilen sich auf die gesamten weiteren Sozialwissenschaften, hauptsächlich auf die Bereiche Sociology, Economics, Public Administration oder Psychology.

Im Folgenden sollen nun die beiden grundlegenden Beiträge des Makroinstitutionalismus näher vorgestellt werden.[132] Dabei werden zum Teil Begrifflichkeiten genutzt, die erst später in Abschnitt 3.2 näher thematisiert werden. Es erscheint jedoch sinnvoll, zuerst einen Überblick über das gesamte Themengebiet bzw. die grundlegenden Beiträge zu liefern und erst darauf aufbauend die wichtigsten Begrifflichkeiten zu erklären. Bei der Diskussion der theoretischen Beiträge soll im Anschluss der Vorstellung der Kernkonzepte auf die Verknüpfung dieser Konzepte zu Produktionsverlagerungen nach China hingearbeitet werden.

3.1.1 Meyer/Rowan (1977): Rationalitätsmythen sowie Streben nach Legitimität und die Verknüpfung zu Produktionsverlagerungen nach China

Der erste grundlegende Beitrag stammt von Meyer/Rowan aus dem Jahre 1977.[133] Das Hauptargument der beiden Autoren ist, dass Unternehmen institutionalisierte Strukturen und Praktiken selbst dann übernehmen, wenn ein

---

10- und 99-mal zitiert. Weniger als 0,5% aller Artikel erreichen Zitationszahlen von über 100; mehr als 400 Zitationen sind mit weniger als 0,01% aller Artikel extrem selten (vgl. Garfield (1998), S. 75).

[132] Nachfolgend soll der Begriff des Neo-Institutionalismus – wie bereits erwähnt – generell für den Makroinstitutionalismus verwendet werden.

[133] Soweit nicht anders vermerkt, dient im folgenden Abschnitt Meyer/Rowan (1977) als Quelle. Der Abschnitt ist daneben inhaltlich angelehnt an die Diskussion von Meyer/Rowans Beitrag in Walgenbach/Meyer (2008), S. 22-32.

Nachweis für deren Effizienz fehlt. Der Grund dafür ist ein kollektiver Glaube an die Wirksamkeit solcher Strukturen und Praktiken, weshalb diese von Meyer/ Rowan auch als „Rationalitätsmythen" bezeichnet werden. Da ein kollektiver Glaube an die Wirksamkeit solcher Rationalitätsmythen[134] herrscht, würdigt die Umwelt die Adaption solcher Strukturen und Praktiken mit der Verleihung von Legitimität,[135] welche wiederum überlebenswichtig für die Organisation ist – und zwar deshalb, weil Unternehmen auf Ressourcen von der Unternehmensumwelt angewiesen sind. Dies bedeutet freilich nicht, dass Unternehmen ohne jegliche ökonomische Effizienz problemlos überleben könnten. Im Gegenteil, Meyer/ Rowan nennen auch ökonomische Effizienz als *einen* wichtigen Faktor für Erfolg – und damit steht auch das Streben nach ökonomisch effizienten Lösungen nicht im Widerspruch zum Neo-Institutionalismus.[136] Aber nur das Wechselspiel zwischen organisationaler Effizienz und der Konformität mit den sogenannten Rationalitätsmythen sichert langfristig das Überleben der Organisation. Damit erfolgt eine radikale Abkehr von dem bis dahin in der Organisationswissenschaft dominierenden technisch-funktionalistischen Erklärungsparadigma,[137] welches Meyer/Rowan kritisieren:

„*Prevailing theories assume that the coordination and control of activity are the critical dimensions on which formal organizations have succeeded in the modern world. (...) But much of the empirical research on organizations casts doubt on this assumption.*"[138]

Insgesamt kommt es laut Meyer/Rowan also nicht darauf an, die effizientesten Lösungen für Steuerungs- und Koordinationsprobleme oder die effizientesten Formen der Gestaltung von Austauschbeziehungen zu nutzen, sondern solche

---

[134] Meyer/Rowan nehmen keine Definition des Rationalitätsbegriffes vor. Zur Diskussion, wie dieser im Rahmen des Neo-Institutionalismus genutzt wird, siehe Abschnitt 3.2.4.
[135] Eine genaue Definition des Legitimitätsbegriffes nehmen Meyer/Rowan nicht vor; deshalb soll in diesem Abschnitt nicht vertieft darauf eingegangen werden. Für eine Übersicht, wie der Legitimitätsbegriff im Rahmen des Neo-Institutionalismus genutzt wird, sei auf Abschnitt 3.2.3 verwiesen.
[136] Siehe auch Budros (1999), S. 70 sowie Süß (2009), S. 40, 47.
[137] Vgl. Walgenbach/Meyer (2008), S. 22.
[138] Meyer/Rowan (1977), S. 342; siehe auch Kabst et al. (2003), S. 261 sowie Beschorner/Fischer et al. (2004), S. 12.

Formen, die von der Umwelt als legitim und wirksam betrachtet werden.[139] In Abbildung 3-2 werden diese Wechselwirkungen graphisch dargestellt.

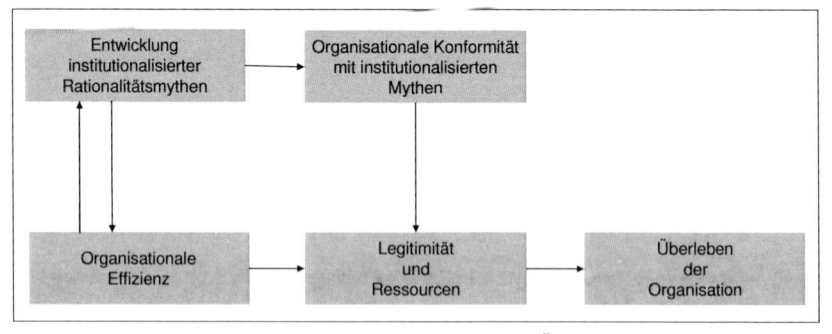

Abb. 3-2: Einflussfaktoren auf das organisationale Überleben
Quelle: Meyer/Rowan (1977), S. 353.[140]

Doch wie kommt es zu sogenannten Rationalitätsmythen? Laut Meyer/Rowan haben sie ihren Ursprung in der institutionellen Umwelt.[141] Aus dieser institutionellen Umwelt werden Erwartungen und Vorstellungen darüber, wie effiziente Unternehmen organisiert sein bzw. welche Praktiken sie für ein effizientes Arbeiten einführen müssen, an das Unternehmen herangetragen. Da Unternehmen in diese institutionelle Umwelt bzw. in einen institutionellen Kontext eingebettet sind, können sie nicht unabhängig davon agieren und übernehmen folglich solche Praktiken. Meyer/Rowan nennen hier zum Beispiel die Disziplin der Psychologie, welche bestimmte Praktiken für die Personalauswahl vorschlägt.[142] Unternehmen, die diese Praktiken einführen, gelten in ihrem Umfeld

---

[139] Vgl. Walgenbach/Meyer (2008), S. 23; siehe in diesem Zusammenhang auch die Diskussion von Kabst et al. (2003), S. 273-275.
[140] Übersetzung der Begrifflichkeiten übernommen aus Kieser/Ebers (2006), S. 367.
[141] Im Gegensatz zu DiMaggio/Powell (1983) nehmen Meyer/Rowan (1977) keine genaue Eingrenzung vor, was sie unter der institutionellen Umwelt verstehen. Sie erwähnen zum Beispiel Einflüsse wie die öffentliche Meinung (die im weiteren Verlauf der Arbeit eine besondere Relevanz erfährt), wichtige Anspruchsgruppen, das Bildungssystem, Gesetze usw.
[142] Daneben nennen Meyer/Rowan (1977), S. 348 zum Beispiel die Einrichtung bestimmter Funktionalabteilungen, wie Personalabteilungen oder Forschungs- und Entwicklungsabteilungen, die sich mittlerweile soweit durchgesetzt haben, dass sie gar nicht mehr hinterfragt werden. Walgenbach/Meyer (2008), S. 24 verweisen auf die Einführung der ISO Zertifizierung, die Nutzung von verschiedenen Methoden der Personalauswahl, wie z. B. Assessment-Center, oder verschiedene Managementkonzepte wie Empowerment oder Gruppenarbeit. Zur Einführung von Assessment-Centern siehe auch die Argumentation von Bleicher (2006), S. 37-38.

als effizient, innovativ und modern – auch wenn ein direkter Nachweis für die ökonomische Effizienz dieser Praktiken fehlt.[143] Durch die Einführung dieser Praktiken bei einer Vielzahl von Unternehmen werden diese dann letztlich nicht mehr hinterfragt und zu einem Rationalitätsmythos – und weisen laut Meyer/ Rowan ein „explosive organizing potential" auf.[144] Der Begriff der Rationalitätsmythen bezieht sich aber nicht nur auf vermeintlich effiziente Problemlösungen, sondern auch auf die Einhaltung gesellschaftlich wünschenswerter Vorstellungen und Erwartungen. Walgenbach/Meyer führen hier etwa auch die Konformität mit Erwartungen hinsichtlich Umweltschutz,[145] sozialer Verantwortung[146] oder Verbraucherschutz an.[147]

Solche Rationalitätsmythen müssen aber nicht zwangsläufig ökonomisch ineffizient sein.[148] Meyer/Rowan stellen klar, dass solche Rationalitätsmythen auch daraus entstehen können, weil bestimmte Praktiken in einem bestimmten Unternehmen eben gerade eine überaus effiziente Art der Problemlösung darstellen. Durch die Annahme aber, dass diese speziellen Praktiken auch für andere Unternehmen als eine Art „Best Practice" im gleichen Maße effizient sind und deshalb unhinterfragt implementiert werden, entstehen Rationalitätsmythen:

„For example, in modern societies the relational contexts of business organizations in a single industry are roughly similar from place to place. Under these conditions a particularly effective practice, occupa-

---

[143] Siehe hierzu auch die Argumentation von Süß (2009), S. 53 sowie Jansen (2005), S. 231.
[144] Vgl. auch Berger/Luckmann (2003), S. 56-72, die darlegen, wie Alltagswissen entsteht und nicht mehr hinterfragt wird. Vgl. auch Gimeno et al. (2005), S. 301.
[145] Zum Beispiel musste Shell im Jahre 1995 große finanzielle Einbußen durch Konsumentenboykotte hinnehmen, da das Versenken des Öltanks „Brent Spar" in der Nordsee zwar die ökonomisch sinnvollste Lösung war – welche auch aufgrund legaler Bestimmungen erlaubt war – jedoch der Öffentlichkeit nicht legitim erschien. Auch wenn Greenpeace – die als Hauptgegner sehr öffentlich gegen Shell vorgingen – später eingestehen musste, dass die von ihnen vorgelegten Daten weitestgehend falsch waren und Shell korrekte Daten kommunizierte, trug Shell große finanzielle Einbußen und ein beschädigtes Image davon (vgl. z. B. o. V. (1995) oder Gunkel (2010)).
[146] Ein weiteres Beispiel ist die öffentliche Kritik an Sportartikelherstellern wegen der Nutzung von Kinderarbeit in Asien – was zwar in den jeweiligen asiatischen Ländern gesellschaftlich legitimiert sein mag und für diese Hersteller ökonomisch effizient ist – in den Hauptabsatzmärkten jedoch nicht legitim erscheint und deshalb mit Konsumentenboykotten abgestraft wird (vgl. z. B. o. V. (2006)).
[147] Vgl. Walgenbach/Meyer (2008), S. 25. Siehe in diesem Zusammenhang z. B. auch das Werk von Süß (2009), der die Institutionalisierung des Diversity Managements in Deutschland untersucht.
[148] Vgl. auch Süß (2009), S. 40.

tional specialty, or principle of coordination can be codified into myth-like form. The laws, the educational and credentialing systems, and public opinion then make it necessary or advantageous for organizations to incorporate these structures. (...) The myths generated by particular organizational practices and diffused through relational networks have legitimacy based on the supposition that they are rationally effective."[149]

Meyer/Rowan nehmen daher eine konstruktivistische Sichtweise im Sinne von Berger/Luckmann ein, indem sie unterstellen, dass die Adaption bestimmter Organisationsstrukturen bzw. organisationaler Praktiken eine Reaktion auf sozial konstruierte Realitäten darstellt.[150] Es kommt also nicht darauf an, ob eine bestimmte Praktik wirklich ökonomisch effizient ist, sondern ob die Umwelt eine solche effiziente Wirkung unterstellt.[151] Die Adaption solcher Praktiken führt letztlich – so Meyer/Rowan – dazu, dass das Unternehmen Legitimität und überlebenswichtige Ressourcen aus der Umwelt erhält. Solche Ressourcen können zum Beispiel hoch qualifizierte Arbeitskräfte sein oder notwendiges Kapital vom Kapitalmarkt.

Doch welche Auswirkungen hat die Argumentation von Meyer/Rowan auf das im Rahmen dieser Arbeit zu diskutierende Problem der Produktionsverlagerungen nach China? Es wurde in jüngerer Zeit argumentiert, dass Produktionsverlagerungen in Niedriglohnländer in der Regel als vorteilhafte Strategie angesehen werden, insbesondere weil damit Kostensenkungen einhergehen; auf eventuelle versteckte Kosten wird nur im Hintergrund Bezug genommen. Solche Produktionsverlagerungen haben damit scheinbar zum Teil den Status von Rationalitätsmythen eingenommen.[152] Unternehmen könnten in diesem Zusam-

---

[149] Meyer/Rowan (1977), S. 347.
[150] Vgl. Walgenbach (2006), S. 355. Siehe auch Meyer/Rowan (1977), S. 343: *„many of the positions, policies, programs, and procedures of modern organizations are enforced by public opinion".*
[151] Vgl. Meyer/Rowan (1977), S. 346, vgl. auch Berger/Luckmann (2003).
[152] Vgl. hier insbesondere den Beitrag von Piotti (2009a). Interessant ist in diesem Zusammenhang auch der Kommentar von Jeffrey R. Immelt, CEO von General Electric (momentan auf Platz 13 der „Fortune 500"-Liste der größten Unternehmen der Welt): *„In some areas, we have outsourced too much, we plan to 'insource' capabilities like aviation component manufacturing and software development."* (o. V. (2009a)). Dieses Eingeständnis könnte ein Hin-

menhang Produktionsverlagerungen vorgenommen haben, weil diese im Ruf standen, zu Kostensenkungen zu führen oder aber im Umfeld des Unternehmens – insbesondere bei Kapitalgebern – als sinnvolle Strategie angesehen wurden. Führt man diesen Argumentationsstrang fort, könnte man dem oben erwähnten Unternehmen Steiff unterstellen, dass durch die Adaption einer solchen Praktik – in diesem Falle eine Produktionsverlagerung nach China – die Konformität mit diesen sogenannten Rationalitätsmythen signalisiert wurde.[153] Da dies von der Umwelt – und insbesondere von Banken – als aufrichtiger Versuch gewertet wurde, Kosten zu senken und ökonomisch effizient zu arbeiten, wurden letztlich die nötigen Ressourcen in Form von Kapital bereitgestellt.[154] Damit wäre das Überleben von Steiff durch eine Praktik gesichert worden, die sich auf lange Sicht zwar nicht als ökonomisch sinnvoll erwiesen hat, jedoch im Ruf stand, ökonomisch sinnvoll zu sein und damit zum Zufluss von überlebenswichtigen Ressourcen diente. In diesem Falle half quasi ein Rationalitätsmythos Steiff aus einer prekären finanziellen Situation und sicherte das Überleben des Unternehmens.[155]

---

weis darauf sein, dass man mit einem verstärkten Outsourcing einem Rationalitätsmythos gefolgt ist und nunmehr unter Umständen einem neuen Trend – dem Insourcing – folgt; dies erscheint interessant, als dass ein großer Teil dieser Auslagerungsentscheidungen unter der Ära von Jack Welch getroffen wurden, den die Financial Times zum „Manager des Jahrhunderts" gekürt hat. Interessant ist auch ein Kommentar in der Zeitschrift CIO, die sich vor allem an CIOs (Chief Information Officer) in Unternehmen richtet. Dieser Kommentar bezieht sich zwar vorrangig auf das Outsourcing von Dienstleistungen, demonstriert jedoch anschaulich, wie ein Rationalitätsmythos wirken kann: „Viele Unternehmen meinen, dass sie ohne Auslagerungen nicht erfolgreich sein können. Laut dem Beratungsunternehmen Gartner führt diese Annahme dazu, dass viele Firmen Outsourcing-Programme einführen ohne darüber nachzudenken" (Wolff (2005)).

[153] Es ist bisher kein Nachweis erbracht worden, ob Produktionsverlagerungen nach China mittlerweile wirklich eine Art Rationalitätsmythos darstellen. Dies ist auch nicht Ziel dieser Arbeit. Ziel ist vielmehr, später empirisch zu untersuchen, ob durch die Medienberichterstattung über Produktionsverlagerungen nach China grundsätzlich die Entstehung eines Rationalitätsmythos in Frage kommt; oder anders ausgedrückt: bildet die Medienberichterstattung nach China eine fruchtbare Basis für die Entstehung eines Rationalitätsmythos.

[154] Meyer/Rowan (1977), S. 351 nennen explizit eine erhöhte Kreditwürdigkeit als Folge der Adaption von Praktiken, die „the latest expert thinking" als Basis haben. Auch Lieberman/Asaba (2006), S. 372 argumentieren ähnlich. Die Autoren gehen davon aus, dass es für Unternehmen Ende der 1990er Jahre leichter war, Kredite zu erhalten, wenn sie neben ihrem Kerngeschäft auch Internetgeschäfte betrieben. Dies waren zu jener Zeit von Banken legitimierte Strategien zur Umsatzerhöhung und führten demnach auch zu einer erhöhten Kreditwürdigkeit – auch wenn später die sogenannte Dotcom-Blase platzte und ersichtlich wurde, dass sich diese Strategien rein ökonomisch betrachtet nicht als nachhaltig erwiesen.

[155] Es handelt sich hierbei um eine hypothetische Argumentation.

3.1.2 DiMaggio/Powell (1983): Angleichung von organisationalen Formen und Praktiken durch Isomorphismus

Der zweite grundlegende Beitrag des Neo-Institutionalismus stammt von DiMaggio/Powell aus dem Jahre 1983.[156] Das Hauptanliegen der beiden Autoren ist die Klärung der Fragen: *"What makes organizations so similar?"*[157] bzw. *"Why [is there] such startling homogeneity of organizational forms and practices; and we seek to explain homogeneity, not variation."*[158] Damit schlagen DiMaggio/Powell einen anderen Weg ein, als herkömmliche Organisationstheorien, welche oftmals die Variation zwischen Unternehmen zu erklären versuchen.[159] Als Betrachtungsebene wählen DiMaggio/Powell sogenannte organisationale Felder, innerhalb derer sich Unternehmen bewegen. Ein solches Feld beinhaltet zum Beispiel Wettbewerber, Zulieferer und Kunden, aber auch den Staat, Berufsverbände oder andere Anspruchsgruppen.[160] Damit ist das organisationale Feld zwar konzeptionell an eine Branchenbetrachtung angelehnt, geht aber über Branchengrenzen weit hinaus. DiMaggio/Powell merken jedoch im gleichen Atemzug an, dass solche Felder nicht vorab, sondern nur auf Basis empirischer Untersuchungen identifiziert werden können.[161] Somit bleibt das Konzept des organisationalen Feldes diffus, wenngleich DiMaggio/Powell sich an einer Definition versuchen.

---

[156] DiMaggio/Powell (1983). Sofern nicht anders vermerkt, wird in diesem Abschnitt auf diesen Beitrag Bezug genommen. Der Abschnitt sowie die Unterabschnitte ist daneben inhaltlich angelehnt an die Diskussion von DiMaggio/Powells Beitrag in Walgenbach/Meyer (2008), S. 33-41.
[157] DiMaggio/Powell (1983), S. 147.
[158] DiMaggio/Powell (1983), S. 148.
[159] Vgl. DiMaggio/Powell (1983), S. 148 sowie Walgenbach/Meyer (2008), S. 33; vgl. zur Erklärung von Unterschieden in Organisationen beispielhaft den Populationsökologischen Ansatz von Hannan/Freeman (1977), S. 936: *"...we suggest that a population ecology of organizations must seek to understand the distributions of organizations across environmental conditions and the limitations on organizational structures in different environments, and more generally seek to answer the question, Why are there so many kinds of organizations."* Auch in der Kontingenztheorie geht es primär darum, Unterschiede in den Organisationsstrukturen festzustellen (vgl. hierzu die „Pionierarbeiten" von Burns/Stalker (1961) und Woodward (1965), vgl. auch Blau/Schoenherr (1971)). Für einen Überblick zur Kontingenztheorie bzw. zum Situativen Ansatz sei verwiesen auf Kieser (2006).
[160] DiMaggio/Powell (1983), S. 148: *"By organizational field, we mean those organizations that, in the aggregate, constitute a recognized area of institutional life: key suppliers, resource and product consumers, regulatory agencies, and other organizations that produce similar services or products. (...) The virtue of this unit of analysis is that it directs our attention not simply to competing firms (...), or to networks of organizations that actually interact (...), but to the totality or relevant actors."* Siehe hierzu auch Türk (2000), S. 139.
[161] Für eine nähere Betrachtung sei verwiesen auf Abschnitt 3.2.2.

Unternehmen in einem organisationalen Feld werden – so DiMaggio/Powell – durch „*powerful forces*"[162] dazu gedrängt, einander immer ähnlicher zu werden, das heißt ähnliche Strategien zu verfolgen, ähnliche Organisationsstrukturen zu adaptieren und auch ähnliche Praktiken zu nutzen. Die beiden Autoren identifizieren hierfür insbesondere drei Mechanismen – sogenannte institutionelle Isomorphismen – die zu dieser Ähnlichkeit und gleichzeitig zur Anpassung an Erwartungen von Akteuren außerhalb des Unternehmens führen.[163] Diese Isomorphismen werden von DiMaggio/Powell in Anlehnung an Hawley definiert als „*a constraining process that forces one unit in a population to resemble other units that face the same set of environmental conditions*".[164] Die folgende Abbildung 3-3 stellt diesen Prozess graphisch dar. Diese Abbildung wird uns – in

---

[162] DiMaggio/Powell (1983), S. 148.
[163] Vgl. DiMaggio/Powell (1983), S. 66. DiMaggio/Powell unterscheiden generell zwei Arten von Isomorphismus: kompetitiver Isomorphismus – wie er zum Beispiel insbesondere im Population-Ecology-Ansatz angenommen wird (vgl. hierzu Bonazzi (2008), S. 371) – und institutioneller Isomorphismus, welcher im Rahmen der vorliegenden Arbeit im Zentrum der Betrachtung steht. Ersterer spielt laut den Autoren bei Unternehmen im freien Wettbewerb eine Rolle, kann jedoch laut DiMaggio/Powell allenfalls einen Teil organisationaler Angleichungsprozesse erklären – zum Beispiel die Adaption von Innovationen in einer frühen Phase. Die Autoren stellen fest, dass dieser Typ von Isomorphismus „*does not present a fully adequate picture of the modern world of organizations*" (S. 150); siehe dazu auch Connolly et al. (2009), S. 6. Süß (2009), S. 110 kritisiert darüber hinaus, dass der kompetitive Isomorphismus gar nicht trennscharf abgegrenzt werden kann, insbesondere da der Isomorphismus durch Zwang sehr wohl auch auf ökonomische Zwänge bezogen werden kann. Auch wurde der Mechanismus des kompetitiven Isomorphismus bei DiMaggio/Powell nicht weiterführend thematisiert, sondern sich auf die drei Arten des institutionellen Isomorphismus konzentriert. Weiterhin kann festgestellt werden, dass ein rein kompetitiver Isomorphismus gar nicht unabhängig von dem institutionellen Umfeld existieren kann – und somit institutionell bedingt ist. So ist zum Beispiel ein Zwang zu ökonomisch effizientem Handeln in einem kapitalistischen/marktwirtschaftlichen System viel stärker ausgeprägt bzw. gesamtgesellschaftlich gefordert und legitimiert – als in einem kommunistischen/ planwirtschaftlichen System. In einem marktwirtschaftlichen System stellt quasi die Gesellschaft die Anforderung an die Unternehmen, dass sie mit ihren Ressourcen ökonomisch effizient arbeiten, es sich damit also im Grunde genommen doch um einen institutionellen Isomorphismus handelt. Somit sollen im Rahmen dieser Arbeit Zwänge zu Kostensenkungen bzw. zu ökonomisch effizientem Handeln dem Isomorphismus durch Zwang zugeordnet werden. Zur Annahme der gesamtgesellschaftlichen Legitimation von Wirtschaftssystemen sei z. B. verwiesen auf Senge (2005), S. 146 bzw. auf Walgenbach/Meyer (2008), S. 49-50. Letztere führen aus, dass „*die institutionelle Umwelt (...) dazu führt, dass Geschäftsleute Gewinne anstreben*" bzw. dass „*selbst Profit und Risiko (...) gesellschaftlich konstruierte Regeln*" darstellen; siehe dazu auch Friedland/Alford (1991), S. 232, 248, Kaesler (2005), S. 129-130 sowie Süß (2009), S. 40, 47. Zur Abgrenzung zwischen institutionellen Prozessen und ökonomischen Prozessen vgl. auch Powell (1991), S. 183-186; siehe auch Braudel (1992): „*It is too easy to call one form of exchange economic and another social. In real life, all types are both, economic and social.*" Siehe auch Lederle (2008), S. 76: „*Das große legitimatorische Potenzial durch die Anpassung an gesellschaftliche Effizienz- und Rationalitätskriterien verweist auf die fundamentalere Bedeutung institutioneller Aspekte.*" Siehe zur Vereinbarkeit ökonomischen Handelns mit soziologischen bzw. neo-institutionalistischen Theorien auch den Beitrag von de la luz Fernández-Alles/Valle-Cabrera (2006).
[164] DiMaggio/Powell (1983), S. 149; siehe auch den Beitrag von Hawley (1968).

leicht abgewandelter Form – während der gesamten Arbeit immer wieder begleiten.

Unternehmensumwelt → **Unternehmen**
- Isomorphismus durch Zwang → Strategien
- Isomorphismus durch normativen Druck → Strukturen
- Mimetischer Isomorphismus → Organisationale Praktiken

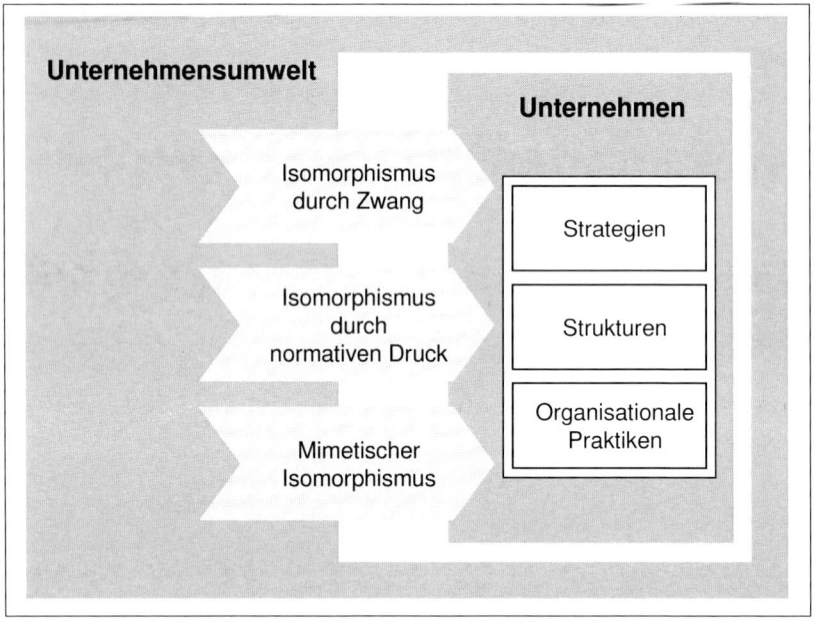

Abb. 3-3: Wirkungsweise der institutionellen Isomorphismen
Quelle: eigene Darstellung.

Die von DiMaggio/Powell thematisierten institutionellen Isomorphismen sollen nachfolgend näher erläutert werden. Es soll jedoch bereits an dieser Stelle darauf hingewiesen werden, dass die drei Konzepte a) nicht überschneidungsfrei und b) von DiMaggio/Powell nicht detailliert operationalisiert worden sind.[165] Damit besteht ein gewisser Interpretationsspielraum, der insbesondere dann genutzt werden soll, wenn der Zusammenhang zwischen den drei Isomorphismen und Produktionsverlagerungen nach China hergestellt wird. Im Folgenden soll nun ein Überblick über die drei Isomorphismen gegeben und jeweils deren besondere Bedeutung für Produktionsverlagerungen nach China herausgestellt werden.

---

[165] DiMaggio/Powell (1983), S. 150: „This typology is an analytic one: the types are not always empirically distinct."

3.1.2.1 Isomorphismus durch Zwang und dessen Verknüpfung mit Produktionsverlagerungen

Der erste von DiMaggio/Powell genannte Angleichungsmechanismus ist der sogenannte Isomorphismus durch Zwang („coercive isomorphism").[166] Damit meinen die Autoren einen formalen oder informalen Druck, der entweder durch andere Organisationen ausgeübt wird, zu dem das betrachtete Unternehmen in einem Abhängigkeitsverhältnis steht, oder der aus gesellschaftlichen Erwartungen an das Unternehmen resultiert.[167] Auch gesetzliche Anforderungen an Unternehmen fallen hierunter. Daneben wird auch Druck, der von Mutter- auf Tochtergesellschaften ausgeübt wird, um bestimmte Regelungen durchzusetzen, als Isomorphismus durch Zwang verstanden. Auch indirektere Formen dieses Mechanismus werden von DiMaggio/Powell erwähnt: Zum Beispiel ist es denkbar, dass bestimmte Organisationsformen wie Vereine oder Genossenschaften, trotz der allgemeinen Gleichheit der Mitglieder, hierarchische Organisationsstrukturen deshalb aufbauen um besser mit anderen – ebenfalls hierarchisch und damit ähnlich aufgebauten – Organisationen um die notwendigen Ressourcen verhandeln können.[168]

Welchen Einfluss hat der Isomorphismus durch Zwang nun auf Produktionsverlagerungen im Allgemeinen bzw. auf Produktionsverlagerungen nach China im Speziellen? Denkbar wären verschiedene Einflüsse: Zum Beispiel könnte ein bestimmtes Gastland eine lokale Produktion als Vorraussetzung für ein Engagement in diesem Gastland oder zum Erhalt von Regierungsaufträgen machen.[169] Damit wird auf das Unternehmen ein Zwang ausgeübt, einen Teil der Produktion in das jeweilige Zielland zu verlagern oder dort eine neue Produktionsstätte aufzubauen. Für einen Markteintritt in China werden solche „Local

---

[166] Sofern nicht anders verwiesen, bezieht sich der folgende Abschnitt auf DiMaggio/Powell (1983), S. 150-151.
[167] Süß (2009), S. 113 nennt zum Beispiel auch die gesellschaftliche Erwartung zur Übernahme sozialer Verantwortung und Anforderungen von Kunden hinsichtlich des Verbraucher- und Umweltschutzes als moralisch begründeten Zwang, dem Unternehmen zumindest annähernd entsprechen müssen. Siehe hierzu auch die Ausführungen von Borgmann et al. (2000), S. 72-74.
[168] Vgl. hierzu auch Walgenbach/Meyer (2008), S. 36.
[169] Siehe hierzu auch obiges Beispiel der Vietz GmbH, bei der die chinesische Regierung eine Investition gefordert hat. Vgl. hierzu auch Cheng/Yu (2008), S. 335.

Content"-Regelungen als Eintrittsbarriere angesehen.[170] Zwar gibt es in China keine solchen formalisierten Regelungen, es wird jedoch davon ausgegangen, dass in der Vergangenheit inoffiziell bis zu 60% „Local Content" für in China vertriebene Produkte gefordert wurde und oftmals noch immer gefordert wird.[171] Die bereits erwähnte Studie des Fraunhofer Instituts fand heraus, dass für 15% aller untersuchten Produktionsverlagerungen die Erfüllung von „Local Content"-Vorschriften ein wichtiges Motiv war.[172] Auch andere Handelshemmnisse, wie hohe Einfuhrzölle oder Einfuhrsteuern und Einfuhrquoten können wichtige Einflussfaktoren – oder Zwänge – für eine Produktionsverlagerung darstellen.[173] Insbesondere ist dieses Phänomen in der Automobilindustrie zu beobachten: Die großen deutschen Hersteller haben zwar Überkapazitäten in ihren vorhandenen europäischen Werken – in denen sie bis zu 30% mehr Fahrzeuge produzieren könnten – bauen aber aufgrund hoher Einfuhrzölle lokale Fertigungskapazitäten in China auf.[174]

Weiterhin werden Unternehmen oftmals von ihren Schlüsselkunden aufgefordert oder – um in der Sprachweise von DiMaggio/Powell zu bleiben – gezwungen, ihnen in ein bestimmtes Zielland zu folgen.[175] Dies ist für etwa ein Drittel

---

[170] Für eine nähere Erläuterung des – in der Literatur nicht einheitlich definierten – „Local Content"-Begriffs sowie einen Überblick über die Zielstellung solcher Auflagen sei verwiesen auf Petersen (2004), S. 15-54. Für Auswirkungen solcher – letztlich aufgrund des Drucks der WTO im Jahr 2009 aufgehobenen – „Local Content"-Vorschriften auf Produktionsverlagerungen nach China im Automobilbereich sei verwiesen auf GTAI (2009) sowie Hoffbauer et al. (2009).

[171] Vgl. Leigh (2002), S. 40. Der Autor spricht deshalb auch von der „Secret 60% Rule". Insbesondere nach dem WTO-Beitritt im Jahre 2001 sind solche „Local Content"-Vorschriften in China nicht mehr gestattet; speziell das TRIMS-Agreement der WTO verbietet solche Vorschriften. Da diese Vorschriften jedoch laut Regierungsbeamten „ungeschriebene Gesetze" sind, können Unternehmen dennoch mit solchen Vorgaben konfrontiert werden. Darüber hinaus sollen im Rahmen dieser Arbeit Produktionsverlagerungen seit dem Jahr 1989 – und damit weit vor dem WTO-Beitritt betrachtet werden; aus diesem Grund hat die Betrachtung derartiger „Local Content"-Vorgaben eine Berechtigung.

[172] Vgl. Kinkel et al. (2002), S. 6. Diese Studie betrachtet Produktionsverlagerungen des Verarbeitenden Gewerbes im Allgemeinen – also nicht spezifisch für China. Da jedoch laut der Studie ein großer Teil der Produktionsverlagerungen nach China vorgenommen wurde und China für die hohen „Local-Content"-Forderungen bekannt ist, kann angenommen werden, dass für Investitionen in China solche „Local-Content"-Forderungen eine maßgebliche Rolle spielen.

[173] So wird in DIHK (2011), S. 10 berichtet, dass Handelshemmnisse für 30% der dort investierenden deutschen Unternehmen eine große Rolle für eine Produktionsverlagerung spielen.

[174] Vgl. Kröger (2010).

[175] Siehe hierzu auch den Beitrag von Gerlach/Brussig (2004) sowie Borgmann et al. (2000), S. 72-73.

aller Produktionsverlagerungen ein sehr starkes Motiv, wie die Studie des Fraunhofer Instituts belegt:

> „Das drittwichtigstes [sic!] Motiv, einen Produktionsstandort im Ausland einzurichten, ist der von im Ausland präsenten Schlüsselkunden ausgeübte Druck, in ihrer unmittelbaren Nähe zu fertigen („following customer"). Immerhin 34 Prozent der Betriebe gaben an, dass dieser Grund für sie wesentlich war."[176]

In der bereits oben erwähnten Studie der GIC nimmt das Motiv des Folgens von Schlüsselkunden für Produktionsverlagerungen nach China eine noch stärkere Position ein: 44% der befragten Unternehmen nannten dieses Motiv als einen wichtigen Grund für eine Investition in China.[177] Wie vorher dargestellt, kann auch der Druck zu Kostensenkungen als Isomorphismus durch Zwang interpretiert werden.[178] Auch hier soll nochmals auf die beiden Studien der GIC bzw. des Fraunhofer Instituts verwiesen werden,[179] die in dem Motiv der Kostensenkung ein Hauptmotiv für Auslandsinvestitionen bzw. Produktionsverlagerungen sehen.[180] Ein solcher Zwang kann jedoch nicht nur von Wettbewerbern ausgehen, sondern zum Beispiel auch von Aktionären oder anderen Kapitalgebern.[181]

---

[176] Kinkel et al. (2002), S. 6. In der neuesten Erhebung des Fraunhofer Instituts wird dieses Motiv noch von 29% aller verlagernden Unternehmen als wesentlich bezeichnet (vgl. Kinkel/Maloca (2009), S. 6-7). Auch wird explizit darauf hingewiesen, dass es sich dabei in der Regel nicht um proaktive Verlagerungen der Unternehmen handelt, sondern dass aktive Nachfragen der Schlüsselkunden zu einer Produktionsverlagerung geführt haben. Vgl. dazu auch Piotti (2010), S. 100-101.

[177] Vgl. GIC (2007), S. 16. Diese Studie behandelt Direktinvestitionen deutscher Unternehmen in China in ihrer Gesamtheit, also nicht ausschließlich Produktionsverlagerungen. Dennoch kann davon ausgegangen werden, dass es sich hierbei zum größten Teil um Produktionsverlagerungen handelt – für reine absatzorientierte Tätigkeiten würden Unternehmen wohl eher selten bestimmten Schlüsselkunden folgen und in China investieren. Insgesamt zeigt sich hier wieder das Problem, dass Statistiken spezifisch zu Produktionsverlagerungen nach China kaum vorliegen und präzise Aussagen deshalb oftmals nicht erfolgen können. Siehe zum Motiv des Folgens von Schlüsselkunden auch die Studie von Martin et al. (1998), die feststellt, dass japanische Zulieferer der Automobilindustrie insbesondere in solchen Ländern investieren, wo ihre Schlüsselkunden tätig sind.

[178] Siehe hierzu insbesondere die Argumentation in Fußnote 163.

[179] Siehe hierzu die Tabelle 2-2 auf Seite 19.

[180] Eine genaue Abgrenzung zum mimetischen Isomorphismus scheint hier schwierig. So kann argumentiert werden, dass der Druck zur Kostensenkung zu Produktionsverlagerungen ins Ausland führen kann (Isomorphismus durch Zwang), der Trend zu Produktionsverlagerungen in ein bestimmtes Land – in diesem Falle China – jedoch durch den noch zu erläuternden mimetischen Isomorphismus bzw. durch die von Meyer/Rowan (1977) beschriebenen Rationalitätsmythen bedingt ist.

[181] Siehe hierzu auch die Argumentation zu Steiff im Abschnitt 3.1.1.

Schließlich können auch strenge Regularien im Heimatland – insbesondere in Verbindung mit dem bereits erwähnten (wahrgenommenen) Zwang zur Kostensenkung – dazu führen, dass Unternehmen ihre Produktion verlagern.[182] Die in Deutschland – im Vergleich zu Entwicklungsländern – strengen Sicherheitsvorschriften, starken Arbeitnehmerrechte und restriktiven Arbeitszeitregelungen können demnach einen institutionell generierten Zwang darstellen, alternative Produktionsstandorte zu suchen.

3.1.2.2 Isomorphismus durch normativen Druck und dessen Verknüpfung mit Produktionsverlagerungen

Der zweite von DiMaggio/Powell erwähnte Angleichungsmechanismus ist der normative Isomorphismus bzw. der normative Druck („normative pressure").[183] Dieser resultiert vorrangig aus der zunehmenden Professionalisierung. Damit meinen die Autoren verschiedene Bemühungen bestimmter Berufsgruppen, Rahmenbedingungen für ihre Arbeit zu setzen und diese hinsichtlich ihrer Zielsetzungen, Inhalte und Methoden zu definieren.[184] Dadurch soll eine geeignete kognitive Orientierung der Angehörigen dieser Berufsgruppen und eine Legitimation nach außen erreicht werden. Eine solche Professionalisierung geschieht häufig mit Hilfe von Berufsverbänden, in denen die Angehörigen dieser Berufsgruppen formal organisiert sind.[185]

DiMaggio/Powell erwähnen insbesondere zwei wichtige Aspekte dieser Professionalisierung, die zu normativem Isomorphismus führen. Der erste Aspekt ist das im Rahmen von Universitäten vermittelte Wissen in formal festgelegten bzw. legitimierten Ausbildungsgängen. Da die Ausbildungseinrichtungen gesellschaftlich legitimiert sind, erhält das vermittelte Wissen quasi einen normativen

---

[182] Vgl. Cheng/Yu (2008), S. 335.
[183] Vgl. nachfolgend für diesen Abschnitt – sofern nicht anders vermerkt – DiMaggio/Powell (1983), S. 152-153.
[184] Vgl. Süß (2009), S. 117.
[185] Einige Beispiele für solche in Deutschland aktiven Berufsverbände sind der Bundesverband Deutscher Volks- und Betriebswirte, der Bundesverband Deutscher Unternehmensberater, der Deutsche Führungskräfteverband, der Deutsche Marketing-Verband, die German CFA Society, das Institut der Wirtschaftsprüfer in Deutschland und der Bundesverband deutscher Banken.

Charakter und wird von den Studenten als „State-of-the-Art" angesehen.[186] Damit werden bereits Grundlagen für die oben erwähnte gemeinsame kognitive Orientierung sowie das Selbstverständnis bestimmter Berufsgruppen gelegt.[187] Auch „Lehrbuchlösungen" für bestimmte Problemstellungen werden so vermittelt und später genutzt. Der zweite Aspekt ist die – auch durch Berufsverbände bedingte – wachsende Vernetzung von Personen, die in vergleichbaren Positionen tätig sind. Durch solche Kanäle verbreiten sich neue Konzepte oder als innovativ geltende Problemlösungen sehr schnell. Auch die Anwerbung von Arbeitskräften, die vormals für andere Unternehmen im gleichen organisationalen Feld tätig waren, die Rekrutierung von Arbeitskräften von bestimmten wenigen Zielhochschulen oder die Beförderung anhand immer wiederkehrender Kriterien führen zu normativem Isomorphismus. So konnte zum Beispiel festgestellt werden, dass die Lebensläufe der Führungskräfte der Fortune 500 eine verblüffende Ähnlichkeit aufwiesen.[188] Diese Mechanismen *„create a pool of almost interchangeable individuals who occupy similar positions across a range of organizations and possess a similarity of orientation and disposition".*[189] Dies führt dazu, dass solche Manager *„will tend to view problems in a similar fashion, see the same policies, procedures and structures as normatively sanctioned and legitimated, and approach decisions in much the same way".*[190]

Die Autoren McKinley, Sanchez und Schick diskutieren einen normativen Isomorphismus am Beispiel des sogenannten „Downsizing" von Unternehmen, also der Reduktion der Mitarbeiterzahl. Galt eine große Anzahl an Mitarbeitern früher als Indikator für Erfolg eines Unternehmens und im Gegensatz die Entlassung von Mitarbeitern als Zeichen für Misserfolg, so trat bei diesem Konzept ein Wandel in der Sichtweise ein:

---

[186] Vgl. Süß (2009), S. 118. Siehe hierzu auch Sandhu (2009), S. 81, der explizit MBA-Studiengänge als Quelle normativer Regeln thematisiert.
[187] Vgl. Strang/Soule (1998), S. 272.
[188] Vgl. Hirsch/Whisler (1982), zitiert nach DiMaggio/Powell (1983), S. 153. Ein ähnliches Phänomen lässt sich auch in Unternehmensberatungen beobachten; siehe zum Beispiel Schmid/Schulze (2007), die eine solche äußerliche Ähnlichkeit von Unternehmensberatern am Fall von Arthur Andersen demonstrieren.
[189] DiMaggio/Powell (1983), S. 152. In der Argumentation folgt auf S. 152-153 noch eine weitere ähnliche Aussage: *„many professional career tracks are so closely guarded both at the entry level and throughout the career progression, that individuals who make it to the top are virtually indistinguishable."*
[190] DiMaggio/Powell (1983), S. 153.

„In recent scholarly and practitioner-oriented writing (...) downsizing has been disconnected from the decline concept. As a result, downsizing is now interpreted positively, and seems to be attaining the status of an expectation. This status is strengthened by a parallel shift in the value placed on large size. Once regarded as an indicator of organizational effectiveness, large size is now shunned. As a recent Fortune article noted, „The chiefs of America's biggest companies seem caught in the grip of what might be called wee-ness envy-my company's workforce is smaller than yours." (...) „The boss of any large corporation that hasn't fired at least enough people to make up an army division has a lot of explaining to do to his buddies down at the CEO Club.""[191]

Welche Auswirkungen hat nun der normative Isomorphismus auf Produktionsverlagerungen nach China? Es wurde zum Beispiel argumentiert, dass der Bereich des Internationalen Managements in den letzten Jahren zu einer Institution im Bereich der Universitätsausbildung geworden ist.[192] Unter Umständen sind dadurch auch internationale Produktionsverlagerungen in den letzten Jahren vermehrt als adäquate Strategien zur Kostensenkung im Rahmen der Universitätsausbildung thematisiert worden, was wiederum dazu führen könnte, dass solche Strategien nunmehr von den Unternehmen auch häufiger angewendet werden.[193] Auch die gezielte Anwerbung von Mitarbeitern, die zum Beispiel in anderen Unternehmen bereits erfolgreich Produktionsverlagerungen verantwortet haben und nun eine solche Strategie auch bei ihrem neuen Arbeitgeber forcieren, ist im Sinne DiMaggio/Powells als normativer Isomorphismus

---

[191] McKinley et al. (1995), S. 35; die Autoren führen dieses gleichgerichtete Verhalten auf einen normativen Isomorphismus zurück: *„The spread of cost accounting techniques through business education and the professionalization of accounting therefore plays a role in rationalizing downsizing as a legitimate activity."* Interessanterweise führen die Autoren weiter aus, dass es sich beim Downsizing zwar um ein legitimes, jedoch nur um ein *scheinbar* erfolgreiches Konzept handelt, da kaum ein Unternehmen die im Rahmen eines Downsizing erwarteten Ziele und Kosteneinsparungen auch realisieren kann – und in einigen Fälle sogar Mehrkosten die Folge waren (McKinley et al. (1995), S. 33-34). Insgesamt gehen die Autoren davon aus, dass sich dieser Mechanismus bereits zu einem Zwang weiterentwickelt hat, so dass Unternehmen zu einem solchen Downsizing gezwungen werden, weil Kapitalgeber und Analysten ein solches Verhalten erwarten – und dies trotz der soeben angesprochenen diffusen Erfolgswirkung (McKinley et al. (1995), S. 35). Auch hier ist wiederum die geringe Trennschärfe der von DiMaggio/Powell thematisierten Isomorphismen ersichtlich.
[192] Vgl. den Beitrag von Engelhard et al. (2009).
[193] Dies ist eine hypothetische Argumentation.

denkbar. Daneben ist es möglich, dass positive Erfahrungen mit Produktionsverlagerungen nach China durch die oben erwähnten Kanäle diffundiert sind und deshalb Verbreitung gefunden haben. Auch das vermehrte Auftreten von Unternehmensberatungen mit Fokus auf China und/oder Outsourcing kann im organisationalen Feld zu einer vermehrten Aufmerksamkeit auf eine solche Strategie bzw. zu einer größeren Legitimität eines solchen Verhaltens geführt haben.[194] Im kürzlich erschienenen Harvard Business Manager[195] nimmt Edward Tse, Senior Partner und Chairman der Region „Greater China" der Unternehmensberatung Booz & Company, zu einer Investition in China wie folgt Stellung, wie aus der Abbildung 3-4 ersichtlich ist.

Globalisierung

Eine Strategie für China

Von Edward Tse

Es ist ein hart umkämpfter Markt, und Ihre Wettbewerber sind möglicherweise schon da. Egal. Der größte Fehler, den Sie machen könnten, wäre, nicht in China zu investieren.

Abb. 3-4: Ausschnitt aus dem Harvard Business Manager[196]
Quelle: Tse (2010), S. 66.

Neben der eindeutigen Aussage im Text ist auch die grafische Gestaltung durchaus interessant: Hier wird der Eindruck vermittelt, dass der chinesische Drache sehr wohl steuerbar ist.

---

[194] Dieser Aspekt lässt sich sowohl dem normativen, als auch dem anschließend beschriebenen mimetischen Isomorphismus zuordnen.
[195] Legt man den Bekanntheitsgrad, die Lesehäufigkeit und den wahrgenommenem Nutzen dieser Zeitschrift bei deutschen Managern zugrunde (vgl. Oesterle/Schmid (2009), S. 186-189), kann ein Einfluss dieser Aussage auf die Managerwahrnehmung einer Investition in China als eine vorteilhafte Strategie durchaus angenommen werden.
[196] In diesem Zitat wird klar, dass die Trennung zwischen dem normativen und dem noch zu diskutierenden mimetischen Isomorphismus fließend ist: Es deutet auf normativen Isomorphismus hin, da hier eine Unternehmensberatung die Strategie einer Investition in China als eine sehr vorteilhafte darstellt. Es deutet jedoch auch auf mimetischen Isomorphismus hin, da suggeriert wird, dass bereits andere relevante Akteure aus dem organisationalen Feld eine ähnliche Strategie verfolgt haben.

3.1.2.3 Isomorphismus durch mimetische Prozesse und dessen Verknüpfung mit Produktionsverlagerungen

Der dritte von DiMaggio/Powell beschriebene Angleichungsmechanismus ist der mimetische Isomorphismus („mimetic processes"), welcher von allen drei Mechanismen in der Literatur die größte Aufmerksamkeit erhalten hat.[197] Doch was ist mit dem mimetischen Isomorphismus gemeint?[198] Dieser Mechanismus wirkt insbesondere bei einem hohen Maß an Unsicherheit[199] und bewirkt, dass Unternehmen sich an anderen Unternehmen ausrichten, die entweder erfolgreich sind oder als erfolgreich bzw. legitim wahrgenommen werden.[200] DiMag-

---

[197] Vgl. insbesondere Mizruchi/Fein (1999), die in ihrem Beitrag analysieren, wie oft die verschiedenen Isomorphismen in Zeitschriftenbeiträgen genutzt werden, die Isomorphismus als Erklärungsgrundlage für ein bestimmtes Phänomen nutzen. Damit wurden alle die Zeitschriftenbeiträge ausgeschlossen, die lediglich das Paper von DiMaggio/Powell zitieren und nicht tiefgehender auf wenigstens einen dieser Isomorphismen eingehen. Als Analyseeinheit dienten Artikel der Journals American Sociological Review, American Journal of Sociology, Social Forces, Administrative Science Quarterly, Academy of Management Journal und Organization Science der Jahre 1984-1995. Nur zwei der insgesamt 26 Artikel nutzten alle drei Isomorphismen, zwölf Artikel nutzten ausschließlich den mimetischen Isomorphismus als Erklärungsgrundlage. Vgl. in diesem Zusammenhang auch Barreto/Baden-Fuller (2006), S. 1560, 1575-1576 sowie Greenwood/Meyer (2008), S. 262-263.

[198] Vgl. nachfolgend – soweit nicht anders angegeben – DiMaggio/Powell (1983), S. 151-152.

[199] Engelhard et al. (2009), S. 75 merken an, dass letztlich jeglichem (organisationalen) Handeln Unsicherheit inhärent ist: *„Sinnvolles und verständliches Handeln (...) beruhen auf geteilten Bedeutungszuschreibungen, denen aufgrund ihrer Intersubjektivität immer ein Moment der Kontingenz innewohnt. Sie sind daher latent unsicher, was zur mimetischen Imitation anerkannter Akteure und zur Angleichung an standardisierte Handlungs- und Akteursskripte motiviert."* Es wird später noch gezeigt, dass internationalen Produktionsverlagerungen in besonderem Maße Unsicherheit inhärent ist.

[200] Budros (1999), S. 77 nennt andere Unternehmen dabei den *„social frame of reference"*. Han (1994), S. 638 spricht davon, dass *„the major factors that organizations must take into account are other organizations"*. Siehe dazu auch Tolbert/Zucker (1983), S. 26, Brouthers et al. (2005), S. 227 sowie Gimeno et al. (2005), S. 297. Eine solche Ausrichtung an anderen Unternehmen muss nicht zwangsläufig intentional ablaufen, sie kann auch als eine über einen gewissen Zeitraum gebildete und kognitiv verankerte Meinung das Handeln unbewusst beeinflussen (vgl. Greve (1995), S. 448). Dieser Mechanismus ist zu unterscheiden vom in der Literatur diskutierten Herdenverhalten, wie Barreto/Baden-Fuller (2006), S. 1563 klarstellen: *„Thus, the main difference between the institutional approach we suggest here and the economic approach concerns the underlying mechanism which triggers mimicry. While in herd behaviour models the source of such behaviour is an economically rational purpose (informational externalities, payoff externalities, or managerial reputation), in the mimetic isomorphism framework it is the normatively rational motive (legitimacy) that can both prompt and justify mimicry."* Eine ähnliche Argumentation verfolgen auch Gimeno et al. (2005), S. 301: *„In contrast to explanations that depict mimicry as a rational choice based on preferences or expected consequences, the psychological and sociological argument is that individuals (and, indirectly, organizations) are predisposed toward social conformity. Conformity may be the result of diffuse psychological pressure to reduce social anxiety by insuring that other relevant social actors view a behavior as appropriate and legitimate (...). Once enough individuals do things in a certain way, the behavior becomes taken-for-granted and is often employed with little reflection."* Für eine Gegenüberstellung von Herdenverhalten und dem im Neo-Institutionalismus diskutierten mimetischen Isomorphismus siehe neben

gio/Powell greifen damit das Legitimitätsargument von Meyer/Rowan auf, indem sie ausführen, dass dieser mimetische Isomorphismus insofern wirkt, als dass eine legitimierte Praktik selbst dann kopiert wird, wenn ein Nachweis für deren Effizienz fehlt.[201] Die Autoren führen aus, dass *„strategies that are rational for individual organizations may not be rational if adopted by large numbers. Yet the very fact that they are normatively sanctioned increases the likelihood of their adoption."*[202] Insgesamt nutzen DiMaggio/Powell für ihre Argumentation bereits die von Cyert/March entwickelt Logik, dass die Imitation von Wettbewerbern unter Unsicherheit eine durchaus sinnvolle Strategie ist.[203] Damit können mangelnde Informationen oder Fähigkeiten durch das kollektive Wissen der „Massen" ausgeglichen und gleichzeitig legitimierte Strategien verfolgt werden.[204] Eine solche Imitation wird verstärkt durch interorganisationale Austauschbeziehungen – zum Beispiel in Form von Kooperationen, Gesprächskreisen oder Benchmarkingprojekten, bei denen Kenntnisse über sogenannte (branchenübergreifende) Best-Practices erlangt und weitergeben werden.[205] DiMaggio/Powell weisen in diesem Zusammenhang auch darauf hin, dass mo-

---

dem bereits erwähnten Artikel von Barreto/Baden-Fuller (2006), S. 1562-1563 auch den Beitrag von Krenn (2006), S. 16-20.

[201] Vgl. DiMaggio/Powell (1983), S. 152-154. Siehe auch Jansen (2005), S. 231.
[202] DiMaggio/Powell (1983), S. 148. Dieses Zitat rückt die Argumentation von DiMaggio/Powell in die Nähe der von Meyer/Rowan beschriebenen Rationalitätsmythen.
[203] Vgl. hierzu das Werk von Cyert/March (1963).
[204] Vgl. Brouthers et al. (2005), S. 227. Vgl. hierzu auch Han (1994), S. 638: *„Organizations may not know how to figure out the relationship between means and ends, or they may not have explicit organizational goals set forth. They are, nevertheless, constantly watching what others do (...) and judging the appropriateness of actions in large part according to the behaviour of their structurally equivalent alters."* sowie Gimeno et al. (2005), S. 302: *„Firms are most aware of the actions of other firms that are present in the same markets as themselves."* Diese Beobachtung anderer Unternehmen kann zum Beispiel durch das Verfolgen der Medienberichterstattung erfolgen.
[205] Vgl. Süß (2009), S. 115; siehe auch Granlund/Lukka (1998), S. 157 sowie Pongratz (2005), S. 24. In diesem Aspekt ist die Trennung zwischen normativen und mimetischen Isomorphismus schwierig. In diesem Zusammenhang ist auch der bereits im Rahmen des normativen Isomorphismus thematisierte Artikel von McKinley et al. (1995) interessant. Neben den normativen Einflüssen bezüglich eines Downsizing werden auch (branchenübergreifende) imitative Einflüsse geltend gemacht: *„An excellent example of how cloning operates to spread downsizing is the wave of restructuring currently sweeping through the oil industry. The Wall Street Journal recently reported that Texaco is restructuring and downsizing in response to similar moves by Mobil and British Petroleum. In all, ten oil companies-Texaco, Mobil, British Petroleum, Atlantic Richfield, Unocal, Royal Dutch/Shell Group, Elf Aquitaine, Exxon, Chevron, and Amoco-are in various stages of shrinkage. These corporations have made cost-cutting their „mantra," cloning each other and firms like General Electric and Xerox."* (McKinley et al. (1995), S. 36). Interessant ist in diesem Zusammenhang auch die Untersuchung von Swoboda et al. (2010), die auf einen intra-organisationalen Isomorphismus verweisen: Unternehmen wenden solche Strategien an, die sie bereits früher angewendet haben.

mentan verfolgte Strategien oder genutzte Praktiken häufig damit legitimiert werden, dass diese früher bereits vom Unternehmen selbst oder von anderen Unternehmen genutzt wurden.[206]

DiMaggio/Powell führen eine solche mimetische Annäherung – neben der intentionalen oder nicht intentionalen Imitation von erfolgreich scheinenden Unternehmen – auch darauf zurück, dass Unternehmen letztlich gar keine große Auswahl an verschiedenen „Musterlösungen" oder möglichen Organisationsstrukturen haben und deshalb zwangsläufig ähnlich agieren (müssen).[207] Dies wird auch durch einige wenige große Unternehmensberatungen verstärkt, die ein Großteil der großen Organisationen beraten und dabei immer wieder auf eine bestimmte standardisierte „Toolbox" mit einer sehr überschaubaren Anzahl an verschiedenen Lösungen zurückgreifen.[208] DiMaggio/Powell nennen die Einführung von Qualitätszirkeln und weiteren japanischen Managementmethoden – insbesondere im Bereich des Produktionsmanagements – als Beispiel für mimetischen Isomorphismus.

Insbesondere die Forschung von Haunschild/Miner spezifizierte das Konzept des mimetischen Isomorphismus, indem drei verschiedene Arten identifiziert wurden: häufigkeitsbasierte Imitation („frequency-based imitation"), merkmalsbasierte Imitation („trait-based imitation") und ergebnisorientierte Imitation („outcome-based imitation").[209] Die häufigkeitsbasierte Imitation nimmt an, dass lediglich die reine Anzahl der bisherigen Anwender einer bestimmten Praktik bestimmt, ob sie auch von anderen imitiert wird. Oder anders ausgedrückt: Je mehr Unternehmen sich für eine bestimmte Praktik entschieden haben, umso wahrscheinlicher ist es, dass auch andere Unternehmen diese adaptieren.[210]

---

[206] Vgl. hierzu auch Brouthers et al. (2005), S. 227.
[207] Vgl. hierzu auch Han (1994), S. 637.
[208] Vgl. Donges (2006), S. 573. Die Abgrenzung der Rollen, die Unternehmensberatungen für den normativen und den mimetischen Isomorphismus spielen, ist schwierig. In der späteren Zeitschriftenanalyse werden die Unternehmensberatungen dem mimetischen Isomorphismus zugeschlagen, um trennscharf arbeiten zu können.
[209] Vgl. für diesen Abschnitt Haunschild/Miner (1997), S. 474-478. Auch Krenns Dissertation baut im wesentlichen auf diesem Konzept auf (vgl. Krenn (2006), S. 24-36). Vgl. auch Lu (2002), S. 23-25, 31, die diese verschiedenen Arten des mimetischen Isomorphismus empirisch nachweisen konnte. Vgl. für diesen Abschnitt auch Brouthers et al. (2005), S. 227.
[210] Interessant ist in diesem Zusammenhang z. B. die Studie von Ahmadjian/Robinson (2001), die die Abkehr von lebenslanger Beschäftigung in japanischen Unternehmen analysieren

Die merkmalsbasierte Imitation nimmt an, dass Unternehmen nur solche Unternehmen imitieren, die ihnen auf eine bestimmte Art und Weise ähnlich sind – dies kann sich auf Unternehmen aus der gleichen Branche beziehen, auf Unternehmen, die eine ähnliche Größe haben oder auf Unternehmen, die gemeinhin als Vorbild dienen bzw. über eine gewisse Reputation verfügen. Die ergebnisorientierte Imitation schließlich beschreibt die Imitation von solchen Praktiken, die ein (scheinbar) positives Ergebnis zur Folge haben und die Ablehnung von solchen Praktiken, die ein (scheinbar) negatives Resultat nach sich ziehen.

Trotz dieser Spezifizierung von Haunschild/Miner bleibt unklar, wer genau imitiert wird. Auch DiMaggio/Powell bleiben in dieser Hinsicht sehr diffus. Dies wird insbesondere von Brouthers et al. (*„A key question in using imitation to develop successful strategies is asking whom to imitate? Unfortunately, (...) the theory of mimetic isomorphism does not tell us who should be imitated"*),[211] Haveman (*„Although imitation has long been recognized as a sensible guide to organizational change (...), there has been little theoretical analysis to determine which social actors will be imitated."*)[212] und Nicolas (*„This leaves much ambiguity on who is imitated."*)[213] kritisiert.[214] Greve schlägt vor, dass Unternehmen solche Unternehmen zum Vorbild nehmen, die entweder leicht zu beobachten, dem eigenen Unternehmen ähnlich oder aber in sozialer Hinsicht herausragend sind:

> *„Current work on institutional theory goes further by examining heterogeneity in imitation, as firms are more likely to imitate others that are easily observable, similar to themselves, or socially prominent (...). Managers notice and weight information using observability and rele-*

---

und feststellen, dass große und traditionsträchtige Unternehmen erst dann neue Formen der Beschäftigung annehmen, nachdem eine ganze Reihe anderer Unternehmen bereits neue Konzepte adaptiert hat.

[211] Brouthers et al. (2005), S. 228.

[212] Haveman (1993), S. 596. Der Autor fordert mit Nachdruck, dass für dieses Problem eine theoretisch fundierte Erklärung gefunden werden muss und sich nicht auf Vermutungen verlassen werden soll. Eine Verknüpfung der neo-institutionalistischen Theorie – und hier insbesondere des mimetischen Isomorphismus – mit konstruktivistisch ausgerichteten Medientheorien wäre zur Lösung dieses Problems denkbar und wird im weiteren Verlauf der Arbeit auch als theoretische Fundierung gewählt.

[213] Nicolas (1999), S. 5. Siehe auch Lu (2002), S. 24-25.

[214] Vgl. insgesamt auch die Argumentation von Greve (1998), S. 967-970.

vance heuristics, leading firms to imitate those whose actions they can easily observe and whose situations are similar to their own."[215]

Einen Hinweis auf die Imitation großer Unternehmen begründet er wiederum damit, dass große Unternehmen a) leicht zu beobachten sind und b) aufgrund ihrer erreichten Größe scheinbar erfolgreich sind. Welche Unternehmen dies jedoch genau sind, beantwortet auch Greve nicht. Haveman konnte nachweisen, dass große und vor allem erfolgreiche Unternehmen als Rollenmodell zur Imitation dienen (und argumentiert nicht wie Greve vorrangig basierend auf Sichtbarkeit und Größe), beschränkt seine Analyse jedoch lediglich auf die Finanzbranche.[216]

Welche Verknüpfung kann nun zwischen dem mimetischen Isomorphismus und Produktionsverlagerungen nach China hergestellt werden? Es wurde bereits erwähnt, dass der mimetische Isomorphismus insbesondere bei Unsicherheit wirksam ist. Ein Auslandsmarkteintritt ist – auch durch die größere Komplexität – im besonderen Maße geprägt von Risiko, Unsicherheit und Informationsdefiziten.[217] Deshalb – so die Argumentation im Sinne des mimetischen Isomorphismus – imitieren Unternehmen bei Auslandsmarkteintritten solche Strategien, die als erfolgreich angesehen werden.[218] Wird nun eine Produktionsverlagerung nach China bei Wettbewerbern oder anderen Unternehmen im organisationalen Feld beobachtet, kann dies dazu führen, dass ein Unternehmen – trotz unter Umständen unzureichender Erfahrung mit Auslandsmarkteintritten und zusätz-

---

[215] Greve (2000), S. 818-819.
[216] Haveman (1993), S. 622. Siehe hierzu auch Böckem/Tuschke (2010), S. 265.
[217] Vgl. z. B. Makino/Delios (2002), S. 6 (*"the foreign entry decision is one marked by considerable uncertainty and incomplete information"*), Brouthers et al. (2005), S. 228 (*"given the increased complexity associated with international business decisions"*) und Davis et al. (2000), S. 245 (*"given the high levels of uncertainty and risk often associated with foreign market entry"*).
[218] Der mimetische Isomorphismus wirkt je nach der Größe des betrachteten Unternehmens unter Umständen stärker oder schwächer. Cheng/Yu (2008), S. 335 gehen davon aus, dass der Mechanismus des mimetischen Isomorphismus bei kleinen und mittleren Unternehmen stärker wirkt als bei großen Unternehmen. Siehe dazu auch Lu (2002), S. 24, die argumentiert, dass weniger erfahrene Unternehmen stärker imitatives Verhalten nutzen. Vgl. dazu auch Walgenbach/Meyer (2008), S. 36. Siehe auch Schulte (2002), S. 141: *"Das Hauptproblem der Standortentscheidung ist damit die Bewertung von ausländischen Märkten und Betriebsstätten. Dabei sind die KMU [kleine und mittlere Unternehmen, Anm. d. Verfassers] in höchstem Maße mit dem Problem der Unsicherheit konfrontiert. Unsichere Informationen bestehen über Intensität, Richtung und Dynamik der für sie neuen Umweltbedingungen."* Siehe auch Piotti (2009c), S. 68.

lich vorhandenen Risiken und Informationsdefiziten – angespornt wird, diesen Schritt ebenfalls zu gehen.[219] Empirisch konnte verschiedentlich nachgewiesen werden, dass ein imitatives Verhalten auch auf das Internationalisierungsverhalten von Unternehmen zutreffen kann.[220]

Da Investitionen nach China in der Vergangenheit oft thematisiert wurden, erlangt eine solche Investition von Managern eine verstärkte Aufmerksamkeit.[221] Insbesondere im Sinne der erwähnten ergebnisbasierten Imitation ist es denkbar, dass Unternehmen ihre Produktion nach China verlagern, wenn dies gemeinhin als erfolgreiche Strategie angesehen wird. Auch hier können Unternehmensberatungen eine entscheidende Rolle spielen, indem sie zum Beispiel eine Produktionsverlagerung nach China als besonders erfolgreich darstellen.[222] Die häufigkeitsbasierte Imitation könnte ebenfalls Produktionsverlagerungen erklären, sofern Unternehmen wahrnehmen, dass eine ganze Anzahl von anderen Unternehmen bereits ihre Produktion nach China verlagert hat – vielleicht im Hinblick mit dem Argument des „riesigen Marktes" in China, bei dem man „nahe am Kunden" sein müsse.[223] Die oben bereits angesprochenen kürzlich im Handelsblatt erschienenen Artikel zeigen, dass nach außen hin ein solches – scheinbar irrationales – Imitationsverhalten wahrgenommen wird, da es ja momentan 'alle genauso machen'.[224] In Abbildung 3-5 ist einer dieser Arti-

---

[219] Siehe in diesem Zusammenhang die Argumentation von Greve (1998), S. 969 sowie Greve (1995), S. 448, bei der er von der Imitation von „visible actions" anderer Unternehmen spricht. Später wird im Rahmen der vorliegenden Arbeit noch argumentiert, dass Unternehmen solche Strategien imitieren, die durch die Medien als erfolgreich dargestellt werden. Diese Strategien sind damit für eine Vielzahl von Unternehmen „visible", gelten als legitim und scheinen erfolgreich (und auch deshalb legitim) zu sein.

[220] Um Redundanzen zu vermeiden soll an dieser Stelle jedoch nicht auf diese Studien eingegangen werden, sondern lediglich ein Verweis auf die Ausführungen am Ende des Abschnittes 3.3.1 erfolgen.

[221] Vgl. Birkinshaw et al. (2007), S. 39-40; vgl. insgesamt auch die Beiträge von Piotti (2007), Piotti (2009a), Piotti (2010).

[222] Piotti (2010), S. 101-106 stellt fest, dass zum einen die Medien ein eher (zu) positives Bild von China vermitteln und somit Unternehmen einen Anreiz haben könnten, dort zu produzieren. Daneben argumentiert Piotti, dass in verschiedenen Gesprächskreisen über Investitionen in China Unternehmer ihre eigenen Erfahrungen mit Investitionen in China eher als (zu) positiv darstellen und Probleme und Risiken vernachlässigen – hauptsächlich um ihre eigenen Entscheidungen zu rechtfertigen und um eigene „Erfolgsgeschichten" zu erzählen. Dies führt dazu, dass bei potentiellen Investoren ein sehr positives Bild einer Produktionsverlagerung vorherrscht, welches wiederum – in Sinne des mimetischen Isomorphismus – zu einer eigenen Produktionsverlagerung führen kann.

[223] Siehe hierzu auch Piotti (2011), S. 11.

[224] Vgl. Mayer-Kuckuk (2010a), S. 9, Mayer-Kuckuk (2010b).

kel beispielhaft abgedruckt. Dieser Artikel ist gerade deshalb höchst interessant, als dass (bewusst oder unbewusst) neben dem scheinbar irrationalem Verhalten gleich zwei Kernkonzepte des Neo-Institutionalismus angesprochen werden: Zum einen spielt die Imitation von Wettbewerbern und anderen Unternehmen eine große Rolle (*"Jeder macht's doch so"*), zum anderen aber auch die Legitimation für das Handeln der Manager (*"Falls die Strategie scheitert, haben sie damit auch gleich eine Entschuldigung parat."*).

Handelsblatt

CHINA 10.06.2010

Expandieren bis es kracht

Die deutschen Unternehmen können garnicht genug neue Kapazitäten in China aufbauen. Die absehbaren Risiken spielen keine Rolle, denn: Jeder macht's doch so!

von Finn Mayer-Kuckuk

Die China-Euphorie hat die deutsche Wirtschaft fest im Griff. Gestern hat Volkswagen die Konkurrenz in Sachen Optimismus noch einmal abgehängt: Spätestens bis 2014 soll sich die Kapazität in China auf drei Mio. Autos verdoppeln. Doch auch andere bekannte Namen glauben fest an das Riesengeschäft. Die Metro-Gruppe will die Chinesen mit Mediamärkten beglücken. Auch BASF, BMW oder Daimler bauen weiter ihre Kapazitäten aus.

Aktuelle Zahlen scheinen den Firmenlenkern recht zu geben. Im Mai lagen Chinas Exporte 50 Prozent über Vorjahr; die Binnennachfrage steigt deutlich; eine Mehrheit der Ökonomen erwartet für das laufende Jahr rund zehn Prozent Wachstum. Doch ein Unternehmen kann auch in einem schnell expandierenden Markt zu viel investieren. Völlig unsicher ist, wie der Konsum sich im Vorfeld des politischen Führungswechsels 2012 entwickeln wird. Beobachter erwarten einen gesteuerten Rückgang des Wachstums, damit der neue Präsident in den Folgejahren gute Zahlen vorweisen kann. Zunehmende Unruhen unter der Arbeiterschaft stellen den Standort insgesamt infrage. Noch wichtiger: Die einheimische Konkurrenz baut ihre Fertigkeiten konsequent aus. VW-Partner SAIC präsentiert die neueste Generation seiner Luxusmarke "Roewe", mit Technik von Rover unter der Haube. Konkurrent Geely hat sich mit Volvo-Wissen eingedeckt. Wie lange werden Audi und Passat den Chinesen noch alternativlos erscheinen?

Die Manager fühlen sich trotz der Risiken mit ihrer Entscheidung pro China jedoch sicher: Alle, die etwas auf sich halten, machen es ja derzeit genauso. Falls die Strategie scheitert, haben sie damit auch gleich eine Entschuldigung parat.

Abb. 3-5: Ausschnitt aus Handelsblatt online
Quelle: Mayer-Kuckuk (2010a).

Zieht man die bereits mehrfach zitierte Studie des Fraunhofer Instituts zu Rate, so wird offensichtlich, dass allein die Anwesenheit der Konkurrenz in einem bestimmten Zielmarkt für 16% der befragten Unternehmen ein wesentlicher Grund für eine dortige Investition war.[225] Kommt man nochmals auf die eingangs erwähnte Schlussfolgerung der Fraunhofer-Forscher zurück, dass Investitionen in China zu selten zu strategischen Verbesserungen der Wettbewerbsposition führen und gerade kostenorientierte Produktionsverlagerungen oftmals vorschnell vorgenommen wurden,[226] könnte man auch hier das Vorhandensein eines mimetischen Isomorphismus vermuten.

Unternehmensumwelt

Isomorphismus durch Zwang
- Druck durch Regierungen/Local Content
- Druck durch Schlüsselkunden
- Druck zur Kostensenkung
- Druck zum Umgehen restriktiver Gesetze
- ...

Isomorphismus durch normativen Druck
- Fokus auf Produktionsverlagerungen in der Universitätsausbildung
- Produktionsverlagerungen als adäquate Strategie von Berufsgruppen oder Verbänden propagiert
- ...

Mimetischer Isomorphismus
- Imitieren von Unternehmen, die scheinbar erfolgreich ihre Produktion verlagert haben
- ...

Unternehmen

Produktionsverlagerungen

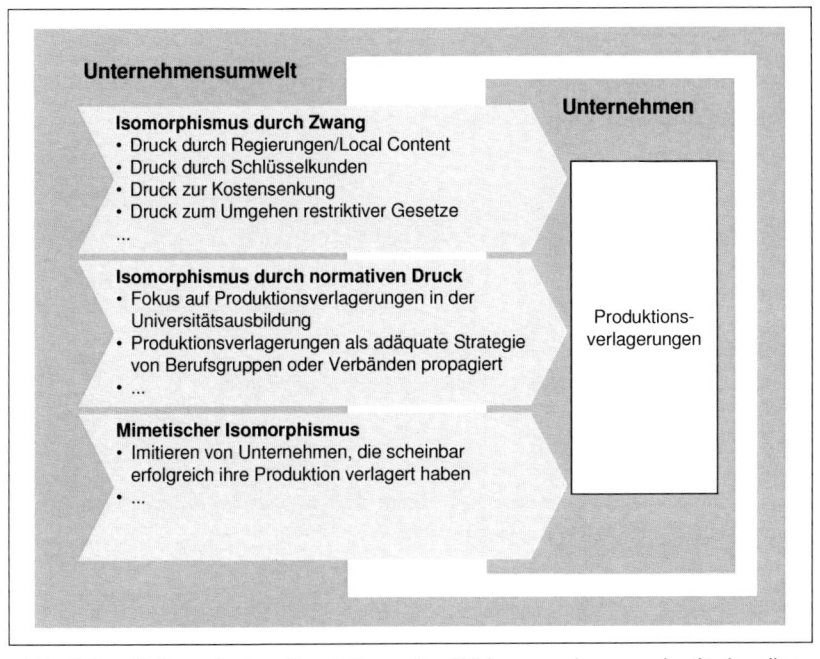

Abb. 3-6: Schematische Darstellung der Wirkungsweise von institutionellen Isomorphismen
Quelle: eigene Darstellung.

Zusammenfassend kann festgestellt werden, dass aus dem Unternehmensumfeld verschiedene Mechanismen auf ein Unternehmen wirken, die dazu führen

---

[225] Vgl. Kinkel et al. (2002), S. 6. Dieser bloße Fakt ist nur ein Indiz für und kein Nachweis von mimetischem Isomorphismus, da dieser z. B. auch auf das von Knickerbocker (1973) beschriebene oligopolistische Parallelverhalten zurückgeführt werden kann; siehe hierzu auch Abschnitt 2.2.1.
[226] Vgl. Kinkel et al. (2008), S. 2.

(können), dass eine bestimmte Strategie verfolgt – oder zumindest als vorteilhaft angesehen – wird; dies kann sich zum Beispiel auch auf Produktionsverlagerungen nach China beziehen.[227] In der obigen Abbildung 3 6 werden die Wirkungen der drei Isomorphismen nochmals schematisch dargestellt.

3.2 Zentrale Begriffe des Neo-Institutionalismus

Im Nachfolgenden sollen die grundlegenden Begriffe des Neo-Institutionalismus näher erläutert werden. Dies ist notwendig, da weder zum Neo-Institutionalismus selbst noch zu seinen zentralen Konzepten und Begrifflichkeiten feststehende bzw. klar umrissene Definitionen existieren.[228] Zur Erklärung der Ursache dieser fehlenden Genauigkeit greift Tacke das Postulat der angemessenen Komplexität von Thorngate auf, der feststellt, dass sozialwissenschaftliche Theorien nicht gleichzeitig allgemein, einfach und genau sein können:

> „It is impossible for a theory of social behaviour to be simultaneously general, simple or parsimonious, and accurate. (...) The more general a simple theory, the less accurate it will be in predicting specifics (...). The more accurate a simple theory, the less general it will become – the less able it will be to account for anything more than the most specific or contrived situations (...). General and accurate theories of social behaviour cannot be parsimonious."[229]

Tacke argumentiert, dass der Neo-Institutionalismus dieses existierende Spannungsfeld zugunsten der Allgemeinheit und Einfachheit und zu ungunsten der Genauigkeit auflöst.

Bei der nachfolgenden Erläuterung der zentralen Begriffe und Konzepte des Neo-Institutionalismus sollen jeweils auch die Verbindungen zu Produktionsver-

---

[227] Vgl. Piotti (2009c), S. 68-69 sowie Piotti (2011), S. 11-12.
[228] Vgl. Tacke (2006), S. 89 sowie Scherm/Pietsch (2007), S. 75. Vgl. für diesen Abschnitt und die Unterabschnitte auch die Ausführungen und Begriffsdefinitionen von Walgenbach/Meyer (2008).
[229] Thorngate (1976), S. 406. Vgl. in diesem Zusammenhang auch Weick (1985), S. 54-56, der das Modell Thorngates sehr plastisch anhand der Zeigerstellungen einer Wanduhr beschreibt.

lagerungen aufgezeigt werden. Hier ist wiederum mangels genauer Definitionen der Konzepte und mangels empirischer Studien insbesondere zur Erklärung von Produktionsverlagerungen aus neo-institutionalistischer Sichtweise ein gewisser Interpretationsspielraum vorhanden, der auch genutzt werden soll.

3.2.1 Institution

Der zentrale Begriff im Neo-Institutionalismus ist der Begriff der Institution. Eine eindeutige Definition des Begriffs ist jedoch nicht vorhanden[230] – und auch die beiden vorher diskutierten grundlegenden Beiträge von Meyer/Rowan und DiMaggio/Powell gehen nicht näher auf den Institutionsbegriff ein. In der Regel ist man sich jedoch einig, dass es sich dabei um verfestigte soziale Erwartungsstrukturen handelt.[231] Diese können nicht nur formaler, sondern auch informaler Natur sein.[232] Lederle führt aus, dass sich Institutionen im Neo-Institutionalismus nicht wie bisher im 'alten' institutionalistischen Paradigma als *„Systeme eindeutiger sozialer Normen und Regeln"* verstehen lassen, sondern als *„multiple und widersprüchliche Umwelterwartungen"*, denen jedoch durchaus aktiv begegnet werden kann.[233] Insgesamt lassen sich Institutionen wie folgt konkretisieren:

> *„Institutionen lassen sich (...) allgemein als übergreifende Erwartungsstrukturen definieren, die darüber bestimmen, was angemessenes Handeln und Entscheiden ist. (...) Institutionen in diesem erweiterten Sinn prägen die Verhaltensweisen einzelner Gesellschaftsmitglieder und regulieren hierdurch das gesellschaftliche Miteinander."*[234]

---

[230] Vgl. Senge (2005), S. 109. Siehe auch Sandhu (2009), S. 79: *„Institutions are the ‚foundations of social life' (Campbell (2004), S. 1). Despite this strong statement, even institutional theory lacks a general definition of institutions."* Vgl. auch Bleicher (2006), S. 37.
[231] Vgl. Walgenbach/Meyer (2008), S. 55.
[232] Vgl. Beschorner/Osmers (2005), S. 95.
[233] Lederle (2008), S. 63.
[234] Hasse/Krücken (2005), S. 15. Für eine Übersicht über weitere Definitionen des Institutionsbegriffes sei verwiesen auf Lederle (2008), S. 63-64 sowie Walgenbach/Meyer (2008), S. 55-56.

Mit obiger Definition wird deutlich, dass der Institutionsbegriff im Neo-Institutionalismus vom Alltagsgebrauch dieses Begriffes abweicht. Organisationen, Unternehmen und andere Einrichtungen sind damit eben gerade nicht gemeint, sondern werden als Akteure angesehen, die von den o. g. übergreifenden Erwartungsstrukturen beeinflusst werden – oder selbst bestimmte Erwartungen stellen.[235] Weiterhin wird deutlich, dass diese Vorstellungen und Erwartungen – oder Institutionen – sozial konstruiert und somit nicht universal gültig sind.[236] Unternehmen werden mit solchen Institutionen konfrontiert und richten ihr Handeln entsprechend – bewusst oder unbewusst – danach aus.[237]

Über die bloße Definition des Institutionsbegriffs hinausgehend unternimmt Scott den Versuch der Systematisierung verschiedener Institutionstypen. Er entwickelt ein Dreisäulenmodell mit einer regulativen Säule, einer normativen Säule und einer kulturell-kognitiven Säule.[238] Diese drei Säulen sind jedoch nicht in jeder Institution gleichermaßen vertreten und auch nicht vollständig voneinander abgrenzbar. Darüber hinaus können sogar Widersprüche zwischen diesen drei Säulen bestehen, die eine Organisation dann auflösen muss.[239]

Die erste Säule – die regulative Säule – bezieht sich dabei insbesondere auf die das Handeln beschränkenden regulierenden Aspekte von Institutionen. Dies geschieht vor allem durch vorgegebene Regeln – zum Beispiel durch Gesetze. Die Kontrolle der Befolgung dieser Institutionen erfolgt durch eine positive oder negative Sanktionierung durch die Umwelt, was dazu führt, dass Unternehmen diese Art von Institutionen aufgrund eines Kosten-Nutzen-Kalküls befolgen, um

---

[235] Vgl. Lederle (2008), S. 64.
[236] Siehe auch Barley/Tolbert (1997), S. 94: „*Institutions are socially constructed templates for action, generated and maintained through ongoing interactions.*"
[237] Vgl. Davis et al. (2000), S. 241: „*Prevailing conceptualizations of institutional theory suggest that organizations gain a common understanding of what is appropriate and fundamentally meaningful behaviour as a result of pressures exerted by various types of institutions.*"
[238] Vgl. Scott (2008), S. 50-51. Diese drei Säulen werden im Folgenden nicht ausführlich besprochen. Zu einer detaillierten Übersicht sei verwiesen auf Scott (2008), S. 50-59. Vgl. für eine Kritik des Dreisäulenmodells Senge (2005), S. 115-116; insbesondere kritisiert Senge, dass auch Gesetze, Regeln, Werte und Normen basierend auf einen kognitiv-kulturellen Hintergrund erstellt werden und somit die von Scott beschriebene kognitive Säule im Grunde das Fundament der anderen beiden Säulen darstellt. Vgl. dazu auch Berger/Luckmann (2003), S. 100 wo die Autoren eine ähnliche Argumentation bezüglich der Legitimierung von Institutionen führen.
[239] Siehe hierzu auch Abschnitt 3.2.5.

drohenden Sanktionierungen zu entgehen.[240] Diese Säule von Institutionen weist demnach eine konzeptionelle Nähe zu dem von DiMaggio/Powell vorgeschlagenen Mechanismus des Isomorphismus durch Zwang auf.

Die zweite Säule – die normative Säule – bezieht sich schwerpunktmäßig auf vorschreibende, bewertende und verpflichtende Dimensionen normativer Systeme, die wiederum aus Werten und Normen bestehen. Dabei dienen die Werte zum Vergleich und zur Bewertung existenter Praktiken oder Verhaltensweisen. Normen klären auf, wie bestimmte Ziele erreicht werden sollen. Normative Systeme legen erstrebenswerte Ziele fest (Scott nennt hier zum Beispiel das Erzielen von Profit), spezifizieren gleichzeitig aber auch die „Regeln des Spiels", also wie der Profit erzielt werden darf. Solche Regeln sind zum Beispiel in der betriebswirtschaftlichen Literatur zu finden und werden befolgt, weil sie entweder vom Akteur selbst internalisiert wurden und demnach als selbstverständlich gelten oder weil dies von der Umwelt erwartet bzw. als angemessen betrachtet wird – selbst wenn bei Nichtbefolgung keine formale Sanktion zu erwarten ist.[241] Diese zweite Säule ist angelehnt an das Konzept des normativen Isomorphismus.[242]

Die dritte Säule – die kulturell-kognitive Säule – gilt als ein besonderes Merkmal des Neo-Institutionalismus.[243] Diese Säule betont den Einfluss der Umwelt auf das individuelle oder organisationale Handeln. Sie geht davon aus, dass das menschliche und organisationale Handeln zum großen Teil durch die Einflüsse der Umwelt determiniert wird. Scott betont, dass eben nicht nur die objektiven Umweltbedingungen handlungsleitend sind, sondern insbesondere die subjektive Wahrnehmung bzw. Interpretation dieser Umweltbedingungen. Weiterhin bilden sich legitimierte Handlungsroutinen, die das Verhalten determinieren. Scott beschreibt dies als „the way we do things here",[244] und rückt damit das Verhalten der Akteure in die Nähe der von Meyer/Rowan skizzierten nicht mehr hinterfragten und als selbstverständlich angesehenen organisationalen Hand-

---

[240] Vgl. Walgenbach/Meyer (2008), S. 59 sowie Süß (2009), S. 56-57.
[241] Vgl. auch Süß (2009), S. 57.
[242] Vgl. nachfolgend – sofern nicht anders vermerkt – Scott (2008), S. 54-56.
[243] Vgl. nachfolgend Scott (2008), S. 56-59.
[244] Scott (2008), S. 58.

lungsweisen bzw. Rationalitätsmythen.[245] Der aktive Versuch, diesen als selbstverständlich erachteten Handlungsweisen und Vorstellungen im eigenen organisationalen Handeln zu entsprechen – aber auch gerade die intuitive bzw. unbewusste Adaption solcher Handlungsweisen[246] – rückt diese Säule in die Nähe des von DiMaggio/Powell beschriebenen mimetischen Isomorphismus.

Letztlich wird schwer klärbar sein, ob es sich bei Produktionsverlagerungen nach China schon um eine quasi institutionalisierte und damit wenig hinterfragte Strategie handelt oder nur um eine Art Managementmode.[247] Insbesondere wegen des sehr vage definierten Institutionenbegriffs ist eine solche Analyse schwierig. Aus diesem Grund sind laut Senge alle Versuche, eine fortschreitende Institutionalisierung nachzuweisen, eher willkürlich.[248] Neben der Analyse der Verbreitung von solchen Konzepten bzw. potentieller Institutionen – wie zum Beispiel einer Produktionsverlagerung nach China als institutionalisiertes Konzept für eine Kostensenkung – müssten viel tiefgründiger zum Beispiel die Motive solcher Produktionsverlagerungen, die tatsächliche Umsetzung und auch der Nutzen für das jeweilige Unternehmen systematisch überprüft werden.[249] Deshalb erscheint es sinnvoll, eine Analyse vorerst auf die von DiMaggio/Powell vorgeschlagenen Isomorphismen – die von Scotts Analyse der Institutionen dann wieder aufgegriffen werden – bzw. das von Meyer/Rowan diskutierte Konzept der Rationalitätsmythen zu beschränken. Sofern Indizien für das Vorhandensein dieser Konzepte gefunden werden können, wäre ein nächster Schritt dann die Überprüfung, ob man in diesem Fall bereits von einer – wie auch immer im Detail definierten – Institutionalisierung sprechen kann.

---

[245] Vgl. auch Gimeno et al. (2005), S. 301.
[246] Zur Rolle der Intuition im Rahmen von unternehmerischen Entscheidungen sei verwiesen auf Wulf et al. (2012) und Knauß (2013).
[247] Vgl. zu Managementmoden bzw. sogenannten „Fads" z. B. die Beiträge von Abrahamson (1996) und Kieser (1997). Eine genaue Abgrenzung von Managementmoden zu Institutionen ist ohnehin schwierig, zumal sich zum Beispiel Abrahamson (1996), S. 256 bei seinem Konzept der Managementmoden explizit auf den Neo-Institutionalismus bezieht. Vgl. dazu auch Walgenbach/Meyer (2008), S. 61. Vgl. zur Institutionalisierung auch Bleicher (2006), S. 39-41.
[248] Vgl. Senge (2005), S. 214-215.
[249] Vgl. Walgenbach/Meyer (2008), S. 61-62.

3.2.2 Organisationales Feld

Ein zweites Kernkonzept im Neo-Institutionalismus ist das organisationale Feld.[250] Im Abschnitt 3.1.2 wurde bereits kurz auf diesen Begriff Bezug genommen und dargestellt, wie er von DiMaggio/Powell in die Diskussion eingeführt wurde. Jedoch erscheint dieser in der von DiMaggio/Powell vorgeschlagenen Form schwer greifbar. Die beiden Autoren erwähnen zwar eine Reihe von Voraussetzungen, die ein fokales Unternehmen bzw. andere mit diesem in Verbindung stehende Unternehmen und Organisationen erfüllen müssen, um zu einem organisationalen Feld zu gehören; die Zugehörigkeit zu einem solchen Feld – so merken die Autoren selbst an – kann dennoch nicht a priori sondern nur empirisch bestimmt werden. Damit ist ein organisationales Feld eher schwierig zu identifizieren.[251] Daneben bemängelt insbesondere Süß, dass DiMaggio/Powells Verständnis von organisationalen Feldern zu statisch angelegt ist. Darüber hinaus sind diese Felder nach DiMaggio/Powell stark an ökonomische Märkte – und damit eher branchenfokussiert – angelehnt. Damit ist diese Definition für die Erklärung von Produktionsverlagerungen, die scheinbar eine Vielzahl an Branchen umfassen, weniger geeignet. Süß spricht davon, dass bestimmte Managementkonzepte – und hierzu können Produktionsverlagerungen als ein Managementkonzept zur Kostensenkung gezählt werden – gerade *"für Unternehmen auf verschiedenen Märkten Relevanz aufweisen (können)"* und somit eine branchenübergreifende Betrachtung sinnvoll erscheint.[252] Neben dem von DiMaggio/Powell genutztem Verständnis existiert mittlerweile noch eine ganze Reihe an weiteren möglichen Definitionen für diesen Begriff. In Tabelle 3-2 sind diese möglichen Definitionen überblicksartig dargestellt.[253]

---

[250] Damit einhergehend ist eine der zentralen Annahmen des Neo-Institutionalismus, dass es eben *"nicht länger sinnvoll ist, Organisationen so zu behandeln, als seien sie die Hauptdarsteller in einer undifferenzierten und anonymen Umwelt"* (Bonazzi (2008), S. 370). Unternehmen sind also aus der Sichtweise des Neo-Institutionalismus in einen institutionellen Rahmen eingebunden, der eine gewisse Bandbreite organisationaler Handlungsmöglichkeiten festlegt; vgl. dazu auch Barley/Tolbert (1997), S. 94.
[251] Vgl. DiMaggio/Powell (1983), S. 148.
[252] Süß (2009), S. 105-106. Zur Kritik an DiMaggio/Powells Definition des organisationalen Feldes sei verwiesen auf Walgenbach (2002), S. 169-172; vgl. auch Walgenbach/Meyer (2008), S. 71-75.
[253] Nachfolgend sollen nicht alle theoretischen Perspektiven näher erläutert werden – hierfür sei verwiesen auf Machado-da-Silva et al. (2006), S. 34-41.

Theoretical Perspective	Authors	Key Elements	Description
Field as the totality of relevant actors	DiMaggio/Powell (1983)	Signification and Relationship	Set of organizations sharing systems of common meanings and interacting more frequently among themselves than with actors from outside the field, thus constituting a recognized area of institutional life.
Field as a functionally specific arena	Scott (1991), Scott (2004), Scott/Meyer (1983), Scott/Meyer (1991)	Social Function	Set of similar and different interdependent organizations that are operating in a functionally specific arena, technically and institutionally defined, in association with their exchange partners, sources of funding and regulatory bodies.
Field as a center of dialog and discussion	Hoffman (1999), Hoffman (2001), Zietsma et al. (2002)	Debate for Thematic Interest	Set of organizations, often with different purposes, that are recognized as participants in the same debate surrounding specific issues, plus those concerned with the reproduction of institutional practices or arrangements related to the matter.
Field as an arena of power and conflict	Misoczky (2006), Falcão Vieira et al. (2009)	Domination and Power of Position	Field as a result of the dispute for its domination in a dynamic marked by (re)allocation of the resources of power of the actors and by their position in relation to other actors.
Field as an institutional sphere of disputed interests	Fligstein (1991), Fligstein (1997), Fligstein (2001), Jepperson (1991), Swedberg (2004)	Power and Cognitive Structures	Constructions produced by power-holding organizations that influence the rules of interaction and dependence in the field owing to their interest which, in turn, are reflections of their position in the social structure.
Field as a structured network of relationships	White et al. (2004), Powell et al. (2005)	Structural Articulation	Set formed by relational networks that are commonly integrated and intertwined, emerging as structured and structuring environments for organizations and individuals revealed from topological and structural cohesion studies.

Tab. 3-2: Betrachtungsweisen organisationaler Felder
Quelle: übernommen aus Machado-da-Silva et al. (2006), S. 34.

Aus der obigen Übersicht wird deutlich, dass insbesondere die Perspektive des „Field as a center of dialog and discussion" für die Erklärung von Produktionsverlagerungen attraktiv erscheint. Diese Sichtweise geht größtenteils auf Hoffman zurück und geht davon aus, dass das organisationale Feld quasi eine Arena für alle solche Akteure ist, deren Gemeinsamkeit die Beschäftigung mit einem bestimmten Managementproblem darstellt:[254]

„[A] field is the center of common channels of dialogue and discussion. (...) A field is not formed around common technologies or common industries, but around issues that bring together various field

---

[254] Vgl. Hoffman (1999), S. 351, vgl. auch Machado-da-Silva et al. (2006), S. 35-36, Walgenbach/Meyer (2008), S. 74 und Süß (2009), S. 106. Mit einer solchen Sichtweise wird zwar der oftmals in neo-institutionalistisch geprägten Untersuchungen genutzten Branchenfokussierung (z. B. „firms mimic those in their industry", Strang/Soule (1998), S. 274; siehe auch Haveman (1993) (Untersuchung der Finanzbranche) sowie Gimeno et al. (2005) (Untersuchung der Telekommunikationsbranche)) nicht grundsätzlich widersprochen, da Unternehmen der gleichen Branche zumeist auch mit ähnlichen Managementproblemen beschäftigt sind, jedoch wird diese Sichtweise als zu eingeschränkt abgelehnt. Auch die bereits erwähnte Argumentation von Greve (2000), S. 818-819, dass Unternehmen solche Unternehmen imitieren, die entweder leicht zu beobachten, ähnlich oder groß sind bzw. in sozialer Hinsicht herausragen, bricht den oftmals genutzten Branchenfokus auf.

constituents with disparate purposes. (...) I suggest that a field is formed around the issues that become important to the interests and objectives of a specific collective of organizations."[255]

Hoffman schlägt also eine branchenübergreifende Betrachtung – und zwar die Betrachtung von sogenannten „Issue-Feldern" vor. Dass eine solche branchenübergreifende Betrachtung sinnvoll erscheint, zeigt zum Beispiel die branchenübergreifende Adaption von Praktiken wie Diversity Management, Employee-Stock-Ownership, ISO-Normen oder japanischen Qualitätssicherungsmaßnahmen.[256] Aus der Perspektive des „Issue-Feldes" kann für die Erklärung von Produktionsverlagerungen nach China eine Zusammenfassung des gesamten Verarbeitenden Gewerbes[257] – und natürlich der Akteure, die durch solche Produktionsverlagerungen direkt und indirekt betroffen sind – zu einem organisationalen Feld rechtfertigt werden. Unternehmen des Verarbeitenden Gewerbes sind in der Regel bestrebt, kostengünstig zu produzieren, was quasi ein gemeinsames Managementproblem darstellt. Demnach ist es unerheblich, ob die Unternehmen der gleichen Branche angehören, da zum Beispiel Sportbekleidungsproduzenten, Spielzeughersteller und Automobilproduzenten – trotz verschiedener Branchenzugehörigkeit – eben das gleiche Managementproblem

---

[255] Hoffman (1999), S. 352, siehe auch S. 364. Mit dieser Definition ist auch die von Haunschild/Miner (1997) erwähnte „Frequency-based Imitation" konsistent, bei der die Imitationswahrscheinlichkeit einer Praktik auf die reine Anzahl von Unternehmen – unabhängig von deren Branche – basiert, die diese Praktik bereits anwenden. Vgl. hierzu auch die bereits erwähnte Studie von Henisz/Delios (2001), in der festgestellt werden konnte, dass japanische Unternehmen mit einer größeren Wahrscheinlichkeit dort investieren, wo bereits andere japanische Unternehmen – unabhängig von deren Branche – vor Ort sind.

[256] Vgl. z. B. Abrahamson (1996), Walgenbach/Meyer (2008), S. 24 und Süß (2009). Zum Beispiel sind Best Practices oftmals nicht branchenbezogen und viele dieser Best Practices setzen sich branchenübergreifend durch. Auch wird zum Beispiel im Bereich des Benchmarking bewusst nicht nur branchenbezogen, sondern auch branchenübergreifend – z. B. funktionsbezogen – nach Best Practices gesucht und diese imitiert; vgl. hierzu z. B. Sabisch/Tintelnot (1997), S. 25.

[257] Das „Verarbeitende Gewerbe" wird laut dem Bundesministerium für Wirtschaft und Technologie wie folgt definiert: *„Bezeichnung für alle Industriebetriebe, die Rohstoffe und Zwischenprodukte weiterverarbeiten und dabei auch Endprodukte erzeugen. Zum Wirtschaftsbereich der Verarbeitenden Industrie zählt das Grundstoff- und Produktionsgütergewerbe, das Investitionsgüter produzierende Gewerbe, das Verbrauchsgüter produzierende Gewerbe sowie das Nahrungs- und Genussmittelgewerbe."* (BMWi (2010b)). Es ist damit enger gefasst, als das „Produzierende Gewerbe", welches als Oberbegriff dient und zusätzlich noch die Bereiche Bergbau, Energie- und Wasserversorgung, Baugewerbe sowie die Betriebe des produzierenden Handwerks umfasst (BMWi (2010a)). Vgl. zu den Klassifikationen auch die Publikationen des Statistischen Bundesamtes, z. B. Statistisches Bundesamt (2008a).

(Streben nach günstigen Produktionskosten) aufweisen und dafür auch ähnliche Lösungsstrategien wählen. Eine solche Lösungsstrategie könnte eine Produktionsverlagerung in ein Niedriglohnland – zum Beispiel nach China – sein.

3.2.3 Legitimität

Ein weiteres zentrales Konzept – auch beschrieben als ein Ankerpunkt des Neo-Institutionalismus[258] – ist das Konzept der Legitimität. Legitimität wurde bereits von Meyer/Rowan als eine für Unternehmen überlebenswichtige Ressource benannt, jedoch nicht genau definiert.[259] Meyer/Rowan führen aus, dass es einen Trade-off zwischen Legitimität und Effizienz geben kann – d. h., dass Legitimität oftmals auf Kosten der (kurzfristigen) Effizienz „erkauft" wird, dies jedoch langfristig das Überleben des Unternehmens sichert.[260] Aufgrund einer Vielzahl von vorhandenen Begriffsdefinitionen[261] ist es notwendig, sich im Rahmen der Arbeit auf eine Definition zu fokussieren. Mittlerweile hat sich für den Legitimitätsbegriff die Definition von Suchman durchgesetzt:[262]

„Legitimacy is a generalized perception or assumption that the actions of an entity are desirable, proper, or appropriate within some socially constructed system of norms, values, beliefs, and definitions."[263]

---

[258] Vgl. Suchman (1995), S. 571.
[259] Dies wird zum Beispiel von Suchman bemängelt, der feststellt: „*Despite its centrality, however, the literature on organizational legitimacy provides surprisingly fragile conceptual moorings. Many researchers employ the term legitimacy, but few define it*" (Suchman (1995), S. 571). Für einen Überblick über verschiedene Definitionen zum Begriff der Legitimität sei verwiesen auf Stelzer (2008), S. 5-8.
[260] Vgl. Meyer/Rowan (1977), S. 340 sowie Barreto/Baden-Fuller (2006), S. 1563 und Süß (2009), S. 40. Siehe auch Westphal et al. (1997), die zeigen, dass die Adaption von Total Quality Management einen negativen Einfluss auf die Effizienz hat, die Legitimität jedoch steigern konnte. Zu einer Diskussion der Legitimität neu eingeführter Managementkonzepte am Beispiel des Value-based Managements sei verwiesen auf den Beitrag von Bühner et al. (2004). Ein Beispiel, bei dem fehlende Legitimität zum Untergang eines Unternehmens führte, ist das Unternehmen Arthur Andersen, welches aufgrund ökonomischen Kalküls illegitim gehandelt und damit seine Überlebensfähigkeit eingebüßt hat; siehe hierzu Schmid/Schulze (2007). Siehe auch Süß (2009), S. 55.
[261] Für einen Überblick über eine Vielzahl an Definitionen zum Legitimitätsbegriff sei verwiesen auf Stelzer (2008), S. 5-9.
[262] Vgl. z. B. Hellmann (2006), S. 80-81, Scott (2008), S. 59, Walgenbach/Meyer (2008), S. 64. Siehe für die nachfolgenden Abschnitte Walgenbach/Meyer (2008), S. 64.
[263] Suchman (1995), S. 574. Da das Konstrukt Legitimität nur schwer – oder gar nicht – messbar erscheint, wird dieses Konzept im empirischen Teil der Arbeit auch nur implizit betrachtet; vgl. hierzu die Argumentation von Stelzer (2008), S. 17.

Aus der Definition Suchmans geht hervor, dass Legitimität sozial konstruiert ist und von der Umwelt an das Unternehmen verliehen wird – ein Unternehmen Legitimität dementsprechend nicht unabhängig von der Umwelt besitzen kann. Ein Unternehmen agiert also dann legitim, wenn die Umwelt dessen Aktivitäten als den gesellschaftlichen Normen und Werten entsprechend ansieht.[264] Sind bestimmte Praktiken legitim, erleichtert dies anderen Unternehmen die Adaption dieser Praktiken. Deshalb rechtfertigen Unternehmen häufig ihre Entscheidungen damit, dass ein ähnliches Verhalten bereits von anderen Unternehmen genutzt wird und damit von der Umwelt legitimiert ist.[265]

Wie bereits erwähnt, ist Legitimität immer an soziale Instanzen gebunden. Unterschiedliche Instanzen können jedoch auch unterschiedliche Legitimitätsanforderungen stellen. Beispielhaft für solche Instanzen sind in einem marktwirtschaftlichen System neben dem Markt auch der Staat und andere Regulatoren (vor allem zum Verleihen pragmatischer Legitimität), Professionen oder Berufsverbände (zum Verleihen von moralischer Legitimität) und auch soziale Bewegungen, Gewerkschaften, Medien oder die allgemeine Öffentlichkeit (zum Verleihen von kognitiver Legitimität).[266] Ein Unternehmen muss also gerade bei

---

[264] Siehe hierzu einen kürzlich im Handelsblatt erschienenen Artikel mit der Überschrift „Amazon und die erzwungene Ethik" (Reuter/Bognanni (2013), S. 18): *„Immer öfter kontrolliert die Politik die Arbeitsbedingungen in Firmen – und fordert Konsequenzen. (...) Die Fälle aber zeigen vor allem eines: Wie es in Unternehmen zugeht, ist längst nicht mehr nur Sache zwischen Gewerkschaften und Betrieben: Die Öffentlichkeit, die Medien und auch die Politik mischen fröhlich mit. Dabei ist die Anteilnahme sogar zum Wohle der Unternehmen. Denn noch nie haben sich Unmutswellen so schnell verbreitet und so viele Adressaten erreicht wie in Zeiten von Facebook, Twitter & Co."*

[265] Vgl. DiMaggio/Powell (1983), S. 152; siehe auch Han (1994), S. 638, Makino/Delios (2002), S. 6, Walgenbach/Meyer (2008), S. 64-66 sowie Sandhu (2011), S. 155. Brouthers et al. (2005), S. 227-228 führen dazu aus: *„firms frequently legitimate current decisions by pointing out their similarity to previous decisions (made by the firm or other firms. (...) Therefore, it appears that imitating previous choices helps to legitimate current ones".* Aufgrund der größeren Präsenz in der Öffentlichkeit kann davon ausgegangen werden, dass große Unternehmen ein stärkeres Legitimationsbedürfnis aufweisen, als kleine Unternehmen. Vgl. hier auch die bereits erwähnte Studie von Ahmadjian/Robinson (2001), die die wachsende Legitimität einer Abkehr von der traditionellen Form der lebenslangen Beschäftigung in Japan nachzeichnet und zeigt, dass größere Unternehmen erst später eine solche Abkehr vornehmen, da dann bereits durch andere Unternehmen ein gewisses legitimatorisches Potential für eine solche Handlung aufgebaut wurde. Daneben argumentieren die Autoren, dass zu einem Zeitpunkt, zu dem bereits viele Unternehmen eine solche Abkehr vorgenommen haben, einzelne Unternehmen weniger im Rampenlicht stehen und deshalb eine solche Abkehr bequemer selbst vornehmen können. Siehe dazu auch Piotti (2009c), S. 68.

[266] Vgl. Süß (2009), S. 55 sowie Walgenbach/Meyer (2008), S. 66. Siehe auch Kabst et al. (2003), S. 262. Interessant ist in diesem Zusammenhang auch der Beitrag von Hiß (2009),

divergierenden Legitimitätsansprüchen entscheiden, welche dieser Ansprüche am relevantesten sind und welchen Erwartungen am ehesten entsprochen werden muss. In der Regel sind es die Ansprüche der Gruppen, welche die meiste Macht besitzen.[267] Jedoch ist eine solche Identifikation der relevanten Anspruchsgruppen eher schwierig, da – insbesondere durch die Medialisierung der Gesellschaft – auch kleinere und scheinbar weniger mächtige Anspruchsgruppen stark an Macht gewinnen und auch die Medien eigene Anforderungen an Unternehmen stellen können.[268]

Neben unterschiedlichen legitimitätsfordernden Akteuren gibt es auch unterschiedliche Arten von Legitimität. Scott unterscheidet Legitimität – ganz im Sinne seines Dreisäulenmodells – anhand der zu befolgenden Legitimitätsbasis. So wird solchen Unternehmen Legitimität verliehen, die a) Gesetze und Verordnungen (also die regulative Säule von Institutionen) befolgen (von Scott als pragmatische Legitimität bezeichnet), die b) konform zu normativen Wertvorstellungen (also der normativen Säule von Institutionen) agieren (von Scott als moralische Legitimität bezeichnet) sowie c) Unternehmen, die von der Umwelt als selbstverständlich erachtete Elemente (also die kognitive Säule von Institutionen) in ihr Handeln inkorporieren (von Scott als kognitive Legitimität bezeichnet).[269]

Welche Verbindung lässt sich nun zwischen Legitimität und Produktionsverlagerungen ziehen? Generell ist ein ökonomisch-effizientes Handeln in einem marktwirtschaftlich geprägten System gesellschaftlich legitimiert.[270] Ein solches ökonomisch-effizientes Handeln wird auch von Meyer/Rowan als ein Kriterium zur Steigerung der Überlebenswahrscheinlichkeit angesehen. Damit können Produktionsverlagerungen prinzipiell als legitim angesehen werden. Dennoch

---

der die wachsenden Anforderungen im Bereich der Corporate Social Responsibility nachzeichnet. Siehe hierzu auch Reuter/Bognanni (2013), S. 18.
[267] Vgl. Walgenbach/Meyer (2008), S. 65-67. Siehe zum Umgang mit solchen divergierenden Umweltanforderungen auch Abschnitt 3.2.5.
[268] Was zum Beispiel an dem bereits erwähnten Beispiel von Shell und Greenpeace bei der Versenkung der Brent Spar offensichtlich wird.
[269] Vgl. Süß (2009), S. 55 und für eine ausführliche Diskussion dieser Legitimitätsformen und deren Erfüllungsgrundlagen Tuschke (2005), S. 75-86.
[270] Vgl. Kaesler (2005), S. 129-130, Senge (2005), S. 146, Walgenbach/Meyer (2008), S. 49-50 sowie Süß (2009), S. 40, 47.

gibt es auch hier unterschiedliche Legitimitätsansprüche. Während die Anteilseigner – und weitere Kapitalgeber – des Unternehmens kostenbedingte Produktionsverlagerungen sicherlich als wünschenswert betrachten, wird dies von Arbeitnehmern und Gewerkschaften eher als nicht wünschenswert – bzw. sogar als sozial unverantwortlich – betrachtet. Durch öffentlichkeitswirksame Aktionen können letztere Instanzen dazu beitragen, dass die öffentliche Meinung ausschlaggebend für die Legitimität – oder Illegitimität – einer solchen Produktionsverlagerung ist. Zum Beispiel können Produktionsverlagerungsentscheidungen bis zum Konsumentenboykott – und damit zum (zeitweisen) Entzug der Legitimität – führen.[271]

Weiterhin können Produktionsverlagerungen durch mögliche schlechte Arbeitsbedingungen im Zielland oder durch (womöglich nicht selbst, sondern von Vertragspartnern) genutzte Kinderarbeit mit Legitimitätsentzug – wiederum in Form von Boykotten – bestraft werden. Konsumenten erwarten vermehrt, dass Unternehmen soziale Verantwortung auch im Ausland übernehmen.[272] So kontrollieren zum Beispiel die Sportartikelhersteller Adidas und Nike – die übrigens den

---

[271] Beispiele für solche Konsumentenboykotte sind zum Beispiel Boykottforderungen für Produkte von AEG-Electrolux nach der Produktionsverlagerung von Deutschland nach Ungarn (AEG Electrolux gab hier Mehrkosten aufgrund von Streiks und Boykottaufrufen von 54 Millionen Euro an; vgl. Electrolux (2007), S. 28) oder für Produkte von Nokia nach der Ankündigung der Produktionsverlagerung von Bochum nach Rumänien. Letztere Verlagerung war insbesondere auch deshalb in die öffentliche Kritik geraten, weil Nokia vorher Subventionen der Regierung erhalten hatte. Dennoch scheinen solche Boykottaufrufe nur selten das Überleben von Unternehmen ernsthaft zu gefährden. Zu Konsumentenboykotten im Allgemeinen sowie für Erfolgsfaktoren von Boykottaufrufen siehe die Beiträge von Friedman (1999) sowie Hoffmann (2008). Hoffmann zeichnet neben einer allgemeinen Betrachtung von Konsumentenboykotten auch ein detailliertes Bild des Electrolux-Boykotts nach. Vgl. auch den Beitrag von Anselm/Dowideit (2008) für die Erfolgseinschätzung des Nokia-Boykotts. Auch im Falle des inzwischen insolventen Unternehmens Schlecker gab es viele Kundenstimmen, die mit der Geschäftsphilosophie des Unternehmens nicht einverstanden waren und es deshalb boykottierten; beispielhaft sollen einige Leserbriefe als Reaktion auf einen Bericht über den Umbau des Schlecker-Filialnetzes zitiert werden (o. V. (2011b)): *„Hellere Filialen nutzen nichts. Wer sich seinen Mitarbeiter gegenüber menschenverachtend verhält wird von aufgeklärten Bürgern gemieden und das ist auch gut so.", „Wer so lange, wie Anton Schlecker, die Arbeitnehmerrechte seiner Mitarbeiter mit Füßen getreten hat, hat keinen Rückhalt mehr bei seinen Kunden. Der kann noch so viele Filialen umbauen wie er will, das Konzept Schlecker ist verbrannt. So behandelt man keine Mitarbeiter.", „Seit ich weiß, wie Schlecker mit seinen Mitarbeitern umgeht, zahl ich lieber ein paar Cent mehr und kauf bei der Konkurrenz ein. Man kann nur hoffen, dass Schlecker kaputt geht und die Filialen von einem Konkurrenten übernommen werden, der seine Mitarbeitern besser behandelt.", „Seitdem Schlecker in die Schlagzeilen gekommen sind, bezüglich mangelnde Soziale Verantwortung, ist es kein Wunder das sie nicht mehr Laufen."*

[272] Siehe zum Beispiel die Beiträge von Hiß (2005a), Hiß (2005b) sowie Hiß (2009) die aus einer neo-institutionalistischen Perspektive betrachten, warum (deutsche) Unternehmen überhaupt soziale Verantwortung übernehmen.

größten Teil ihrer Produkte in China fertigen lassen – mittlerweile auch die Arbeitsbedingungen in den Werken von Vertragspartnern und haben hier verbindliche Mindeststandards eingeführt.[273]

Weiterhin ist denkbar, dass auch die Art des Produktes, dessen Produktion verlagert werden soll, von Bedeutung für die Legitimität der Produktionsverlagerung ist. So ist es der Öffentlichkeit sicher schwieriger vermittelbar, wenn die Produktion von qualitativ hochwertigen Gütern verlagert werden soll, als wenn die Produktion geringwertigerer Güter verlagert wird.[274] Das Label „Made in Germany" ist demnach für Hersteller hochwertiger Güter ein Wettbewerbsvorteil.[275] Aus diesem Grund ist es möglich, dass Käufer ein Produkt nur deshalb nicht mehr wählen, weil es nunmehr im Ausland produziert wird.[276] Die Medienberichte über giftiges Spielzeug aus China, die in den letzten Jahren vermehrt auftraten, könnten die Legitimität einer Produktionsverlagerung eines Spielzeugherstellers schlagartig in Frage stellen und zum Verkaufsrückgang führen.[277]

---

[273] Beide Unternehmen widmen einen großen Teil ihres Nachhaltigkeitsberichtes der Diskussion von Arbeitsbedingungen bei Vertragsfertigern in Asien; siehe Adidas (2010) und Nike (2010). Siehe zur Kontrolle von Zulieferern von Adidas auch Schmid/Kretschmer (2007).

[274] So wirbt zum Beispiel Bosch-Siemens-Hausgeräte mit dem Label „Made in Germany"; ebenso stellen die Unternehmen Trigema und LiquiMoly öffentlichkeitswirksam durch Fernsehwerbung dar, dass sie deutsche Hersteller sind und eine Produktionsverlagerung keine Option für die beiden Unternehmen sei. Das Unternehmen Porsche baut sein Image darauf auf, ein deutscher Premiumhersteller von Sportwagen zu sein – auch wenn, wie in Abschnitt 3.2.5 noch gezeigt wird, ein großer Anteil der Produktion im Ausland erfolgt.

[275] So wird mit dem Label „Made in Germany" eine hohe Qualität, eine gute Verarbeitung und eine hohe Zuverlässigkeit assoziiert (vgl. van Husen/Zähringer (2006), S. 705).

[276] Hilfreich ist in diesem Zusammenhang der Hinweis von Walgenbach/Meyer (2008), S. 28, die ausführen, *„dass auch Märkte sozial konstruiert werden"*. Als Beispiel führen sie an, dass sich die Zahlungsbereitschaften für „verschrumpeltes" Gemüse daran messen, ob es ein Bio-Siegel trägt oder nicht. Damit wird deutlich, dass die Anforderungen der Umwelt an die „technischen" Eigenschaften eines Produktes sozial konstruiert sind. Eine ähnliche Argumentation kann bezüglich des Herstellungsortes – wie im obigen Fall z. B. „Made in Germany" – geführt werden. Ein Produkt könnte demnach – selbst bei objektiv gleichen Produkteigenschaften – deshalb bevorzugt gekauft werden, weil es in Deutschland produziert wurde. Daneben kann mit Produkten aus China generell eine niedrigere Qualität assoziiert werden.

[277] Es seien hier nur einige Schlagzeilen erwähnt, die in den letzten Jahren in der Presse zu finden waren: *„Weihnachten in China: Spielzeug aus der Hölle"* (Focus online; Mendel (2006)), *„Verbraucherschutz: China überschwemmt Europa mit gefährlichem Spielzeug"* (Focus online; o. V. (2010b)), *„Giftiges Spielzeug aus China: Gift-Ware auch in Deutschland"* (...) *„Erneut müssen Spielwaren aus China aus den Regalen genommen werden. Kinder, die Teile der Produkte verschluckt hatten, seien ins Koma gefallen."* (Süddeutsche Zeitung online; o. V. (2007), *„Spielzeug aus China führt gefährliche Produktliste an"* (Europäische Kommission (2010)).

Bislang wurden Beispiele genannt, bei denen eine Produktionsverlagerung zu einer Verringerung der Legitimität führen kann. Es sind jedoch auch Umstände denkbar, in denen die Produktionsverlagerung zu einer erhöhten Legitimität führt. Zum Beispiel können bestimmte Verhaltensmodelle, welche die Umwelt (bzw. ausgewählte Akteure) als wünschenswert erachtet, zur Legitimation einer Produktionsverlagerung beitragen. Insbesondere sind dabei zwei Motive relevant: Zum einen das Motiv „Nahe am Markt zu sein" bzw. „Nahe am Markt zu produzieren" um unter Umständen schneller auf sich ändernde Bedürfnisstrukturen reagieren zu können. Dies kann eine Produktionsverlagerung für Unternehmen als legitime Strategie erscheinen lassen. Zum anderen kann auch das Motiv, ein „Global Player" zu werden, eine ähnliche legitimierende Reaktion zur Folge haben.[278]

Weiterhin – und darauf wird in der späteren empirischen Untersuchung noch näher eingegangen – wird im Rahmen der Legitimierung einer Produktionsverlagerung auch oftmals erwähnt, dass eine solche Verlagerung langfristig die Arbeitsplätze im Inland sichert. Durch diese Argumentation soll versucht werden, Legitimität bei Anspruchsgruppen wie Gewerkschaften oder der allgemeinen Öffentlichkeit zu erzielen.

Ein letztes Argument könnte auch die Legitimität bei anderen Mitgliedern der Business Community und bei Anteilseignern darstellen. Wie bereits ausgeführt, müssen sich Manager bei ihren Anteilseignern für getroffene Entscheidungen legitimieren. Wird nun die Produktion in ein solches Land verlagert, in welchem laut gängiger Meinung kostengünstig produziert werden kann und wird dies gemeinhin als ökonomisch effizient angesehen, kann dies die Rechtfertigung gegenüber den Anteilseignern erleichtern – und das selbst dann, wenn sich eine solche Verlagerung im Nachhinein als schwierig oder gar ökonomisch wenig erfolgreich erweist.[279]

---

[278] Vgl. Piotti (2010), S. 100-101.
[279] Vgl. hierzu auch das bereits mehrfach erwähnte Zitat von Mayer-Kuckuk (2010b), S. 9 bzw. den Beitrag von McKinley et al. (1995).

3.2.4 Rationalität

Ein weiterer zentraler Begriff im Neo-Institutionalismus ist der Begriff der Rationalität.[280] Auch dieser Begriff ist – wie die meisten anderen zentralen Konzepte im Neo-Institutionalismus – nicht eindeutig definiert.[281] Bezeichnend für den Neo-Institutionalismus ist die Annahme sogenannter Rationalitätsmythen, also von Strukturen und Praktiken, die von der Gesellschaft insofern legitimiert sind, als dass ihnen eine Wirksamkeit im Erreichen von spezifischen Zielen zugeschrieben wird. Hierbei handelt es sich quasi um den (kollektiven) Glauben an den kausalen Zusammenhang von Zweck-Mittel-Relationen.[282] Tacke verdeutlicht dies mit ihrer Spezifizierung von Rationalität:

> *„Ganz in diesem Sinne ist auch mit Rationalität im NI [Neo-Institutionalismus, Anm. d. Verf.] kein exaktes individuelles Handlungskalkül angesprochen, sondern eine kollektive Vorstellung, ein Glauben, dem aus Gründen der Legitimität zumindest auf der Ebene der Darstellung entsprochen werden muss."*[283]

Dabei wird deutlich, dass solche Vorstellungen sozial konstruiert sind und demnach in unterschiedlichen Gesellschaftsbereichen unterschiedliche Rationalitätsvorstellungen existieren können.[284] Rationalität wird im Neo-Institutionalismus damit nicht im rein ökonomischen Sinne – in einer Art rationalem bzw. nut-

---

[280] Auch hier kann wiederum nur ein einführender Überblick gegeben werden. Für tiefergehende Betrachtungen sei verwiesen auf Boudon/Bourricaud (2002), S. 285-292 sowie Tacke (2006).
[281] Selbst DiMaggio/Powell (1983) nehmen keine eindeutige Begriffsbestimmung vor, obwohl der Begriff der Rationalität bereits im Titel ihres Beitrages genutzt wird.
[282] Vgl. Tacke (2006), S. 96.
[283] Tacke (2006), S. 90. Der Zusatz „zumindest auf der Ebene der Darstellung" bezieht sich auf das im Abschnitt 3.2.5 thematisierte Konzept der Entkopplung.
[284] Diese Sichtweise wird schon bei Max Weber deutlich, der ausführt: *„Man kann eben – dieser einfache Satz, der oft vergessen wird, sollte an der Spitze jeder Studie stehen, die sich mit „Rationalismus" befasst – das Leben unter höchst verschiedenen letzten Gesichtspunkten und nach sehr verschiedenen Richtungen hin 'rationalisieren'"* (Weber (2006), S. 96). Siehe auch Meyer/Rowan (1977), S. 343, Scott (1991), S. 172, Senge (2005), S. 136, Walgenbach (2006), S. 359, Wissing (2008), S. 65. Senge/Hellmann (2006), S. 17 nennen das plakative Beispiel, dass Dinge, die in einer Liebesbeziehung rational erscheinen im ökonomischen Sinne höchst irrational sein können. Siehe auch Hirsch-Kreinsen (2004), S. 19, der ausführt, dass wirtschaftliches Handeln zwar generell nutzenorientiert ausgerichtet ist, diese Nutzenorientierung jedoch lediglich als *funktionaler Imperativ* angesehen werden kann, da aufgrund einer Pluralität von Präferenzen und Bewertungsmaßstäben erst in einer konkreten Situation geklärt werden kann, was Rationalität konkret bedeutet.

zen- oder gewinnmaximierendem Handeln eines Homo Oeconomicus oder im Sinne der Rational Choice Theory – verstanden, bei dem vorrangig der individuelle Nutzen der Akteure maximiert wird.[285] Es sind vielmehr die Vorstellungen verschiedener Anspruchsgruppen an eine effiziente und effektive Ausgestaltung von Organisationen.[286] Sie sind also in dem Sinne rational, als dass sie aus Sicht dieser Gruppen zum Erreichen wünschenswerter Ziele beitragen.[287] Damit beschreibt ein rationales Handeln im Neo-Institutionalismus eben nicht ein zwingend ökonomisch effizientes Verhalten, sondern ein solches, welches den Umweltanforderungen Rechnung trägt.[288] Meyer/Rowan gehen sogar soweit, indem sie bemerken, dass die Ignoranz solcher Umweltanforderungen durch Unternehmen nachlässig und irrational ist – selbst wenn es keinen Nachweis für die ökonomische Richtigkeit dieser Anforderungen gibt – da die Nichtbeachtung dieser Umweltanforderungen die Überlebensfähigkeit des Unternehmens beeinträchtigt.[289]

Bezüglich Produktionsverlagerungen nach China kann demzufolge ausgeführt werden, dass sich das oben thematisierte scheinbar irrationale Verhalten auf ein im ökonomischen Sinne irrationales Verhalten bezieht. Aus einer neo-

---

[285] Vgl. DiMaggio/Powell (1991), S. 8; vgl. auch Senge (2005), S. 214, Preisendörfer (2008), S. 146-147 und Wissing (2008), S. 64. Süß (2009), S. 53 führt dazu aus: *„Neo-Institutionalisten relativieren strenge Rationalitätsannahmen und gehen davon aus, dass Organisationen die seitens der Umwelt erwarteten Regeln und Strukturen implementieren unabhängig davon, ob sich diese positiv auf ihre Leistung auswirken."*

[286] Damit ist ein rationales Handeln im Neo-Institutionalismus keine der Theorie zugrundegelegte Prämisse wie im Rational-Choice-Ansatz, sondern wird erst im Kontext verschiedener sozialer Voraussetzungen wirksam bzw. im Rahmen dieser Voraussetzungen überhaupt erst möglich. Damit kann im Neo-Institutionalismus den Unternehmen kein durchgängig zweckrationales Verhalten unterstellt werden; vgl. dazu Senge/Hellmann (2006), S. 17. Siehe zu Erwartungen an Unternehmen auch Budros (1999), S. 70. Vgl. auch Barreto/Baden-Fuller (2006), S. 1563, die von einer *„normative rationality, based on social justification"* im Neo-Institutionalismus sprechen, im Gegensatz zu einer *„economic rationality, based on profitability"*.

[287] Vgl. Walgenbach (2006), S. 358.

[288] In der Diskussion des mimetischen Isomorphismus sprechen DiMaggio/Powell (1983), S. 152 davon, dass Unternehmen solche Unternehmen nachahmen, die effizient oder legitim sind oder zu sein scheinen. Auch dabei wird deutlich, dass nicht nur ein rein ökonomisch effizientes Verhalten als rational gilt, sondern auch ein Verhalten, welches als legitim erachtet wird. Siehe dazu auch Süß (2009), S. 53, der ausführt, dass *„sogar in Kauf genommen wird, dass durch die Übernahme von erwarteten Elementen Effektivitäts- und Effizienzverluste verursacht werden können."*

[289] Vgl. Meyer/Rowan (1977), S. 350. Vgl. auch die Arbeit von Wissing (2008), S. 190-191, der zeigt, dass Mitarbeiterbefragungen in Krankenhäusern auch dann als rational angesehen werden, wenn dafür zu keiner Zeit Kosten-Nutzen-Analysen durchgeführt wurden und somit eine Aussage über deren ökonomische Sinnhaftigkeit gar nicht getroffen werden kann.

institutionalistischen Perspektive heraus kann eine solche Produktionsverlagerung jedoch durchaus rational sein, wenn die verschiedenen Akteure ein solches Verhalten als rational – quasi als geeignetes Mittel zum Erreichen bestimmter Ziele – betrachten.[290] Es handelt sich also nicht um eine rein „*technisch-ökonomische Rationalität im Sinne wirtschaftlicher Effizienz*", sondern eine Rationalität dahingehend, dass zur Legitimitätssicherung Vorstellungen und Erwartungen der Umwelt erfüllt werden.[291] Hier kommt wiederum das Argument von Meyer/Rowan bezüglich der Rationalitätsmythen ins Spiel: Sieht die Umwelt eine Produktionsverlagerung als ein adäquates Mittel zur Kostensenkung an (und ist ein solches Streben gesamtgesellschaftlich legitimiert bzw. glaubt sie an die Wirksamkeit einer solchen Strategie), gilt es im neoinstitutionalistischen Sinne als rational, eine solche Strategie zu implementieren. Damit kann der Umwelt gezeigt werden, dass man als Unternehmen bemüht ist, solche Strukturmerkmale und Praktiken zu implementieren, die gemeinhin als fortschrittlich oder ökonomisch effizient gelten.[292] Somit könnte die Produktionsverlagerung nach China selbst dann als rational betrachtet werden, wenn es im rein ökonomischen Sinne effizientere Alternativen geben würde.[293]

3.2.5 Entkopplung

Unterschiedliche Akteure im organisationalen Feld tragen unterschiedliche bzw. womöglich konfligierende – jedoch jeweils einzeln legitime – Erwartungen und Anforderungen an Unternehmen heran. Unternehmen können – so Meyer/ Rowan – entweder a) die Anforderungen zurückweisen, b) die Anforderungen durch den Abbruch aller externen Beziehungen rigide befolgen, c) zynischerweise eingestehen, dass ihre Struktur bzw. ihre Praktiken Umweltanforderungen nicht erfüllen oder d) Reformen versprechen. Alle diese Lösungen werden von Meyer/Rowan jedoch als nicht unbedingt erfolgversprechende „Partiallö-

---

[290] Selbst Medien nehmen ein scheinbar irrationales Verhalten wahr, wie bereits der Titel „*Irrationaler Überschwang*" des bereits oben zitierten Beitrages aus dem Handelsblatt zeigt (vgl. Mayer-Kuckuk (2010b)) – und beziehen sich damit ebenfalls auf ein aus einer ökonomischen Perspektive irrationales Verhalten.
[291] Süß (2009), S. 53.
[292] Vgl. Walgenbach (2006), S. 353-354.
[293] Siehe auch Walgenbach/Meyer (2008), S. 26, die ausführen, dass „*die Anpassung an institutionalisierte Erwartungen (...) keinesfalls irrational* [ist]".

sungen" angesehen.[294] Deshalb führen Meyer/Rowan das Konzept der Entkopplung ein. Dieses geht davon aus, dass ein Unternehmen zwar vorgibt, gesellschaftlich legitimierte Anforderungen zu erfüllen, sein Handeln jedoch nicht nach diesen Anforderungen ausrichtet.[295] Eine solche Abweichung des eigenen Handels von legitimierten Erwartungen wird insbesondere dann vorgenommen, wenn Konflikte zwischen verschiedenen Erwartungen in unterschiedlichen Umweltbereichen auftreten.[296] Das Unternehmen gibt quasi Lippenbekenntnisse ab und hofft, mit solchen Legitimitätsfassaden die Umwelt täuschen zu können.[297] Somit signalisiert ein Unternehmen zwar nach außen hin die Kongruenz mit legitimierten Anforderungen, praktiziert jedoch 'Business as Usual'.[298] Dies ist möglich, wenn Unternehmensmitglieder und andere Anspruchsgruppen auf das nach außen wahrnehmbare Bild des Unternehmens vertrauen.[299] Jedoch wird davon ausgegangen, dass eine langfristige Entkopplung – und damit die langfristige Abweichung von institutionellen Erwartungen – nicht möglich ist.[300]

Leider gibt es bisher kaum Studien, die das Phänomen der Entkopplung näher betrachten. Eine Ausnahme bietet hier die Studie von Walgenbach, der nachweisen kann, dass Unternehmen zum Beispiel bei der Adaption von Qualitäts-

---

[294] Vgl. Meyer/Rowan (1977), S. 356. Suchman (1995), S. 574 weist darauf hin, dass ein Unternehmen unbemerkt von der Öffentlichkeit folgenlos von legitimem Handeln abweichen kann.
[295] Vgl. Meyer/Rowan (1977), S. 356-357. Meyer/Rowan nehmen hier insbesondere auf die Gestaltung der äußeren formalen Struktur eines Unternehmens und die davon abweichende oder „entkoppelte" innere Aktivitätsstruktur Bezug. Dadurch *„decoupling enables organizations to maintain standardized, legitimating, formal structures while their activities vary in response to practical considerations"* (Meyer/Rowan (1977), S. 357).
[296] Holtbrügge/Welge (2010), S. 69 weisen z. B. darauf hin, dass von Unternehmen kommunizierte Motive für Standortverlagerungen nicht zwingend der Realität entsprechen.
[297] So gehen Meyer/Rowan (1977), S. 349 selbst davon aus, dass insbesondere die Kommunikation bzw. die Nutzung einer *„organizational language"* für Unternehmen hilfreich sein kann, Legitimitätsanforderungen (scheinbar) zu erfüllen. Der Beitrag von Meyer/Rowan – und dabei vor allem das Konzept der Entkopplung – zielt zwar vorrangig auf die Organisationsstruktur ab, kann jedoch auch auf die (scheinbare) Implementierung verschiedener gesellschaftlich legitimierter Praktiken angewendet werden (vgl. Meyer/Rowan (1977), S. 340). Vgl. auch Lederle (2008), S. 97-98.
[298] Vgl. Hasse/Krücken (2005), S. 24.
[299] Vgl. Tuschke (2005), S. 143.
[300] Vgl. z. B. Walgenbach/Meyer (2008), S. 82. Weiterhin ist zu berücksichtigen, dass die Unternehmensumwelt auch solche Lippenbekenntnisse durchschaut; interessant ist hierzu ein kürzlich in Spiegel online erschienener Artikel, der – wenn auch sehr populistisch – den inflationären Gebrauch des Nachhaltigkeitsbegriffs in Selbstdarstellungen von Unternehmen anprangert, welche in Realität jedoch 'Business as Usual' praktizieren: *„Der Begriff wabert dermaßen penetrant durch die Selbstverständigungsprosa unseres Wirtschaftslebens, dass man ihn den Sonntagsrednern und Nachhaltigkeitsberichtsdichtern am liebsten für eine Weile wegnehmen würde."* (Grimm (2010)).

managementsystemen nach ISO 9000 „äußerst kreativ" vorgehen, um formal dem Regelwerk zu entsprechen.[301] Mangels bisheriger Studien und aufgrund des von Meyer/Rowan nur grob umrissenen Konzepts ist es schwierig, theoretisch fundierte Verbindungen zwischen dem Konzept der Entkopplung – bzw. den davor erwähnten vier Mechanismen des Umgangs mit konfligierenden Umweltinteressen – und dem Bereich der Produktionsverlagerungen zu finden. Im Folgenden soll nun dennoch versucht werden, einige mögliche konfligierende Umwelterwartungen bzw. -anforderungen bezüglich Produktionsverlagerungen darzustellen und mögliche Reaktionen darauf zu diskutieren.

Denkbar ist zum Beispiel, dass Unternehmen bei einer Produktionsverlagerung zwischen Erwartungen von Kapitalgebern, Gewerkschaften und Kunden vermitteln müssen. So kann ein Unternehmen nach Außen hin zum Beispiel das Image eines deutschen Luxusgüterherstellers einnehmen – wie im Fall Porsche – und damit für die Kunden ein begehrenswertes und qualitativ hochwertiges Fahrzeug propagieren, jedoch eine für Kapitalgeber günstige Produktion im Ausland vornehmen. Dies ist zum Beispiel der Fall bei den Porsche-Modellen Boxster und Cayman, die nahezu 15 Jahre lang zum größten Teil unter Vertrag beim Unternehmen Valmet in Finnland gefertigt wurden. Noch interessanter ist die Konstellation bei der Produktion des Porsche Cayenne: Der größte Teil der Produktion findet kostengünstig im Volkswagen-Werk in Bratislava statt, lediglich die Endmontage geschieht öffentlichkeitswirksam in Leipzig. Porsche selbst nennt einen eigenen Fertigungsanteil seines Werks in Leipzig von 12% – das bedeutet, dass der größte Teil des Fahrzeugs von externen Partnern produziert wird. Schaut man sich die gesamte Wertschöpfungskette an, fällt auf, dass 67% der gesamten Wertschöpfung eines Porsche Cayenne im Ausland stattfinden.[302] Gleichzeitig wies der damalige Vorstandsvorsitzende von Porsche medienwirksam darauf hin, dass Porsche als deutscher Automobilhersteller kein Problem mit den hiesigen Lohnkosten hat („mit chinesischen Löhnen würden

---

[301] Walgenbach/Meyer (2008), S. 83. Siehe auch die Studien von Westphal/Zajac (1998) sowie Westphal/Zajac (2001), die festgestellt haben, dass allein die Ankündigung der Einführung von langfristig orientierten Vergütungssystemen zu einer erhöhten Legitimität des Unternehmens führte, unabhängig davon, ob diese Vergütungssysteme dann später auch tatsächlich eingeführt wurden.
[302] Vgl. Dudenhöffer (2005), S. 3-5.

wir verarmen") und auch auf die üblichen Subventionen, die verschiedene Unternehmen für eine Investition in den neuen Bundesländern bekamen, verzichtet (*„Luxus braucht keine Stütze")*.[303] Mit dieser Öffentlichkeitswirkung schaffte es Porsche lange Zeit, sowohl bei Kunden, Aktionären, Mitarbeitern, Gewerkschaften und anderen Anspruchsgruppen legitim zu erscheinen und zwischen verschiedenen Ansprüchen zu vermitteln. Insgesamt gelingt es dem Unternehmen Porsche also, die Produktion im großen Stil zu verlagern und trotzdem die Legitimität für sein Handeln von verschiedenen Anspruchsgruppen zu erhalten. So könnte ein Hersteller, der seine Produktion teilweise verlagern möchte, argumentieren, dass er trotz der anteiligen Auslandsproduktion die wichtigsten Tätigkeiten weiterhin in Deutschland ausführt.[304]

3.3 Neo-Institutionalismus in der Forschung zum Internationalen Management und zur Erklärung von Produktionsverlagerungen

Es wurde bereits erwähnt, dass die im Rahmen dieser Arbeit eingenommene Perspektive als innovativ angesehen werden kann.[305] Aus diesem Grund wird (zwangsläufig) an dieser Stelle mangels existierender Literatur zum Themenge-

---

[303] Dalan (2008). Siehe auch die Eigendarstellung von Porsche zu „Made in Germany", die der Öffentlichkeit suggeriert, dass zum größten Teil in Deutschland produziert wird: „*Vielleicht sind wir aber auch ein Modell für Deutschland, weil wir nicht nur in unserem Forschungszentrum denken. Sondern überall. Die Idee zum Bau des Carrera GT zum Beispiel ist direkt an der Rennstrecke entstanden. Produziert haben wir ihn in unserem Werk in Leipzig. In Handarbeit. Wir haben in Leipzig eine Montagehalle und eine Lehrwerkstatt gebaut und wir haben Hunderte neue Arbeitsplätze geschaffen. Auch das Sportcoupé Panamera soll dort produziert werden. Standorte sind auch Standpunkte. Made in Germany ist für uns keine Sentimentalität, sondern ein knallharter Wettbewerbsfaktor.*" (Porsche (2011)). Damit nutzt Porsche die von Meyer/Rowan (1977), S. 349 thematisierte *„organizational language"* zur Entkopplung. Interessant ist in diesem Zusammenhang auch der Plan von Porsche, eine Produktionsstätte in China zu errichten. In einem Bericht des Spiegels mit dem Titel „Deutsche Autobauer schwelgen im China-Rausch" wird berichtet, dass Porsche noch in diesem Jahr entscheiden wird, ob eine Produktion in China stattfindet. Einen Imageverlust erwartet der Vorstandsvorsitzende von Porsche – Matthias Müller – nicht, was an seiner folgenden Äußerung sichtbar wird: „*Hauptsache, es steht 'Engineered by Porsche' darauf".* Er geht also davon aus, dass in diesem Zusammenhang der Name Porsche wichtiger ist, als ein Label „Made in Germany".

[304] Dies gilt zum Beispiel für das Unternehmen Porsche, welches zwar einen großen Anteil seiner Produktion im Ausland durchführen lässt (unter anderem die Vormontage des Modells Cayenne bei Volkswagen in Bratislava oder die Montage der Modelle Boxster und Cayman bei Valmet in Finnland), den Motor – und damit das „Herz" des Sportwagens – jedoch selbst in Deutschland produziert und dies als Argument heranzieht, dass es sich bei einem Porsche um einen deutschen Sportwagen handelt.

[305] Vgl. Krenn (2006), S. V.

biet auf einen ausführlichen Literaturüberblick verzichtet. Dennoch wird nachfolgend kurz dargestellt, in welchen Bereichen des Internationalen Managements institutionalistische Betrachtungen Einzug gehalten haben. Dabei werden nach einem Gesamtüberblick einige Artikel vorgestellt, die sich mit grenzüberschreitenden Internationalisierungsentscheidungen aus einer neo-institutionalistischen Perspektive beschäftigen, sich jedoch nicht auf die Wertschöpfungsfunktion der Produktion beziehen. Diese Beiträge sind jedoch sehr interessant, weil sie Imitation als ein mögliches Motiv für eine Internationalisierungsentscheidung thematisieren. Schließlich werden überblicksartig die Arbeiten von Piotti vorgestellt, die sich mit Produktionsverlagerungsentscheidungen aus einer neo-institutionalistischen Perspektive beschäftigt.[306]

3.3.1 Neo-Institutionalistische Perspektiven in der Forschung zum Internationalen Management

In der Forschung zu verschiedenen Problemstellungen im Bereich des Internationalen Managements geben Kostova et al. (2008) einen fundierten Überblick. Dieser ist in der Tabelle 3-3 auf den Seiten 92 und 93 dargestellt. Aus der Tabelle geht deutlich hervor, dass neo-institutionalistische Überlegungen in die Forschung zum Internationalen Management auf breiter Front Einzug gehalten haben. Dabei wird der Institutionenbegriff sehr divers genutzt und vielfältig institutionelle Differenzen mit kulturellen und anderen landesbezogenen Unterschieden bzw. sich ändernden Wirtschaftssystemen gleichgesetzt. Die Forschung zu Produktionsverlagerungen aus einer neo-institutionalistischen Perspektive wurde dabei jedoch stark vernachlässigt.[307] Lediglich im Bereich *Institutional constraints on MNCs* in der obigen Tabelle werden Markteintrittsentscheidungen thematisiert. Dabei wird jedoch auf die Art des Markteintrittes und nicht auf die Entscheidung für ein bestimmtes Land abgestellt. Betrachtet man

---

[306] Zu anderen (nicht-institutionalistischen) theoretischen Fundierungen von Internationalisierungsentscheidungen bzw. internationalen Produktionsverlagerungen sei auf Abbildung 2-2 in Kapitel 2 verwiesen. Vgl. hierzu auch die Ausführungen von Schulte (2002), S. 15-47 und Schultheiß (2011), S. 61-81. Auf die Nutzung institutionalistischer Sichtweisen im Bereich der betriebswirtschaftlichen Forschung im Allgemeinen soll an dieser Stelle nicht weiter eingegangen werden. Hierzu wird auf die entsprechende Literatur verwiesen.
[307] Vgl. dazu auch Davis et al. (2000), S. 242.

Internationalisierungsentscheidungen im Allgemeinen – und nicht Produktionsverlagerungen im Speziellen – so lassen sich eine ganze Reihe an empirischen Studien finden, die nachweisen konnten, dass ein imitatives Verhalten auch auf das Internationalisierungsverhalten von Unternehmen zutreffen kann. Beispielhaft für solche Studien sind die Beiträge von Henisz/Delios, die anhand einer Analyse der Auslandsmarkteintritte von ca. 1.700 japanischen Unternehmen in den Jahren 1990 bis 1996 zeigen, dass Unternehmen insbesondere für ihre erste vorgenommene Produktionsverlagerung die Strategien anderer Unternehmen aus dem gleichen Heimatland imitieren.[308]

Die Arbeit von Li/Yao über Markteintritte in China von Unternehmen aus anderen Emerging Markets kommt zu dem Schluss, dass mimetische Prozesse dafür verantwortlich sind, dass Unternehmen in einem bestimmten Zielland investieren. Für Unternehmen aus der gleichen Branche war dieser Effekt – wenn auch in schwacher Form – ebenfalls nachweisbar.[309] In diesem Zusammenhang ist auch der Beitrag von Makino/Delios erwähnenswert, die das Timing von Auslandsmarkteintritten japanischer Unternehmen in den Jahren 1980 bis 1996 untersuchen und ein imitatives Verhalten nachweisen können.[310] Weiterhin konnten Gimeno et al. mimetische Prozesse in der Internationalisierung der US-amerikanischen Telekommunikationsindustrie aufzeigen.[311] Auch Cheng/Yu zeigen anhand der Internationalisierung taiwanesischer Unternehmen, dass mimetische Prozesse zur Internationalisierung führen.[312] Schließlich soll noch die Studie von Brouthers et al. Erwähnung finden, die die Imitation von länderübergreifenden Produktstrategien untersuchen.[313] Daneben befassen sich auch die Beiträge von Haveman/Nonnemaker, Guillen und Lu mit diesem Phänomen.[314] Auch die Dissertation von Krenn kann ein solches imitatives Verhalten „*tendenziell*" nachweisen; Krenn schränkt ihr Ergebnis jedoch ein, indem sie selbst argumentiert, dass das „*Ergebnis [nur] bei vorsichtiger Interpretation für die grundlegende Annahme der Arbeit [spricht], dass bei der Markteintrittsent-*

---

[308] Vgl. Henisz/Delios (2001).
[309] Vgl. Li/Yao (2010).
[310] Vgl. Makino/Delios (2002).
[311] Vgl. Gimeno et al. (2005).
[312] Vgl. Cheng/Yu (2008).
[313] Vgl. Brouthers et al. (2005).
[314] Vgl. Haveman/Nonnemaker (2000), Guillen (2002) und Lu (2002).

scheidung neben unternehmens- und landesspezifischen Kontrollvariablen auch die Eintritte anderer Unternehmen eine Rolle spielen".[315] Andererseits konnte z. B. die Studie von Fabian et al. (2009) keine Hinweise auf mimetischen Isomorphismus im Internationalisierungsverhalten finden. Diese kurzen Ausführungen zeigen auf, dass hier weiterer Forschungsbedarf besteht, bei dem nicht nur vorrangig quantitative, sondern vor allem auch qualitative Forschungsdesigns genutzt werden.[316] Weiterhin wird deutlich, dass eine theoretisch belastbare Fundierung notwendig ist, die internationale Produktionsverlagerungen aus einer neo-institutionalistischen Perspektive erklärt.

Topic Descriptions	Exemplary References	Main Institutional Ideas
Institutional profile/institutional distance Country institutional profile is conceptualized as a three-dimensional construct, including regulatory, cognitive, and normative dimensions Country institutional dimensions are practice or issue specific (e.g., quality management, entrepreneurial activity) Institutional distance is defined as the difference or similarity between the institutional profiles (i.e., regulatory, cognitive, normative) of two countries on a particular issue	Busenitz/Gomez/ Spencer (2000), Eden/Miller (2004), Kostova (1997, 1999), Kostova/Roth (2002), Kostova/Zaheer (1999), Xu/Shenkar (2002)	Institutional arrangements are mostly country specific since they evolve within the boundaries of the socio-economic environment and become established as a result of social interactions Institutions and institutional environments are composed of three "pillars": regulatory, cognitive, and normative Institutional arrangements define the social context of organizations and shape organizational actions
Institutional change/transition economies Large-scale institutional transformation defines transition economies Transitional institutional environments are characterized by • Institutional upheaval • Institutional baggage • Institutional imperfection • Corruption and "state capture" • Different stages in the transition process Transitional institutional environments require certain types of strategies and lead to particular firm behaviors (e.g., bribes)	Hoskisson/Eden/Lau/ Wright (2000), Newman (2000), Peng (2000, 2002, 2003), Roth/Kostova (2003b), Whitley/Czaban (1998), Wright/Filatotchev/ Hoskisson/Peng (2005)	Change and transformation of institutional systems is a process following distinct stages characterized by a different degree of maturity and stability of the new institutional arrangements Economic action of individuals and organizations is institutionally determined: • Institutional patterns from the previous system continue to be observed owing to persistence and inertia of institutions • When the new institutions are not fully developed, proliferation of organizational patterns may be observed
National institutional systems Comparative capitalism and economic action National (and institutional) origin of business systems Institutional features of different types of business systems and comparative firm characteristics (e.g., ownership patterns, state co-ordination, trust in formal institutions, dominant firm type, growth patterns) Comparative capitalism approach to the issue of MNC corporate governance Extent of MNC embeddedness/disengagement with national institutional systems	Casper/Whitley (2004), Hill (1995), Morgan (2003), Morgan/Whitley (2003), Orru/Biggart/Hamilton (1991), Quack/Morgan/Whitley (2000), Quack/O'Reilly/ Hildebrandt (1995), Whitley (1999, 2000, 2003)	Determinism of (national) institutional environments in shaping business systems Within institutional environment (country) similarity (i.e., isomorphism) of business systems and organizational characteristics

---

[315] Krenn (2006), S. 79.
[316] Vgl. dazu die Forderungen von Dacin et al. (2002), S. 48 sowie Cheng/Yu (2008), S. 338.

Topic Descriptions	Exemplary References	Main Institutional Ideas
Institutional constraints on MNCs Institutional environments determine the most effective MNC strategies and structures: • Entry mode decisions in international expansion • Partner selection in international alliances • Country's propensity for entrepreneurial activity • Firm strategic choices (e.g., diversification)	Child/Tsai (2005), Dacin/Oliver/Roy (in press), Davis/Desai/Francis (2000), Flier/Van den Bosch/ Volberda (2003), Henisz/Delios (2001), Hitt/Ahlstrom/Dacin/ Levitas/Svobodina (2004), Kogut/Walker/Anand (2002), Lu (2002), Yiu/Makino (2002)	Determinism of (national) institutional environments in shaping organizations' practices and structures through institutional pressures for isomorphism (National) institutional environments can be more or less supportive of particular types of economic activity (e.g., entrepreneurship), depending on the established regulatory, cognitive, and normative institutional arrangements
Diffusion, adoption, and institutionalization of organizational practices and structures across units within the MNC and across national borders Institutional explanation of cross-country differences in MNC practices and structures Institutional explanation of cross-border diffusion, dissemination, convergence/divergence of organizational practices Institutional constraints on transferring organizational practices across national borders; "permeability" of borders Multiple and complex institutional environments from which MNC subunits "draw" their practices and structures Handling of conflicting institutional pressures on MNCs and MNC subunits from the internal organizational environment and their multiple external environments; the role of managers (limited active agency) Relational context within MNCs and context's role in the institutional process of transfer and diffusion of organizational practices within the firm	Eden/Dacin/Wan (2001), Gooderham/Nordhaug/ Ringdal (1999), Guler/Guillén/ Macpherson (2002), Kogut (1991), Kostova (1999), Kostova/Roth (2002)	Determinism of national institutional environments in shaping organizations' practices and structures by enforcing isomorphism through coercive, mimetic, and normative mechanisms National institutional environments can be more or less supportive of particular types of certain organizational practices As a particular practice becomes fully institutionalized, it assumes a "taken-for-granted" status; developed institutional environments (external as well as internal) are characterized by clear expectations for firms' actions New emerging practices are brought in by outsiders or "peripheral/marginal" organizations that are successful; others start mimicking them, motivated by their increasing legitimacy; as a result, new patterns of organizational action become shared and gradually institutionalized
MNCs, MNC subunits, and host country institutional environments Liability of foreignness of MNCs in host countries: • Sources and determinants of liability of foreignness • Dynamics of liability of foreignness over time • Strategies for overcoming liability of foreignness • Consequences of liability of foreignness • Measurement of liability of foreignness MNC legitimacy: • Nature and distinctiveness of MNC legitimacy • Factors of legitimacy of MNCs and MNC subunits • Multiplicity and complexity of legitimating institutional environments/ actors for MNCs • External/internal legitimacy of MNC subunits Dependence and dynamics between host countries and MNCs	Kostova/Zaheer (1999), Lawrence/Hardy/ Phillips (2002), Levy/Egan (2003), Mozias (2002), Miller/Richards (2002), Zaheer (1995), Zaheer/Mosakowski (1997)	(National) institutional environments grant legitimacy of organizations based on organizational compliance with institutional requirements Institutional requirements are established within the boundaries of an organizational field (class); organizations can be part of multiple organizational fields Legitimacy is necessary and critical for organizational survival Legitimacy is achieved through becoming isomorphic as a result of adopting practices and strutures that are institutionalized in a particular environment (field)

Tab. 3-3: Übersicht über die Nutzung einer neo-institutionalistischen Perspektive in der Forschung zum Internationalen Management
Quelle: übernommen aus Kostova et al. (2008), S. 995-996. Für die exemplarischen Quellenangaben sei verwiesen auf den Originalbeitrag.

3.3.2 Die Arbeiten von Piotti zu Produktionsverlagerungen aus einer neo-institutionalistischen Perspektive

Mit Produktionsverlagerungen aus einer soziologischen bzw. neo-institutionalistischen Perspektive hat sich in den letzten Jahren insbesondere Piotti beschäftigt.[317] In Tabelle 3-4 wird ein kurzer Überblick über die Beiträge Piottis gegeben und dargestellt, inwiefern sich die vorliegende Arbeit davon abgrenzt. Dabei ist zu beachten, dass die Arbeiten von Piotti zum Teil sehr ähnlich in verschiedenen Kanälen veröffentlicht wurden. So ähneln sich die Arbeiten Piotti (2007) und Piotti (2009a) sehr stark sowie die Arbeiten Piotti (2009b) und Piotti (2010). Da insbesondere in den theoretischen Argumentationen leicht unterschiedliche Fokusse eingenommen werden bzw. verschiedene Argumente ausgebaut wurden, sind diese Beiträge dennoch separat aufgeführt.

Trotz der in Tabelle 3-4 erwähnten Einschränkungen sind die Arbeiten von Piotti überaus hilfreich. Zum einen ist sie eine der wenigen Autoren, die eine neo-institutionalistisch geprägte Sichtweise von Produktionsverlagerungen einnimmt. Dabei fokussiert sie insbesondere auf die Konzepte der Legitimität, des Drucks seitens anderer Akteure sowie der Imitation von (scheinbar) erfolgreichen Konzepten. Weiterhin stellt sie die (starke) Rolle der Medien im Rahmen der Debatte zu Produktionsverlagerung in den Mittelpunkt ihrer Betrachtungen. Insgesamt gelingt es Piotti dadurch, Indizien für das Vorliegen von Legitimitätsdruck, imitativen Verhalten und dem Einfluss der öffentlichen Meinung zu identifizieren.[318] Die vorliegende Arbeit profitiert sehr von diesen Überlegungen und baut diese sowohl in theoretisch-konzeptioneller Hinsicht als auch durch die umfangreiche empirische Untersuchung von Artikeln zur Produktionsverlagerung nach China in deutschen Zeitschriften und Zeitungen aus den Jahren 1989 bis 2010 aus. Dabei erfolgt insbesondere eine stärkere theoretische Fundierung der Verbindung zwischen medientheoretischen Überlegungen und neo-institu-

---

[317] Siehe dazu die Beiträge Piotti (2007), Piotti (2009a), Piotti (2009b) und Piotti (2010). Piotti nimmt in den Beiträgen Piotti (2009c) sowie Piotti (2011) ebenfalls zu diesem Thema Stellung. Da es sich dabei jedoch lediglich um kurze praxisorientierte Gastbeiträge aufbauend auf ihre o. g. wissenschaftlichen Analysen handelt, werden diese hier nicht weiter betrachtet.

[318] Siehe hierzu auch die zusammenfassenden Aussagen in Piotti (2009c), S. 68-69 sowie Piotti (2011), S. 11-12.

tionalistischen Betrachtungen, welche in einer Synthese in die empirische Untersuchung einfließen. Schließlich erfolgt in der vorliegenden Arbeit auch eine systematische theoretische Betrachtung der von DiMaggio/Powell identifizierten institutionellen Isomorphismen und deren Auswirkungen auf das Internationalisierungsverhalten von Unternehmen.

Beitrag	Wichtigste Inhalte	Limitationen im Vergleich zur vorliegenden Arbeit
Piotti (2007): Why do Companies relocate? The German Discourse on Relocation	• Rolle von Unsicherheit und Imitation im Rahmen von Entscheidungen zu (internationalen) Produktionsverlagerungen • Rolle der öffentlichen Meinung im Rahmen von Entscheidungen zur Produktionsverlagerung • Isomorphe Prozesse und Rationalitätsmythen als Grundlage von Entscheidungen zur (internationalen) Produktionsverlagerung • Inhaltsanalyse der Medienberichterstattung über Produktionsverlagerungen von 1990-2005	• Eingeschränkte theoretische Fundierung • Kein Bezug zu China • Keine dynamische Betrachtung • Methodische Probleme bei der Auswahl der Datenbasis der analysierten Zeitungen und Zeitschriften • Geringe Datenbasis der empirischen Erhebung (400 analysierte Artikel über jegliche Formen von Produktionsverlagerungen ohne geographische Einschränkungen)
Piotti (2009a): Cost Reduction through Relocation, or the Construction of Myths in Discourse	• Rolle der öffentlichen Meinung im Rahmen von Entscheidungen zur (internationalen) Produktionsverlagerung • Isomorphe Prozesse und Rationalitätsmythen als Grundlage von Entscheidungen zur (internationalen) Produktionsverlagerung • Inhaltsanalyse der Medienberichterstattung über Produktionsverlagerungen von 1990-2005	• Eingeschränkte theoretische Fundierung • Kein Bezug zu China • Keine dynamische Betrachtung • Methodische Probleme bei der Auswahl der Datenbasis der analysierten Zeitungen und Zeitschriften • Geringe Datenbasis der empirischen Erhebung (400 analysierte Artikel über jegliche Formen von Produktionsverlagerungen ohne geographische Einschränkungen)
Piotti (2009b): German Companies Engaging in China Decision-Making Processes at Home and Management Practices in Chinese Subsidiaries	• Zwänge und Legitimationsdruck als Einflussfaktor von Internationalisierungsentscheidungen nach China • Rolle der öffentlichen Meinung im Rahmen von Entscheidungen zur (internationalen) Produktionsverlagerung • Durchführung von 48 Interviews mit Managern und verschiedenen unternehmensexternen Anspruchsgruppen • Inhaltsanalyse der Berichterstattung über China (Fokus auf Produktionsverlagerungen und der wirtschaftlichen Situation in China im Allgemeinen) von 2001-2007	• Eingeschränkte theoretische Fundierung • Keine dynamische Betrachtung • Methodische Probleme bei der Auswahl der Datenbasis (lediglich Tageszeitungen, keine Wirtschaftspresse) der Inhaltsanalyse • Geringer zeitlicher Umfang der analysierten Artikel (2001-2007) • Geringe Datenbasis der Inhaltsanalyse (104 analysierte Artikel ohne ausschließlichen Fokus auf Produktionsverlagerungen)
Piotti (2010): Deutsche Unternehmen im Reich der Mitte: Entscheidungsprozesse in den Headquarters und ihre Konsequenzen für die Beziehung zu den Tochtergesellschaften	• Legitimationsdruck als Einflussfaktor von Internationalisierungsentscheidungen nach China • Durchführung von 43 Interviews mit Managern und verschiedenen unternehmensexternen Anspruchsgruppen • Inhaltsanalyse der Berichterstattung über China (Fokus auf Produktionsverlagerungen und der wirtschaftlichen Situation in China im Allgemeinen) von 2001-2007	• Eingeschränkte theoretische Fundierung • Keine dynamische Betrachtung • Methodische Probleme bei der Auswahl der Datenbasis (lediglich Tageszeitungen, keine Wirtschaftspresse) der Inhaltsanalyse • Geringer zeitlicher Umfang der analysierten Artikel (2001-2007) • Geringe Datenbasis der Inhaltsanalyse (104 analysierte Artikel ohne ausschließlichen Fokus auf Produktionsverlagerungen)

Tab. 3-4:   Übersicht über die Beiträge von Piotti zu Produktionsverlagerungen aus einer soziologischen bzw. neo-institutionalistischen Perspektive
Quelle: eigene Darstellung.

3.4 Zwischenfazit

In den bisherigen Ausführungen wurde verdeutlicht, dass deutsche Unternehmen Produktionsverlagerungen nach China vornehmen, die zum Teil irrational erscheinen. Es wurde argumentiert, dass hier eine Forschungslücke besteht: Ein solches scheinbar irrationales Internationalisierungsverhalten kann durch bestehende Internationalisierungstheorien nicht ausreichend erklärt werden. Alternative Theorien wurden zur Erklärung dieses Phänomens jedoch bislang nicht ausreichend herangezogen. Aus diesem Grund wurde eine neo-institutionalistische Sichtweise eingenommen – eine Sichtweise, die bisher eher selten zur Erklärung von Internationalisierungsentscheidungen herangezogen wurde.[319] Deshalb soll die gewählte theoretische Perspektive dazu dienen, Produktionsverlagerungen im Allgemeinen zu erklären und nicht nur solche Produktionsverlagerungen, die als irrational wahrgenommen werden. Insgesamt kann der Neo-Institutionalismus jedoch keine bzw. nur wenige normative oder gestalterische Handlungsempfehlungen geben, da er eben gerade nicht im funktionalistischen Paradigma verhaftet ist.[320] Somit kann es auch nicht Ziel der Arbeit sein, funktionalistische Ursache-Wirkungsbeziehungen aufzudecken. Der Mehrwert, den diese Perspektive bietet, liegt demnach darin, ein *„angemessenes Erkennen, Verstehen und Erklären von Unternehmen in ihrer Beziehung zu sich selbst und zu ihrer wirtschaftlichen und gesellschaftlichen Umwelt"* zu erlangen.[321]

---

[319] Siehe Davis et al. (2000), S. 242: *„The usefulness of institutional theory as an alternative paradigm for market entry has been largely overlooked by researchers."* Darüber hinaus kritisiert Granovetter (2000), S. 201 die mittlerweile scheinbar zementierte Trennung zwischen ökonomischer und soziologischer Forschung: *„Von wenigen Ausnahmen abgesehen, haben es Soziologen bisher unterlassen, ihrerseits die bereits von der neoklassischen Wirtschaftstheorie beanspruchten Themen zu untersuchen. Implizit haben sie die Annahme der Ökonomen akzeptiert, daß Marktprozesse für die Soziologie kein geeigneter Forschungsgegenstand seien, weil sozialen Beziehungen in modernen Gesellschaften hierbei keine zentrale Bedeutung zukommt."* Auch dieses Zitat ist als ein Plädoyer für mehr interdisziplinäre Forschung zu verstehen, bei der auch die Betriebswirtschaft der Forderung nach einer Offenheit für soziologische Theorien und Ansätze nachkommen muss. Siehe hierzu auch Schäfers (2004), S. vi, der ausführt, dass die *„Trennung der Disziplinen Soziologie, Ökonomie, Betriebswirtschaftslehre und (...) relevanter psychologischer Erkenntnisse"* oftmals störend ist.

[320] Vgl. z. B. Keller (2008), S. 66-68 sowie Sandhu (2010); für eine kurze Übersicht der verschiedenen Basisparadigmen sei neben dem Originalbeitrag von Burrell/Morgan (1979) verwiesen auf Scherer (2006), S. 35-38 sowie Kutschker/Schmid (2011), S. 474-475.

[321] Beschorner/Fischer et al. (2004), S. 12. Siehe auch die Zusammenfassung von Zerfass (2009), S. 71: *„Institutional research can not predict the future. But it helps to draw a picture*

Es wurde argumentiert, dass eine ganze Reihe an institutionellen Einflüssen existiert, die das Internationalisierungsverhalten von Unternehmen beeinflusst. Insbesondere die Arbeit von DiMaggio/Powell, die drei konkrete Mechanismen benennt, durch welche die institutionelle Umwelt organisationale Entscheidungen beeinflusst, kann für die Analyse von Produktionsverlagerungen hilfreich sein. Dabei scheint insbesondere der mimetische Isomorphismus – der postuliert, dass Unternehmen unter Unsicherheit solche Unternehmen imitieren, die als erfolgreich oder legitim wahrgenommen werden – hilfreich zur Erklärung der als irrational empfundenen Produktionsverlagerungen zu sein. Aber auch die beiden anderen Mechanismen – der Isomorphismus durch Zwang und der normative Isomorphismus – können wertvolle Anhaltspunkte in der Analyse von Produktionsverlagerungen geben. Auch die von Meyer/Rowan thematisierten Rationalitätsmythen können auf den ersten Blick zur Erklärung solcher scheinbar irrationalen Entscheidungen beitragen. Die Mechanismen von Meyer/Rowan sowie von DiMaggio/Powell werden uns im Rahmen der weiteren Arbeit auch weiterhin begleiten.

Dennoch soll nicht der Eindruck erweckt werden, dass alle Produktionsverlagerungen nach China scheinbar irrational sind. Die große Anzahl erfolgreicher Unternehmensverlagerungen nach China zeigt, dass auch unter ökonomischen Gesichtspunkten eine solche Verlagerung durchaus sinnvoll sein kann. In der Tat entstehen oftmals die von Meyer/Rowan genannten Rationalitätsmythen gerade deswegen, weil sich eine bestimmte Strategie – zumindest scheinbar – für eine gewisse Anzahl an Unternehmen als ökonomisch sinnvoll erwiesen hat.[322] Das Hauptargument des Neo-Institutionalismus ist jedoch, dass Unternehmen in einem institutionellen Umfeld eingebettet sind, und deshalb Anforderungen und Erwartungen der Umwelt in ihr Handeln einbeziehen (müssen).

---

of the dimensions, pitfalls and routes to success (...). Identifying regulative, normative and cognitive-cultural structures guiding the practice allows researchers to explain the movements of specific organizations (...)."

[322] Vgl. dazu auch die Argumentation von Süß (2009), S. 40, dass es in verschiedenen Situationen zwar einen Trade-off zwischen ökonomischem Nutzen bzw. ökonomischer Effizienz und legitimatorischem Nutzen geben kann (vgl. dazu auch Tuschke (2005), S. 70-73 sowie Barreto/Baden-Fuller (2006), S. 1563), sich diese beiden Konzepte jedoch nicht grundsätzlich diametral gegenüberstehen – und dies insbesondere dann nicht, wenn in einem marktwirtschaftlichen System agiert wird, in welchem ökonomisch-effizientes Handeln im generellen Rahmen gesamtgesellschaftlich legitimiert ist. Siehe dazu auch DiMaggio/Powell (1991), S. 33.

Wird eine Produktionsverlagerung nach China im institutionellen Umfeld in der Regel als effiziente bzw. erstrebenswerte Lösung angesehen – so die Argumentation anhand des Neo-Institutionalismus – führt dies dazu, dass Unternehmen eine solche Strategie allein deshalb adaptieren, weil sie effizient zu sein *scheint*, auch wenn eine ökonomische Richtigkeit dieser Maßnahme nicht nachgewiesen ist. Aus diesem Grund kann es auch zu ökonomisch nicht effizienten Produktionsverlagerungen kommen, weil verschiedene Mechanismen im institutionellen Umfeld ein Unternehmen veranlassen, eine solche Produktionsverlagerung vorzunehmen. Damit ist eine Produktionsverlagerung, die nicht die ökonomisch effizienteste Lösung darstellt nicht unbedingt irrational im Sinne des Neo-Institutionalismus. Da ein kollektiver Glaube an solche Rationalitätsmythen besteht, kann es rational sein, solche Strategien zu implementieren, da damit der Umwelt gezeigt wird, dass das Unternehmen nach fortschrittlichen Methoden geführt wird und damit auch Ressourcen der Umwelt an das Unternehmen fließen, die letztlich dessen Überleben sichern können.

Der Neo-Institutionalismus ist demnach in der Lage, sowohl zur Erklärung der beschriebenen scheinbar irrationalen – und damit ökonomisch nicht erfolgreichen – wie auch der scheinbar rationalen – und damit ökonomisch erfolgreichen – Verlagerungen beizutragen. Somit ist der Neo-Institutionalismus fähig, eine große Bandbreite von Produktionsverlagerungen mit verschiedenen Motiven zu erklären.

Es soll nochmals darauf verwiesen werden, dass der Neo-Institutionalismus nicht postuliert, dass Unternehmen komplett fremdbestimmt bzw. fremdgesteuert sind und gleichsam wie Marionetten nur Befehlen von außen folgen.[323] Institutionelle Vorgaben werden als Hintergrundbedingungen verstanden, mit denen Unternehmen in Berührung kommen. Sie legen damit Bandbreiten fest, innerhalb derer Unternehmen agieren. Donges argumentiert in diesem Zusammenhang, dass die Ansicht *„einer völligen Abhängigkeit der Organisationen von ihren institutionellen Umwelten heute nicht mehr vertreten"* wird.[324] Auch Barley/

---

[323] Vgl. Jansen (2000), S. 16.
[324] Donges (2006), S. 571. Vgl. in diesem Zusammenhang auch Peng et al. (2008), S. 923 sowie Hoffman (2001), S. 134.

Tolbert argumentieren ähnlich: „...*institutions set bounds on rationality by restricting the opportunities and alternatives we perceive and, thereby, increase the probability of certain types of behaviour.*"[325] Durch die durch Meyer/Rowan beschriebene Entkopplung können sich Unternehmen zudem – zumindest zeitweise – außerhalb dieser Bandbreiten bewegen. Ein solches Handeln würde jedoch langfristig das Überleben des Unternehmens riskieren.

In der folgenden Abbildung 3-7 wird die bisherige theoretische Diskussion über die verschiedenen Kräfte, die im Rahmen einer möglichen Produktionsverlagerung auf ein Unternehmen wirken, zusammenfassend graphisch dargestellt. Dabei wird offensichtlich, dass Unternehmen mit Anforderungen und Erwartungen aus ihrer Umwelt konfrontiert werden. Es wurde bereits besprochen, dass ein Unternehmen solchen Anforderungen und Erwartungen entsprechen muss, um überlebenswichtige Legitimität zugesprochen zu bekommen.

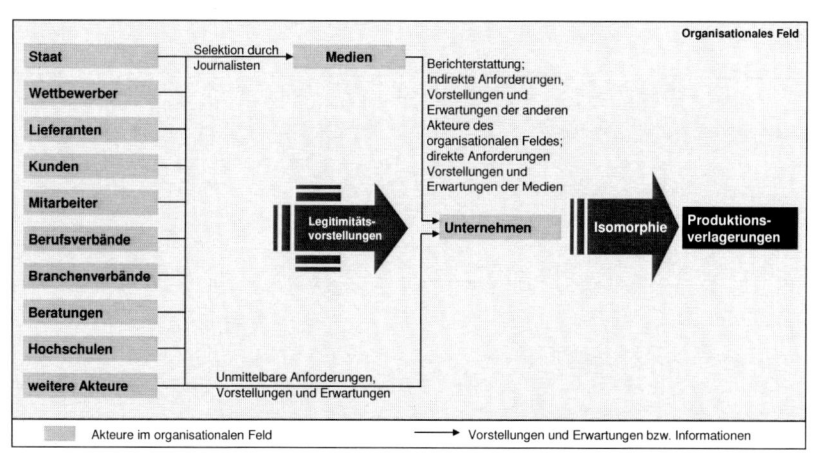

Abb. 3-7: Schematische Darstellung der auf ein Unternehmen im Rahmen von Produktionsverlagerungsentscheidungen wirkenden Kräfte
Quelle: eigene Darstellung.

Aus der obigen Abbildung geht auch hervor, dass Unternehmen mit ihrer Umwelt – oder mit den anderen Akteuren des organisationalen Feldes – nicht zwingend direkt in Kontakt stehen müssen, um mit solchen Anforderungen und

---

[325] Barley/Tolbert (1997), S. 94.

Erwartungen konfrontiert zu werden: Auch bzw. gerade durch die mediale Berichterstattung erfolgt ein (indirekter) Fluss von Informationen sowie Anforderungen und Erwartungen der Umwelt an das Unternehmen, die entweder durch die Medien selbst gestellt oder aber nur durch die Medien von den anderen Akteuren weitergegeben werden.[326] Dies ist insofern essentiell, als dass der Neo-Institutionalismus zwar argumentiert, dass Unternehmen erfolgreiche Strategien anderer Unternehmen imitieren, dabei jedoch sehr vage bleibt, welche Unternehmen dies denn nun sind. Die vorliegende Arbeit argumentiert, dass diese „Imitationsvorlage" zu einem großen Teil von der Medienberichterstattung bestimmt wird (siehe hierzu auch nochmals die Abbildung 3-7, welche der weiteren Argumentation bereits etwas vorgreift). Die Rolle der Medien ist deshalb zentraler Bestandteil dieser Arbeit und wird im nächsten Kapitel beleuchtet.

---

[326] Vgl. auch Donges (2006), S. 563. Zur Diskussion der Medien als Institutionen und wie diese das organisationale Handeln beeinflussen sei verwiesen auf den Beitrag von Donges (2006).

*„Was wir über unsere Gesellschaft,
ja über die Welt, in der wir leben, wissen,
wissen wir durch die Massenmedien."*
Luhmann (2004), S. 9.

4 DIE ROLLE DER MEDIEN IM RAHMEN DER ERKLÄRUNG VON PRODUKTIONSVERLAGERUNGEN

Im folgenden Kapitel wollen wir uns den Medien bzw. den Massenmedien zuwenden. Diese Betrachtung erscheint aus zwei Gründen wichtig: Zum einen können dadurch, dass Medien die Realität beschreiben – bzw. eine Medienrealität erzeugen – Rückschlüsse auf das Vorhandensein (oder Nichtvorhandensein) der verschiedenen bereits thematisierten Isomorphismen gezogen werden.[327] Zum anderen konstruieren Medien Realität.[328] Eine Verknüpfung des mimetischen Isomorphismus mit dem medialen Umfeld des Unternehmens erscheint deshalb sinnvoll: Medien tragen Anforderungen und Erwartungen der Umwelt an das Unternehmen heran und vermitteln auch Informationen darüber, wie andere (scheinbar) erfolgreiche Unternehmen agieren bzw. welche Strategien diese verfolgen. Somit könnte – wie bereits vorher erwähnt – eine vorrangig positive Medienberichterstattung über China bzw. über die Erfolgswahrscheinlichkeit von Produktionsverlagerungen nach China Anreize für Unternehmen geben, auch selbst Produktionsverlagerungen dorthin vorzunehmen.[329]

---

[327] Auf die Vorteilhaftigkeit der Medienanalyse gegenüber der direkten Befragung von an einer Produktionsverlagerung beteiligten Akteuren wird später im Rahmen des methodischen Teils der Arbeit eingegangen.
[328] Zu einer ausführlichen Thematisierung der Realitätskonstruktion sei auf Abschnitt 4.3 verwiesen.
[329] Wie bereits mehrfach hingewiesen wurde, ist es nicht Ziel der Arbeit, einen Nachweis über den kausalen Einfluss des mimetischen Isomorphismus auf Produktionsverlagerungen nach China zu führen.

Um diese Annahme theoretisch zu fundieren, sollen die Massenmedien näher betrachtet werden, da eine notwendige (wenngleich nicht hinreichende) Bedingung für die Annahme eines Medieneinflusses im Rahmen des mimetischen Isomorphismus eine kontinuierlich positive Medienberichterstattung über Produktionsverlagerungen nach China ist. Oder anders ausgedrückt: Die Medien müssen ein imitationswürdiges und positives Bild von Produktionsverlagerungen nach China zeichnen, um als Einflussfaktor im Rahmen eines mimetischen Isomorphismus überhaupt in Frage zu kommen. Damit sind bereits an dieser Stelle die beiden Rollen der Medien genannt, die dann auch in der späteren empirischen Untersuchung eine Rolle spielen: a) Medien als Berichterstatter, die deshalb als Messinstrument für das Vorhandensein der drei aufgezeigten Isomorphismen dienen sollen und b) Medien als direkter Einflussfaktor bzw. Treiber des mimetischen Isomorphismus. Nachfolgend sollen nun zuerst die Begriffe der Medien, Massenmedien und Massenkommunikation näher erläutert werden. Anschließend werden die Rollen, die die Medien für das menschliche Handeln im Allgemeinen und für Produktionsverlagerungen nach China im Speziellen spielen, diskutiert.

4.1 Begriffsdefinitionen

Auch im Bereich der Medien- und Kommunikationswissenschaften haben sich für einen großen Teil der genutzten Termini bislang keine eindeutigen Definitionen durchgesetzt. Aus diesem Grund erscheint es wichtig, zuerst für einige Begriffe eine nähere Begriffsbestimmung vorzunehmen, bevor dann mit der Diskussion der Verbindungen zwischen Medien und Neo-Institutionalismus fortgefahren wird.

4.1.1 Medium, Medien und Massenmedien

Der Begriff des Mediums stammt aus dem lateinischen und bedeutet „Mittel, Vermittelndes" und wird in verschiedenen Bereichen unterschiedlich verstanden.[330] Im Rahmen der Kommunikationswissenschaft wird er definiert als *„jedes Mittel der Publizistik und Kommunikation"* und ist damit abzugrenzen von anders verstandenen Konzepten etwa der Physik oder der Parapsychologie.[331] Im Bereich der Kommunikationswissenschaft findet in der Regel der Plural des Wortes – Medien – Anwendung, weshalb er zum Beispiel von Leschke auch als Pluraletantum[332] bezeichnet wird. Faulstich stellt heraus, dass es noch keine genaue Definition des Medium- bzw. Medien-Begriffes gibt und sieht in einer leicht erweiterten Definition von Saxer den bisher *„am weitesten entwickelten Begriff des Mediums"*.[333]

„Medien sind komplexe institutionalisierte Systeme um organisierte Kommunikationskanäle von spezifischem Leistungsvermögen[334] *[mit gesellschaftlicher Dominanz]."*[335]

Damit sind Medien keine bloßen Informationsvermittler (wenngleich dies auch als eine der Medienfunktionen angesehen wird), sondern zugleich *„1. technische Kommunikationskanäle, 2. Organisationen mit eigenen Zielen und Interessen, 3. institutionalisiert im Sinne kollektiver Regelungsmuster wie auch 4. Sozialsysteme 5. mit funktionalen und dysfunktionalen Auswirkungen auf andere Teilbereiche der Gesellschaft".*[336] Somit wird deutlich, dass Medien bzw. die Nutzung von Medien nur dann angebracht erfasst werden können, wenn sie nicht isoliert von den organisatorischen und gesellschaftlichen Rahmenbedingungen betrachtet werden, in denen sie aktiv sind bzw. genutzt werden.[337] Obgleich dieser umfassenden Definition von Saxer werden mit dem Medienbegriff aus kommunikationswissenschaftlicher Sicht oftmals lediglich die sogenannten

---

[330] Leschke (2003), S. 10. Auf die geschichtliche Entwicklung des Medienbegriffs soll im Rahmen dieser Arbeit nicht eingegangen werden. Hierzu sei beispielsweise verwiesen auf das Werk von Hoffmann (2002) bzw. auf Leschke (2003), S. 9-16. Vgl. auch Leonhard et al. (1999), S. 4-7.
[331] Leschke (2003), S. 10; siehe auch Schmidt (1999), S. 125-127.
[332] Ein Pluraletantum ist ein Wort, welches in der Regel nur im Plural gebraucht wird, wie zum Beispiel das Wort Ferien.
[333] Faulstich (2004), S. 18; vgl. auch Maletzke (1998), S. 52, Bonfadelli (2005), S. 97, Kiefer (2005), S. 16, Donges (2008), S. 34.
[334] Bis zu dieser Stelle entspricht das Zitat dem Original von Saxer (1999), S. 6.
[335] Faulstich (2004), S. 18; siehe auch Winter (2003), S. 75.
[336] Donges (2008), S. 34.
[337] Donges (2008), S. 34; vgl. auch Burkart (1999b), S. 67-68.

Massenmedien wie Presseerzeugnisse (Zeitungen, Zeitschriften, Bücher), Rundfunk, Fernsehen und das Internet bezeichnet.[338] So sieht auch Burkart in den Massenmedien Kommunikationsmittel, die – mit der Unterstützung durch technische Hilfsmittel – Inhalte in Form von Schrift, Ton und Bild an ein unbestimmtes, anonymes und verstreutes Publikum weitergeben.[339]

Im Rahmen dieser Arbeit werden die Begriffe Medien und Massenmedien synonym genutzt und sollen – in Anlehnung an die oben genannten Definitionen von Hoffmann und Burkart – Presseerzeugnisse (Zeitungen, Zeitschriften, Bücher), Rundfunk, Fernsehen und das Internet umschreiben.[340] Die von Faulstich und Saxer darüber hinausgehenden Merkmale, Besonderheiten und Funktionen der Medien – die zum Beispiel auch bei Nafroth ausführlich thematisiert werden – sollen damit jedoch keinesfalls ausgeblendet werden.[341] Diese Charakteristika kommen insbesondere in der späteren Argumentation zum Tragen, wenn näher darauf eingegangen wird, wie Medien Realität konstruieren und verschiedene Anforderungen und Erwartungen an andere Akteure des organisationalen Feldes stellen.

4.1.2 Kommunikation und Massenkommunikation

Eng verbunden mit dem Begriff der Medien ist der Begriff der Kommunikation.[342] Kommunikation kann definiert werden als *„(...) Prozess wechselseitiger*

---

[338] Vgl. Hoffmann (2003), S. 14; vgl. zum Begriff der Massenmedien auch Faßler (1997), S. 142-143 sowie den Beitrag von Greenberg/Salwen (1996).
[339] Vgl. Burkart (2002), S. 169-170.
[340] Graumann (1972), S. 1182 argumentiert, dass es *„keine unvermittelte Kommunikation"* gibt, sondern dass jegliche Kommunikation auf verschiedene Vermittlungsinstanzen – oder Medien – angewiesen ist; er legt also in seiner Argumentation (auch) ein eher technisches Verständnis des Medienbegriffs zugrunde.
[341] Nafroth (2002), S. 33 argumentiert, dass Medien aus einer konstruktivistischen Sichtweise nicht bloß eine technische Vermittlungsinstanz sind, sondern eher *„operativ geschlossene soziale Systeme"* darstellen, die *„Wirklichkeitsentwürfe anbieten"*. Im weiteren Verlauf der Arbeit wird deutlich, dass sich dieser Sichtweise angeschlossen werden soll. Dennoch soll im Rahmen dieser Arbeit der Begriff der Medien konsistent technisch verstanden werden; die Medien besitzen jedoch das Potential, über eine reine Vermittlung von Informationen hinausgehend auch Wirklichkeiten zu konstruieren; siehe hierzu Abschnitt 4.3.
[342] Da die Begriffe der Kommunikation bzw. Massenkommunikation nicht zum Kernthema dieser Arbeit gehören, sollen diese auch nur kurz thematisiert werden. Für weiterführende Definitionen und Informationen zu diesen Begriffen – zum Beispiel auch zu verschiedenen Kommunikationstheorien und -modellen – sei verwiesen auf die Beiträge und Werke von

Bedeutungsvermittlung (...) zumeist mit sprachlichen Symbolen".[343] Kommunikation hat dabei mehrere Funktionen, die laut Scheufele wie folgt aussehen: 1. Mitteilung, Information, 2. Verstehen, Verständigung, 3. Beeinflussung, Persuasion, 4. Wissens- und Erkenntnisgewinn und 5. Sozialität und Identität.[344] Insgesamt kann man Kommunikation noch unterteilen in interpersonaler Kommunikation und Massenkommunikation. Im Rahmen dieser Arbeit wird dabei die Massenkommunikation durch (Massen-)Medien im Vordergrund stehen, deshalb wird auf den allgemeinen Kommunikationsbegriff an dieser Stelle nicht näher eingegangen.[345]

Massenkommunikation wird dadurch gekennzeichnet, *„daß sich ein großes heterogenes Publikum relativ gleichzeitig Aussagen aussetzt, die eine Institution durch Medien übermittelt, wobei das Publikum dem Sender unbekannt ist"*.[346] Damit wird ersichtlich, dass Massenkommunikation eine Sonderform der Kommunikation darstellt, die stets öffentlich, indirekt und einseitig ist und in der Regel dadurch geschieht, dass sich ein diverses Publikum – entweder ein breiter Querschnitt der Bevölkerung bei allgemein interessierenden Themen oder ein spezieller Teil der Bevölkerung bei Fachthemen – den Massenmedien (aktiv) aussetzt.[347] In dieser Definition wird die essentielle Rolle der Massenmedien für

---

[343] LeMar (2001), Schäfer (2005), Strohner (2006) sowie zum Bereich der Kommunikation im Unternehmen auf Piwinger/Zerfaß (2007).
Bentele/Beck (1994), S. 20. Kommunikation kann jedoch auch non-verbal erfolgen, wie das prominente Axiom von Paul Watzlawick *„Man kann nicht nicht kommunizieren"* aufzeigt (Watzlawick et al. (1972), S. 53). Vgl. auch Kron (2008), S. 117-119 sowie Scheufele (2007), S. 91.
[344] Scheufele (2007), S. 91. Zu einer näheren Erläuterung dieser Funktionen sei auf die zitierte Quelle verwiesen.
[345] Für eine nähere Erläuterung des Kommunikationsbegriffes sei verwiesen auf den Beitrag von Burkart (2003).
[346] Zoll/Hennig (1970), S. 11; vgl. auch Larsen (1966), S. 349, auf dem die vorgenannte Definition beruht sowie Steininger (2005), S. 227.
[347] Zoll/Hennig (1970), S. 11-12. Vgl. auch Pürer (2003), S. 74-86, der darauf hinweist, dass durchaus Möglichkeiten für Rückkopplungen, z. B. in Form von Leserbriefen, bestehen. Eine wirkliche Kommunikation im eigentlichen Sinne kommt dadurch aber nicht zustande, da die Einflussmöglichkeiten eines Rezipienten zu vernachlässigen sind; ein Rezipient kann das Kommunikationsverhalten nicht steuern. Massenkommunikation sei deshalb eher eine einseitige, asymmetrische Übertragung und kein Austausch von Informationen (siehe insbesondere S. 77-78). Jäckel (2008), S. 65 nutzt in diesem Zusammenhang den Begriff *„rückkopplungsarm"*, um auf den stark eingeschränkten Kommunikationsprozess hinzuweisen; in der Tat sei der Begriff „Kommunikation" in diesem Zusammenhang gar nicht angemessen (vgl. S. 67). Vgl. hierzu auch die ausführliche Definition von Maletzke (1963), S. 32, an welche die Ausführungen der oben zitierten Autoren stark angelehnt ist: *„Unter Massenkommunikation verstehen wir jene Form der Kommunikation, bei der Aussagen öffentlich (also ohne begrenzte und personell definierte Empfängerschaft) durch technische Verbreitungs-*

die Massenkommunikation deutlich: Ohne Massenmedien findet keine Massenkommunikation statt. Nach dieser kurzen Begriffsklärung sollen nun die beiden für diese Arbeit wichtigen Rollen der Information und der Realitätskonstruktion näher erläutert werden.[348]

4.2 Information durch die Medien

Eine zentrale Aufgabe der Medien ist die Wahrnehmung einer Informationsfunktion.[349] Wie das eingangs erwähnte Zitat Luhmanns (*„Was wir über unsere Gesellschaft, ja über die Welt, in der wir leben, wissen, wissen wir durch die Massenmedien")*[350] zeigt, dienen die Medien als bedeutender Vermittler von Informationen, in deren Besitz der Einzelne durch bloße Beobachtung gar nicht gelangen kann. Deshalb wird auch davon ausgegangen, dass der *„weitaus größte Teil unseres Wissens von der Welt medienvermittelt ist. (...) Den Hauptteil daran tragen die Massenmedien, die Informationen über das Zeitgeschehen kontinuierlich ins Haus liefern".*[351] Chill/Meyn formulieren es noch etwas pointierter und führen aus, dass wir die Welt zum großen Teil überhaupt nicht mehr unmittelbar erfahren, sondern dass wir in einer durch die Medien vermittelten Welt leben.[352] Auch Merten formuliert ähnlich: *„Nichts geht mehr, was nicht mit Medien geht."*[353] Aufgrund dieser starken Abhängigkeit von der Medienberichterstattung ist nun die Frage essentiell, inwieweit man dieser vertrauen kann. Oder anders ausgedrückt: Spiegelt die Berichterstattung wirklich die Realität wider?

---

mittel (Medien) indirekt (also bei räumlicher oder zeitlicher oder raumzeitlicher Distanz zwischen den Kommunikationspartnern) und einseitig (also ohne Rollenwechsel zw. Aussagenden und Aufnehmenden) an ein disperses Publikum (...) vermittelt werden."

[348] Diese beiden Rollen werden auch von Strohmeier (2004), S. 25-26 thematisiert: *„Medien haben grundsätzlich eine gewisse „Doppelnatur", da sie über zwei verschiedene Potenziale verfügen: ein kommunikationstechnisches Potenzial (d. h. ein Potenzial zur technischen Verbreitung von Informationen)* [und] *ein soziales Potenzial (d. h. ein Potenzial zur Entfaltung einer spezifischen sozialen Wirkung). Medien dürfen keinesfalls nur auf ihr kommunikationstechnisches Potenzial reduziert werden, da sie nicht ausschließlich ein technisches Verbreitungsmittel darstellen, sondern als solches auch eine soziale Wirkung entfalten."* Siehe dazu auch Künzler et al. (2005), S. 182.

[349] Vgl. z. B. Chill/Meyn (1998), S. 3.
[350] Luhmann (2004), S. 9.
[351] Früh (1994), S. 15. Vgl. hierzu auch die Ausführungen im Beitrag von Weber (2001).
[352] Chill/Meyn (1998), S. 5. Auch die häufig genutzten Begriffe der „Mediengesellschaft" bzw. der „Informationsgesellschaft" zeigen auf, dass die Medien das Leben des Einzelnen sehr stark beeinflussen bzw. zumindest sehr stark berühren; vgl. dazu z. B. Donges (2008), S. 19-24.
[353] Merten (1990b), S. 21.

Einigkeit herrscht darin, dass die Medien lediglich ein verzerrtes Bild der Realität zeichnen können. Dies hängt damit zusammen, dass es gar nicht möglich ist, ein 'maßstabsgerecht verkleinertes' Abbild der Realität zu erstellen.[354] Früh zeigt dies beispielhaft an der Berichterstattung über den Luftverkehr: Die Medien berichten nicht über jede erfolgreiche Flugpassage, sondern in der Regel lediglich über solche, die nicht geglückt sind. Weiterhin würde der Politikteil der Tageszeitung extrem klein ausfallen, wenn der Umfang der Berichterstattung dem Anteil der Politiker an der Gesamtbevölkerung nachempfunden würde.[355] Bereits diese beiden Beispiele zeigen auf, dass eine Verzerrung, d. h. eine nicht „maßstabsgerechte Abbildung" in der Medienberichterstattung zwangsläufig entsteht.[356] Dennoch stellt sich nun die Frage, ob zumindest die Dinge, über die die Medien berichten, ein genaues Abbild der Realität darstellen.[357] Um diese Frage zu klären, müssen wir uns kurz mit den zwei vorherrschenden Paradigmen der Medienwissenschaften beschäftigen: Dem realistischen (auch ptolemäischen[358]) und dem konstruktivistischen (auch kopernikanischen) Paradigma. Diese sollen im Folgenden kurz dargestellt werden.[359]

---

[354] Siehe hierzu auch Lippmann (1964), S. 18.
[355] Vgl. Früh (1994), S. 16.
[356] Früh (1994), S. 15 postuliert dazu wie folgt: „*Das Normale und Vertraute findet selten Eingang in die Medien, statt dessen werden wir mit einer Auswahl des Schrecklichsten, des Außergewöhnlichsten und Spektakulärsten konfrontiert, das in der Welt aktuell in Erfahrung zu bringen war – und selbst das wird dann noch aufgebauscht, abgewiegelt oder verzerrt dargestellt.*" Eine ähnliche Aussage – die aufgrund ihrer treffenden Formulierung trotz ihres Umfangs ebenfalls als direktes Zitat wiedergegeben werden soll – stammt von Tuchman (2010), S. 17: „*Nach der täglichen Zeitungslektüre erwartet man, sich in einer Welt von Streiks, Verbrechen, Machtmißbrauch, Stromausfällen, Wasserrohrbrüchen, entgleisten Zügen, geschlossenen Schulen, Straßenräubern, Drogenabhängigen, Neonazis und Sexualverbrechern wiederzufinden. Tatsächlich aber ist es so, daß man an glücklichen Tagen immer noch abends nach Hause kommen kann, ohne mehr als einem oder zweien solcher Dinge ausgesetzt gewesen zu sein. Das hat mich dazu gebracht, das „Tuchmansche Gesetz" zu formulieren: Allein die Tatsache der Berichterstattung vervielfältigt die äußerliche Bedeutung irgendeines bedauerlichen Ereignisses um das Fünf- bis Zehnfache (oder um irgendeine Zahl, die der Leser einsetzen mag).*" Siehe in diesem Zusammenhang auch die Ausführungen von Schulz (2008), S. 69-70.
[357] Eine ähnliche Frage wurde bereits 1938 von Inglis in den Raum geworfen, indem er im Rahmen der Berichterstattung die sogenannte Reflection Theory und die Control Theory gegenüberstellt: „*The reflection theory holds that literature reflects society; the control theory, that it shapes society.*" (Inglis (1938), S. 526).
[358] Schulz nutzt die Namen von Ptolemäus und Kopernikus um darzustellen, dass sich die beiden Positionen diametral gegenüberstehen, ohne dass diese beiden Personen inhaltlich eine weitere Rolle spielen würden (vgl. Schulz (1989), S. 139-140).
[359] Auf eine umfassende Rekonstruktion der Konstruktivismus-Realismus-Debatte in den Medientheorien soll in diesem Zusammenhang verzichtet werden. Vgl. hierzu z. B. die Beiträge von Rusch/Schmidt (1999), Weber (2002), Weber (2003).

4.2.1 Das realistische Paradigma der Medienwissenschaft

Im realistischen Paradigma der Medienwissenschaft werden die Medien primär als Spiegel der Wirklichkeit gesehen, die passiv und neutral agieren. Das Ziel der Medien liegt darin, die Wirklichkeit möglichst genau wiederzugeben, das heißt objektiv und wirklichkeitsgetreu zu berichten.[360] Es wird also von zwei Prämissen ausgegangen: zum einen, dass eine objektive Wirklichkeit überhaupt existiert und zum anderen, dass diese Wirklichkeit auch zweifelsfrei (durch die Medien) erkannt werden kann.[361] In einem weiteren Schritt würde dies bedeuten, dass auch die Rezipienten – oder Mediennutzer – aus den durch die Medien bereitgestellten Informationen die Realität exakt rekonstruieren können. Für die Forschung im Bereich Medienwissenschaften steht deshalb die Frage im Vordergrund: Entspricht die Medienberichterstattung der Realität? Um diese Frage zu beantworten, bedient man sich in der Regel eines Vergleichs zwischen der Medienberichterstattung und sogenannter „Hard Facts" (zum Beispiel amtlicher Verbrechensstatistiken), um herauszufinden, ob die Medien objektiv die Realität widerspiegeln. Das realistische Paradigma geht also nicht zwangsläufig davon aus, dass die Medien unverzerrt, sachlich und objektiv berichten (oben wurde bereits angesprochen, dass dies allein aus praktischen Gründen nicht möglich ist); es geht jedoch davon aus, dass zweifelsfrei erkannt werden kann, wenn die Medien von einer objektiven und wahrheitsgemäßen Berichterstattung abweichen.[362]

4.2.2 Das konstruktivistische Paradigma der Medienwissenschaft

Im konstruktivistischen Paradigma wird die scharfe Trennung zwischen Medien und Realität aufgegeben. Allein durch ihre bloße Existenz beeinflussen sie bereits die Realität und sind deshalb integraler Bestandteil der Gesellschaft.[363] Es

---

[360] Vgl. Bonfadelli (2002), S. 52; vgl. auch Früh (1994), S. 28 sowie für eine ausführliche Gegenüberstellung der beiden Paradigmen insbesondere den Beitrag von Schulz (1989); vgl. zur realistischen Position im Allgemeinen auch Bentele (1992), S. 46-49.
[361] Vgl. Früh (1994), S. 15-16.
[362] Vgl. Bonfadelli (2002), S. 52, Weber (2003), S. 189.
[363] Vgl. Schulz (1989), S. 142 sowie Leonhard et al. (1999), S. 6, 10-11. Vgl. zur konstruktivistischen Position im Allgemeinen auch Bentele (1992), S. 49-52; vgl. dazu auch Schmidt (2000), S. 84, der ausführt: *„Es gibt kein Jenseits der Medien."*

wird also davon ausgegangen, dass die Medien ein Bild der Realität – eine sogenannte (konstruierte) Medienwirklichkeit – zeichnen, von dem nicht mehr mit Sicherheit gesagt werden kann, ob dieses der Realität entspricht.[364] Dies soll aber nicht bedeuten, dass dieser Konstruktionsprozess zwangsläufig intentional – oder bewusst manipulativ oder verfälschend – abläuft.[365] Laut Weber ist es *„zumeist jedoch gerade nicht das planerische, absichtliche bzw. intentionale Entwerfen einer Wirklichkeit, sondern vielmehr das unbewusste, implizit ablaufende Erzeugen ebendieser".*[366] In der Tat klingt eine solche Annahme plausibel: Letztlich – so argumentiert zum Beispiel Schulz – ist jede Wahrnehmung eines Ereignisses bereits zwingend eine Selektion und Interpretation, auch wenn Objektivität zum Berufsethos vieler Journalisten gehört und sich ein Journalist sehr um eine solche Objektivität bemühen mag.[367] Ein zweiter Selektions- und Interpretationsprozess – oder in der Mertenschen Wortwahl die *„Re-Rekonstruktion von Wirklichkeit"*[368] – geschieht dann beim Rezipienten, auch beeinflusst durch dessen Situation, dessen kognitiven Fähigkeiten oder dessen Vorwissen und Erfahrungen.[369] Merten folgert daraus, dass Rezipienten (und im

---

[364] Vgl. Bonfadelli (2002), S. 52; vgl. auch Bentele (1992), S. 49, Burkart (1999a), S. 59. Burkart argumentiert, dass ein Journalist dann eben nicht mehr Informationen dichotom nach wahr/unwahr bewerten kann, sondern dass er jede Aussage *„für eine Version halten* [soll], *die eine Geschichte erzählt";* welche der verschiedenen Versionen dann die 'wahre' ist, lässt sich nicht mit Sicherheit herausfinden. Ähnlich äußert sich auch Haller (1994), S. 286, wenn er ausführt, dass Aussagen *„keine Wahrheiten, sondern Versionen sind, die untrennbar mit den agierenden Personen verbunden bleiben".*

[365] Vgl. Rusch (1999), S. 9.

[366] Weber (2003), S. 185, vgl. auch Burkart (1999a), S. 57. Siehe darüber hinaus auch die weitere Argumentation von Weber (2003), S. 186: *„Konstruktion meint im streng konstruktivistischen Sinne also kein Verfahren der bewussten Erzeugung von Wirklichkeit. (...) Der Konstruktivismus beschäftigt sich also mit jener Konstruktivität, die uns oft gar nicht bewusst wird, die latent abläuft".* Interessant ist hierbei auch ein Zitat von Rudolf Augstein, Gründer und langjährigem Herausgeber des Nachrichtenmagazins Der Spiegel, welches Burkhardt (2009), S. 9 zitiert: *„Ich glaube, daß ein leidenschaftlicher Journalist kaum einen Artikel schreiben kann, ohne im Unterbewußtsein die Wirklichkeit ändern zu wollen."*

[367] Vgl. Schulz (1976), S. 9, Bentele (1992), S. 47 sowie Weischenberg (1995), S. 157. Nafroth (2002), S. 231 weist zum Beispiel darauf hin, dass bei ihrer Befragung nahezu 54% der Journalisten nicht nur die Informationsvermittlung bzw. Nachrichtenberichterstattung, sondern insbesondere die Interpretation bzw. Erklärung der Realität als Hauptaufgabe ihrer Arbeit sehen. Vgl. zu einer allgemeinen Kritik an der Objektivitätsforderung der Medienberichterstattung Merten (1990b), S. 33-34. Vgl. auch die Argumentationen von Weischenberg (1995), S. 157-168, Burkart (1999a), S. 59-60, Klammer (2005), S. 56-60.

[368] Merten (1985), S. 755. Merten bezieht sich hier primär auf das Medium Fernsehen, eine mögliche Übertragung dieses Re-Rekonstruktionsprozesses auf andere Massenmedien kann jedoch angenommen werden.

[369] Vgl. Früh (1994), S. 16. Früh argumentiert hier, dass zum Beispiel das Lesen einer Mordstatistik zu einem anderen Bild beim Rezipienten führt, wie das Lesen einer verbalen Beschreibung oder einer visuellen Inszenierung. Vgl. auch Jäckel (2008), S. 87, der treffend formuliert, dass der Rezipient lediglich die Beobachtungen anderer beobachtet.

gleichen Sinne auch Journalisten) die Welt nicht so wahrnehmen, wie sie ist, sondern dass sie sich diese Welt erst erzeugen, indem in einem Prozess von Selektion und Interpretation Informationen aufgenommen und verarbeitet werden.[370] Merten führt weiter aus, dass das Mediensystem damit eben nicht mehr die reale Wirklichkeit einfach 'nachkonstruiert', sondern eine eigenständig operierende Medienrealität kreiert, die *„die reale Wirklichkeit überstrukturiert".*[371] Grundannahme ist also, dass Medien nicht lediglich Bericht über 'die Welt da draußen' erstatten, sondern selbst ein Bild von 'dem da draußen' konstruieren. Dieses Bild wird vom Rezipienten dann nochmals rekonstruiert.[372]

4.2.3 Konstruktivistische Mediensicht als Grundannahme der vorliegenden Arbeit

In dieser Arbeit soll eine konstruktivistische Sicht der Medien eingenommen werden. Es soll – im Sinne von Früh – grundlegend akzeptiert werden, dass zwar eine objektive Außenwelt existiert, eine sichere Aussage über deren tatsächliche Beschaffenheit jedoch nicht getroffen werden kann. Dies bedeutet jedoch nicht zwangsläufig, dass die Außenwelt nicht tatsächlich so ist, wie sie uns erscheint oder in den Medien dargestellt wird. Es ist nur keine exakte Aussage über den Wahrheitsgehalt solcher Darstellungen möglich.[373] Generell soll

---

[370] Vgl. Merten (1990a), S. 91-93. Vgl. hierzu auch Meinefeld (1995), S. 294, der ausführt, dass jede Erkenntnis „partiell und perspektivisch" sei.
[371] Merten (1997), S. 16. Siehe auch Lippmann (1964), S. 29.
[372] Zur Kritik an den „einseitig-linearen Modellen" der realistischen bzw. konstruktivistischen Sichtweise und eines Lösungsvorschlages sei verwiesen auf den Beitrag von Weber (1999). Kritik an diesen Lösungsvorschlag wird wiederum von Rusch (1999), S. 9 geäußert, da er letztlich keine Alternative zu einer kognitiv-sozialen Konstruktivität im Bereich des Journalismus sieht. So argumentiert er auch (S. 7), dass die Kritiker des Konstruktivismus in der Regel nur an der Intensität bzw. der Radikalität des Konstruktivismus Anstoß nehmen, jedoch nicht an der Grundannahme einer allgemeinen kognitiven Konstruktivität. Siehe auch den Vorschlag von Schmidt (2002b), S. 17-19.
[373] Vgl. Früh (1994), S. 53; vgl. auch Burkart (1999a), S. 55-57. Interessant ist in diesem Zusammenhang die Argumentation von Früh. Er plädiert in seinem Werk insgesamt für eine eher konstruktivistische Sichtweise der Medien, da Medienwissenschaftler eine Vielzahl von Beweisen vorgelegt haben, *„daß die aktuellen Medien die Welt (…) nicht selten völlig falsch darstellen"* (S. 15). Eine solche Argumentation wäre aufgrund einer streng konstruktivistischen Perspektive jedoch gar nicht gestattet, da der Vergleich der Medienberichterstattung mit der Realität als unmöglich abgelehnt wird (vgl. hierzu z. B. Weischenberg (1995), S. 169). Das gleiche Argument wäre gültig für das von Früh genannte Beispiel, dass nachgewiesen werden konnte, dass ein von den Medien vermitteltes *„falsches Realitätsbild"* die Ölkrise im Winter 1973/74 erzeugt hat, da eine durch die Medien fälschlicherweise vermittelte bevorstehende *„dramatische Ölknappheit"* ein *„panikartiges Kaufverhalten"* und damit eine

also nachfolgend davon ausgegangen werden, dass die Medien eine Wirklichkeit konstruieren, von der der Rezipient nicht mit Sicherheit weiß bzw. wissen kann, ob diese mit der Realität übereinstimmt; aufgrund eines Mangels an eigenen direkten Informationen muss er sich jedoch auf die von den Medien konstruierten Wirklichkeiten verlassen.

Eine solche konstruktivistische Grundannahme erscheint im Rahmen dieser Arbeit auch deshalb zielführend, da eine solche bereits im vorher beschriebenen Neo-Institutionalismus angenommen wird.[374] Der Neo-Institutionalismus geht in seiner Argumentation – zum Beispiel im Rahmen der Rationalitätsmythen bei Meyer/Rowan und dem mimetischen Isomorphismus bei DiMaggio/Powell – von sozial konstruierten Legitimitäts- und Effizienzvorstellungen aus; auch wegen dieser konstruktivistischen Grundhaltung des Neo-Institutionalismus ist eine Nutzung von konstruktivistischen Medientheorien indiziert.[375] Auch können beide Ansätze – sowohl der Neo-Institutionalismus als auch konstruktivistische Medientheorien – dem interpretativen Paradigma zugerechnet werden, was ein weiteres Argument für eine Kombination dieser beiden Theorien darstellt.[376] Aufgrund der angenommenen konstruktivistischen Sichtweise der Medien können die weiter oben erwähnten sozial konstruierten Legitimitäts- und Effizienzvorstellungen kreiert, verstärkt und verbreitet werden.[377] Auch deshalb ergänzen sich diese beiden theoretischen Ansätze sehr gut. Bevor wir jedoch zu dieser Argumentation kommen, erscheint es sinnvoll, die Realitätskonstruktion durch die Massenmedien noch etwas genauer zu thematisieren.

Krise heraufbeschworen habe (S. 34); siehe dazu die Studie von Kepplinger/Roth (1978). Ein ähnlicher Vergleich zwischen Realität und Medienrealität wird auch im Beitrag von Lang/Lang (1973) vorgenommen; siehe zu weiteren Beispielen auch Bonfadelli (2003), S. 85. Vergleiche in diesem Zusammenhang auch die Argumentationen von Nafroth (2002), S. 34, Weber (2003), S. 187 und Luhmann (2004), S. 20.

[374] Vgl. Scott (1987), S. 495-496 sowie Sandhu (2009), S. 82.

[375] Vgl. zur konstruktivistischen Grundhaltung des Neo-Institutionalismus auch Scott (1987), S. 495-496.

[376] Vgl. dazu auch Sandhu (2011), S. 25-26.

[377] Auch eine realistische Mediensicht geht davon aus, dass die Medien die Realität nur verkürzt und durchaus verfälscht wiedergeben (solche Verfälschungen aber immerhin mit mehr oder weniger Aufwand aufgedeckt werden können). Aus diesem Grunde würde auch eine realistische Sicht auf die Medien nicht grundsätzlich der Annahme widersprechen, dass die Medien einen Einflussfaktor auf den mimetischen Isomorphismus darstellen. Vgl. dazu auch die Argumentation von Früh (1994), S. 29-30.

4.3 Realitätskonstruktion durch die Medien

In unserem kurzen Exkurs in Abschnitt 4.2.2 wurde bereits mehrfach erwähnt, dass Medien 'Realität konstruieren'. Doch was bedeutet dies genau?[378] Hilfreich zum Verständnis der sogenannten Realitätskonstruktion ist die von Früh vorgenommene Dreiteilung zwischen Realität, Medienrealität und Publikumsrealität.[379] Die folgende Abbildung 4-1 stellt diesen Zusammenhang graphisch dar.

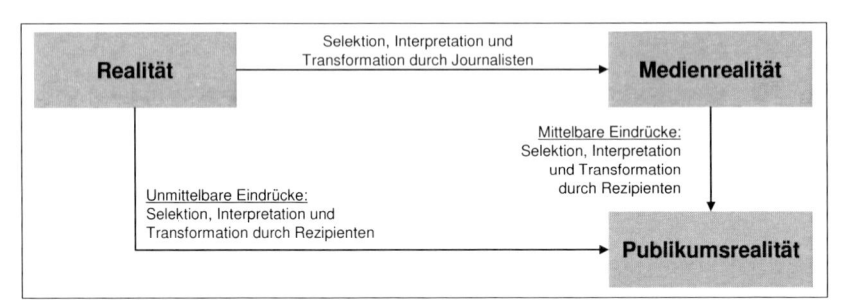

```
┌─────────────────────────────────────────────────────────────────────┐
│                    Selektion, Interpretation und                    │
│   Realität ─────── Transformation durch Journalisten ──▶ Medienrealität │
│       │                                                             │
│       │                                  Mittelbare Eindrücke:     │
│       │                                  Selektion, Interpretation │
│                                          und Transformation         │
│       Unmittelbare Eindrücke:            durch Rezipienten          │
│       Selektion, Interpretation und                │                │
│       Transformation durch Rezipienten             ▼                │
│       └──────────────────────────────────▶ Publikumsrealität        │
└─────────────────────────────────────────────────────────────────────┘
```

Abb. 4-1: Beziehungen zwischen den verschiedenen Realitäten
Quelle: eigene Darstellung in Anlehnung an Früh (1994), S. 21-52 sowie Brettschneider (2003b), S. 540 und Brettschneider (2003a).

Als kurze Einführung zu den Beziehungen dieser drei Realitäten soll ein bekanntes Zitat von Steffens dienen, der den Zusammenhang dieser drei Realitäten treffend formuliert:

„Von über 99 Prozent allen Geschehens auf diesem Erdball erfährt der Zeitungsleser nichts, weil es einfach nicht zur Kenntnis der Presse gelangt. [...] Aber damit nicht genug: über 99 Prozent aller Nachrichten, die schließlich doch der Presse bekannt werden, gelangen nie vor die Augen des Lesers, weil sie als zu unbedeutend, zu fragmentarisch, zu polemisch oder – nach den jeweils herrschenden Vorstellungen – zu unsittlich aussortiert und dem Papierkorb anvertraut werden."[380]

---

[378] Vgl. zusätzlich auch die Beiträge von Schmidt (1999), Schmidt (2002a) und Donges (2006).
[379] Vgl. für diesen Abschnitt – soweit nicht anders vermerkt – Früh (1994), S. 54-68.
[380] Steffens (1971), S. 9-10, zitiert nach Schulz (1976), S. 7. In einer ganz ähnlichen Argumentation spricht Merten (1985), S. 755 davon, dass das Publikum „nur einen Bruchteil eines Bruchteils der eigentlichen Wirklichkeit" erfährt.

Noch nicht eingeschlossen in dieser Aussage sind die vielfältigen Interpretationen und anderen subjektiven Einflüsse, denen eine Nachricht auf dem Weg von der „Realität" bis zum Publikum unterliegt und die sie somit verfälschen. Im Folgenden soll auf die Beziehungen zwischen den Realitäten Bezug genommen werden. Es wird sich jedoch auf den Pfad Realität – Medienrealität – Publikumsrealität beschränkt. Der Pfad Realität – Publikumsrealität wird nicht weiter thematisiert. Dies hat insbesondere zwei Gründe: Wie bereits erwähnt, wird der größte Teil der Realität über die Medien an das Publikum vermittelt. Daneben wird im weiteren Verlauf der Arbeit davon ausgegangen, dass die Medien einen Einfluss zur Entstehung eines mimetischen Isomorphismus darstellen; dies wird in der späteren empirischen Erhebung näher betrachtet.[381] Dies bedeutet jedoch nicht, dass ein unmittelbarer Einfluss durch andere Akteure – zum Beispiel durch formelle oder informelle Gespräche mit Kunden, anderen Unternehmen, Geschäftsfreunden, (Unternehmens-)Stammtischen usw. – ausgeschlossen wird. Im Gegenteil: Es ist anzunehmen, dass solche direkten Eindrücke ebenfalls einen starken Einfluss ausüben.[382] Dieser soll jedoch im Rahmen dieser Arbeit nicht näher untersucht werden.

4.3.1 Die Beziehung zwischen Realität und Medienrealität

Früh geht davon aus, dass es – wie oben auch schon kurz angerissen – eine objektive Realität oder „Außenwelt" gibt, eine sichere Aussage, wie diese genau aussieht aber nicht möglich ist. Der Hauptgrund hierfür ist, dass das menschliche kognitive System immer als Filter dient und diese objektive Realität für sich durch Interpretationen nutzbar macht. In diesem Verständnis können auch die Medien (bzw. die Journalisten) kein exaktes Abbild dieser Realität machen, da sie generell durch den Filter der Wahrnehmung beeinflusst wird. Daneben spielt auch die Sozialisation des Journalisten – zum Beispiel dessen Ausbildung und Berufsverständnis – eine entscheidende Rolle, wie er bestimmte Sachverhalte

---

[381] Wie noch gezeigt wird, kann mit der empirischen Erhebung keine Kausalität nachgewiesen werden. Die empirische Erhebung beschränkt sich in diesem Zusammenhang darauf, zu untersuchen, ob die Medien grundlegend positiv über eine Produktionsverlagerung nach China berichten; dies wird als notwendige – wenngleich nicht hinreichende – Bedingung für das Vorliegen eines Medieneinflusses auf den mimetischen Isomorphismus unterstellt.
[382] Vgl. z. B. Nafroth (2002), S. 33.

deutet bzw. welchen Sachverhalten er überhaupt eine Wichtigkeit beimisst.[383] Somit wird deutlich, dass die Medienberichterstattung keine exakte Kopie der Realität ist, sondern laut Früh "*selektiv, strukturierend, konstruktiv und evaluativ*" sowie "*perspektivisch-selektiv, eklektisch und episodisch*"[384] und damit eine – höchstwahrscheinlich von der Realität abweichende[385] – Medienrealität darstellt.[386] Durch die Auswahl der Themen, über die berichtet wird,[387] vermitteln die Medien zusätzlich den Eindruck, dass diese im Moment besonders wichtig sind und das Denken vieler Individuen (oder Unternehmen) beeinflussen.[388] Aufgrund der Position der Medienwelt, Realitäten zu konstruieren und Informationen zu verarbeiten, auf die der Einzelne keinen Zugriff hat, werden sie von Früh als "*omnipotente Realitätskonstrukteure*" beschrieben, da sie "*für den größten Teil des subjektiven Weltwissens eine sehr wichtige, wenn nicht gar die einzige Informationsquelle darstellt*".[389]

---

[383] Vgl. hierzu auch die Argumentation von Schulz (1976), S. 8, der eine Äußerung von Hans Benirschke, dem damaligen Chefredakteur der dpa, aufgreift, welcher schildert, dass eine der wichtigsten Aufgaben von jungen Journalisten sei, ein Gespür für wichtige und interessante Nachrichten zu entwickeln und zudem länderübergreifend ein Konsensus bestehe, welche Nachrichten wesentlich und interessant seien. Bereits hier kommt die Subjektivität – oder Konstruktivität – der Presseberichterstattung zum Ausdruck, da – wie Schulz ausführt – "*Kategorien wie (...) Gespür, Gefühl und Konsensus*" höchst subjektiv seien da sie "*alles und nichts erklären können*". Siehe auch die Argumentation von Klammer (2005), S. 56-60.

[384] Für eine nähere Erläuterung dieser Merkmale der Medienberichterstattung sei verwiesen auf Früh (1994), S. 57.

[385] Aufgrund der konstruktivistischen Annahme, dass ein Vergleich zwischen Medienrealität und Realität letztendlich nicht möglich ist (vgl. z. B. Weber (2003), S. 187), wird hier von einer "wahrscheinlichen" Abweichung gesprochen; aufgrund der genannten Einschränkungen der Medienberichterstattung ist eine solche Annahme gerechtfertigt.

[386] Vgl. auch Schulz (1989), S. 139, der postuliert, dass die Medienrealität "*nur bedingt Rückschlüsse (...) auf die physikalischen Eigenschaften der Welt, die Strukturen der Gesellschaft, den Ablauf von Ereignissen*" zulässt. Auch die Zitate von Sonnenschein (1988), S. 13 ("*Wahr ist natürlich nicht, was geschieht, sondern wie es am nächsten Tag in der Zeitung geschildert wird*"), Schmidt (2000), S. 41 ("*Wenn man die bedeutsame Rolle von Medien und Kommunikation in Rechnung stellt, dann kommt man mit Blick auf die Wirklichkeitsfrage zu folgendem Ergebnis: Wirklichkeit ist in einer von Massenmedien geprägten Gesellschaft zunehmend das, was wir über Mediengebrauch als Wirklichkeiten konstruieren, woran wir dann glauben und gegenüber dem wir entsprechend handeln und kommunizieren*") sowie von Foerster/Pörksen (2006) ("*Wahrheit ist die Erfindung eines Lügners*") stellen diesen Zusammenhang anschaulich dar (wohlwissend, dass insbesondere der Inhalt des letzten Zitats aus streng konstruktivistischer Sicht wiederum keine "Wahrheit" darstellen kann, da man die Wahrheit, dass die Wahrheit eine Lüge sei, nach der konstruktivistischen Denkschule gar nicht erkennen könne; vgl. dazu die Argumentation von Frey (1970), S. 31-32).

[387] Wissenschaftlich beschäftigt sich die Agenda-Setting-Forschung damit, welche Themen von den Medien ausgewählt und kommuniziert werden.

[388] Vgl. Früh (1994), S. 57. So könnte zum Beispiel auch eine außergewöhnlich häufige Thematisierung von Produktionsverlagerungen nach China das Gefühl vermitteln, dass sich gerade sehr viele Unternehmen eine solche Strategie zunutze machen oder dass diese besonders erfolgreich sei.

[389] Früh (1994), S. 57. Vgl. dazu auch die Ausführungen von Sandhu (2011), S. 25.

Wie oben beschrieben geht die konstruktivistische Mediensicht davon aus, dass die Konstruktion der Realität „zumeist" nicht intentional oder planerisch erfolgt.[390] Dennoch gibt es viele Beispiele, in denen absichtliche Eingriffe vorgenommen wurden, um eine bestimmte Medienrealität zu erzeugen.[391] Zum Beispiel werden häufig von Fotografen aufgenommene Abbilder der Realität bewusst geändert oder geschönt, um eine bestimmte Wirkung beim Publikum zu erzielen.[392] Nachdem argumentiert wurde, dass die Medien die Realität nicht unverfälscht wiedergeben, sondern lediglich „Wirklichkeitsentwürfe"[393] oder „mediale Realitätsvorschläge"[394] anbieten (die laut Merten auch gar nicht mehr hinterfragbar sind),[395] stellt sich unweigerlich folgendes Problem: Wie nimmt letztlich das Publikum diesen Realitätsentwurf wahr? Oder anders ausgedrückt – was bleibt übrig von den Wirklichkeitsentwürfen, die die Medien anbieten? Diese Frage ist essentiell: Geht man von einer radikalen konstruktivistischen Position aus,[396] würde jedes Individuum seine eigene Realität kreieren und dabei – wie bereits der Journalist in der ersten Stufe – wiederum die erhaltenen Informationen radikal selektieren und transformieren. Die Medienberichterstattung würde damit letztlich gar keinen großen Einfluss auf das Publikum ausüben (können). In diesem Falle – so argumentiert Früh – würde von der eigent-

---

[390] Vgl. Burkart (1999a), S. 57.
[391] Vgl. hierzu auch Dittmar (2009), S. 99 sowie die Ausführungen von Schulz (2008), S. 65-66.
[392] Übersichten zu manipulierten Fotos – mit Beispielen von Fotomontagen, die bis zum Jahr 1860 zurückreichen – sind z. B. zu finden unter o. V. (2004b), Jensch/Thünker (2008) sowie o. V. (2013). Vgl. hierzu auch die Argumentation und Beispiele von Merten (2004), S. 49-50. Auch das Feld der Public Relations beschäftigt sich damit, ganz bewusst bestimmte (positive) Realitäten zu konstruieren (vgl. z. B. Merten (1992a), S. 44). Mittlerweile hat mit dem Begriff „gephotoshopt" sogar – in Anlehnung an ein bekanntes Bildbearbeitungsprogramm – eine Vokabel in unsere Sprache Einzug gehalten, welche die (scheinbar selbstverständlich gewordene) bewusste Manipulation von Bildmaterial beschreibt. Zur Funktion von Pressefotos im Politikbetrieb siehe auch das Werk von Ballensiefen (2009).
[393] Zum Beispiel in Schmidt (1994), S. 5.
[394] Früh (1994), S. 68. Während des zweiten Irakkrieges setzte die US-Armee sogenannte „embedded reporters" ein, die die Kampfeinsätze aus nächster Nähe filmten und darüber berichteten. Ziel war hier sicher, eine bestimmte Medienrealität zu erzeugen, die im Westen die USA als „Befreier" darstellte. In anderen Regionen der Welt wurde genau dieselbe Realität in eine Medienrealität überführt, die die USA als „Besatzer" sah. Dies zeigt deutlich, dass die Medien lediglich Wirklichkeitsentwürfe anbieten, und keine exakte Kopie der Realität. Siehe zur Diskussion von verschiedenen Medienrealitäten – insbesondere auch aufgrund des Einsatzes verschiedener Medien – auch Strohmeier (2004), S. 23-25, der die Wirkungen der Fernsehdebatte zwischen John F. Kennedy und Richard Nixon thematisiert.
[395] Merten (1997), S. 21.
[396] Zum radikalen Konstruktivismus sei insbesondere verwiesen auf die Beiträge und Werke von Maturana (1982), Schmidt (1987), von Glaserfeld (1996), Maturana (1998), von Foerster/von Glaserfeld (1999) sowie Konrad (1999). Zu einer Kritik an der radikalkonstruktivistischen Position und deren Abschwächung in den letzten Jahren sei verwiesen auf Reich et al. (2005), S. 16-26 sowie auf den Beitrag von Großmann (1999).

lichen Medienberichterstattung lediglich das Themenlabel übrigbleiben.[397] Alle weiteren Informationen zum Thema würde sich jeder individuelle Mediennutzer selbst – salopp ausgedrückt – 'zusammenreimen'. Aus diesem Grund widmen wir uns nun der Beziehung zwischen Medienrealität und Publikumsrealität und werden dann später in Abschnitt 4.4 nochmals auf den hier eingeführten Argumentationsstrang zurückkommen.

4.3.2 Die Beziehung zwischen Medienrealität und Publikumsrealität

Wie bereits in der ersten Phase der Überführung von der Realität in eine Medienrealität findet nun wiederum eine Transformation von der Medienrealität in die Publikumsrealität statt, bei der erneut Selektions- und Interpretationsmechanismen greifen.[398] Auch hier wiederum ist es dem Publikum (bzw. den Individuen) nicht möglich, alle von den Medien propagierten Wirklichkeitsentwürfe zu kennen; dazu wäre das eigene kognitive System nicht in der Lage, selbst wenn alle relevanten Informationen der Medien dem Individuum verfügbar wären.[399] Zur Strukturierung ihrer Umwelt erstellen Menschen theoretische Systeme und verknüpfen dann das bereits vorhandene Wissen mit neu hinzugewonnen Informationen. Diese Informationen werden – wie bereits erwähnt – zum großen Teil durch die Medien vermittelt; jedoch spielen auch eigene Erfahrungen eine nicht unerhebliche Rolle. Früh argumentiert, dass solche Informationen und Erfahrungen, die die dinghafte Umwelt betreffen, relativ unproblematisch in das vorhandene Wissen eingefügt werden können. Schwieriger ist es bei Informationen, die nichttangible Bereiche betreffen. Hier muss sich das Publikum zum großen Teil darauf verlassen, dass die Medienrealität ein adäquates Bild liefert, nach dem jeder einzelne handeln kann;[400] oder anders ausgedrückt, dass von den Medien propagierte soziale Handlungsorientierungen im eigenen sozialen Umfeld gängig und gültig sind. Umso geringer die Distanz von vermittelten Informationen (oder Wirklichkeitsentwürfen) zur eigenen Alltagswelt –

---

[397] Früh (1994), S. 58. Für eine ähnliche Argumentation siehe Schmidt (1994), S. 10-11, Nafroth (2002), S. 31-32 sowie Jäckel (2008), S. 88.
[398] Sofern nicht anders angegeben, liegt diesem Abschnitt Früh (1994), S. 58-68 zugrunde.
[399] Vgl. hierzu zum Beispiel die Argumentation von Merten (2007), S. 98-99.
[400] Vgl. z. B. Klammer (2005), S. 27.

zum Beispiel zum eigenen Beruf – umso relevanter werden dann diese Informationen für das Individuum. Insgesamt wird also auch bei der Beziehung zwischen Medienrealität und Publikumsrealität angenommen, dass das Publikum keine exakte bzw. maßstabsgerechte Kopie der Medienrealität anlegt, sondern basierend auf eigenen Vorerfahrungen und Vorwissen das neu erlangte Wissen strukturiert und einordnet und somit eine neue Realität – die Publikumsrealität – konstruiert.

4.3.3 Gesamtüberblick zu den Beziehungen zwischen Realität, Medienrealität und Publikumsrealität

Die beiden vorhergehenden Abschnitte haben gezeigt, dass das Wissen oder die Informationen, die von den Medien vermittelt werden, lediglich Wirklichkeitsentwürfe darstellen, die das Publikum letztlich selbst selektiert, interpretiert und transformiert.[401] Die folgende Abbildung 4-2 stellt diesen Prozess nochmals graphisch dar. Zusätzlich zu den oben thematisierten Beziehungen nutzt Strohmeier noch die Instanz des Informationslieferanten, auf die die Autoren der Medienrealität zurückgreifen und die eine weitere potentielle „Konstruktionsinstanz" darstellt: Nicht immer geben Journalisten ein Abbild der von ihnen er-

---

[401] Als ein plakatives Beispiel über den Zusammenhang zwischen Realität, Medienrealität und Publikumsrealität kann die allgemeine Weltanschauung dienen: Die Realität ist letztlich nicht bekannt, Annahmen darüber werden oftmals lediglich anhand verschiedener Theorien vorgenommen (z. B. Evolutionstheorie, Schöpfungstheorie). Nimmt man eine bestimmte *religiöse* Interpretation der Realität zur Hand – zum Beispiel die der Bibel („Medienrealität") – so wird ersichtlich, dass diese wiederum von den Individuen unterschiedlich interpretiert wird und dadurch eine schier unüberschaubare Anzahl verschiedener christlicher Konfessionen und Gruppierungen entsteht. Und zwar konstruieren die Individuen „ihre" Realität („Publikumsrealität") so unterschiedlich – jedoch jeweils für den Einzelnen so wirklich und kohärent zu den Interpretationen seiner religiösen Gruppierung – dass aus diesen Gründen sogar kriegerische Auseinandersetzungen auf Basis der gleichen „Medienrealität" geführt werden, ganz zu schweigen von Auseinandersetzungen zwischen fundamentalistischen Anhängern verschiedener Religionen und Weltanschauungen (also verschiedener „Medienrealitäten", die von den Anhängern wiederum in „Publikumsrealitäten" überführt werden). Auch hier gilt wiederum die – aus stark konstruktivistischer Sichtweise natürlich nicht letztgültige – Annahme, dass eine genaue Aussage darüber, wie die Realität nun beschaffen ist, nicht möglich ist und durch ein bestimmtes Medium (in diesem Beispiel durch die Bibel, dem Koran oder anderer Werke) lediglich ein Angebot einer möglichen Realität an das Publikum gerichtet wird. Weiterhin wird deutlich, dass sich das Publikum aus einem bestimmten Medium wiederum eine Realität kreiert, die unterschiedlich zu der Realität des Mediums ist – auch wenn viele der Gruppierungen überzeugt sind, dass genau sie die letztgültige richtige Auslegung dieser „Medienrealität" (und im weiteren Sinne der Realität) besitzen und andere Auslegungen nicht zulassen. Vgl. zur Realitätskonstruktion von Religionen z. B. Oerter (1999), S. 304-306, Willems (2009), S. 21-23.

fahrenen Realität wieder, sondern greifen auf Berichte von Dritten – zum Beispiel Presseagenturen – zurück.[402] Im Folgenden soll nun diskutiert werden, welche Rollen die Massenmedien bezüglich des menschlichen Handelns im Allgemeinen und bezüglich Produktionsverlagerungen im Speziellen spielen.

Realität

⬇   ⬇

Informationslieferant   Realitätswahrnehmung
                                    erster Art

Realitätswahrnehmung
zweiter Art

⬇

Massenmediale Selektions- und Transformationsmechanismen

⬇

Medienrealität

Realitätswahrnehmung
zweiter Art

⬇

Selektion und Wahrnehmung durch das Publikum

⬇

Publikumsrealität

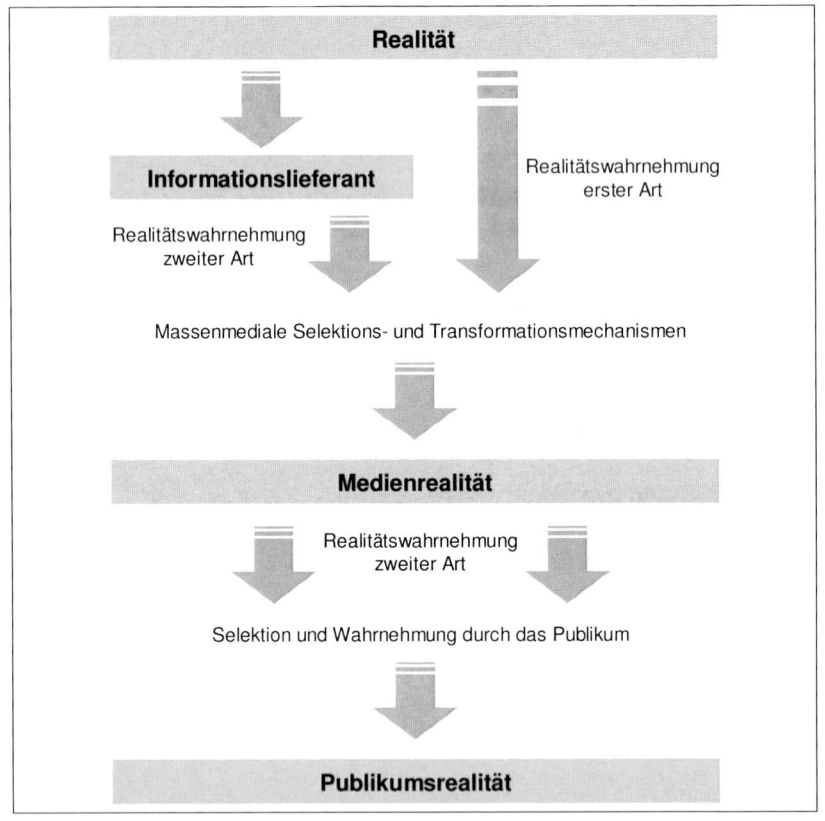

Abb. 4-2: Verschiedene Stufen der Realitätskonstruktion
Quelle: Strohmeier (2004), S. 107.

---

[402] Zur Diskussion der Abhängigkeit der Tageszeitungen von Agenturmeldungen sei verwiesen auf den Beitrag von Rössler (2002).

4.4 Medienberichterstattung und Realitätskonstruktionen als Grundlage menschlichen Handelns

Zu Beginn der Diskussion, wie die Medienberichterstattung das menschliche Handeln beeinflusst, wollen wir die Argumentation aus Abschnitt 4.3.1 aufgreifen. Das Argument lautete, dass, wenn sich das Publikum sowieso eine eigene Realität erschafft, die Medienrealität überhaupt keine große Rolle mehr spielen dürfte. Gegen diese streng konstruktivistische Annahme sprechen jedoch mehrere (nicht ganz überschneidungsfreie) Gründe: Zum einen wird argumentiert, dass sich das kognitive System der Menschen stark ähnelt. Aus diesem Grunde ist anzunehmen, dass vom Publikum ähnliche Realitäten konstruiert – bzw. ähnliche von den Medien konstruierte Wirklichkeitsentwürfe angenommen – werden.[403] Damit einhergehend ist die Argumentation, dass gerade die Massenmedien, die einer Vielzahl von Individuen sehr ähnliche Wirklichkeitsentwürfe anbieten, eine gemeinsame Basis – bzw. eine gemeinsame Orientierungshilfe – für die Wirklichkeitskonstruktion der Rezipienten geben, die sich dann, auch aufgrund der Ähnlichkeit ihres kognitiven Systems, ähnliche Publikumsrealitäten konstruieren und darauf aufbauend handeln.[404] Zum dritten konstruieren Individuen ihre Wirklichkeit in ständiger Interaktion mit anderen Individuen, so dass hier eine gewisse Angleichung der Realitätsentwürfe verschiedener Individuen zu unterstellen ist.[405] Man spricht aus diesem Grunde auch von einer *„intersubjektiven Wirklichkeit"*; dies bedeutet, dass die objektive Wirklichkeit zwar nicht genau erfasst werden kann, sich die subjektiven Wirklichkeitskonstruktionen der Individuen jedoch ähneln.[406] Schmidt führt dazu aus, dass dies letztlich dazu führt, dass wir *„intuitiv den Eindruck haben, wir lebten doch mehr oder weniger alle in ein und derselben Wirklichkeit"*.[407]

---

[403] Vgl. Klammer (2005), S. 60 sowie Burkart (1999a), S. 58 und Nafroth (2002), S. 32. Die nachfolgende Diskussion wurde angelehnt an die Ausführungen von Nafroth (2002), S. 30-35.
[404] Vgl. Jäckel (2008), S. 88; siehe auch Schmidt (2000), S. 41.
[405] Vgl. Nafroth (2002), S. 32; vgl. auch Früh (1994), S. 59. Siehe hierzu auch die Argumentation von Merten (1995b), S. 9.
[406] Vgl. Rusch (1994), S. 68-71; vgl. auch Nafroth (2002), S. 31-32 sowie Top (2006), S. 56-57.
[407] Schmidt (1994), S. 10; vgl. auch die Argumentation von Top (2006), S. 55-58.

Diese Argumente führen zu der begründeten Annahme, dass die Medienberichterstattung bzw. die Medienwirklichkeit durchaus einen wichtigen Einfluss sowohl auf die Wirklichkeitskonstruktion des Publikums als auch auf dessen Handeln haben, da die in den Medien vermittelten Sachverhalte als Entscheidungsgrundlage bzw. als Vorstellung von der Realität herangezogen werden.[408] Plakativ ausgedrückt heißt dies: Menschen lassen sich nicht von den tatsächlichen Bedingungen leiten, sondern von dem, was sie für die tatsächlichen Bedingungen halten. Hier kann eine Verbindung zum Neo-Institutionalismus gezogen werden, der ebenfalls davon ausgeht, dass *scheinbar* erfolgreiche Strate-

---

[408] Vgl. Merten (2003), S. 157-159. Siehe auch die Argumentation von Nafroth (2002), S. 35: *„Dies schließt gleichzeitig ein, dass in einer Gesellschaft massenmediale (auch fiktive) Vorstellungen von der Wirklichkeit akzeptiert und zur Grundlage kollektiven Handelns gemacht werden."* Ähnlich argumentieren auch Früh (1994), S. 16 und Schmidt (1994), S. 14. Einen guten Überblick zu Medienwirkungen – sowohl mit theoretischen als auch praktischen Beiträgen bietet das Werk von DFG (1987). Ein guter Überblick über den Stand der Medienwirkungsforschung wird im Beitrag von Brosius (2003) gegeben. Interessante empirische Beiträge werden zum Beispiel von Brosius/Scheufele (2001) sowie Scheufele/Haas (2008a) geleistet. Es soll insgesamt nicht verheimlicht werden, dass konkrete Forschungsergebnisse zu angenommenen Medienwirkungen häufig widersprüchlich sind und dass es *„unsinnig"* sei, *„pauschal von ‚der' Medienwirkung zu sprechen"* (Brettschneider (2005a), S. 716). Vgl. dazu z. B. den Beitrag von Merten (1991a), in dem ein fiktives Streitgespräch aufgezeichnet ist zwischen Vertretern der Annahme starker Medienwirkungen und Vertretern der Annahme schwacher Medienwirkungen. Insbesondere am einfachen Stimulus-Response-Modell wird häufig Kritik geübt; vgl. hierzu stellvertretend Merten et al. (1992), S. 62-96, Hepp (2004), S. 110, Brettschneider (2009), S. 105-106 sowie die Beiträge von Merten (1991b) und Merten (1995c). Siehe in diesem Zusammenhang auch die Ausführungen in Merten (2003), S. 157-159, in denen er jedoch gleichzeitig ein erweitertes, sogenanntes Trimodales bzw. in Weiterentwicklung ein Pentamodales Wirkungsmodell (bei dem u. a. auch interne und externe Kontextfaktoren eine Rolle spielen) vorstellt und somit eine Medienwirkung keineswegs ausschließt. Vgl. neben den beiden erwähnten Beiträgen auch die Argumentation von Merten (1990b), S. 21, dass Medien Wissensveränderungen bei den Rezipienten durch die Kreation einer Medienwirklichkeit hervorrufen. Siehe auch die Argumentation von Burkart (1999a), S. 63, in der eine Verbindung zur Theorie des symbolischen Interaktionismus zieht und ausführt, dass Menschen *„den Dingen gegenüber auf der Grundlage der Bedeutungen [handeln], die diese Dinge für sie besitzen"*. Daneben führen Merten et al. (1992), S. 48-49, Merten (1999a), S. 257 und Scheufele (2008), S. 339-357 auch noch die Problematik der Messung von Wirkungen sowie die Problematik der Veränderlichkeit der Wirkungen im Zeitablauf an. Aus diesen Gründen kann eben nicht geschlossen werden, dass es keine Medienwirkungen gäbe, nur weil empirische Ergebnisse widersprüchlich sind. Auch Brettschneider (2009), S. 105 argumentiert, dass zwar das klassische Stimulus-Response Modell, wonach ein medialer Stimulus unmittelbar zu einer Wirkung (oder im Bereich der Politik und Wahlforschung zu einem Einstellungswandel gegenüber einer bestimmten Partei) führt, überholt sei. Aber auch die Aktivierung latent vorhandener sowie die Verstärkung und Bestätigung bereits existierender Einstellungen ist als eine wichtige Wirkung der medialen Berichterstattung zu sehen. Siehe dazu auch die Argumentation von Scheufele/Brosius (2001), S. 448-449 sowie den Beitrag von Brettschneider (2005b). Im Rahmen der Agendaforschung wird argumentiert, dass die Medien weniger beeinflussen, was die Individuen denken, sondern in einem vorgelagerten Schritt bestimmen, worüber sie nachdenken (bzw. nachzudenken haben), indem sie bestimmte Themen auf ihre Agenda setzen und damit beim Rezipienten den Eindruck der Wichtigkeit dieser Themen hervorrufen und darüber das Verhalten steuern (vgl. Kunczik/Zipfel (2005), S. 355-369; siehe auch die Beiträge von Brettschneider (1994) und Brettschneider (2009)).

gien bzw. Rationalitätsmythen genutzt werden, solange diesen eine bestimmte Wirkung unterstellt wird sowie dass *scheinbar* erfolgreiche Akteure im organisationelen Feld imitiert werden.[409] In diesem Zusammenhang ist auch das sogenannte Thomas-Theorem zu nennen: *„If men defines situations as real, they are real in their consequences."*[410] Bereits Epiktet *(„What disturbs and alarms man are not actions, but opinions and fancies about actions."),* Schopenhauer – unter Bezugnahme auf Epiktet – *(„Nicht was die Dinge objektiv und wirklich sind, sondern was sie für uns, in unsrer Auffassung, sind, macht uns glücklich oder unglücklich")* und Mead *("If a thing is not recognized as true, then it does not function as true in the community")* gingen von einem ähnlichen Zusammenhang aus.[411]

Aufgrund eines Mangels direkter Beobachtbarkeit der Realität wird das, was durch verschiedene mediale Outlets bereitgestellt wird, für die tatsächliche Realität gehalten und zur Grundlage des Handelns gemacht.[412] Noelle-Neumann formuliert die Bedeutung der von den Medien (oder auch anderen Akteuren) kreierten Wirklichkeit für das Handeln in Anlehnung an dem im Original bereits im Jahr 1922 erschienen Werk von Lippmann wie folgt:

„Was da entsteht an vereinfachenden Bildern der Wirklichkeit, das ist die Wirklichkeit der Menschen (...) Was immer die Wirklichkeit tatsächlich sein mag, es ist bedeutungslos, nur unsere Annahmen über die Wirklichkeit zählen, nur sie bestimmen unsere Erwartungen, Hoffnungen, Anstrengungen, Gefühle, nur sie bestimmen unsere Handlungen. Diese Handlungen aber sind ihrerseits real und haben reale Tragweite, schaffen neue Wirklichkeit."[413]

---

[409] Siehe hierzu die ausführliche Diskussion in Kapitel 3 der vorliegenden Arbeit.
[410] Geprägt wurde das Theorem von Thomas (1928). Der Volltext des Beitrags ist verfügbar unter http://www.brocku.ca/MeadProject/Thomas/Thomas_1928_13.html.
[411] Alle Zitate übernommen aus Merton (1995), S. 382-383. Das Zitat von Schopenhauer wurde dabei aus dem deutschen Originaltext übernommen (Schopenhauer (1917), S. 28).
[412] Siehe dazu zum Beispiel Lippmann (1964), S. 25: *„Denn wir wissen nicht, wie sich Menschen gegenüber den Fakten der Großen Gesellschaft verhalten würden. Wir wissen nur, wie sie sich gegenüber dem verhalten, was wir guten Gewissens ein sehr unzutreffendes Bild der Großen Gesellschaft nennen können."*
[413] Noelle-Neumann (1980), S. 214-215; vgl. auch Lippmann (1964), S. 17-18, 28. Solche Annahmen über die Wirklichkeit mit Implikationen für die Handlungen von Individuen und Organisationen thematisiert auch Klaus Zimmermann, Präsident des Deutschen Instituts für

Lippmann führt aus, *„daß alles, was der Mensch tut, nicht auf unmittelbarem und sicherem Wissen beruht, sondern auf Bildern, die er sich selbst geschaffen oder die man ihm gegeben hat. (...) Die Art und Weise, wie der Mensch sich die Welt vorstellt, wird in jedem einzelnen Augenblick darüber bestimmen, was er tut".*[414] Bei der Kreation dieser 'Bilder' spielen die Medien eine tragende Rolle, da – wie bereits gezeigt – oftmals gar keine andere Wahl besteht, als die Medien zu konsultieren, um verschiedene Sachverhalte zu erfragen. Schulz nutzt zur Beschreibung der Medien gar den – ursprünglich von Konrad Lorenz für das menschliche Informationsverarbeitungssystem bzw. die individuelle Wahrnehmung geprägten – Begriff des *„Weltbildapparates"*.[415]

Auch ein weiteres Argument soll an dieser Stelle noch ins Feld geführt werden: Nur unter der Annahme eines kausalen Einflusses der Medienberichterstattung auf das individuelle oder organisationale Handeln erscheint die oftmals geäußerte Forderung nach einer möglichst objektiven Berichterstattung – die jedoch wie bereits diskutiert im Sinne der konstruktivistischen Basisannahme nicht vollständig erfüllt werden kann – überhaupt sinnvoll.[416] Würde ein solcher Ein-

---

Wirtschaftsforschung, wenn er die Rolle der Medien im Rahmen der Wirtschaftskrise beleuchtet: *„Dies ist auch eine Folge der Globalisierung mit der Konsequenz der intensiven Vernetzung der Ökonomien und der Medien. Dazu trägt bei, dass sich Stimmungen und Erwartungen von Konsumenten und Investoren heute wegen der unmittelbaren internationalen Kommunikation direkt anpassen. Dazu gehört aber auch, dass durch die Medien Dramatik inszeniert wird, indem Negativmeldungen überzeichnet und Positivmeldungen schlicht ignoriert werden. So können sich Stimmungswellen rasch verbreiten und Handlungsschocks auslösen. Da der Kern allen Wirtschaftens wechselseitiges Vertrauen ist, reagiert das Marktsystem extrem sensibel auf Vertrauenskrisen."* (Zimmermann (2009), S. 1-2). Siehe in diesem Zusammenhang auch Nafroth (2002), S. 32 sowie die (Praxis-)Beiträge von Adjouri (2009) sowie Bund (2009).

[414] Lippmann (1964), S. 25. Siehe hierzu auch nochmals das bereits eingeführte Zitat von Nafroth (2002), S. 35: *„Dies schließt gleichzeitig ein, dass in einer Gesellschaft massenmediale (auch fiktive) Vorstellungen von der Wirklichkeit akzeptiert und zur Grundlage kollektiven Handels gemacht werden."*

[415] Lorenz (1973), S. 25, Schulz (2001), S. 4, Schulz (2008), S. 75.

[416] Siehe hierzu auch die Argumentation von Früh (1994), S. 29-30; vgl. auch Schulz (1976), S. 7. Aus diesem Grund kann auch angenommen werden, dass die insbesondere von Merten im Rahmen einer Inhaltsanalyse geforderte Inferenz – also der Schluss von Merkmalen des Textes auf Merkmale der Realität bzw. der sozialen Wirklichkeit – gegeben ist (vgl. Merten (1995a), S. 23, 147, 172). Eine solche Annahme widerspricht nicht zwangsläufig einer konstruktivistischen Sichtweise der Realität (vgl. Nafroth (2002), S. 90). Vgl. hierzu auch die Argumentation von Merten (1995a), S. 252, der ausführt, dass Medieninhalte bzw. manifeste Texte lediglich ein Zwischenschritt oder Filter der Realitätsbeobachtung darstellen und deshalb zwangsläufig eine Inferenz zwischen den manifesten Texten und der sozialen Wirklichkeit besteht. Die im Rahmen von Beobachtungen, Befragungen etc. erstellten Texte werden im Rahmen dieser Arbeit durch eine Inhaltsanalyse lediglich weiter untersucht. Dennoch soll hier klargestellt werden, dass im Rahmen dieser Arbeit durch die geplante Inhaltsanalyse

fluss nicht unterstellt und die mediale Berichterstattung vom individuellen oder organisationalen Handeln entkoppelt sein, wäre die Forderung wenig sinnvoll.

4.5 Die Rolle der Medien in Verbindung mit der Untersuchung von Produktionsverlagerungen nach China

Bereits zu Beginn des Kapitels 4 wurde kurz auf die Doppelrolle der Medien hingewiesen, die im Rahmen dieser Arbeit Betrachtung finden soll. Zum einen vermitteln die Massenmedien Informationen darüber, ob im Rahmen von Produktionsverlagerungen isomorphe Mechanismen eine Rolle spielen. Die Medien nehmen hier für den Forscher lediglich die Funktion eines Messinstrumentes ein. Diese Rolle wird in Abschnitt 4.5.1 näher thematisiert. Daneben wird davon ausgegangen, dass die Medien einen Einflussfaktor insbesondere hinsichtlich des mimetischen Isomorphismus darstellen und dadurch das organisationale Handeln indirekt beeinflussen.[417] Diese Rolle wird in Abschnitt 4.5.2 diskutiert. Die beiden zu diskutierenden Funktionen bzw. Rollen der Medien sind in der folgenden Abbildung 4-3 überblicksartig dargestellt.[418]

---

kein direkter Rückschluss auf die Realität über Produktionsverlagerungen gezogen werden kann, wohl aber auf die von den Medien konstruierte soziale Wirklichkeit. Ein Vergleich an der Realität wird nicht vorgenommen. Oder anders ausgedrückt: Falls die Medien berichten, dass Produktionsverlagerungen nach China in der Regel erfolgreich sind, wird darüber hinausgehend keine Betrachtung erfolgen, ob dies der Realität entspricht. Dies wäre auch im Rahmen der konstruktivistischen Grundannahme der Arbeit zum einen nicht möglich und zum anderen auch nicht sinnvoll, da nicht die Realität, sondern die Medienrealität (bzw. die daraus konstruierte Publikumsrealität) als leitende Grundlage für das individuelle und organisationale Handeln angenommen wird.

[417] Vgl. dazu auch den Beitrag von Donges (2006).
[418] Die Medien sind im Rahmen der konstruktivistischen Sichtweise immer integraler Bestandteil der Gesellschaft und damit gleichzeitig auch Bestandteil der Unternehmensumwelt (vgl. hierzu z. B. Schulz (1989), S. 142). Siehe z. B. die Argumentation von Piotti (2009c), S. 69 sowie Piotti (2011), S. 12 bezügl. der Medienberichterstattung bzw. des öffentlichen Diskurses im Allgemeinen über Produktionsverlagerungen nach China.

```
                    ┌─────────────────────────────┐
                    │  Medien als Berichterstatter│
                    └─────────────────────────────┘
  Unternehmensumwelt                        Unternehmen

                    Isomorphismus
                    durch Zwang

                    Isomorphismus
                    durch              Produktions-
                    normativen Druck   verlagerungen

  Medien als Einflussfaktor   Mimetischer
                              Isomorphismus
```

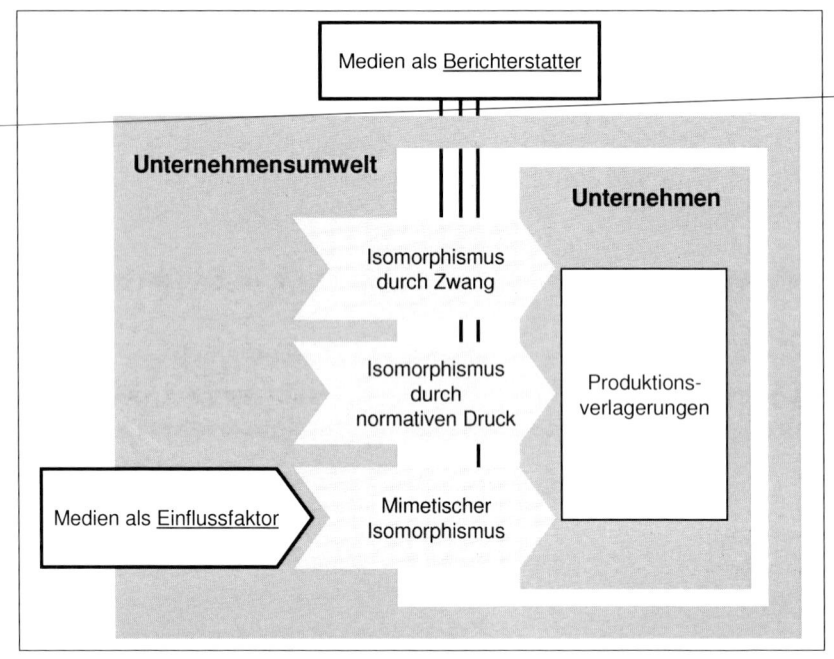

Abb. 4-3: Schematische Darstellung der Rolle der Medien im Rahmen der vorliegenden Arbeit
Quelle: eigene Darstellung.

4.5.1 Medien als Informationsvermittler bezüglich Produktionsverlagerungen nach China

In Abschnitt 4.2 wurde bereits darauf hingewiesen, dass den Medien eine Informationsfunktion zukommt. Rezipienten können durch die Analyse der Medien Informationen darüber erhalten, wie die Realität – aus konstruktivistischer Perspektive – scheinbar aussieht.[419] Durch eine gezielte Analyse der massenmedialen Berichterstattung können somit Schlussfolgerungen gezogen werden, ob die theoretisch diskutierten Isomorphismen bei Produktionsverlagerungen nach

---

[419] Es wurde bereits zur Genüge darauf hingewiesen, dass diese von den Medien gezeichnete und wiederum vom Publikum kreierte Realität nicht zwangsläufig der Realität entspricht bzw. auch gar nicht vollständig entsprechen kann. Dieser Gedanke soll nun in Zukunft nicht immer wiederholt werden, wenn davon gesprochen wird, dass Medien Informationen über die Realität liefern.

China eine Rolle spielen: Es kann also analysiert werden, ob die bereits weiter oben beschriebenen konkreten Mechanismen Isomorphismus durch Zwang, Isomorphismus durch normativen Druck und mimetischer Isomorphismus dazu führen, dass ein Unternehmen seine Produktion – in diesem Falle nach China – verlagert. Dabei erscheinen sogar – je nach Art der Berichterstattung – zum Teil kausale Aussagen möglich.

Natürlich ist diese Einschätzung einem gewissen Bias unterlegen, der jedoch aus konstruktivistischer Sichtweise zum einen gar nicht umgangen werden kann und zum anderen auch bei einer direkten Befragung von an Produktionsverlagerungen involvierten Personen vorhanden wäre. Somit stellt dies letztlich kein Argument gegen die geplante Nutzung der Medienberichterstattung als Messinstrument für das Vorhandensein verschiedener Isomorphismen dar. Konkret kann dies zum Beispiel bedeuten, dass Journalisten gar keinen Einblick in verschiedene Mechanismen haben – bzw. diese Mechanismen weniger offensichtlich sind – und deshalb nicht darüber berichten. Das heißt, dass die Nicht- oder Wenigerthematisierung einer der oben erwähnten Isomorphismen nicht gleichzeitig auch bedeutet, dass dieser real nicht existent oder weniger wirksam wäre; es ist lediglich kein Hinweis darauf in der Medienrealität vorhanden.

Weiterhin führen auch persönliche Wichtigkeitsvorstellungen und Wirklichkeitskonstruktionen von Journalisten, Redakteuren und Informationslieferanten dazu, dass Informationen zu bestimmten Isomorphismen unter Umständen nicht (oder wenig) in der Berichterstattung zu finden sind, obwohl diese existieren; andererseits könnten bestimmte dieser Isomorphismen wiederum stärker thematisiert werden, als es ihre Rolle in der Realität rechtfertigen würde. Ruft man sich jedoch nochmals das konstruktivistische (bzw. das kopernikanische) Medienparadigma in Erinnerung, so ist jedoch ein solcher Vergleich an der Realität schlicht nicht möglich. Es ist lediglich möglich, verschiedene Medienrealitäten – in diesem Falle zum Beispiel anhand der Analyse verschiedener Zeitschriften – miteinander zu vergleichen, jedoch keinen Vergleich von einer (oder mehrerer verschiedener) Medienrealitäten an der eigentlichen Realität vorzunehmen.

4.5.2 Medien als Treiber für mimetischen Isomorphismus bei Produktionsverlagerungen nach China

In Abschnitt 3.1.2.3 wurde bereits ausführlich auf den mimetischen Isomorphismus – auch in Verbindung mit Produktionsverlagerungen nach China – eingegangen. Dabei wurde deutlich, dass das Konzept des mimetischen Isomorphismus inzwischen weit verbreitet ist und in der betriebswirtschaftlichen Forschung auch weitaus häufiger bemüht wird, als die anderen beiden Isomorphismen. Dennoch blieb unklar, welche Unternehmen als Rollenmodell für erfolgreiche Unternehmen dienen und ob überhaupt konkrete Unternehmen als Rollenmodell genutzt werden. Im Rahmen dieser Arbeit soll nun davon ausgegangen werden, dass das von den Medien gezeichnete Bild über Produktionsverlagerungen nach China einen Einfluss für den mimetischen Isomorphismus darstellt – unabhängig davon, ob ein konkretes Unternehmen im Fokus der Medienberichterstattung steht oder ob über Produktionsverlagerungen im Allgemeinen berichtet wird. Oder anders formuliert: Eine angenommene positive Berichterstattung über Produktionsverlagerungen nach China beeinflusst Unternehmen zu einem gewissen Grad, selbst Produktionsverlagerungen vorzunehmen.[420] Insbesondere, wenn Produktionsverlagerungen als eine zielführende und wünschenswerte Strategie kommuniziert werden, scheint die Annahme gerechtfertigt, dass ein solcher Einfluss besteht. Mit der Logik aus Abschnitt 4.4 bedeutet dies, dass Unternehmer nicht nach China gehen, weil es dort in einer bestimmten Hinsicht besser oder billiger ist, sondern weil – und dies ist Gegenstand der späteren empirischen Untersuchung dieser Arbeit – die Medien

---

[420] Siehe hier auch die Argumentation von Donges (2006), S. 563, der ausführt, dass Medien „bei bestehenden Organisationen Wahrnehmung, Präferenzbildung und Strukturen beeinflussen". Siehe weiterhin auch die Argumentation von Süß (2009), S. 127-128: „Die Berichterstattung der Medien trägt dazu bei, managementbezogene Themen zu prägen und Managementkonzepte zu popularisieren (...). Sie fördert damit mittelbar die Verbreitung von Managementkonzepten. Fehlen jedoch Veröffentlichungen, können sich managementbezogene Themen nicht etablieren. Grundsätzlich kann davon ausgegangen werden, dass die Medien ihre Inhalte und Schwerpunkte zumindest teilweise von den gesellschaftlichen Erwartungen ihres institutionellen Umfeldes beeinflusst wählen. Sie folgen damit unter anderem dem Zeitgeist, den sie durch das Aufgreifen bestimmter Themen abbilden und rekursiv reproduzieren." Siehe dazu auch die Argumentation von Brettschneider (2009), S. 105, der auch die Bestätigung und Verstärkung handlungsleitender Einstellungen als eine Medienwirkung betrachtet.

ein Bild zeichnen, welches besagt, dass dem so ist.[421] Es handelt sich damit also um *scheinbar* vorteilhafte Bedingungen in China – ohne dass mit Sicherheit gesagt werden kann, ob diese Bedingungen auch *wirklich* vorteilhaft sind. Diese scheinbar vorteilhaften Bedingungen wiederum sind die Handlungsgrundlage der Unternehmer bzw. Entscheidungsträger. Hier zeichnet sich wiederum ein klarer Link zwischen den konstruktivistischen Medientheorien und dem mimetischen Isomorphismus ab.

Darüber hinaus wurde medientheoretisch begründet, dass die Medienberichterstattung einen Einfluss auf das menschliche Handeln hat. Daraus soll nun eine Synthese dahingehend gebildet werden, dass die Medienberichterstattung auch das organisationale Handeln im Allgemeinen – und bezüglich Produktionsverlagerungen nach China im Speziellen – beeinflusst.

Es wurde bereits argumentiert, dass sich Unternehmen an den Handlungsweisen anderer Unternehmen ausrichten, dass sie jedoch auch gleichzeitig Schwierigkeiten haben, andere Unternehmen bzw. die Handlungen anderer Unternehmen überhaupt zu beobachten. Noch weniger wahrscheinlich ist es, dass Unternehmen darüber hinaus auch umfangreiche Informationen über die Vorteilhaftigkeit bestimmter Strategien anderer Unternehmen beobachten können. Hierzu führt Greve eine interessante Argumentation ins Feld:

„The adoption of a relatively new market position is an interesting decision because it is, at least initially, made by few organizations with little information to support it. It is natural to ask why they believe they can succeed when most others choose more familiar options. (...) The search for useful and hard-to-find information becomes a task of critical importance to decision-makers (...). Under such conditions, managers search for the information they believe is most diagnostic in evaluating innovations, but they are also constrained by what information can easily be collected. A manager seeking to resolve the uncertainty around the benefits of using a new practice wants hard data on the

---

[421] Siehe zur wichtigen Rolle der Tageszeitungen und Wirtschaftspresse zur Verbreitung und Legitimierung von Managementkonzepten den Beitrag von Mazza/Alvarez (2000).

benefits of adopting, such as the performance of prior adopters, but such data are frequently hard to find. In their absence, the second best kind of information is whether others have adopted (...). Even if the actual performance from adopting a practice is unobservable, others may 'perceive that the change has resulted in some allegedly superior results' (...), based on what little information they can get. Seeing others adopt also focuses decision-maker attention on the practice, so that it is likely to enter discussions on alternatives to the current practices."[422]

Hier wird den Medien also eine wichtige Funktion bescheinigt: Selbst wenn sie unter Umständen nicht vermitteln, ob eine bestimmte Strategie – in diesem Falle eine Produktionsverlagerung nach China – erfolgreich ist, so können sie die für einen Manager 'zweitbeste Art der Information' vermitteln – nämlich ob andere Unternehmen eine solche Strategie überhaupt anwenden. Implizit kann über diesen „Umweg" geschlossen werden, dass eine solche Strategie als erfolgreich oder effizient gilt, weil viele andere Unternehmen diese Strategie verfolgen. Daneben kann eine häufige und vor allem positive Medienberichterstattung auch ein Hinweis darauf sein, dass eine solche Strategie von den Medien (und anderen Akteuren) als legitim angesehen wird.[423]

Sowohl formallogisch anhand des Neo-Institutionalismus als auch medientheoretisch ist ein solcher Einfluss der Medien auf das organisationale Handeln – und in diesem speziellen Fall auf Produktionsverlagerungen nach China – anzunehmen. Legt man die Basisannahme des mimetischen Isomorphismus zugrunde, dass Unternehmen solche Unternehmen als Vorbilder nehmen, die erfolgreich sind oder erfolgreich zu sein scheinen und darüber hinaus noch leicht zu beobachten sind und zieht gleichzeitig in Betracht, dass Unternehmen einen großen (bzw. den größten) Teil ihres Wissens über 'die Welt da draußen'

---

[422] Greve (1998), S. 969. Diese Argumentation weist eine inhaltliche Nähe zu der bereits in Abschnitt 3.1.2.3 thematisierten häufigkeitsbasierten Imitation nach Haunschild/Miner auf.
[423] Vgl. Walgenbach/Meyer (2008), S. 66 sowie den Beitrag von Donges (2006). Siehe auch den Beitrag von Greve (1995), insbesondere S. 447-448 sowie die Argumentation in Fußnote 219. Vgl. auch die Argumentation von Han (1994), S. 638, der davon ausgeht, dass Unternehmen jederzeit beobachten, wie andere Unternehmen handeln. Eine solche Beobachtung wird durch die Medienberichterstattung stark vereinfacht. Siehe hierzu auch die Anmerkungen in Fußnote 388.

aus den Medien beziehen,[424] so ist die Schlussfolgerung durchaus gerechtfertigt, dass die massenmediale Berichterstattung zumindest Impulse für das Handeln von Unternehmen setzt. Meyer/Rowan weisen zum Beispiel selbst auf die Rolle der öffentlichen Meinung, die – wie wir bereits gesehen haben – zum großen Teil von den Medien beeinflusst wird, für das organisationale Handeln hin, indem sie ausführen, dass *„many of the positions, policies, programs, and procedures of modern organizations are enforced by public opinion".*[425] Donges argumentiert, dass die durch die Umwelt an Organisationen gerichteten gesellschaftlichen Anforderungen *„zu einem großen Teil über die Medien an diese vermittelt"* werden.[426] Insbesondere unter Unsicherheit führt die Beobachtung der Kommunikation bzw. Berichterstattung von bzw. über andere scheinbar erfolgreiche Unternehmen dazu, dass diese imitiert werden.[427] Piotti, die sich ebenfalls mit dem Thema von Produktionsverlagerungen aus einer neo-institutionalistischen Sichtweise beschäftigt, sieht in den Medien ebenfalls einen wichtigen Akteur für mimetische Prozesse, indem sie ausführt dass *„by giving information about the strategies adopted by other companies – even if in a general way – the discourse on relocation can foster imitation processes".*[428]

---

[424] Vgl. neben den bereits erwähnten Quellen auch die Argumentation von Donges, der ausführt, „dass Organisationen ihre Umwelt wesentlich anhand massenmedialer Berichterstattung wahrnehmen, also ähnlich wie Individuen ihr Wissen über die Welt aus Medien beziehen" (Donges (2008), S. 136); siehe auch Donges (2006), S. 568.

[425] Meyer/Rowan (1977), S. 343. Auch Strang/Soule (1998), S. 271 sehen die Presseberichterstattung (und insbesondere die Berichterstattung der Wirtschaftspresse) als eine Art Treiber für und Richter über das organisationale Handeln (und damit auch als Quelle der Legitimität, sofern das organisationale Handeln den durch die Presse gestellten Anforderungen entspricht): „The mass media plays a crucial role in amplifying and editing the diffusion of collective action (...) The business media broadcast the stories of corporate heroes, depict best practice, and advertise managerial innovations and strategies. The business press introduces new innovations with glowing reports and later critiques both adopter and practice as faddish." Auch Greve (2000), S. 818-819 argumentiert, dass Unternehmen als Vorbild dienen, die leicht zu beobachten sind. Da andere Unternehmen oftmals schwer direkt zu beobachten sind, kann daraus indirekt implizit geschlossen werden, dass in den Medien porträtierte (scheinbar) erfolgreiche Unternehmen als Vorbilder dienen können und somit die Medienberichterstattung als ein Einflussfaktor auf das organisationale Handeln angesehen werden kann.

[426] Donges (2008), S. 136. Siehe auch Süß (2009), S. 127-128. Donges (2006), S. 563 argumentiert, dass Medien „normative Erwartungen schaffen" und bei „bestehenden Organisationen Wahrnehmung, Präferenzbildung und Strukturen beeinflussen. Organisationen orientieren sich an diesen institutionellen Regeln, weil sie damit Legitimität und Unterstützung erreichen wollen. Medien entfalten ihre Wirkung auf Organisationen damit durch gewisse Zwänge, aber auch durch den Druck von Berufsangehörigen sowie durch Imitation."

[427] Vgl. Donges (2006), S. 573.

[428] Piotti (2009a), S. 314.

Auch medientheoretisch wird argumentiert, dass die durch die Medien vermittelten Sachverhalte zur Grundlage für das kollektive Handeln gemacht werden.[429] Die Medien kreieren ein Abbild von der Realität – in unserem Falle von Produktionsverlagerungen nach China – von dem Unternehmen nicht mit Sicherheit sagen können, ob dieses Bild der Realität entspricht. Da Unternehmen oftmals jedoch überhaupt keine andere Informationsquelle haben,[430] verlassen sie sich auf diese Informationen und verwenden diese (bewusst oder unbewusst) als Basis für ihr eigenes Handeln. So setzt sich die Medienwirkungsforschung schon seit einem langen Zeitraum sowohl theoretisch als auch empirisch mit der Frage auseinander, ob die Medien das Handeln im Allgemeinen und das wirtschaftliche Handeln im Speziellen beeinflussen.[431] Aus diesem Grund kann angenommen werden, dass auch die Berichterstattung über Produktionsverlagerungen nach China das organisationale Handeln zumindest zu einem gewissen Grade beeinflusst. Auch wenn im Rahmen dieser Arbeit keine Kausalität zwischen der Medienberichterstattung und dem organisationalen Handeln

---

[429] Vgl. Nafroth (2002), S. 35, siehe auch Donges (2006), S. 573.
[430] Nafroth (2002), S. 86 spricht zum Beispiel davon, dass die Medien „als zumeist einzige Quelle für Informationen über fremde Länder (...) die Vorstellung der Rezipienten bezüglich einer Nation" zwangsläufig entscheidend prägen. Insgesamt erscheint bereits allein aus diesem Grund eine umfangreiche Literaturanalyse interessant, um zu sehen, mit welchen Informationen über Produktionsverlagerungen nach China die Medien das Publikum bzw. Unternehmer und Manager versorgen.
[431] So sei hier zum Beispiel verwiesen auf die Werke von Schulz/Groebel (1987), Schenk (2007), Jäckel (2008), Holtz-Bacha et al. (2009), Bonfadelli (2011), Bonfadelli/Friemel (2011). Ein Großteil der empirischen Medienwirkungsforschung ist dem soziologischen Bereich zuzuordnen. Siehe zum Beispiel die Forschung von Brosius/Esser (1995) und dabei auch den von den Autoren auf den S. 56-70 erstellten Literaturüberblick über den Einfluss der Massenmedien auf Gewalttaten. Vgl. auch die Werke von Glogauer (1993), Esser et al. (2002), Scheufele (2005), die sich alle mit dem Thema Medien und Gewalt auseinandersetzen. Siehe auch den Beitrag von Kepplinger/Roth (1978) über die Verstärkung der Ölkrise durch die Medienberichterstattung. Der Beitrag von Brettschneider (2000) zeigt auf, dass nicht die reale Wirtschaftslage, sondern vielmehr die Wirtschaftsberichterstattung ausschlaggebend dafür ist, wie die Bevölkerung über die Wirtschaftslage urteilt (auch wenn aus einer konstruktivistischen Position, wie sie im Rahmen dieser Arbeit angenommen wird, die Prüfung der Richtigkeit der Medienrealität an der Realität problematisch erscheint); siehe auch die weitere Forschung von Brettschneider bezüglich der durch die Medien beeinflussten Einstellung der Bevölkerung zum Euro (Brettschneider 2003b). In der betriebswirtschaftlichen Forschung finden sich bislang eher wenige Beispiele zum Einfluss der Medien auf das unternehmerische Handeln (vgl. Hagen (2005), S. 9-10). Die Forschung von Hagen (2005) zeigt auf, dass die Wirtschafts- bzw. Konjunkturberichterstattung der Massenmedien die Urteile der Manager – und damit deren Handeln – beeinflussen. Erwähnenswert ist zum Beispiel die Forschung von Scheufele/Haas (2008b), die Indizien dafür finden, dass die Medienberichterstattung insbesondere für Kleinanleger als Einflussfaktor für den Kauf/Verkauf von Aktien gelten kann. In diesem Zusammenhang sei auch auf den Literaturüberblick von Scheufele/Haas (2008b), S. 103-108 zu empirischen Studien bezüglich der Rolle der Medienberichterstattung am Aktienmarkt verwiesen.

nachgewiesen werden kann, so ist allein die Tatsache des möglichen Einflusses bereits ein Grund, die Medienrealität bzw. die Berichterstattung der Medien über Produktionsverlagerungen systematisch zu analysieren.

Insgesamt soll jedoch keinesfalls der Eindruck erweckt werden, dass die Medien der einzige Informationslieferant sind, auf Basis dessen Unternehmen Entscheidungen treffen.[432] Dabei sind eine ganze Reihe anderer Akteure beteiligt, die sich im organisationalen Feld bewegen und die ihre Anforderungen zum Teil auch direkt an das Unternehmen weitergeben (siehe hierzu auch Abbildung 3-7 auf Seite 99). Es gibt insgesamt jedoch ausreichend theoretisch und empirisch fundierte Argumente für die Annahme, dass die Medien insbesondere im Rahmen eines mimetischen Isomorphismus einen zumindest nicht unerheblichen Einfluss auf das organisationale Handeln ausüben.

Es soll nun nochmals kurz – und eher intuitiv[433] – auf das zu Beginn der Arbeit thematisierte Phänomen der scheinbar ökonomisch wenig sinnvollen Produktionsverlagerungen zurückgekommen werden. Diese sind zwar nicht der Hauptfokus dieser Arbeit, dienten aber quasi als Auslöser dafür, Produktionsverlagerungen aus einer neo-institutionalistischen Sichtweise zu untersuchen und sollen deshalb berechtigterweise an dieser Stelle angesprochen werden. Könnten nun die Medien aus einer neo-institutionalistischen und konstruktivistischen Sichtweise im Rahmen solcher scheinbar ökonomisch wenig sinnvollen Produktionsverlagerungen eine Rolle spielen? Dies wäre durchaus denkbar: Das Bild, welches die Medien von Produktionsverlagerungen nach China zeichnen, wird (wie bereits mehrfach erwähnt) nicht zwangsläufig mit der Realität übereinstimmen. Konstruieren die Medien nun fälschlicherweise ein überaus positives Bild von einer Produktionsverlagerung nach China (und vermitteln damit quasi im Sinne Meyer/Rowans einen Rationalitätsmythos), so kann dies dazu führen, dass viele Unternehmen eine solche Strategie zumindest als sehr erfolgreich ansehen und aufgrund dieser Informationen selbst dazu geneigt sind, ihre Pro-

---

[432] Vgl. Donges (2006), S. 575.
[433] Da letztlich – wie bereits mehrfach erwähnt – aufgrund der konstruktivistischen Grundannahme nicht zu klären sein wird, ob das von den Medien vermittelte Bild nun 'zu positiv' ist oder nicht, sei diese eher intuitive Argumentation hier gestattet.

duktion dorthin verlagern.[434] Durch die „realen" Bedingungen, auf die sie dann im Zielland treffen, wird ihr Agieren dann erschwert und kann teilweise zu Rückverlagerungen führen; eine Verlagerung nach China würde in diesem Falle im Nachhinein als ökonomisch wenig sinnvoll betrachtet.

Ähnlich könnte man auch im Sinne Lippmanns argumentieren, der – wie weiter oben schon erwähnt – davon ausgeht, dass die Handlungen von Personen (oder im weiteren Sinne von Unternehmen) davon abhängen, wie sie sich die Welt vorstellen und nicht davon, wie die Welt wirklich ist. Diese Vorstellungen der Welt werden durch die Medienberichterstattung entscheidend geprägt. Aber diese Vorstellungen von der Welt determinieren nicht, was die Personen (oder wiederum Unternehmen) dann wirklich erreichen. Kurzum: Ein positives Bild der Medien über China kann zwar das unternehmerische Handeln dahingehend beeinflussen, dass Produktionsverlagerungen vorgenommen werden, einen Erfolg bescheiden sie freilich damit nicht.[435] Aber selbst, wenn ein von den Medien gezeichnetes positives Bild von Produktionsverlagerungen nach China der Realität entspräche, wäre eine Verlagerung nicht zwangsläufig für jedes Unternehmen ein sinnvoller Schritt.[436] Aufgrund des – insbesondere unter Unsicherheit verstärkt wirkenden – mimetischen Isomorphismus kann dies jedoch trotzdem zu Verlagerungen von Unternehmen nach China führen, die dann doch nicht erfolgreich sind. Insgesamt erscheint die Kombination neo-institutionalistischer und konstruktivistisch-medientheoretischer Annahmen zielführend, um solche ökonomisch nicht sinnvollen oder gar scheinbar irrationalen Produktionsverlagerungen besser zu erklären.

Nachfolgend soll in Kapitel 5 auf das Untersuchungsdesign und die konkreten Forschungsfragen für die empirische Erhebung eingegangen werden.

---

[434] Vgl. hierzu z. B. die Argumentation von Weischenberg (1995), S. 157, der ausführt, dass Nachrichten „*Mythen über gesellschaftliche Situationen und menschliches Verhalten*" produzieren. Auch dies lässt eine theoretische Nähe zu den von Meyer/Rowan thematisierten Rationalitätsmythen erkennen, welche in diesem Falle durch die Medien an die Unternehmen herangetragen werden.
[435] Vgl. Lippmann (1964), S. 25.
[436] Vgl. hierzu insbesondere DiMaggio/Powell (1983), S. 148 sowie die Ausführungen über Rationalitätsmythen nach Meyer/Rowan in Abschnitt 3.1.1.

„The analysis of content is a central topic in all of the sciences dealing with man. (...) Rightly viewed, content analysis is a core problem in the study of man, and to work at solving it could alter the social and behavioural sciences in fundamental ways"

Hays (1969), S. 1, 21.[437]

5 Untersuchungsdesign und Forschungsfragen

In diesem Kapitel soll das Untersuchungsdesign und die Forschungsfragen näher erläutert werden. Dabei wird nach einigen einleitenden Überlegungen die Inhaltsanalyse als Forschungsmethodik vorgestellt. Nach einer Vorstellung der im Rahmen der Inhaltsanalyse zu beantwortenden Forschungsfragen wird auf die methodischen Details der im Rahmen dieser Arbeit durchgeführten Inhaltsanalyse eingegangen.

5.1 Einleitende Überlegungen

Wie bereits mehrfach angedeutet, erscheint die Presseberichterstattung über Produktionsverlagerungen nach China aus verschiedenen Gründen als sehr relevant. Zum einen kann der Forscher der Medienberichterstattung Informationen darüber entnehmen, ob die thematisierten Isomorphismen bei Produktionsverlagerungen eine Rolle spielen. Zum anderen kann die Art der Berichterstattung über Produktionsverlagerungen nach China das unternehmerische Handeln beeinflussen. Aus diesen beiden Gründen soll die Medienberichterstattung über China inhaltsanalytisch untersucht werden. Damit wird deutlich, dass die empirische Untersuchung nur einen Teilbereich der theoretisch-konzeptionellen

---

[437] In dieser Konstellation wurden die beiden Zitate genutzt von Holsti (1969), S. 1.

Ausführungen näher betrachten kann. Dieses Fragment ist in der nachfolgenden Abbildung 5-1 dargestellt.

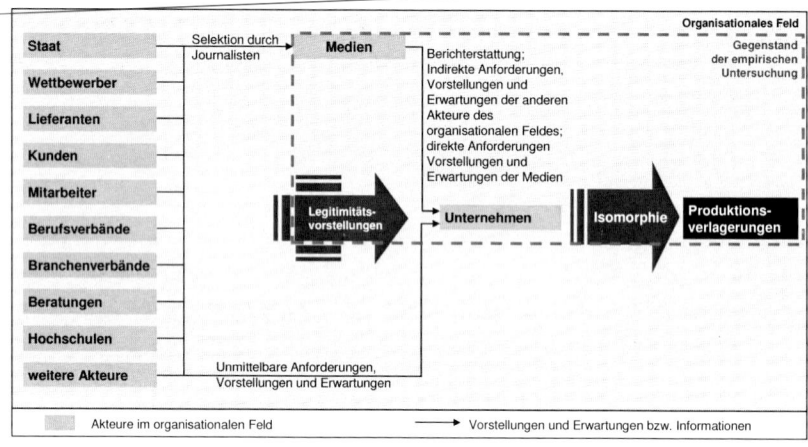

					Organisationales Feld
Staat	Selektion durch Journalisten →	Medien	Berichterstattung; Indirekte Anforderungen, Vorstellungen und Erwartungen der anderen Akteure des organisationalen Feldes; direkte Anforderungen Vorstellungen und Erwartungen der Medien		Gegenstand der empirischen Untersuchung
Wettbewerber					
Lieferanten					
Kunden					
Mitarbeiter		Legitimitätsvorstellungen	→ Unternehmen	Isomorphie →	Produktionsverlagerungen
Berufsverbände					
Branchenverbände					
Beratungen					
Hochschulen					
weitere Akteure	Unmittelbare Anforderungen, Vorstellungen und Erwartungen				

▓ Akteure im organisationalen Feld   → Vorstellungen und Erwartungen bzw. Informationen

Abb. 5-1: Gegenstand der empirischen Erhebung
Quelle: eigene Darstellung.

Wie aus der Abbildung ersichtlich ist, wird hauptsächlich der „indirekte Pfad" der Vermittlung von Anforderungen und Erwartungen der Umwelt an die Unternehmen untersucht, bei welcher die Medien eine Mittler- bzw. Filterfunktion einnehmen. Der „direkte Pfad" der Anspruchstellung der verschiedenen Akteure an ein Unternehmen wird jedoch auch zum Teil implizit betrachtet, zum Beispiel wenn die Medienberichterstattung dahingehend analysiert wird, ob der Staat oder Schlüsselkunden Druck auf Unternehmen ausgeübt haben. Der Fokus der empirischen Betrachtung liegt jedoch auf dem „indirekten Pfad". Im Rahmen der Erhebung wird dagegen nicht untersucht, welche Anforderungen oder Erwartungen die verschiedenen Anspruchsgruppen an die Medien stellen und wie diese von den Medien beachtet und weitergegeben werden. Schließlich kann im Rahmen der gewählten Methodik auch nicht betrachtet werden, ob die durch die Medien an die Unternehmen vermittelten Informationen, Erwartungen und Anforderungen schlussendlich wirklich zu Produktionsverlagerungen führen und damit einen kausalen Einfluss ausüben. Aufgrund der zweiten Medienfunktion der Informationsvermittlung können sich dennoch Hinweise auf den kausalen Einfluss der thematisierten institutionellen Isomorphismen auf Produktionsverlagerungen ergeben. Aus diesem Grund ist im Rahmen der obigen Abbildung der rechte Bereich (Isomorphie, Produktionsverlagerungen) als Gegenstand der empirischen Untersuchung eingeschlossen.

Auf den ersten Blick erscheint die empirische Erhebung aufgrund der erwähnten Ausgrenzungen beinnahe wenig sinnvoll. Dieser Eindruck ergibt sich jedoch nur bei einer oberflächlichen Betrachtung: Da theoretisch fundiert argumentiert wurde, dass die Medienberichterstattung einen kausalen Einfluss auf die Entscheidung bezüglich einer Produktionsverlagerung hat, muss natürlich erst einmal geklärt werden, wie und worüber die Medien im Rahmen von Produktionsverlagerungen nach China überhaupt berichten. Nur durch eine detaillierte Analyse kann die Grundlage für die weitere Forschung gelegt werden, um dann kausale Einflüsse dieser Berichterstattung näher zu untersuchen. Da diese Betrachtung einen Zeitraum von mehr als 20 Jahren und – wie später noch detailliert beschrieben wird – nahezu 6.000 zu analysierende Zeitschriftenartikel einschließt, ist eine Eingrenzung der empirischen Untersuchung zwingend erforderlich. Im Rahmen der theoretischen Diskussion ist darüber hinaus deutlich geworden, dass es schließlich weniger relevant ist, welche Anforderungen und Erwartungen die Anspruchsgruppen an die Medien kommunizieren oder stellen – es ist relevant, welche Anforderungen und Erwartungen später bei den Unternehmen „ankommen".[438] Aus diesem Grund ist eine Betrachtung der den Medien vorgelagerten Informationsflüsse und Erwartungsäußerungen für die vorliegende Arbeit nicht relevant.

Als Einschränkung der empirischen Betrachtung ist – wie bereits kurz angedeutet – insbesondere zu nennen, dass der in der Abbildung dargestellte untere bzw. „direkte Pfad" nur eingeschränkt betrachtet werden kann. Problematisch erscheint dies, da Unternehmen unter Umständen solchen direkt erhaltenen Informationen und Erwartungen ähnlich viel oder gar mehr Aufmerksamkeit oder Glauben schenken, als dem „indirekten Pfad" über die Medienberichterstattung. Da in der theoretischen Betrachtung jedoch verdeutlicht wurde, dass ein Großteil der an Unternehmen kommunizierten Anforderungen und Erwar-

---

[438] Vgl. dazu auch die Argumentation von van Buiren (1980), S. 3-4.

tungen der Umwelt über die Medien an sie gerichtet wird, ist demnach eine hohe Relevanz des „indirekten Pfades" gegeben und dieser bereits aus diesem Grund untersuchungswürdig. Als weitere Einschränkung ist natürlich zu nennen, dass die gewählte Methodik mit wenigen Ausnahmen kaum Aussagen über kausale Einflüsse auf Produktionsverlagerungsentscheidungen zulässt.

Nach diesen einleitenden Worten soll nun dargelegt werden, wie dieses Kapitel strukturiert ist: Zuerst soll in Abschnitt 5.2 die Methodik der Inhaltsanalyse vorgestellt und auf den Ablauf sowie die Vor- und Nachteile der Inhaltsanalyse eingegangen werden. Anschließend wird in Abschnitt 5.3 auf die Forschungsfragen Bezug genommen. Dabei werden statt starrer bzw. geschlossener Hypothesen eher offene forschungsleitende Annahmen bzw. Propositionen erstellt, die einen Rahmen oder 'roten Faden' für die spätere Analyse und Diskussion liefern.[439] Anschließend wird in Abschnitt 5.4 auf die Erstellung des Kategorienschemas eingegangen und in Abschnitt 5.5 dargestellt, wie die zu analysierenden Medien ausgewählt wurden.

5.2 Vorstellung der Methode der Inhaltsanalyse

Mit dem Begriff der Inhaltsanalyse wird in den Sozialwissenschaften eine *„Methode zur Erhebung sozialer Wirklichkeit"* verstanden, *„bei der von Merkmalen*

---

[439] Ein solches Vorgehen ist nicht nur zulässig, sondern auch üblich. So fordert zwar Atteslander (2000), S. 211 die Bildung von klaren Hypothesen. Früh (2004), S. 200-201 spricht hingegen in seinem Standardwerk zur Inhaltsanalyse davon, dass es *„durchaus legitim und gängige Praxis"* sei, aufgrund von *„unmittelbare*[n] *Erfahrungen und subjektive*[n] *Eindrücke*[n]*"* einen *„Katalog weitgehend unverbundener Hypothesen"* aufzustellen. Anschließend stellt er in seinem folgenden Praxisbeispiel vorrangig offene Hypothesen bzw. forschungsleitende Annahmen auf (z. B. *„die tägliche Sendedauer ist verschieden"* oder *„es gibt unterschiedliche Themenschwerpunkte in den Informationsangeboten"*), zu deren Beantwortung er dann ein detailliertes Kategoriensystem erstellt, um diese forschungsleitenden Annahmen zu überprüfen; vgl. dazu auch Früh (2004), S. 135 sowie Bortz/Döring (2003), S. 153. Aus diesem Grund erscheint es auch in dieser Arbeit legitim, eher wenige und relativ breit formulierte forschungsleitende Annahmen (oder offene Hypothesen) zu erstellen, basierend auf die von Früh erwähnten Erfahrungen und Eindrücke. So sollen zum Beispiel später nicht für jede einzelne Variable des Kategoriensystems konkrete Annahmen erstellt werden. Darüber hinaus werden im Kategoriensystem einige Items zu finden sein, die nicht unmittelbar eine der Forschungsfragen beantworten, zum Beispiel das Datum des Artikels oder eine Unterscheidung, ob deutsche oder ausländische Unternehmen thematisiert werden. Diese Items können aber durch eine anschließende Auswertung durchaus noch Erkenntnisse bringen, die für dieses Forschungsprojekt interessant sind.

eines manifesten Textes auf Merkmale eines nichtmanifesten Kontextes geschlossen wird".[440] Damit wird klar, dass es sich bei der Inhaltsanalyse nicht mehr lediglich um eine *"beschreibende Zähltechnik"* handelt, bei der etwa die Anzahl bestimmter Wörter in einem Text, die Anzahl der Zeichen eines Artikels, die Platzierung eines Artikels oder ähnliches quantitativ ausgewertet wird, sondern zum Beispiel auf einer konnotativ-semantischen Ebene Werte, Einstellungen und Normen analysiert werden.[441] Somit wird deutlich, dass die oftmals vorgenommene Trennung zwischen quantitativer und qualitativer Inhaltsanalyse so nicht länger aufrechtzuerhalten ist, da eine Inhaltsanalyse in der Regel sowohl qualitative als auch quantitative Elemente beinhaltet.[442] In diesem Sinne nimmt etwa Holsti in seiner oft zitierten Definition gar nicht darauf Bezug, ob es sich nun um ein qualitatives oder um ein quantitatives Instrument handelt, sondern definiert die Inhaltsanalyse lediglich als *"any technique for making inferences by objectively and systematically identifying specified characteristics of messages".*[443] Auch Früh verzichtet in seiner Definition bewusst auf eine Klassifikation hinsichtlich quantitativer und qualitativer Methoden und beschreibt die Inhaltsanalyse als *"eine empirische Methode zur systematischen, intersubjektiv nachvollziehbaren Beschreibung inhaltlicher und formaler Merkmale von Mitteilungen".*[444] Will man die Trennung zwischen qualitativer und quantitativer Inhaltsanalyse aufrechterhalten, so wird im Rahmen dieser Arbeit eine eher quantitative Perspektive eingenommen, etwa im Sinne der Definition von Bortz/ Döring:

---

[440] Merten (1999b), S. 244. Zu einer Übersicht verschiedener Definitionen der Inhaltsanalyse sei verwiesen auf Schreiber (1999), S. 11-17. Zu einer Gegenüberstellung der im Rahmen von Inhaltsanalysen am häufigsten genutzten Grundlagenwerke von Merten (1995a) und Früh (2007) sei verwiesen auf den Beitrag von Baumann (2001). Vergleiche zu einer Diskussion des Terms „nicht-manifest" auch die Ausführungen von Brosius et al. (2009), S. 141-142.

[441] Merten (1999b), S. 253.

[442] Vgl. hier zum Beispiel die Argumentation von Früh (2004), S. 67-74. Vgl. auch Pütz (1993), S. 92, Atteslander (2000), S. 209 und Schreiber (1999), S. 9. Siehe auch die Diskussion von Gläser/Laudel (2004), S. 191-193, Bortz/Döring (2003), S. 147-149 und die ausführliche Argumentation von Holsti (1969), S. 5-12. Früh (2004), S. 36 argumentiert, dass in der Regel eine qualitative Analyse des Textes notwendig ist, bevor dann die Anzahl bestimmter qualitativer Merkmale quantitativ – im einfachsten Falle durch bloßes Zählen – ausgewertet wird und aus diesem Grunde eine reine qualitative oder quantitative Bezeichnung der Inhaltsanalyse verfehlt ist. Siehe dazu auch Klammer (2005), S. 256.

[443] Holsti (1969), S. 14.

[444] Früh (2004), S. 25. Damit wird auch deutlich, dass die im Rahmen dieser Arbeit genutzten Inhaltsanalysen keine hermeneutischen oder linguistischen Textanalysen sind; vgl. dazu die Argumentation von Früh (2004), S. 48-51, siehe auch Lamnek (2005), S. 208-209 sowie Flick (2007), S. 418.

"Die quantitative Inhaltsanalyse erfaßt einzelne Merkmale von Texten, indem sie Textteile in Kategorien, die Operationalisierungen der interessierenden Merkmale darstellen, einordnet. Die Häufigkeiten in den einzelnen Kategorien geben Auskunft über die Merkmalsausprägungen des untersuchten Textes. (...) Demgegenüber werden bei qualitativen Inhaltsanalysen die zugeordneten Textteile nicht ausgezählt, sondern interpretiert und z. B. unter Zuhilfenahme tiefenpsychologischer Theorien mit der Zielsetzung gedeutet, verborgene Sinnzusammenhänge zu ergründen."[445]

Die Auswertung der Inhaltsanalyse wird im Rahmen dieser Arbeit – auch aufgrund des hohen Umfangs an Datenmaterial – vorrangig quantitativ, und hierbei in der Regel durch univariate Häufigkeitsanalysen, erfolgen. Zusätzlich sollen bestimmte Dimensionen verstärkt im Rahmen einer qualitativen – jedoch nicht hermeneutischen – Analyse betrachtet werden.[446] Insgesamt gilt die Analyse von Inhalten, die bereits bestehen und nicht erst für den Forschungszweck aufgezeichnet werden, als gut geeignete Methode der Datenerhebung bei Forschungsvorhaben, die ihre Fundierung im interpretativen Paradigma haben.[447] Generell ist das Ziel einer Inhaltsanalyse die Komplexitätsreduktion von größeren Textmengen.[448] Die Komplexitätsreduktion erfolgt dabei auf zwei verschiedenen Wegen: Zum einen werden Texte zumeist lediglich hinsichtlich weniger interessierender Merkmale analysiert; somit wird bereits eine Vielzahl an – für das Forschungsprojekt irrelevanten – Daten ausgeblendet.[449] Zum anderen werden ähnliche Informationen oftmals innerhalb einer Kategorie zusammenge-

---

[445] Bortz/Döring (2003), S. 148-149.
[446] Vgl. zu diesem Vorgehen zum Beispiel Früh (2004), S. 36 sowie Klammer (2005), S. 256. Siehe auch Brosius et al. (2009), S. 142.
[447] Vgl. Keller (2012), S. 14.
[448] Natürlich gibt es auch Inhaltsanalysen für andere Medien bzw. für alle denkbaren Kommunikationsinhalte, zum Beispiel für die Fernseh- oder Rundfunkberichterstattung (vgl. z. B. Merten (1995a), S. 16, Schreiber (1999), S. 75-79 und Mayring (2002), S. 46-47). Deshalb wird die Analyse jeglicher in Textform niedergelegter Artefakte und Dokumente auch als Dokumentenanalyse bezeichnet (vgl. z. B. Flick (2007), S. 322-323). Mayring (2002), S. 47 schließt in der Dokumentenanalyse sogar *"sämtliche gegenständliche Zeugnisse, die als Quelle zur Erklärung menschlichen Verhaltens dienen können"* und damit auch Werkzeuge, Bauten und Kunstgegenstände mit ein. Aufgrund dieser verschiedenen Begrifflichkeiten, die allesamt nicht eindeutig definiert sind, wird im Folgenden der Begriff Inhaltsanalyse im engeren Sinne für die Analyse von Textdokumenten und dabei insbesondere von Zeitschriften- und Zeitungsartikeln genutzt, auf die sich im empirischen Teil dieser Arbeit beschränkt wird.
[449] Vgl. Atteslander (1993), S. 243.

fasst, so dass auch hier Informationsverluste auftreten. Verschiedene „Nuancen" der Texte bzw. Informationen können nach der Zusammenfassung in eine bestimmte Kategorie nicht mehr erkannt und häufig auch nicht mehr rekonstruiert werden.[450] Dieser Informationsverlust ist jedoch im Rahmen der Inhaltsanalyse eher als Vorteil zu betrachten: Nur eine solche Reduktion auf das für das Forschungsprojekt Wesentliche ermöglicht das Erkennen größerer struktureller Zusammenhänge und bildet die Basis für einen systematischen Vergleich, zum Beispiel der Berichterstattung von verschiedenen Zeitungen oder dem Vergleich der Berichterstattung einer Zeitung im Zeitverlauf.[451]

Innerhalb der Inhaltsanalyse werden verschiedene Verfahren unterschieden. Das am meisten genutzte Verfahren ist die Themenanalyse, welche nachfolgend zum Begriff der Inhaltsanalyse synonym genutzt wird.[452] Im Rahmen dieser Untersuchung sollen auch Trendanalysen mit einfließen, die jedoch kein eigenes Erhebungsverfahren darstellen, sondern lediglich eine dynamische Betrachtung verschiedener Themenanalysen ist, um Aussagen über die Entwicklung bestimmter Themen im Zeitverlauf vorzunehmen.[453] Anschließend sollen kurz die Vor- und Nachteile der Inhaltsanalyse aufgezeigt und nachfolgend – zum besseren Verständnis der Methodik – ein möglicher Ablauf der Inhaltsanalyse dargestellt werden. Darauf aufbauend wird die Methodik dieser Arbeit vorgestellt.

5.2.1 Vorteile der Inhaltsanalyse

Inhaltsanalytische Verfahren bieten eine ganze Reihe an Vorteilen. Früh nennt zum Beispiel sechs konkrete Vorteile:

1. *„Die Inhaltsanalyse erlaubt Aussagen über Kommunikatoren und Rezipienten, die nicht bzw. nicht mehr erreichbar sind.*

---

[450] Vgl. Bortz/Döring (2003), S. 150.
[451] Vgl. Früh (2004), S. 39-40.
[452] Vgl. Merten (1995a), S. 19.
[453] Vgl. Merten (1995a), S. 173.

2. Der Forscher ist nicht auf die Kooperation von Versuchspersonen angewiesen.
3. Der Faktor Zeit spielt für die Untersuchung eine untergeordnete Rolle; man ist nicht an bestimmte Termine zur Datenerhebung gebunden.
4. Es tritt keine Veränderung des Untersuchungsobjekts durch die Untersuchung auf.[454]
5. Die Untersuchung ist beliebig reproduzierbar oder mit einem modifizierten Analyseinstrument am selben Gegenstand wiederholbar.
6. Inhaltsanalysen sind meist billiger als andere Datenerhebungsmethoden."[455]

Darüber hinaus sind jedoch noch einige weitere Vorteile denkbar: Das zu analysierende Material muss vom Forscher nicht erst durch eine Datenerhebung geschaffen und transkribiert (oder auf eine andere Art und Weise nutzbar gemacht) werden, sondern liegt bereits in Schriftform vor.[456] Dieser Vorteil besteht insbesondere dann, wenn das analysierende Material bereits in elektronischer Form verfügbar ist. Daneben erinnern sich Beteiligte nach einem langen Zeitraum nicht oder nicht mehr exakt an bestimmte Sachverhalte.[457] Gerade im Rahmen dieser Untersuchung von Produktionsverlagerungen nach China, die

---

[454] Der Grund hierfür ist, dass die Inhaltsanalyse als non-reaktives Erhebungsverfahren gilt, bei dem die Analyse oder Messung erst dann vorgenommen wird, wenn der Text (oder jeglicher anderer Kommunikationsinhalt) bereits produziert wurde (vgl. hierzu auch Merten (1995a), S. 252). Merten (1995a), S. 253 argumentiert jedoch weiter, dass die Klassifikation als non-reaktives Erhebungsverfahren für die Inhaltsanalyse nicht grundsätzlich zutrifft, da zwar der Text nicht auf die Analyse reagiert, der Zugriff und die Interpretation des Kodierers jedoch zu Reaktivität führt, da eben – und dies nimmt wieder auf die bereits thematisierte Realitätskonstruktion Bezug – eine solche Analyse immer vor dem Hintergrund der sozialen Wirklichkeit bzw. der Realitätsvorstellungen des Kodierers geschieht. Aus diesem Grund ist die Reaktivität lediglich minimiert, jedoch nicht ausgeschlossen. Vgl. hierzu auch die Argumentation bei Merten (1981), S. 55. Siehe hierzu auch Fischer (1982), S. 179, der ausführt, dass die Inhaltsanalyse ein *„weitgehend nichtreaktives Verfahren"* ist. Vgl. auch Klammer (2005), S. 255-256, 265. Bortz/Döring (2003), S. 325-326 hingegen nehmen eine solche Einschränkung nicht vor, und betrachten die Inhaltsanalyse von Zeitschriften vorbehaltlos als ein nonreaktives Verfahren, da der Untersuchungsgegenstand selbst (in diesem Falle die Zeitschrift) nicht beeinflusst wird. Siehe hierzu auch Brosius et al. (2009), S. 152.
[455] Früh (2004), S. 39; vgl. auch Klammer (2005), S. 255.
[456] Vgl. Mayring (2002), S. 47. Vgl. auch Brosius et al. (2009), S. 151-152.
[457] Interessant sind in diesem Zusammenhang die Forschungen zur Verlässlichkeit von Zeugenaussagen und Erinnerungen im Allgemeinen, z. B. von Cutler/Penrod (1995), Ebbesen/Konecni (1996) oder von Aronson et al. (2008), S. 530-533. In diesem Zusammenhang wird oft die juristische Weisheit bemüht: *„Aus der Zeugenpsychologie weiß man aber, dass der Zeugenbeweis, obzwar das wichtigste und häufigste Beweismittel, zugleich das schlechteste Beweismittel ist."* (Janssen/Riehle (2002), S. 115).

zum Teil mehr als 20 Jahre zurückliegen, wird eine exakte Erinnerung an die „Stimmung", die hinsichtlich Produktionsverlagerungen geherrscht hat, oftmals nicht möglich sein bzw. durch zwischenzeitliche Entwicklungen und neue Erkenntnisse zusätzlich verfälscht werden.[458] Weiterhin könnte bei einer direkten Befragung – insbesondere wenn das Ereignis einige Jahre zurückliegt – sozial erwünschtes Antwortverhalten auftreten.

5.2.2 Nachteile der Inhaltsanalyse

Natürlich sind auch Nachteile mit der Methode der Inhaltsanalyse verbunden. Zum einen können mit der Inhaltsanalyse allein „*weder Wirkungen von Mitteilungen noch Eigenschaften und Absichten von Kommunikatoren*" nachgewiesen werden.[459] Damit sind auch kausale Zusammenhänge durch Inhaltsanalysen allein in der Regel nicht herstellbar. Auch Merten, der zwar annimmt, dass die Messung von Wirkungen in Ausnahmefällen möglich sei, „*allerdings nur mit großer Vorsicht*", argumentiert ähnlich.[460] Im Rahmen der hier anzuwendenden Methode der Themenanalyse wird eine solche Messung von Wirkungen auch von ihm entschieden abgelehnt, da dies bedeuten würde, dass man ein klassisches Stimulus-Response-Modell annimmt, und die Wirkung (bzw. Response) „*völlig unzulässig am Stimulus (hier: am Inhalt) und nur am Stimulus festmacht*".[461] Er kommt deshalb zu dem Schluss, dass die „*inhaltsanalytische Deskription (...) als Wirkungsfeststellung jedoch völlig untauglich*" ist und in seinen Augen gar einen „*Mißbrauch*" dieser Methode darstellt.[462] Aus diesem Grund kann auch im Rahmen dieser Arbeit nicht beantwortet werden, ob zum Beispiel die angenommene – und noch nachzuweisende – positive Berichterstattung über China eine kausale Wirkung auf Produktionsverlagerungen hat. Diese Wirkung konnte zwar theoretisch hergeleitet werden, ein empirischer Nachweis anhand einer Inhaltsanalyse allein ist jedoch nicht zu erbringen.

---

[458] Vgl. hierzu beispielsweise den Beitrag von Baron/Hershey (1988). Siehe auch Brosius et al. (2009), S. 151.
[459] Früh (2004), S. 42, ähnlich auch S. 46.
[460] Merten (1999b), S. 251.
[461] Merten (1995a), S. 251.
[462] Merten (1995a), S. 252.

Weiterhin ist es im Rahmen der reinen Inhaltsanalyse nicht möglich, die Bedeutung unklarer Aussagen bestätigen zu lassen oder weitergehende Informationen zum Themengebiet einzuholen, da bereits produzierte Inhalte lediglich analysiert werden. Auch ist oftmals nicht auf sogenannte latente Inhalte – zum Beispiel Vorstellungen und Gefühle, die vom Autor mit einem bestimmten Begriff assoziiert werden – zu schließen.[463] Es spricht jedoch nichts dagegen, inhaltsanalytische Auswertungen durch andere Erhebungsmethoden zu ergänzen.

5.2.3 Ablauf der Inhaltsanalyse

Ein möglicher Ablauf der Inhaltsanalyse ist in der Abbildung 5-2 auf der nächsten Seite dargestellt.[464] Früh weist jedoch selbst darauf hin, dass dieser Ablauf lediglich als ein Vorschlag oder Leitfaden zu sehen ist, insbesondere da eine Rückkehr zu vorangegangen Stufen zur Modifikation und Ergänzung oftmals notwendig ist. Im Folgenden soll sich jedoch an diesen Rahmen orientiert und dem hier dargestellten Ablauf in der Regel gefolgt werden.

Es wurde bereits die allgemeine Problemstellung der Arbeit ausführlich besprochen. Es sollen – stark verkürzt ausgedrückt – Produktionsverlagerungen nach China aus einer neo-institutionalistischen Perspektive untersucht und dabei insbesondere auf die drei Isomorphismen von DiMaggio/Powell Bezug genommen werden. Die Problemstellung wird durch die in Abschnitt 5.3 formulierten Forschungsfragen präzisiert. In den darauffolgenden Abschnitten werden die Kategorienbildung, die Bestimmung der Art und Struktur der Daten sowie der Analyseeinheiten besprochen. Anschließend wird Bezug genommen auf die Testkodierung, die eigentliche Kodierung sowie auf die Auswertung der Daten.

---

[463] Vgl. Klammer (2005), S. 256.
[464] Vgl. zu ähnlichen und weiteren Darstellungen des Ablaufes einer Inhaltsanalyse auch Atteslander (2000), S. 220, Merten (1999b), S. 246-250, Gläser/Laudel (2004), S. 197 sowie Flick (2007), S. 411.

```
┌─────────────────────────────────────────────────────────────────────┐
│              Forschungsinteresse/Theoretische Konzeption            │
│                                 ▼                                   │
│                          Methodenwahl                               │
│                                 ▼                                   │
├─────────────────────────────────────────────────────────────────────┤
│                         Inhaltsanalyse                              │
│                                                                     │
│  1) Planungsphase                                                   │
│     a) Problemstellung                                              │
│     b) Projektplanung                                               │
│     c) Hypothesenbildung/Erstellung der forschungsleitenden Annahmen│
│                                                                     │
│  2) Entwicklungsphase                                               │
│     a) Theoriegeleitete Kategorienbildung                           │
│     b) Bestimmung von Art und Struktur der Daten (welche Zeitschr., │
│        welcher Zeitraum, Variablen, Skalenniveau etc.)              │
│     c) Bestimmung der Analyseeinheiten (ganze Artikel, Überschr.,…) │
│                                                                     │
│  3) Testphase                                                       │
│     a) Probecodierung                                               │
│     b) Codierung mit Validitäts- und Reliabilitätstest              │
│                                                                     │
│  4) Anwendungsphase                                                 │
│     a) Aufbereitung der Daten und Datenerfassung/Codierung          │
│     b) Datenkontrolle und Datenbereinigung                          │
│     c) Auswertung                                                   │
│                                 ▼                                   │
│                    Interpretation und Bericht                       │
└─────────────────────────────────────────────────────────────────────┘
```

Abb. 5-2: Ablauf der Inhaltsanalyse
Quelle: eigene Darstellung in Anlehnung an Früh (2004), S. 96.

5.3 Forschungsfragen und forschungsleitende Annahmen

Aus der bisherigen Diskussion (siehe hierzu insbesondere die Ausführungen in Abschnitt 4.5) ergeben sich zwei große Komplexe, die näher betrachtet werden sollen: a) Medien als Berichterstatter und Informationsvermittler über institutionelle Isomorphismen und b) Medien als Einflussfaktor auf Produktionsverlagerungsentscheidungen nach China im Rahmen eines angenommenen mimetischen Isomorphismus. Aus diesen beiden Komplexen werden spezifische Forschungsfragen extrahiert und anschließend eine ganze Reihe an forschungsleitenden Annahmen vorgestellt. Diese forschungsleitenden Annahmen sollen nicht als starre Hypothesen gestellt werden, die es möglichst zu bestätigen gilt, sondern vielmehr als ein Grundgerüst bzw. als ein „roter Faden" für die empirische Auswertung verstanden werden.[465] Dies hilft auch, offen für eine ganzheitliche Betrachtung der Berichterstattung zu sein, statt sich – bildlich gesprochen – wie mit Scheuklappen nur auf einige wenige Hypothesen zu konzentrieren.

5.3.1 Information der Medien über die Existenz von institutionellen Isomorphismen bei der Produktionsverlagerung nach China

Wie bereits erwähnt, kommt den Medien eine entscheidende Rolle der Informationsvermittlung über die Realität zu – selbst wenn diese durch die Medien konstruiert ist. Aus diesem Grund soll die Medienberichterstattung auf Hinweise untersucht werden, ob die drei thematisierten institutionellen Isomorphismen – Isomorphismus durch Zwang, Isomorphismus durch normativen Druck und Isomorphismus durch mimetische Prozesse – bei Produktionsverlagerungen nach China eine Rolle spielen.

Empirische Forschungsfrage 1:[466]
Gibt es in der Medienberichterstattung Hinweise darauf, dass institutionelle Isomorphismen bei Produktionsverlagerungen nach China eine Rolle spielen?

Im Rahmen dieser Forschungsfrage dienen die Medien als Messinstrument, um Hinweise auf die oben beschriebenen isomorphen Prozesse bei Produktionsverlagerungen nach China zu identifizieren. Dabei sind mit „Hinweisen" zwei Sachverhalte gemeint: zum einen Hinweise auf kausale Einflüsse solcher Isomorphismen auf Produktionsverlagerungen, zum anderen aber auch Treiber, die solche isomorphen Prozesse begünstigen. Letztere können Rückschlüsse auf die Existenz der von DiMaggio/Powell thematisierten Isomorphismen ermöglichen – wenngleich damit nur in Ausnahmefällen Aussagen über einen kausalen Zusammenhang vorgenommen werden können. Aus diesem Grund ist

---

[465] Siehe zur Herleitung der forschungsleitenden Annahmen auch nochmals die Diskussion in Fußnote 439.
[466] Aus sprachlichen Gründen wird nachfolgend im lediglich von der Forschungsfrage 1 (sowie Forschungsfrage 1.1 usw.) gesprochen.

in den Forschungsfragen auch von Hinweisen auf das Vorhandensein solcher Mechanismen und nicht vom Vorhandensein dieser Mechanismen selbst die Rede. Die Forschungsfrage 1 zur Berichterstattungs- bzw. Informationsfunktion der Medien wird unterteilt in folgende drei Forschungsfragen:

Empirische Forschungsfrage 1.1:
Gibt es in der Medienberichterstattung Hinweise darauf, dass der Isomorphismus durch Zwang bei Produktionsverlagerungen nach China eine Rolle spielt?

Empirische Forschungsfrage 1.2:
Gibt es in der Medienberichterstattung Hinweise darauf, dass der Isomorphismus durch normativen Druck bei Produktionsverlagerungen nach China eine Rolle spielt?

Empirische Forschungsfrage 1.3:
Gibt es in der Medienberichterstattung Hinweise darauf, dass der mimetische Isomorphismus bei Produktionsverlagerungen nach China eine Rolle spielt?

Nachfolgend sollen nun einige forschungsleitende Annahmen vorgestellt werden. Diese sind ganz im Sinne der Vorschläge aus dem Standardwerk von Früh durch „unmittelbare Erfahrungen und subjektive Eindrücke" hergeleitet.[467] Dies bedeutet natürlich nicht, dass sie aus der Luft gegriffen sind. Sie sind jedoch zum Teil intuitiv basierend auf der im Rahmen dieser Arbeit vorgestellten theoretischen Grundlage erstellt worden. Wie bereits erwähnt können diese forschungsleitenden Annahmen auch nicht die in dieser Arbeit gestellten Forschungsfragen allumfänglich beantworten, sondern sollen lediglich als „roter Faden" bzw. als Grundgerüst dienen, um die empirische Untersuchung hinreichend strukturiert durchführen zu können.

---

[467] Früh (2004), S. 200-201.

Insgesamt wird davon ausgegangen, dass sich eine ganze Reihe an Hinweisen zu isomorphen Verhalten im Rahmen von Produktionsverlagerungen nach China finden lässt. Aufgrund der theoretischen Argumentation, dass die Medien als Berichterstatter dienen und eine Wirklichkeit erzeugen, erscheint eine solche Annahme plausibel. Dennoch wird angenommen, dass die drei verschiedenen Prozesse unterschiedlich häufig thematisiert werden: Insbesondere der Isomorphismus durch Zwang wird eine zentrale Rolle bei der Berichterstattung einnehmen (*forschungsleitende Annahme 1.1a*). Dies ist anzunehmen, da verschiedene Indikatoren für Journalisten vergleichsweise leicht zu beobachten sind, zum Beispiel ob ein bestimmtes Unternehmen bei seinem Gang nach China einem Schlüsselkunden folgt oder ob eine ausländische Regierung Druck auf ein Unternehmen – zum Beispiel im Rahmen von Local-Content-Vorschriften ausübt. Damit könnten sogar zum Teil kausale Aussagen zum Einfluss des Isomorphismus durch Zwang auf Produktionsverlagerungen nach China getroffen werden. Aufgrund einer solchen relativ leichten Beobachtbarkeit wird davon ausgegangen, dass sich in der Medienberichterstattung vielfältige (explizite) Hinweise auf Druck durch Schlüsselkunden (*forschungsleitende Annahme 1.1b*) und Druck durch ausländische Regierungen, etwa in Form von Local-Content-Vorschriften (*forschungsleitende Annahme 1.1c*) finden lassen. Auch eine oftmalige Berichterstattung über Druck durch Banken oder Kapitalgeber wird vermutet (*forschungsleitende Annahme 1.1d*). Schließlich werden – sowohl als Druck als auch als genutzte Legitimierungsstrategie – vielfältige Hinweise darauf erwartet, dass Unternehmen aufgrund eines Kostendrucks ihre Produktion nach China verlagern (*forschungsleitende Annahme 1.1e*) oder bedingt durch gesättigte Heimatmärkte einen Druck zur Suche nach neuen Märkten verspüren und deshalb ihre Produktion verlagern (*forschungsleitende Annahme 1.1f*).

Der Isomorphismus durch normativen Druck wird in der Medienberichterstattung vermutlich eher weniger präsent sein (*forschungsleitende Annahme 1.2*). Wie bereits in Abschnitt 3.1.2.2 erwähnt, spielt beim Isomorphismus durch normativen Druck das Selbstverständnis bestimmter Professionen eine Rolle, welches (wahrscheinlich) nicht so stark in der Presse thematisiert wird. Daneben werden die Karrierepfade bestimmter Manager in der Presseberichterstattung vermutlich nicht so detailliert nachgezeichnet und dabei geklärt, ob diese bereits früher Produktionsverlagerungen nach China vorgenommen und damit Erfahrungen auf diesem Gebiet gesammelt haben, die nun wiederum in deren Handeln einfließen. Daneben spielt auch die Hochschulausbildung (wahrscheinlich) noch nicht eine entscheidende Rolle. Mitarbeiter von Unternehmen, die in den letzten Jahren ein betriebswirtschaftliches Studium absolviert haben (von dem wie in Abschnitt 3.1.2.2 thematisiert unter Umständen Impulse bezüglich Produktionsverlagerungen ausgehen), sind in den wenigen Jahren seit ihrer Graduierung wahrscheinlich noch nicht häufig in der Position, über Produktionsverlagerungen nach China zu entscheiden. Aus diesem Grunde werden zum Bereich des normativen Drucks keine weiterführenden forschungsleitenden Annahmen formuliert. Die oben bereits erwähnte allgemein formulierte Annahme 1.2 ist deshalb quasi als ein Aggregat dieser Ausführungen zu verstehen.

Auch der mimetische Isomorphismus wird vermutlich eher wenig bzw. weniger explizit thematisiert sein *(forschungsleitende Annahme 1.3a)*. Dies liegt zum einen daran, dass dieser Prozess in der Realität zum Teil – wie in der theoretischen Diskussion besprochen – unbewusst verläuft und damit die Entscheidung für Produktionsverlagerungen zwar mit beeinflusst, jedoch nicht explizit erwähnt wird. Zum anderen wird angenommen, dass Unternehmen zumindest nicht offen der Presse gegenüber darstellen, dass sie bestimmte andere Unternehmen als Vorbild oder Rollenmodell sehen und deshalb deren Strategien imitiert haben. Im Rahmen der Betrachtung von Hinweisen auf die Existenz eines mimetischen Isomorphismus wird jedoch erwartet, dass China im Allgemeinen bzw. dessen wirtschaftlicher Entwicklung eine durchaus positive mediale Einschätzung entgegengebracht wird *(forschungsleitende Annahme 1.3b)*, was als Treiber von Produktionsverlagerungen nach China angesehen werden kann. Darüber hinaus wird angenommen, dass sich eine Vielzahl von Hinweisen in der Berichterstattung finden lässt, die eine Produktionsverlagerung nach China als eine wünschenswerte oder adäquate Strategie darstellen *(forschungsleitende Annahme 1.3c)*. Dies kann deshalb angenommen werden, da – wie bereits argumentiert wurde – Unternehmen im Rahmen des mimetischen Isomorphismus solche Strategien verfolgen, die erfolgreich sind bzw. erfolgreich zu sein scheinen. Wird also angenommen, dass der mimetische Isomorphismus bei Produktionsverlagerungen nach China eine Rolle spielt und die Medienberichterstattung ein entscheidender Einfluss ist, dann müssen in der Medienberichterstattung zwingend kontinuierlich solche positiven Einschätzungen über China bzw. der wirtschaftlichen Situation und den wirtschaftlichen Möglichkeiten in China im Allgemeinen und über Produktionsverlagerungen nach China im Speziellen vorhanden sein.[468]

Schließlich wird angenommen, dass Unternehmensberatungen eine wichtige Rolle bei der Meinungsbildung über Produktionsverlagerungen nach China spielen. Es wird erwartet, dass zum einen Unternehmensberatungen in der Berichterstattung mit positiven Äußerungen über Produktionsverlagerungen nach China zitiert werden (*forschungsleitende Annahme 1.3d*) sowie dass sie auch oftmals bei konkreten Beratungsprojekten eine Empfehlung für eine Produktionsverlagerung nach China aussprechen (*forschungsleitende Annahme 1.3e*).

Daneben wird erwartet, dass insbesondere zu Beginn der Betrachtungsperiode Anfang der 1990er Jahre vermehrt auf eine Dringlichkeit der Produktionsverlagerung nach China hingewiesen wird (*forschungsleitende Annahme 1.3f*). Als letzte Annahme soll noch postuliert werden, dass es im Rahmen der Berichterstattung eine ganze Reihe an Hinweisen darauf geben wird, dass eine Euphorie oder Aufbruchsstimmung gen China herrschte und dass Unternehmen unter Umständen zum Teil ökonomisch scheinbar wenig sinnvolle Entscheidungen beim 'Gang nach China' getroffen haben (*forschungsleitende Annahme 1.3g*). Dies wiederum kann einen Anhaltspunkt für das Vorhandensein von Rationalitätsmythen darstellen. Die erwähnten forschungsleitenden Annahmen sind nochmals überblicksartig in Tabelle 5-1 auf der nächsten Seite dargestellt.

---

[468] Aufgrund einer logischen Stringenz werden solche allgemeinen Aussagen über die Vorteilhaftigkeit von Produktionsverlagerungen oder der wirtschaftlichen Entwicklung Chinas den Indizien für das Vorhandensein eines mimetischen Isomorphismus zugeordnet, wenngleich diese auch im Rahmen der Annahme des kausalen Einflusses der Medienberichterstattung bzw. der Forschungsfrage 2 eine wichtige bzw. sogar entscheidende Rolle spielen. Siehe hierzu auch die Argumentation in Abschnitt 5.3.2. Im Rahmen der Forschungsfrage 2 soll dagegen auf untergeordnete Darstellungen – zum Beispiel einzelne Vor- oder Nachteile sowie deren Häufigkeiten – abgestellt werden. Bei der späteren Beantwortung der Forschungsfrage 2 wird jedoch auch eine kurze übergreifende Betrachtung angestellt.

Nummer	Forschungsleitende Annahmen
1.1a	Der Isomorphismus durch Zwang nimmt im Vergleich zu den anderen beiden institutionellen Isomorphismen eine zentrale Rolle in der Berichterstattung ein. Auch Hinweise auf die Kausalität verschiedener Zwänge für eine Produktionsverlagerung nach China werden gegeben.
1.1b	Es wird häufig auf einen Druck von Schlüsselkunden hingewiesen bzw. darauf, dass Unternehmen Schlüsselkunden folgen.
1.1c	Es wird häufig auf einen Druck der chinesischen Regierung bzw. auf Local-Content-Vorschriften hingewiesen, die zu einer Produktionsverlagerung führen.
1.1d	Es wird häufig auf einen Druck von Banken und Kapitalgebern hingewiesen, eine Produktionsverlagerung nach China vorzunehmen.
1.1e	Es wird häufig berichtet, dass Unternehmen aufgrund eines Drucks zur Kostensenkung eine Produktionsverlagerung nach China vornehmen.
1.1f	Es wird häufig berichtet, dass Unternehmen aufgrund eines Drucks zur Suche nach neuen Märkten eine Produktionsverlagerung nach China vornehmen.
1.2	Der Isomorphismus durch normativen Druck nimmt im Vergleich zu den anderen beiden institutionellen Isomorphismen eine untergeordnete Rolle in der Berichterstattung ein und wird nur sehr selten thematisiert.
1.3a	Die Medienberichterstattung enthält verhältnismäßig wenige direkte Hinweise auf das Vorhandensein eines mimetischen Isomorphismus bei Produktionsverlagerungen nach China. Kausale Aussagen zum Einfluss des mimetischen Isomorphismus auf Produktionsverlagerungen nach China werden demnach selten vorliegen.
1.3b	Die Medienberichterstattung nimmt oftmals positiv auf die wirtschaftliche Entwicklung von China im Allgemeinen bzw. auf die sich dadurch bietenden wirtschaftlichen Möglichkeiten Bezug.
1.3c	Die Medienberichterstattung enthält eine Vielzahl von Hinweisen darauf, dass eine Produktionsverlagerung nach China als eine wünschenswerte oder adäquate Strategie gesehen wird.
1.3d	Es wird erwartet, dass Unternehmensberatungen in der Berichterstattung mit positiven Äußerungen über Produktionsverlagerungen nach China zitiert werden.
1.3e	Es wird erwartet, dass sich Unternehmensberatungen oftmals bei Beratungsprojekten für eine Produktionsverlagerung nach China aussprechen.
1.3f	Insbesondere zu Beginn der Betrachtungsperiode Anfang der 1990er Jahre wird vermehrt auf eine Dringlichkeit einer Produktionsverlagerung nach China hingewiesen.
1.3g	Im Rahmen der Berichterstattung wird es häufig Hinweise darauf geben, dass eine Euphorie oder Aufbruchsstimmung gen China herrschte sowie dass Unternehmen unter Umständen zum Teil ökonomisch scheinbar wenig sinnvolle Entscheidungen beim 'Gang nach China' getroffen haben.

Tab. 5-1: Forschungsleitende Annahmen zur Forschungsfrage 1
Quelle: eigene Darstellung.

5.3.2 Art der Berichterstattung über Produktionsverlagerungen nach China

Wie bereits erläutert, spielt die Art der Berichterstattung über China eine entscheidende Bedeutung, sofern man annimmt, dass der mimetische Isomorphismus eine starke Rolle im Rahmen der Produktionsverlagerungen nach China spielt. Aus diesem Grund lautet die nächste – bewusst sehr offen gehaltene – Forschungsfrage wie folgt:

Empirische Forschungsfrage 2:
Wie werden Produktionsverlagerungen nach China in der Medienberichterstattung dargestellt?[469]

Im Rahmen dieser Forschungsfrage soll insbesondere geklärt werden, ob und wie häufig Produktionsverlagerungen überhaupt thematisiert werden, welche Vor- und Nachteile von Produktionsverlagerungen genannt werden, ob eine Quantifizierung dieser Vor- und Nachteile erfolgt, wie solche Artikel, die Produktionsverlagerungen nach China thematisieren, auf den Rezipienten wirken und ob eine gesellschaftliche Legitimität einer solchen Strategie gegeben ist.[470] Universalaussagen zur Vorteilhaftigkeit von Produktionsverlagerungen nach China werden – wie bereits erwähnt – im Rahmen der vorliegenden Untersuchung der Forschungsfrage 1 zugeordnet. Insgesamt soll also im Rahmen dieser Forschungsfrage untersucht werden, ob die Medien ein imitationswürdiges Bild von Produktionsverlagerungen nach China zeichnen bzw. ob eine Produktionsverlagerung nach China eine erfolgreiche Strategie zu sein *scheint*. Dies ist, nimmt man den Einfluss der Medien auf eine Existenz des mimetischen Isomorphis-

---

[469] Siehe für die Berechtigung solcher offenen Forschungsfragen zum Beispiel das Anwendungsbeispiel zu Inhaltsanalysen im Standardwerk von Früh (2004), S. 135, der als Problemstellung folgende – ebenfalls sehr offene – Forschungsfrage stellt: *„Wie berichtet die deutsche Presse über das Thema 'Kernkraft'"?* Siehe in diesem Zusammenhang auch Früh (2004), S. 75, 76, 80. Früh (2004), S. 76 führt dazu aus: *„Die Forschungsfrage kann also sowohl ein offenes als auch ein vordefiniertes Entdeckungspotenzial beschreiben."* Siehe auch Brosius et al. (2009), S. 143.

[470] Es wurde bereits argumentiert, dass auch allein die Häufigkeit der Berichterstattung dazu führen kann, dass ein Unternehmen eine bestimmte Strategie imitiert. Deshalb wird auch die Häufigkeit der Berichterstattung mit betrachtet. Aufgrund eines fehlenden Vergleichs etwa zu Berichten über Produktionsverlagerungen in andere Länder sind die daraus zu ziehenden Schlüsse begrenzt.

mus bei Produktionsverlagerungen an, eine notwendige – wenngleich nicht hinreichende – Bedingung. Nur wenn in der Regel sehr positiv über Produktionsverlagerungen berichtet wird, kann sich in der öffentlichen Meinung bzw. der Meinung der Unternehmer eine positive (und handlungsleitende) Ansicht solcher Produktionsverlagerungen manifestieren.[471]

Aus diesem Grunde wird angenommen, dass zumindest von Beginn bis Mitte der 1990er Jahre eine eher positive Berichterstattung über Produktionsverlagerungen nach China im unternehmensbezogenen Kontext erfolgte (*forschungsleitende Annahme 2a*). Auch in einem weitergefassten Kontext, der gesamtgesellschaftlichen Betrachtung von Produktionsverlagerungen, sollte zumindest neutral über solche Verlagerungen berichtet werden (*forschungsleitende Annahme 2b*). Dies erscheint notwendig, um ein notwendiges Mindestmaß an Legitimität bei anderen Akteuren als Unternehmen sicherzustellen, was laut Meyer/Rowan überlebenswichtig für Unternehmen ist. In diesem Zusammenhang wurde bereits thematisiert, dass in einem marktwirtschaftlichen System zum Beispiel kostenbedingte Unternehmensentscheidungen per se zu einem gewissen Grad legitimiert sind, so dass selbst eine im gesamtwirtschaftlichen Kontext moderat negative Berichterstattung über Produktionsverlagerungen nach China nicht zwangsläufig der Annahme des mimetischen Isomorphismus widerspricht.[472]

Weiterhin wird angenommen, dass bestimmte wenige Vorteile die Berichterstattung dominieren und somit zu einem positiven Bild von Produktionsverlagerungen beitragen bzw. diese Aspekte mit einer Produktionsverlagerung nach China

---

[471] Nimmt man an, dass die Medien keine wichtige Rolle im Rahmen mimetisch-isomorpher Prozesse einnehmen, sondern diese eher durch direkte Interaktionen mit Geschäftspartnern oder anderen in bestimmten Outlets organisierten Unternehmen gesteuert werden, ist es letztlich irrelevant, ob die Berichterstattung eher positiv oder negativ ausfällt. Aufgrund der insbesondere in Kapitel 4 thematisierten starken Rolle der Medien ist jedoch zumindest ein gewisser Einfluss der Medien anzunehmen. Aus diesem Grund ist dann eine überwiegend und konsistent positive Berichterstattung – zumindest für einen gewissen Anfangszeitraum – eine notwendige Bedingung. Später kann jedoch auch eine differenziertere oder selbst negative Berichterstattung erfolgen: Hat sich das Konzept der Vorteilhaftigkeit einer Produktionsverlagerung nach China nach einem gewissen Zeitraum institutionalisiert, so wird eine leicht negative Berichterstattung nicht sofort dieses „Weltbild" ändern. Siehe zum Problem des Nachweises einer solchen Institutionalisierung Senge (2005), S. 214-215. Siehe zur öffentlichen Meinung auch Dittmar (2009), S. 95-109.
[472] Siehe hierzu insbesondere die Argumentation in Abschnitt 3.1.2.

assoziiert werden (*forschungsleitende Annahme 2c*). Bei den erwähnten Nachteilen wird insgesamt eine etwas breitere Streuung verschiedener Nachteile erwartet, ohne dass ein bestimmter Nachteil die Berichterstattung ständig dominiert oder scheinbar sofort mit einer Produktionsverlagerung nach China assoziiert wird – zumindest nicht zu Beginn bis Mitte der 1990er Jahre (*forschungsleitende Annahme 2d*).

Schließlich wird angenommen, dass nur selten konkret Vor- (*forschungsleitende Annahme 2e*) und Nachteile (*forschungsleitende Annahme 2f*) quantifiziert werden. Zum einen ist es schwer, solche Verlagerungsschritte überhaupt zu quantifizieren, zum anderen bleibt unklar, ob Unternehmen solche Daten überhaupt der Öffentlichkeit zugänglich machen. Solche quantifizierten Aussagen wären jedoch hilfreich für Unternehmen, die selbst eine Entscheidung für oder gegen eine Produktionsverlagerung zu treffen beabsichtigen. Gibt es keine konkreten Aussagen zu quantifizierten Vor- und Nachteilen, müssten sich Unternehmen (im Rahmen der hier vorgestellten theoretischen Fundierung) auf die im Allgemeinen kommunizierten Vor- und Nachteile verlassen. Sind dabei die Vorteile prägnanter kommuniziert, könnte dies eine Produktionsverlagerung nach China positiv beeinflussen. Nachfolgend sind diese forschungsleitenden Annahmen in der Tabelle 5-2 nochmals übersichtlich dargestellt.

Nummer	Forschungsleitende Annahmen
2a	Von Beginn bis Mitte der 1990er Jahre ist eine eher positive Berichterstattung über Produktionsverlagerungen nach China zu finden.
2b	Die gesamtgesellschaftliche Bewertung von Produktionsverlagerungen ist mindestens neutral.
2c	Im Rahmen der in der Berichterstattung analysierten Vorteile dominieren einige wenige dieser Vorteile, die zusätzlich auch im Zeitverlauf omnipräsent sind.
2d	Im Rahmen der in der Berichterstattung analysierten Nachteile sind keine dieser Nachteile stark dominierend und auch im Zeitverlauf nicht ständig präsent.
2e	Es finden sich selten quantifizierte Angaben zu den Vorteilen einer Produktionsverlagerung nach China.
2f	Es finden sich selten quantifizierte Angaben zu den Nachteilen einer Produktionsverlagerung nach China.

Tab. 5-2: Forschungsleitende Annahmen zur Forschungsfrage 2
Quelle: eigene Darstellung.

Im Rahmen der zweiten Forschungsfrage wird angenommen, dass die Medien zum mimetischen Isomorphismus bezüglich Produktionsverlagerungen nach China beitragen. Diese der Forschungsfrage zugrundeliegende Annahme kann jedoch im Rahmen der Inhaltsanalyse nicht empirisch überprüft werden. Zur theoretischen Fundierung dieser Annahme sei insbesondere auf die Ausführungen in den Abschnitten 4.4 und 4.5 verwiesen. Auch kann ein kausaler Zusammenhang zwischen einer (eventuell im Rahmen der Inhaltsanalyse gefundenen) positiven Berichterstattung und Produktionsverlagerungen nicht hergestellt werden. Ziel der Arbeit ist in dieser Hinsicht lediglich der Nachweis einer positiven Berichterstattung bzw. eines imitationswürdigen Bildes, welches als Grundlage für den Einfluss der Medien auf den mimetischen Isomorphismus gesehen wird. Damit wird deutlich, dass eine positive Berichterstattung zwar notwendig, jedoch nicht hinreichend für den Einfluss der Medien auf den mimetischen Isomorphismus ist. Im Gegensatz kann jedoch postuliert werden, dass die Annahme des Medieneinflusses auf den mimetischen Isomorphismus nicht gerechtfertigt erscheint, wenn die Inhaltsanalyse eine durchweg negative Berichterstattung aufdeckt.[473] Auch aus diesem Grund hat die empirische Untersuchung eine hohe Relevanz bezüglich der vorliegenden theoretischen Argumentation.

Aus der Betrachtung in diesem Abschnitt wird deutlich, dass sich die empirische Erhebung bzw. die beiden Forschungsfragen auf die in Abschnitt 4.5 genannten Rollen der Medien im Rahmen der Diskussion über Produktionsverlagerungen beziehen. Dabei können die Forschungsfragen wie folgt dem theoretisch diskutieren Kontext zugeordnet werden (siehe Abbildung 5-3).

---

[473] Voraussetzung für diese Annahme ist natürlich, dass die „richtigen" Zeitschriften analysiert wurden. Es wäre natürlich durchaus möglich, dass a) andere Medienarten (Rundfunk, Fernsehen, Internetblogs, etc.) einen signifikanten Einfluss ausüben oder b) zum Beispiel die großen Tageszeitungen, die hier nicht näher betrachtet werden, einen solchen Einfluss haben.

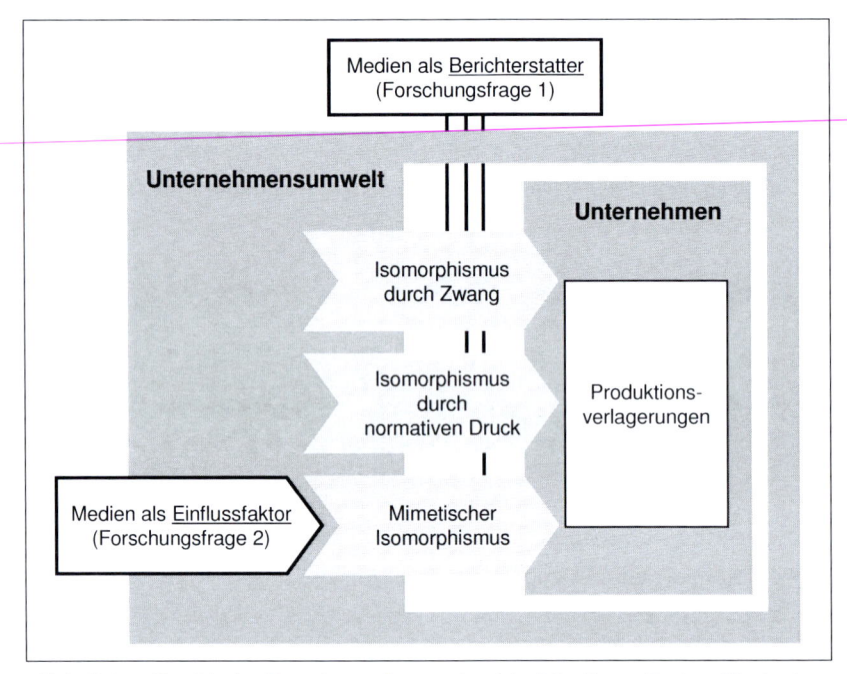

```
┌─────────────────────────────────────────────────────┐
│              Medien als Berichterstatter             │
│                 (Forschungsfrage 1)                  │
│                                                      │
│   Unternehmensumwelt                                 │
│                              Unternehmen             │
│                                                      │
│              Isomorphismus                           │
│              durch Zwang                             │
│                                                      │
│              Isomorphismus      Produktions-         │
│              durch              verlagerungen        │
│              normativen Druck                        │
│                                                      │
│   Medien als Einflussfaktor   Mimetischer            │
│   (Forschungsfrage 2)         Isomorphismus          │
└─────────────────────────────────────────────────────┘
```

Abb. 5-3: Empirische Forschungsfragen der Arbeit im theoretischen Kontext
Quelle: eigene Darstellung.

5.4 Erstellung des Kategorienschemas

Nachfolgend soll dargestellt werden, wie das im Rahmen der Arbeit genutzte Kategorienschema erarbeitet wurde. Dazu wird neben einem einleitenden Überblick zur Erstellung eines solchen Kategorienschemas das gesamte für die empirische Erhebung erarbeitete Schema vorgestellt und die einzelnen Dimensionen betrachtet.

5.4.1 Allgemeiner Überblick zur Erstellung eines Kategorienschemas

Die Erstellung eines präzisen Kategorienschemas ist für eine Inhaltsanalyse essentiell.[474] Ein solches Kategorienschema hilft, die für die Beantwortung der

---

[474] Vgl. Atteslander (2000), S. 211.

Forschungsfragen notwendigen Informationen aus den Berichten zu extrahieren und für die weitere Analyse zu systematisieren.[475] Dabei wurden insbesondere die Hauptkategorien (im Nachfolgenden auch als Variablen bezeichnet) theoretisch hergeleitet. Aus der bisherigen theoretischen Diskussion wurde abgeleitet, welche Kategorien (z. B. genannte Vorteile, genannte Nachteile usw.) für die Analyse notwendig sind. Die Unterkategorien wurden dann entweder aus bestehenden Arbeiten übernommen oder aber aus dem empirischen Material selbst abgeleitet.[476] Insgesamt war die Erstellung des Kategorienschemas ein iterativer Prozess, bei dem das Kategorienschema ausgehend von den theoretisch abgeleiteten Dimensionen weiter verfeinert und schließlich bei der Kodierung (empiriegeleitet) finalisiert wurde. Ein solches Vorgehen wird empfohlen von Früh, der beschreibt, dass weder eine rein theoriegeleitete noch eine rein empiriegeleitete Kategorienbildung in ihrer „Reinform" sinnvoll ist. Vielmehr geht es darum, eine adäquate Balance zwischen diesen Extremformen zu finden.[477] Anhand dieses Prozesses und eines Pretests konnte sichergestellt werden, dass das Kategorienschema die zu bearbeitenden Texte adäquat verschlüsseln kann.[478] Insgesamt wurden vor allem die Vor- und Nachteilsdimensionen sehr ausführlich erhoben, auch wenn diese nicht unbedingt alle relevant erschienen. Damit sollte vermieden werden, dass am Ende der Analyse relevante Konstrukte fehlen, die dann hätten aufwendig nacherhoben werden müssen.[479]

In den seltensten Fällen sind die interessierenden Konstrukte im Text explizit erwähnt, so dass vom Forscher in der Regel eine Abstraktion vorgenommen

---

[475] Vgl. Nafroth (2002), S. 95.
[476] Siehe hierzu die Ausführungen bei der Vorstellung der einzelnen Variablen. Vgl. für ein Beispiel von Haupt- und Unterkategorien auch Früh (2004), S. 81.
[477] Vgl. Früh (2004), S. 73. Siehe hierzu auch Brosius et al. (2009), S. 169: *„Die zentrale Aufgabenstellung bei einer Inhaltsanalyse ist die theorie- und empiriegeleitete Kategorienbildung (...). Theoriegeleitet meint u.a. den Umstand, dass aus bereits vorhandener Literatur entnommen wird, welche Kategorien bisher zu diesem Thema entwickelt wurden. Häufig erfasst man aber das Spezifische eines Untersuchungsthemas besser, wenn man zusätzlich die eigenen Ideen nutzt, also sich das zu untersuchende Material zunächst einmal ansieht und so empiriegeleitet weitere Kategorien gewinnt. (...) Der Prozess der Kategorienbildung läuft sowohl deduktiv (theoriegeleitet aus der Literatur) als auch induktiv (empiriegeleitet aus eigener Anschauung) ab. Nur dadurch ist gewährleistet, dass man einen Gegenstandsbereich vollständig erfassen kann."*
[478] Friedrichs (1990), S. 331 spricht davon, dass man mit dem Pretest prüft, *„ob die zunächst impressionistische Sammlung der Kategorien oder ihre Ableitung aus dem Forschungsproblem nun dem Material gerecht wird"*.
[479] Früh (2004), S. 84 sieht höchstens ein Effizienzproblem bei der Auswertung und keine Qualitätseinbuße bei der Untersuchung, wenn mehr Daten erhoben werden, als notwendig.

werden muss, bei der die im Text vorkommenden Inhalte einem bestimmten Konstrukt zugeordnet werden.[480] Demnach ist klar, dass die Prädisposition des Kodierers einen Einfluss auf die Kodierentscheidungen ausübt und dass eine eindeutige – und objektive[481] – Zuordnung selten möglich ist.[482] Um diese Zuordnungen nachvollziehbar zu machen, muss ein Kategorienschema erstellt werden. Dieses soll – in Anlehnung an die oft genutzten Forderungen von Holsti – möglichst folgende Eigenschaften aufweisen:

- Theoretische Ableitung des Kategorienschemas,
- Nutzung eines einheitlichen und nach einer Dimension ausgerichteten Klassifikationsprinzips,
- Vollständigkeit des Kategorienschemas, das heißt alle möglichen Inhalte sollen erfassbar sein,
- Wechselseitige Ausschließlichkeit der Kategorien,
- Unabhängigkeit der Kategorien voneinander,
- Eindeutige Definition der Kategorien.[483]

Das hier genutzte Kategorienschema wurde *theoretisch abgeleitet*. Grundlage dafür sind insbesondere die Ausführungen in Kapitel 3.1.2, in denen die verschiedenen Isomorphismen von DiMaggio/Powell näher erläutert und deren Bezug zu Produktionsverlagerungen nach China gezeigt wurden. Die Forderung nach einem *einheitlichen Klassifikationsprinzip* wurde ebenfalls beachtet. Ein nicht einheitliches Klassifikationsprinzip würde zum Beispiel vorliegen, wenn die Dimension „Schulbildung" durch die Kategorien „Hauptschule", „Realschule" und „Abitur" erfasst würde, da die ersten beiden Kategorien keinen Schulabschluss darstellen, sondern lediglich Schultypen, die man mit oder oh-

---

[480] Vgl. Früh (2004), S. 52.
[481] Eine objektive mit der Realität übereinstimmende Einschätzung wird in der konstruktivistischen Sichtweise ohnehin abgelehnt.
[482] Vgl. Früh (2004), S. 55-56 sowie Merten (1999b), S. 253. Siehe auch Früh (2004), S. 89.
[483] Vgl. Holsti (1969), S. 95. Bei der Übersetzung dieser Eigenschaften erfolgte eine Anlehnung an Merten (1995a), S. 98-99. Die Originalprinzipien von Holsti lauten: „*That is, categories should reflect the purposes of the research, be exhaustive, be mutually exclusive, independent, and be derived from a single classification scheme*" (Holsti (1969), S. 95). Vgl. zur nachfolgenden Diskussion neben den angegebenen Quellen auch die Originalquelle von Holsti (1969), S. 95-101. Siehe auch die Ausführungen von Früh (2004), S. 86-87 zur Vollständigkeit, Exklusivität und Trennschärfe theoretischer Konstrukte.

ne Abschluss verlassen kann; das Abitur hingegen stellt einen Schulabschluss dar.[484] In vorgenanntem Beispiel liegen die verschiedenen Dimensionen also logisch nicht auf einer Ebene.[485] Merten weist in diesem Zusammenhang darauf hin, dass oftmals die Forderung nach einem standardisierten Kategorienschema gestellt wird, um Probleme eines eventuellen nichteinheitlichen Klassifikationsschemas von vornherein zu umgehen.[486] So sieht zum Beispiel Klingemann als bedeutende Schwäche der Inhaltsanalyse, *„daß sie keinen gesicherten Bestand an Meßinstrumenten hervorgebracht hat, der in standardisierter und valider Weise soziale Realität beschreibt und damit konkurrierende theoretische Erklärungsansätze empirisch überprüfen könnte".*[487]

Einheitliche Kategorienschemata könnten demnach die Vergleichbarkeit verschiedener Studien untereinander erhöhen. Da jedoch reine Replikationsstudien in der Forschungspraxis vermieden werden, hat sich die Forderung nach der Nutzung von einem solchen einheitlichen Klassifikationsschema für inhaltsanalytische Untersuchungen – zumindest in den Sozialwissenschaften – nicht durchgesetzt.[488] So konnte auch im Rahmen dieser Arbeit nicht auf ein einheitliches Klassifikationsschema zurückgegriffen werden, da die von DiMaggio/

---

[484] Dieses Beispiel wurde entnommen aus Atteslander (2000), S. 213.
[485] Vgl. Schreiber (1999), S. 107; vgl. auch Klammer (2005), S. 260-261.
[486] Vgl. Merten (1995a), S. 101.
[487] Klingemann (1984), S. 9. Siehe dazu auch die an Klingemann angelehnte Argumentation von Hüning (2001), S. 13, 15, dass immer neue für Forschungen ad hoc entwickelte Kategoriensysteme die Replikation und Vergleichbarkeit von Studien kaum erlauben; eine solche geforderte Standardisierung würde aber gerade für Metaanalysen sehr vorteilhaft sein.
[488] Siehe hierzu auch die Argumentation von Merten (1995a), S. 100-101, der ausführt, dass man in den Sozialwissenschaften *„kein Interesse für vorgefertigte Klassifikationen feststellen"* kann. Weiterhin könnte es auch Probleme der interkulturellen Gültigkeit solcher vorgefertigter Klassifikationen geben (vgl. Merten (1995a), S. 101). Siehe insgesamt hierzu auch die ausführliche Argumentation von Holsti (1969), S. 101-104, der letztlich zur selben Schlussfolgerung kommt, wie bereits Pool zehn Jahre zuvor, den er mit folgenden Worten zitiert: *„It is questionable, however, how ready we are to establish standard measures (...) in content analysis. Such a measure is convenient when a considerable number of researchers are working on the same variable, and when someone succeeds in working out good categories for that variable. It is doubtful that either of those criteria can be met in most areas of content analysis"* (Pool (1959), S. 102). Die Ausführungen von Merten (1995a), S. 101 zeigen, dass diese Aussage auch etwa 40 Jahre später noch aktuell war und auch heute noch aktuell ist. Vgl. auch die Argumentation von Pütz (1993), S. 93, der davon ausgeht, dass zum einen die Inhaltsanalyse keine standardisierte Methode darstellt und dass standardisierte Kategorien einen zu großen Abstraktionsgrad aufweisen, um eine sehr spezifische Forschungsfrage zu beantworten und aus diesem Grund die Forderung nach einheitlichen Kategorien nicht aufrecht zu erhalten ist.

Powell thematisierten Isomorphismen hinsichtlich Produktionsverlagerungen in der Literatur so noch nicht thematisiert wurden.[489]

Die *Vollständigkeit* des Kategorienschemas kann sichergestellt werden, indem zum einen möglichst alle verschiedenen möglichen Items ins Kategoriensystem aufgenommen werden und zusätzlich sichergestellt wird, dass eine Residualkategorie (z. B. „sonstiges") existiert, in welche andere ebenfalls zur Kategorie gehörende aber nicht explizit im Schema erwähnte Items eingeordnet werden.[490] Dies bedeutet natürlich nicht, dass alle im Text vorhandenen Informationen übernommen werden müssen; es müssen jedoch die zur Beantwortung der Forschungsfragen relevanten Informationen vollständig aus dem Text extrahiert werden.[491] Darüber hinaus ist denkbar, dass für bestimmte Kategorien dichotomisierte Variablen erstellt werden, so dass auch dadurch eine Vollständigkeit sicher gestellt wird.[492] In dem für diese Arbeit entwickelten Kategorienschema wurde die Vollständigkeit der Kategorien berücksichtigt.

Die *wechselseitige Ausschließlichkeit* und die *Unabhängigkeit der Kategorien untereinander* wurden ebenfalls beachtet. Hier ergaben sich insbesondere Probleme bei der Zuordnung der Rolle der Unternehmensberatungen zum normativen oder mimetischen Isomorphismus, da in der Literatur zwischen diesen Mechanismen nicht trennscharf unterschieden wurde. Es wurde deshalb be-

---

[489] Vgl. dazu zum Beispiel auch die bereits weiter oben zitierte Aussage von Bühner im Vorwort der Arbeit von Krenn (2006), S. V, der ausführt, dass ihre Arbeit als *„originär"* anzusehen ist, *„da sie erstmals dieses Erklärungsmuster* [den soziologischen Neo-Institutionalismus, Anm. d. Verfassers] *für Markteintrittsentscheidungen heranzieht"*. Daraus wird ersichtlich, dass auch noch keine geeigneten Kategorien zur Messung existieren (können). Diese Annahme wurde noch untermauert durch die Analyse verschiedener Studien, welche die von DiMaggio/Powell thematisierten Isomorphismen nutzen (vgl. hierzu zum Beispiel die Übersichten in Lieberman/Asaba (2006), S. 369-370 sowie in Francis et al. (2009), S. 578); auch hier wurden keine geeigneten Kategoriensysteme bzw. Konstrukte gefunden; oftmals wurden in diesen Studien solche Items genannt, die im Rahmen einer Inhaltsanalyse nicht zu erheben sind, zum Beispiel in den Beiträgen von Davis (1991) und Haunschild (1993) die persönlichen Beziehungen zwischen Managern verschiedener Unternehmen oder im Beitrag von Baum/Haveman (1997) die geographische Nähe verschiedener Unternehmen.
[490] Im Rahmen des Kategorienschemas wurde auch für jede Kategorie eine Unterkategorie „keine" erstellt (keine Vorteile genannt, keine Nachteile genannt usw.). Diese wurde nicht im Rahmen der Datenerhebung kodiert, sondern nach Abschluss der Datenerhebung der Datentabelle manuell hinzugefügt, wenn keine der anderen Unterkategorien kodiert wurden. Eine Kodierung direkt im Text wäre zum einen sehr aufwendig und zum anderen auch sehr unübersichtlich gewesen; vgl. dazu Kuckartz (2010), S. 147.
[491] Vgl. Früh (2004), S. 81; vgl. auch Merten (1995a), S. 20, 21.
[492] Vgl. Merten (1995a), S. 99.

schlossen, die Unternehmensberatungen dem mimetischen Isomorphismus zuzuordnen. Schließlich wurde auch auf die Forderung der *eindeutigen Definition* eingegangen; dies wird zum Beispiel erkennbar bei der Zuordnung zu den verschiedenen Branchen, die klar durch das Statistische Bundesamt definiert und abgegrenzt sind. Nachfolgend sollen nun die verschiedenen Kategorien vorgestellt werden.

5.4.2 Überblick über das im Rahmen der Arbeit genutzte Kategorienschema und die Operationalisierung der Variablen

Im Folgenden sollen nun die im Rahmen der Arbeit genutzten Kategorien vorgestellt werden. Das komplette Kategoriensystem findet sich in der folgenden Tabelle 5-3. Um Redundanzen zu vermeiden soll in diesem Abschnitt nicht näher auf die theoretischen Hintergründe der verschiedenen Variablen (insbesondere der Isomorphismusvariablen) eingegangen werden. Vielmehr wird jeweils auf die entsprechenden Abschnitte im theoretischen Teil der Arbeit verwiesen, um die Herkunft der verschiedenen Variablen und Kategorien zu klären. In der späteren Auswertung soll jedoch wieder eine Brücke zwischen den empirischen Befunden und den theoretischen Hintergründen geschlagen werden.

Insgesamt wurden im Rahmen der Analyse 15 verschiedene Variablen erhoben (V01-V15). Diese wurden in der Regel anhand von Unterkategorien weiter operationalisiert, wie aus der vorangehenden Tabelle hervorgeht. Nachfolgend sollen diese Variablen und Unterkategorien ausführlicher vorgestellt werden.[493]

---

[493] Im Folgenden wird von den Hauptkategorien (V01, V02, V03 etc.) als Variablen gesprochen, von den darunter stehenden Ausprägungen (01, 02, 03 etc.) von Kategorien, Unterkategorien oder Subkategorien.

Variable/Kategorie
V01 Zeitung/Zeitschrift
V02 Datum
V03 Seite
V04 Bewertung gesamt
V05 Erwähnte Unternehmen
V06 Deutsche vs. ausländische Unternehmen
V07 Erwähnte Branchen
01 Chemische Industrie
02 Ernährungsgewerbe/Futtermittel
03 Fahrzeugbau/-teile (Kraftfahrzeuge/Teile für PKW, LKW, Bus)
04 Fahrzeugbau sonst. (Flugzeug, Bahn, Schiff, Motorrad etc.)
05 Maschinenbau/Anlagenbau
06 Herstellung von Datenverarbeitungsgeräten, peripheren Geräten
07 Herstellung Geräte Kommunikationstechnik, Zubehör
08 Herstellung Geräte Unterhaltungselektronik
09 Herstellung optische/fotografische Erzeugnisse
10 Herstellung elektrischer Haushaltsgeräte
11 elektronische Bauelemente/Leiterplatten
12 Elektrische/elektronische/optische Ausrüstungen sonst./allgemein
13 Metallerzeugung, Herstellung von Metallerzeugnissen
14 Papier-/Verlags-/Druckgewerbe
15 Pharmazeutische Industrie
16 Spielwarenindustrie
17 Sportgeräte
18 Textil-/Bekleidungsindustrie, Ledergewerbe
19 Körperpflege, Waschmittel und Kosmetik
20 Möbelindustrie
21 Musikinstrumente
22 Herstellung Gummi-/Kunststoffwaren
23 Glas, Glaswaren, Keramik, Kalk, Beton, Steine
97 Verarbeitendes Gewerbe allgemein
98 keine Branchen erwähnt
99 sonstige
V08 Sicht von Produktionsverlagerungen nach China in der Öffentlichkeit/Allgemein
01 Verlust inländischen Know-hows
02 Sicherung inländischer Arbeitsplätze
03 Verlust inländischer Arbeitsplätze
04 Produktionsverlagerung unvermeidlich/Produktion in Deutschland nicht wettbewerbsfähig
05 Produktionsverlagerung nicht unbedingt notwendig/Produktion in Deutschland wettbewerbsfähig
06 Deutschland/Inland profitiert von Produktionsverlagerungen nach China
07 Deutschland/Inland negativ betroffen von Produktionsverlagerungen nach China
08 Kritik an dortige Arbeitsbedingungen, Kinderarbeit
09 Umweltzerstörung
10 Abhängigkeit von China
11 Verlagerung ethisch/moralisch nicht tragbar
99 keine Aussage
V09 Genannte unternehmensspezifische Vorteile/Motive von Prod.-verlagerungen nach China
01 Neue Märkte/Nähe zu neuen Märkten
02 Nähe zu momentanen Kunden
03 günstigere Lohnkosten/Lohnnebenkosten
04 günstigerer Bezug von Rohstoffen
05 sonstige Kostenvorteile/Kostenvorteile allgemein
06 Know-how/Reputation des lokalen Partners
07 geringerer Wettbewerb
08 große Auswahl an geeigneten Arbeitskräften
09 Risikoteilung/-abwälzung auf lokalen Partner
10 Steuerersparnis/Nutzung von Subventionen
11 Risikodiversifikation
12 Wechselkursvorteile, Minderung von Währungsrisiken
13 Zolleinsparungen/Umgehen von Handelshemmnissen
14 Flexibilität durch Auftragsfertigung
15 China als Brückenkopf/Produktionsbasis für asiatischen Markt
16 sonst. Standortbedingungen/Standortbedingungen allgemein
17 relativ hohe Produktivität/gute Qualität
18 Entgegenkommen durch Behörden
19 geringe Macht der Gewerkschaften
98 keine Nennung von Vorteilen
99 sonstige Vorteile

Variable/Kategorie
V10 Quantifizierte Vorteile
V11 Genannte unternehmensspezifische Nachteile/Probleme von Prod.-verl. nach China
01 Korruption/Betrug/Diebstahl/Erpressung
02 Qualitätsprobleme
03 Probleme mit der Produktsicherheit
04 Lohnkostensteigerungen
05 Verfügbarkeit von qualifiziertem/geeignetem Personal
06 rechtliche Probleme/rechtliche Unsicherheit
07 Probleme mit Schutz geistigen Eigentums/Technologietransfer
08 keine/ungenaue Marktdaten; Fehleinschätzungen
09 hohe Transportkosten zur Bedienung der Heimatmärkte
10 lange und unsichere Transportwege /-zeiten
11 Unpünktlichkeit/Unverlässlichkeit chinesischer Partner (Lieferanten/Kunden)
12 schlechtes Zahlungsverhalten/lange Zahlungsziele
13 Nichteinhaltung von Verträgen/nachträgliche Verhandlungen
14 hoher Wettbewerb/wachsender Wettbewerb/Überkapazitäten
15 Einmischung des chinesischen Staates/Willkür/Auflagen d. Behörden
16 versteckte Kosten allgemein
17 hohes Maß an Bürokratie
18 schlechte Infrastruktur (Straßen, Kommunikation, Energie etc.)
19 Notwendigkeit von Kontakten/Beziehungen/Guanxi
20 kulturelle Probleme/kulturelle Unterschiede
21 geringe Flexibilität
22 hohe Koordinationskosten/Koordinationsprobleme
23 Währungsrisiken, Inflation
24 Fluktuation der Mitarbeiter
25 geringere Produktivität/Effizienz, geringe Skaleneffekte
26 politische Instabilität/Unsicherheit; soziale Unruhen/Spannungen
27 Arbeitnehmerrechte wachsen/Gewerkschaften/strengere Sozialgesetzgebung
28 Probleme mit JV-Partner
29 Imageprobleme
30 WTO-Beitritt Chinas vermindert Profitabilität
31 Bevorzugung chinesischer Unternehmen
32 Steuererhöhungen/Abschaffung v. Subventionen/Steuervorteilen
33 Im-/Exportbeschränkungen aus/nach China, Handelsbarrieren
34 steigende/hohe Kosten sonst./allgemein
35 Suche nach JV-Partner schwierig/schwierige JV-Verhandlungen
36 undurchsichtige/falsche Bilanzen/Buchhaltung
37 Abhängigkeit von Partner/Produzenten
38 Probleme der Finanzierung
39 Heranzüchten von Konkurrenten
98 keine Nachteile genannt
99 sonstige Nachteile
V12 Quantifizierte Nachteile
V13 Indizien bzw. Treiber für Isomorphismus durch Zwang
01 Druck durch bzw. Folgen von (potentiellen) Schlüsselkunden
02 Druck durch ausländische Regierung, offizielle/inoffizielle Local-Content-Forderungen
03 Druck durch Muttergesellschaft/Eigentümer
04 Druck durch Banken, Kapitalgeber
05 Umgehen restriktiver gesetzlicher Anforderungen im Heimatland
06 Umgehen von Handelsbarrieren
07 Kostendruck, Kosteneinsparungen
08 Druck zur Suche nach neuen Märkten
09 Bedarf an Rohstoffen
98 keine Nennung
99 sonstige
V14 Indizien bzw. Treiber für Isomorphismus durch normativen Druck
01 Produktionsverlagerung nach China durch Hochschulen propagiert
02 Anwerbung von Managern, die Erfahrung mit Produktionsverlagerungen nach China haben
03 Beschäftigung von Professionen/Verbänden mit Produktionsverlagerungen nach China
04 Wirtschaftsnahe Chinastudiengänge begründet
05 Aus-/Weiterbildung von deutschen Studenten/Arbeitnehmern in China
98 keine Nennung
99 sonstige

Variable/Kategorie
V15 Indizien bzw. Treiber für mimetischen Isomorphismus
01 Produktionsverlagerung nach China vorteilhaft/wünschenswert (außer Beratungen)
02 Produktionsverlagerung nach China durch Beratungen als vorteilhaft propagiert
03 Nutzung von Beratungen zur Analyse/Durchführung von Produktionsverlagerungen nach China
04 Imitation von Wettbewerbern oder anderen UN
05 Stark positive/optimistische Aussagen über China
06 Hinweise auf ökonomisch fragwürdiges/unvorteilhaftes Verhalten
07 Ernüchterung nach China-Euphorie
08 Verschleierte Aussagen zu Erfolg in China
09 Dringlichkeit einer Investition in China/zu langes Zögern
98 keine Nennung
99 sonstige

Tab. 5-3: Finales Kategorienschema
Quelle: eigene Darstellung.

Zeitung/Zeitschrift (V01), Datum (V02), Seite (V03)

Mit diesen Variablen werden formale Merkmale des zu analysierenden Textes erfasst. Es ist gängige Praxis bei Inhaltsanalysen, solche formalen Kriterien aufzunehmen, auch wenn Sie nicht unbedingt einen direkten Einfluss auf die Beantwortung der gestellten Forschungsfragen haben.[494] Die im Rahmen von Inhaltsanalysen oftmals erhobenen Daten wie Größe bzw. der Umfang des Artikels und weitergehende Analysen des Layout bzw. der dazugehörigen graphischen Elemente werden nicht mit erhoben, da sie für die Beantwortung der Forschungsfragen keine nennenswerten Erkenntnisse bringen.[495] Auch die Art des Artikels bzw. die journalistische Stilform (z. B. Nachricht, Bericht, Dokumentation, Leitartikel, Leserbrief, Kommentar usw.[496]) wird nicht erhoben, da dies zum einen oftmals nicht eindeutig festgestellt werden kann (zumal auch die Syste-

---

[494] Vgl. Merten (1999b), S. 248, der ausführt, dass die Variablen in der Regel in aufsteigender Nummerierung festgehalten und zu Beginn die formalen Variablen aufgeführt werden. Vgl. auch die Ausführungen in Früh (2004), S. 162-163 oder die Analysen bei Nafroth (2002), S. III und Hagenhoff (2003), S. 61-67.
[495] Eine solche umfangreiche Erhebung nimmt zum Beispiel Pütz (1993), S. 254-258 vor, der die Länge der Überschriften, die Art der Bildformen, die Anzahl der Abbildungen, graphische Hervorhebungen usw. erhebt und analysiert. Im Rahmen dieser Arbeit erscheint eine solche ausführliche Analyse dieser Elemente jedoch nicht angemessen.
[496] Für eine Übersicht zu möglichen journalistischen Textgattungen sei verwiesen auf Mast (1999), S. 35-40, Burkhardt (2009), S. 193-215. Roloff (1982), S. 9-12 identifiziert zum Beispiel 19 verschiedene Textgattungen – auch aus diesem Grund scheint eine Aufnahme der Textgattung ins Kategoriensystem aus Aufwand-/Nutzengründen wenig praktikabel.

matisierungen häufig nicht eindeutig sind) und zum anderen für die weiterführende Analyse keinen entscheidenden Mehrwert erwarten lässt.[497]

Bewertung Gesamt (V04)

Mit dieser Variable wird gemessen, wie eine Produktionsverlagerung im Artikel insgesamt dargestellt wird. Wichtig ist diese Variable zur Beantwortung der zweiten Forschungsfrage, die auf die allgemeine Darstellung von Produktionsverlagerungen in der Medienberichterstattung abzielt. Eine solche positive Berichterstattung gilt nach der Argumentation in dieser Arbeit als eine notwendige – wenngleich nicht hinreichende – Bedingung für die Annahme der Wirkung eines von der Medienlandschaft beeinflussten mimetischen Isomorphismus. Die Erfassung von Bewertungen gilt im Rahmen von Inhaltsanalysen als *„Königsdisziplin"*, da sie in der Regel eher schwierig vorzunehmen ist, jedoch *„jenseits der oft langweiligen Fixierung formaler Sachverhalte (...) oder der bloßen Klassifikation von Inhalten"* Erkenntnisse hervorbringt, die zu den interessantesten Ergebnissen von Inhaltsanalysen zählen.[498]

Eine durchaus schwierige erste Entscheidung bei der Erhebung von Bewertungen liegt in der Auswahl der zu verwendenden Skala. Die Nutzung von Skalen ist im Bereich der Inhaltsanalyse zur Feststellung von bestimmten Tendenzen der Darstellung weit verbreitet.[499] Dabei wird bei der Bewertung die Sichtweise des *„typischen Rezipienten"*[500] bzw. des *„durchschnittlichen Lesers"*[501] eingenommen, ohne Anspruch auf eine – wie auch immer definierte – Objektivität der

---

[497] Vgl. Mast (1999), S. 31; vgl. auch Früh (2004), S. 163, der in seinem Anwendungsbeispiel auch keine Analyse der Textgattung vornimmt. Mast (1999), S. 31 spricht davon, dass *„Versuche zur Systematisierung der journalistischen Textgattungen (...) aufgrund der in der journalistischen Praxis vorfindbaren Ausdrucksformen nicht eindeutig [ausfallen]"*. Bei der genauen Systematisierung und Zuordnung müssten Mast zufolge auch die *„Ziele und Absichten der Journalisten"* und auch die *„erzielte Wirkung beim Publikum"* mit einbezogen werden – dies kann im Rahmen einer Inhaltsanalyse jedoch nicht geleistet werden.
[498] Rössler (2005), S. 145.
[499] Vgl. zum Beispiel die Kategorien von Hagenhoff (2003), S. 66; vgl. auch Merten (1995a), S. 21 sowie Schreiber (1999), S. 110-111. Siehe auch Holsti (1969), S. 107.
[500] Früh (2004), S. 43.
[501] Rössler (2005), S. 149.

Einschätzung.[502] Die Nutzung einer bestimmten Skala hat sich im Rahmen der Inhaltsanalyse jedoch (noch) nicht durchgesetzt.[503] Bei der Entwicklung der Skala ist ein Trade-off zwischen der Nutzung von vielen Ausprägungen (und damit einhergehender starker Differenzierung) und wenigen Ausprägungen (und damit einhergehender einfacherer Reproduzierbarkeit) zu beachten.[504] Merten spricht von einer dreistufigen Skala (negativ, neutral, positiv) im „einfachsten Fall".[505] Nach oben hin grenzt lediglich die zunehmende Komplexität bzw. die überhaupt sinnvolle bzw. mögliche Differenzierung des zu kodierenden Materials bei der Vornahme der Bewertungen die Anzahl der möglichen Abstufungen ein. Einhergehend mit der Festlegung der Anzahl der Skalen muss festgelegt werden, ob eine neutrale Bewertung möglich sein soll oder nicht. Im Rahmen dieser Arbeit soll eine solche neutrale Bewertung möglich sein und deshalb kommt grundsätzlich nur eine Skala mit ungerader Anzahl an Bewertungsmöglichkeiten in Frage.

Eine dreistufige Skala erscheint im Rahmen dieser Arbeit zu undifferenziert, eine siebenstufige Skala hingegen zu differenziert. In der vorliegenden Arbeit wird zur Messung der Bewertung eine 5-Punkte-Skala genutzt, die von sehr negativ (1) bis sehr positiv (5) reicht. Dabei wird der mittlere Wert (3) sowohl für Beiträge genutzt, die nach Abwägung verschiedener genannter Fakten (z. B. Vor- und Nachteile) oder anderer (auch subjektiv) wertender Aussagen neutral auf den Leser wirken als auch für solche Artikel, die eine reine Faktenmeldung („Unternehmen XY produziert in China") darstellen.[506] Maurer/Jandura argumentieren, dass – zumindest in der Analyse der Berichterstattung über Wahlen

---

[502] Der Forscher will (und kann) bei einer solchen Bedeutungsrekonstruktion im Rahmen einer Inhaltsanalyse „nicht den Anspruch erheben, repräsentativ für das Spektrum aller Interpretationsweisen eines potenziellen Publikums zu sein" (Früh (2004), S. 43).
[503] Früh (2004), S. 220-222 stellt zum Beispiel eine siebenstufige Skala zur Bewertung von Argumenten vor, die zum Beispiel auch von Meißner/Ruhrmann (2000), S. 19 in ihrer Analyse genutzt wird. Auch Holsti (1969), S. 107 stellt beispielhaft eine drei- und eine siebenstufige Skala zur Messung von Bewertungen vor. Nafroth (2002), S. 97-98 etwa nutzt im Rahmen ihrer Arbeit eine sechsstufige Skala ohne die Möglichkeit einer neutralen Bewertung (sehr positiv, überwiegend positiv, eher positiv, eher negativ, überwiegend negativ, sehr negativ).
[504] Vgl. Rössler (2005), S. 152.
[505] Merten (1995a), S. 21. Hier könnte sogar argumentiert werden, dass auch eine zweistufige Skala (positiv, negativ) möglich ist, wenn die Möglichkeit einer neutralen Bewertung ausgeschlossen werden soll.
[506] Vgl. Rössler (2005), S. 148.

– vorrangig fünfstufige Skalen zum Einsatz kommen.[507] Schreiber weist darauf hin, dass insbesondere bei sehr differenzierten Skalen (in seinem Fall einer siebenstufigen Skala) eine konsistente Einschätzung schwieriger ist, als bei einer weniger differenzierten Skala (in seinem Beispiel einer dreistufigen Skala). Insbesondere merkt er an, dass bei einer großen Anzahl an Differenzierungsmöglichkeiten zwar verschiedene Kodierer einen Konsens erzielen können und daher die Kodierungen bzw. Einschätzungen zumindest annähernd ähnlich ausfallen, es jedoch unklar ist, ob auch Personen außerhalb des Kodiererteams eine solch differenzierte Einschätzung in ähnlicher Form abgeben würden.[508] Auch aus diesem Grund erscheint eine fünfstufige Skala (noch) vertretbar und eine siebenstufige Skala bereits zu differenziert.[509]

Im Rahmen dieser Arbeit wird jeder Zeitschriftenartikel direkt nach dem erst- (und ein-)maligen Lesen bewertet. Damit soll am besten der Eindruck widergespiegelt werden, den ein ‚typischer Rezipient' beim (erst- bzw. in der Regel einmaligen) Lesen des Artikels hat. Die Einschätzung, ob ein Bericht positiv oder negativ ist, soll demnach nicht in einer technischen Art und Weise an vorab definierten Schlüsselwörtern festgemacht werden, sondern am Eindruck, den ein Rezipient beim Lesen des Artikels hat.[510] Es soll auch keine bloße Quantifizierung positiver und negativer Aspekte und eine anschließende Bewertung des Artikels erfolgen, je nachdem ob mehr positive oder negative Aspekte im Text genannt wurden. Die grobe Einschätzung des gesamten Textes erscheint im Rahmen dieser Arbeit als zielführender. Dieses Vorgehen findet

---

[507] Vgl. Maurer/Jandura (2001), S. 183.
[508] Vgl. Schreiber (1999), S. 110-111.
[509] Auf Schwierigkeiten bei der Kodierung von fünfstufigen und insbesondere von siebenstufigen Bewertungsskalen nimmt Hagenhoff (2003), S. 75, 77 Bezug: Zur Messung der Reliabilität ihrer fünf- bzw. siebenstufigen Skalen wurden diese anscheinend kurzerhand mit einem leider nicht näher vorgestellten „Kunstgriff" in drei- bzw. fünfstufige Skalen mit folgender Begründung konvertiert, um eine (noch) annehmbare Reliabilität nachzuweisen: „Diese Variablen wurden anhand einer 7-er Skala [bzw. 5-er Skala, Anm. d. Verfassers] codiert. Im Laufe der Reliabilitätsprüfungen stellte sich heraus, daß die Variablen als besonders schwierig zu codieren galten. Die Reliabilitätsprüfungen beziehen sich daher auf eine 5-er Skala [bzw. 3-er Skala, Anm. d. Verfassers]."
[510] Aufgrund der eigenen Wirklichkeitskonstruktion des Forschers ist natürlich ausgeschlossen, dass er exakt die gleiche Wirklichkeit konstruiert – oder in diesem Falle exakt die gleiche Bewertung abgibt – wie es ein Manager oder anderer Entscheidungsträger tut (vgl. hierzu die Argumentation von Früh (2004), S. 43-44). Aufgrund der Argumentation in Abschnitt 4.4 kann aber dennoch davon ausgegangen werden, dass eine solche Einschätzung des Forschers mit den Einschätzungen von Entscheidungsträgern korreliert.

auch in der Literatur Unterstützung. Da die Vergabe von Bewertungen für diese Arbeit entscheidende Bedeutung besitzt, werden nachstehend zwei längere direkte Zitate zu dieser Problematik dargestellt:

„Eine relativ grobe Einschätzung der Beitragstendenz durch den Codierer ist dagegen vermutlich näher an der Wahrnehmung des Textes durch die Rezipienten. Untersuchungen zur Wahrnehmung von Medieninhalten legen den Schluss nahe, dass diese sich nicht an jede einzelne Aussage in einem Medienbeitrag erinnern können, und folglich auch nicht alle Aussagen gleichermaßen in ihre Beurteilung (...) einfließen lassen."[511]

„Von einer Globalbewertung der Analyseeinheit durch den Codierer sprechen wird dann, wenn ihm ein summarisches Urteil abverlangt wird, für das der Codierer selbst unterschiedliche Aspekte und Sachverhalte gewichten, zueinander in Beziehung setzen und anschließend eine abgewogene Bewertung abgeben muss. (...) Diese Vorgehensweise ist aus Publikumssicht deswegen gerechtfertigt, weil Studien bereits zeigen konnten, dass der Rezipient ebenfalls eher einen Globaleindruck von einem Text ‚mitnimmt' und weniger einzelne Argumente miteinander verrechnet."[512]

Da die Wahrnehmung eines Textes durch die Rezipienten im Rahmen der in dieser Arbeit vertretenen theoretischen Fundierung eine Rolle für die Entscheidung einer Produktionsverlagerung spielt, ist also die Einschätzung über eine globale Bewertung des Textes ohne einer technisch-quantitativen Würdigung jedes einzelnen erwähnten Aspekts sinnvoll.[513] Schließlich soll noch auf das mögliche Vorhandensein eines gewissen Bias eingegangen werden: Da die theoretische Argumentation davon ausgeht, dass die Produktionsverlagerung nach China eher positiv gewesen sein muss, könnte man einen Einfluss auf das

---

[511] Maurer/Reinemann (2006), S. 54.
[512] Rössler (2005), S. 147.
[513] Dennoch wurden auch alternative Betrachtungen im Rahmen der Vergabe von Bewertungen angestellt. Siehe hierzu insbesondere die Ausführungen zu den vorgenommenen Korrelationsanalysen in den Abschnitten 5.5.7.1, 6.7.1.8 sowie 6.7.3.8.

Kodierverhalten dahingehend unterstellen, dass eine Tendenz zu einer positiven Bewertung besteht; das heißt, es könnte angezweifelt werden, dass hier mit einem – im Rahmen einer konstruktivistischen Sichtweise überhaupt möglichen – ausreichenden Maß an Objektivität an die Bewertung herangegangen wird.[514] Um dieses Argument zu entkräften, kann die Arbeit von Maurer/Jandura[515] dienen. Die beiden Autoren haben analysiert, ob die Zugehörigkeit zu einer bestimmten Partei das Kodierverhalten im Rahmen einer Inhaltsanalyse über die Darstellung eines Kanzlerkandidaten beeinflusst. Die Autoren kamen zu dem Schluss, dass die *„Codierung der Darstellung der Kanzlerkandidaten in den Printmedien (...) von der Kanzlerpräferenz der Codierer vollkommen unabhängig* [war]. *Dies galt sowohl für die Codierung der Gesamttendenz der Kandidatendarstellungen im Text als auch für die Wahrnehmung von Persönlichkeitseigenschaften der Kandidaten auf Pressefotos."*[516] Dies zeigt, dass trotz einer gewissen Voreingenommenheit und Subjektivität hinreichend objektiv eingeschätzt werden kann, wie ein bestimmter Artikel auf den Leser wirkt.

Erwähnte Unternehmen (V05) und Deutsche vs. ausländische Unternehmen (V06)

Auch diese Variablen dienen nicht zur unmittelbaren Beantwortung der Forschungsfragen. Es sollen Namen von konkret genannten Unternehmen erfasst werden, um bei der späteren Analyse festzustellen, ob es hier lediglich ein eingeschränktes Kontingent an Unternehmen gibt, die immer wiederkehrend Erwähnung finden und demnach womöglich als Vorbild (etwa im Rahmen des mimetischen Isomorphismus) dienen. Weiterhin soll erfasst werden, ob im jeweiligen Artikel vorrangig über deutsche Unternehmen oder vorrangig über ausländische Unternehmen berichtet wird. Es kann zum Beispiel angenommen werden, dass organisationale Felder auch länderübergreifend existieren – so dass etwa die Verlagerungsstrategie eines französischen Automobilherstellers

---

[514] Vgl. z. B. Früh (2004), S. 82-83 sowie Merten (1996), S. 65, 69.
[515] Vgl. Maurer/Jandura (2001). Vgl. dazu auch den Beitrag von Kepplinger et al. (1993), die zu einem ähnlichen Ergebnis kommen.
[516] Maurer/Jandura (2001), S. 195. Bei der Analyse der Bewertung der jeweiligen Artikel wurde – wie im Rahmen der vorliegenden Arbeit auch – eine fünfstufige Skala genutzt (vgl. Maurer/Jandura (2001), S. 188).

durchaus Auswirkungen auf die Verlagerungsstrategie deutscher Hersteller hat. Oder es kann angenommen werden, dass zum Beispiel die vermehrte Kritik am US-amerikanischen Unternehmen Apple, welches beim chinesischen Unternehmen Foxconn fertigen lässt, dessen schlechte Arbeitsbedingungen zu einer Serie von Selbstmorden der Arbeiter führte, auch in Deutschland zu einem negativen Bild von Produktionsverlagerungen nach China führt. Aus diesem Grund soll für die spätere Analyse die Möglichkeit gegeben sein, die Berichterstattung über deutsche und ausländische Unternehmen getrennt auszuwerten. Erhoben werden diese über die Ausprägungen 1 (deutsche Unternehmen), 2 (ausländische Unternehmen), 3 (deutsche und ausländische Unternehmen) sowie 99 (kein Bezug auf deutsche oder ausländische Unternehmen).

Erwähnte Branchen (V07)

Im Rahmen dieser Untersuchung wird das gesamte Verarbeitende Gewerbe als ein organisationales Feld betrachtet. Dennoch ist es für die weitere Analyse interessant, ob bestimmte Branchen innerhalb des Verarbeitenden Gewerbes häufiger oder vorteilhafter im Rahmen von Berichten über Produktionsverlagerungen erwähnt werden. Diese Variable und die dazugehörigen Unterkategorien wurden wie folgt erstellt: Zuerst wurden die bereits in Kapitel 2.1 erwähnten Untersuchungen der GIC sowie des Fraunhofer Instituts analysiert, um besonders häufig genannte Branchen zu identifizieren.[517] Zusätzlich wurde die vom Statistischen Bundesamt erstellte aktuelle „Klassifizierung der Wirtschaftszweige 2008" herangezogen.[518] Es wurde sich dann insbesondere nach den Hauptkategorien der Wirtschaftszweige des Statischen Bundesamtes gerichtet, jedoch verschiedene Teilkategorien separat erhoben. Dies erschien zum Beispiel für die in der Hauptkategorie 32 des Statistischen Bundesamtes („Herstellung von sonstigen Waren") zusammengefassten Teilkategorien der Spielzeugherstellung,[519] der Sportgeräteherstellung und der Musikinstrumentenherstellung angebracht, da diese bei einer ersten stichprobenartigen Sichtung der Medienbe-

---

[517] Siehe hierzu die Tabelle 2-2 auf Seite 19.
[518] Statistisches Bundesamt (2008b).
[519] Vgl. hierzu auch die Ausführungen in Abschnitt 3.2.3 bzw. in Fußnote 277, die eine separate Betrachtung der Spielwarenindustrie rechtfertigt.

richte bzw. bei vorherigen Recherchen zu diesem Thema in der Berichterstattung häufiger vertreten waren. Ähnliches gilt für die Hauptkategorien 26 (Herstellung von Datenverarbeitungsgeräten, elektronischen und optischen Erzeugnissen) und 27 (Herstellung von elektrischen Ausrüstungen) des Statistischen Bundesamtes, da insbesondere bei einigen Unterkategorien (Herstellung von Datenverarbeitungsgeräten und peripheren Geräten, Herstellung von Geräten und Einrichtungen der Telekommunikationstechnik, Herstellung von Geräten der Unterhaltungselektronik, Herstellung von optischen und fotographischen Instrumenten und Geräten, Herstellung von Haushaltsgeräten) separate Betrachtungen sinnvoll erschienen. Sofern diese Unterkategorien keine besondere Relevanz aufweisen, so ist eine spätere Zusammenfassung in die ursprüngliche Form unproblematisch; eine umgekehrte spätere Auftrennung wäre jedoch mit großem Aufwand verbunden.

Der Pretest ergab, dass es sinnvoll ist, nicht zu differenzieren ob die Branchen explizit (z. B. „Automobilindustrie") oder lediglich implizit („Volkswagen") erwähnt werden. Bei stark diversifizierten Konzernen musste jedoch zusätzlich zum Unternehmensnamen auch ein Hinweis auf eine bestimmte Sparte oder Produktart vorhanden sein, um hier eine exakte Zuordnung vorzunehmen. War dies nicht der Fall, wurden die Unternehmen solchen Branchen zugeordnet, in denen sie laut Einschätzung des Autors hauptsächlich tätig sind.

Sicht von Produktionsverlagerungen nach China in der Öffentlichkeit/Allgemein (V08)

Diese Variable soll für die Analyse der zweiten Forschungsfrage dienen. Aus der Legitimitätsargumentation von Meyer/Rowan geht hervor, dass Unternehmen von außen herangetragene Legitimitätsforderungen erfüllen müssen. Mit dieser Variable soll also erhoben werden, ob Produktionsverlagerungen nicht nur aus einer rein betriebswirtschaftlichen Perspektive als vorteilhaft (oder unvorteilhaft) gelten, sondern es soll eine übergeordnete Sichtweise eingenommen und analysiert werden, ob das soziale bzw. gesellschaftliche Umfeld eine Produktionsverlagerung nach China toleriert und akzeptiert. Auch wenn – wie bereits weiter oben thematisiert – in einem marktwirtschaftlich geprägten System Produktionsverlagerungen zur Gewinnmaximierung grundsätzlich als gesellschaftlich legitimiert betrachtet werden können, mögen verschiedene Vorstellungen der Umwelt in Teilbereichen solche Produktionsverlagerungen riskant erscheinen lassen (z. B. die Debatte über giftiges Spielzeug, Kinderarbeit in China usw.) und damit zum Legitimitätsentzug (z. B. in Form eines Konsumentenboykotts) führen. Die verschiedenen Unterkategorien stammen zum Teil aus der Untersuchung von Piotti und wurden nach dem Pretest um einige weitere Unterkategorien ergänzt, um im Text vorgefundene Inhalte, die thematisch dieser Variable nahestehen, adäquat abzubilden und mit in die Untersuchung einzubeziehen.[520]

Genannte unternehmensspezifische Vorteile/Motive von Produktionsverlagerungen nach China (V09), Genannte unternehmensspezifische Nachteile/ Probleme von Produktionsverlagerungen nach China (V11), Quantifizierte Vor- und Nachteile (V10, V12)

Auch diese Variablen dienen zur Beantwortung der zweiten Forschungsfrage. Ausgangspunkt zur Erstellung der Variablen und der zugehörigen Unterkategorien waren genannte Vor- und Nachteile aus Untersuchungen zu Produktionsverlagerungen nach China und zu Investitionen in China im Allgemeinen.[521] Weiterhin wurden zum einen im Rahmen des Pretests und zum anderen bei einer abschließenden Analyse der vorläufig den Kategorien „V09 99 sonstige Vorteile" und „V11 99 sonstige Nachteile" zugeordneten Textpassagen einige weitere Unterkategorien erstellt (zum Beispiel „V11 30 WTO-Beitritt Chinas vermindert Profitabilität"). Einige Codings wurden im Rahmen der Analyse auch zusammengefasst: Aufgrund der thematischen Nähe und der relativ seltenen Benutzung der Vorteilskategorien „Gute Qualität" sowie „Hohe Produktivität" wurde dies als ein Konstrukt gewertet. Da Produktivität das Verhältnis zwischen eingesetzten Produktionsfaktoren und erzieltem Output darstellt, ist auch eine (für China nicht zwangsläufig zu erwartende) hohe Qualität und damit zusammenhängend eine geringe Fehlerquote ein Mittel, um den Einsatz von Produkti-

---

[520] Piotti (2009a).
[521] Siehe hierzu wiederum Tabelle 2-2 auf Seite 19. Siehe auch Zentes et al. (2004), S. 390-390-402 sowie Keuper et al. (2011), S. 271, 279-280.

onsfaktoren zu minimieren und damit die Produktivität zu erhöhen. Auch wurden zum Beispiel die Kategorien „Steuerersparnisse" und „Nutzung von Subventionen" zusammengefügt: Beide stellen finanzielle Anreize durch das Gastland dar und eine separate Erhebung dieser beiden Kategorien ist für die geplante Auswertung nicht notwendig.[522]

Es wird angenommen, dass im Rahmen der Berichterstattung genannte Vorteile (oder Nachteile) nur selten quantifiziert werden, sondern dass zum Beispiel eher generell von Kostensenkungen oder Kostensenkungspotentialen gesprochen wird. Eine solche Nichtquantifizierung von Vor-/Nachteilen könnte durchaus auch eine Rolle bei der Entstehung der von Meyer/Rowan thematisierten Rationalitätsmythen spielen. Wird immer nur allgemein von bestimmten Vorteilen gesprochen und werden diese nicht quantifiziert oder nachvollziehbar dargestellt, so ist es für die Unternehmen schwieriger, die konkreten unternehmensspezifischen Vorteile für einen Gang nach China abzuschätzen; aufgrund einer (angenommenen) positiven Medienberichterstattung im Allgemeinen könnte deshalb ein zu positives Chinabild in der Realitätskonstruktion der Rezipienten entstehen. Aus diesem Grund wurden neben den allgemeinen Vor- und Nachteilen auch zusätzlich quantifizierte Vor- und Nachteile mit erhoben.

Oftmals wurden in der Presseberichterstattung nur Kostenvorteile im Allgemeinen genannt, die keiner bestimmten Kostenkategorie zugeordnet werden können. Aus diesem Grund wurde nach einer ersten stichprobenartigen Sichtung des Materials auch eine Unterkategorie für Kostenvorteile im Allgemeinen mit in das Kategorienschema aufgenommen. So wird zum Beispiel in einem Zeitungsbericht im Handelsblatt über Produktionsverlagerungen nach China ausgeführt: *„Die chinesischen Hersteller haben nach Aussage der Studie einen Kostenvorteil von durchschnittlich 20 Prozent. (...) 20% geringere Kosten haben chinesische Maschinenbauer gegenüber deutschen Herstellern."*[523] Dies ist zusätzlich ein Beispiel für eine quantifizierte Aussage zu Vorteilen einer Produktionsverlagerung. Dass diese Aussage sehr vage ist – zum Beispiel wird nicht gesagt, welche Kosten (z. B. Personalkosten, Materialkosten, Transportkosten

---

[522] Siehe hierzu auch die Empfehlungen von Früh (2004), S. 84.
[523] Gillmann (2011), S. 28.

etc.) genau gesenkt werden können, für welche Unternehmen dieses Kostensenkungspotential besteht oder in welchem Zeitraum dies realisierbar wäre – spielt bei der Erhebung (noch) keine Rolle, sondern soll dann in der Auswertung näher analysiert werden. Diese Aussage würde also zum einen der Kategorie Kostenvorteile allgemein zugeordnet, zum anderen auch im Bereich der quantifizierten Vorteile mit aufgenommen werden.

Hinweise auf bzw. Treiber für Isomorphismus durch Zwang (V13)

Diese Variable dient zur Beantwortung der ersten Forschungsfrage. Es wird angenommen, dass in der Berichterstattung direkte Hinweise entweder auf Isomorphismus durch Zwang im Rahmen von Produktionsverlagerungen nach China oder aber zumindest Hinweise zu Treibern dieser Prozesse zu finden sind. Da keine vorhandenen Unterkategorien für diese Variable genutzt werden konnten, wurden die Unterkategorien aus den theoretisch fundierten Ausführungen in Abschnitt 3.1.2.1 abgeleitet.[524] So würde zum Beispiel die bereits erwähnte Aussage „*Bei Peking hatte Vietz vor fünf Jahren – auf Druck der chinesischen Behörden und staatlicher Ölfirmen – ein Produktions-Joint-Venture gegründet*"[525] einen Isomorphismus durch Zwang (Unterkategorie 02: Druck durch die ausländische Regierung, offizielle/inoffizielle Local-Content-Forderungen) darstellen. Auch das folgende – bereits erwähnte – Zitat würde in dieser Form dieser Kategorie (Unterkategorie 01: Druck durch bzw. Folgen von (potentiellen) Schlüsselkunden) zugeordnet werden: „*Das drittwichtigstes* [sic!] *Motiv, einen Produktionsstandort im Ausland einzurichten, ist der von im Ausland präsenten Schlüsselkunden ausgeübte Druck, in ihrer unmittelbaren Nähe zu fertigen ("following customer"). Immerhin 34 Prozent der Betriebe gaben an, dass dieser Grund für sie wesentlich war.*"[526] Insgesamt ergab der Pretest jedoch, dass nicht trennscharf unterschieden werden konnte, ob beim Folgen eines Kunden ein Druck existierte oder nicht; aus diesem Grund beinhaltet die Kategorie alle

---

[524] Siehe zusätzlich die Übersicht von Sandhu (2009), S. 80-81; siehe auch die Thematisierung von internem und externem Druck auf Verlagerungsentscheidungen in Borgmann et al. (2000), S. 72-74.
[525] Reppesgaard (2008), S. 18.
[526] Kinkel et al. (2002), S. 6. Diese Zuordnung ist nur exemplarisch, da die Studien des Fraunhofer Instituts nicht in die Inhaltsanalyse einfließen.

solche Hinweise, die ein Folgen von Schlüsselkunden darlegen, unabhängig davon, ob die Berichterstattung explizit von einem Druck oder Zwang spricht.

Hinweise auf bzw. Treiber für Isomorphismus durch normativen Druck (V14)

Auch diese Kategorie dient der Beantwortung von Forschungsfrage 1. Wie bereits beim Isomorphismus durch Zwang konnte auch hier kein geeignetes Kategoriensystem aus der Literatur benutzt werden. Deshalb wurden die Unterkategorien aus den Ausführungen in Abschnitt 3.1.2.2 abgeleitet und mit Blick auf die Ausführungen von Beschorner/Osmers verfeinert.[527] Da beschlossen wurde, die Unterkategorien hinsichtlich der Beratungsunternehmen dem mimetischen Isomorphismus zuzuordnen, bleibt die Variable des normativen Drucks relativ überschaubar.

Hinweise auf bzw. Treiber für mimetischen Isomorphismus (V15)

Diese letzte Kategorie dient ebenfalls zur Beantwortung der Forschungsfrage 1. Wie bei den beiden vorangegangen Isomorphismen konnte auch hier auf kein vorhandenes Kategorienschema zurückgegriffen werden, so dass die Kategorien in Anlehnung an die Ausführungen in Abschnitt 3.1.2.3 erstellt wurden. Dabei werden insbesondere stark positive/optimistische Aussagen über China bzw. die wirtschaftliche Lage in China im Allgemeinen und über Produktionsverlagerungen im Speziellen erhoben, welche als Treiber für mimetischen Isomorphismus angesehen werden können. Auch Hinweise auf imitatives Verhalten werden erhoben. Ursprünglich wurde im Kategoriensystem dabei noch unterschieden zwischen bewusster Imitation und unbewusster Imitation. Eine solche Aufteilung ließ sich aber bei der Inhaltsanalyse im Pretest nicht ausreichend trennscharf unterscheiden, da hier verstärkt Vermutungen hätten einfließen müssen. Aus diesem Grund wurde diese Dimension reduziert auf die Imitation von Wettbewerbern und anderen Unternehmen, unabhängig davon, ob diese nun bewusst oder unbewusst ist. Darüber hinaus wurden – in Anlehnung an

---

[527] Vgl. Beschorner/Osmers (2005), S. 105-107. Siehe auch Sandhu (2009), S. 80-81.

Beschorner/Osmers – die Hinweise, welche Unternehmensberatungen betreffen, dem mimetischen Isomorphismus zugeordnet, jedoch einer separaten Kategorie zugeteilt. Zum Beispiel würde das folgende Zitat aus dem Artikel „Maschinenbau: Auf nach China!"[528] dem mimetischen Isomorphismus (Unterkategorie 02: Produktionsverlagerung nach China durch Beratungen als vorteilhaft propagiert) zugeordnet, da sich hier eine Unternehmensberatung sehr stark für einen Gang nach China ausspricht:

„Im deutschen Maschinenbau geht es aufwärts. Eine Studie von Roland Berger empfiehlt jedoch, die Fertigung stärker nach Asien[529] zu verlagern. (...) Eine andere Strategie ist nötig. (...) Trotz der wieder guten Wachstumsaussichten können Deutschlands Maschinenbauer damit nicht zufrieden sein. Nach einer Studie von Roland Berger Strategy Consultants, die dem Handelsblatt exklusiv vorliegt, wird sich das Wachstum mehr und mehr nach China verlagern, was von den deutschen Herstellern eine veränderte Strategie erfordere. Sie müssen vor allem Standardmaschinen mehr und mehr in China produzieren, heißt es in der Studie. „Wer langfristig auf dem Markt mitspielen will, braucht eine eigene Fertigung in China. Das geht nicht mehr nur mit Exporten von Deutschland aus", sagt Roland-Berger-Partner Martin Eisenhut."

Schließlich wurden noch Unterkategorien erstellt, die sich mit scheinbar ökonomisch unvorteilhaftem Verhalten bzw. mit dem Vorhandensein einer „China-Euphorie" beschäftigen.[530] Diese Unterkategorien können Hinweise auf sogenannte Rationalitätsmythen geben, deren Vorhandensein wiederum ein starkes Indiz für das Vorliegen von isomorphem Verhalten sein kann.[531]

---

[528] Gillmann (2011), S. 28. Dieser Artikel zeigt auch, dass die Medien wiederum Filter und Lieferant von Informationen von weiteren Akteuren im organisationalen Feld sind.
[529] Im Artikel wird offensichtlich, dass hier China gemeint ist.
[530] Zu einer „China-Euphorie" in der Automobilindustrie siehe auch den Beitrag *„Piëch bremst China-Euphorie"* von Schneider (2012).
[531] Vgl. Süß (2009), S. 119-121. In der Literatur gibt es noch keine nähere Bestimmung, welche Voraussetzungen bestimmte Handlungsweisen erfüllen müssen, um als ein Rationalitätsmythos zu gelten. Eine gewisse 'Taken-for-Grantedness' des Erfolgs und die gleichzeitige weite Verbreitung eines Konzeptes können aber darauf hinweisen, dass ein Rationalitätsmythos vorliegt (vgl. z. B. Türk (2000), S. 141 und Süß (2009), S. 119-120, 204). Wie später noch gezeigt wird, erfüllen Produktionsverlagerungen nach China diese Voraussetzungen. Zu ‚euphorischem' und gleichgerichtetem Verhalten siehe auch die Ausführungen zum

5.5 Auswahl und Sampling der zu analysierenden Medien

Die Auswahl der zu analysierenden Medien erfolgt im Rahmen der Arbeit in vier Schritten, die in der folgenden Abbildung 5-4 dargestellt sind.[532]

1.	Auswahl der relevanten Medien
2.	Vorauswahl der relevanten Artikel per Stichwortsuche
3.	Sampling
4.	Screening/Verfeinerung der Auswahl der relevanten Artikel

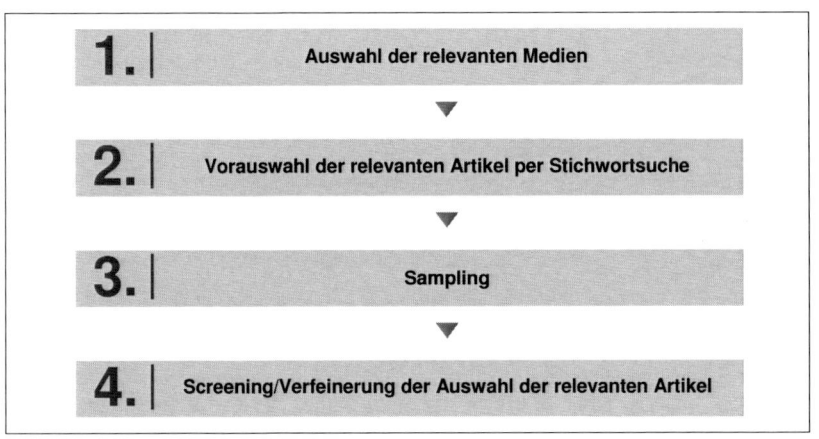

Abb. 5-4: Auswahl der zu analysierenden Medien
Quelle: eigene Darstellung.

Nachfolgend sollen nun die vier verschiedenen Schritte aus obiger Abbildung ausführlich dargestellt werden. Besonderes Gewicht wird dabei auf die ersten beiden Schritte – der Auswahl der relevanten Medien und der Vorauswahl der relevanten Artikel über eine Stichwortsuche – gelegt. Das Sampling ist im Rahmen inhaltsanalytischer Arbeiten (noch) eher subjektiv und nimmt deswegen in der nachfolgenden Diskussion nur geringen Raum ein. Schließlich erfolgt das Screening bzw. die Verfeinerung der Auswahl später direkt im Rahmen der eigentlichen Inhaltsanalyse bzw. als erster Schritt im Rahmen des Kodierprozesses. Dieser Schritt stellt lediglich die Auswahl oder das Verwerfen eines gesampelten Artikels aufgrund einer für die Arbeit vorhandenen oder nicht vorhandenen Relevanz dar, bevor er dann bei gegebener Relevanz kodiert wird.

Goldmarkt im Beitrag von Narat (2012). Interessant ist dabei auch die Verbindung zur Medienberichterstattung, die in diesem Beitrag gezogen wird.

[532] Siehe auch das fünfstufige Modell von Rössler (2005), S. 51, in dem er die Auswahl der relevanten Medien weiter differenziert in einen zeitlichen und räumlichen Geltungsbereich, Mediengattung, Medienangebote sowie Ressorts/Formate. Diese Aspekte werden im Rahmen dieser Arbeit in Abschnitt 5.5.1 berücksichtigt.

5.5.1 Auswahl der relevanten Medien

Da wir uns im Rahmen dieser Arbeit im organisationalen Feld des Verarbeitenden Gewerbes befinden, kommen vorrangig solche Medien in Frage, die von Managern, Leitenden Angestellten und Unternehmern in diesem Bereich auch genutzt werden. Als Anfangspunkt dazu können Untersuchungen des Bundesverbandes deutscher Zeitungsverleger dienen. Diese sind auszugsweise in Abbildung 5-5 dargestellt.[533] Der obere Teil der Abbildung zeigt, dass den überregionalen Tageszeitungen in zweierlei Hinsicht eine wichtige Rolle zukommt: Zum einen als Informationsquelle für Manager, zum anderen jedoch auch als Informationsquelle für Journalisten; es ist anzunehmen, dass diese Informationen dann wiederum in die Berichterstattung der Journalisten selbst mit einfließen.[534] Der untere Teil der Abbildung macht deutlich, dass den Tageszeitungen noch immer das Label der Glaubwürdigkeit anhaftet und die dort vermittelten Informationen als verlässlich eingeschätzt werden. Weiterhin wird ersichtlich, dass sowohl dem privaten als auch dem öffentlich-rechtlichen Hörfunk, dem privaten Fernsehen und dem Internet eher wenig Vertrauen entgegengebracht wird. Auch das öffentlich-rechtliche Fernsehen rangiert hinter den Tageszeitungen. Demnach ist zu erkennen, dass Printmedien eine wichtige Rolle für die Wirklichkeitskonstruktion von Managern spielen.[535] Dennoch bleibt vorerst unklar, welche Medien von Managern konkret genutzt werden. Hier können die Statistiken des Vereins Leseranalyse Entscheidungsträger hilfreich sein. Dieser ermittelt, welche konkreten Printmedien verschiedene Gesellschaftsgruppen – Leitende Angestellte, Beamte, freie Berufe und Selbständige – lesen. Die folgende Abbildung 5-6 stellt die Ergebnisse für die Leitenden Angestellten und die Selbständigen dar.[536]

---

[533] Natürlich ist anzumerken, dass der Bundesverband deutscher Zeitungsverleger vorrangig Zeitungen analysiert. So fehlt in dieser Erhebung zum Beispiel die Rubrik der Zeitschriften.
[534] Vgl. hierzu auch Abschnitt 4.3.1, in dem thematisiert wird, wie Journalisten Realität konstruieren. Vgl. hierzu auch die Argumentation von Scheufele/Brosius (2001), S. 456.
[535] Bei der Betrachtung bleibt das Internet leider zum Teil außen vor. Das Nutzerverhalten hat sich in den letzten Jahren vermutlich hin zu Online-Angeboten verändert. Wie später noch gezeigt wird, sind die Inhalte der Online-Auftritte der großen Tageszeitungen sehr ähnlich zu den Inhalten der Printausgaben, so dass es durchaus gerechtfertigt erscheint, diese zusammenzufassen.
[536] Diese Gruppe erscheint für die Themenstellung der Arbeit sehr relevant. Es soll jedoch darauf hingewiesen werden, dass natürlich nicht alle leitenden Angestellten oder Selbständigen potentiell die Entscheidung einer Produktionsverlagerung nach China treffen. So findet sich

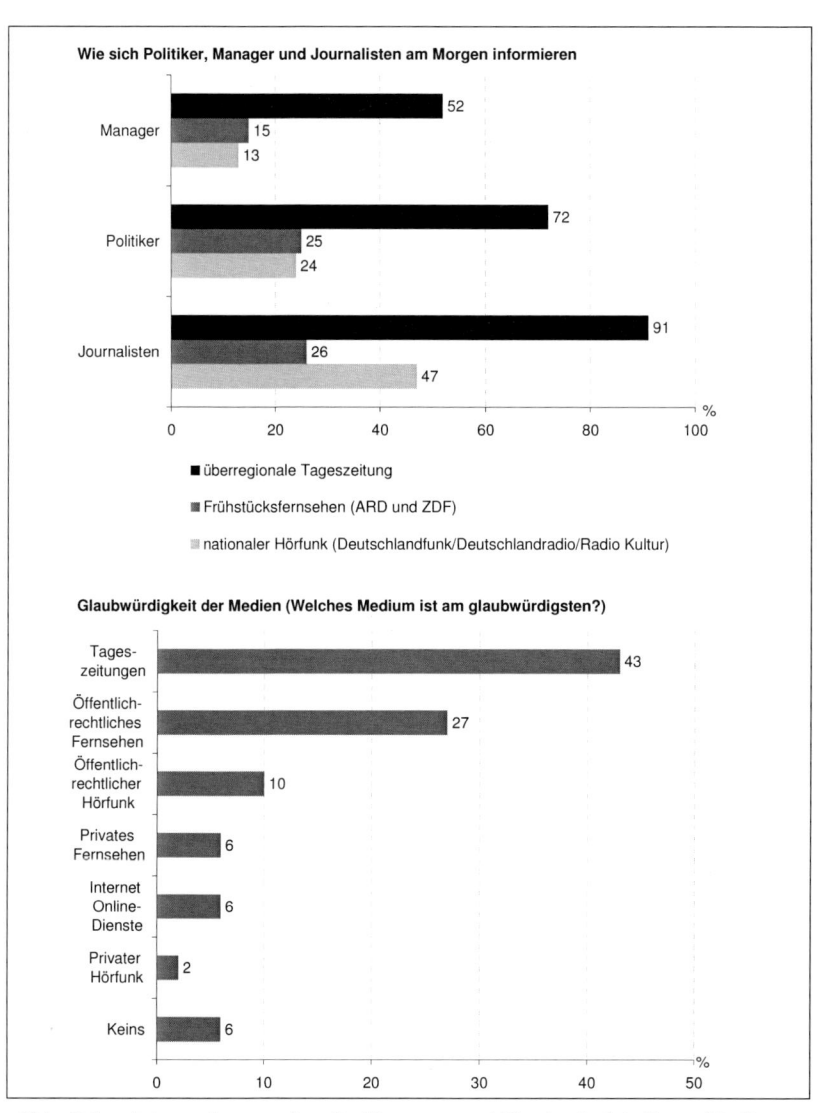

Wie sich Politiker, Manager und Journalisten am Morgen informieren

Manager: 52 / 15 / 13
Politiker: 72 / 25 / 24
Journalisten: 91 / 26 / 47

(0–100 %)

- überregionale Tageszeitung
- Frühstücksfernsehen (ARD und ZDF)
- nationaler Hörfunk (Deutschlandfunk/Deutschlandradio/Radio Kultur)

Glaubwürdigkeit der Medien (Welches Medium ist am glaubwürdigsten?)

- Tageszeitungen: 43
- Öffentlich-rechtliches Fernsehen: 27
- Öffentlich-rechtlicher Hörfunk: 10
- Privates Fernsehen: 6
- Internet Online-Dienste: 6
- Privater Hörfunk: 2
- Keins: 6

(0–50 %)

Abb. 5-5: Informationsquellen für Manager und Glaubwürdigkeit von Medien
Quelle: BDVZ (2004), BDVZ (2004) und BDVZ (2009), S. 34-35.

in der Abbildung keine Unterscheidung nach Branchen, Funktionen etc. Zum Beispiel umfasst der Begriff der Selbständigen auch das gesamte Handwerk, welches im Rahmen dieser Arbeit irrelevant ist. Dennoch kann angenommen werden, dass sich Entscheidungsträger für Produktionsverlagerungen nach China tendenziell in den beiden genannten Gruppen finden lassen.

Reichweiten Leitende Angestellte (Leser pro Ausgabe 2009)				Reichweiten Selbständige (Leser pro Ausgabe 2009)			
	%		%		%		%
Brand Eins	3,8	Börse Online	3,2	Brand Eins	1,5	Börse Online	2,2
Capital	12,4	Focus	24,9	Capital	8,5	Focus	23,3
Cicero	3,0	Focus Money	4,4	Cicero	1,8	Focus Money	3,2
Creditreform	8,7	Der Spiegel	26,6	Creditreform	10,2	Der Spiegel	20,4
Euro	3,9	Stern	19,5	Euro	2,4	Stern	19,3
Der Handel	5,0	Wirtschaftswoche	14,4	Der Handel	8,3	Wirtschaftswoche	11,5
Handwerk Magazin	7,1			Handwerk Magazin	19,3		
Impulse	6,8	Euro am Sonntag	1,3	Impulse	8,6	Euro am Sonntag	0,8
Junge Karriere	3,6	F.A.S.*	9,1	Junge Karriere	1,5	F.A.S.*	3,9
Manager Magazin	13,0	VDI Nachrichten	10,3	Manager Magazin	6,0	VDI Nachrichten	4,9
Markt u. Mittelstand	6,4	Welt am Sonntag	7,4	Markt u. Mittelstand	10,9	Welt am Sonntag	7,4
		Die Zeit	9,2			Die Zeit	5,3
		Financial Times Dtl.	7,4			Financial Times Dtl.	3,2
		Handelsblatt	16,1			Handelsblatt	10,0
		Frankf. Allg. Zeitung	14,3			Frankf. Allg. Zeitung	6,1
		Süddeutsche Zeitung	13,6			Süddeutsche Zeitung	6,7
		Die Welt gesamt	8,3			Die Welt gesamt	6,5

* Frankfurter Allgemeine Sonntagszeitung

Abb. 5-6: Reichweiten von Zeitungen und Zeitschriften im Bereich Leitende Angestellte und Selbständige
Quelle: LAE (2009).

Es wird deutlich, dass sowohl bei Leitenden Angestellten als auch bei Selbständigen insbesondere das Handelsblatt im Bereich der Tageszeitungen eine sehr große Rolle spielt; auch die Frankfurter Allgemeine Zeitung erscheint relevant – zwar wird diese von beiden Zielgruppen nicht zwangsläufig viel stärker genutzt als die anderen großen Tageszeitungen, da es sich aber um eine der Tageszeitungen mit der höchsten Verbreitung in Deutschland handelt, ist diese Zeitung auch für weitere Zielgruppen relevant und dient aus diesem Grund als Meinungsführer für einen breiten Leserkreis.[537] Bei den Wochenzeitungen spie-

---

[537] Einer Umfrage von Weischenberg et al. (2006), S. 359 zufolge ist eher die Süddeutsche Zeitung als die Frankfurter Allgemeine Zeitung als Meinungsführer zu sehen. Dennoch räumen die Autoren ein, dass „[v]on einem einzelnen Leitmedium der Journalisten (...) daher heute weniger denn je die Rede sein [kann]". Da der Zugriff auf Beiträge der Süddeutschen Zeitung mit hohen Kosten verbunden ist, würde diese Zeitschrift später ohnehin aus der Analyse ausgeschlossen werden (müssen). Aus diesem Grund soll sich hier (vorerst) auf die Frankfurter Allgemeine Zeitung als eine auch relevante Tageszeitung beschränkt werden. Zu einer kritischen Auseinandersetzung mit dem Konzept des Meinungsführers sei verwiesen auf den Beitrag von Merten (1992b).

len insbesondere bei den Leitenden Angestellten die VDI Nachrichten eine Rolle; bei den Selbständigen nimmt die Welt am Sonntag eine führende Rolle ein. Bei den wöchentlich erscheinenden Zeitschriften sind insbesondere die drei großen Nachrichtenmagazine – Spiegel, Focus und Stern relevant; die Wirtschaftsberichterstattung ist in diesen Magazinen jedoch nicht Kernthema. Insbesondere der Spiegel wird jedoch als Meinungsführer in Deutschland gesehen und dieser Zeitschrift wird demnach grundsätzlich eine hohe Relevanz eingeräumt.[538] Im Bereich der Wirtschaftsberichterstattung scheint die Wirtschaftswoche bei beiden Gruppen eine erhöhte Relevanz zu haben.[539] Bei den monatlich erscheinenden Zeitschriften sind bei den Leitenden Angestellten die Zeitschriften Capital und Manager Magazin führend, bei den Selbständigen dagegen Markt und Mittelstand, das Handwerk Magazin sowie Creditreform. Da das Verarbeitende Gewerbe betrachtet werden soll, erscheinen die letzteren beiden Magazine weniger relevant.

Auch die großen Nachrichtenmagazine berichten nur am Rande über Produktionsverlagerungen nach China und erscheinen deshalb auf den ersten Blick weniger relevant. Die Zeitschrift Markt und Mittelstand erscheint zwar relevant, jedoch bieten sich hierfür keine Recherchemöglichkeiten, bzw. wären diese mit einem hohen finanziellen Aufwand verbunden. Aus diesem Grund ergibt sich folgende „Shortlist" an wirtschaftsrelevanten[540] Zeitungen und Zeitschriften, die für eine Analyse grundsätzlich in Frage kommen: Frankfurter Allgemeine Zeitung, Handelsblatt, Wirtschaftswoche, VDI Nachrichten, Manager Magazin und Spiegel.[541] Die wichtigsten Daten dieser Zeitschriften werden in der nachfolgenden Tabelle 5-4 dargestellt.

---

[538] Vgl. Weischenberg et al. (2006), S. 359.
[539] Vgl. auch Hagen (2005), S. 105, der ausführt, dass für Manager insbesondere die Wirtschaftswoche und das Handelsblatt relevant erscheinen.
[540] Vgl. zur Auswahl wirtschaftsrelevanter Medien auch Scheufele/Haas (2008b), S. 79-81.
[541] Daneben gibt es noch branchenrelevante Zeitschriften, wie zum Beispiel die Zeitschrift „Textilwirtschaft". Es wird erwartet, dass sich gerade in dieser Zeitschrift viele Hinweise auf Produktionsverlagerungen nach China finden; da sich in dieser Untersuchung jedoch dem gesamten organisationalen Feld des Verarbeitenden Gewerbes gewidmet werden soll, werden solche branchenbezogenen Zeitschriften vernachlässigt.

Zeitung/Zeitschrift	Verbreitung	Erscheinung	Verlag
Frankfurter Allgemeine Zeitung	379.014	täglich	FAZIT-Stiftung
Handelsblatt	143.844	täglich	Verlagsgruppe Handelsblatt
Wirtschaftswoche	184.708	wöchentlich	Verlagsgruppe Handelsblatt
VDI Nachrichten	162.770	wöchentlich	VDI Verlag (indirekt z.T. Verlagsgruppe Handelsblatt)
Der Spiegel	1.022.512	monatlich	Spiegel Verlag (indirekt z.T. Gruner + Jahr)
Manager Magazin	111.371	monatlich	Spiegel Verlag (indirekt z.T. Gruner + Jahr)

Tab. 5-4: Übersicht der Zeitungen und Zeitschriften in der engeren Auswahl[542]
Quelle: eigene Darstellung basierend auf Daten aus IVW (2010).

Im Grunde wäre eine umfangreiche Analyse all dieser Zeitschriften wünschenswert.[543] An dieser Stelle ist jedoch noch nicht abzuschätzen, wie viele relevante Beiträge in diesem Falle insgesamt zu analysieren wären. Dazu sind zwei Schritte erforderlich: Zum einen muss festgelegt werden, welcher Betrachtungszeitraum gewählt werden soll. Zum anderen ist die Eingrenzung der relevanten Artikel über eine Stichwortsuche nötig. Diese beiden Schritte sollen im Folgenden nun besprochen werden. Zuvor soll jedoch noch ein kurzer Exkurs Auskunft darüber geben, ob es sinnvoll ist, auf die Analyse von Internetquellen zu verzichten, da das Internet in den letzten Jahren zu einem mächtigen Informationslieferanten geworden ist.[544]

---

[542] Die Rubrik „Verbreitung" gibt an, wie viele physische Exemplare der jeweiligen Zeitung bzw. Zeitschrift vertrieben wurden. Verschiedene andere Statistiken nutzen den Begriff der Verbreitung zur Quantifizierung der Leser einer Zeitschrift. Da eine Zeitschrift oftmals von mehreren Personen gelesen wird, ist die Anzahl der Leser einer Zeitschrift oftmals um den Faktor 5-7 größer, als die physische Verbreitung; siehe hierzu zum Beispiel die Daten der AWA (2011) sowie der AGMA (2011).
[543] Auf die finale Auswahl der zu analysierenden Zeitschriften wird am Ende des Abschnittes 5.5.4 Bezug genommen. Anschließend werden die ausgewählten Zeitschriften portraitiert.
[544] Vgl. Beck et al. (2009), S. 70 sowie Beck et al. (2010), S. 211.

5.5.2 Wirtschaftsberichterstattung im Internet

Wie bereits erwähnt wurde, hat die Informationsvermittlung über das Internet in den letzten Jahren stark an Bedeutung gewonnen. Hilfreich für eine Entscheidung, ob die Internetberichterstattung in die Inhaltsanalyse aufgenommen werden soll, ist eine genauere Betrachtung populärer Internetseiten im Allgemeinen und populärer Internetseiten mit einer starken Wirtschaftsberichterstattung im Speziellen. Dazu soll auf eine Erhebung der Freien Universität Berlin zurückgegriffen werden. Die folgende Tabelle 5-5 zeigt, welche Online-Berichterstattungsangebote in Deutschland vorrangig genutzt werden.

Aus der Tabelle wird offensichtlich, dass – mit Ausnahme der VDI Nachrichten – alle bei der Zeitschriftenanalyse in Frage kommenden Zeitschriften auch in den Top 25 der Online-Berichterstattung erwähnt werden (grau markiert). Damit scheinen diese Angebote nicht nur in Printform, sondern auch als Onlineangebote eine wichtige Rolle zu spielen. Da diese Angaben jedoch nicht zielgruppenspezifisch sind, haben sie nur eine beschränkte Aussagekraft. Etwas aussagekräftiger in diesem Zusammenhang ist eine Rangliste, die ausschließlich die Wirtschaftsberichterstattung betrachtet. Auch hier werden zwar keine Unterscheidungen nach Zielgruppen vorgenommen, jedoch wird in dieser Arbeit die Annahme getroffen, dass die Wirtschaftsberichterstattung das Handeln der Entscheidungsträger zu einem gewissen Grad beeinflusst. Aus diesem Grunde ist die Wirtschaftsberichterstattung von besonderer Relevanz.

Daneben kann angenommen werden, dass sich Entscheidungsträger auch vorrangig mit der Wirtschaftsberichterstattung befassen, sofern sie diese Online-Angebote nutzen. Die Tabelle 5-6 auf der übernächsten Seite zeigt auf, welche Online-Informationsangebote insbesondere bei der Wirtschaftsberichterstattung eine Rolle spielen.

Rang	Online-Angebot	Visits	PIs*/Visits	Unique User in Mio.	redaktioneller Content in %	Wirtschaft/ Finanzen in % des Gesamtangebots
1	SPIEGEL ONLINE	100.699.343	5,47	5,14	97,38%	3,66%
2	Bild.de	80.063.622	12,18	4,52	95,36%	1,86%
3	WELT ONLINE	23.175.318	8,06	3,45	93,24%	14,52%
4	FOCUS ONLINE	22.431.549	6,11	3,44	91,46%	16,22%
5	Sueddeutsche.de	19.548.371	7,76	2,49	77,71%	4,71%
6	n-tv online	18.138.955	7,33	1,18	98,77%	17,67%
7	FAZ.NET	16.628.077	5,63	1,76	88,57%	14,23%
8	stern.de	15.442.135	11,87	2	84,06%	2,09%
9	OnVista	11.388.631	6,96	0,74	99,23%	80,15%
10	Handelsblatt.com	10.205.684	4,36	0,9	95,10%	36,98%
11	Financial Times Deutschland	9.156.487	4,03	0,8	99,28%	36,23%
12	ZEIT ONLINE	8.502.549	6,17	1,47	85,41%	5,49%
13	finanzen.net	6.604.308	5,61	0,6	96,87%	85,89%
14	manager magazin online	6.464.669	3,63	0,88	98,78%	77,98%
15	finanztreff.de	4.019.724	9,4	0,31	99,91%	84,15%
16	N24 Online	3.388.401	10,32	0,68	96,43%	4,46%
17	tagesspiegel.de	3.095.258	3,57	0,83	93,21%	6,82%
18	FinanzNachrichten.de	3.047.113	3,52	0,41	100,00%	86,15%
19	Telebörse.de	2.863.356	4,67	0,27	97,87%	68,41%
20	Frankfurter Rundschau online	2.420.756	5,21	0,42	91,80%	5,61%
21	taz.de	2.177.406	3,4	0,39	92,11%	2,73%
22	netzeitung.de	1.938.359	4,08	0,39	90,72%	1,62%
23	WirtschaftsWoche	1.707.601	3	0,38	92,63%	45,12%
24	boerse-online.de	1.611.230	9,31	0,22	99,68%	85,15%
25	wissen.de	1.585.509	7,14	0,44	99,99%	3,52%
26	Reuters Deutschland	1.428.711	1,75	0,27	100,00%	43,26%
27	webnews.de	1.270.975	1,65	0,38	88,23%	3,02%
28	News.de	922.698	2,78	k. A.	69,46%	4,75%
29	ad-hoc-news	662.968	2,23	0,17	99,96%	76,48%
30	YIGG	621.842	1,99	0,26	98,85%	3,00%
31	capital.de	403.926	12,05	0,11	99,03%	24,63%
32	TradeSignal Online	383.150	20,05	0,02	82,01%	73,32%
33	brainGuide	301.703	1,7	0,09	97,43%	95,99%
34	Harvard Business Manager	185.926	5,56	k. A.	99,70%	91,11%
35	business-wissen.de	160.009	2,3	0,05	74,79%	69,04%
36	stock-world	147.124	2,84	0,07	80,14%	67,86%
37	impulse.de	145.394	3,11	0,04	99,32%	39,62%
38	DAS INVESTMENT	12.053	3,13	k. A.	100,00%	0,03%
39	e-commerce-magazin.de	4.404	2,28	k. A.	83,00%	1,28%
40	Neue Nachricht	3.142	1,75	k. A.	95,44%	15,37%

Tab. 5-5: Online-Berichterstattung in Deutschland: Die Top-40 Online-Angebote[545]

Quelle: mit geringen Änderungen basierend auf Beck et al. (2009), S. 12.

---

[545] Visits: Summe der einzelnen zusammenhängenden Nutzungsvorgänge durch einen Nutzer; PIs (Page Impressions): jede durch einen Nutzer neu geöffnete Webseite innerhalb eines Angebots; Unique User: individuelle Nutzer eines Angebots im angegebenen Zeitraum (Beck et al. (2009), S. 10).

Rang	Online-Angebot	Wirtschaft/ Finanzen (Pls)	Visits	Rang der Online-Angebote gesamt	Wirtschaft/ Finanzen in % des Gesamtangebots
1	OnVista	63.568.244	11.388.631	9	80,15%
2	finanzen.net	31.840.420	6.604.308	13	85,89%
3	finanztreff.de	31.809.526	4.019.724	15	84,15%
4	WELT ONLINE	27.121.690	23.175.318	3	14,52%
5	n-tv online	23.491.502	18.138.955	6	17,67%
6	FOCUS ONLINE	22.241.289	22.431.549	4	16,22%
7	SPIEGEL ONLINE	20.171.011	100.699.343	1	3,66%
8	manager magazin online	18.306.088	6.464.669	14	77,98%
9	Bild.de	18.150.058	80.063.622	2	1,86%
10	Handelsblatt.com	16.443.881	10.205.684	10	36,98%
11	Financial Times Deutschland	13.355.057	9.156.487	11	36,23%
12	FAZ.NET	13.308.573	16.628.077	7	14,23%
13	boerse-online.de	12.766.215	1.611.230	24	85,15%
14	FinanzNachrichten.de	9.239.370	3.047.113	18	86,15%
15	Telebörse.de	9.051.934	2.863.356	19	72,42%
16	sueddeutsche.de	7.154.703	19.548.371	5	4,71%
17	TradeSignal Online	5.632.927	383.150	32	73,32%
18	stern.de	3.829.337	15.442.135	8	2,09%
19	ZEIT ONLINE	2.880.648	8.502.549	12	5,49%
20	WirtschaftsWoche	2.313.830	1.707.601	23	45,12%
21	N24 Online	1.560.186	3.388.401	16	4,46%
22	capital.de	1.198.942	403.926	31	24,63%
23	ad-hoc-news	1.129.811	662.968	29	76,48%
24	Reuters Deutschland	1.081.425	1.428.711	26	43,26%
25	Harvard Business Manager	941.871	185.926	34	91,11%
26	tagesspiegel.de	754.315	3.095.258	17	6,82%
27	Frankfurter Rundschau online	706.945	2.420.756	20	5,61%
28	brainGuide	491.345	301.703	33	95,99%
29	wissen.de	398.295	1.585.509	25	3,52%
30	stock world	283.348	147.124	36	67,86%
31	business-wissen.de	254.015	160.009	35	69,04%
32	taz.de	202.458	2.177.406	21	2,73%
33	impulse.de	179.362	145.394	37	39,62%
34	netzeitung.de	128.223	1.938.359	22	1,62%
35	News.de	121.860	922.698	28	4,75%
36	webnews.de	63.280	1.270.975	27	3,02%
37	YIGG	37.104	621.842	30	3,00%
38	Neue Nachricht	846	3.142	40	15,37%
39	e-commerce-magazin.de	128	4.404	39	1,28%
40	DAS INVESTMENT	12	12.053	38	0,03%

Tab. 5-6: Online-Wirtschaftsberichterstattung in Deutschland: Die Top-40 Online-Angebote
Quelle: mit geringen Änderungen basierend auf Beck et al. (2009), S. 13.

Es fällt auf, dass die Online-Angebote der für die Inhaltsanalyse in Frage kommenden Zeitschriften – wiederum mit Ausnahme der VDI Nachrichten – unter den Top 20 zu finden sind (wiederum grau markiert). Zieht man dazu in Betracht, dass die drei höchstplatzierten Angebote schwerpunktmäßig Finanznachrichten und Aktienkurse vermelden, so ist die Annahme gerechtfertigt, dass die vorher gewählten Zeitschriften auch im Online-Bereich eine gewichtige Rolle spielen. Insgesamt kann also daraus geschlossen werden, dass „*das Informationsangebot zu wirtschaftlichen Themen im Internet von den verlängerten Marken klassischer Medienanbieter dominiert wird*".[546] Doch dass lediglich die gleichen Anbieter sowohl im Printbereich als auch im Onlinebereich führend sind, sagt noch nichts über die Inhalte aus. Aus diesem Grund ist eine gezielte Analyse notwendig, inwiefern sich die Angebote in der Print- und Onlineberichterstattung dieser Medienanbieter überschneiden. Auch hier kommt die bereits erwähnte Studie der Freien Universität zu dem Schluss, dass es sehr starke Überschneidungen zwischen beiden Angeboten gibt und dass in vielen Fällen die Artikel der Printmedien in den Online-Medien lediglich nochmals verwertet werden.[547] Trotz der hohen Relevanz der Online-Medien kann deshalb geschlossen werden, dass die Analyse der Printmedienberichterstattung aus zwei Gründen ausreichend ist: Zum einen sind es die gleichen Anbieter, deren Print- und Onlineangebote als relevant erscheinen, zum anderen ähneln sich die Angebote der jeweiligen Print- und Onlinemedienberichterstatter sehr stark.

5.5.3 Betrachtungszeitraum

Die Festlegung des Betrachtungszeitraumes erscheint relativ einfach. Hierfür sollen drei Argumente kurz erläutert werden: Insbesondere seit Mitte der 1990er Jahre hat der Trend zu Investitionen bzw. Produktionsverlagerungen in China eingesetzt. Nimmt man dann noch eine gewisse Vorlaufzeit hinzu, die Unternehmen brauchen, bevor eine Investition vorgenommen wird, erscheint eine Betrachtung ab Mitte der 1980er[548] bzw. ab der frühen 1990er Jahre sinnvoll.

---

[546] Beck et al. (2009), S. 22.
[547] Vgl. Beck et al. (2009), S. 41-58, 70-74. Siehe auch Dogruel et al. (2010), S. 231, 248, wo die Autoren folgendes Fazit ziehen: „*Die Ergebnisse zeigen, dass sich originäre wirtschaftspublizistische Online-Angebote bislang nicht etabliert haben (...). Für die Praxis zeigt sich ebenso, dass aufgrund der eingeschränkten personellen Ressourcen in den Onlineredaktionen keiner der befragten Anbieter sein Online-Angebot vollständig autonom vom jeweiligen „Muttermedium" erstellt. Die Themenverwertungsstrategien orientieren sich ebenfalls an dieser engen Abstimmung des Angebots mit dem „Muttermedium"*."
[548] Siehe in diesem Zusammenhang zum Beispiel auch den Artikel „Die wirtschaftliche Öffnung Chinas erleichtert Kooperation auf vielen Feldern" im Handelsblatt vom 31.12.1986.

Dies erscheint auch vor dem Hintergrund der politischen und wirtschaftlichen Entwicklung angemessen:[549] China öffnete sich zwar bereits seit etwa Ende der 1970er Jahre – zum Beispiel mit der Einrichtung von Sonderwirtschaftszonen zur Akquisition ausländischer Investitionen. Doch diese wirtschaftliche Liberalisierung wurde insbesondere infolge von Unruhen, die teilweise durch Preissteigerungen im Rahmen dieser Marktliberalisierung ausgelöst wurden, wieder abgebremst.[550] Ab 1992 erfolgte dann wieder ein Kurswechsel hin zu einer verstärkten Liberalisierung. Auch aus diesem Grunde erscheint eine Betrachtung ab Ende der 1980er bzw. der frühen 1990er Jahre vorteilhaft. Als drittes Argument kann auch der Fall des Eisernen Vorhangs im Jahr 1989 dienen. Mit der faktischen Beendigung des kalten Krieges – so könnte man argumentieren – stieg auch die Attraktivität der Investition in einem kommunistischen/ sozialistischen System. Schließlich führen auch forschungsökonomische Gründe zu dem gewählten Startpunkt, da die verfügbaren elektronischen Datenbanken zum größten Teil lediglich Zeitschriftenartikel seit Ende der 1980er bzw. Anfang der 1990er Jahre vorrätig haben. Da Produktionsverlagerungen nach China auch heute noch relevant sind, soll die Betrachtung bis in die Gegenwart reichen. Aus diesen vorgenannten Gründen soll eine Analyse der Presseberichterstattung über Produktionsverlagerungen nach China vom 01.01.1989 bis zum 31.12.2010 erfolgen.

5.5.4 Vorauswahl der relevanten Artikel per Stichwortsuche

Als nächster Schritt erfolgt die Vorauswahl der relevanten Artikel über eine Stichwortsuche.[551] Dafür muss eine ganze Reihe an Stichwörtern identifiziert werden, die sicherstellt, dass a) möglichst eine große Zahl an relevanten Artikeln aus der Grundgesamtheit identifiziert wird und b) gleichzeitig möglichst wenig irrelevante Artikel im Sample enthalten sind. Damit befindet sich der For-

---

[549] Vgl. nachfolgend Fischer (2005a), S. 15-21 sowie Fischer (2005b), S. 9-14. Siehe auch Reisach et al. (1997), S. 21-46 sowie Keuper et al. (2011), S. 271-272. Es ist nicht Ziel, hier eine umfassende Darstellung der chinesischen Entwicklung zu geben. Für eine weitergehende überblicksartige Darstellung der Entwicklung Chinas sei verwiesen auf BPB (2006).
[550] Als Höhepunkt dieser Unruhen kann das Massaker auf dem Platz des himmlischen Friedens im Jahr 1989 gelten, bei dem schätzungsweise 3.000 Menschen ihr Leben verloren.
[551] Vgl. z. B. das Vorgehen von Merten (2001), S. 322-323.

scher bei der Festlegung geeigneter Suchbegriffe in einem Spannungsfeld zwischen einer Forderung nach Relevanz der Suchergebnisse einerseits und Vollständigkeit der Suchergebnisse andererseits – in der Regel führt die Verbesserung der einen Dimension zur Verschlechterung der anderen.[552] Dieses Spannungsfeld ist in Abbildung 5-7 veranschaulicht. Die in der Abbildung markierte Überschneidung zwischen den durch die Suchbegriffe gefundenen Artikeln und der Gesamtzahl der relevanten Beiträge in einer Zeitschrift sollte so groß wie möglich sein; im Idealfall sind die beiden Dimensionen deckungsgleich.

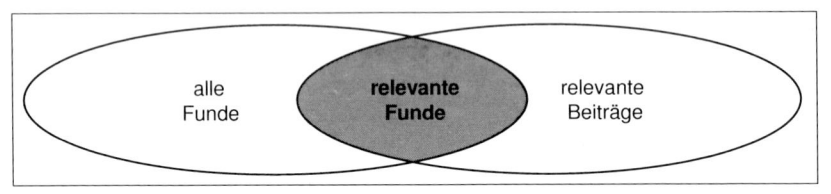

Abb. 5-7: Validitätskriterien für Suchergebnisse von Freitextrecherchen
Quelle: Hagen (2001), S. 345.

Die Vollständigkeit der Suchergebnisse – also der Wunsch, möglichst viele der in der Grundgesamtheit befindlichen relevanten Beiträge auch aufzuspüren – kann erhöht werden, indem viele Stichwörter und Synonyme genutzt und mit der Suchoperation „ODER" verknüpft werden. Dies wiederum führt zu vielen Suchergebnissen, die nicht relevant sind. Möglichst viele relevante Beiträge in den Suchergebnissen können erreicht werden, wenn nur wenige Suchbegriffe genutzt und diese mit der Suchoperation „UND" verknüpft werden.[553] Dies wie-

---

[552] Vgl. Stryker et al. (2006), S. 415.
[553] Vgl. Hagen (2001), S. 344. Vgl. auch den Beitrag von Stryker et al. (2006), in dem dargestellt wird, welche Möglichkeiten es gibt, einen möglichst großen Anteil aller relevanten Beiträge eines Mediums auch in den Suchergebnissen aufzufinden. Zur Veranschaulichung spannen die Autoren eine Vier-Felder-Matrix auf mit den Dimensionen „Relevant/Nicht Relevant" und „Artikel in den Suchergebnissen enthalten/nicht enthalten". Die Maximierung des Feldes „Artikel relevant" und „Artikel in den Suchergebnissen enthalten" ist das Ziel der Optimierung der eingesetzten Stichwörter. Die Autoren schlagen weiterhin die Berechnung von Kennziffern für die Genauigkeit (relevante Suchergebnisse / alle gesampelten Suchergebnisse) und die Vollständigkeit (relevante Suchergebnisse / relevante Beiträge in der Grundgesamtheit) vor. Aus Mangel an Informationen über die Anzahl aller relevanten Artikel in der Grundgesamtheit kann letztere in der Regel nicht berechnet werden; weiterhin gibt es auch für die Berechnung der Kennziffer Genauigkeit keine allgemein festgelegten Grenzwerte. Im Rahmen dieser Arbeit wurde ein Genauigkeitskoeffizient von etwa 0,27 erreicht (relevante Suchergebnisse / alle gesampelte Suchergebnisse); dies bedeutet, dass etwa 27% aller Suchergebnisse auch wirklich relevant waren. Wie aus der späteren Tabelle 5-7 hervorgeht, wären auch Suchbegriffskombinationen mit einem im Ergebnis höheren Genauigkeitskoeffi-

derum schließt eine hohe Anzahl an relevanten Beiträgen aus, die nicht gefunden wird. Dieses Spannungsfeld wurde berücksichtigt, um adäquate Suchbegriffe zu definieren. Im Rahmen dieser Arbeit wurden folgende Suchbegriffe genutzt:

China (auslager*, outsour*, ausgelager*, verlager*, offshoring*, produzi*, produktio*, kapazitä*, fertigu*, fertigen, fertigt*)[554]

Dies bedeutet, dass ein Artikel[555] zwangsläufig das Wort „China" enthalten muss sowie zusätzlich (mindestens) einen der in der Klammer genannten Begriffe. Nachfolgend soll erklärt werden, wie diese Suchbegriffe gewählt wurden: Ursprünglich beschränkte sich die Auswahl auf den Begriff „China" sowie die ersten fünf Begriffe in der Klammer, welche allesamt Synonyme zu dem Begriff der Produktionsverlagerung darstellen. Zusätzlich befand sich zu diesem Zeitpunkt noch der Begriff „produktionsverlager*" in der vorläufigen Suche. Damit konnte nach einer ersten Sichtung der Suchergebnisse die Anforderung nach einer möglichst hohen Relevanz erfüllt werden. Es fiel jedoch auf, dass eine ganze Reihe an Artikeln, die sich mit Produktionsverlagerungen nach China beschäftigen und die bei früheren Internetrecherchen gefunden wurden, durch dieses „Raster" fielen (zum Beispiel auch der in Abbildung 3-5 erwähnte Artikel). Daneben enthielten diese Suchbegriffe – subjektiv betrachtet[556] – einen Bias hinsichtlich direktinvestiver Produktionsverlagerungen. So würden zum Beispiel Berichte nicht gefunden, die beispielsweise außer der Meldung „Unternehmen X lässt in China produzieren" keinen der anderen Begriffe enthalten, die auf eine Produktionsverlagerung hindeuten.

---

[554] zienten denkbar gewesen, jedoch war dabei auch das Risiko bedeutend größer, dass eine Vielzahl an eigentlich relevanten Artikeln gar nicht in den Suchergebnissen enthalten sind.
Ein Asterisk (*) wird als Platzhalter (bzw. als sogenannte Wildcard) genutzt, um alle Wörter zu finden, die mit den vorher genannten Buchstaben bzw. dem vorher genannten Wortstamm beginnen. Siehe beispielhaft zur Auswahl von Stichwörtern auch Hagenhoff (2003), S. 59.
[555] Generell wäre in den verwendeten Datenbanken eine Suche entweder nur in der Überschrift oder aber im gesamten Artikel möglich gewesen. Eine Suche ausschließlich in der Überschrift erschien jedoch nicht als zielführend, da Artikel in Publikumszeitschriften oftmals „reißerische" und sehr kurze Titel haben, die den Inhalt des Artikels nicht adäquat widerspiegeln und deshalb auch die genutzten Stichwörter mit hoher Wahrscheinlichkeit nicht im Titel der Zeitschrift auftreten.
[556] Detaillierte Analysen waren aufgrund der hohen Datenmenge hier nicht möglich.

Aus diesem Grunde war es indiziert, der Anforderung einer möglichst vollständigen Erfassung aller relevanten Artikel mehr Gewicht einzuräumen, um möglichst alle Artikel, die sich mit Produktionsverlagerungen nach China beschäftigten zu finden. Deshalb wurden die Begriffe „produ*" (für produzieren, produziert, Produktion, Produktionsstätte etc.) und „invest*" (für Investition, investieren, investiert etc.) in einer neuen Suche hinzugefügt, was zu einer Vervielfachung der Suchergebnisse führte. Ein Großteil dieser Ergebnisse waren aber Berichte über chinesische Investitionen im Ausland oder Berichte zu Investitionsmöglichkeiten in China, zum Beispiel für Kleinaktionäre. Aus diesem Grund wurde der Begriff „invest*" wieder aus der Suche entfernt – auch wenn dadurch einige relevante Artikel letztlich nicht berücksichtigt werden.[557] Weiterhin wurde eine ganze Reihe an nicht relevanten Artikeln angezeigt, die lediglich die Kombination der Begriffe „China" und „Produktivität" beinhaltete, weshalb statt des Suchbegriffes „produ*" nun die Suchbegriffe „produzi*" und „produktio*" gewählt wurden. Dies führt zwar zu einer großen Anzahl von Artikeln, die nicht relevant sind (zum Beispiel würde ein Artikel, der darstellt, dass China im letzten Jahr mehr Reis produziert hat, auch gefunden werden), erscheint jedoch unumgänglich. Es wurde noch der Begriff „offshor*" zu „offshoring*" erweitert. Der Grund hierfür war, dass mit dem Begriff „offshor*" viele Artikel als Suchergebnis angezeigt wurden, die sich mit Offshore-Windparks und Offshore-Ölbohrinseln beschäftigt haben. Darüber hinaus wurde noch der Begriff „kapazit*" (für Kapazität, Kapazitätserweiterungen etc.) hinzugefügt. Damit änderten sich die Suchergebnisse nicht mehr erheblich; einige zusätzliche Artikel – zum Beispiel auch der Artikel aus Abbildung 3-5 – wurden damit jedoch gefunden. Schließlich wurden noch die Begriffe „fertigu*" (für Fertigung, Fertigungsanlagen etc.), „fertigen" und „fertigt*" (für fertigt oder fertigte) hinzugefügt. Durch diesen Schritt erhöhten sich die Suchergebnisse nicht bemerkenswert; er erscheint jedoch notwendig, da dadurch Artikel gefunden werden können, in denen nur dargestellt ist, dass ein bestimmtes Unternehmen in China Waren fertigen lässt oder selbst fertigt.

---

[557] Da in einigen der Zeitschriftendatenbanken die Suchfunktionen nur eine begrenzte Anzahl von Zeichen zulassen, konnten hier auch keine umfangreicheren Suchen (oder Eingrenzungen) vorgenommen werden – zum Beispiel in ausgefeilterer Kombination verschiedener Suchbegriffe. Dies wäre nur über mehrere separate Suchen durchführbar gewesen. Aufgrund der hohen Anzahl der Suchergebnisse wäre dann aber der Abgleich verschiedener Suchen, um doppelte Artikel zu identifizieren, nicht mehr möglich gewesen.

Zur Suche der Beiträge wurden drei verschiedene Datenbanken genutzt: Das FAZ-BiblioNet-Archiv[558] für die Suche in der Frankfurter Allgemeinen Zeitung, die Literaturdatenbank WISO für die Zeitschriften Manager Magazin, Wirtschaftswoche bzw. die Zeitungen Handelsblatt und VDI Nachrichten sowie das Online-Archiv vom Nachrichtenmagazin Der Spiegel, welches jedoch lediglich Hintergrundberichte bereitstellt.[559] Die Anzahl der Suchergebnisse zu den oben thematisierten Stichworten für den Zeitraum vom 01.01.1989 bis 31.12.2010 wird in Tabelle 5-7 dargestellt. Im Tabellekopf sind dabei die Begriffe, die sich in den verschiedenen Suchabfragen veränderten, zur besseren Vergleichbarkeit grau dargestellt.

	China (auslager*, outsour*, ausgelager*, verlager*, offshor*, produktionsverl*)	China (auslager*, outsour*, ausgelager*, verlager*, offshor*, produ*, invest*)	China (auslager*, outsour*, ausgelager*, verlager*, offshoring*, produzi*, produktio*, kapazitä*)	China (auslager*, outsour*, ausgelager*, verlager*, offshoring*, produzi*, produktio*, kapazitä*, fertigen, fertigt*)
Handelsblatt (WISO)	2.059	22.221	11.019	11.440
FAZ (ab 01.01.1993) (FAZ-Archiv)	2.175	23.387	11.662	12.325
Manager Magazin (WISO)	132	779	479	498
Wirtschaftswoche (WISO)	585	4.441	2.364	2.422
VDI Nachrichten (WISO)	423	3.216	2.156	2.310
Der Spiegel (Online-Archiv)	334	2.573	1.583	1.655
Vor-/Nachteile	• wenig umfangreich • geringe Fehlerquote	• sehr umfangreich • hohe Fehlerquote	• ausreichend umfangreich • mittlere Fehlerquote	• ausreichend umfangreich • mittlere Fehlerquote

Tab. 5-7: Anzahl der Suchergebnisse verschiedener Stichwortkombinationen in den unterschiedlichen Zeitschriften[560]
Quelle: eigene Darstellung.

---

[558] In diesem Archiv ist eine kostenfreie Suche nach Artikeln ab dem 01.01.1993 möglich.
[559] Die Literaturdatenbank WISO schließt zwar auch die Zeitschrift Der Spiegel ein, dies jedoch erst ab dem 01.01.1993.
[560] Die Anzahl der Suchergebnisse in der WISO-Datenbank variierte leicht. Bei einer späteren Abfrage wurde zum Beispiel für die schließlich genutzten Suchbegriffe in der letzten Spalte folgende leicht veränderte Anzahl von Suchergebnissen angezeigt: Handelsblatt (11.535 Treffer), Manager Magazin (503 Treffer), Wirtschaftswoche (2.431 Treffer), VDI Nachrichten (2.326 Treffer). Der Grund für diese Abweichung ist unbekannt.

Wie in der obigen Tabelle hervorgehoben, soll sich bei der Datenanalyse auf die Stichwortkombination in der letzten Spalte konzentriert werden. Insgesamt wurde bei der Stichwortsuche offensichtlich, dass es mehr Suchergebnisse für diese Stichwortkombinationen gibt, als ursprünglich angenommen. Insbesondere die hohe Anzahl der Suchergebnisse der Frankfurter Allgemeinen Zeitung und des Handelsblattes erschweren auf den ersten Blick eine umfangreiche Analyse. Aus diesem Grund soll nur eine der beiden Zeitschriften mit einbezogen werden. Diese Entscheidung erscheint aus mehreren Gründen angebracht: Bei den großen Tageszeitungen scheint das Handelsblatt sowohl bei der Zielgruppe als auch vom Inhalt für eine Analyse sinnvoller; damit wäre eine Entscheidung zugunsten des Handelsblattes zielführender. Zwar wird das Handelsblatt und die Wirtschaftswoche vom gleichen Verlag herausgegeben und deshalb wird vermutet, dass sich die Tendenz der Berichterstattung zumindest ähnelt. Da das Handelsblatt aufgrund des täglichen Erscheinens und des Umfangs weitaus informationsreicher ist, erscheint eine Analyse dennoch sinnvoll. Schließlich soll auch Der Spiegel von der Analyse ausgeschlossen werden. Zum einen werden im Spiegel-Archiv lediglich Hintergrundberichte bereitgestellt, was eine vollständige Analyse dieser Zeitschrift unmöglich macht. Diese Hintergrundberichte erstrecken sich zudem in der Regel über mehrere Seiten, was die Wahrscheinlichkeit stark erhöht, dass allein aufgrund des Umfangs auch in thematisch völlig fremden Artikeln neben dem Begriff „China" an irgendeiner Stelle einer der anderen Begriffe vorkommt und somit ein großer Teil der Suchergebnisse irrelevant ist. So wurde bei der Suche mit oben genannten Begriffen bereits bei einer Analyse der Titel der Beiträge ersichtlich, dass sich kaum ein Artikel mit Produktionsverlagerungen nach China beschäftigte. Schließlich erschwert auch der große Umfang der Artikel das später noch beschriebene weitere Screening zur Verfeinerung der Suchergebnisse, da bei jedem Artikel große Mengen an Text analysiert werden müssten.

Insgesamt sollen aufgrund der obigen Argumentation die Zeitschriften *Manager Magazin* und *Wirtschaftswoche* sowie die Zeitungen *Handelsblatt* und *VDI Nachrichten* analysiert werden. Damit ist zwar eine Dominanz von Zeitungen und Zeitschriften der Verlagsgruppe Handelsblatt gegeben, die unter Umständen relativ gleichgerichtet berichten. Da die Zeitschriften jedoch für die Realitätskonstruktion der Unternehmer und Manager wichtig sind, ist die gleiche „Abstammung" der Zeitschriften weniger relevant. Nachfolgend wird ein kurzer Überblick über diese vier Medien gegeben und dabei insbesondere auf die Eigenbilder bzw. -darstellungen dieser Zeitschriften bzw. Zeitungen Bezug genommen. Dabei fällt auf, dass sich die Zeitungen und Zeitschriften selbst als handlungsbeeinflussend und als handlungsleitende Basis für Manager und Entscheider in Unternehmen verstehen.

5.5.4.1 Manager Magazin

Das Manager Magazin (Eigenschreibweise: manager magazin) ist eine seit 1971 monatlich erscheinende Zeitschrift der manager magazin Verlagsgesellschaft mbH an welcher der Spiegel Verlag sowie Gruner + Jahr beteiligt sind.[561] Im Schnitt umfasst das Manager Magazin 228 Seiten pro Ausgabe und hat eine Verbreitung von etwa 110.000 Exemplaren.[562] Das Manager Magazin sieht sich im Selbstbild wie folgt:

> „manager magazin ist die Zeitschrift für Unternehmer und Führungskräfte. Monat für Monat liefert mm aktuelle Unternehmensanalysen, sorgfältig recherchierte Hintergrundinformationen, aktuelle Trends aus Management, Technologie und Vermögensverwaltung sowie praxisnahe Hinweise für Beruf und Privatleben."[563]

Darüber hinaus sieht sich das Manager Magazin selbst als „Leitmedium der Wirtschaft", welches „investigativ" die „fundamentalen Trends in der Wirtschaft" beleuchtet, „Best-practice-Beispiele aus renommierten Unternehmen" darstellt und „Orientierung und Entscheidungshilfe" für Manager bietet.[564]

---

[561] Gruner + Jahr ist direkt an der manager magazin Verlagsgesellschaft mbH beteiligt. Weiterhin hält Gruner + Jahr etwa 25% der Anteile am Spiegel Verlag; siehe dazu zum Beispiel Hanfeld (2007).
[562] IVW (2010).
[563] Manager Magazin (2011).
[564] Spiegel (2011).

5.5.4.2 Wirtschaftswoche

Die Wirtschaftswoche (Eigenschreibweise: WirtschaftsWoche) ist eine unter dem Namen „Deutscher Volkswirt" im Jahre 1926 gegründete und im Jahr 1974 von der Verlagsgruppe Handelsblatt[565] aufgekaufte deutsche Wochenzeitschrift mit einer Auflage von etwa 185.000 Exemplaren.[566] Im Schnitt umfasst die Wirtschaftswoche etwa 120 Seiten. Die Zeitschrift sieht sich selbst als „Deutschlands bedeutendstes Wirtschaftsmagazin für Entscheider",[567] das „versucht, die Trends vorab zu erkennen und die Leser darüber zu informieren".[568] Die Wirtschaftswoche wird bezeichnet als „Agenda-Setter" sowie „Sprachrohr der deutschen Wirtschaft".[569] Im Selbstbild der Zeitschrift heißt es unter anderem:

„Die „WirtschaftsWoche" ist das große aktuelle, konsequent marktwirtschaftlich orientierte, weltoffene Wirtschaftsmagazin für Führungskräfte. An die 100 Redakteure, so viele wie bei keinem anderen Wirtschaftsmagazin, analysieren Woche für Woche die wesentlichen Entwicklungen in Unternehmen, Politik, Technik, Management, auf den Finanzmärkten und in der Wissenschaft. Entsprechend ihrer zunehmenden Bedeutung in einer globalisierten Wirtschaft steht die Berichterstattung über Unternehmen im Mittelpunkt. (...) So erhalten die Leser in der Exportnation Deutschland Informationen über die wichtigsten Liefer- und Absatzmärkte aus erster Hand. (...) Die „WirtschaftsWoche" stellt so das Mega-Thema dieser Zeit, die Globalisierung, in allen ihren Facetten und Rückwirkungen auf das Leben und die beruflichen und

---

[565] Eigentümer der Verlagsgruppe Handelsblatt ist die Dieter von Holtzbrinck Medien GmbH. Diese ist nicht zu verwechseln mit der Verlagsgruppe Georg von Holtzbrinck. Eigner der von Georg von Holtzbrinck gegründeten Verlagsgruppe Georg von Holtzbrinck waren bis zum Jahr 2006 dessen drei Kinder Monika Schoeller (geb. von Holtzbrinck), Dieter von Holtzbrinck sowie Stefan von Holtzbrinck. Im Jahr 2006 zog sich Dieter von Holtzbrinck aus dem Imperium zurück und vereinbarte, dass ihn seine beiden Geschwister über einen längeren Zeitraum hinweg auszahlen. Im Jahr 2009 schließlich verzichtete Dieter von Holtzbrinck auf diese Ansprüche im Tausch gegen die Handelsblatt Verlagsgruppe (einschließlich der Zeitung Handelsblatt sowie der Zeitschrift Wirtschaftswoche), die Berliner Tagesspiegelgruppe sowie 50% der Anteile am Zeit Verlag, die er in seine Dieter von Holtzbrinck Medien GmbH einbrachte. Für weitere Details sei zum Beispiel verwiesen auf o. V. (2009b), Ziesemer (2009).
[566] Vgl. Hillenbrand et al. (2005), IVW (2010), Verlagsgruppe Handelsblatt (2011c).
[567] Verlagsgruppe Handelsblatt (2011c).
[568] Zitat aus einer Videobotschaft von Chefredakteur Roland Tichy in IQM (2011).
[569] IQM (2011).

privaten Zukunftschancen ihrer Leser ins Zentrum der Berichterstattung und Analyse. Sie ist die Zeitschrift für das globale Zeitalter."[570]

5.5.4.3 Handelsblatt

Das Handelsblatt ist eine seit dem Jahr 1946 erscheinende Tageszeitung (Montag bis Freitag) und gilt als Deutschlands wichtigstes bzw. meistzitiertes Wirtschaftsmedium.[571] Das Handelsblatt erscheint in einer Auflage von etwa 140.000 Exemplaren; jede Ausgabe des Handelsblattes umfasst zwischen 50 und 80 Seiten. Eigentümer des Handelsblattes ist die Verlagsgruppe Handelsblatt. Im Selbstbild sieht sich das Handelsblatt wie folgt:

„Das Handelsblatt steht für exklusive Inhalte, Interviews, Kommentare und Hintergrundinformationen aus der Welt der Wirtschaft. Als erstes Wirtschaftsmedium berichtet das Handelsblatt über alle wichtigen Personalien aus Firmen, Banken und der Politik. Die besten deutschsprachigen Wirtschaftsjournalisten verfügen über erstklassige Kontakte zu Entscheidern in Wirtschaft und Politik und geben Ihnen mit ökonomischem Sachverstand einmalige Einblicke in Unternehmen. Zudem berichtet das Handelsblatt als einzige Wirtschaftszeitung umfassend und ausführlich über Familienunternehmen."[572]

5.5.4.4 VDI Nachrichten

Die VDI Nachrichten (Eigenschreibweise: VDI nachrichten) ist eine seit 1921 erscheinende Wochenzeitung, die vom VDI Verlag herausgegeben wird, der wiederum anteilsmäßig zum VDI (Verband deutscher Ingenieure) (60%) und der Verlagsgruppe Handelsblatt (40%) gehört.[573] Die VDI Nachrichten werden in

---

[570] Verlagsgruppe Handelsblatt (2011c).
[571] Vgl. Mediatenor (2011) sowie Verlagsgruppe Handelsblatt (2011a).
[572] Handelsblatt (2011).
[573] Vgl. Verlagsgruppe Handelsblatt (2011b).

einer Auflage von etwa 160.000 Exemplaren verbreitet. Der Umfang der Zeitung beträgt etwa 30 Seiten. Im Eigenbild wird die Zeitung wie folgt beschrieben:

> „VDI nachrichten berichten jeden Freitag kritisch und kompetent über die wichtigen Themen aus Technik & Wirtschaft, Technik & Gesellschaft, Technik & Finanzen und Management & Karriere. Sichern Sie sich den entscheidenden Info-Vorsprung und abonnieren Sie VDI nachrichten, Deutschlands meinungsbildende Wochenzeitung für Technik, Wirtschaft und Gesellschaft."[574]

> „Die Wochenzeitung fokussiert Technik im Zusammenspiel mit Wirtschaft und Gesellschaft und unterstützt somit Entscheider bei der sicheren Bewertung komplexer Zusammenhänge in diesen Bereichen."[575]

5.5.5 Sampling und Screening der relevanten Artikel

Wie bereits in Abschnitt 5.5.4 angedeutet wurde, resultierten die gewählten Suchbegriffe auch in einer Vielzahl von nicht-relevanten Artikeln. Insbesondere die Suchbegriffe „produzi*" und „produktio*" erhöhten die Anzahl nicht relevanter Artikel in den Suchergebnissen stark; wie aber bereits diskutiert wurde, sollte auf diese Begriffe dennoch nicht verzichtet werden. Die geringste Anzahl der Suchergebnisse wies das Manager Magazin mit insgesamt 498 Treffern auf. Da dies eine überschaubare Anzahl an Suchergebnissen darstellte, wurde hier eine Vollerhebung vorgenommen; das heißt, es wurden alle 498 Artikel gesichtet und auf Relevanz geprüft. Hierzu wurde der gesamte Beitrag gelesen, da durch die Analyse der Überschrift in den meisten Fällen keine gesicherte Aussage darüber getroffen werden konnte, ob dieser relevant war oder nicht. War ein Artikel relevant, wurde dieser kodiert; war ein Artikel irrelevant, wurde dieser übersprungen und im Rahmen der Datenerhebung dann von der weiteren Analyse ausgeschlossen. Insgesamt wurden von den 498 Suchergebnissen im Ma-

---

[574] VDI Nachrichten (2011).
[575] Verlagsgruppe Handelsblatt (2011b).

nager Magazin schließlich 159 als relevant betrachtet, kodiert und ausgewertet, was einem Anteil von etwa 30% relevanter Artikel in den gesamten Suchergebnissen entspricht.

Bei den anderen Zeitungen bzw. Zeitschriften erschien eine Vollerhebung aus forschungsökonomischen Restriktionen nicht durchführbar, da für eine Kodierung der Artikel keine weiteren Mitarbeiter oder Hilfskräfte zur Verfügung standen und der Arbeitsaufwand für eine Person allein zu groß war. Aus diesem Grund war es notwendig, mit einem Zwischenschritt die Anzahl der zu analysierenden Dokumente (an dieser Stelle noch gleichgültig, ob sich diese als relevant oder irrelevant herausstellen würden) zu reduzieren. Problematisch erscheint dabei, dass es im Rahmen von Inhaltsanalysen noch immer keine adäquaten Richtlinien für einen solchen Schritt gibt. Insbesondere im Rahmen von den bis zu diesem Punkt der Arbeit angewendeten Samplingmethoden – also der Auswahl der relevanten Medien anhand der Leserschaft oder der Auswahl der relevanten Artikel über verschiedene Stichwörter[576] – ergeben sich Probleme, eine bestimmte (ausreichende) Stichprobengröße zu ermitteln: So führt zum Beispiel Krippendorff in seinem Standardwerk zur Inhaltsanalyse aus: *„Relevance Sampling selects relevant data in ways that statistical sampling theory has not yet addressed"*[577] und warnt davor, die Annahmen der Stichprobentheorie zur Berechnung einer adäquaten Stichprobe einfach auf inhaltsanalytische Fragestellungen zu übertragen.[578]

Auch weitere Autoren bemängeln, dass insbesondere im Rahmen von Inhaltsanalysen noch keine praktischen Anleitungen bzw. theoretisch fundierte Vorgaben zur Berechnung von Stichprobengrößen existieren bzw. dass hier trotz der bekannten Lücke in den vergangenen 35 Jahren keine nennenswerten Fortschritte erzielt wurden.[579] Auch im Standardwerk von Früh ist erst seit der neuesten Auflage von 2007 überhaupt eine Rubrik zur Stichprobenbildung zu fin-

---

[576] Eine solche bewusste Auswahl der Untersuchungsobjekte gilt als das am häufigsten verwendete Auswahlverfahren im Rahmen von Inhaltsanalysen (vgl. Merten (1995a), S. 284).
[577] Krippendorff (2004), S. 120.
[578] Vgl. Krippendorff (2004), S. 112, 121, 122.
[579] Vgl. zum Beispiel Kops (1977), S. 5-7, Kops (1980), S. 47 und Raupp/Vogelgesang (2009), S. 137.

den, eine Diskussion über die Stichprobengröße wird dabei jedoch (leider) vermieden.[580] Merten bezieht in seinem Standardwerk zwar die Stichprobentheorie in seine Überlegungen zur Stichprobengröße mit ein, kommt jedoch zu dem Schluss, dass für eine – wie im Rahmen dieser Studie vorgenommene – mehrstufige Auswahl „*die Probleme bei der Berechnung exakter Stichproben nochmals* [anwachsen], *so dass eine Berechnung nur bei exakten Vorkenntnissen überhaupt sinnvoll ist*"[581] und aus diesem Grund einer bewussten Auswahl – unter Beachtung von zeitlichen, technischen und anderen Restriktionen – der Vorzug gegeben wird.[582] Schließlich gibt auch das im Bereich der Sozialforschung anerkannte Standardwerk von Bortz/Döring keine detaillierten Hinweise zur Stichprobengröße, sondern führt folgende – freilich sehr vage – Argumentation ins Feld:

„*Sind die auszuwertenden Zeitungsexemplare ausgewählt, taucht noch das Problem auf, dass die inhaltsanalytische Auswertung großer Texteinheiten sehr aufwendig ist, so dass man häufig auf Ausschnitte (...) des Materials zurückgreift, etwa indem nur jeder 5. Artikel oder nur jede dritte Seite ausgewertet wird.*"[583]

Basierend auf diesen Vorüberlegungen und den ökonomischen und zeitlichen Restriktionen wurde entschieden, alle 498 Artikel des Manager Magazins, jeweils 1.200 Artikel der Zeitschrift Wirtschaftswoche bzw. der Zeitschrift VDI Nachrichten (entspricht etwa 50% aller Artikel)[584] sowie 2.860 Artikel des Handelsblattes (entspricht 25% aller Artikel) zu analysieren. Legt man ein aufgrund der Analyse des Manager Magazins möglichen Anteil von circa 30% relevanter Artikel in den Suchergebnissen zu Grunde, kann man damit etwa 360 (Wirtschaftswoche und VDI Nachrichten) bzw. 850 (Handelsblatt) relevante Artikel

---

[580] Früh (2007), S. 104-111.
[581] Merten (1995a), S. 299; vgl. hierzu auch Krippendorff (2004), S. 122.
[582] Vgl. Merten (1995a), S. 300.
[583] Bortz/Döring (2003), S. 152. Auch Früh (2007), S. 105 verfolgt eine ähnliche Logik: „*Man kann auch eine systematische Zufallsauswahl treffen, indem aus der Liste jedes n-te Element ausgewählt wird.*" Vergleiche dazu auch Rössler (2005), S. 55-56.
[584] Zwecks einer besseren Vergleichbarkeit dieser beiden Zeitschriften wurde darauf verzichtet, jeweils genau 50% aller Artikel zu analysieren und entschieden, die gleiche Anzahl an Artikel in beiden Zeitschriften zu analysieren, auch wenn dies jeweils nicht exakt 50% aller Artikel darstellt.

bei der Datenanalyse vermuten, was für eine Analyse ausreichend erscheint. Da das Handelsblatt weitaus mehr Suchergebnisse aufweist, als die anderen beiden Zeitschriften, wurden vom Handelsblatt auch – wenngleich nicht im proportionalen Verhältnis – mehr Beiträge analysiert.

In der Literatur wird in der Regel darauf hingewiesen, dass eine – wie unter anderem von Bortz/Döring erwähnte – Auswahl jeder n-ten Einheit zu Verzerrungen im Sample führen kann.[585] Dies ist zum Beispiel dann der Fall, wenn bei einer fünfmal wöchentlich erscheinenden Tageszeitung jede fünfte Ausgabe gewählt werden würde. Damit sind im Extremfall nur Ausgaben von einem bestimmten Wochentag im Sample enthalten, was das Gesamtbild dieser Zeitung aufgrund der Periodizität der Berichterstattung verzerrt. So würde bei einer Analyse jeder Montagsausgabe die Sportberichterstattung im Vergleich zur Berichterstattung über andere Themen einen sehr großen Teil in Anspruch nehmen, was jedoch nicht repräsentativ für diese Zeitung wäre.[586] Im Rahmen dieser Untersuchung ist dieses Problem weniger relevant: Zum einen erscheinen die Zeitschriften Wirtschaftswoche und VDI Nachrichten wöchentlich und aus diesem Grund ist eine solche Periodizität der Berichterstattung eher als gering einzuschätzen.[587] Zum anderen wurde bereits durch das Vorscreening anhand der Stichwortsuche eine solche mögliche Systematik „durcheinandergewirbelt"; da oftmals mehrere Artikel zu einem Thema in einer Ausgabe der jeweiligen Zeitung oder Zeitschrift vorhanden sind (oder auch manchmal eine Zeitung überhaupt nicht über das Thema berichtet), würde eine Auswahl jeder n-ten Einheit in der Regel nicht dazu führen, dass eine bestimmte Periodizität oder Systematik der Zeitung oder Zeitschrift die Datenanalyse negativ beeinflusst oder dass ein bestimmter Tag der Presseberichterstattung unverhältnismäßig häufig vertreten ist.

---

[585] Vgl. auch Früh (2007), S. 105.
[586] Vgl. Früh (2007), S. 109; vgl. dazu auch Merten (1995a), S. 289-290, der auf weitere Formen der systematischen Auswahl sowie deren Probleme hinweist sowie Rössler (2005), S. 56-57. Siehe auch Maurer/Reinemann (2006), S. 52-53, die ausführen, dass Stichproben, die rein zufällig gezogen wurden solchen Stichproben, die mit anderen Verfahren gewählt wurden, vorzuziehen sind.
[587] Eine mögliche Ausnahme wäre, wenn zum Beispiel 14-tägig ein bestimmtes immer identisches Schwerpunktthema diskutiert würde oder wenn jede erste Ausgabe eines Monats einen bestimmten Fokus aufweist.

Dennoch würden sich bei einer Auswahl jedes n-ten Artikels im Rahmen dieser Arbeit Nachteile ergeben: Zum einen wären die Intervalle der möglichen Anzahl an zu analysierenden Beiträgen sehr groß: Zum Beispiel könnten dann bei der Wirtschaftwoche (2.459 Suchergebnisse) bei einer Auswahl jedes zweiten, dritten oder vierten Artikels entweder 1.230, 820 oder 610 Ergebnisse analysiert werden. Im Rahmen der oben genannten Diskussion ist die Analyse von genau 1.200 Artikeln gewünscht. Die Auswahl von 1.200 Artikeln aus der Gesamtheit der Suchergebnisse ist aber mit dem Sampling jeder n-ten Einheit nicht möglich. Problematischer jedoch erscheint, dass auch nur sehr schwer eine Erweiterung des Samples vorgenommen werden kann, sollte am Ende der Analyse offensichtlich werden, dass nicht genügend relevante Artikel im Sample vorhanden sind. So wäre – um beim obigen Beispiel zu bleiben – keine weitere Zwischenstufe zwischen der Analyse von 1.230 und allen 2.459 Artikeln möglich. Aus diesem Grund erfolgte das Sampling anhand der Erzeugung von Zufallszahlen. Damit kann eine vorab definierte Anzahl von Artikeln ins Sample aufgenommen werden und diese auch später bei Bedarf um jede beliebige Anzahl an Artikeln durch die Generierung weiterer Zufallszahlen erweitert werden. Schließlich können mit diesem Vorgehen auch Probleme mit einer Periodizität der Berichterstattung – trotz der angesprochenen eher geringen konkreten Relevanz im Rahmen dieses Forschungsprojektes – ausgeschlossen werden.[588]

5.5.6 Vorgehensweise bei der Kodierung und Auswertung der relevanten Artikel

Zur Auswertung der Daten wurde das Computerprogramm MAXQDA 10 genutzt.[589] Hierzu wurde in einem ersten Schritt das entwickelte Kategoriensche-

---

[588] Vgl. auch Früh (2007), S. 105.
[589] Dieses Programm wurde von Udo Kuckartz, Professor für Empirische Erziehungswissenschaft an der Philipps-Universität Marburg entwickelt. Die im Softwarenamen enthaltene Abkürzung qda wird allgemein für Computerprogramme zur qualitativen Datenanalyse (qualitative data analysis) verwendet. Siehe zur Anwendung von qda-Software zum Beispiel Atteslander (2000), S. 225-233. Vergleiche weiterhin die Werke von Kuckartz et al. (2007), Kuckartz et al. (2008), Kuckartz (2010), die auch eine Vielzahl praktischer Anwendungsbeispiele enthalten. Neben MAXQDA sind noch weitere Softwarepakete zur qualitativen Datenanalyse auf dem Markt, die als gleichwertig angesehen werden (siehe hierzu beispielsweise Lewins/Silver (2007), S. 8, Mühlmeyer-Mentzel (2011) sowie Mühlmeyer-Mentzel/

ma in die Software übernommen und zusätzlich eine Liste mit Variablen erstellt, um solche Daten zu erheben, die nicht direkt im Text kodiert werden können, zum Beispiel das Datum des Artikels oder die Bewertung der Berichterstattung.[590] Im Rahmen eines Pretests wurde das entwickelte Kategorienschema dann verfeinert und finalisiert.[591] Anschließend wurden die im Rahmen der Stichwortsuche aufgefundenen Suchergebnisse auf Relevanz geprüft (siehe Abschnitt 5.5.5) und die relevanten Texte in MAXQDA importiert und kodiert.[592] Für eine Beispielkodierung von zwei Zeitschriftenartikeln sei auf den Anhang verwiesen.

Im Rahmen der Erhebung der meisten Variablen wurde auf eine Mehrfachkodierung wiederkehrender Elemente in einem Text verzichtet. Wurde zum Beispiel das Motiv der Kostensenkung mehrfach im Text erwähnt, wurde es in der Regel nur einmal kodiert, da bei der Analyse lediglich interessiert, ob ein solches Argument im Text vorkommt oder nicht.[593] Bei einigen wenigen Variablen wurde jedoch eine solche Mehrfachkodierung vorgenommen, da bei diesen später eine detailliertere Auswertung erfolgen soll – zum Beispiel bei den Variablen zu den drei Isomorphismen.

Anschließend wurden die Codes in Variablen umgewandelt und die Datenmatrix mit der Software Microsoft Excel ausgewertet. Dieses Vorgehen wurde überall dort gewählt, wo quantitativ nachvollzogen werden sollte, welche Variablen wie oft und mit welcher Bewertung im Text erwähnt wurden. Dabei wurde automati-

---

Schürmann (2011)). Die Auswahl von MAXQDA ist demnach nicht auf besondere Eigenschaften des Programms zurückzuführen.
[590] Vgl. Kuckartz (2010), S. 146-148.
[591] Vgl. hierzu die Ausführungen zur Erstellung des Kategorienschemas in Abschnitt 5.4.2.
[592] Bei der Kodierung wurde natürlich darauf geachtet, möglichst jeden Aspekt, der im Text enthalten war, ausreichend zu würdigen und zu kodieren. Um jedoch auch dem Aspekt Rechnung zu tragen, dass ein Leser a) eher eine Globalbewertung eines Textes vornimmt (siehe hierzu insbesondere die Argumentation in Abschnitt 5.4.2) und nicht jede einzelne Information eines Textes gegeneinander abwägt und b) auch die Kapazität der Informationsaufnahme beschränkt ist (siehe stellvertretend hierzu den Beitrag von Miller (1956)) wurde entschieden, jeden Text im Rahmen der Kodierung lediglich ein einziges Mal zu lesen und dabei die Kodierung vorzunehmen. Damit wird davon ausgegangen, dass alle relevanten Konstrukte kodiert wurden, die der durchschnittliche Leser beim Lesen des Artikels aufgenommen hat. Aufgrund dieser Methodik ist es jedoch möglich, dass unter Umständen einzelne Aspekte bei der Kodierung übersehen wurden.
[593] Die Analyseeinheit ist demnach der gesamte Beitrag, was gängige Praxis bei Inhaltsanalysen ist; vgl. dazu Maurer/Reinemann (2006), S. 53-54. Vgl. auch Bortz/Döring (2003), S. 153, Rössler (2005), S. 147, Früh (2007), S. 95-96 sowie Brosius et al. (2009), S. 166.

siert eine Datenmatrix erstellt, in welcher für jeden Artikel jede Kodierung dargestellt wird. Wurde eine bestimmte Kodierung im Text vergeben, so ist dies in der Datenmatrix durch eine „1" dargestellt; erfolgte keine Kodierung, so ist dies durch eine „0" gekennzeichnet.

Für die Berechnung von Korrelationen wurde darüber hinaus das Programm SPSS genutzt. Zusätzlich wurde auf die Funktion „Text Retrieval" im Programm MAXQDA zurückgegriffen; diese Funktion erlaubt es, alle Kodierungen einer bestimmten Kategorie anzuzeigen und dann auszuwerten. Dieses Vorgehen wurde überall dort gewählt, wo neben der reinen quantitativen Auswertung auch ein besonderes Interesse bestand, bestimmte Textteile qualitativ zu analysieren.[594]

5.5.7 Gütekriterien der inhaltsanalytischen Untersuchung

Zu den klassischen Gütekriterien sozialwissenschaftlicher Forschung gehören die Reliabilität (Zuverlässigkeit) und die Validität (Gültigkeit).[595] Beide Gütekriterien haben auch im Bereich von inhaltsanalytischen Untersuchungen Relevanz.[596] Im Folgenden soll nun dargestellt werden, wie diese Gütekriterien im Rahmen der Untersuchung Beachtung gefunden haben.

5.5.7.1 Reliabilität der Untersuchung

Mit Hilfe einer Reliabilitätsprüfung können Aussagen sowohl zur Güte des Messinstruments – das heißt zur *„Stabilität und Genauigkeit der Messung"*[597] – als auch zur Sorgfalt und Genauigkeit der/des Kodierer/s gemacht werden.[598]

---

[594] Siehe hierzu die Ausführungen im Rahmen der Diskussion der Ergebnisse zu den einzelnen Kategorien.
[595] Vgl. Bortz/Döring (2003), S. 195, 199.
[596] Vgl. z. B. Merten (1995a), S. 302-313, Früh (2004), S. 177-186 sowie Mayring (2008), S. 111-115.
[597] Friedrichs (1990), S. 102. Siehe zur Reliabilität von Untersuchungen auch die Ausführungen von Brosius et al. (2009), S. 64-68.
[598] Vgl. Früh (2004), S. 177. Vgl. zu einer fundamentalen Kritik am Konzept der Reliabilitätsmessung im Allgemeinen sowie an verschiedenen Arten der Reliabilitätsmessung im Spe-

Da im Rahmen der vorliegenden Studie aus forschungsökonomischen Gründen nur der Verfasser selbst die Kodierung der Zeitungs-/Zeitschriftenartikel vorgenommen hat, kommt sinnvollerweise nur eine Überprüfung der Intra-Coder-Reliabilität in Frage. Bei dieser Überprüfung wird ein bestimmter Anteil des kodierten Materials ein zweites Mal kodiert und die Übereinstimmung der Kodierentscheidungen zu diesen zwei Zeitpunkten berechnet. Im Rahmen dieser Arbeit wurden etwa 4 Wochen nach Fertigstellung des gesamten Kodierprozesses 172 Artikel ein zweites Mal kodiert. Dies entspricht einem Anteil von 10,9% aller kodierten Artikel. Um sowohl mögliche Veränderungen der Kodierungen im Zeitverlauf als auch unterschiedliche Kodierungen der verschiedenen Zeitschriften zu entdecken, wurden zur Überprüfung der Intra-Coder-Reliabilität jeweils zwei Artikel aus jeder der vier untersuchten Zeitschriften für jedes Jahr im Betrachtungszeitraum zufällig ausgewählt.[599]

Die Intra-Coder-Reliabilität wurde als prozentuale Übereinstimmung der Kodierungen in Anlehnung an die folgende Formel berechnet:[600]

---

ziellen Lisch/Kriz (1978), S. 89-90, 97-98. Vgl. zu verschiedenen Arten der Reliabilitätsmessung auch den Beitrag von Lombard et al. (2002).

[599] Insgesamt wurde ein Zeitraum von 22 Jahren (1989-2010) betrachtet. Mit o. g. Systematik würde eine Anzahl von insgesamt 176 Artikeln in die Intra-Coder-Reliabilitätsuntersuchung einbezogen werden. Die Abweichung zu den untersuchten 172 Artikeln ergibt sich daraus, dass von der Zeitschrift Manager Magazin in den Jahren 1990, 1991 und 1999 weniger als zwei Artikel in der empirischen Auswertung betrachtet wurden. Der Prozess gestaltete sich wie folgt: Es wurde eine Kopie der gesamten MAXQDA-Datei erstellt. Anschließend wurden von jeder Zeitschrift aus jedem Jahrgang zwei Artikel zufällig ausgewählt und alle anderen Artikel gelöscht. Die Kodierungen der ausgewählten Artikel wurden manuell entfernt und anschließend die Artikel neu kodiert. Der Autor der Arbeit geht davon aus, dass dieses Vorgehen genügend Unabhängigkeit gewährleistet, auch wenn natürlich nicht ausgeschlossen werden kann, dass durch den Prozess des manuellen Entfernens der „alten" einzelnen Kodierungen dann unbewusst wieder ähnliche Kodierentscheidungen getroffen wurden.

[600] Folgende Formel wird von Früh (2004), S. 179 und anderen Autoren vorgeschlagen; vgl. zum Beispiel Holsti (1969), S. 140, Lisch/Kriz (1978), S. 90, 94, Merten (1995a), S. 305. Verschiedene Studien, die die Nutzung verschiedener Reliabilitätskoeffizienten in akademischen Veröffentlichungen untersuchen, weisen darauf hin, dass der o. g. Reliabilitätskoeffizient (sofern überhaupt eine solche Analyse vorgenommen und erwähnt wird) am häufigsten angewendet wird (vgl. zum Beispiel Kolbe/Burnett (1991), S. 248, Lauf (2001), S. 63-64 sowie die Übersicht in Lombard et al. (2002), S. 594-595). Einen guten Überblick über verschiedene andere genutzte Reliabilitätskoeffizienten bieten neben Holsti (1969), S. 135-142, Lisch/Kriz (1978), S. 88-101 und Merten (1995a), S. 304-308 auch Jones et al. (1983) in ihrem Beitrag, in dem sie einen Vergleich der Ergebnisse verschiedener Reliabilitätskoeffizienten darstellen.

$$CR = \frac{2\,\ddot{U}}{C_1 + C_2}$$

CR = Codierer-Reliabilität (hier: Intra-Coder-Reliabilität)
Ü = Anzahl der übereinstimmenden Codierungen
C_1 = Anzahl der Codierungen von Codierer 1 (hier: Anzahl der Codierungen zum Zeitpunkt 1)
C_2 = Anzahl der Codierungen von Codierer 2 (hier: Anzahl der Codierungen zum Zeitpunkt 2)

Anhand der oben beschriebenen Formel ergibt sich ein Koeffizient zwischen 0 (keinerlei Übereinstimmung) und 1 (absolute Übereinstimmung). Die Berechnung der Intra-Coder-Reliabilität erfolgte, wie von Merten und Lauf gefordert, für jede Variable bzw. Kategorie einzeln.[601] Die berechneten Koeffizienten sind in der Tabelle 5-8 auf den folgenden Seiten dargestellt.

Zur Beurteilung der Güte einer Untersuchung bzw. zur Interpretation der Reliabilitätskoeffizienten haben sich leider noch keine Kriterien durchgesetzt. Es erscheint jedoch sinnvoll, bei der Einschätzung der Güte nach Art der Variablen zu differenzieren. Zum Beispiel würde bei einer syntaktischen Variable wie „V01 Zeitung/Zeitschrift" ein Koeffizient von annähernd 1,00 erwartet, während bei semantischen oder pragmatischen Variablen weitaus geringere Koeffizienten annehmbar sind. Früh bezeichnet in diesem Zusammenhang Werte zwischen 0,75 und 0,85 bereits als „guter bis sehr guter Qualitätsstandard".[602] Merten erwähnt eine Grenze von 0,8 (semantische Variablen) und 0,6 (pragmatische Variablen) als Richtwert, bezieht sich hier jedoch auf die leicht modifizierte Messung der Reliabilität nach der Formel von Scott.[603] Neuendorf führt – sehr vage – aus, dass Koeffizienten über 0,9 für quasi alle Situationen annehmbar seien, Koeffizienten über 0,8 für die meisten Situationen und für Werte darunter herrsche große Meinungsverschiedenheit.[604]

---

[601] Vgl. Merten (1995a), S. 330 sowie Lauf (2001), S. 60.
[602] Früh (2004), S. 181; vgl. auch Merten (1999b), S. 249.
[603] Vgl. Merten (1995a), S. 330.
[604] Vgl. Neuendorf (2002), S. 145, vgl. auch Meißner/Ruhrmann (2000), S. 21, Lauf (2001), S. 60 sowie Lombard et al. (2002), S. 593. Siehe hierzu auch die Ausführungen von Brosius et al. (2009), S. 163.

Variable/Kategorie	Koeffizient
V01 Zeitung/Zeitschrift	1,00
V02 Datum	1,00
V03 Seite	1,00
V04 Bewertung gesamt	0,84
V05 Erwähnte Unternehmen	*
V06 Deutsche vs. ausländische Unternehmen	0,99
V07 Erwähnte Branchen	
01 Chemische Industrie	0,96
02 Ernährungsgewerbe/Futtermittel	1,00
03 Fahrzeugbau/-teile (Kraftfahrzeuge/Teile für PKW, LKW, Bus)	0,91
04 Fahrzeugbau sonst. (Flugzeug, Bahn, Schiff, Motorrad etc.)	0,67
05 Maschinenbau/Anlagenbau	0,96
06 Herstellung von Datenverarbeitungsgeräten, peripheren Geräten	0,89
07 Herstellung Geräte Kommunikationstechnik, Zubehör	0,95
08 Herstellung Geräte Unterhaltungselektronik	0,90
09 Herstellung optische/fotographische Erzeugnisse	1,00
10 Herstellung elektrischer Haushaltsgeräte	1,00
11 elektronische Bauelemente/Leiterplatten	0,67
12 Elektrische/elektronische/optische Ausrüstungen sonst./allgemein	0,86
13 Metallerzeugung, Herstellung von Metallerzeugnissen	1,00
14 Papier-/Verlags-/Druckgewerbe	*
15 Pharmazeutische Industrie	*
16 Spielwarenindustrie	1,00
17 Sportgeräte	0,25
18 Textil-/Bekleidungsindustrie, Ledergewerbe	0,92
19 Körperpflege, Waschmittel und Kosmetik	1,00
20 Möbelindustrie	1,00
21 Musikinstrumente	1,00
22 Herstellung Gummi-/Kunststoffwaren	1,00
23 Glas, Glaswaren, Keramik, Kalk, Beton, Steine	*
97 Verarbeitendes Gewerbe allgemein	0,91
98 keine Branchen erwähnt	*
99 sonstige	1,00
V08 Sicht von Produktionsverlagerungen nach China in der Öffentlichkeit/Allgemein	
01 Verlust inländischen Know-hows	1,00
02 Sicherung inländischer Arbeitsplätze	0,75
03 Verlust inländischer Arbeitsplätze	1,00
04 Produktionsverlagerungen unvermeidlich/Prod. in Dtl. nicht wettbewerbsfähig	0,80
05 Produktionsverlagerungen nicht unbedingt notwendig/Prod. in Dtl. wettbewerbsfähig	0,92
06 Deutschland/Inland profitiert von Produktionsverlagerungen nach China	1,00
07 Deutschland/Inland negativ betroffen von Produktionsverlagerungen nach China	1,00
08 Kritik an dortige Arbeitsbedingungen, Kinderarbeit	0,86
09 Umweltzerstörung	1,00
10 Abhängigkeit von China	1,00
11 Verlagerung ethisch/moralisch nicht tragbar	*
99 keine Aussage	0,98
V09 Genannte UN-spezifische Vorteile/Motive von Produktionsverlagerungen nach China	
01 Neue Märkte/Nähe zu neuen Märkten	0,93
02 Nähe zu momentanen Kunden	0,92
03 günstigere Lohnkosten/Lohnnebenkosten	0,79
04 günstigerer Bezug von Rohstoffen	*
05 sonstige Kostenvorteile/Kostenvorteile allgemein	0,88
06 Know-how/Reputation des lokalen Partners	0,75
07 geringerer Wettbewerb	*
08 große Auswahl an geeigneten Arbeitskräften	0,90
09 Risikoteilung/-abwälzung auf lokalen Partner	1,00
10 Steuerersparnis/Nutzung von Subventionen	1,00
11 Risikodiversifikation	*
12 Wechselkursvorteile, Minderung von Währungsrisiken	1,00
13 Zolleinsparungen/Umgehen von Handelshemmnissen	0,89
14 Flexibilität durch Auftragsfertigung	1,00
15 China als Brückenkopf/Produktionsbasis für den asiatischen Markt	0,89
16 sonst. Standortbedingungen/Standortbedingungen allgemein	0,83
17 relativ hohe Produktivität/gute Qualität	*
18 Entgegenkommen durch Behörden	1,00
19 geringe Macht der Gewerkschaften	0,50
98 keine Nennung von Vorteilen	0,88
99 sonstige Vorteile	0,33

Variable/Kategorie	Koeffizient
V10 Quantifizierte Vorteile	0,78
V11 Genannte unternehmensspezifische Nachteile/Probleme von Prod.-verl. nach China	
01 Korruption/Betrug/Diebstahl/Erpressung	1,00
02 Qualitätsprobleme	0,80
03 Probleme mit der Produktsicherheit	1,00
04 Lohnkostensteigerungen	0,88
05 Verfügbarkeit von qualifiziertem/geeignetem Personal	1,00
06 rechtliche Probleme/rechtliche Unsicherheit	1,00
07 Probleme mit Schutz geistigen Eigentums/Technologietransfer	0,92
08 keine/ungenaue Marktdaten; Fehleinschätzungen	0,78
09 hohe Transportkosten zur Bedienung der Heimatmärkte	0,67
10 lange und unsichere Transportwege /-zeiten	0,86
11 Unpünktlichkeit/Unverlässlichkeit chinesischer Partner (Lieferanten/Kunden)	1,00
12 schlechtes Zahlungsverhalten/lange Zahlungsziele	1,00
13 Nichteinhaltung von Verträgen/nachträgliche Verhandlungen	1,00
14 hoher Wettbewerb/wachsender Wettbewerb/Überkapazitäten	0,90
15 Einmischung des chinesischen Staates/Willkür/Auflagen der Behörden	0,96
16 versteckte Kosten allgemein	1,00
17 hohes Maß an Bürokratie	0,86
18 schlechte Infrastruktur (Straßen, Kommunikation, Energie etc.)	0,80
19 Notwendigkeit von Kontakten/Beziehungen/Guanxi	0,80
20 kulturelle Probleme/kulturelle Unterschiede	0,87
21 geringe Flexibilität	1,00
22 hohe Koordinationskosten/Koordinationsprobleme	0,50
23 Währungsrisiken, Inflation	1,00
24 Fluktuation der Mitarbeiter	1,00
25 geringere Produktivität/Effizienz, geringe Skaleneffekte	0,83
26 politische Instabilität/Unsicherheit; soziale Unruhen/Spannungen	0,80
27 Arbeitnehmerrechte wachsen/Gewerkschaften/strengere Sozialgesetzgebung	0,67
28 Probleme mit JV-Partner	0,67
29 Imageprobleme	0,50
30 WTO-Beitritt Chinas vermindert Profitabilität	0,33
31 Bevorzugung chinesischer Unternehmen	1,00
32 Steuererhöhungen/Abschaffung v. Subventionen/Steuervorteilen	1,00
33 Im-/Exportbeschränkungen aus/nach China, Handelsbarrieren	0,75
34 steigende/hohe Kosten sonst./allgemein	0,86
35 Suche nach JV-Partner schwierig/schwierige JV-Verhandlungen	0,83
36 Undurchsichtige/falsche Bilanzen/Buchhaltung	1,00
37 Abhängigkeit von Partner/Produzenten	*
38 Probleme der Finanzierung	1,00
39 Heranzüchten von Konkurrenten	0,67
98 keine Nachteile genannt	0,97
99 sonstige Nachteile	0,75
V12 Quantifizierte Nachteile	0,89
V13 Indizien bzw. Treiber für Isomorphismus durch Zwang	
01 Druck durch bzw. Folgen von (potentiellen) Schlüsselkunden	1,00
02 Druck durch die ausländische Regierung, offiz./inoffiz. Local-Content-Forderungen	0,88
03 Druck durch Muttergesellschaft/Eigentümer	*
04 Druck durch Banken, Kapitalgeber	*
05 Umgehen restriktiver gesetzlicher Anforderungen im Heimatland	1,00
06 Umgehen von Handelsbarrieren	0,88
07 Kostendruck, Kosteneinsparungen	0,86
08 Druck zur Suche nach neuen Märkten	1,00
09 Bedarf an Rohstoffen	1,00
98 keine Nennung	0,99
99 sonstige	*
V14 Indizien bzw. Treiber für Isomorphismus durch normativen Druck	
01 Produktionsverlagerungen nach China durch Hochschulen propagiert	*
02 Anwerbung von Managern, die Erfahrung mit Prod.-verl. nach China haben	*
03 Beschäftigung von Professionen/Verbänden mit Prod.-verl. nach China	1,00
04 Wirtschaftsnahe Chinastudiengänge begründet	1,00
05 Aus-/Weiterbildung von deutschen Studenten/Arbeitnehmern in China	*
98 keine Nennung	1,00
99 sonstige	*

Variable/Kategorie	Koeffizient
V15 Indizien bzw. Treiber für mimetischen Isomorphismus	
01 Prod.-verl. nach China vorteilhaft/wünschenswert (außer Beratungen)	0,89
02 Prod.-verl. nach China durch Beratungen als vorteilhaft propagiert	0,86
03 Nutzung von Beratungen zur Analyse/Durchführung von Prod.-verl. nach China	*
04 Imitation von Wettbewerbern oder anderen UN	0,67
05 Stark positive/optimistische Aussagen über China	0,90
06 Hinweise auf ökonomisch fragwürdiges/unvorteilhaftes Verhalten	0,88
07 Ernüchterung nach China-Euphorie	1,00
08 Verschleierte Aussagen zu Erfolg in China	1,00
09 Dringlichkeit einer Investition in China/zu langes Zögern	0,92
98 keine Nennung	0,95
99 sonstige	0,67

Tab. 5-8: Reliabilitätskoeffizienten aller verwendeten Variablen[605]
Quelle: eigene Darstellung.

Insgesamt kann deshalb im Rahmen dieser Arbeit von einer hohen Reliabilität der vorgenommenen Kodierung ausgegangen werden. Lediglich einige wenige Variablen weisen einen Koeffizienten von weniger als 0,7 auf. Solche geringen Werte traten in der Regel nur sehr selten, und wenn dann nur bei solchen Variablen auf, die insgesamt nur sehr selten genannt wurden, so dass bereits eine einzige abweichende Kodierung zu einem sehr niedrigen Koeffizienten führte. Es ergab sich nur eine einzige systematische Abweichung, und zwar im Rahmen der kodierten Branchen (V07): In der für den Reliabilitätstest nötigen zweiten Kodierung wurde die Herstellung von Fahrrädern konsistent fälschlicherweise der Branche „V07 17 Sportgeräte" zugeordnet, obwohl Fahrräder im Rahmen der vorherigen eigentlichen Datenerhebung richtigerweise laut Klassifikation des Statistischen Bundesamtes der Kategorie „V07 04 Fahrzeugbau sonstige" zugeordnet wurden. Dies erklärt den extrem niedrigen Reliabilitätskoeffizienten von 0,25 für die Rubrik „V07 17 Sportgeräte" und auch den relativ niedrigen Koeffizienten für die Rubrik „V07 04 Fahrzeugbau sonstige". Der zweite extrem niedrige Koeffizient ergab sich für die Rubrik „V11 30 WTO Beitritt Chinas vermindert Profitabilität" im Bereich der kodierten Nachteile/Probleme einer Produktionsverlagerung nach China (V11). Ursprünglich war diese Rubrik im

---

[605] Alle mit einem * gekennzeichneten Felder konnten nicht berechnet werden, da diese Variablen in den für den Reliabilitätstest ausgewählten Artikeln nicht vorkamen. Die Variable V05 „Erwähnte Unternehmen" wurde nicht in den Reliabilitätstest mit einbezogen, da eine Berechnung von solchen manuell eingegebenen und sehr breit gestreuten Daten (mehr als 500 verschiedene genannte Unternehmen) zu aufwendig erscheint. Im Rahmen der Datenanalyse wurden den Unternehmen keine eigenen Codes zugeordnet, sondern diese Unternehmen lediglich manuell mit in die Variablentabelle eingegeben. Eine manuelle Überprüfung ergab jedoch, dass auch diese Kategorie in den meisten Fällen übereinstimmend eingeschätzt wurde; geringe Abweichungen ergaben sich in der Regel nur dann, wenn viele verschiedene Unternehmen in einem einzigen Text erwähnt wurden.

Kategorienschema nicht vorhanden, sondern wurde erst nach der Datenanalyse aus der Residualkategorie „V11 99 sonstige Nachteile" extrahiert, jedoch anscheinend nicht in allen Fällen bei der Datenanalyse mit kodiert. Nach dem Reliabilitätstest wurden deshalb noch einmal alle im Rahmen der Datenerhebung analysierten Artikel auf das Stichwort „WTO" überprüft; dies führte zu einer erneuten Überprüfung von 88 Artikeln hinsichtlich der Kategorie „V11 30 WTO Beitritt Chinas vermindert Profitabilität" und einer gegebenenfalls notwendigen Nachkodierung.

An dieser Stelle soll noch auf die hohe Güte der Variable „V04 Bewertung gesamt" hingewiesen werden. Im Rahmen der Datenerhebung wurde die Darstellung von Produktionsverlagerungen mit Hilfe einer 5-Punkte-Rating-Skala (von (1) „sehr negativ" bis (5) „sehr positiv") bewertet. Der Reliabilitätskoeffizient beträgt hier 0,84, was bei der Analyse von wertenden Aussagen einen sehr guten Wert darstellt.[606] Zusätzlich zu der hohen Übereinstimmung wurde im Rahmen des Reliabilitätstests in keinem Fall eine Bewertung vorgenommen, die sich um mehr als einen Punkt von der ursprünglichen Bewertung unterscheidet. Dies ist ein Indiz dafür, dass die Messung der Bewertungen auf Basis einer 5-Punkte-Rating-Skala adäquat erscheint.[607]

Schließlich soll nochmals kurz die Diskussion aus Abschnitt 5.4.2 aufgegriffen werden. Hier wurde dargelegt, dass kein rein technischer Prozess genutzt wurde, um die Bewertung der Zeitschriftenartikel vorzunehmen, sondern eine „Globalbewertung" basierend auf den Gesamteindruck des Artikels auf den Leser vorgenommen wurde. Dennoch erscheint eine Korrelationsanalyse hinsichtlich der Anzahl der vorgenommenen Vor- bzw. Nachteilskodierungen eines Artikels und der Bewertung dieses Artikels interessant.[608] Die Ergebnisse sind in Tabelle 5-9 dargestellt. Es wird deutlich, dass sich mit steigender Anzahl der genannten Vorteile in einem Artikel auch dessen Bewertung verbessert. Ein umgekehrter Zusammenhang gilt für negative Bewertungen: Je höher die Anzahl an ge-

---

[606] Vgl. Früh (2004), S. 181.
[607] Siehe hierzu auch die Ausführungen in Abschnitt 5.4.2 bzw. Fußnote 503.
[608] Zu einer Diskussion und Begründung darüber, welche Korrelationskoeffizienten im Rahmen dieser Untersuchung genutzt wurden, sei auf die Fußnoten 626 sowie 627 verwiesen.

nannten Nachteilen, desto negativer fällt die Bewertung des entsprechenden Artikels aus. Eine isolierte Betrachtung genannter Vor- oder Nachteile greift jedoch zu kurz. Aus diesem Grunde wurden auch die Differenz der Anzahl an genannten Vor- und Nachteilen eines Artikels näher betrachtet. Hier ergibt sich sofort eine weitaus höhere Korrelation, die insbesondere aufgrund des großen Stichprobenumfangs zu würdigen ist. Demnach verbessert sich die Bewertung eines Artikels, je größer die Differenz zwischen der Anzahl genannter Vor- und Nachteile ist. Dennoch erscheint auch diese Untersuchung nicht optimal: Wird lediglich die Differenz der genannten Vor- und Nachteile untersucht, so führt dies zu Verzerrungen. Werden in einem Artikel vier Vorteile und keine Nachteile genannt, so wird dieser gleich gewürdigt wie ein Artikel, in dem zwölf Vorteile und acht Nachteile aufgeführt sind. Während ersterer Artikel eine positive Tendenz ausweist, so gilt der zweite Artikel als sehr viel ausgewogener. Aus diesem Grund wird noch das Verhältnis zwischen der Anzahl der genannten Vorteile und der Summe der Anzahl aller genannten Vor- und Nachteile untersucht.[609] Auch hier ergibt sich ein signifikant positiver Zusammenhang: Je größer das Verhältnis positiver Nennungen zu Gesamtnennungen, umso positiver ist die Bewertung des Artikels.

	Anzahl Vorteile	Anzahl Nachteile	Differenz Vorteile - Nachteile	Verhältnis Vorteile zu Gesamtnennungen
Bewertung	,343**	-,387**	,527**	,530**
**. Die Korrelation ist auf dem Niveau von 0,01 (2-seitig) signifikant. N = 1.579.				

Tab. 5-9: Korrelationskoeffizienten für die Bewertungen kodierter Beiträge und der Anzahl genannter Vor- und Nachteile
Quelle: eigene Darstellung.

Was kann nun aus diesem kurzen Exkurs geschlossen werden? Es konnte gezeigt werden, dass sich mit der Anzahl bzw. insbesondere mit dem Verhältnis genannter Vor- und Nachteile die Bewertung entsprechend ändert. Somit kann

---

[609] Beispielberechnung: Wenn ein Artikel drei Vorteile und einen Nachteil nennt, so ergibt sich ein Verhältnis von 3 / (3 + 1) = 0,75. Artikel, in denen weder Vor- noch Nachteile genannt wurden, wurden mangels mathematischer Berechnungsmöglichkeit pauschal mit dem Verhältnis 0,5 gewertet. Dieses Verhältnis ergibt sich ebenfalls bei allen Artikeln, die eine gleiche Anzahl von Vor- und Nachteilen aufweisen.

dies durchaus als eine Art Reliabilitätstest für die vorgenommenen Bewertungen gewertet werden.[610] Dennoch kann eine solche rein technische Betrachtung die Feinheiten eines Textes keineswegs berücksichtigen, wie dies mit der in dieser Arbeit vorgenommenen Methode möglich war.

5.5.7.2 Validität der Untersuchung

Das zweite Gütekriterium ist die Validität der Untersuchung. Letztlich soll mit einer validen Untersuchung sichergestellt werden, dass auch das *„gemessen wird, was gemessen werden sollte".*[611] Früh[612] differenziert hier zwischen der Untersuchung vorgelagerte bzw. der Untersuchung begleitende Maßnahmen, durch die Validität sichergestellt werden soll[613] sowie einem der Untersuchung nachgelagerten Test, um zu prüfen, ob dieses Ziel auch erreicht wurde. Zu ersteren Maßnahmen gehören laut Früh eine saubere Definition der Kategorien, die Überprüfung derselben anhand eines Pretests bzw. anhand von Probematerial und die anschließende weitere Präzisierung der Kategorien. Damit wurde sichergestellt, dass das richtige theoretische Konstrukt gemessen wird. Früh argumentiert weiterhin einer konstruktivistischen Auffassung folgend, dass der Forscher letztlich *„selbst am besten weiß, was seine Kategorien bedeuten sollen"* und demnach *„von Flüchtigkeitsfehlern abgesehen seine Codierung korrekt sein"*[614] wird. Dies resultiert aus der Tatsache, dass davon ausgegangen wird, dass es den *„unmittelbaren Zugang zur Realität (...) nicht gibt"* und demnach als valide angesehen wird, wenn das Instrumentarium das misst, *„was sich der Forscher als Realität vorstellt und als theoretisches Konstrukt definiert".*[615] Diesem Argumentationsstrang folgend ist die Kodierung des Forschers selbst per se valide.[616] Als Test schlägt Früh wiederum den Reliabilitätstest vor, mit der Argumentation, dass eine Untersuchung dann als valide angesehen werden

---

[610] Siehe hierzu auch die Ausführungen in den Abschnitten 6.7.1.8 sowie 6.7.3.8.
[611] Friedrichs (1990), S. 100. Siehe zur Validität von Untersuchungen auch die Ausführungen von Brosius et al. (2009), S. 68-70.
[612] Vgl. nachfolgend – soweit nicht anders angegeben – Früh (2004), S. 183-186.
[613] Siehe hierzu unter anderem auch die Ausführungen in Abschnitt 5.4.1 zur Erstellung des Kategorienschemas.
[614] Früh (2004), S. 184.
[615] Früh (2004), S. 185.
[616] Vgl. zu dieser Argumentation Baumann (2001), S. 370.

kann, wenn die an der Untersuchung beteiligten Kodierer das messen, was der Forscher intendierte. Da im Rahmen der vorliegenden Arbeit nur der Autor selbst am Kodierprozess beteiligt war und Flüchtigkeitsfehler durch den Reliabilitätstest weitestgehend ausgeschlossen werden konnten, ist demnach von einer validen Untersuchung auszugehen.

Auch wenn sich in dieser Arbeit grundlegend der obenstehenden Argumentation von Früh angeschlossen werden soll, wird nachfolgend kurz auf die verschiedenen Arten der Validität laut Mayring eingegangen und deren Relevanz für die Untersuchung dargestellt. Mayring unterscheidet in Anlehnung an Krippendorf fünf verschiedene Arten von Validität: semantische Gültigkeit, Stichprobengültigkeit, korrelative Gültigkeit, Vorhersagegültigkeit und Konstruktgültigkeit.[617]

Semantische Gültigkeit wird von Mayring als „Richtigkeit der Bedeutungsrekonstruktion des Materials"[618] definiert und wird durch angemessene Kategoriedefinitionen ausgedrückt. So kann eine Überprüfung relativ einfach dadurch erfolgen, dass alle Textstellen, die mit dem gleichen Code hinterlegt wurden, noch einmal verglichen werden, um sicherzustellen, dass der Inhalt dieser Textpassagen homogen ist. Nach Beendigung der empirischen Untersuchung wurden über die „Text-Retrival"-Funktion des genutzten Computerprogramms MAXQDA für jeden einzelnen Code die hinterlegten Textpassagen angezeigt und auf Homogenität überprüft.

Stichprobengültigkeit bezieht sich darauf, dass eine geeignete Stichprobe zur Analyse gezogen wird. Hierfür wurden in dieser Arbeit die für Inhaltsanalysen gängigen Maßstäbe beachtet. Zur Darstellung der Stichprobenziehung sei dabei auf Abschnitt 5.5.5 verwiesen.

Korrelative Gültigkeit wird durch die Korrelation der erhobenen Daten mit einem externen Kriterium überprüft. Für eine solche Überprüfung müssten laut May-

---

[617] Vgl. für die nachfolgend Absätze zur Definition der verschiedenen Arten von Validität – soweit nicht anders angegeben – Mayring (2008), S. 111-112.
[618] Mayring (2008), S. 111.

ring jedoch bereits Untersuchungen entweder zu einer ähnlichen Fragestellung oder aber zu einem ähnlichen Gegenstand vorliegen. Da dies bisher nicht der Fall ist, kann dieses Kriterium im Rahmen dieser Arbeit keine Beachtung finden.

Vorhersagegültigkeit kann laut Mayring nur dann überprüft werden, wenn sinnvolle Vorhersagen aus dem Datenmaterial möglich sind bzw. überhaupt vorgenommen werden sollen. Da in der vorliegenden Arbeit keine Vorhersagen oder Prognosen zukünftiger Ereignisse oder Entwicklungen abgeleitet werden sollen, ist dieses Kriterium als nicht relevant anzusehen.

Konstruktvalidität überprüft, ob ähnliche Konstrukte bisher erfolgreich eingesetzt wurden und ob bei der Inhaltsanalyse auf etablierte Theorien zurückgegriffen wurde. In dieser Arbeit konnte nur bedingt auf verschiedene etablierte Konstrukte oder Variablen (zum Beispiel bei der Analyse der beschriebenen Branchen oder der im Text erwähnten Vor- und Nachteile[619]) zurückgegriffen werden. Jedoch waren hier aufgrund des Analysematerials Anpassungen und Erweiterungen notwendig. Bei der Analyse der drei Isomorphismusdimensionen wurde zur Erstellung der Variablen auf die etablierte Theorie des Neo-Institutionalismus zurückgegriffen; da die spezifische Anwendung dieser Theorie auf Produktionsverlagerungen als innovativ anzusehen ist, konnten dabei jedoch keine bereits existierenden Konstrukte oder Kategorien genutzt werden. Die Konstruktvalidität ist bei diesen Dimensionen jedoch bereits aufgrund der theoretischen Fundierung zumindest in gewissem Maße als gegeben anzusehen. Insgesamt erscheint es jedoch schwierig, im Rahmen von Inhaltsanalysen überhaupt eine hohe Konstruktvalidität zu erzielen;[620] wohl auch aus diesem Grund verneint Früh insgesamt eine hohe Relevanz der Konstruktvalidität in Zusammenhang mit inhaltsanalytischen Untersuchungen.[621] In der vorliegenden Arbeit kann unter diesen Bedingungen davon ausgegangen werden, dass das Kriterium der Konstruktvalidität insbesondere durch die theoretische Fundierung in zumindest

---

[619] Siehe hierzu die Ausführungen in Abschnitt 5.4.2.
[620] Friedrichs (1990), S. 333: *„Eine Konstrukt-Validität wird nur in seltenen Fällen erreichbar sein."*
[621] Früh (2007), S. 197: *„Die in der Experimental- und Umfrageforschung besonders wichtige Konstruktvalidität spielt bei der Inhaltsanalyse keine so große Rolle."*

ausreichendem Maße erfüllt ist, wenn auch ein Vergleich mit anderen Studien bzw. eine statistische Überprüfung nicht möglich ist.

Schlussfolgernd kann davon ausgegangen werden, dass in der vorliegenden Arbeit die für Inhaltsanalysen relevanten Gütekriterien der Reliabilität und der Validität erfüllt sind. Im folgenden Kapitel sollen nun die Ergebnisse der Inhaltsanalyse vorgestellt werden.

> „Wenn jemand einen Grund sucht,
> warum er keinen Erfolg in China hat,
> dann ist dieser ihm selbst zuzuschreiben (...)."
> VDI Nachrichten, 29.11.1996, S. 4.

6 ERGEBNISSE DER INHALTSANALYSE

Nachfolgend sollen nun die Ergebnisse der Inhaltsanalyse vorgestellt werden. Dabei wird zuerst ein allgemeiner Überblick über das gesamte Datenmaterial gegeben, bevor im weiteren Verlauf des Kapitels einzelne Kategorien detailliert besprochen und Rückschlüsse sowohl auf die forschungsleitenden Annahmen als auch auf die allgemeinen Forschungsfragen gezogen werden. Dabei wird in der Regel das Datenmaterial über den gesamten Zeitraum von 1989 bis 2010 betrachtet; in vielen Fällen wird jedoch zusätzlich auf den Zeitraum von Beginn bis Mitte der 1990er Jahre Bezug genommen, da in diesem Zeitraum die Investitionen nach China erstmals eine sehr hohe Steigerung aufweisen konnten. Zumeist wird dabei auf den Zeitraum zwischen 1990 und 1995 Bezug genommen; da bei einigen Kategorien jedoch im Jahr 1990 noch eine sehr geringe Berichterstattung festzustellen war, wurde deshalb der Betrachtungszeitraum oftmals ein Jahr nach hinten verschoben und die Jahre 1991 bis 1996 analysiert.[622] Insgesamt erfolgt bei den meisten Variablen keine zwischen den verschiedenen Zeitungen und Zeitschriften differenzierte Auswertung. Dies erscheint zum einen aufgrund der gestellten Forschungsfragen nicht erforderlich und zum anderen wird davon ausgegangen, dass auch der Leser selbst eine solche Synthese verschiedener Berichterstattungen vornimmt und nicht nach der Berichterstattung der einzelnen Zeitungen/Zeitschriften differenziert. Da sich

---

[622] In Einzelfällen wurde eine Analyse von einem hiervon leicht abweichenden Zeitraum durchgeführt.

– wie ausführlich erläutert – lediglich „wirtschaftsnahe" Zeitungen und Zeitschriften im Sample befinden, erscheint eine solche Differenzierung ebenfalls nicht notwendig.

Neben rein quantifizierenden Analysen zur Medienberichterstattung werden in vielen Fällen auch direkte Zitate der Berichterstattung vorgestellt, um die Art der Berichterstattung plastisch und greifbar zu machen. Dabei wird bei den meisten betrachteten Dimensionen in Tabellenform eine Vielzahl solcher Zitate vorgestellt. Dies erfolgt vorrangig zum Nachweis dessen, dass die betrachteten Dimensionen und Argumente nicht nur durch einige wenige Textstellen der nahezu 1.600 analysierten Beiträge gestützt werden, sondern dass sie sich wie ein roter Faden durch die gesamte Medienberichterstattung ziehen. Die folgende Diskussion der verschiedenen Kategorien folgt der Anordnung der Kategorien im Kategorienschema, auch wenn damit zuerst die zur Forschungsfrage 2 gehörigen Dimensionen besprochen und anschließend erst die zur Forschungsfrage 1 gehörenden Dimensionen analysiert werden. In jedem Unterkapitel – in der Regel am Ende – soll kurz auf die Relevanz der Ergebnisse hinsichtlich der theoretischen Argumentation der Arbeit verwiesen werden.

6.1 Anzahl der analysierten und kodierten Artikel

Wie bereits erwähnt, wurden potentiell relevante Artikel anhand einer Stichwortsuche in der Datenbank WISO aufgefunden. Davon wurden dann entweder alle Artikel (Manager Magazin) oder eine zufällig ausgewählte Stichprobe (Wirtschaftswoche, VDI Nachrichten, Handelsblatt) der jeweiligen Zeitschriften[623] analysiert. Die relevanten Suchergebnisse wurden anschließend im Verlauf von mehreren Wochen kodiert. Tabelle 6-1 zeigt übersichtsweise die Anzahl der Suchergebnisse, die Anzahl der in der Stichprobe einbezogenen Artikel sowie die Anzahl der relevanten und letztlich kodierten Artikel. Insgesamt ergab dies 16.670 Suchergebnisse, von denen über das bereits beschriebene Sampling-

---

[623] Nachfolgend wird aus sprachlichen Gründen nur noch von Zeitschriften gesprochen und nicht mehr zwischen Zeitungen und Zeitschriften differenziert; mit dem Begriff Zeitschrift sind nachfolgend alle 4 analysierten Zeitungen und Zeitschriften gemeint.

verfahren 5.758 Artikel (34,5% aller Artikel) für die nähere Analyse ausgesucht wurden. Alle diese Artikel wurden gelesen und auf Relevanz überprüft. Letztlich erschienen 1.579 Artikel relevant (27,4% aller gesampelten Artikel) und wurden kodiert.[624] Ein erstes interessantes Ergebnis der Inhaltsanalyse ist, dass – was die relative Häufgkeit angeht – alle Zeitschriften in einem ähnlichen Verlauf über Produktionsverlagerungen nach China berichten, wie in Abbildung 6-1 dargestellt wird.[625] Dabei wird offensichtlich, dass von Beginn bis Mitte der 1990er Jahre eine ansteigende Anzahl an Artikeln zum Thema zu finden war, welche dann jedoch zwischen Mitte bis Ende der 1990er Jahre wieder abflachte. Insbesondere seit dem Jahr 2002 stieg die Berichterstattung wieder stark an und entwickelte sich dann ab 2005 – je nach Zeitschrift – mehr oder minder stark zurück bis zu einem Tiefpunkt im Jahr 2009. Im Jahr 2010 wurde dann wieder mehr berichtet.

Die ähnlichen Verläufe der Berichterstattung lassen sich nicht nur anhand einer „Sichtprobe" der Diagramme, sondern auch anhand von Korrelationsberechnungen nachweisen. Daraus kann jedoch nur geschlossen werden, dass die verschiedenen analysierten Zeitungen und Zeitschriften der Berichterstattung nach China eine ähnliche relative Wichtigkeit einräumen; es kann damit aber (noch) keine Aussage getroffen werden, ob sie auch mit ähnlicher Wertung über Produktionsverlagerungen berichten. Es kann damit ebenfalls keine Aussage getroffen werden, ob eine bestimmte Zeitschrift als Leitmedium dient, welche Produktionsverlagerungen nach China als sehr berichtswürdig betrachtet und welcher die anderen Zeitschriften folgen. In Tabelle 6-2 auf Seite 218 wird die Korrelation der Anzahl der kodierten – und damit der im Rahmen dieser Unter-

---

[624] Die nachfolgend zitierten Zeitschriftenartikel finden sich aus Gründen der Übersichtlichkeit und besseren Nachvollziehbarkeit nicht im Literaturverzeichnis wieder. Eine ausführliche Liste aller kodierten Artikel findet sich im Anhang. Diese Liste dient auch als Quellenverzeichnis für alle in diesem Kapitel erwähnten Zeitschriftenartikel. Für die bessere Übersichtlichkeit und bessere Lesbarkeit werden in diesem Kapitel die zitierten Zeitschriftenartikel in folgender Form angegeben: (Name der Zeitschrift, Erscheinungsdatum, Seite), zum Beispiel (Handelsblatt, 16.11.2000, S. 18). Anhand der Liste im Anhang kann der entsprechende Artikel schnell und eindeutig identifiziert werden.
[625] Das mittlere Diagramm über den Verlauf der gesampelten Beiträge ist dabei natürlich wenig aussagekräftig; aufgrund der Ziehung von Zufallszahlen wird systematisch bedingt jedes Jahr ein ähnlicher prozentualer Anteil der Suchergebnisse in die Analyse einbezogen, wodurch sich die Kurven der ersten beiden Darstellungen automatisch ähneln.

Anzahl Suchergebnisse gesamt

	1989	1990	1991	1992	1993	1994	1995	1996	1997	1998	1999	2000	2001	2002	2003	2004	2005	2006	2007	2008	2009	2010	Gesamt
Manager Magazin	20	3	11	13	11	25	35	26	16	11	7	14	8	9	23	26	40	40	45	34	27	54	498
Wirtschaftswoche	35	31	27	30	59	53	78	73	82	53	50	89	77	84	157	223	212	220	239	197	172	181	2.422
VDI Nachrichten	54	42	39	34	60	70	96	72	50	58	53	49	66	59	120	226	234	255	203	229	106	135	2.310
Handelsblatt	379	287	258	337	594	602	571	556	469	341	367	328	325	252	492	831	789	733	755	717	692	765	11.440
Gesamt	488	363	335	414	724	750	780	727	617	463	477	480	476	404	792	1.306	1.275	1.248	1.242	1.177	997	1.135	16.670

Gesampelte Beiträge

	1989	1990	1991	1992	1993	1994	1995	1996	1997	1998	1999	2000	2001	2002	2003	2004	2005	2006	2007	2008	2009	2010	Gesamt
Manager Magazin	20	3	11	13	11	25	35	26	16	11	7	14	8	9	23	26	40	40	45	34	27	54	498
Wirtschaftswoche	19	18	17	19	32	28	49	37	47	27	29	59	29	39	76	116	91	104	111	93	80	80	1.200
VDI Nachrichten	32	17	27	19	28	41	47	36	29	28	24	23	44	28	56	131	133	141	93	109	41	73	1.200
Handelsblatt	107	64	56	54	153	157	136	126	131	81	98	86	93	74	115	179	181	217	177	203	176	196	2.860
Gesamt	178	102	111	105	224	251	267	225	223	147	158	182	174	150	270	452	445	502	426	439	324	403	5.758
Anteil gesampelt/gesamt	36%	28%	33%	25%	31%	33%	34%	31%	36%	32%	33%	38%	37%	37%	34%	35%	35%	40%	34%	37%	32%	36%	35%

Kodierte Beiträge

	1989	1990	1991	1992	1993	1994	1995	1996	1997	1998	1999	2000	2001	2002	2003	2004	2005	2006	2007	2008	2009	2010	Gesamt
Manager Magazin	5	0	1	4	3	11	19	13	9	4	1	5	2	3	9	8	13	10	9	9	5	16	159
Wirtschaftswoche	6	5	3	4	13	8	18	11	17	10	6	17	8	17	26	41	36	24	19	26	16	25	356
VDI Nachrichten	7	3	2	3	14	15	15	14	6	5	5	7	11	10	24	48	38	38	28	33	8	24	358
Handelsblatt	14	8	11	15	30	37	37	35	29	18	21	18	22	14	36	49	57	57	51	47	41	59	706
Gesamt	32	16	17	26	60	71	89	73	61	37	33	47	43	44	95	146	144	129	107	115	70	124	1.579
Anteil kodiert/gesampelt	18%	16%	15%	25%	27%	28%	33%	32%	27%	25%	21%	26%	25%	29%	35%	32%	32%	26%	25%	26%	22%	31%	27%

Tab. 6-1: Anzahl der Suchergebnisse, gesampelter und kodierter Beiträge
Quelle: eigene Darstellung.

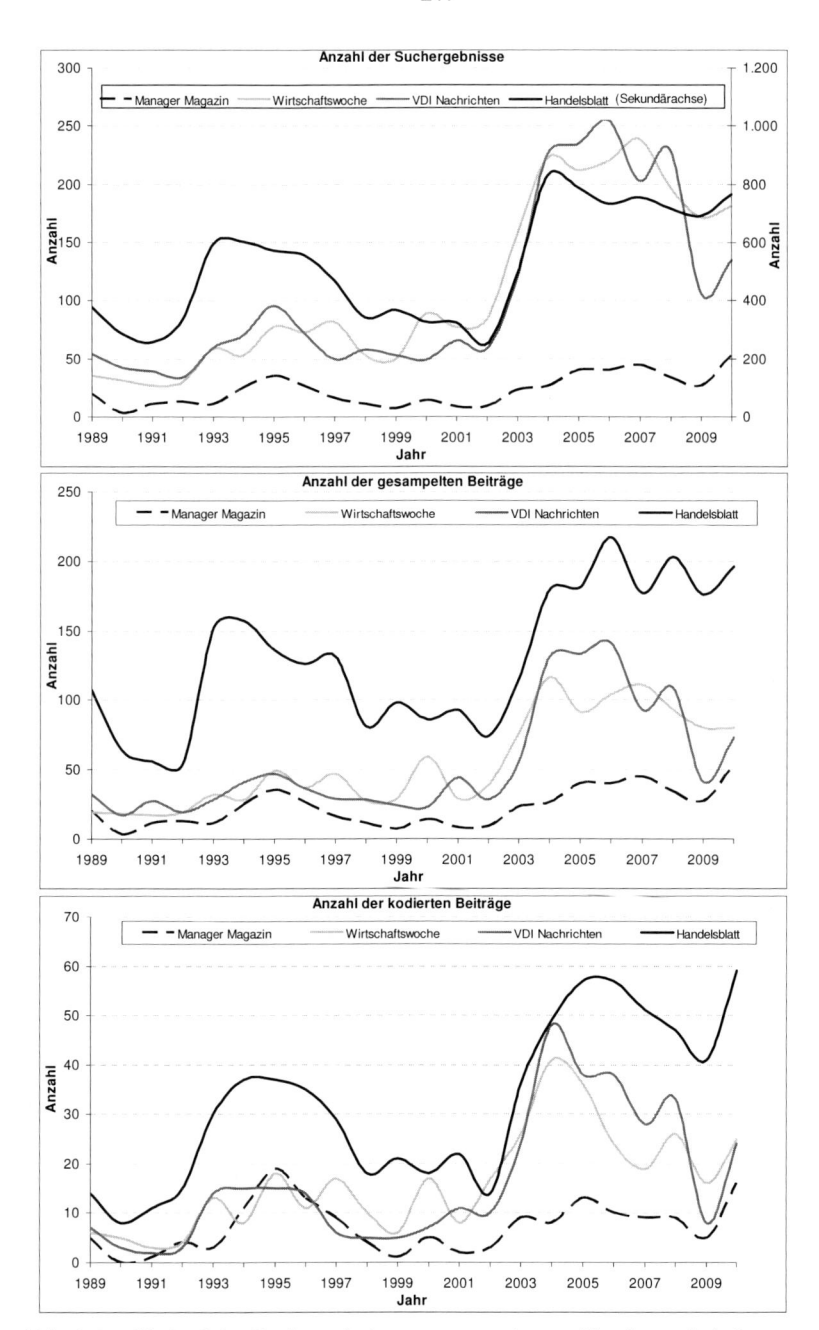

Abb. 6-1: Verlauf der Suchergebnisse, gesampelter und kodierter Beiträge
Quelle: eigene Darstellung.

suchung relevanten – Artikel der jeweiligen Zeitungen und Zeitschriften miteinander dargestellt.[626] Dabei fällt auf, dass die Anzahl der relevanten Artikel aller Zeitungen und Zeitschriften signifikant miteinander korrelieren.

	Handelsblatt kodiert	VDI Nachrichten kodiert	Wirtschaftswoche kodiert	Manager Magazin kodiert
Handelsblatt kodiert	1			
VDI Nachrichten kodiert	,848**	1		
Wirtschaftswoche kodiert	,777**	,890**	1	
Manager Magazin kodiert	,734**	,525*	,540**	1

*/** Die Korrelation ist auf dem Niveau 0,05/0,01 signifikant (zweiseitig). N = 22.

Tab. 6-2: Korrelationskoeffizienten für die Anzahl kodierter Beiträge pro Jahr
Quelle: eigene Darstellung.

Warum ist die obige Betrachtung im Rahmen dieser Arbeit sinnvoll? Zum einen wird dem Leser durch den Überblick aufgezeigt, in welchem Umfang die inhaltsanalytische Untersuchung vorgenommen wurde. Aber es gibt auch noch einen theoretischen Hintergrund für diese kurze Betrachtung: Für die theoretische Argumentation – und hier insbesondere für den häufigkeitsbasierten Isomorphismus laut Haunschild/Miner – erscheint eine ständige Medienpräsenz

---

[626] Im Rahmen dieser Arbeit wurden die Korrelationskoeffizienten nach Pearson berechnet. Eine Durchführung des Kolmogorov-Smirnov-Tests (vgl. z. B. Martens (2003), S. 143, Janssen/Laatz (2007), S. 569-570) bei der Datenbasis aller berechneten Korrelationen ergab, dass die zugrundeliegenden Daten in der Regel hinreichend normalverteilt sind und demnach nach herrschender Meinung der Pearson-Korrelationskoeffizient zur Berechnung von Korrelationen anwendbar ist. Dabei konnte mangels des Funktionsumfangs der verfügbaren Version von SPSS nicht hinsichtlich einer bivariaten Normalverteilung geprüft werden (vgl. Bühner/Ziegler (2009), S. 671), sondern es wurden als Indikator die Stichproben einzeln auf Normalverteilung geprüft. Daneben wurden die Histogramme der univariaten Verteilungen aller Variablen betrachtet, wie dies von Bühner/Ziegler (2009), S. 671 empfohlen wird, da insbesondere bei großen Stichprobenumfängen der Kolmogorov-Smirnov-Test unter Umständen zu sensibel und konservativ ist (vgl. Fromm (2012), S. 29; siehe auch Krüger et al. (2012), S. 22). Bei einigen wenigen Variablen konnte die Normalverteilung nicht bestätigt werden, obwohl die „Sichtprobe" eine solche Annahme durchaus rechtfertigt (z. B. bei der Bewertung der Artikel; N = 1.579) (vgl. dazu Brosius (2011), S. 405). Da laut des Standardwerks von Cohen et al. (2002) die Verletzung der Normalverteilungsannahme jedoch nicht zwangsläufig die Nutzung des Pearson-Korrelationskoeffizienten ausschließt, wurde in diesen fraglichen Fällen auf diesen zurückgegriffen. Auch die Annahmen des zentralen Grenzwertsatzes lassen ein solches Vorgehen als brauchbar erscheinen, insbesondere wenn die Stichprobe eine Anzahl von N = 30 überschreitet (siehe hierzu z. B. Bortz/Döring (2003), S. 217, Bortz (2005), S. 94, Erbsland (2011), S. 3). Zur Absicherung der Argumentation wurde jedoch in *allen* Fällen, in denen Korrelationen berechnet wurden, ebenfalls der Rangkorrelationskoeffizient Spearman-Rho berechnet (vgl. dazu Raithel (2006), S. 153). Nennenswerte Unterschiede in den Ergebnissen konnten dabei nicht festgestellt werden.

von Produktionsverlagerungen nach China erforderlich. Eine ähnliche Argumentation gilt für die Annahme, dass eine solche Strategie auch legitim ist. Da es als eines der Hauptargumente im Neo-Institutionalismus gilt, dass Unternehmen legitime Strategien verfolgen, ist eine über die Medien vermittelte Legitimität wichtig. Einschränkend muss hier natürlich hinzugefügt werden, dass es sich bei der Betrachtung in diesem Kapitel nur um eine absolute Betrachtung der Häufigkeit der Berichterstattung, nicht um eine relative Betrachtung handelt. So wurde nicht ermittelt, in welchem Verhältnis die Berichterstattung über China zur Gesamtberichterstattung oder aber zur Berichterstattung über andere Länder steht. Eine erste Überprüfung zeigte jedoch, dass insbesondere die in den letzten Jahren immer wieder thematisierten BRIC-Staaten weitaus seltener Gegenstand der Berichterstattung waren, als es mit China der Fall war. Auch können hinsichtlich einer Legitimität an dieser Stelle noch keine detaillierten Aussagen getroffen werden, da die Art der Berichterstattung bisher noch nicht betrachtet wurde.

6.2 Bewertung der analysierten Artikel

6.2.1 Bewertung aller analysierten Artikel

Im Rahmen der Datenanalyse wurde für jeden Artikel eine Einschätzung darüber abgegeben, ob die Berichterstattung Produktionsverlagerungen nach China positiv, neutral oder negativ betrachtet. Dafür wurde eine 5-Punkte-Rating-Skala genutzt, die von sehr negativ (1) und negativ (2) über neutral (3) hin zu positiv (4) und sehr positiv (5) reicht.[627] Nachfolgend sollen die erhobenen Be-

---

[627] Die Bewertungen wurden über eine 5-Punkte-Skala gemessen. Eine solche Skala wird oftmals als ordinalskaliert betrachtet, da die Abstände zwischen den einzelnen Bewertungen nicht zwangsläufig als äquidistant anzunehmen sind, wie es eine intervallskalierte Skala fordert (vgl. z. B. Schreiber (1999), S. 153 sowie Rössler (2005), S. 151). Für ordinalskalierte Daten können nach verbreiteter Meinung – basierend insbesondere auf die Ausführungen zu verschiedenen Skalenniveaus von Stevens (1946) – bestimmte mathematische oder statistische Operationen nicht ausgeführt werden; dazu gehören zum Beispiel Mittelwertberechnungen oder Berechnungen der Pearson-Korrelationskoeffizienten (Allerbeck (1978), S. 202). Eine solch strenge Sicht wird jedoch vielfach kritisiert und in der Literatur zumeist nicht mehr vertreten (vgl. stellvertretend den hervorragenden Aufsatz von Allerbeck (1978); siehe auch den Beitrag von Velleman/Wilkinson (1993)) und auch in der Praxis scheinen zum Beispiel bei der Durchschnittsberechnung von Schulnoten keine Bedenken trotz ihres ordinalen Skalenniveaus zu bestehen (siehe jedoch für eine abweichende Argumentation zum

wertungen näher analysiert werden. Da die Bewertungen der Artikel im Rahmen der Argumentation dieser Arbeit eine Schlüsselfunktion einnehmen, soll diese relativ ausführlich erfolgen. Als Erinnerungshilfe soll hier nochmals stark verkürzt die Argumentation der Forschungsfrage 2 dargestellt werden: Wenn die Medienberichterstattung einen Einfluss auf die Verlagerungsentscheidungen deutscher Unternehmen nach China haben sollte, gilt als notwendige – wenngleich nicht hinreichende – Bedingung, dass die Presse Produktionsverlagerungen nach China zumindest in den ersten Jahren nach 1989 positiv darstellt. Wie bereits im vorhergehenden Abschnitt gezeigt wurde, nahm der Umfang der Berichterstattung insgesamt zu. Wenn darüber hinaus auch der Tenor der Berichterstattung positiv ist, gewinnt die Annahme des Medieneinflusses auf Verlagerungsentscheidungen nach China an Substanz. Ein kausaler Zusammenhang kann damit jedoch nicht nachgewiesen werden.

Die folgende Abbildung 6-2 zeigt zunächst überblicksweise die Bewertungen aller kodierten Artikel sowie die jährlichen Mittelwerte der Bewertungen der Artikel. Auffallend ist, dass die durchschnittlichen Bewertungen der Artikel zwar negativ beginnen – der Grund hierfür sind die Unruhen im Jahr 1989 in China, die in den Ereignissen rund um den Platz des Himmlischen Friedens in Peking kulminierten – dann aber stark ansteigen und bis Mitte der 1990er Jahre oberhalb des neutralen Wertes bleiben. Insgesamt fallen die durchschnittlichen Bewertungen nur sehr selten und nur sehr knapp unter die neutrale Bewertung.

Beispiel Schnell et al. (1999), S. 139). Stevens (1946), S. 679 weist zwar auf die eigentliche Unzulässigkeit solcher Berechnungen bei ordinalskalierten Daten hin, gesteht aber gleichermaßen zu, dass *„the outlawing of this procedure would probably serve no good purpose"* (siehe in diesem Zusammenhang auch den Beitrag von Acock/Martin (1973)). Mit einer Hilfsannahme der gleichgewichteten Abstände zwischen den verschiedenen Bewertungen kann man von einer intervallskalierten – oder zumindest sogenannten pseudointervallskalierten – Skala ausgehen und deshalb auch die o. g. mathematischen oder statistischen Operationen durchführen, was gängige Forschungspraxis ist (vgl. Allerbeck (1978), S. 199, 207-209, Bortz et al. (2000), S. 61, Bortz/Döring (2003), S. 153, 175-181, Häder (2006), S. 99-100, Brosius et al. (2009), S. 53-54, 62; vgl. in diesem Zusammenhang auch Schnell et al. (1999), S. 139-143). Dieser Sicht wird sich im Rahmen dieser Arbeit angeschlossen und aus den Bewertungen der Artikel werden neben Mittelwertberechnungen auch Korrelationen nach Pearson berechnet (vgl. zur Zulässigkeit dieses Verfahrens die Beiträge von Allerbeck (1978) und Bollen/Barb (1981)). Zur Sicherung der Argumentation wurde jedoch in den Fällen der Berechnung von Korrelationen neben dem Pearson-Korrelationskoeffizienten auch der Korrelationskoeffizient Spearman-Rho berechnet (vgl. dazu Raithel (2006), S. 153). Größere Abweichungen – insbesondere hinsichtlich der Signifikanz der Ergebnisse – zwischen den beiden Koeffizienten wurden nicht festgestellt, weshalb konsistent die Berechnung nach Pearson beibehalten wurde.

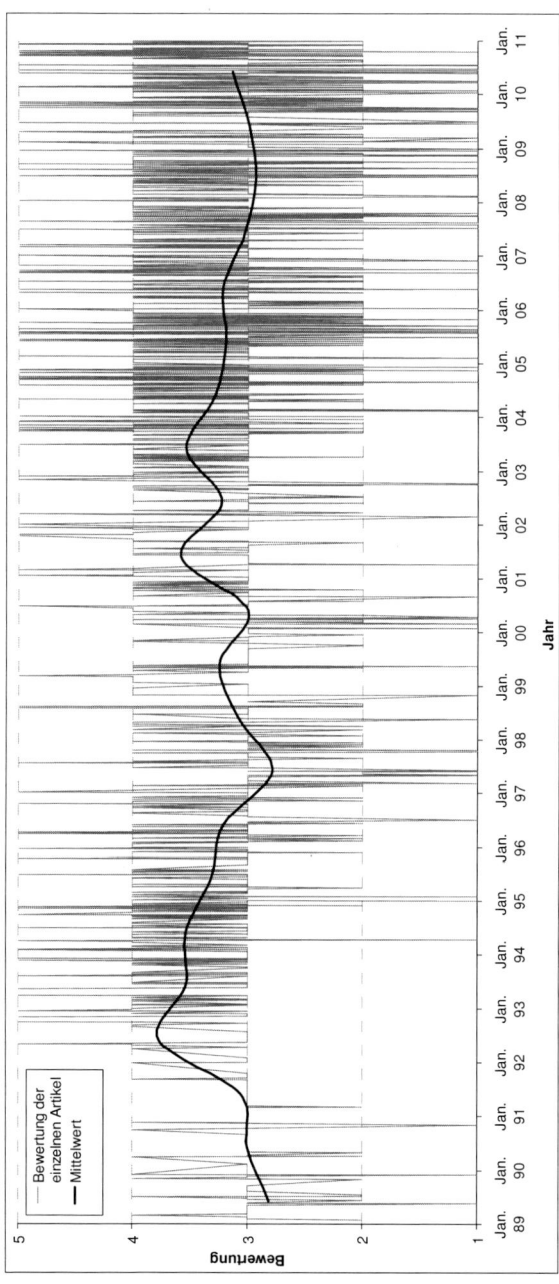

Abb. 6-2: Bewertungen aller kodierten Artikel
Quelle: eigene Darstellung.

Weiterhin fällt bei einer Gesamtbetrachtung aller Artikel auf, dass zwischen Januar 1991 und Januar 1995 lediglich zwei negative und eine sehr negative Bewertung vorgenommen wurden; zwischen März 1991 und März 1994 erfolgte keine einzige negative oder sehr negative Bewertung. Ab etwa 1996 scheint eine etwas differenziertere Berichterstattung vorzuliegen, da hier oftmals auch negative Bewertungen vorgenommen werden; dennoch bleibt – wie oben erwähnt – der Mittelwert der Bewertungen in der Regel oberhalb der neutralen Bewertung.

Da das Diagramm in der obigen Abbildung nur einen ersten groben Überblick geben kann, sind in der Abbildung 6-3 die jeweiligen Häufigkeiten der verschiedenen Bewertungen aller analysierten Artikel aufzeigt. Die Bewertung 1 steht dabei wiederum für sehr negativ, die Bewertung 5 für sehr positiv. Dabei fällt auf, dass der größte Teil der Artikel eine neutrale Bewertung aufweist (744 Artikel). Im direkten Vergleich der jeweils negativen und positiven Ausprägungen (Bewertung 2 und 4) fällt auf, dass die positiven Bewertungen (454 Artikel) die negativen Bewertungen (183 Artikel) um das nahezu zweieinhalbfache übersteigen. Im Vergleich der sehr negativen und sehr positiven Bewertungen fällt wiederum auf, dass die sehr positiven Bewertungen (111 Artikel) die sehr negativen Artikel (87 Artikel) überragen, jedoch in einem geringeren Maße von etwa 30%.

Ein großer Teil der kodierten Artikel waren reine Meldungen, dass ein Unternehmen in China produziert bzw. produzieren lässt oder dies plant, ohne dass weitere Hintergrundinformationen bzw. Vor- oder Nachteile genannt wurden. Solche Meldungen wurden im Rahmen der Arbeit mit dem Wert 3 (neutral) bewertet. Betrachtet man die Bewertungen aller Artikel ohne diese reinen Meldungen,[628] so fällt auf, dass nun die Anzahl der positiven Artikel (454 Artikel) dominiert und damit die Anzahl der neutralen Bewertungen (411 Artikel) um mehr als 10% übersteigt. Es entsteht also eine rechtssteile Häufigkeitsverteilung. Nimmt

---

[628] Im Rahmen der Datenerhebung wurde nicht analysiert, ob ein Artikel eine reine Meldung war oder nicht. Um die Anzahl der reinen Meldungen zu bestimmen, wurden alle die Artikel herangezogen, die als einzige Kodierung eine Branche enthalten haben und mit neutral bewertet wurden.

man nun also einen eher positiven Grundtenor in der Berichterstattung an, so können beim Rezipienten durchaus auch die reinen Meldungen, dass ein Unternehmen in China produziert, positiv aufgenommen werden. Dieser Argumentationsstrang ist vereinbar mit dem in Abschnitt 3.1.2.3 näher thematisierten mimetischen Isomorphismus und hier insbesondere mit der dort diskutierten häufigkeitsbasierten Imitation.

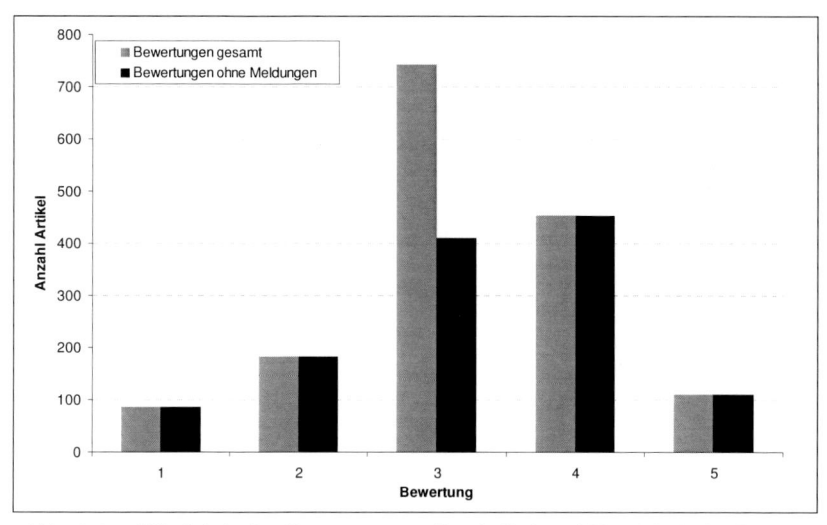

Abb. 6-3: Häufigkeit der Bewertungen aller Artikel und Häufigkeit der Bewertung von Artikeln ohne reine Meldungen
Quelle: eigene Darstellung.

Betrachtet man nicht nur die reine Anzahl der Artikel, sondern die Mittelwerte der Bewertungen der Artikel über den Zeitverlauf (wiederum für alle Artikel und für Artikel ohne reine Meldungen), so bietet sich folgendes – in Abbildung 6-4 dargestelltes – Bild. Es fällt auf, dass sich der Verlauf beider Kurven stark ähnelt, die Mittelwerte der Artikel ohne reine Meldungen jedoch (logischerweise) etwas stärker ausschlagen und insbesondere von Beginn bis Mitte der 1990er Jahre höher liegen. Insgesamt wird ersichtlich, dass die Artikel in der Regel eine Produktionsverlagerung nach China neutral oder positiv bewerten und nur in den Jahren 1989, 1997, 2008 und ganz knapp im Jahr 2009 unterhalb des mittleren Werts auf der 5-Punkte-Skala liegen.[629] Insbesondere zu Beginn der 1990er Jahre werden Produktionsverlagerungen nach China als positiv betrachtet, hier ergeben sich auch die höchsten durchschnittlichen Bewertungen von 3,77 und 4,00 im Jahr 1992 (jeweils alle Artikel und Artikel ohne reine Meldungen). Auch die beiden folgenden Jahre 1993 und 1994 zählen zu den Jahren mit den höchsten Bewertungen; ähnlich hohe Bewertungen werden nur noch in den Jahren 2001 und 2003 erreicht.

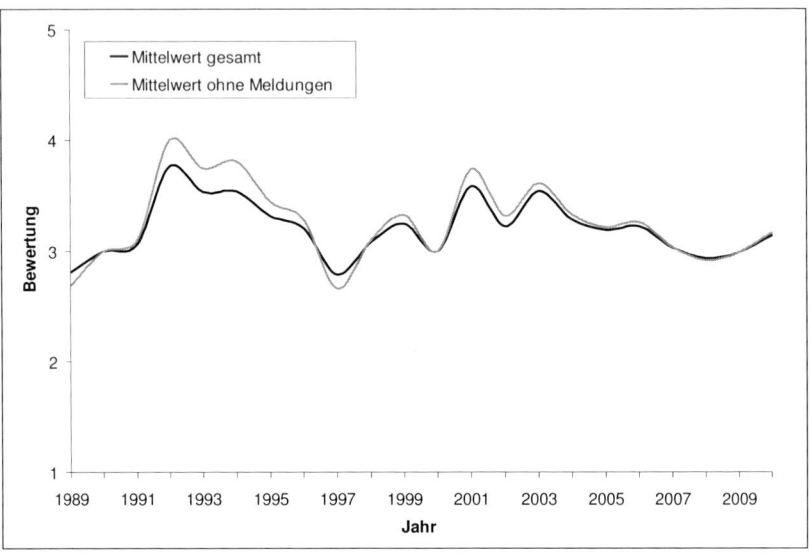

Abb. 6-4: Durchschnittliche Bewertungen aller Artikel und durchschnittliche Bewertung von Artikeln ohne reine Meldungen
Quelle: eigene Darstellung.

Bisher wurde ein Überblick über die Bewertungen aller Artikel im Zeitverlauf gegeben. Doch wie unterscheiden sich die Bewertungen von Produktionsverlagerungen nach China in den verschiedenen Zeitschriften? Diese Frage wird nun beantwortet.

---

[629] Als Erklärungen der negativen Bewertungen könnten die politischen Unruhen im Jahr 1989 in China (die in den tragischen Ereignissen am Platz des himmlischen Friedens ihren Höhepunkt fanden), die ab 1997 eintretende Asienkrise und die ab 2008 eintretende Finanzkrise dienen, die in der Medienberichterstattung immer wieder genannt wurden und negative Bewertungen zur Folge hatten.

6.2.2 Bewertung nach Zeitschriften

Auch hier sollen zunächst überblicksweise die Bewertungen aller Artikel der jeweiligen Zeitschriften verdeutlicht werden (siehe Abbildung 6-5); Abbildung 6-2 ist zur besseren Vergleichbarkeit nochmals in kleinerer Form enthalten. Auch wenn die Abbildung auf den ersten Blick etwas unübersichtlich erscheint, so lassen sich hieraus einige Erkenntnisse generieren: Es fällt wiederum auf, dass zu Beginn der 1990er Jahre Produktionsverlagerungen nach China fast ausschließlich positiv oder neutral bewertet wurden.

In den Zeitschriften Manager Magazin bzw. VDI Nachrichten erfolgte zwischen Januar 1990 und Januar 1997 keine einzige sehr negative Bewertung und lediglich zwei bzw. eine negative Bewertung. In der Zeitschrift Wirtschaftswoche wurde vom Beginn des Betrachtungszeitraums im Jahr 1989 bis zu Beginn des Jahres 1999 keine einzige sehr negative Bewertung vergeben und bis zu Beginn des Jahres 1997 lediglich drei negative Bewertungen.

Auch im Handelsblatt erfolgten die Bewertungen zu Beginn der 1990er Jahre eher positiv; zwischen Januar 1991 und Januar 1994 erfolgte keine einzige, bis zum Januar 1997 nur insgesamt vier sehr negative Bewertungen; letzteres gilt auch für die negativen Bewertungen, welche zwischen Januar 1991 und Januar 1997 nur viermal vergeben wurden. Weiterhin ist an den Kurvenverläufen – wenn auch nicht im Detail – ersichtlich, dass die Intensität bzw. Frequenz der Berichterstattung insbesondere Mitte der 1990er Jahre sowie nach etwa 2003 stärker war, als in den restlichen Zeiträumen.

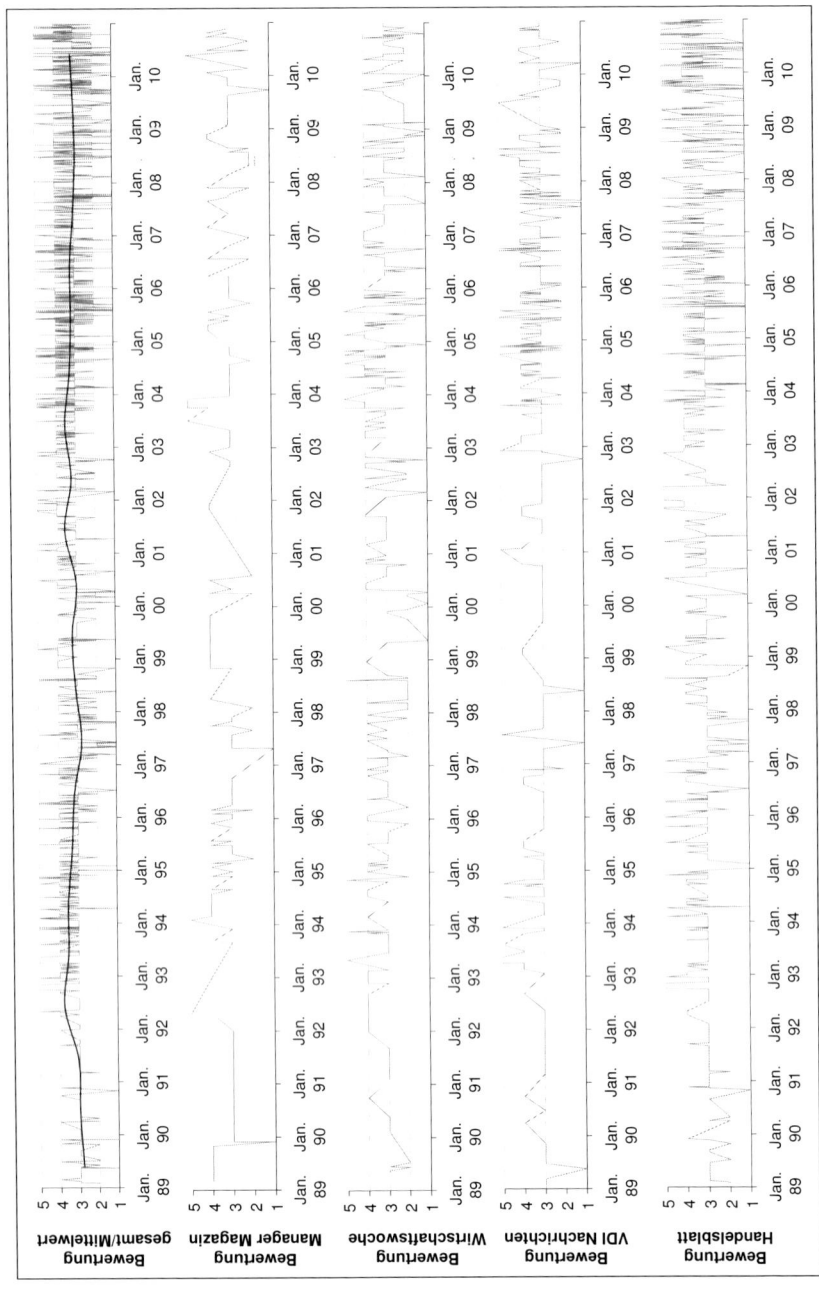

Abb. 6-5: Bewertungen aller kodierten Artikel der jeweiligen Zeitschriften
Quelle: eigene Darstellung.

Da die Aussagekraft der Gesamtdarstellung aller kodierten Artikel begrenzt ist, wird in der folgenden Abbildung 6-6 die Anzahl der positiv, neutral und negativ wertenden Artikel nach Zeitschriften aufgelistet. Hier ergibt sich ein ähnliches Bild wie bei der Gesamtbetrachtung. Bei allen Zeitschriften sind die neutralen Artikel in der Mehrheit; beim direkten Vergleich der jeweiligen Positiv- bzw. Negativausprägungen (Bewertung 2 und 4 bzw. Bewertung 1 und 5) sind in der Regel immer die Positivausprägungen in der Überzahl; die einzige Ausnahme bildet der Vergleich der Bewertung 1 und 5 bei der Wirtschaftswoche, bei der etwas weniger sehr positive als sehr negative Beiträge enthalten sind. Jedoch sind im Vergleich der Bewertungen 2 und 4 die positiven Beiträge in der Wirtschaftswoche weit in der Überzahl.

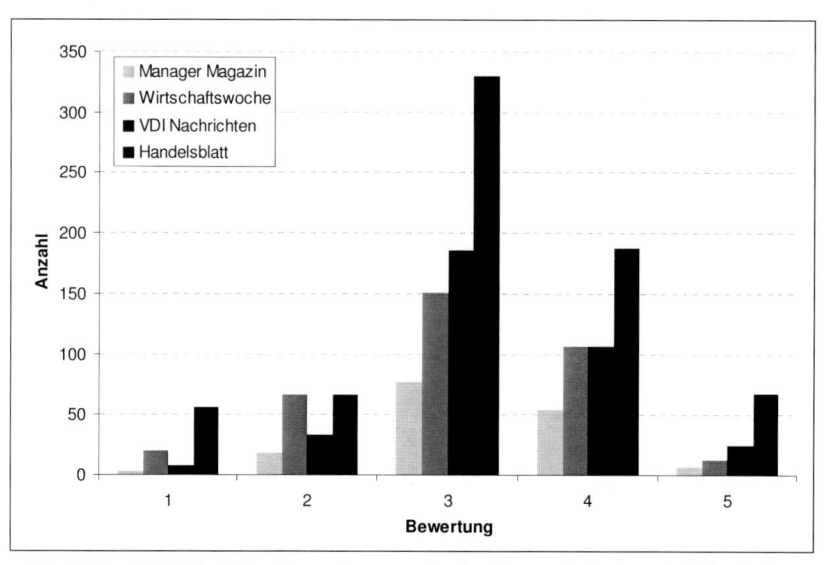

Abb. 6-6: Häufigkeit der Bewertungen aller kodierten Artikel nach Zeitschriften von 1989 bis 2010
Quelle: eigene Darstellung.

Schließt man wiederum die Artikel von der Bewertung aus, die lediglich reine Meldungen von Produktionsverlagerungen darstellen, so ergibt sich differenziert nach den Zeitschriften ein ähnliches Bild wie bereits bei der Analyse aller Beiträge: In der Regel sind Artikel mit der positiven Bewertung 4 am häufigsten enthalten (Ausnahme VDI Nachrichten), gefolgt von Artikeln mit der neutralen

Bewertung 3 (Abbildung 6-7). Im direkten Vergleich der entsprechenden Positiv-/Negativausprägungen sind die Aussagen identisch zu den oben gemachten Aussagen.

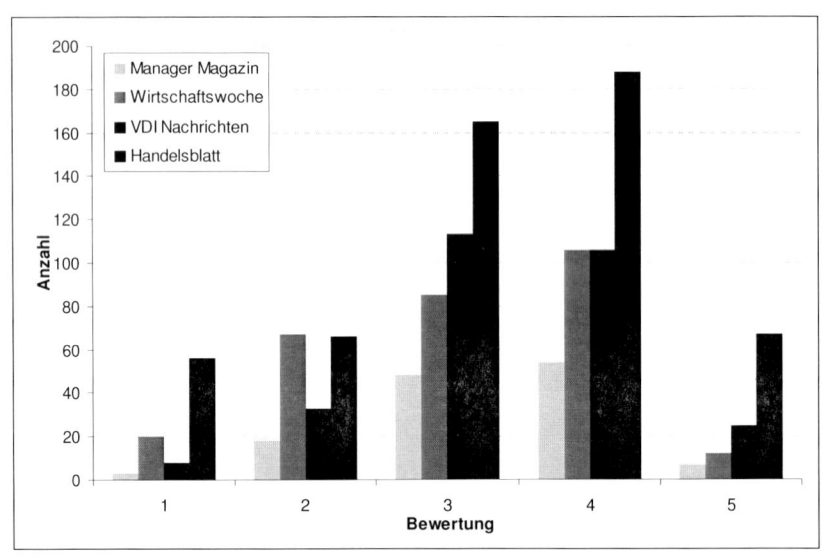

Abb. 6-7: Häufigkeit der Bewertungen der Artikel ohne reine Meldungen von 1989 bis 2010
Quelle: eigene Darstellung.

Da in der forschungsleitenden Annahme 2a darauf abgestellt wurde, dass vor allem zu Beginn der 1990er Jahre eine eher positive Berichterstattung zu erwarten sei, wird in den folgenden beiden Abbildungen 6-8 und 6-9 noch jeweils die Anzahl der Bewertungen in den Jahren 1990 bis 1995 dargestellt. Um hier einen besseren Überblick über die gesamte Anzahl der jeweiligen Bewertungskategorien zu haben (wie er in Abbildung 6-3 bereits für den gesamten Zeitraum von 1989 bis 2010 gezeigt wurde), wurde hierfür eine etwas andere Darstellungsform als in den beiden vorangehenden Abbildungen gewählt. Dabei wurde wiederum eine Gesamtbetrachtung aller Artikel (Abbildung 6-8) sowie eine Betrachtung solcher Artikel ohne reine Meldungen (Abbildung 6-9) vorgenommen.

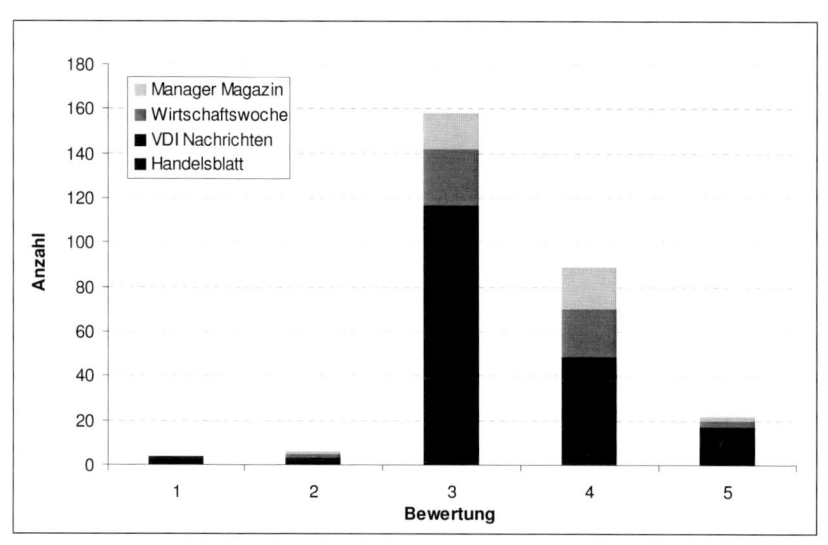

Abb. 6-8: Häufigkeit der Bewertungen aller kodierten Artikel nach Zeitschriften von 1990 bis 1995
Quelle: eigene Darstellung.

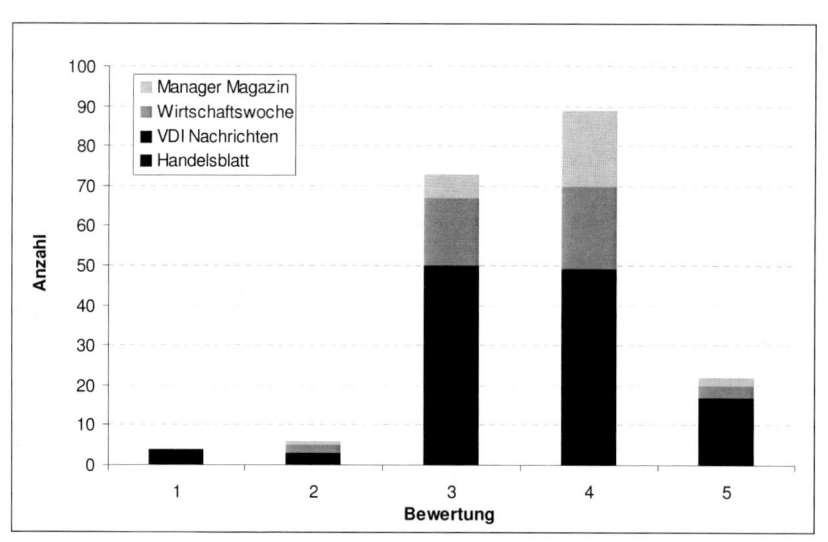

Abb. 6-9: Häufigkeit der Bewertungen der Artikel ohne reine Meldungen von 1990 bis 1995
Quelle: eigene Darstellung.

Aus den Abbildungen kristallisiert sich deutlich heraus, was bereits bei der Betrachtung von Abbildung 6-5 angedeutet wurde: In den Jahren von 1990 bis 1995 wurde in der Regel entweder neutral, positiv oder sehr positiv über Produktionsverlagerungen nach China berichtet. Betrachtet man wiederum nur solche Beiträge, die keine reinen Meldungen beinhalten, so nimmt die Bewertung „positiv" eine dominierende Rolle ein und es entsteht wiederum eine rechtssteile Verteilung. Sehr negative bzw. negative Bewertungen sind kaum vertreten – insgesamt lediglich vier- bzw. sechsmal (insgesamt 10 negative bzw. sehr negative Bewertungen), während die entsprechenden positiven bzw. sehr positiven Bewertungen 89- bzw. 22-mal vertreten sind (insgesamt 111 positive und sehr positive Bewertungen). Neutrale Meldungen erfolgten 158- (einschließlich reiner Meldungen) bzw. 73-mal (ohne reine Meldungen). Hieraus wird ersichtlich, welche Art von Berichterstattung zwischen 1990 und 1995 vorherrschend war: Entweder waren reine (neutrale) Meldungen über Unternehmen zu finden, die bereits in China produzieren bzw. einen solchen Schritt gerade unternehmen, oder aber Artikel, die Produktionsverlagerungen etwas näher betrachten und diese zumindest neutral, aber häufig positiv oder sehr positiv bewerten. Somit entsteht für den Leser der Eindruck, dass Produktionsverlagerungen nach China legitim und wünschenswert sind und dass viele Unternehmen einen solchen Schritt auch vollziehen.[630]

Nachdem nun die absolute Anzahl aller Bewertungen analysiert wurde, soll anschließend die Bewertung der Artikel über den Zeitverlauf differenziert nach den verschiedenen Zeitschriften erfolgen (siehe Abbildung 6-10). Dabei bietet sich eine Betrachtung der Mittelwerte der jeweiligen Jahre an. Auch hier zeigen sich ähnliche Ergebnisse, wie bereits bei der Gesamtbetrachtung: Über den gesamten Zeitverlauf zwischen 1989 bis 2010 ergaben sich folgende Mittelwerte für die Berichterstattung der einzelnen Zeitschriften (Zahlen in Klammern stehen für die Mittelwerte der Artikel ohne reine Meldungen): Wirtschaftswoche 3,1 (3,1), Handelsblatt 3,2 (3,3), VDI Nachrichten 3,3 (3,3), Manager Magazin 3,3 (3,4) und liegen damit alle oberhalb der neutralen Bewertung. Zwischen 1990 und 1995 ergeben sich folgende Mittelwerte: Wirtschaftswoche 3,5 (3,6), Han-

---

[630] Siehe hierzu auch die Argumentation in Abschnitt 4.5.1.

delsblatt 3,4 (3,5), VDI Nachrichten 3,6 (3,8), Manager Magazin 3,6 (3,8); diese liegen noch deutlicher oberhalb der neutralen Bewertung. In den Jahren 1992 und 1993 ergeben sich – je nach Zeitschrift – die höchsten durchschnittlichen Bewertungen über den gesamten Zeitverlauf mit einem Wert von 4,0 im Manager Magazin (1992), 3,8 in der Wirtschaftswoche (1992), 4,1 in den VDI Nachrichten (1993) und 3,8 im Handelsblatt (1992).[631]

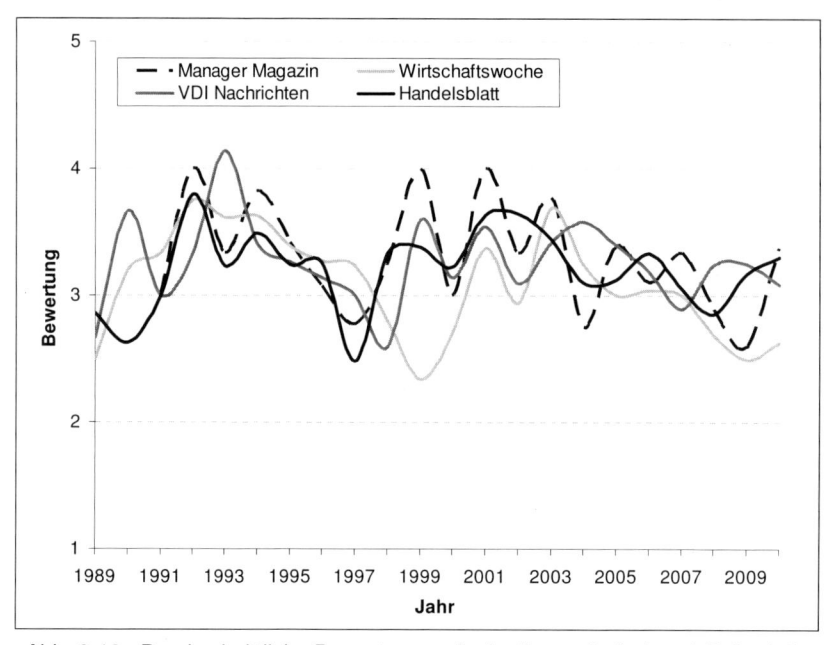

Abb. 6-10: Durchschnittliche Bewertungen der kodierten Artikel nach Zeitschrift
Quelle: eigene Darstellung.

Weiterhin ist in der obigen Abbildung – zumindest im Verlauf der ersten Jahre – ein Gleichklang in der Berichterstattung zu beobachten, wenn auch nicht immer exakt innerhalb der gleichen Jahresgrenzen. Um diesen Gleichklang weiter zu untersuchen, wurden die Korrelationen zwischen den Bewertungen der einzelnen Zeitschriften berechnet (siehe Tabelle 6-3). Eine Analyse über den gesam-

---

[631] Lediglich für das Manager Magazin wurden in den Jahren 1999 und 2001 noch genau so hohe Mittelwerte festgestellt, wie im Jahr 1992. Für alle anderen Zeitschriften befindet sich die höchste durchschnittliche Bewertung eines Jahres in einem der Jahre zwischen 1991 und 1994.

ten Zeitraum ergab jedoch lediglich eine signifikante Korrelation zwischen der Bewertung des Manager Magazins und des Handelsblatts.

	Manager Magazin	Wirtschaftswoche	VDI Nachrichten	Handelsblatt
Manager Magazin	1			
Wirtschaftswoche	,338	1		
VDI Nachrichten	,310	,404	1	
Handelsblatt	,707**	,252	,154	1
** Die Korrelation ist auf dem Niveau 0,01 signifikant (zweiseitig). N = 22 (für Manager Magazin 21).				

Tab. 6-3: Korrelationskoeffizienten für die Bewertungen kodierter Beiträge pro Jahr differenziert nach Zeitschriften von 1989 bis 2010
Quelle: eigene Darstellung.

Ein Vergleich der Berichterstattung differenziert nach Jahren weist Schwächen auf. So werden zum Beispiel zeitlich sehr nahe beieinanderliegende Bewertungen verschiedener Zeitschriften auch nur dann miteinander verglichen, wenn sie wirklich im gleichen Kalenderjahr liegen. Eine positive Berichterstattung einer Zeitschrift im Dezember 1995 wird also unter Umständen nicht mit einer zeitlich naheliegenden positiven Berichterstattung einer anderen Zeitschrift im Januar 1996 in Verbindung gebracht, sondern mit einer viel weiter zurückliegenden Berichterstattung im Januar 1995. Aus diesem Grund erscheint es sinnvoll, zusätzlich die Korrelationen auf Basis der Berichterstattung der einzelnen Zeitschriften zu berechnen, in diesem Fall jedoch auf Basis von gleitenden Mittelwerten von drei aufeinanderfolgenden Jahren (Betrachtungsjahr sowie jeweils ein Jahr vorher und nachher; für das erste und letzte Jahr des Betrachtungszeitraum wurden lediglich zwei Jahre in die Berechnung einbezogen; ebenso wurde verfahren, wenn eine Zeitschrift in einem Jahr keinen Artikel zur Thematik veröffentlich hat). Damit kann der oben beschriebene Effekt etwas abgemildert werden. Dabei wird offensichtlich, dass die Korrelationen nun allesamt signifikant positiv ausfallen, wie aus Tabelle 6-4 ersichtlich wird.

	Manager Magazin	Wirtschaftswoche	VDI Nachrichten	Handelsblatt
Manager Magazin	1			
Wirtschaftswoche	,532*	1		
VDI Nachrichten	,589**	,703**	1	
Handelsblatt	,736**	,432*	,710**	1
*/** Die Korrelation ist auf dem Niveau 0,05/0,01 signifikant (zweiseitig). N = 22.				

Tab. 6-4: Korrelationskoeffizienten für die Bewertungen (gleitende Mittelwerte) kodierter Beiträge pro Jahr differenziert nach Zeitschriften von 1989 bis 2010
Quelle: eigene Darstellung.

Wie bereits bei der „Sichtprobe" von Abbildung 6-10 festgestellt wurde, ist insbesondere für die Bewertungen zu Beginn bzw. in der Mitte der 1990er Jahre ein Gleichklang festzustellen. Aus diesem Grund wurden die Korrelationen der Bewertungen in den 1990er Jahren überprüft. Für den Zeitraum von 1990-1997 finden sich die untenstehenden Korrelationen: Signifikante Beziehungen ergeben sich dabei mehrfach, womit in diesen Fällen eine tendenziell gleichgerichtete Bewertung der Berichterstattung angenommen werden kann (siehe Tabelle 6-5).

	Manager Magazin	Wirtschaftswoche	VDI Nachrichten	Handelsblatt
Manager Magazin	1			
Wirtschaftswoche	,902**	1		
VDI Nachrichten	,355	,392	1	
Handelsblatt	,915**	,843**	,137	1
** Die Korrelation ist auf dem Niveau 0,01 signifikant (zweiseitig). N = 8 (7 bei Manager Magazin).				

Tab. 6-5: Korrelationskoeffizienten für die Bewertungen kodierter Beiträge pro Jahr differenziert nach Zeitschriften von 1990 bis 1997
Quelle: eigene Darstellung.

Betrachtet man wiederum die Bewertungen anhand gleitender Durchschnitte, ergeben sich wiederum bei allen Paarvergleichen signifikante Korrelationen, wie die folgende Tabelle 6-6 aufzeigt. In dieser sind die Korrelationen der Bewertungen der Jahre 1989-1998 dargestellt.

	Manager Magazin	Wirtschaftswoche	VDI Nachrichten	Handelsblatt
Manager Magazin	1			
Wirtschaftswoche	,632*	1		
VDI Nachrichten	,802**	,906**	1	
Handelsblatt	,870**	,821**	,850**	1
*/** Die Korrelation ist auf dem Niveau 0,05/0,01 signifikant (zweiseitig). N = 10.				

Tab. 6-6: Korrelationskoeffizienten für die Bewertungen (gleitende Mittelwerte) kodierter Beiträge pro Jahr differenziert nach Zeitschriften von 1989 bis 1998
Quelle: eigene Darstellung.

Insgesamt kann aus den vorangegangenen Ausführungen geschlossen werden, dass die Bewertungen der Zeitschriften weitgehend gleichgerichtet erfolgen. Insbesondere zu Beginn bzw. zu Mitte der 1990er Jahre nehmen alle Zeitschriften gleichermaßen eine eher positive Haltung zu Produktionsverlagerungen nach China ein. Wieso ist diese Erkenntnis für die vorliegende Arbeit wichtig? Die Erkenntnisse geben Anhaltspunkte dafür, dass durch die Art der Berichterstattung ein Nährboden insbesondere für den mimetischen Isomorphismus geschaffen wurde. Darüber hinaus wurde – wie auch schon bei den vorangehenden Variablen argumentiert – durch diese Art der Berichterstattung symbolisiert, dass es sich bei der Produktionsverlagerung nach China durchaus um ein legitimes Konzept handelt. Kombiniert man die durchaus häufige Berichterstattung, die gleichgerichtete Bewertung durch die verschiedenen Zeitungen und Zeitschriften und die tendenziell positive Bewertung, so gewinnt o. g. Schlussfolgerung zusätzlich an Substanz.

6.3 Erwähnte Unternehmen

Die nächste erhobene Dimension sind die in der Berichterstattung erwähnten Unternehmen. Sinn der Erhebung ist, herauszufinden, ob bestimmte Unternehmen immer wiederkehrend als „Musterbeispiel" erwähnt werden, an welchem sich andere Unternehmen unter Umständen ausrichten. Hiermit in Verbindung steht das von Haunschild/Miner entwickelte Konzept der merkmalsorientierten Imitation bzw. die von Greve ins Spiel gebrachte Imitation großer und prominenter Unternehmen, die – wohl aus genau diesem Grund – besonders sichtbar für andere sind. Die Betrachtung der erwähnten Unternehmen soll wiederum zweigeteilt erfolgen: Zuerst soll ein Überblick über den gesamten erhobenen Zeitraum gegeben werden, anschließend ein Überblick über die erwähnten Unternehmen im Zeitraum von 1990 bis 1995, in welchem der erste starke Anstieg der Direktinvestitionen in China erfolgte.

Im Zeitraum von 1989 bis 2010 fanden in 1.251 – oder etwa 80% – der insgesamt 1.579 analysierten Artikel konkrete Unternehmen Erwähnung. Dabei wurden insgesamt 1.727 Nennungen von Unternehmen beobachtet; es handelt sich dabei jedoch nur um 522 verschiedene Unternehmen, die zum Teil mehrfach erwähnt wurden.[632] Die folgende Tabelle 6-7 zeigt auf, welche Unternehmen dabei am häufigsten Erwähnung fanden. Die vier meistgenannten Unternehmen vereinigen etwa ein Viertel aller Unternehmensnennungen auf sich, stellen aber nur einen Anteil von weniger als 1% der verschiedenen genannten Unternehmen dar. Die 25 meistgenannten Unternehmen vereinigen mit 850 Nennungen etwa die Hälfte aller Nennungen auf sich und stellen einen Anteil von etwa 5% der verschiedenen erwähnten Unternehmen dar. Damit wird deutlich: ein kleiner Kreis an Unternehmen dominiert die Berichterstattung über Produktionsverlagerungen nach China. Unangefochtener Spitzenreiter ist das Unternehmen Volkswagen, welches mehr als 10% aller Unternehmensnennungen aufweist; Volkswagen war als einer der ersten deutschen Großkonzerne in China stark präsent – und wurde dabei immer und immer wieder positiv hervorgehoben – wie bei der späteren Datenanalyse noch zu sehen sein wird. Mehr als 400 Unternehmen wurden lediglich ein oder zweimal erwähnt: Daran erinnert sich der Leser vielleicht nicht mehr im Einzelnen, jedoch wird damit suggeriert,[633] dass sich eine Vielzahl von verschiedenen Unternehmen aus den verschiedensten Branchen auf den Weg nach China gemacht hat.[634]

---

[632] Mehrfachnennungen innerhalb eines Artikels wurden nicht berücksichtigt.
[633] Wie bereits an früherer Stelle deutlich gemacht wurde, kann aus konstruktivistischer Sicht primär nur festgestellt werden, welchen Eindruck der Urheber dieser Arbeit im Rahmen der Datenanalyse über die Berichterstattung gewonnen hat; dies spricht jedoch nicht gegen die Annahme, dass relevante Entscheidungsträger in Unternehmen einen ähnlichen Eindruck gewonnen haben.
[634] Siehe hierzu auch die Argumentation in Abschnitt 6.5.1 und dabei insbesondere das Zitat von Greve.

Unternehmen	Nennungen	% aller Nennungen	% aller Nennungen kumuliert	Anteil an den verschiedenen Unternehmen (kumuliert)
Volkswagen	191	11,1%	11,1%	0,19%
Daimler, Daimler-Benz, DaimlerChrysler, Mercedes-Benz	95	5,5%	16,6%	0,38%
BASF	68	3,9%	20,5%	0,57%
Siemens	66	3,8%	24,3%	0,77%
BMW	52	3,0%	27,3%	0,96%
Airbus, EADS, Aerospatiale, DASA	45	2,6%	29,9%	1,15%
Bayer	41	2,4%	32,3%	1,34%
Audi	28	1,6%	33,9%	1,53%
Bosch, Bosch Rexroth, Rexroth	28	1,6%	35,6%	1,72%
Krupp, Thyssen, ThyssenKrupp	27	1,6%	37,1%	1,92%
GM	23	1,3%	38,4%	2,11%
Adidas	21	1,2%	39,7%	2,30%
Honda	19	1,1%	40,8%	2,49%
Toyota	19	1,1%	41,9%	2,68%
Continental	14	0,8%	42,7%	2,87%
Hyundai	13	0,8%	43,4%	3,07%
Motorola	13	0,8%	44,2%	3,26%
Foxconn	12	0,7%	44,9%	3,45%
MAN	12	0,7%	45,6%	3,64%
Ford	11	0,6%	46,2%	3,83%
Heidelberger Druck	11	0,6%	46,8%	4,02%
Puma	11	0,6%	47,5%	4,21%
Apple	10	0,6%	48,1%	4,41%
Hoechst	10	0,6%	48,6%	4,60%
Sony	10	0,6%	49,2%	4,79%

Tab. 6-7: Unternehmen mit zehn und mehr Nennungen im Zeitraum 1989 bis 2010
Quelle: eigene Darstellung.

Im Zeitraum von 1990 bis 1995 fanden in 256 – oder wiederum etwa 80% – der 311 analysierten Artikel konkrete Unternehmen Erwähnung. Auch hier findet sich eine ähnlich konzentrierte Berichterstattung über relativ wenige Unternehmen. Insgesamt wurden 373 Unternehmensnennungen von 158 verschiedenen Unternehmen registriert. Die wichtigsten Ergebnisse sind in Tabelle 6-8 dargestellt. Die drei meistgenannten Unternehmen können damit nahezu ein Viertel aller Nennungen für sich verbuchen, obwohl sie lediglich 2% aller verschiedenen genannten Unternehmen darstellen. Die 16 meistgenannten Unternehmen – das sind lediglich rund 10% aller verschiedenen genannten Unternehmen – vereinigen die Hälfte aller Unternehmensnennungen auf sich. Spitzenreiter ist wiederum das Unternehmen Volkswagen, welches in dem betrachteten Zeitraum fast 15% aller Nennungen für sich verbuchen kann. 114 der 158 verschiedenen Unternehmen wurden lediglich ein einziges Mal erwähnt.

Unternehmen	Nennungen	% aller Nennungen	% aller Nennungen kumuliert	Anteil an den verschiedenen Unternehmen (kumuliert)
Volkswagen	55	14,7%	14,7%	0,63%
Siemens	17	4,6%	19,3%	1,27%
Daimler, Daimler-Benz, Mercedes-Benz	17	4,6%	23,9%	1,90%
Bayer	16	4,3%	28,2%	2,53%
BASF	14	3,8%	31,9%	3,16%
Hoechst	10	2,7%	34,6%	3,80%
Audi	9	2,4%	37,0%	4,43%
Bosch	8	2,1%	39,1%	5,06%
DASA, Aerospatiale	8	2,1%	41,3%	5,70%
AEG	7	1,9%	43,2%	6,33%
Toyota	5	1,3%	44,5%	6,96%
Krupp, Thyssen	5	1,3%	45,8%	7,59%
BMW	4	1,1%	46,9%	8,23%
Citroen	4	1,1%	48,0%	8,86%
Nestle	4	1,1%	49,1%	10,13%
SMS, SMS Schloemann-Siemag	4	1,1%	50,1%	10,76%
Wella	4	1,1%	51,2%	11,39%

Tab. 6-8: Unternehmen mit vier und mehr Nennungen im Zeitraum 1990 bis 1995
Quelle: eigene Darstellung.

Insgesamt kann aus der Analyse dieser Dimension die Erkenntnis gewonnen werden, dass zum einen wenige Unternehmen als „Leuchttürme" dienen, die immer wieder Erwähnung finden und deshalb eine Vorbildwirkung vermitteln können. Weiterhin können viele Unternehmen – oder ein „Fußvolk" – beobachtet werden, die zwar lediglich ein oder zweimal erwähnt werden, dafür aber eine breite Masse an Unternehmen symbolisieren, die Produktionsverlagerungen nach China als adäquate Strategie für ihr Unternehmen ansehen. Wie später noch zu sehen sein wird, wird dem Leser oftmals der Eindruck vermittelt, dass eine Produktionsverlagerung nach China dringend geboten sei und dass viele Unternehmen bisher zu lange gezögert haben, diesen Schritt zu tun. Die genannten Unternehmen – sowohl „Leuchttürme" als auch „Fußvolk" – können dabei als Vorbild dienen, nach dem sich andere Unternehmen letztlich richten. Damit kann wiederum ein Link zu der von Haunschild/Miner erwähnten merkmalsorientierten Imitation bzw. den von Greve genannten erfolgreichen, großen und sichtbaren Unternehmen gezogen werden: Die immer und immer wieder genannten Unternehmen können unter Umständen als Rollenmodelle wahrgenommen und deshalb – bewusst oder unbewusst – imitiert werden. Dadurch, dass diese Unternehmen den Gang nach China bereits hinter sich haben und (wie später noch gezeigt wird) als erfolgreich dargestellt werden, scheint eine solche Strategie legitimiert zu sein.[635]

6.4 Deutsche vs. ausländische Unternehmen

Es wurde bereits erwähnt, dass nicht nur inländische, sondern auch ausländische Unternehmen eine Vorbildwirkung haben können, da organisationale Felder durchaus grenzüberschreitend existieren können.[636] So könnten zum Beispiel die Handlungen von Honda und Toyota hinsichtlich einer Produktion in China auch für deutsche Automobilhersteller (oder anderen Unternehmen im organisationalen Feld) relevant und nachahmenswert erscheinen. Da die Aussagekraft dieser Dimension beschränkt ist, soll sich bei der Analyse nur auf die wichtigsten Erkenntnisse beschränkt werden. Abbildung 6-11 zeigt den Verlauf der Berichterstattung auf. Im Rahmen der Datenerhebung wurde analysiert, ob ein Artikel zum Großteil über deutsche oder ausländische Unternehmen berichtet, oder ob deutsche und ausländische Unternehmen zu gleichen Teilen Gegenstand der Berichterstattung sind. Die verbleibenden Artikel wurden unter der Rubrik sonstige kodiert. Dabei lassen sich ähnliche Verläufe der verschiedenen Kurven erkennen; in der Regel wurde bis auf wenige Ausnahmen über deutsche Unternehmen zwei- bis viermal mehr berichtet als über ausländische Unternehmen. Weiterhin folgen die Kurven auch der weiter oben dargestellten Kurve über die Anzahl der kodierten Artikel in den einzelnen Jahren: Wird viel berichtet, werden auch mehr Unternehmen genannt. Eine Korrelationsanalyse ergab, dass die drei Unternehmenskategorien allesamt stark miteinander korrelieren (Signifikanzniveau 0,01); hinsichtlich der Bewertungen ergab sich ein ähnliches Bild wie bei der Differenzierung nach Zeitschriften: Zwischen den Jahren 1991 und 1997 sind die Bewertungen stark positiv miteinander korreliert, so dass im Rahmen der Berichterstattung Produktionsverlagerungen nach China sowohl für deutsche als auch für ausländische Unternehmen gleichermaßen positiv (oder negativ) eingeschätzt wurden. Auch wenn deutsche Unternehmen im Rahmen der deutschen Berichterstattung häufiger erwähnt werden, so ist

---

[635] Siehe hierzu die Argumentationen in Abschnitt 3.1.2.3.
[636] Vgl. zum Beispiel die Untersuchung von Bonnedahl/Jensen (2007).

aus den Ausführungen erkennbar, dass Produktionsverlagerungen nach China nicht nur als ein rein deutsches, sondern als ein globales Phänomen dargestellt und in einer dynamischen Betrachtung ähnlich positiv (oder negativ) gesehen werden.

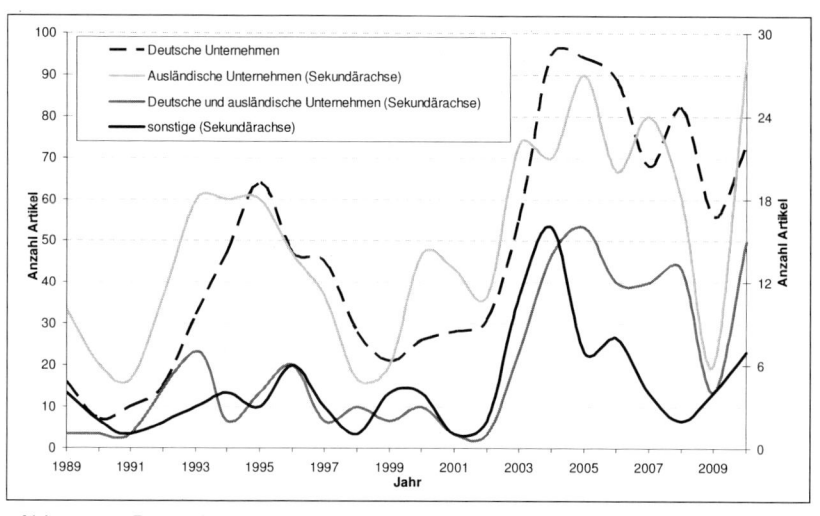

Abb. 6-11: Deutsche vs. ausländische Unternehmen in der Berichterstattung
Quelle: eigene Darstellung.

Insgesamt kann daraus geschlossen werden, dass Unternehmen länderübergreifend der Strategie einer Produktionsverlagerung nach China positiv gegenüberstehen. Zieht man hierzu die Argumentation der organisationalen Felder hinzu, so scheint es im organisationalen Feld einen Konsens bezüglich der Vorteilhaftigkeit einer solchen Strategie zu geben, was wiederum nach außen legitimierend wirkt. Daneben kann auch an dieser Stelle die Verbindung zur häufigkeitsbasierten Imitation gezogen werden: Dadurch dass viele Unternehmen – sowohl aus dem In- als auch aus dem Ausland – ihre Produktion nach China verlagern, können andere Unternehmen durchaus auch angespornt werden, das gleiche zu tun.

6.5 Erwähnte Branchen

Im theoretisch-konzeptionellen Teil der Arbeit wurde argumentiert, dass nicht unbedingt der gleiche Branchenbezug zur Imitation von anderen Mitgliedern des jeweiligen organisationalen Feldes führt, sondern die Beschäftigung mit einem gemeinsamen Managementproblem – wie es im Rahmen dieser Arbeit das Problem einer effizienten und kostengünstigen Produktion darstellt. Im Rahmen des mimetischen Isomorphismus werden dann also „Best Practices" imitiert, egal aus welcher Branche diese stammen. Weiterhin kann zum Beispiel auch anhand eines Isomorphismus durch Zwang eine branchenübergreifende Angleichung erfolgen, wie es zum Beispiel beim Druck von Automobilherstellern auf Zulieferer (zum Beispiel auf Unternehmen der chemischen Industrie, wie im Rahmen der Datenanalyse deutlich wurde) der Fall ist. Dennoch kann davon ausgegangen werden, dass es innerhalb des organisationalen Feldes bestimmte Branchen gibt, die entweder Vorreiter von Produktionsverlagerungen sind oder aber in besonders starkem Maße verlagert haben. Im Rahmen der Analyse dieser Dimension sollen nun solche Branchen dargestellt werden, die besonders häufig Erwähnung fanden; die Anzahl der erwähnten Branchen ist in der folgenden Abbildung 6-12 dargestellt.

Insgesamt wurden im Rahmen der analysierten Artikel in 2.030 Fällen Branchenkodierungen vorgenommen.[637] Die Branche des Fahrzeugbaus konnte mit 472 Nennungen dabei nahezu ein Viertel aller Nennungen für sich verbuchen. Dies deckt sich auch mit der Analyse der meistgenannten Unternehmen, bei der ein Unternehmen aus der Automobilindustrie – Volkswagen – am häufigsten erwähnt wurde. Überraschend erscheint jedoch, dass am zweithäufigsten (291 Nennungen) das Verarbeitende Gewerbe im Allgemeinen erwähnt wurde – zum großen Teil, weil in vielen Artikeln ohne einen bestimmten Branchenbezug allgemein von Produktionsverlagerungen nach China gesprochen wurde oder bei einer branchenbezogenen Betrachtung zusätzlich auch das Verarbeitende Gewerbe im Allgemeinen erwähnt wurde.

---

[637] Es wurden dabei alle in einem Artikel genannten Branchen kodiert. Mehrfachnennungen der gleichen Branche wurden nicht beachtet.

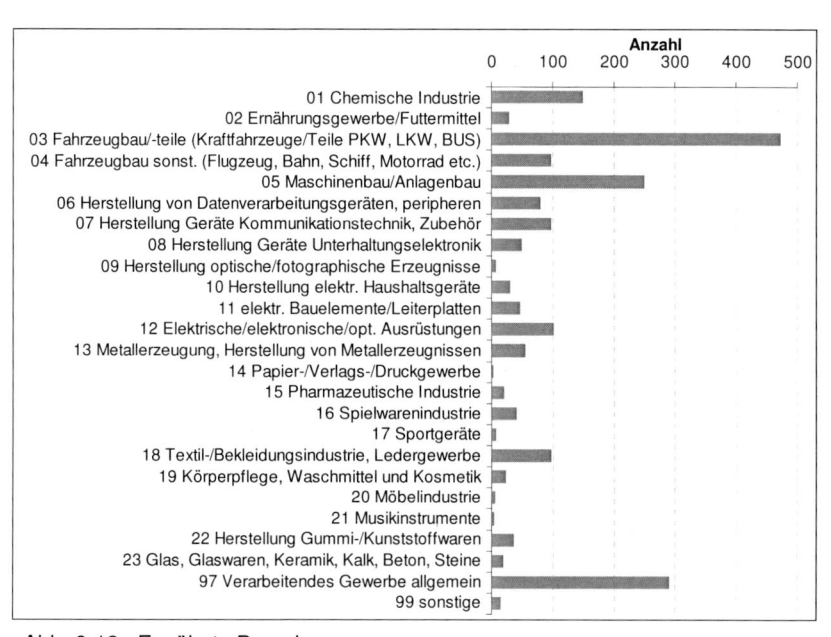

```
                                          Anzahl
                          0    100   200   300   400   500
01 Chemische Industrie
02 Ernährungsgewerbe/Futtermittel
03 Fahrzeugbau/-teile (Kraftfahrzeuge/Teile PKW, LKW, BUS)
04 Fahrzeugbau sonst. (Flugzeug, Bahn, Schiff, Motorrad etc.)
05 Maschinenbau/Anlagenbau
06 Herstellung von Datenverarbeitungsgeräten, peripheren
07 Herstellung Geräte Kommunikationstechnik, Zubehör
08 Herstellung Geräte Unterhaltungselektronik
09 Herstellung optische/fotographische Erzeugnisse
10 Herstellung elektr. Haushaltsgeräte
11 elektr. Bauelemente/Leiterplatten
12 Elektrische/elektronische/opt. Ausrüstungen
13 Metallerzeugung, Herstellung von Metallerzeugnissen
14 Papier-/Verlags-/Druckgewerbe
15 Pharmazeutische Industrie
16 Spielwarenindustrie
17 Sportgeräte
18 Textil-/Bekleidungsindustrie, Ledergewerbe
19 Körperpflege, Waschmittel und Kosmetik
20 Möbelindustrie
21 Musikinstrumente
22 Herstellung Gummi-/Kunststoffwaren
23 Glas, Glaswaren, Keramik, Kalk, Beton, Steine
97 Verarbeitendes Gewerbe allgemein
99 sonstige
```

Abb. 6-12: Erwähnte Branchen
Quelle: eigene Darstellung.

Damit wird dem Leser der Eindruck vermittelt, dass es quasi für alle Bereiche des Verarbeitenden Gewerbes nützlich sein kann, Produktionsverlagerungen nach China vorzunehmen. Dies deckt sich mit den Aussagen zu den branchenübergreifenden organisationalen Feldern, die an früherer Stelle in dieser Arbeit gemacht wurden: Es dient also nicht die eigene Branche als Vorbild, sondern das organisationale Feld. Und dies wiederum wird – wie bereits diskutiert – von allen Unternehmen des Verarbeitenden Gewerbes konstituiert. Weitere häufig erwähnte Branchen waren der Maschinen- und Anlagenbau (250 Nennungen), die chemische Industrie (149 Nennungen), elektrische/elektronische/optische Ausrüstungen im Allgemeinen (102 Nennungen), die Herstellung von Kommunikationstechnik (98 Nennungen), die Textil-/Bekleidungsindustrie bzw. das Ledergewerbe (98 Nennungen) und der sonstige Fahrzeugbau (98 Nennungen). In der Abbildung 6-13 sind die Nennungen dieser Branchen im Zeitverlauf dargestellt. Die Abbildung verdeutlicht einen Gleichklang der Branchennennungen über den Zeitverlauf; weiterhin scheinen Ähnlichkeiten zu der Kurve aller kodierten Artikel im Zeitverlauf zu bestehen (siehe dazu nochmals Abbildung 6-1).

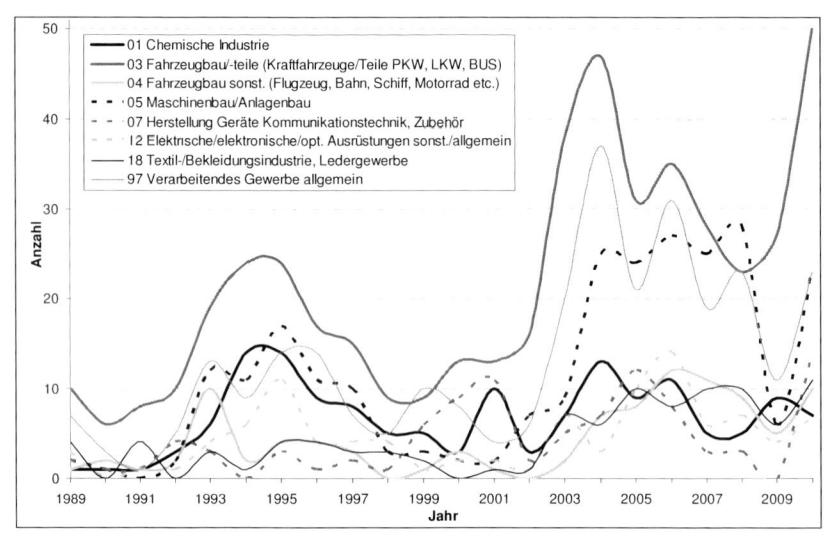

Abb. 6-13: Nennungen der am häufigsten erwähnten Branchen im Zeitverlauf
Quelle: eigene Darstellung.

Um diesen Gleichklang noch etwas näher zu untersuchen, wurden die Korrelationen zwischen der Häufigkeit der erwähnten Branchen und auch der Anzahl der kodierten Artikel berechnet: Dabei sind nicht nur nahezu alle Branchen miteinander höchst signifikant positiv korreliert, sondern auch mit der Anzahl der kodierten Artikel, wie Tabelle 6-9 verdeutlicht (nicht signifikante Koeffizienten sind grau dargestellt). Daraus kann geschlossen werden, dass nahezu zu jeder Zeit in der Berichterstattung alle Branchen im relativen Gleichklang Erwähnung fanden. Abschließend soll noch ein kurzer Blick auf die Bewertungen der Branchen geworfen werden: Werden von der Berichterstattung Produktionsverlagerungen in den verschiedenen Branchen gleich positiv bzw. gleich negativ betrachtet? Die folgende Abbildung 6-14 gibt darüber Aufschluss. Es kann festgestellt werden, dass sich das „Knäuel" der Bewertungen verschiedener Branchen über den Zeitverlauf durchaus relativ gleichgerichtet entwickelt. Diese Annahme wurde wiederum anhand eines Korrelationstests geprüft: dabei korrelierten 19 der 36 möglichen Paarvergleiche signifikant miteinander (Signifikanzniveau 5% oder 1%).

	Chemische Industrie	Fahrzeug-bau	Fahrzeug-bau sonstige	Maschinen-/ Anlagenbau	Herstellung Kommuni-kations-technik	Elektrische/ elektron./opt. Ausrüstungen sonst./allg.	Textil-/ Bekleidungs-industrie	Verarb. Gewerbe allgemein	Anzahl Artikel kodiert
Chemische Industrie	1								
Fahrzeugbau	,567**	1							
Fahrzeugbau sonstige	,309	,665**	1						
Maschinen-/ Anlagenbau	,502*	,771**	,859**	1					
Herstellung Kommunikations-technik	,169	,499*	,382	,351	1				
Elektrische/ elektron./opt. Ausrüstungen sonst./allg.	,589**	,627**	,654**	,753**	,320	1			
Textil-/ Bekleidungs-industrie	,214	,746**	,749**	,808**	,394	,673**	1		
Verarbeitendes Gewerbe allgemein	,517*	,865**	,767**	,881**	,429*	,645**	,730**	1	
Anzahl Artikel kodiert	,609**	,892**	,778**	,938**	,472*	,761**	,814**	,929**	1

*/** Die Korrelation ist auf dem Niveau 0,05/0,01 signifikant (zweiseitig). N = 22.

Tab. 6-9: Korrelationen der jährlichen Branchennennungen
Quelle: eigene Darstellung.

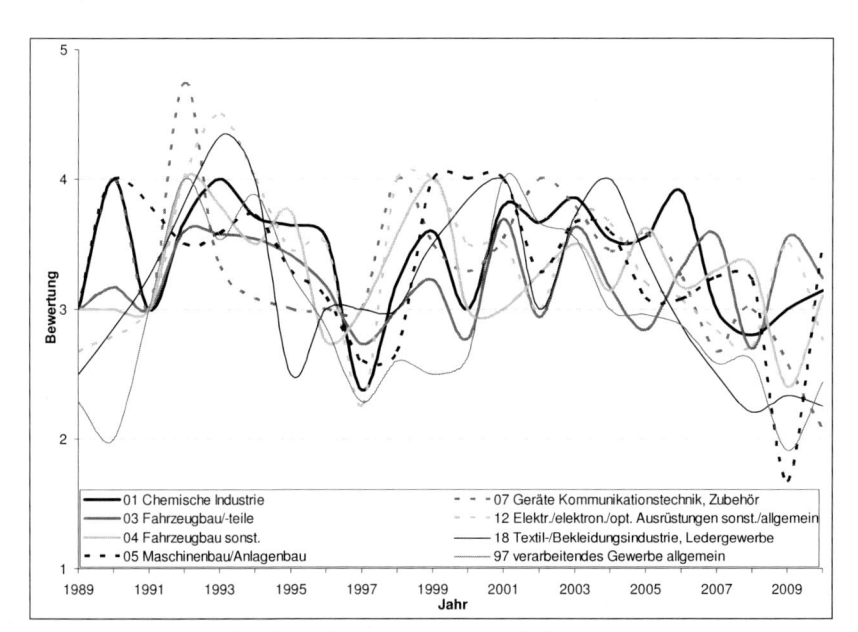

Abb. 6-14: Durchschnittliche Bewertungen der häufigsten Branchennennungen
Quelle: eigene Darstellung.

An dieser Stelle soll lediglich nochmals auf die Argumentation am Ende des vorigen Abschnitts bezüglich der organisationalen Felder verwiesen werden, die im Rahmen einer reinen Branchenbetrachtung durchaus ähnlich erfolgen kann.

6.6 Sicht von Produktionsverlagerungen in der Öffentlichkeit

Wie im theoretischen Teil der Arbeit argumentiert wurde, ist die Sicht von Produktionsverlagerungen in der Öffentlichkeit essentiell: Sofern sie durch die Öffentlichkeit legitimiert werden, stellen sie eine adäquate Handlungsoption dar, der sich Unternehmen bedienen können, um wiederum institutionell vorgegebene legitimierte Ziele zu erreichen. Aus diesem Grund wurden bei der Analyse der Zeitschriftenartikel Aussagen kodiert, die eine gesellschaftliche Legitimität (oder Illegitimität) vermuten lassen.[638] Wie bereits früher ausgeführt, sind Strategien zur Kostensenkung im Rahmen eines marktwirtschaftlichen Systems generell als legitim zu betrachten; dennoch gibt es auch in solchen Systemen verschieden starke Ausprägungen kapitalistischer Handlungsweisen, so dass bestimmte – theoretisch in einem Gesellschaftssystem legitimierte – Handlungsweisen im Einzelfall als nicht legitim angesehen werden können.[639] In der Abbildung 6-15 werden die verschiedenen Kategorien graphisch dargestellt. Dabei wurden in den Kategorien 01, 08, 09, 10, 11 verschiedene negative allgemeine Sichtweisen über Produktionsverlagerungen nach China untersucht. In den Kategorien 02/03, 04/05, 06/07 wurden jeweils Positiv-/Negativausprägungen eines bestimmten Sachverhaltes gegenübergestellt.

---

[638] In der Literatur wird mehrfach darauf hingewiesen, dass es schwierig bis unmöglich ist, das Konstrukt der Legitimität zu operationalisieren (vgl. Stelzer (2008), S. 17). Aus diesem Grund wurde hier auf einzelne Variablen zurückgegriffen, die eine Produktionsverlagerung nach China aus einer Öffentlichkeitssicht bewerten. Daraus wurde abgeleitet, inwieweit eine Produktionsverlagerung nach China als legitim betrachtet werden kann. Es wurde ein Fokus auf die negativen Folgen von Produktionsverlagerungen gelegt; sofern diese Kategorien die Berichterstattung nicht stark dominieren, wird von einer legitimen Strategie ausgegangen. Aufgrund der schwierigen Operationalisierung wurde auf eine eher intuitive Argumentation zurückgegriffen. Da der Nachweis einer Legitimität nicht zentrales Forschungsanliegen ist und darüber hinaus eine generelle Legitimität von Produktionsverlagerungen im Rahmen eines marktwirtschaftlichen Systems bereits theoretisch begründet wurde, erscheint ein solches Vorgehen als ausreichend.

[639] Als Beispiel könnte das Spekulationsverhalten von Banken dienen, welches maßgeblichen Einfluss auf die sogenannte Finanzkrise hatte.

	Anzahl
	0 10 20 30 40 50 60 70 80

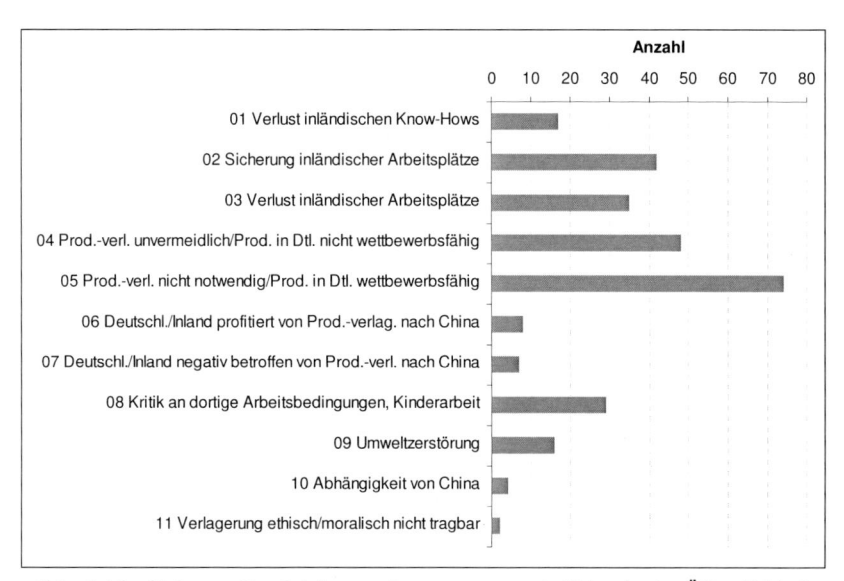

- 01 Verlust inländischen Know-Hows
- 02 Sicherung inländischer Arbeitsplätze
- 03 Verlust inländischer Arbeitsplätze
- 04 Prod.-verl. unvermeidlich/Prod. in Dtl. nicht wettbewerbsfähig
- 05 Prod.-verl. nicht notwendig/Prod. in Dtl. wettbewerbsfähig
- 06 Deutschl./Inland profitiert von Prod.-verlag. nach China
- 07 Deutschl./Inland negativ betroffen von Prod.-verl. nach China
- 08 Kritik an dortige Arbeitsbedingungen, Kinderarbeit
- 09 Umweltzerstörung
- 10 Abhängigkeit von China
- 11 Verlagerung ethisch/moralisch nicht tragbar

Abb. 6-15: Sicht von Produktionsverlagerungen nach China in der Öffentlichkeit
Quelle: eigene Darstellung.

Insgesamt wurden 282 Kodierungen in allen analysierten Texten hinsichtlich dieser Variable vorgenommen. Die größte Anzahl an Nennungen fällt dabei der Kategorie 05 zu, die davon ausgeht, dass Produktionsverlagerungen nicht unbedingt notwendig erscheinen (74 Nennungen), gefolgt von Kategorie 04, die postuliert, dass Produktionsverlagerungen unvermeidlich sind (48 Nennungen).[640] Dabei wurden in 14 Artikeln beide Kategorien gleichzeitig kodiert: In diesen Artikeln wurde differenziert argumentiert, dass Produktionsverlagerungen für „niedere" Tätigkeiten bzw. der Fertigung von Massenware unvermeidlich sind, dass jedoch die Herstellung von qualitativ hochwertiger Ware oder High-Tech-Produkten in Deutschland durchaus wettbewerbsfähig sein kann. Demnach erscheint insbesondere eine Verlagerung von lohnintensiven Tätigkeiten nach China als grundsätzlich legitim.

---

[640] Zusätzlich zu den hier erwähnten Aussagen muss auch die Berichterstattung im Allgemeinen berücksichtigt werden. Wie später noch gezeigt wird, wird darin eine Produktionsverlagerung nach China in der Regel als vorteilhaft betrachtet; lediglich explizite Aussagen zu den hier angegebenen Dimensionen sind darin nicht enthalten.

Die nächsten beiden am häufigsten kodierten Kategorien sind die Kategorien Sicherung inländischer Arbeitsplätze (42 Nennungen) und Verlust inländischer Arbeitsplätze (35 Nennungen) mit einer leichten Mehrheit für die erstere Kategorie. Zur Sicherung inländischer Arbeitsplätze wurde oftmals ausgeführt, dass die Verlagerung von arbeitsintensiven Tätigkeiten höherwertige Arbeitsplätze im Inland sichert. Aus dieser Sicht erscheinen Produktionsverlagerungen ebenfalls als grundsätzlich legitim.

Die nach Häufigkeit der Kodierung folgenden Dimensionen sind die Kritik an den dortigen Arbeitsbedingungen (wie die Presseberichterstattung gezeigt hat, begegnen Unternehmen diesen – zumindest formal – mit stärkeren Kontrollen, Verbesserung von Arbeitsbedingungen und der Zahlung von Mindestlöhnen), der Verlust inländischen Know-hows[641] (insbesondere als Kritik geäußert an den Plänen von Airbus, in China Flugzeuge bauen zu lassen – hier wurde von Unternehmensseite reagiert und beschwichtigt) sowie die Kritik an den dortigen Umweltzerstörungen (von Unternehmen wurde offensiv kommuniziert, dass auch hier Überprüfungen stattfinden). Bei diesen drei Kategorien arbeiten die Unternehmen aktiv daran, die Legitimität einer Produktionsverlagerung nach China durch ihr Handeln bzw. zumindest durch ihre Kommunikation zu steigern.

Weiterhin herrscht ungefähr ein Gleichstand zwischen den Dimensionen „Deutschland profitiert von Produktionsverlagerungen nach China" und „Deutschland ist negativ betroffen von Produktionsverlagerungen nach China"; die beiden weiteren Dimensionen scheinen insgesamt kaum beachtenswert. Insgesamt lässt sich aus der Betrachtung schlussfolgern, dass eine Produktionsverlagerung nach China von der Öffentlichkeit zwar nicht euphorisch und in bestimmten Bereichen auch skeptisch gesehen wird – eine Illegitimität einer solchen Strategie lässt sich daraus jedoch keineswegs ableiten. Aus diesem Grund kann davon ausgegangen werden, dass Produktionsverlagerungen nach China generell als legitim betrachtet werden.

---

[641] Hier geht es nicht um den Diebstahl geistigen Eigentums im Allgemeinen. Die Dimension erfasst nur, wenn Kritik an Produktionsverlagerungen geübt wird, da sie den strategischen Vorteil einer ganzen Branche/eines ganzen Landes in Frage stellen würde.

Eine Betrachtung der meistgenannten Kategorien über den Zeitverlauf enthält Abbildung 6-16 – hier sollen jedoch nur die interessantesten Fakten verbal erläutert und nicht jede Kategorie betrachtet werden. Es ist zu sehen, dass während der 1990er Jahre die Sicht überwog, dass Produktionsverlagerungen unvermeidlich sind; unterbrochen wurde diese Sichtweise lediglich im Jahr 1997, in dem mehrfach artikuliert wurde, dass Produktionsverlagerungen nicht unbedingt notwendig seien. Seit dem Jahr 2003 ist ein umgekehrtes Bild zu betrachten: Es überwiegt die Sichtweise, dass eine Produktionsverlagerung nicht unbedingt notwendig ist. Dies deckt sich auch mit dem Verlauf der allgemeinen Bewertung von Produktionsverlagerungen, die in Abschnitt 6.2 näher thematisiert wurde; in den Jahren nach 2003 ist ein stetiger Rückgang der Bewertungen zu beobachten – obwohl diese mehrheitlich dennoch oberhalb einer neutralen Bewertung liegen. Die Kritik an den dortigen Arbeitsbedingungen nahm insbesondere ab dem Jahr 2006 zu. Mehr als 20% der Artikel, die dortige Arbeitsbedingungen kritisieren, enthalten Hinweise auf das Unternehmen Foxconn, in dem die Arbeiter unter schwierigen Bedingungen sowohl für Apple, als auch für andere Elektronikkonzerne Produkte im Auftrag fertigen. Vermehrte Kritik an der Umweltzerstörung kam insbesondere in den Jahren 2006 bis 2008 auf; dies war zum großen Teil der Tatsache geschuldet, dass die Olympischen Spiele im Jahr 2008 in China ausgerichtet wurden und in diesem Zusammenhang vermehrt über katastrophale Umweltbedingungen berichtet wurde.

Inwiefern sind die vorangehenden Ausführungen für diese Arbeit wichtig? Wie mehrfach diskutiert, verfolgen Unternehmen im Rahmen der in der Arbeit genutzten theoretischen Fundierung solche Strategien, die als legitim angesehen werden. Dabei muss nicht nur eine Legitimität innerhalb der Branche existieren, sondern eine gesamtgesellschaftliche Legitimität. Die Auswertung hat ergeben, dass insgesamt eine relativ ausgewogene Sicht auf Produktionsverlagerungen nach China herrschte, die dann ab Beginn der 2000er Jahre etwas differenzierter erfolgte. Es erfolgt zwar keine euphorisch positive Bewertung, jedoch auch keine generell ablehnende Bewertung. Eine solche ausgewogene Sicht kann als ein Indiz dafür gewertet werden, dass Produktionsverlagerungen nach China von der Öffentlichkeit legitimiert sind.

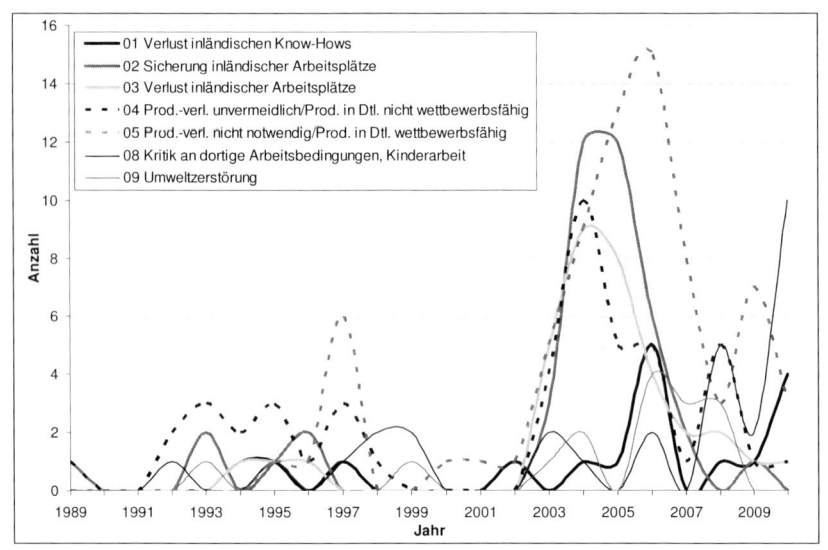

Abb. 6-16: Sicht von Produktionsverlagerungen nach China in der Öffentlichkeit im Zeitverlauf
Quelle: eigene Darstellung.

6.7 Im Rahmen der Berichterstattung genannte Vorteile bzw. Motive und Nachteile bzw. Probleme[642]

Im folgenden Abschnitt sollen die im Rahmen der Berichterstattung genannten Vor- und Nachteile näher analysiert werden. Dabei werden zuerst die Vor- und Nachteile separat betrachtet, bevor dann eine Gegenüberstellung dieser beiden Variablen vorgenommen wird. In dieser soll dann erst die Verbindung zu der theoretischen Argumentation dieser Arbeit dargestellt werden.

6.7.1 Vorteile und Motive einer Produktionsverlagerung

Im Rahmen der analysierten Berichterstattung wurde zwischen 19 verschiedenen Vorteilskategorien sowie einer Kategorie „sonstige" differenziert. Von allen

---

[642] Der sprachlichen Einfachheit wegen wird im Folgenden in der Regel nur von Vor- und Nachteilen und nicht von Vorteilen/Motiven bzw. Nachteilen/Problemen gesprochen.

1.579 analysierten Artikeln enthielten 892 keine konkret genannten Vorteile, in 687 Artikeln wurden Vorteile von Produktionsverlagerungen erwähnt. Insgesamt wurden 974 Nennungen von Vorteilen kodiert.[643] Für eine tabellarische Übersicht aller kodierten Vorteile über den gesamten Zeitraum von 1989 bis 2010 sei auf Tabelle 6-10 verwiesen; die fünf meistgenannten Vorteile sind dabei dunkelgrau markiert. Zusätzlich wurde der gesamte Zeitraum in drei etwa gleich große Abschnitte unterteilt und für diese die Summe der genannten Vorteile ausgewiesen. Interessant ist, dass über diese einzelnen Zeiträume die Vorteile mit den meisten Nennungen deckungsgleich waren: Die Schwerpunkte der in den Beiträgen dargestellten Vorteile für eine Produktionsverlagerung nach China änderten sich demnach nicht. Da im Verlauf dieses Kapitels näher auf die jeweiligen Vorteile eingegangen wird, soll hier keine weitergehende Analyse der Tabelle erfolgen.

Zur besseren Vorstellung ist in Abbildung 6-17 eine graphsiche Übersicht der Gesamtzahl der kodierten Vorteile dargestellt. Spitzenreiter mit 365 Nennungen ist das Motiv der Erschließung neuer Märkte; auf dem zweiten und dritten Platz folgen die Nennung von Kostenvorteilen: mit 173 Nennungen liegen nicht weiter spezifizierte Kostenvorteile auf dem zweiten Platz, auf dem dritten Platz folgen mit 154 Nennungen die niedrigeren Lohnkosten. Addiert man diese beiden Kostenvorteilskategorien zusammen, so liegen sie mit 327 Nennungen annähernd so hoch, wie die Nennung des Motivs zur Erschließung neuer Märkte. Auf dem vierten Rang liegt das Motiv der Nähe zu momentanen Kunden mit 65 Nennungen, welches später im Rahmen des Isomorphismus durch Druck noch näher erläutert wird. Nennenswert sind noch die Erwähnung von China als Brückenkopf zur Erschließung weiterer asiatischer Märkte (52 Nennungen) sowie die Verfügbarkeit von geeigneten Arbeitskräften (32 Nennungen).

---

[643] Es soll an dieser Stelle erinnert werden, dass jede Vorteilskategorie nur einmal in einem Artikel kodiert wurde; wenn in einem Artikel zum Beispiel mehrmals erwähnt wurde, dass China günstige Lohnkosten bietet, so fand lediglich eine Kodierung statt. Damit ist eine Aussage „Vorteil X wurde im Rahmen der Berichterstattung fünfmal genannt" gleichbedeutend mit der Aussage „Vorteil X wurde im Rahmen der Berichterstattung in 5 Zeitschriftenartikeln erwähnt."

Jahr	01 Neue Märkte/ Nähe zu neuen Märkten	02 Nähe zu momentanen Kunden	03 günst. Lohnkosten/ Lohnnebenkosten	04 günst. Bezug von Rohstoffen	05 sonstige Kostenvorteile/ Kostenvorteile allgemein	06 Knowhow/ Reputation des lokalen Partners	07 geringerer Wettbewerb	08 große Auswahl an geeigneten Arbeitskräften	09 Risikoteilung/ -abwälzung auf lokalen Partner	10 Steuerersparnis/ Nutzung von Subventionen	11 Risikodiversifikation	12 Wechselkursvorteile/ Minderung von Währungsrisiken	13 Zolleinsparungen/ Umgehen von Handelshemmnissen	14 Flexibilität durch Auftragsfertigung	15 China als Brückenkopf/ Produktionsbasis für asiat. Markt	16 sonst. Standortbedingungen/ Standortbedingungen allgemein	17 relativ hohe Produktivität/ gute Qualität	18 Entgegenkommen durch Behörden	19 geringe Macht der Gewerkschaften	99 sonstige Vorteile	Gesamt
1989	2	0	5	0	2	0	0	1	0	1	0	0	0	0	0	0	1	0	0	0	12
1990	4	1	3	0	3	0	0	0	0	0	0	0	1	0	2	0	0	0	0	0	13
1991	2	0	1	0	4	0	0	1	0	0	1	0	1	0	1	1	1	0	0	0	10
1992	6	1	5	0	2	1	0	2	0	3	1	1	1	0	3	1	0	0	0	0	28
1993	13	0	9	0	6	0	0	0	0	0	0	0	0	0	2	1	1	0	0	1	33
1994	22	5	7	0	4	0	0	4	0	2	0	0	0	0	7	1	1	1	0	0	54
1995	16	8	10	0	5	2	0	1	0	3	1	2	0	0	6	1	0	1	0	0	56
1996	17	3	5	0	5	2	0	0	0	0	1	1	1	0	2	0	0	0	0	1	38
1997	7	1	0	0	1	1	0	0	0	1	0	0	1	0	0	1	0	0	0	0	19
1998	7	1	7	0	4	1	0	0	0	0	1	1	1	0	2	0	0	0	0	1	20
1999	8	4	0	1	1	0	0	2	0	1	0	0	1	0	0	1	0	0	0	0	22
2000	8	1	0	0	4	0	0	0	0	1	1	0	1	0	2	0	0	0	0	0	18
2001	14	1	1	0	7	0	0	2	0	0	0	0	1	0	0	0	1	0	0	0	27
2002	11	1	5	0	8	0	0	3	0	2	1	0	4	0	1	2	1	1	0	1	38
2003	29	6	11	1	18	0	0	4	1	3	0	3	4	1	7	2	1	1	0	2	94
2004	32	10	14	0	18	1	0	2	0	0	0	1	1	0	2	2	1	0	1	1	84
2005	30	7	20	2	22	2	0	2	0	0	1	0	1	0	2	1	3	0	0	0	91
2006	33	3	13	0	18	1	0	2	0	1	0	1	2	0	4	1	3	0	0	0	82
2007	28	4	8	0	17	0	0	4	0	1	0	2	1	0	4	2	1	0	0	0	72
2008	22	5	12	0	9	0	0	3	0	0	0	1	3	0	1	1	0	1	0	0	61
2009	18	1	2	0	5	0	0	1	0	0	0	0	1	0	2	0	2	0	0	0	31
2010	37	2	10	1	10	2	0	0	0	0	0	3	1	0	2	0	2	1	1	0	71
Gesamt	365	65	154	3	173	14	0	32	1	21	5	19	26	1	52	14	14	5	2	8	974
1989-1996	82	18	45	0	31	5	0	9	0	9	2	4	4	0	23	4	3	2	1	2	244
1997-2003	83	15	30	2	43	2	0	9	1	9	2	4	12	0	13	4	3	1	0	4	238
2004-2010	200	32	79	1	99	7	0	14	0	3	1	11	10	0	16	6	8	2	1	2	492

Tab. 6-10: Vorteile und Motive von Produktionsverlagerungen nach China
Quelle: eigene Darstellung.

Auch das Umgehen von Handelshemmnissen (26 Nennungen), das Motiv der Steuerersparnis und Nutzung von Subventionen (21 Nennungen) und die Umgehung von Währungsrisiken (19 Nennungen) scheinen von einer gewissen Wichtigkeit zu sein. Das Motiv der Nutzung von Know-how/Reputation des lokalen Partners und die Vorteile einer guten Produktivität und Produktqualität wurden jeweils an 14 Stellen genannt.

Die weiteren genannten Vorteile scheinen insgesamt wenig relevant zu sein. Überraschend war, dass die im Kategorienschema genutzte Rubrik „07 geringerer Wettbewerb" kein einziges Mal in den analysierten Artikeln kodiert wurde; es wurde vermutet, dass ein solcher Vorteil in den Artikeln relativ häufig genannt werden würde. Dies war jedoch nicht der Fall. Eine mögliche Erklärung könnte sein, dass die Kombination der Vorteile vom riesigen Markt und geringen Kosten implizit den Eindruck erwecken, dass man sich leicht am Markt durchsetzen kann, ohne dies explizit zu erwähnen.

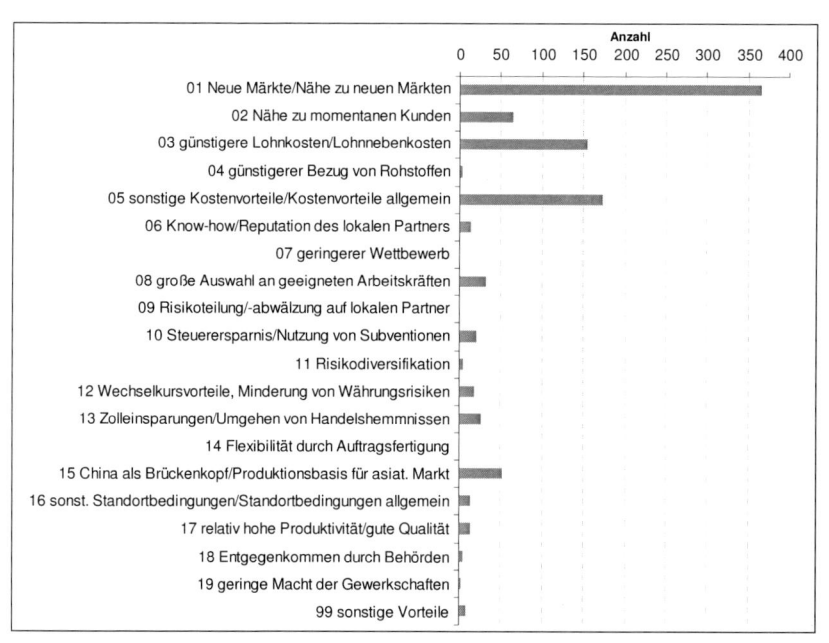

Abb. 6-17: Häufigkeit der genannten Vorteile und Motive von Produktionsverlagerungen nach China
Quelle: eigene Darstellung.

Ebenso wie bei den bisherigen Betrachtungen ist auch im Rahmen der Analyse der Vorteile von Produktionsverlagerungen eine dynamische Betrachtung interessant. Abbildung 6-18 veranschaulicht, dass der Vorteil des immer wieder erwähnten riesigen neuen Marktes und die beiden Kategorien zur Kosteneinsparung nahezu zu jeder Zeit dominieren. Damit werden immer wiederkehrend zwei Kernkonzepte erwähnt: riesiger Markt und geringe Kosten. Bei der Analyse der Berichterstattung drängten sich diese beiden Kernkonzepte immer wieder in den Mittelpunkt.

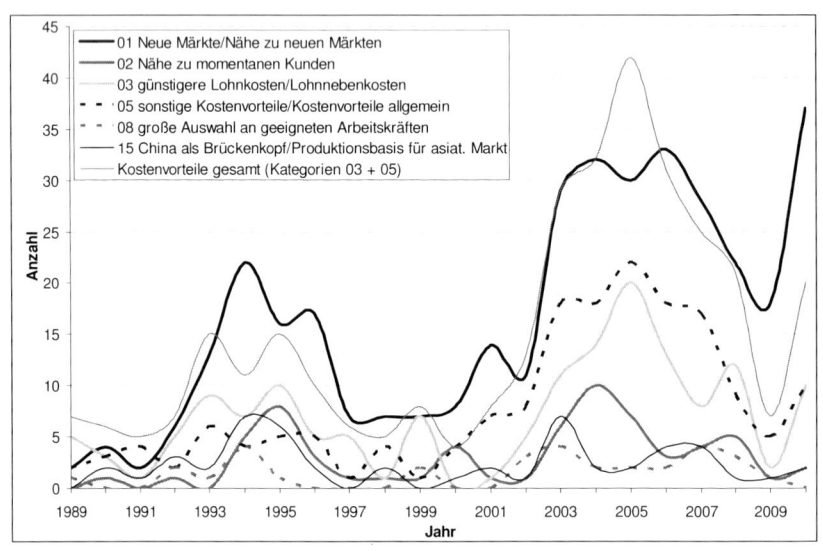

Abb. 6-18: Vorteile und Motive von Produktionsverlagerungen nach China im Zeitverlauf
Quelle: eigene Darstellung.

Für einen noch tieferen Einblick in die Berichterstattung sollen nachfolgend für die sechs am häufigsten erwähnten Kategorien konkrete Textfragmente vorgestellt werden.

6.7.1.1 Neue Märkte/Nähe zu neuen Märkten

Das mit Abstand am häufigsten genannte Motiv zur Produktionsverlagerung nach China ist das Motiv der Erschließung neuer Märkte bzw. die Nähe zu solchen neuen Märkten. Insgesamt fand das Motiv in 365 der insgesamt 1.579 analysierten Artikel Erwähnung und macht etwa 38% aller erwähnten Vorteile aus. Insgesamt wurden alle Beiträge, die mit dieser Rubrik kodiert wurden, mit einer durchschnittlichen positiven Bewertung von 3,8 versehen; die durchschnittliche Bewertung der Beiträge von 1991 bis 1996 ist mit 3,9 ebenfalls positiv.[644] Nachfolgend soll eine (kleine) Auswahl an Textfragmenten aufgelistet werden, die einen Eindruck darüber vermitteln sollen, wie über diese Vorteilskategorie berichtet wurde (siehe die folgende Tabelle 6-11).[645] Ziel ist dabei jedoch keine hermeneutische Interpretation des Textmaterials – wie bereits weiter oben ausgeführt – sondern ein umfassender Überblick über die Berichterstattung.

---

[644] Oftmals wurden in den jeweiligen Artikeln weitere Vor- und Nachteile genannt oder andere wertende Aussagen getroffen. Die vergebenen Bewertungen beziehen sich immer auf den gesamten Artikel und schätzen nicht ein, inwieweit der spezifische genannte Vorteil der Neuen Märkte die Bewertung beeinflusst bzw. wie dieser im Rahmen des jeweiligen Artikels bewertet wird. Eine solche Einschätzung erscheint auch nicht möglich. Die Bewertungen können also lediglich einen Indikator dafür darstellen, in welchem Gesamtrahmen eine Aussage zu den Neuen Märkten getroffen wurde bzw. wie die Aussage selbst gewertet wurde. Betrachtet man sich die Häufigkeitsverteilungen genannter Vor- und Nachteile näher (in 72% der Artikel mit genannten Vorteilen wurde lediglich ein Vorteil erwähnt; 97% der Artikel mit genannten Vorteilen wiesen maximal drei verschiedene Vorteile auf; in 47% der Artikel mit genannten Nachteilen wurde lediglich ein Nachteil erwähnt; 86% der Artikel mit genannten Nachteilen wiesen maximal drei verschiedene Nachteile auf; in 739 Artikeln wurden entweder Vor- oder Nachteile genannt, in lediglich 206 Artikeln wurden Vor- und Nachteile erwähnt; siehe dazu auch die Ausführungen in Abschnitt 6.7.5.2), so kann durchaus unterstellt werden, dass die durchschnittlichen Bewertungen der Artikel zu einem großen Teil auch die Bewertung des einzelnen Vor- bzw. Nachteils widerspiegeln. Die obigen Ausführungen gelten für alle Aussagen in dieser Arbeit, bei denen Bewertungen von Vor- bzw. Nachteilskategorien diskutiert werden.

[645] Für die Diskussion der wichtigsten Vor- und Nachteile sollen jeweils eine Auswahl von etwa 10-30% der kodierten Textfragmente vorgestellt werden. Dabei wurde nicht auf Repräsentativität hinsichtlich der verschiedenen Zeitschriften bzw. der zitierten Jahre geachtet, sondern solche Textfragmente ausgewählt, die den jeweiligen Sachverhalt am besten darstellen können. Danach richtet sich auch die Anzahl der vorgestellten Textfragmente. Ist die Berichterstattung sehr umfangreich und darüber hinaus auch sehr ähnlich, wird ein geringerer Anteil an Textfragmenten diskutiert, als wenn eine differenziertere Berichterstattung vorliegt. Als direkte Zitate wurden natürlich alle in dieser Arbeit genannten Fragmente in der Originalschreibweise belassen. Offensichtliche Fehler wurden dabei durch die Anmerkung [sic!] markiert. Dabei nicht berücksichtigt wurden Fehler durch eine veraltete Schreibweise, Wörter in denen Umlaute ausgeschrieben wurden (z. B. ue statt ü) sowie Wörter, in denen fälschlicherweise die Buchstabenkombination ss statt ß genutzt wurde. Die letzten beiden Phänomene sind dabei insbesondere in den VDI Nachrichten zu beobachten. Um die Übersichtlichkeit der Texte zu wahren wurden in den wenigsten Fällen ganze Sätze kodiert. Oftmals wurde im Text lediglich einem einzelnen Schlüsselwort ein Code zugewiesen, in anderen Fällen Wortgruppen bzw. Sätzen oder auch Absätzen. Um wiederum den Kontext besser abbilden zu können sind in den anschließend genannten Textfragmenten in der Regel ganze Sätze/Absätze beispielhaft dargestellt.

Zeitschrift	Textfragmente (direkte Zitate)
Manager Magazin, 01.12.1989, S. 280	Denn unverändert lockt der Riesenmarkt mit seinen 1,2 Milliarden Konsumenten (…).
Handelsblatt, 10.10.1991, S. 21	Wie Iveco, so verfolgt auch der Stuttgarter Lkw-Hersteller mit seinem China-Engagement eine langfristige Strategie, um die enormen Marktchancen zu nutzen.
Handelsblatt, 29.09.1992, S. 19	Ein Siemens-Joint-Venture im boomenden Telekommunikations-Markt. Die Produktion der Vermittlungsstellen haelt mit der Nachfrage kaum Schritt.
VDI Nachrichten, 14.05.1993, S. 17	Die mit dem kometenhaften Aufstieg des 1,1 Milliarden-Menschen-Volkes verbundenen [sic!] Chancen will sich die internationale Unternehmenswelt natuerlich nicht entgehen lassen. Immerhin bietet sich hier ein Markt von enormer Kaufkraft an, der binnen weniger Jahre selbst dem EG-Binnenmarkt oder der Nordamerikanischen Freihandelszone (Nafta) den Rang ablaufen duerfte.
VDI Nachrichten, 03.12.1993, S. 1	In Suedostasien, speziell in China, haetten die Grossunternehmen viel frueher investieren muessen, um an den hohen Wachstumsraten zu partizipieren, kritisiert Stadlbauer.
VDI Nachrichten, 04.11.1994, S. 1	China also gilt als boomender Absatzmarkt fuer Halbleiter mit einem durchschnittlichen jaehrlichen Wachstum von 37 % ueber die naechsten fuenf Jahre. Kein Wunder, dass sich auch europaeische Halbleiterhersteller ihren Teil an diesem Kuchen sichern wollen.
Wirtschaftswoche, 05.01.1995, S. 37	Regelrecht ins Schwaermen geraten die Cola-Manager aber, wenn sie nach Asien blicken. Allein in China und Indien erwarten Pepsi und Coke mehr als zwei Milliarden durstige Kehlen. Die simple Rechnung der Finanzmanager in Atlanta: Falls der Pro-Kopf-Verbrauch im Reich der Mitte das Niveau Australiens (59 Liter) erreicht, koennten zehn Milliarden Cola-Kisten zusaetzlich verkauft werden. „Das wuerde", so Coke-Chef Goizueta euphorisch, „unseren Umsatz glatt verdoppeln."
Handelsblatt, 30.06.1995, S. 16	Natuerlich lockt in China auch der potentielle Absatzmarkt: Brand- und Alarmsysteme sind ueberall gefragt, da nach einigen schlimmen Feuerkatastrophen die inzwischen 140000 Joint Ventures die Produktion in Fabriken ohne Sicherheitssysteme nicht aufzunehmen wollen.
Handelsblatt, 26.09.1996, S. 23	Es sind in erster Linie die Marktperspektiven, die westliche Chemieinvestitionen nach China fließen lassen. Mit einem prognostizierten Wachstum von im Durchschnitt 8 % in den kommenden 15 Jahren gilt „das Reich der Mitte" als der am schnellsten expandierende Chemiemarkt der Welt.
VDI Nachrichten, 29.01.1999, S. 15	China ist weltweit der größte Einzelmarkt für Elektroloks. (…) Mit dem Gemeinschaftsunternehmen öffnet sich für Siemens Verkehrstechnik der Markt in China. Mit den Loks und Antriebskomponenten aus der chinesischen Fertigung dürfte das deutsche Bahnsystemhaus seine insgesamt gute Position auf diesem strategisch wichtigen Markt in Asien weiter gestärkt haben.
Manager Magazin, 01.11.1999, S. 170	China spielt in seiner Expansionsstrategie eine ganz wichtige Rolle. Im Jahr 2050 rechnet er dort mit 600 Millionen Handy-Besitzern. China ist jetzt schon Nokias zweitwichtigster Markt, knapp hinter den USA. Sieben Fabriken produzieren dort Handys.
Wirtschaftswoche, 02.11.2000, S. 62	Und die Tochter-Brauerei in China, dem Wachstumsmarkt schlechthin, wird 2001 Gewinn abwerfen.
Handelsblatt, 16.11.2000, S. 18	Daimler will im potenziell größten Markt der Erde präsent sein.
Handelsblatt, 16.10.2001, S. 16	Der Autozulieferer Kolbenschmidt Pierburg AG hat in Schanghai sein zweites China-Joint Venture gestartet. Das zum Düsseldorfer Rheinmetall-Konzern gehörende Unternehmen will mit dem zukunftsträchtigen Automobilmarkt im Reich der Mitte mitwachsen.
Wirtschaftswoche, 04.04.2002, S. 22	China bietet alles, was Unternehmerherzen höher schlagen lässt: Die preiswerte Werkbank, dank niedriger Löhne, einen nimmersatten Markt und eine explodierende Zahl von gut ausgebildeten Wissenschaftlern und Ingenieuren.
Wirtschaftswoche 31.10.2002, S. 48	In den ersten neun Monaten dieses Jahres gaben ausländische Firmen 22,6 Prozent mehr Geld für den Aufbau von Produktionsstätten im Reich der Mitte aus als im Vorjahr. Damit beliefen sich die Direktinvestitionen auf knapp 40 Milliarden US-Dollar. China überholte damit erstmals die USA als bedeutsamster Anziehungspunkt für Auslandsinvestoren. Dabei lockt nicht nur der immense Binnenmarkt (…).
Handelsblatt, 28.02.2003, S. 8	Viele Unternehmen müssen ganz einfach dorthin gehen, wo die Industrie und der riesige Markt sind, sagt der Vorsitzende der deutschen Handelskammer in Peking, Jörg Wuttke.
Wirtschaftswoche, 01.10.2003, S. 85	Hoffnungen, dass die Regierung die Autobranche den Marktkräften und damit der Übermacht der Ausländer überlassen könnte, sind gestorben. Doch die müssen deshalb nicht traurig sein: Erstens ist der chinesische Markt riesig und hat für viele Platz. Und zweitens können „Made in China"-Autos ja auch exportiert werden. Ja, sie sollen sogar ausgeführt werden.
Handelsblatt, 22.10.2003, S. r04	China ist ein Magnet für Investoren. Allein im vergangenen Jahr flossen 53 Mrd Euro ausländische Direktinvestitionen nach China, davon kamen 650 Mill. Euro aus Deutschland. Durch den Beitritt zur WTO, einen riesigen Binnenmarkt mit wachsender Konsumnachfrage, hohe Wachstumsraten und günstige Produktionskosten gilt das Land derzeit als attraktivster Investitionsstandort weltweit.
Manager Magazin, 01.12.2003, S. 66	Da die Produktion dem Absatz folgt, haben im Reich der Mitte fast alle großen Hersteller – gemeinsam mit chinesischen Partnern – Fabriken hochgezogen. Weitere werden folgen.

Zeitschrift	Textfragmente (direkte Zitate)
Handelsblatt, 07.01.2004, S. 43	Der chinesische Markt, sagt Meier-Scheuven, „entwickelt sich explosionsartig." In Kürze werde China der nach den USA weltweit zweitwichtigste Absatzmarkt für Kompressoren sein. Deshalb plant Boge, in China Kompressoren zu fertigen.
VDI Nachrichten, 30.01.2004, S. 1	China ist mit seinem gigantischen Markt äußerst attraktiv.
Handelsblatt, 12.08.2004, S. 1	Bei dem Gang nach Osteuropa „stehen die niedrigeren Kosten im Vordergrund", sagte Kay Mayland, Vorstandschef des weltgrößten Walzwerkeherstellers SMS Demag, dem Handelsblatt. Dagegen gehe es beispielsweise in China vorrangig um die Erschließung des Marktes. Das bestätigte Reinhardt Geissbauer, Partner bei Roland Berger und Mitautor der Studie: „Asien kann nicht mehr nur von Deutschland aus bedient werden."
Handelsblatt, 22.09.2004, S. 19	China gilt vor allem bei den Automobilherstellern als größter Wachstumsmarkt. Zurzeit bringen sich zahlreiche Autobauer im Reich der Mitte in Position.
Wirtschaftswoche, 18.11.2004, S. 46	Nicht dass in China alles besser läuft. Doch nehmen die Investoren solche Probleme dort eher in Kauf, weil der riesige Markt lockt.
Wirtschaftswoche, 17.02.2005, S. 38	Wir kommen wegen der Absatzmärkte nach China – und nicht wegen der billigen Lohnkosten, sagt Wolfgruber.
Wirtschaftswoche, 14.07.2005, S. 48	Rund 15 Jahre mussten die Deutschen warten und eine Schlappe nach der anderen einstecken, bis sie nun als letzter der großen Autohersteller der Welt mit ihrer Mercedes-Produktion auf dem größten Zukunftsmarkt der Welt vertreten sind.
VDI Nachrichten, 04.11.2005, S. 16	Großer Gewinner ist aber in jedem Fall die Region Asia/Pacific, zu der ja auch der anerkannte Boommarkt China gehört. Nicht nur der Trend zur Produktionsverlagerung nach China und Asien stütze das dortige Marktwachstum, die Auguren tragen mit ihrer Prognose auch dem wachsenden Bedarf an elektronischen Produkten vor allem in China Rechnung.
VDI Nachrichten, 03.02.2006, S. 24	In die Slowakei sind wir wegen der geringeren Kosten gegangen, nach China, um den dortigen Absatzmarkt zu erobern.
Handelsblatt, 16.05.2006, S. 20	Dabei sind es nicht etwa niedrige Arbeitskosten, die den führenden Chemiekonzern der Welt nach China locken, sondern vor allem neue Absatzmärkte.
Handelsblatt, 27.06.2006, S. 11	Dass es sich bei Indien und China nicht nur um verlängerte Werkbänke handelt, sondern um die Wachstumsmärkte der Zukunft, sollte sich herumgesprochen haben.
Handelsblatt, 14.03.2007, S. 16	Mit der neuen Produktionsanlage wird Intel sich nach Ansicht des Marktanalyseunternehmens IC Insights leichter den chinesischen Halbleitermarkt erschließen können, der ein enormes Wachstumspotenzial bietet. So prognostiziert IC Insights, dass der Halbleiter-Umsatz in dem Land bis zum Jahr 2010 auf rund 124 Mrd. Dollar hochschnellen wird – das ist mehr als dreimal so viel wie im Jahr 2005. China ist derzeit das attraktivste Land für Investitionen der Chiphersteller (...).
Manager Magazin, 24.08.2007, S. 92	Siemens zum Beispiel identifizierte China frühzeitig als gigantischen Markt für seine Computertomografen (CT). Vor allem die unzähligen Krankenhäuser in den Provinz, die Chinas noch weitgehend bitterarme Bevölkerung versorgen, wollen ihre Geräteparks aufrüsten. „Uns war von Anfang an klar, dass wir dieses riesige Potenzial nur mit einem Gerät erschließen konnten, das neueste Technik mit günstigen Preisen kombiniert", rekapituliert Bernd Montag. (...)
Wirtschaftswoche, 28.01.2008, S. 46	In China etwa hat Nokia die Konkurrenz längst abgehängt. Hier, auf dem am schnellsten wachsenden Mobilfunkmarkt der Welt – es gibt rund 600 Millionen Handynutzer in China, jeden Monat kommen im Schnitt mehr als sieben Millionen hinzu -, liegen die Finnen mit einem Marktanteil von mehr als 35 Prozent vorn.
VDI Nachrichten, 27.06.2008, S. 9	VDI nachrichten: China gilt als Zukunftsmarkt in der Wassertechnik. Was macht Grundfos in China? Brennecke: China ist einer unserer Wachstumsmärkte. Wir haben jetzt in der Grundfos-Gruppe beschlossen, dass wir China als zweiten Heimatmarkt entwickeln wollen.
VDI Nachrichten, 10.10.2008, S. 18	Das Wachstumspotenzial des chinesischen Marktes ist gigantisch, sagt Ralf Peters von Nordex. Seiner Einschätzung nach werden die USA in den nächsten Jahren zwar noch Weltmarktführer bleiben, die höchsten Wachstumsraten werde aber China aufweisen.
Handelsblatt, 16.04.2010, S. 26	Aber China wird sicherlich künftig einer der wichtigsten Wachstumsmärkte für Elektromobilität sein und wir werden ganz vorn dabei sein.
Wirtschaftswoche, 04.10.2010, S. 70	China ist der am schnellsten wachsende Automarkt der Welt.

Tab. 6-11: Textfragmente zur Kategorie Neue Märkte/Nähe zu neuen Märkten
Quelle: eigene Darstellung.

Bei der Sichtung dieser beispielhaften Zitate fällt auf, dass neben der reinen Nennung des Motivs der Suche nach neuen Märkten oftmals sehr positiv – beinahe euphorisch – über den chinesischen Markt berichtet wird: von 'explosionsartigem Wachstum', einem 'gigantischen', 'am schnellsten wachsenden' und 'boomenden Markt' bzw. 'Zukunftsmarkt' oder 'Wachstumsmarkt' ist oftmals die Rede. Eine in diesem Zusammenhang durchgeführte Suche nach den Begrifflichkeiten „Wachstumsmarkt", „Zukunftsmarkt" und „Boommarkt" sowie der entsprechenden Pluralformen[646] in den 365 mit der Kategorie „Neue Märkte/Nähe zu neuen Märkten" kodierten Beiträgen ergab insgesamt 98 Treffer aus 80 Dokumenten; damit war mindestens einer der Begriffe in mehr als 20% der mit dieser Kategorie kodierten Beiträge zu finden.[647] Weiterhin fällt auf, dass zwar in einigen Fällen Nachteile einer Produktionsverlagerung erwähnt werden (z. B. in den Beiträgen der Wirtschaftswoche vom 01.10.2003, S. 85 und vom 18.11.2004, S. 46), diese aber „heruntergespielt" werden, weil der riesige Markt diese Probleme überkompensieren könne. Im Rahmen der Ausführungen zum mimetischen Isomorphismus wird dieser Argumentationsstrang später nochmals etwas stärker aufgegriffen. Insgesamt kann aber bereits an dieser Stelle geschlossen werden, dass in der Regel keine wertungsfreien Aussagen zu China als neuem Markt getroffen werden, sondern diese sehr oft mit einer bestimmten Wortwahl ('gigantisch', 'am schnellsten wachsend', 'explosionsartig wachsend', 'boomend', 'Zukunftsmarkt', 'Boommarkt', 'Wachstumsmarkt') begleitet und damit positiv dargestellt werden.

---

[646] Es wurde sich auf diese wenigen Suchbegriffe als Schlüsselwörter konzentriert, da sie zu spezifischeren Suchergebnissen führen, als wenn die Begriffe „gigantisch", „explosionsartig", „boomend", „schnell", etc. gewählt würden. Die Suche dient lediglich der Demonstration, dass einige Schlüsselwörter immer wieder in den entsprechenden Beiträgen genannt werden. Eine weitergehende Analyse dieser Suchbegriffe erscheint nicht sinnvoll.

[647] Mit dieser Art der Suche kann nicht festgestellt werden, ob das gesuchte Wort in dem Artikel auch tatsächlich im Zusammenhang mit China genannt wird oder ob es gar negativ gemeint ist (z. B. im Sinne von „China ist schon lange kein Wachstumsmarkt mehr"). Eine stichprobenartige Überprüfung ergab jedoch, dass in den meisten Fällen ein positiver China-Bezug vorzufinden war. Eine ähnliche Argumentation ist für alle weiteren Fälle gültig, in denen die analysierten Texte nach bestimmten Schlüsselwörtern durchsucht wurden.

6.7.1.2 Sonstige Kostenvorteile/Kostenvorteile allgemein

Die am zweithäufigsten erwähnte Vorteilskategorie befasst sich mit sonstigen Kostenvorteilen bzw. Kostenvorteilen im Allgemeinen. Insgesamt wurden in 173 Artikeln – und damit in mehr als 10% aller kodierten Beiträge – Hinweise auf diese Kategorie gefunden. Diese Kategorie stellt etwa 18% aller kodierten Vorteile dar. Dabei wurden nur sehr vereinzelt sonstige Kostenvorteile wie günstigere Grundstückspreise (z. B. Manager Magazin, 01.11.1989, S. 226) – oder gar kostenlos überlassene Grundstücke (z. B. Handelsblatt, 27.04.2009, S. b01) – erwähnt; in den allermeisten Fällen handelt es sich dabei um Aussagen zu Kostenvorteilen im Allgemeinen, die nicht weiter spezifiziert wurden. Die folgende Tabelle 6-12 zeigt wiederum eine Auswahl an Textfragmenten auf, die dieser Kategorie zugeordnet wurden.

Es fällt auf, dass Worte wie 'kostengünstiger' und 'billiger' in diesen Aussagen sehr häufig genutzt werden, um auszudrücken, dass sich ein Gang nach China lohnt; die Aussagen bleiben aber in der Regel sehr vage, da keine Angaben darüber gemacht werden, in welchen Bereichen und in welcher Höhe Kostensenkungspotentiale bestehen und innerhalb welchen Zeitraumes diese realisiert werden können. Eine Suche nach dem Begriff „billig"[648] in allen 173 Dokumenten, in denen Hinweise auf sonstige bzw. allgemeine Kostenvorteile zu finden waren, ergab insgesamt 147 Fundstellen aus 83 Dokumenten – nahezu in der Hälfte aller Dokumente wurde also der Begriff „billig" genannt. Wird die Suche noch um den Begriff „kostengünstig" erweitert, so sind 181 Fundstellen aus 100 Dokumenten zu finden. Insgesamt lassen die kodierten Beiträge die Assoziation von „China = billig" zu und stellen eine Produktionsverlagerung nach China – ganz gleich, ob in direktinvestiver Form oder in Form der Vergabe einer Auftragsfertigung – positiv dar. Auch die durchschnittlichen Bewertungen der Artikel, die Hinweise auf sonstige Kostenvorteile beinhalten, unterstützt eine positive Sichtweise: Im gesamten Betrachtungszeitraum wurde dabei im Mittel eine Bewertung von 3,5, im Zeitraum von 1991 bis 1996 von 3,9 vergeben.

---

[648] Die Suche in MAXQDA wurde so ausgeführt, dass als Ergebnisse alle die Wörter angezeigt werden, die das entsprechende Wort (in diesem Fall „billig") entweder ganz oder nur als Bestandteil beinhalten. Dies gilt auch für weitere im Text genannte Suchergebnisse.

Zeitschrift	Textfragmente (direkte Zitate)
Manager Magazin, 01.11.1989, S. 226	Die fremden Kapitalisten ziehen frühindustrielle Konditionen ins sozialistische China. Wenn sie vorwiegend exportieren, können sie hier nach mindestens ebenso kapitalistischen Prinzipien produzieren wie daheim – nur kostengünstiger.
Handelsblatt, 31.08.1990, S. 21	Die billigeren Produktionsbedingungen in China sollen es moeglich machen, die Preise von importierten Computern um 15% zu unterbieten, erklaerte IBM in Hongkong.
Manager Magazin, 01.05.1992, S. 124	Doch die Herstellung der täglich 6000 Kaffeemaschinen wurde immer teurer. Der billige Ausweg: Produktionsverlagerung nach Südchina.
Handelsblatt, 03.11.1993, S. 3	Es sei notwendig, moeglichst viel Wertschoepfung in der Region zu erbringen. Das treffe in besonderer Weise auf China zu. Ein geschickt aufgezogenes Joint Venture ermoegliche zudem eine guenstigere Kostenbasis, damit koenne man (...) auf dem Weltmarkt erfolgreicher sein.
Manager Magazin, 01.02.1996, S. 78	Die Gretchenfrage für Zeitz war und ist: „Können wir es besser, schneller und billiger machen? Oder kann es ein Partnerunternehmen?" Eine Antwort fiel leicht: Die Eigenproduktion wird, weil zu teuer, völlig aufgegeben. (...) Von den 13,2 Millionen Paar Sportschuhen, die Puma jährlich herstellen läßt, werden inzwischen zwölf Millionen in Asien zusammengeschustert, allein die Hälfte davon in der Volksrepublik China.
VDI Nachrichten, 17.05.1996, S. 4	Nach einer Umfrage, die das Basler Prognos-Institut im Auftrag des Handelsblattes unter 700 Unternehmern und Managern durchgefuehrt hat, wollen 27 % der Befragten bis zum Jahr 2000 Produktionslinien ins Ausland verlagern. Schwerpunkte bilden die osteuropaeischen Laender und China. Als Grund geben die Manager die hohe [sic!] Kosten in Deutschland (...) an.
Wirtschaftswoche, 12.03.1998, S. 30	Und Andreas Reiner läßt eine in Furtwangen entwickelte Chipkarte aus Kostengründen in der Volksrepublik China produzieren.
Handelsblatt, 21.05.1999, S. k04	Die Entscheidung von Nike, Sportschuhe an asiatischen Standorten wie China (...) herzustellen, ist ein Beispiel für eine Standortentscheidung, die vorrangig auf Überlegungen hinsichtlich der Kostensenkung basiert.
VDI Nachrichten, 07.09.2001, S. 8	Zudem wird es viele Freisetzungen geben, weil eine erneute Welle der Verlagerung von Produktionen in kostengünstigere Länder, wie nach China, eingesetzt hat.
Wirtschaftswoche, 04.04.2002, S. 22	China kann's billiger.
Wirtschaftswoche, 13.03.2003, S. 68	Die Fertigung verlagert der EganaGoldpfeil-Chef aus Kostengründen weit gehend nach China und Tschechien.
Wirtschaftswoche, 13.05.2004, S. 139	Der Start der Massenproduktion ist 2006 geplant – kostengünstig in China.
Wirtschaftswoche, 30.09.2004, S. 56	Wer zu sehr mauert, macht sich zudem unbeliebt und verspielt Chancen. Etwa die, von China aus preisgünstig den Weltmarkt zu bedienen.
VDI Nachrichten, 05.11.2004, S. 4	Die Verlagerung von Produktionsstätten erweist sich für Unternehmen in Deutschland dabei mehr und mehr als Option, um ihre Wettbewerbsfähigkeit zu sichern: „Sie reagieren auf Kostendruck und erschließen neue Märkte (...)". Kostensenkungsziele (92 %) gelten hier bei den Befragten noch vor Marktzielen (35 %) als Haupttreiber.
Wirtschaftswoche, 01.09.2005, S. 14	Die Qualität der chinesischen E-Klasse soll deutschem Niveau entsprechen. „Nur billiger in der Herstellung wird sie sein", so Grube.
VDI Nachrichten, 21.10.2005, S. 17	Genau darauf haben wir uns daher eingestellt und produzieren die Geräte mithin auch kostensparend in China.
Handelsblatt, 03.01.2006, S. 18	Wer nicht verstärkt in Regionen wie Asien investiert, schadet sich nur selbst: Dann baut eben die Konkurrenz dort Kapazitäten auf, produziert zu chinesischen Kosten und exportiert ihre Produkte nach Europa.
Handelsblatt, 10.05.2007, S. 20	Diese Schlepper und Laster aus Metall sind so klein, dass sie sich als Schlüsselanhänger verwenden lassen. Und sie kommen nicht aus der eigenen Fabrik, sondern von einem Lieferanten aus China. Denn Bruder ist realistisch: „Manche Produkte können Sie heute wirklich nicht mehr hier herstellen."
VDI Nachrichten, 25.05.2007, S. 15	Die beste Geschäftsidee sei, zu lokalen Kostenstrukturen in China mit der neuesten Technologie zu produzieren, um dann nach Europa zu exportieren, meinte Schmidt. Er ließ keinen Zweifel daran, dass Gildemeister seine Kapazitäten in China aufbauen (...) werde.
VDI Nachrichten, 28.09.2007, S. 27	Der japanische Elektronikkonzern Canon schließt sein Kopierer-Werk in Gießen und verlagert die Produktion aus Kostengründen nach China.
VDI Nachrichten, 07.08.2009, S. 7	Deutsche Unternehmen schätzen die Zusammenarbeit mit chinesischen Herstellern, um Kosten zu senken.
Manager Magazin, 25.06.2010, S. 50	Mit seiner aktuellen Firmenkreation, Arista Networks, die die schnellsten und billigsten Netzwerkschalter aller Zeiten herstellen lässt, und zwar in China, hat sich Andreas von Bechtolsheim (54) in der Middlefield Road 275 angesiedelt.

Tab. 6-12: Textfragmente zur Kategorie Kostenvorteile sonstige/allgemein
Quelle: eigene Darstellung.

6.7.1.3 Günstigere Lohnkosten/Lohnnebenkosten

Der am dritthäufigsten erwähnte Vorteil einer Produktionsverlagerung nach China ist das dortige niedrige Lohnniveau. Insgesamt konnte dieses Motiv in 154 Artikeln, d. h. in etwa 10% aller analysierten Artikel, identifiziert werden. Die in dieser Kategorie kodierten Vorteile stellen etwa 16% aller im Rahmen der Datenerhebung vorgenommenen Vorteilskodierungen dar. Die genannten Branchen sind etwa proportional zu den in allen Artikeln erwähnten Branchen vertreten, mit Ausnahme der Automobilindustrie: Hier wurden Lohnkostenvorteile im Verhältnis seltener erwähnt, als in anderen Branchen. Nachfolgend sollen zum besseren Verständnis einige Textfragmente vorgestellt werden (siehe Tabelle 6-13). Bei näherer Betrachtung fällt auf, dass immer wieder ein bestimmter Wortschatz gebraucht wird: Dabei wird China sehr oft als „Niedriglohnland" oder „Billiglohnland" bezeichnet, China quasi per Definition gleichgesetzt mit niedrigen Löhnen bzw. kostengünstiger Produktion. Durchsucht man alle 154 Artikel dieser Kategorie nach diesen beiden Begriffen (incl. Pluralformen), so ergeben sich 58 Treffer in 43 der Artikel. Nahezu 30% der Artikel greifen demnach auf diese beiden Schlagworte zurück, um China mit günstigen Lohnkosten in Verbindung zu bringen. Insgesamt führt die Berichterstattung über eine kostengünstige Produktion zu der Assoziation „China = Billiglohnland" und damit zu der Vorstellung, dass eine Produktionsverlagerung dorthin vorteilhaft sei.

Auch die Bewertungen der Artikel in dieser Kategorie stützen die positive Sichtweise: Im gesamten Betrachtungszeitraum wurde im Mittel eine Bewertung von 3,4 vergeben, im wichtigen Zeitraum von 1991 bis 1996 eine Bewertung von 3,9. Damit führen die drei bisher näher thematisierten Vorteilskategorien (Neue Märkte, allgemeine Kostenvorteile und Lohnkostenvorteile), die zusammen mehr als 70% aller kodierten Vorteile ausmachen, mit einer enormen Prägnanz zu einem kommunizierten Medienbild, dass China ein riesiger Markt ist, in dem zusätzlich auch noch sehr billig sowohl für den dortigen Binnenmarkt als auch für den Weltmarkt produziert werden kann. Neben diesen drei das Medienbild prägenden Vorteilskategorien sollen nachfolgend noch kurze Ausschnitte aus den drei nächsthäufigeren Vorteilskategorien sowie ein Aggregat aus den dann noch verbleibenden Vorteilskategorien gezeigt werden.

Zeitschrift	Textfragmente (direkte Zitate)
Handelsblatt, 07.07.1989, S. 12	Dafuer kann China den kapitalistischen Investoren etwas bieten, was mehr und mehr zur Raritaet in den industriellen Zonen dieses Globus wird: niedrige Loehne.
Manager Magazin, 01.05.1992, S. 132	Der enorme Lohnkostenvorteil gleicht einige Unannehmlichkeiten der China-Produktion mehr als aus.
VDI Nachrichten, 02.04.1993, S. 14	Auch in der Mikroelektronik, wo die Firmen „wie Attila mit seinen Hunnen den billigsten Loehnen hinterherziehen" (Stoeckl), ist China fuer die AEG erste Wahl. „Wenn wir in der Mikroelektronik ein weiteres Werk bauen sollten, dann sicher dort", so der AEG-Chef.
VDI Nachrichten, 16.06.1993, S. 7	China bietet billige Arbeitskraefte und einen wachstumstraechtigen Markt. Europa dagegen ist von den Personalkosten her extrem teuer.
Wirtschaftswoche, 06.08.1993, S. 98	Das groesste Niedriglohngebiet der Welt mit besonders geschickten und tuechtigen Arbeitern, China, liegt in unmittelbarer Nachbarschaft.
VDI Nachrichten, 04.11.1994, S. 1	Wie preiswert die Arbeit derzeit in China ist, illustriert die folgende Zahl: Der durchschnittliche Jahresverdienst in einer Elektronikfabrik betraegt 900 Dollar.
Handelsblatt, 15.04.1999, S. 10	Was sie lockt, sind 90% niedrigere Löhne, reichlich vorhandene Gewerbefläche, steuerliche Vorteile sowie der riesige Markt im Reich der Mitte.
Wirtschaftswoche, 04.04.2002, S. 22	China bietet alles, was Unternehmerherzen höher schlagen lässt: Die preiswerte Werkbank, dank niedriger Löhne (...)
Wirtschaftswoche, 31.10.2002, S. 48	Dabei lockt nicht nur der immense Binnenmarkt, China wird dank geringer Lohnkosten und niedriger Steuersätze auch immer attraktiver als Produktionsstätte für den Weltmarkt.
Handelsblatt, 20.12.2002, S. 32	Das Unternehmen produziert vor allem in Billiglohn-Ländern wie China, Rumänien oder Tschechien.
Handelsblatt, 10.04.2003, S. 12	In den Ballungszentren der Boomprovinz gibt es ungezählte Fabriken, in denen Tausende von Billiglöhnern für 30 Cent pro Stunde 12 Stunden am Tag schuften, um preisgünstige Turnschuhe, Spielzeuge, Möbel oder Computerteile herzustellen.
Wirtschaftswoche, 17.04.2003, S. 144	Die hohen Margen sind auch das Ergebnis einer konsequenten Produktionsverlagerung in Niedriglohnländer. Nach Mexiko und Ungarn läuft gerade die Produktion von Sitzheizungen in China an.
VDI Nachrichten, 19.09.2003, S. 16	Dies treffe auch auf Niedriglohnländer, wie etwa die Volksrepublik China zu. „Sie werden quasi als verlängerte Werkbänke der hochindustriellen Länder auch zunehmend mit Hightech-Produktion beauftragt."
VDI Nachrichten, 09.01.2004, S. 12	Und das alles bei hordenweiser Emigration der Hersteller aus angestammten Fertigungsstandorten in das unübersichtliche Niedriglohnparadies China.
Manager Magazin, 19.05.2004, S. 30	Selbst vor der Produktion in Niedriglohnländern schreckt die Unternehmensleitung nicht mehr zurück: In China fertigt Miele Staubsauger
VDI Nachrichten, 24.09.2004, S. 29	Auch die Automobilzuliefererindustrie hat deshalb den „Turbolader China" längst für sich entdeckt. Jeder zweite Zulieferer plant derzeit Verlagerungen nach China oder Osteuropa und dies vor allem um Personalkosten zu sparen, besagt die jüngste Studie der Unternehmensberatung Ernst&Young, Stuttgart.
Manager Magazin, 27.05.2005, S. 94	Der deutsche Primus Bosch und Siemens Hausgeräte baut hier zu Lande seit Jahren Arbeitsplätze ab, investiert allerdings heftig in Billiglohn-Standorte wie die Türkei, Polen und China.
Handelsblatt, 12.09.2005, S. 1	Das Reich der Mitte ist vor allem auf Grund der niedrigen Lohnkosten als Produktionsstandort für standardisierte, arbeitsintensive Erzeugnisse mit stabiler Nachfrage attraktiv, erklärt Rupert Petry, Partner bei Roland Berger Strategy Consultants.
Handelsblatt, 05.10.2005, S. c04	Eine von der Unternehmensberatung Bain & Company durchgeführte Befragung (...) ergab, dass rund 80 Prozent der angesprochenen Unternehmen zur Optimierung ihrer Kostenstruktur eine Verlagerung von Aktivitäten in Niedriglohnländer präferieren. Dabei bevorzugen rund 60 Prozent der befragten Unternehmen Indien und China als die am besten geeigneten Niedriglohnländer.
Handelsblatt, 27.04.2006, S. 15	Günstige Standortbedingungen sowie niedrige Löhne und schnelle Genehmigungsverfahren locken Laxess [sic!] und die Konkurrenten nach China.
Handelsblatt, 28.02.2007, S. 16	Niedriglöhne im Reich der Mitte (...).
Wirtschaftswoche, 18.06.2007, S. 90	Die Produktion des nach Jeans wohl gefragtesten Kleidungsstücks der Welt hat sich längst in Billiglohnländern wie Bangladesch, Indien oder China etabliert.
Manager Magazin, 25.07.2008, S. 74	Was die Firmen wirklich an China interessiert, das sind die niedrigen Arbeitskosten.
VDI Nachrichten, 19.12.2008, S. 4	Für die Umsiedlung der Produktion nach China sind niedrigere Löhne bei etwa 70 % der Unternehmen das entscheidende Argument, wie die Studie zeigt (...).
Handelsblatt, 06.12.2010, S. 27	Während viele europäische Unternehmen ihre Produktion in das Billiglohnland China verlagern (...).

Tab. 6-13: Textfragmente zur Kategorie Günstigere Lohnkosten/-nebenkosten
Quelle: eigene Darstellung.

6.7.1.4 Nähe zu momentanen Kunden

Das am vierthäufigsten genannte Motiv der Produktionsverlagerung ist die Nähe zu bereits existierenden Kunden, welches in 65 Artikeln genannt wurde. Die durchschnittliche Bewertung aller Artikel, die dieses Motiv beinhalteten beträgt über den gesamten Betrachtungszeitraum 3,6; im Zeitraum von 1991 bis 1996 ergibt sich eine leicht darunterliegende Bewertung von 3,4. Da sich dieses Motiv stark mit der Dimension „Druck durch Schlüsselkunden/Folgen von Schlüsselkunden" überschneidet, soll dieses hier nur der Vollständigkeit halber erwähnt und an dieser Stelle keine konkreten Textfragmente dargestellt werden; eine ausführlichere Diskussion erfolgt weiter unten in dieser Arbeit.

6.7.1.5 China als Brückenkopf/Produktionsbasis für den asiatischen Markt

Der am fünfthäufigsten erwähnte Vorteil ist die Nutzung von China als Brückenkopf oder Produktionsbasis für den asiatischen Markt; dieser fand in 52 Artikeln Erwähnung. Dies stellt etwa 5% aller kodierten Vorteile bzw. etwa 3% aller Artikel dar. Dennoch erfolgt die Kommunikation dieses Vorteils relativ kontinuierlich über den gesamten analysierten Zeitraum hinweg und darüber hinaus sehr klar, so dass auch die Möglichkeit, China als Brückenkopf für die Bearbeitung des gesamten asiatischen Marktes zu nutzen, beim Leser „hängenbleibt".[649] China wird dabei als eine Art Hub angesehen, durch den nicht nur die direkt angrenzenden, sondern alle Märkte (Südost-)Asiens bedient werden können. Dabei wurden jedoch interessanterweise in nur einem Artikel gleichzeitig auch die Herausforderungen einer maroden bzw. schlechten Infrastruktur in China thematisiert (25 Nennungen in allen Artikeln insgesamt), welche eine Distribution der produzierten Güter unter Umständen erschwert. Dies mag zwar nicht unbedingt der Fall sein, wenn die Produktion in einer der an den Küsten gelegenen Sonderwirtschaftszonen oder großen Städte mit eigenen Häfen erfolgt. Die spä-

---

[649] Wie bereits mehrfach erwähnt, können aus konstruktivistischer Sichtweise zuvorderst nur vom Ersteller der Arbeit selbst solche Aussagen über den eigenen Eindruck beim Lesen der Textfragmente getroffen werden. Dass eine gewisse Verallgemeinerung jedoch möglich ist, wurde bereits weiter oben diskutiert.

terhin jedoch häufiger in den Artikeln erwähnte Verlagerung der Produktion mehr ins Landesinnere könnte jedoch problematisch sein, wenn China als Hub genutzt werden soll. Insgesamt ergibt sich eine durchschnittliche Bewertung aller Artikel, die diesen Vorteil nennen, von 3,9; im Zeitraum von 1991 bis 1996 beträgt die Bewertung im Mittelwert ebenfalls 3,9. Nachfolgend werden wiederum einzelne Textfragmente zu dieser Kategorie vorgestellt (siehe dazu die folgende Tabelle 6-14).

Zeitschrift	Textfragmente (direkte Zitate)
Handelsblatt, 22.11.1990, S. 15	Von China aus koenne man den Export in asiatische Laender aufbauen, sagte der Vorstandsvorsitzende Dr. Carl H. Hahn anlaesslich der Vertragsunterzeichnung fuer das zweite Grossprojekt des Konzerns in China.
VDI Nachrichten, 06.08.1993, S. 14	So wie wir die USA als Standort fuer die amerikanischen und solche Maerkte benutzen, die fuer Lieferungen aus den USA zugaenglich sind, bedienen wir uns des chinesischen Marktes auch fuer Maerkte, die aus China heraus bedient werden koennen.
Manager Magazin, 01.03.1994, S. 172	Vorerst sollen die Autos made in China nur auf dem Inlandsmarkt verkauft werden. „Langfristiges Ziel" (Farny) sei jedoch, in die anderen boomenden Märkte Südostasiens zu exportieren.
Manager Magazin, 01.07.1994, S. 84	Wir wollen aus China nicht nur den chinesischen Markt, sondern die ganze Region beliefern, verkündete Schneider in Singapur, dem Sitz des Bayer-Vertriebszentrums in Südostasien.
Handelsblatt, 30.06.1995, S. 16	Mit der Produktion in China sollen die Maerkte in Fernost erschlossen werden.
Wirtschaftswoche, 01.10.2003, S. 84	Deutsche Unternehmen wie BASF und Bayer planen, ganz Asien vorwiegend aus China zu versorgen und dort einen Großteil ihrer Umsätze zu generieren.
VDI Nachrichten, 03.12.2004, S. 18	Bosch Rexroth investiert im Reich der Mitte für die Expansion in Asien.
VDI Nachrichten, 16.06.2006, S. 1	Doch immer mehr wird China zu einem Dreh- und Angelpunkt in der Triade Europa, USA und Südostasiens, nämlich als Absatzmarkt und gleichzeitig als Stützpunkt, um Länder der Umgebung zu beliefern.
VDI Nachrichten, 21.09.2007, S. 25	Wir produzieren in China für den asiatischen Markt (...).
Handelsblatt, 04.02.2010, S. 34	Der Nordex-Konzern baut in China Turbinen und Rotorblätter, die später auch in andere Länder Asiens exportiert werden sollen. „China soll unser Brückenkopf sein."

Tab. 6-14: Textfragmente zur Kategorie China als Brückenkopf/Produktionsbasis
Quelle: eigene Darstellung.

6.7.1.6 Große Auswahl an geeigneten Arbeitskräften

Die letzte etwas näher zu betrachtende Vorteilskategorie ist die Nennung einer großen Auswahl an geeigneten Arbeitskräften, die in China zur Verfügung steht. Dieser Vorteil einer Produktionsverlagerung nach China wurde in 32 Artikeln erwähnt – interessanterweise wurde auch die Nachteilskategorie „V11 05 Verfügbarkeit von geeignetem/qualifiziertem Personal" ebenso häufig genannt. An dieser Stelle soll jedoch lediglich auf die Vorteilhaftigkeit eingegangen werden. Die Bewertung aller Artikel, die Hinweise auf eine große Auswahl an geeigneten

Arbeitskräften beinhalteten, beträgt 3,9; die Bewertung zwischen 1991 und 1996 sogar 4,4. Die nachfolgende Tabelle 6-15 stellt wiederum einige konkrete Zitate vor, um die Berichterstattung zu dieser Kategorie zu verdeutlichen.

Zeitschrift	Textfragmente (direkte Zitate)
Manager Magazin, 01.05.1992, S. 118	China hat den flexibelsten Arbeitsmarkt der Welt. Wer nicht spurt, fliegt raus. Die nächsten stehen schon Schlange vor dem Fabriktor. Hire and fire im Sozialismus.
Manager Magazin, 01.02.1994, S. 80	(...) billige und willige Arbeitskräfte im Überfluß (...)
VDI Nachrichten, 30.09.1994, S. 3	Die Investition lohnt: Sei es, dass die niedrigen Loehne locken oder die Verfuegbarkeit geschickter und zuverlaessiger Arbeitskraefte den deutschen Unternehmen helfen koennen, auf dem Weltmarkt wieder wettbewerbsfaehig zu werden.
Wirtschaftswoche, 04.04.2002, S. 22	China bietet alles, was Unternehmerherzen höher schlagen lässt: (...) eine explodierende Zahl von gut ausgebildeten Wissenschaftlern und Ingenieuren.
Manager Magazin, 20.08.2004, S. 86	China hat noch ein schier unerschöpfliches Reservoir an billigen Arbeitskräften. Zwischen 700 und 900 Millionen Menschen auf dem Lande warten darauf, dass Arbeit zu ihnen kommt oder umgekehrt. Arthur Kroeber, Herausgeber des „China Economic Quarterly", sagt: „Die halten ihre Billiglohnstrategie noch Jahrzehnte durch."
VDI Nachrichten, 09.09.2005, S. 2	Aber es gibt nirgends mehr Facharbeiter als in Russland und China. Die Chinesen bilden jährlich 440 000 Ingenieure aus. Bei uns waren es 2003 ganze 36 702. (...) Das sind hervorragend ausgebildete Leute, die ganz sicher auch gute Autos produzieren.
Wirtschaftswoche, 27.11.2006, S. 26	In den Schwellenländern finden die Unternehmen ein unerschöpfliches Potenzial qualifizierter, hochmotivierter Arbeitskräfte. Nach Berechnungen des McKinsey Global Institute hat allein China rund 1,6 Millionen junge Ingenieure mit Universitätsausbildung – mehr als doppelt so viele wie die USA -, die allzu gern einen Job bei einem Global Player ergattern wollen.
Handelsblatt, 20.02.2007, S. 18	Für viele Manager hier zu Lande ist China nicht nur Reich der Mitte, sondern auch der unbegrenzten Arbeitskräfte. Kein Wunder: Auf 1,3 Milliarden ist die Bevölkerung gewachsen, die Flucht vom Land in die Stadt ist ungebremst, billige Produktionsmöglichkeiten locken.
Handelsblatt, 28.02.2007, S. 16	Und in China gibt es ein Heer billiger und willigster Wanderarbeiter, die jeden Tag für die Welt im Akkord fertigen.

Tab. 6-15: Textfragmente zur Kategorie Große Auswahl an geeigneten Arbeitskräften
Quelle: eigene Darstellung.

Beim Lesen der Zitate fällt auf, dass schon fast eine euphorische Wortwahl ('unerschöpflich', 'unbegrenzt', 'Heer', 'billig', 'willig') erfolgte, um diesen Vorteil zu kommunizieren. Weiter fällt auf, dass sich die Verfügbarkeit des Personals nicht nur auf einfach qualifizierte Arbeitskräfte bezieht, sondern besonders auch auf die Verfügbarkeit von Ingenieuren oder anderen hoch qualifizierten Arbeitskräften. Dieser Fakt sollte erinnert werden, wenn später darauf eingegangen wird, dass Unternehmen vor Ort gegenteilige Erfahrungen gemacht haben.

6.7.1.7 Weitere Vorteile

Insgesamt wurden noch eine ganze Reihe weiterer Vorteile erwähnt, die weniger als 30-mal Gegenstand der Berichterstattung waren. Mit den bisher näher diskutierten Vorteilskategorien wurden 841 (86,3%) der 974 Vorteilskodierungen abgedeckt. Als weiterer wichtiger Vorteil fällt noch das Umgehen von Handelsbeschränkungen auf – dies ist jedoch wiederum Teil der Analyse des Isomorphismus durch Zwang und soll deshalb an dieser Stelle nicht weiter thematisiert werden. In etwa 20 Artikeln wurden jeweils noch Steuerersparnisse/ Nutzung von Subventionen sowie Wechselkursvorteile/Umgehen von Währungsrisiken genannt. Steuerersparnisse/Subventionen scheinen dabei ein günstiger Nebeneffekt zu sein, aber für sich genommen nicht Anreiz genug, die Produktion nach China zu verlagern („*Wer sich hier ansiedelt, kann Steuervorteile beanspruchen. Doch nicht deswegen kommen die Investoren aus aller Welt hierher, [sie] wollen teilnehmen an einem Wirtschaftsboom, der seinesgleichen sucht.*" Wirtschaftswoche, 10.06.1994, S. 33). Das Umgehen von Währungsrisiken scheint dagegen – besonders in den letzten Jahren – bereits für sich genommen nicht nur ein Vorteil unter vielen, sondern ein starkes Motiv für eine Produktion in China zu sein, wie folgende ausgewählte Zitate in der nachfolgenden Tabelle 6-16 belegen.

Zeitschrift	Textfragmente (direkte Zitate)
Handelsblatt, 08.05.2008, S. 15	*Gleichzeitig soll die Produktion in China ausgebaut werden, um die Abhängigkeit vom europäischen Währungsraum zu reduzieren.*
Handelsblatt, 11.07.2008, S. 17	*Die Werke in China, der Slowakei und den USA sollen ausgebaut werden, um Kosten zu sparen und die Belastungen aus dem teuren Euro zu mindern.*
Handelsblatt, 08.10.2010, S. 20	*Auslandsproduktion verringert auch das Währungsrisiko. Dieser Faktor spielt für den Werkzeugmaschinenbauer Gildemeister eine wesentliche Rolle. Die Bielefelder haben sich deshalb in unmittelbarer Nähe des Heidelldruck-Werks in China angesiedelt.*
Handelsblatt, 03.11.2010, S. 18	*Die stark exportorientierten Unternehmen wollen ihre Währungsrisiken mindern. BMW, Daimler und Volkswagen errichten neue Werke in Nordamerika, Indien und China, um sich stärker gegen Wechselkursänderungen abzusichern.*

Tab. 6-16: Textfragmente zur Kategorie Wechselkursvorteile/Umgehen von Währungsrisiken
Quelle: eigene Darstellung.

Für die Kategorie „Know-how/Reputation des lokalen Partners" wurde insbesondere das Vorhandensein eines Vertriebsnetzes und die richtigen Kontakte des chinesischen Partners herausgestellt. Hinsichtlich der Produktivität und Qualität in China fielen auch einige positive Aussagen auf: Insbesondere in den letzten 10 Jahren wurde vermehrt von einer höheren Produktivität gesprochen, die weiterhin „sprunghaft" ansteigt (Manager Magazin, 24.03.2006, S. 120, siehe auch Handelsblatt, 24.01.2001, S. 27) und sogar das Niveau in Deutschland erreicht (Handelsblatt, 19.10.2006, S. 12). Außerdem ist von einer Produktqualität die Rede, die der in deutschen Unternehmen in nichts nachsteht. Da dieser letzte Fakt wichtig für die spätere Argumentation ist, sollen auch hierfür noch einige Textfragmente vorgestellt werden (siehe Tabelle 6-17).

Zeitschrift	Textfragmente (direkte Zitate)
Manager Magazin, 01.12.1989, S. 280	*Volkswagen Schanghai gelang es jedoch, den chinesischen Familiensinn positiv in Gruppenbewußtsein umzumünzen. Die Produktionsgruppen am Band übernehmen jetzt selbst die Wartung ihrer Anlagen – „mit durchweg gutem Ergebnis für die Produktqualität", lobt VW-Manager Welkener.*
Handelsblatt, 29.09.1992, S. 19	*Eine strikte Qualitaetskontrolle mit fuenf Zwischenkontrollen stellt sicher, dass nur wenig Ausschuss produziert wird. Von 100 gefertigten Modulen sind 93 fehlerfrei, in Deutschland sind es nur 87.*
Wirtschaftswoche, 04.04.2002, S. 26	*„Die Qualität ist kein Problem mehr. In manchen chinesischen Niederlassungen gibt es heute schon eine bessere Qualitätskontrolle als im japanischen Mutterkonzern", konstatiert Analyst Yoko Yoshimoto von der Sanwa Bank. „Das Bemühen der chinesischen Arbeiter, ihre Fachkenntnisse zu verbessern, ist beeindruckend."*
Wirtschaftswoche, 26.06.2003, S. 52	*Seit neuestem dürfen Autos made in China exportiert werden. (...) Je höher die Überproduktion, desto schneller könnte China zur Autofabrik der Welt avancieren – auf Kosten der Produktion in Europa und den USA. In drei Jahren, schätzt Audis Joint-Venture-Chef Qin Huaming, werden die lokalen Fahrzeuge auf Weltmarktniveau produziert und verkauft. BMW-Chef Helmut Panke stellt seine Kunden schon mal ein: „Ein BMW ist ein BMW, egal, wo er produziert wird."*
VDI Nachrichten, 19.11.2004, S. 51	*Auch im Edelstahlwerk von ThyssenKrupp konnten sich die suj-Vertreter davon überzeugen, dass in China inzwischen auf sehr hohem Niveau gefertigt wird.*
Wirtschaftswoche, 04.09.2006, S. 118	*Alles Handwerkliche verstanden die Chinesen in Windeseile. Innerhalb kürzester Zeit montierten sie die Autos besser und schneller als irgendwo anders auf der Welt – das ist bis heute so geblieben. Bei Volkswagen wusste man nun, dass die Chinesen im Prinzip Autos bauen können, die sich mit unseren Qualitätsansprüchen messen lassen – eine zentrale Voraussetzung für den Erfolg.*

Tab. 6-17: Textfragmente zur Produktqualität aus der Kategorie relativ hohe Produktivität/gute Qualität
Quelle: eigene Darstellung.

Die verbleibenden acht Vorteilskategorien einschließlich der Kategorie „sonstiges" stellen lediglich insgesamt 25 (bzw. 2,6%) der 975 kodierten Vorteile dar und werden aus diesem Grund nicht weiter diskutiert.

6.7.1.8 Korrelationen zwischen den Bewertungen und den meistgenannten Vorteilen

Nachfolgend soll kurz auf den statistischen Zusammenhang zwischen vergebenen Bewertungen für die einzelnen Artikel und darin genannten Vorteilen eingegangen werden. Hierbei wurde anhand einer Punkt-Biserialen Korrelation[650]

---

[650] Vgl. Wirtz/Nachtigall (2012b), S. 170. Zur Berechnung der Punkt-Biserialen Korrelation wird der Pearson-Korrelationskoeffizienten genutzt. Vgl. dazu Field (2000), S. 94 sowie Lawner

der Zusammenhang zwischen einem erwähnten Vorteil und der entsprechenden Bewertung des Artikels analysiert. Sofern ein bestimmter Vorteil in einem Artikel erwähnt wurde, wurde dies in der Datenmatrix mit dem Wert 1 hinterlegt; wenn ein Vorteil nicht erwähnt wurde, enthält die Datenmatrix an dieser Stelle den Wert 0. Sofern angenommen wird, dass der Artikel tendenziell eine positive Bewertung erhält, sofern ein bestimmter Vorteil erwähnt wurde, ist also eine positive Korrelation zu erwarten. Oder anders ausgedrückt: ein „aufsteigender" Wert des genannten Vorteils von 0 (nicht genannt) zu 1 (genannt) wird erwartungsgemäß ein aufsteigender Wert der Bewertung zugeordnet. Die nachfolgende Tabelle 6-18 stellt die Korrelationen zwischen den Bewertungen und den sechs meistgenannten Vorteilen dar.

	01 Neue Märkte/Nähe zu neuen Märkten	02 Nähe zu momentanen Kunden	03 Günstigere Lohnkosten/ Lohnnebenkosten	05 sonstige Kostenvorteile/ Kostenvorteile allgemein	08 große Auswahl an geeigneten Arbeitskräften	15 China als Brückenkopf/ Produktionsbasis für asiatischen Markt
Bewertung	,333**	,078**	,066**	,118**	,114**	,132**

** Die Korrelation ist auf dem Niveau 0,01 signifikant (zweiseitig). N = 1.579.

Tab. 6-18: Korrelation zwischen den vergebenen Bewertungen und den meistgenannten Vorteilen
Quelle: eigene Darstellung.

Wie aus der obigen Tabelle zu entnehmen ist, korrelieren alle der Vorteile signifikant positiv mit den vergebenen Bewertungen. Es ist natürlich zu beachten, dass das Zusammenspiel der Nennung verschiedener Vor- und Nachteile und die davon ausgehende Wirkung auf die Bewertung des Artikels bei dieser Analyse nicht abgebildet werden kann.[651] Es erfolgt immer eine isolierte Betrachtung zwischen der Nennung eines Vorteils und der in diesem Artikel vergebenen Bewertung. Dennoch können aus der Analyse folgende Schlüsse gezogen werden: Wird einer der meistgenannten Vorteile in einem Zeitschriftenartikel erwähnt, so wird dieser Artikel dadurch scheinbar positiv beeinflusst. Weiterhin kann geschlossen werden, dass bei der Bewertung der Artikel durchaus konsis-

---

[651] Weinberg/Knapp Abramowitz (2008), S. 135-136. Die Bezeichnung Punkt-Biseriale Korrelation soll demnach lediglich anzeigen, dass eine der Variablen dichotom ist (vgl. Wirtz/Nachtigall (2012a) sowie Wirtz/Nachtigall (2012b)).
Siehe hierzu auch die Ausführungen in Fußnote 644.

tent vorgegangen wurde, weil die Nennung positiver Aspekte scheinbar auch die Bewertung positiv beeinflusste.

6.7.2 Quantifizierte Vorteile einer Produktionsverlagerung

Hinsichtlich der Vorteile einer Produktionsverlagerung wurde zusätzlich erhoben, ob diese in irgendeiner Form quantifiziert wurden. Dies war in 59 (bzw. 3,7%) der 1.579 kodierten Artikel der Fall. Dabei handelte es sich zumeist um eine Aussage über niedrige Lohnkosten in China, manchmal gepaart mit Aussagen zu weiteren damit verbundenen Kostenvorteilen wie längeren Arbeitszeiten, geringerem Urlaub etc. In einigen Fällen wird zusätzlich darauf verwiesen, dass zu Beginn einer Produktion in China keine oder verminderte Steuern zu zahlen seien und dies quantifiziert. Insgesamt konnte in keinem Artikel eine umfangreichere Rechnung oder Fallstudie identifiziert werden, die eine genaue Kosten-/Nutzenanalyse – oder eine auch nur vage in diese Richtung gehende Berechnung – einer Produktionsverlagerung aufgezeigt hätte. Die bei weitesten spezifischste Aussage ist in dem nachfolgenden genannten Zitat dargestellt:

„Der Produktionsdirektor der 3M hat auch die entsprechenden Beispiele parat: „Der Vergleich zwischen zwei Produktionslinien in unserem Werk Kamen. Auf der einen wurden Video-Leercassetten-Gehaeuse fuer den europaeischen Markt produziert, auf der anderen Data-Cartridges fuer die Computer-Industrie. Bei den Video-Leercassetten mussten wir erfahren, dass wir gegen die Produktion in China keine Chance hatten. Die Kassetten aus dem Reich der Mitte wurden hier in Europa um 30% billiger angeboten, als wir sie produzieren konnten. Und das, obwohl unsere Produktionslinie hochautomatisiert war. Aber in China wurde mit dem achtfachen an Personal, bei einem 1/100 der Lohnkosten und mit nur 1/10 der Investitonen [sic!] *in Maschinen und Anlagen ungefaehr dieselbe Menge Kassetten hergestellt. Und zwar in einer fuer den europaeischen Markt akzeptablen Qualitaet." Zwar gebe es da noch einen Qualitaetsunterschied, weiss Zoelzer, aber den honoriere der Markt fuer diesen*

Massenartikel nicht mehr. Die Kassetten-Produktion wurde eingestellt." (VDI Nachrichten, 20.01.1995, S. 6).

Lediglich fünf weitere spezifische Aussagen zu Auswirkungen einer Produktionsverlagerung auf konkrete produzierte Produkte lassen sich finden: 20% günstigere Produktionskosten für PKW bei Honda (Wirtschaftswoche, 22.08.2002, S. 125), um drei Viertel niedrigere Produktionskosten bei der Produktion von Schuhen gegenüber einer Produktion in Italien (Wirtschaftswoche, 19.11.1993, S. 18), tragbare Lautsprecher für Laptops für 30 statt für 80 US-Dollar (Handelsblatt, 21.10.2003, S. 12), 8 Euro Lohnkostenvorteile pro produziertem PC bei Dell (Manager Magazin, 27.05.2005, S. 126) und Kosten von 17,50 US-Dollar für einen Sportschuh von Nike (Manager Magazin, 01.09.1993, S. 66) – hier jedoch ohne einen Vergleich zu den Kosten in einer westlichen Fabrik. Weitere ähnliche Aussagen zu konkreten Auswirkungen einer Produktionsverlagerung konnten nicht gefunden werden – nur hin und wieder Vergleiche über Lohnkosten im Allgemeinen zwischen zwei Ländern. Ausgewählte Aussagen über die im Rahmen der quantifizierten Vorteile am häufigsten dargestellten Lohnkostenvorteile werden in der folgenden Tabelle 6-19 dargestellt.

Insgesamt wird also sehr positiv über Lohnkostenvorteile berichtet – gerade auch im Vergleich zu den deutschen Verhältnissen. Die bei der Datenanalyse vorgenommene Bewertung der Artikel, in denen über solche quantifizierten Vorteile berichtet wurde, liegt bei 3,6; betrachtet man nur die Jahre 1991 bis 1996, liegt die Bewertung im Mittel sogar bei 4,2. Auch dies zeigt, dass in der Regel sehr positiv über Lohnkostenvorteile (die den größten Teil der quantifizierten Kostenvorteile darstellen) berichtet wurde. Insgesamt wurde zwar vergleichsweise nur relativ selten auf die Nennung von konkreten (Lohn-)Kostenvorteilen Bezug genommen – wie oben beschrieben nur in etwa 4% der Fälle. Dennoch bleiben aufgrund der sehr positiven Berichterstattung über die konkreten Lohnkostenvorteile und zusätzlich durch die sehr häufig allgemein erwähnten Kosten- bzw. Lohnkostenvorteile (siehe die Abschnitte 6.7.1.2 und 6.7.1.3) zumindest die Tatsache, dass die Löhne in China nur einen Bruchteil der deutschen Löhne betragen – oder umgekehrt, die heimischen Löhne die in China um ein Vielfaches übersteigen – in Erinnerung.

Zeitschrift	Textfragmente (direkte Zitate)
Manager Magazin, 01.05.1992, S. 132	Knapp 5000 Chinesen bauen dort Satellitenempfänger, Computer (Marke: Laser), elektronisches Spielzeug und drahtlose Telephone zusammen – unter nahezu frühkapitalistischen Arbeitsbedingungen. Gearbeitet wird von 7.30 bis 17.30 Uhr bei einer Stunde Mittagspause. Und das von Montag bis Samstag, die Arbeitswoche hat 54 Stunden. Urlaub: elf Arbeitstage. Kündigungsfrist: sieben Tage. Als Monatslohn bekommen die jungen Chinesen (Alter: 22 bis 30) von den lokalen Behörden, an die Videotech die Gehaltssumme überweist, zwischen 200 und 400 Hongkong-Dollar – 42 bis 84 Mark. Für sie, die teilweise aus tiefster chinesischer Provinz kommen, ist das viel Geld (...).
Handelsblatt, 29.09.1992, S. 19	Mit einem Monatslohn von 400 Yuan (etwa 114 DM) bis 500 Yuan zahlt BISC mehr als andere Unternehmen und Behoerden, bei denen die Monatsgehaelter bei 200 bis 300 Yuan liegen. Zu dem Lohn kommen jedoch die in China ueblichen Zusatzleistungen fuer Wohnung, Krankenkasse und Alterssicherung, die das Unternehmen tragen muss. Die Lohnnebenkosten veranschlagt Finger mit dem Faktor 1,5 bis 1,7 des Lohnes.
Handelsblatt, 23.10.1992, S. 12	Hier gilt die 48-Stunden-Woche bei einer Woche Urlaub im Jahr. Der Stundenlohn: bei 192 Stunden im Monat etwa 60 Pf. [Pfennige, Anm. d. Verf.].
Wirtschaftswoche, 22.01.1993, S. 36	Sie arbeiten neun Stunden am Tag, sechs Tage in der Woche und haben zwei Wochen Urlaub im Jahr. (...) Unglaublich billige Arbeitskraefte, guenstige Kauf- und Mietpreise fuer Gewerbebauten und attraktive Steuerbefreiungen und -verguenstigungen fuer die ersten drei beziehungsweise sechs Jahre machen das Investieren ausserordentlich interessant.
Wirtschaftswoche, 19.11.1993, S. 18	Wegen der niedrigen Loehne, freut sich der Manager, „sind unsere Produktionskosten hier um drei Viertel niedriger als in Italien". Die Leute, bestaetigt der italienische Techniker Stampatori Vivino, „arbeiten wie fleissig wie in Europa". Vor zwei Jahren hatte Vivino noch in Russland gearbeitet. Sein Urteil: „Das hier ist tausendmal besser."
VDI Nachrichten, 04.11.1994, S. 2	Wie preiswert die Arbeit derzeit in China ist, illustriert die folgende Zahl: Der durchschnittliche Jahresverdienst in einer Elektronikfabrik beträgt 900 Dollar.
Handelsblatt, 13.05.1997, S. 14	Die 70 Mitarbeiter, die da sommers wie winters gießen und feilen, bekommen einen Stundenlohn von umgerechnet 1,30 DM brutto. Dazu kommt etwa 1 DM an Lohnnebenkosten.
Manager Magazin, 01.07.2003, S. 71	Auch Ingenieure oder Betriebswirte verdienen in China und Indien gerade mal 7 Prozent dessen, was ihre deutschen Kollegen bekommen.
Manager Magazin, 01.10.2003, S. 108	Die Arbeitszeit in den Yue-Yuen-Fabriken dauert von 7 bis 17 Uhr. Sechs Tage die Woche. Mittags gibt es eine Stunde Pause. Ab 11.30 Uhr marschieren Arbeiterkolonnen schichtweise zum Essenfassen. Danach gönnen sich die meisten ein kurzes Nickerchen am Arbeitsplatz. Rund 150 Dollar bekommen die Chinesen als Monatslohn. Einmal im Jahr gibt es Heimaturlaub.
Handelsblatt, 21.10.2003, S. 12	Nach einer Studie der Federal Reserve Bank von Dallas verdient ein chinesischer Industriearbeiter im Durchschnitt umgerechnet 61 Cent pro Stunde. In den USA sind es 16,14 Dollar.
Manager Magazin, 20.08.2004, S. 86	Immer mehr deutsche Unternehmen – ob groß oder klein – verlagern ihre Produktion nach China, wo die Stundenlöhne 70 Cent und weniger betragen.
VDI Nachrichten, 22.07.2005, S. 7	Die Frauen an den Assemblierungslinien verdienen etwa 600 bis 800 Yuan/Monat, das sind rund 60 EUR bis 80 EUR. Das ist mehr als der gesetzlich verlangte Mindestlohn von 480 Yuan.
Handelsblatt, 25.07.2005, S. 29	In China beträgt der Stundenlohn 50 Cent, in Deutschland 20 Euro.
Wirtschaftswoche, 27.11.2006, S. 26	Dass der Druck auf die Löhne im Westen bald wieder nachlässt, ist nicht zu erwarten. Zwar haben sich die Löhne in China im Gefolge des Booms in den Neunzigerjahren verdoppelt. Mit umgerechnet 60 US-Cent liegen die Lohnkosten je Stunde in der chinesischen Industrie aber erst bei 2,5 Prozent des deutschen Niveaus (24 US-Dollar). Frühestens in 30 Jahren, schätzt Harvard-Ökonom Freeman, werden die Löhne in China das Niveau westlicher Länder erreichen.
Handelsblatt, 28.02.2007, S. 16	TTI hat seine Produktionsstätten im Hinterland, dort, wo Chinas größte Werkbank steht – im weitläufigen Perlflussdelta. Hier müssen sich die Produzenten der Welt nicht mit den Errungenschaften westlicher Gewerkschaften wie Streikrecht, Freizeitausgleich und 35-Stunden-Woche plagen. „Die Lohnkosten liegen unter einem Euro pro Stunde", rechnet ein TTI-Manager in der Fabrik von Shenzen vor. „In Europa zahlen wir im Schnitt 18 Euro." Und in China gibt es ein Heer billiger und williger Wanderarbeiter, die jeden Tag für die Welt im Akkord fertigen.
VDI Nachrichten, 19.03.2010, S. 3	Um die 100 EUR (1000 Renminbi) monatlich [sic!] verdienten die Wanderarbeiter in den Fabriken Shenzhens, Dongguans, Shanghais oder Guangzhous vor der Krise. Nun wird überall zugelegt. Ab April wird der z. B. der Mindestlohn in Shanghai um 15 % angehoben.
Wirtschaftswoche, 07.06.2010, S. 14	Allerdings liegen die Fabriklöhne wie vor 15 Jahren noch bei durchschnittlich 150 Euro im Monat, und das bei einer Sechs-Tage-Woche und Zwölf-Stunden-Schichten. Rechnet man die Inflation ein, sind die Löhne sogar gefallen.

Tab. 6-19: Textfragmente zu quantifizierten (Lohn-)Kostenvorteilen
Quelle: eigene Darstellung.

Insgesamt bleibt festzuhalten, dass Berichte über konkrete Kosteneinsparungspotentiale aus Gesamtunternehmenssicht oder auch nur aus Produktsicht Mangelware sind. Es wird jedoch der Eindruck vermittelt, dass eine Produktion in China billig ist und – sofern konkrete Lohnkostenvorteile genannt werden – nur mit einem Bruchteil der deutschen Lohnkosten zu rechnen ist.

6.7.3 Nachteile und Probleme einer Produktionsverlagerung nach China

Im Rahmen der Berichterstattung wurde nicht nur über Vorteile, sondern auch über eine ganze Reihe an Nachteilen einer Produktionsverlagerung nach China referiert. Nachfolgend soll darauf näher eingegangen werden. Insgesamt wurden in 464 Artikeln 1.012 Nachteile von Produktionsverlagerungen kodiert; 1.115 Artikel enthielten keine Hinweise auf solche Nachteile. Wie bereits bei der Diskussion der erwähnten Vorteile soll zuerst ein tabellarischer Überblick über die kodierten Nachteile gegeben werden. Dieser ist in der folgenden Tabelle 6-20 zu finden. Auch hier wurden die jeweils fünf meistgenannten Nachteile dunkelgrau markiert: Dabei fällt auf, dass sich die Schwerpunkte der genannten Nachteile über den Zeitverlauf geändert haben – im Gegensatz zu den in der Berichterstattung erwähnten Vorteilen, die relativ konsistent blieben, wie bereits aus der Diskussion der Tabelle 6-10 hervorging. An dieser Stelle soll nun nicht weiter auf die in der Tabelle genannten Daten eingegangen werden, da dies im Laufe des Abschnitts an verschiedenen Stellen getan wird.

Die Abbildung 6-19 auf Seite 273 zeigt überblicksartig die Summe der in den Zeitschriftenartikeln erwähnten Nachteile und Probleme über den gesamten analysierten Zeitraum von 1989 bis 2010. Dabei weist die Kategorie „Einmischung des chinesischen Staates/Willkür/Auflagen der Behörden" die meisten Erwähnungen auf (114 Nennungen), gefolgt von der Kategorie „Probleme mit dem Schutz geistigen Eigentums/Technologietransfer" (100 Nennungen) sowie der Kategorie „hoher Wettbewerb/wachsender Wettbewerb/Überkapazitäten" (88 Nennungen). Weitere wichtige Rubriken sind „Qualitätsprobleme" (59 Nennungen), „Lohnkostensteigerungen" (44 Nennungen) und „kulturelle Probleme/kulturelle Unterschiede" (41 Nennungen) sowie eine ganze Reihe weiterer Nachteile, die zwischen 20 und 40 Nennungen aufweisen.

Jahr	01 Korruption/ Betrug/ Diebstahl/ Erpressung	02 Qualitätsprobleme	03 Probleme mit der Produktsicherheit	04 Lohnkostensteigerungen	05 Verfügbarkeit von qualif./ geeignetem Personal	06 rechtliche Probleme/ rechtliche Unsicherheit	07 Probleme mit dem Schutz geistigen Eigentums; Fehleinschätzungen Technologietransfer	08 keine/ ungenaue Marktdaten; Fehleinschätzungen	09 hohe Transportkosten zur Bedienung d. Heimatmärkte	10 lange und unsichere Transportwege/-zeiten	11 Unpünktlichk./ Unverlässlichk. chines. Partner (Lieferant/ Kund.)	12 schlechtes Zahlungsverhalten/ lange Zahlungsziele	13 Nichteinhaltung von Verträgen/ nachträgl. Verhandlungen	14 hoher Wettbewerb/ wachsender Wettbewerb/ Überkapazitäten	15 Einmischung des chines. Staates/ Willkür/ Auflagen d. Behörden	16 versteckte Kosten allgemein	17 hohes Maß an Bürokratie	18 schlechte Infrastruktur (Straßen, Kommunikation, Energie etc.)	19 Notwendigkeit von Kontakten/ Beziehungen/ Guanxi	20 kulturelle Probleme/ kulturelle Unterschiede
1989	2	2	1	0	1	0	0	0	0	2	1	1	2	0	2	0	1	2	1	2
1990	0	1	0	0	0	0	2	0	0	0	0	0	0	0	2	0	0	1	0	0
1991	0	1	0	0	0	0	0	0	0	0	0	0	0	0	0	0	0	0	1	1
1992	2	0	0	0	1	0	0	0	0	0	0	0	0	2	2	1	2	2	1	1
1993	1	0	0	0	0	0	0	1	0	0	0	0	0	0	4	1	1	1	1	3
1994	1	1	0	1	0	2	2	0	0	0	0	2	1	2	4	2	1	4	3	2
1995	3	0	0	0	0	1	1	0	0	1	0	0	0	1	3	0	1	1	2	3
1996	1	3	0	1	1	1	6	5	0	1	1	0	3	6	5	3	2	0	2	3
1997	2	3	0	3	2	2	6	1	0	0	0	0	0	4	4	0	1	3	2	6
1998	1	0	0	0	0	1	4	1	0	0	0	0	0	4	1	0	3	1	0	1
1999	2	3	1	0	2	0	1	1	0	0	0	0	0	0	7	0	1	1	1	1
2000	1	0	0	0	0	0	3	0	0	0	0	0	0	5	3	0	0	0	0	1
2001	0	1	0	0	0	0	0	0	0	0	0	0	0	4	7	0	0	0	0	0
2002	1	1	0	1	0	2	1	1	1	2	1	2	2	10	8	0	1	1	1	2
2003	4	2	0	0	1	4	14	1	1	2	1	0	2	13	6	0	3	3	2	1
2004	2	6	0	2	2	4	15	0	3	5	0	0	3	9	9	0	1	0	3	3
2005	3	3	9	3	5	1	12	2	0	5	0	0	1	6	11	0	1	3	1	4
2006	1	9	0	3	3	1	6	1	0	3	1	0	1	5	6	2	3	1	2	1
2007	1	10	0	12	5	0	13	1	5	4	0	0	0	4	12	4	1	0	0	3
2008	0	6	0	1	1	0	8	0	0	2	1	0	0	6	7	1	0	0	0	2
2009	2	5	0	15	3	3	7	0	2	3	1	0	0	6	13	0	1	0	1	2
2010																				
Gesamt	31	59	11	44	32	24	100	20	11	31	6	6	18	88	114	15	24	25	24	41
1989-1996	9	6	1	3	3	3	5	1	0	3	1	3	5	6	15	4	6	11	10	14
1997-2003	9	12	1	5	9	9	20	13	0	4	1	3	5	33	35	4	8	6	4	11
2004-2010	13	41	9	36	20	14	75	6	11	24	4	0	8	49	64	7	10	8	10	16

Jahr	21 geringe Flexibilität	22 hohe Koordinationskosten/Koordinationsprobleme	23 Währungsrisiken, Inflation	24 Fluktuation der Mitarbeiter	25 geringere Produktivität/Effizienz, geringe Skaleneffekte	26 polit. Instabilität/Unsicherheit; soziale Unruhen/Spannungen	27 Arbeitnehmerrechte wachsen/Gewerkschaft/Sozialgesetzgebung	28 Probleme mit JV-Partner	29 Imageprobleme	30 WTO Beitritt Chinas vermindert Profitabilität	31 Bevorzugung chin. Unternehmen	32 Steuererhöhungen/Abschaffung v. Subventionen/Steuervorteilen	33 Im-/Exportbeschränkungen/Kosten aus/nach China, Handelsbarrieren	34 steigende Kosten/hohe Kosten sonst./allgemein	35 Suche nach JV-Partner schwierig/falsche/schwierige JV-Verhandlungen	36 undurchsichtige/falsche Bilanzen/Buchhaltung	37 Abhängigkeit von Partner/Produzenten	38 Probleme der Finanzierung	39 Heranzüchten von Konkurrenten	99 sonst. Nachteile	Gesamt
1989	0	1	0	1	1	5	0	0	0	0	1	0	0	2	0	0	0	0	0	0	31
1990	0	0	0	0	1	1	1	1	1	0	0	0	0	0	0	0	0	0	0	0	10
1991	0	0	0	0	2	1	0	0	0	0	0	0	0	0	0	0	0	0	0	0	4
1992	0	1	0	0	2	0	0	0	0	1	0	0	0	0	0	0	0	0	0	0	11
1993	0	0	2	0	0	4	0	2	0	0	0	0	0	1	0	0	0	0	0	0	20
1994	0	0	1	1	0	2	0	1	0	0	0	0	1	1	1	0	0	0	0	0	28
1995	0	0	1	1	0	1	0	1	0	0	0	0	0	0	0	0	0	0	0	0	28
1996	0	0	0	0	0	1	0	5	0	0	0	1	0	0	1	1	0	0	0	0	26
1997	0	2	2	0	0	0	0	0	0	0	0	0	1	0	1	1	1	2	0	1	63
1998	0	1	1	1	0	1	0	1	0	0	0	0	0	0	2	1	0	0	0	3	43
1999	0	0	1	1	0	3	0	2	0	1	0	0	1	1	3	0	1	0	0	0	32
2000	0	0	0	0	2	0	0	0	0	2	1	1	2	1	0	0	0	0	0	0	30
2001	0	0	0	0	0	0	0	1	0	5	0	0	1	1	1	0	1	0	0	0	22
2002	0	0	2	0	2	0	0	2	0	0	0	0	1	3	2	0	0	0	2	1	22
2003	0	1	0	1	0	0	1	3	0	0	0	1	1	1	3	0	0	0	2	3	58
2004	0	1	1	0	0	2	0	3	0	2	1	0	2	1	1	0	0	0	1	1	75
2005	1	0	1	0	2	0	0	6	1	2	1	0	0	3	2	0	0	0	0	0	94
2006	0	0	0	0	0	3	0	3	1	1	0	2	5	3	0	1	0	0	0	2	84
2007	0	0	3	3	1	0	5	0	4	1	0	1	0	6	1	0	0	0	0	3	73
2008	1	1	0	3	2	2	0	2	2	0	4	2	1	0	1	0	0	0	1	3	118
2009	1	0	0	0	1	6	9	2	2	1	1	5	0	2	0	0	1	0	0	0	46
2010	0	0	1	0	0	6	0	0	4	0	1	1	2	0	0	0	0	0	1	1	94
Gesamt	4	8	14	12	18	34	15	38	13	16	8	11	19	25	20	3	3	2	8	17	1012
1989-1996	0	2	3	2	6	15	0	6	1	1	1	1	2	3	3	1	1	2	0	0	158
1997-2003	0	3	3	3	6	5	15	14	0	10	1	1	5	6	13	1	2	0	2	5	270
2004-2010	4	3	8	7	6	14	15	18	12	5	6	9	12	16	4	1	1	0	6	12	584

Tab. 6-20: Nachteile und Probleme von Produktionsverlagerungen nach China
Quelle: eigene Darstellung.

Anzahl

Bar chart showing frequencies (0 to 120) for the following categories:

- 01 Korruption/Betrug/Diebstahl/Erpressung
- 02 Qualitätsprobleme
- 03 Probleme mit der Produktsicherheit
- 04 Lohnkostensteigerungen
- 05 Verfügbarkeit von qualif./geeignetem Personal
- 06 rechtliche Probleme/rechtliche Unsicherheit
- 07 Probleme mit Schutz geistigen Eigentums/Technologietransfer
- 08 keine/ungenaue Marktdaten; Fehleinschätzungen
- 09 hohe Transportkosten zur Bedienung d. Heimatmärkte
- 10 lange u. unsichere Transportwege /-zeiten
- 11 Unpünktlichk./Unverlässlichk. chines. Partner (Lieferant./Kund.)
- 12 schlechtes Zahlungsverhalten/lange Zahlungsziele
- 13 Nichteinhaltung von Verträgen/nachträgl. Verhandlungen
- 14 hoher Wettbewerb/wachsender Wettbewerb/Überkapazitäten
- 15 Einmischung des chines. Staates/Willkür/Auflagen d. Behörden
- 16 versteckte Kosten allgemein
- 17 hohes Maß an Bürokratie
- 18 schlechte Infrastruktur (Straßen, Kommunikation, Energie etc.)
- 19 Notwendigkeit von Kontakten/Beziehungen/Guanxi
- 20 kulturelle Probleme/kulturelle Unterschiede
- 21 geringe Flexibilität
- 22 hohe Koordinationskosten/Koordinationsprobleme
- 23 Währungsrisiken, Inflation
- 24 Fluktuation der Mitarbeiter
- 25 geringere Produktivität/Effizienz, geringe Skaleneffekte
- 26 polit. Instabilität/Unsicherheit; soziale Unruhen/Spannungen
- 27 Arbeitnehmerrechte wachsen/Gewerkschaften/Sozialgesetzgebung
- 28 Probleme mit JV-Partner
- 29 Imageprobleme
- 30 WTO Beitritt Chinas vermindert Profitabilität
- 31 Bevorzugung chinesischer Unternehmen
- 32 Steuererhöhungen/Abschaffung v. Subventionen/Steuervorteilen
- 33 Im-/Exportbeschränkungen aus/nach China, Handelsbarrieren
- 34 steigende Kosten/hohe Kosten sonst./allgemein
- 35 Suche nach JV-Partner schwierig/schwierige JV-Verhandlungen
- 36 undurchsichtige/falsche Bilanzen/Buchhaltung
- 37 Abhängigkeit von Partner/Produzenten
- 38 Probleme der Finanzierung
- 39 Heranzüchten von Konkurrenten
- 99 sonstige Nachteile

Abb. 6-19: Häufigkeit der genannten Nachteile und Probleme von Produktionsverlagerungen nach China
Quelle: eigene Darstellung.

Auch bei der Betrachtung der in der Berichterstattung genannten Nachteile erscheint eine Analyse über den Zeitverlauf sinnvoll; die sechs am häufigsten genannten Nachteile sind dabei in der folgenden Abbildung 6-20 vorgestellt. Dabei wird deutlich, dass bis zum Jahr 1996 kein Nachteil mit mehr als vier Nennungen pro Jahr aufwarten konnte. Weiterhin wird deutlich, dass eine ganze Reihe an Nachteilen erst ab Mitte der 2000er Jahre eine hohe Relevanz aufweist: Zum

Beispiel wird das Problem der Lohnkostensteigerungen zwar bereits im Jahr 1994 das erste Mal erwähnt, eine sehr hohe Relevanz wird dem jedoch erst in den Jahren 2008 und 2010 beigemessen. Ähnlich verhält es sich mit dem Problem des Schutzes geistigen Eigentums: Trotz einiger Erwähnungen in den 1990er Jahren scheinen die Medien eine sehr hohe Relevanz erst ab dem Jahr 2003 zu sehen. Eine im Trend stetig steigende Relevanz wird der Einmischung des chinesischen Staates beigemessen.

Letztlich ist noch festzustellen, dass das Problem des hohen/wachsenden Wettbewerbs bzw. der Überkapazitäten – mit einigen Schwankungen – seit Ende der 1990er Jahre eine hohe Relevanz genießt; dennoch – und dies wird im weiteren Verlauf der Arbeit verdeutlicht – hielt dies Unternehmen nicht zurück, weitere Kapazitäten in China aufzubauen. Einzig die kulturellen Probleme scheinen einen etwas anderen Verlauf aufzuweisen, als die restlichen wichtigen Nachteilskategorien: Hier waren die meisten Nennungen Mitte der 1990er Jahre zu verzeichnen.

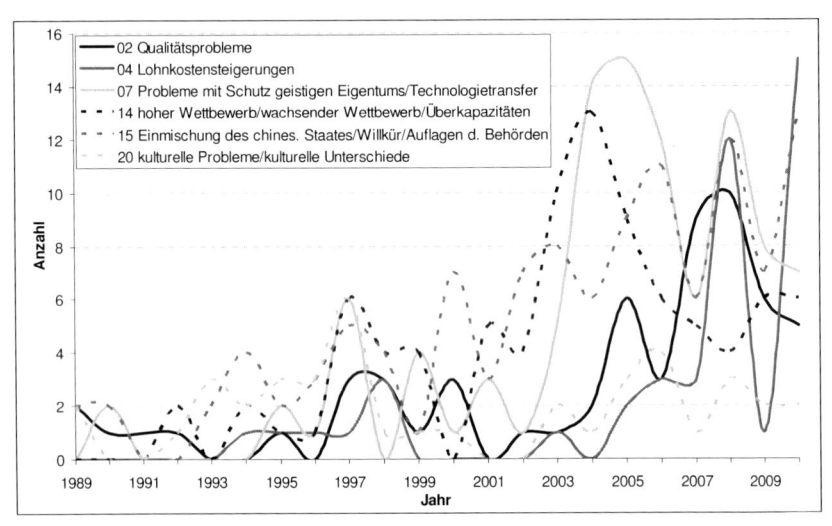

Abb. 6-20: Nachteile und Probleme von Produktionsverlagerungen nach China im Zeitverlauf
Quelle: eigene Darstellung.

6.7.3.1 Einmischung des chinesischen Staates/Willkür/Auflagen der Behörden

Der am häufigsten genannte Nachteil ist die Einmischung des chinesischen Staates sowie Willkür und Auflagen der Behörden.[652] Dieser Nachteil einer Produktionsverlagerung nach China konnte insgesamt in 114 (7,2%) der 1.579 Artikel gefunden werden und stellt 11,3% aller Nachteilskodierungen dar. Das Problem der Einmischung des Staates wurde über den Zeitverlauf konsistent als eines der häufigsten Probleme erwähnt (siehe hierzu nochmals Tabelle 6-20 sowie Abbildung 6-20). Bei dieser Kategorie fällt jedoch auf, dass es sich nicht um *den einen* Nachteil handelt, sondern dass es eine Vielfalt an Bereichen gibt, in denen sich der Staat einmischt. Um einen Eindruck von der Berichterstattung zu erhalten, werden in der nachfolgenden Tabelle 6-21 konkrete Textfragmente vorgestellt. Da es sich dabei um zum Teil komplexere Zusammenhänge handelt, sind einige der Textfragmente etwas umfangreicher.

Zeitschrift	Textfragmente (direkte Zitate)
Manager Magazin, 01.12.1989, S. 280	*Bei Preisfestsetzung, Rohstofflieferungen, Devisenzuteilung und Absatz ist er auf das Wohlwollen der Politbürokraten in Peking angewiesen. Von denen muß er sich jetzt beispielsweise die notwendigen Preisanhebungen genehmigen lassen. Vorher lief das relativ unproblematisch über den kurzen Draht zu den lokalen Funktionären. „Man muß an die Spitzenpolitiker ran", heißt deshalb Welkeners Devise, „wenn wir die umfassend informieren, sind sie für unsere Probleme durchaus aufgeschlossen."*
Handelsblatt, 27.04.1990, S. 33	*Der Inlandsmarkt in China bleibt auf absehbare Zeit kein Kaeufermarkt und verspricht nur begrenzte Absatzmoeglichkeiten. Preis und Absatzbedingungen werden vom Staat ebenso vorbestimmt wie der Kreis der Abnehmer. (...) VW-Chef Hahn bleibt trotz der vagen Perspektiven geduldig und verweist auf den Langzeitcharakter der Shanghaier Investitionen.*
Handelsblatt, 29.04.1994, S. 25	*Aufgrund regionaler Eitelkeiten will man die Produktion aber auf zwei Standorte verteilen, was die Fabrikation nicht erleichtern duerfte.*
Wirtschaftswoche, 20.07.1995, S. 20	*Die Furcht ist begruendet. Je nach politischer Wetterlage werden auslaendische Unternehmen im Reich der Mitte mal hofiert, mal drangsaliert, spielen Chinas Machthaber Regierungen und internationale Konzerne gegeneinander aus. Ob Verkehr, Telekommunikation oder Auto – die Multis stehen in den Startloechern fuer das Rennen um den Wachstumsmarkt der Zukunft, und Peking geniesst seine Macht bei der Vergabe der Startnummern.*
Manager Magazin, 01.05.1997, S. 76	*Das Projekt von Nanjing hat einen Haken: Die BASF darf den Cracker nicht in eigener Regie bauen. Die Chemieindustrie gehört zu den strategischen Bereichen, in denen sich Ausländer mit maximal 50 Prozent beteiligen dürfen. (...) Bis jetzt ist weder der Vertrag paraphiert noch die Machbarkeitsstudie von den Pekinger Ministeriellen verabschiedet. (...) „Wenn das Project Proposal genehmigt ist, können wir sicher sein, daß der Staat unser Vorhaben unterstützt", sagt Hambrecht.*

---

[652] Der sprachlichen Einfachheit halber wird nachfolgend bei dieser Kategorie lediglich von der Einmischung des Staates gesprochen.

Zeitschrift	Textfragmente (direkte Zitate)
Manager Magazin, 01.05.1997, S. 68	Das Pekinger „Ministry of Foreign Trade and Economic Cooperation" (Moftec) hat strategische Bereiche definiert, in denen der ausländische Kapitalanteil der Gemeinschaftsfirmen 49 Prozent nicht überschreiten darf. (...) Wohl oder übel muß Fitzek daher mit den beiden chinesischen Partnern vorliebnehmen, die ihm das zuständige Ministerium in Peking zugewiesen hat. Der Umgang zwischen den Mercedes-Managern und den chinesischen Funktionären aber ist konfliktgeladen. (...) Noch immer sind wichtige Details des Autoprojekts unklar: Die Partnerprovinzen Hainan und Guangdong streiten darüber, wer welche Teile produziert und wo die Endmontage des Minivans stattfindet. (...) Zudem haben die chinesischen Funktionäre die Investitionsrechnung von Mercedes durcheinandergebracht. Die Deutschen sollen eine Importsteuer auf Maschinen und Anlagen zahlen. Davon war bei Unterzeichnung der Vereinbarung keine Rede. Die Abgabe verteuert die geplante Investition (rund eine Milliarde Mark) um zusätzliche 220 Millionen Mark.
VDI Nachrichten, 25.07.1997, S. 6	Einerseits ärgert man sich über immer neue behördliche Auflagen. Andererseits ist fast jede Vorschrift im persönlichen Gespräch mit dem Beamten Verhandlungssache.
Wirtschaftswoche, 12.03.1998, S. 59	Damit hatten die Henkel-Männer nun wirklich nicht gerechnet: Über Nacht war ihre Waschmittelfabrik in der chinesischen Hafenstadt Tianjin von einem Kohlewall eingezäunt. Nun weht der mongolische Westwind den Kohlenstaub leise aufs Fabrikgelände und behindert die Produktion der chinesischen Dependance des deutschen Chemieriesen. Was auf den ersten Blick wie ein Versehen des örtlichen Kohlenverteilkombinats aussah, war eine unverschämte Zermürbungsstrategie der chinesischen Behörden. Denn die deutschen Manager weigerten sich, die öffentliche Straße, die an ihrer Fabrik vorbeiläuft, zu kaufen.
Wirtschaftswoche, 13.05.1999, S. 58	Besonders nervenaufreibend sind für Manager Schikanen, hinter denen der Staat steckt: Ein deutsches Unternehmen, das in China teure medizinischen Spezialgeräte produzieren will, muß deren Aufbau so detailliert beschreiben, daß die Geräte nachgebaut werden können. (...) Zahlreiche europäische Unternehmen haben im vergangenen Jahr auch deshalb Marktanteile verloren, weil der Staat die Order gab, bei lokalen chinesischen Firmen zu kaufen. Die Willkür trifft nicht nur kleine Unternehmen: Bertelsmann und Quelle sind in einen Lizenzstreit zwischen Schanghai und Peking geraten und müssen voraussichtlich beträchtliche Anteile ihrer florierenden Gemeinschaftsunternehmen an die chinesischen Partner abgeben.
Handelsblatt, 03.03.2000, S. 12	Dass Chinesische Behörden außerhalb des WTO-Rahmens sehr einfallsreich sind, bestätigt ein französischer Zementhersteller, der vor den Toren Pekings eine große Fabrik betreibt. So das Unternehmen wird seit Jahren immer wieder von den lokalen Behörden wegen geringfügiger Staubemissionen mit Geldstrafen belegt. Demgegenüber müssen lokale Firmen, die verbilligte Kredite und Exportsubventionen bekommen und garantierte Abnahmepreise erzielen, nicht einmal Filter in ihre Schlote einbauen.
Handelsblatt, 28.08.2000, S. 15	Einzelne Provinzen schirmen ihre lokalen Marken sogar rigoros ab oder bürden Konkurrenten hohe Gebühren auf. Polizeiblockaden gegen fremde Bierlieferanten Selbst von Straßenblockaden lokaler Polizeieinheiten gegen Bier aus anderen Provinzen wurde in den Zeitungen berichtet. Weil Brauereien wichtige Steuerzahler sind, beschützen Provinzregierungen rigoros ihre lokalen Marken. Das mag erklären, warum es selbst nach Jahren der Restrukturierung in China noch über 500 Brauereien gibt.
Wirtschaftswoche, 19.10.2000, S. 13	Andererseits sind wir verpflichtet, einen bestimmten Teil von lokalen Unternehmen liefern zu lassen.
Handelsblatt, 28.02.2001, S. 10	Die Behörden werden meist als nicht besonders hilfreich wahrgenommen, beschreibt Rudolph die Reaktion deutscher Firmen auf die Frage nach dem administrativen Umfeld in China. In der nach Gruppen unterteilten Umfrage bewerten vor allem deutsche Hersteller von Investitionsgütern den Umgang mit Chinas Behörden als zunehmend schwierig.
Wirtschaftswoche, 11.07.2002, S. 14	China hält DaimlerChryslerChef Jürgen Schrempp hin. Seit Monaten wartet er ungeduldig auf das Okay aus Peking, in der südchinesischen Provinz Fujian Großraumfahrzeuge der luxuriösen V-Klasse produzieren zu dürfen.
Wirtschaftswoche, 26.09.2002, S. 16	Der chinesische Zoll blockiert die Verlagerung des einzigen ausländischen WMF-Werks. Nach mehr als 27 Jahren schloss der schwäbische Haushaltswarenhersteller seine Fertigung in Singapur, die Maschinen wollte er nach Südchina ins Perlflussdelta schicken. Dort steht eine neue WMF-Fabrik, die mit den Maschinen aus Singapur ergänzend bestückt werden soll. Doch bisher kamen sie nicht an. Der chinesische Zoll hält sie seit sechs Wochen fest. „Die Schwaben haben sich nur sicher gefühlt und auf den Rat von China-Fachleuten verzichtet", sagt kopfschüttelnd ein Beobachter in Singapur, „das kann man".
Handelsblatt, 18.09.2003, S. 11	(...) noch immer darf nur ein magerer Teil der Gewinne aus China transferiert werden. Bedingungen, die an sich inakzeptabel sind. Doch die Chancen in einem Land mit mehr als einer Milliarde Einwohnern nicht zu nutzen, wäre unverzeihlich. Risiko gehört zum Geschäft.
Wirtschaftswoche, 01.10.2003, S. 66	Das deutsche Unternehmen ThyssenKrupp etwa kann die Phasen drei und vier ihres Shanghaier Edelstahlwerks entgegen früherer Zusagen nicht mehr realisieren, weil die Anlage zu nah am Expo-Gelände liegt.

Zeitschrift	Textfragmente (direkte Zitate)
Wirtschaftswoche, 01.10.2003, S. 84	Im chinesischen Markt ist Unabhängigkeit ein knappes Gut. Vor allem für ausländische Unternehmen. Zumal in Schlüsselindustrien dürfen ausländische Investoren den Markt nur im Tandem mit chinesischen Joint-Venture-Partnern bearbeiten. Denn der Staat will gerne mitbestimmen, wohin die Reise geht. Dass die Ludwigshafener BASF im Juli dieses Jahres ein 100-prozentiges Tochterunternehmen eröffnen konnte, ist daher etwas Besonderes.
Wirtschaftswoche, 01.10.2003, S. 85	Auch die Zulieferbranche steht unter der Fuchtel der Regierung. „Wir sind dazu verpflichtet, 40 Prozent unserer Bauteile von örtlichen Zulieferern zu beziehen", klagt BMW-Chef Helmut Panke. Und die sind, weil arg zersplittert, meist teurer als die aus der Heimat. Selbst die Materialkosten liegen in China über Weltmarktniveau. Ergebnis: Chinesische Kunden müssen ihr automobiles Vergnügen teuer bezahlen. Allerdings haben die Hersteller auch viel Luft im Preis. Wie viel die ausländischen Konzerne in China verdienen, darüber geben sie zwar offiziell keine Auskunft. Doch die Gewinne müssen gemessen am Endverkaufspreis der Autos ordentlich sein. Für die meisten Hersteller ist China derzeit der profitabelste Markt der Welt.
Wirtschaftswoche, 14.07.2005, S. 48	Die Pekinger Wirtschaftsplaner sprachen eine unverhohlene Drohung aus: DaimlerChrysler werde „im chinesischen Markt keine weiteren Chancen" haben, wenn das Unternehmen nicht zuerst Beijing Jeep saniere. Begleitet wurde mit ausführlichen Berichten staatlicher Medien über Qualitätsprobleme importierter Mercedes-Fahrzeuge sowie dem Fall von Mercedes-Kunden, die vor laufender Kamera mit Vorschlaghämmern auf ein Nobel-Cabrio eindroschen, und sich beklagten, Mercedes behandele Chinesen als Kunden zweiter Klasse, speise sie mit mangelhafter Ware und schlechtem Service ab. (...) Der lange Atem, wie Schrempp die Odyssee zu nennen beliebte, kam die Deutschen teuer zu stehen: Der Eintrittspreis in den Markt stieg in den Jahren erfolgloser Anläufe deutlich. Hinzu kommen Altlasten: Das Yaxing-Benz-Joint-Venture würden die Deutschen gerne schließen, dürfen es jedoch nicht. Auch DaimlerChrysler musste lernen, dass es in China noch schwieriger ist, ein Joint Venture zu beenden, als eines zu eröffnen.
Manager Magazin, 23.09.2005, S. 92	Wir haben einen durchsetzungsstarken Partner gesucht, sagt Hambrecht, „und Sinopec ist einer." Tatsächlich kann ein starker Partner Schutz vor Behördenwillkür bieten, vor korrupten Beamten oder eigensinnigen Parteileuten. Und er hilft bei der Suche nach Grundstücken oder Arbeitskräften. Das sind auch Argumente für deutsche Mittelständler, wenn sie im Land ihre Produkte verkaufen wollen und Vertriebspartner benötigen. Und natürlich für alle ausländischen Konzerne, die in Leitindustrien wie Auto oder Energie rechtlich nicht ohne chinesische Partner auskommen.
Handelsblatt, 21.03.2006, S. 15	Doch Chinas Regierung weist ausländische Marken immer wieder in die Schranken. Vom 1. Mai an müssen alle in China hergestellten Autos chinesische Schriftzeichen tragen. „Offensichtlich hofft die chinesische Regierung auf diese Weise das Image chinesischer Marken zu fördern", sagt Autoanalyst Wang Zhihui von Shenyin Wanguo Securities. Am meisten betroffen sind seiner Ansicht nach davon Marken wie BMW, Mercedes und Audi. Doch auch ein Volvo mit chinesischen Schriftzeichen könnte Zweifel an der Qualität wecken.
Handelsblatt, 11.08.2006, S. 14	Die fränkische INA-Schaeffler-Gruppe fürchtet um die Übernahme des chinesischen Konkurrenten Luoyang. Schaeffler hatte im Mai das chinesische Unternehmen für umgerechnet 100 Mill. Euro gekauft und die Investition der gleichen Summe in die chinesischen Werke zugesagt. Doch seit einigen Wochen ist die Übernahme blockiert, mehrere chinesische Ministerien wollen den Deal umfassend prüfen. Die Chinesen diskutieren, welche Industrien von nationalem und strategischem Interesse sind, heißt es bei Schaeffler. Man habe wenig Einfluss auf den Prozess. (...) Erschwerend komme hinzu, dass die verkaufende Provinzregierung derzeit vor einer Neuwahl stehe.
Handelsblatt, 15.09.2006, S. 24	China verlangt bei einem Joint Venture meist einen lokalen Partner. Wacker-Konkurrenten sind Bluestar, Xinan oder Jilin. Chinas Silikonindustrie gilt aber als rückständig. (...) Die größte Hürde war die Betriebserlaubnis von chinesischen Behörden. Die Politiker vor Ort hätten gern einen heimischen Partner mit im Joint-Venture gesehen, konnten sich aber nicht durchsetzen.
Manager Magazin, 15.12.2006, S. 86	„SAIC ist aufs Engste mit der kommunistischen Partei verwoben", sagt ein langjähriger Topmanager des Joint Ventures Shanghai Volkswagen (SVW). SAIC gehört der Stadt Shanghai. Hier gilt, was die Regierung und der Bürgermeister vorgeben. Das lähmt gelegentlich. Aber es verleiht auch Macht. SAIC ist der stärkste chinesische Autohersteller, lobt Martin Posth, ehemaliger VW-Vorstand und -Asien-Chef.
VDI Nachrichten, 22.02.2008, S. 20	Ronge: Nein, damals wurde es uns einfach gemacht und von der regionalen Verwaltung etwa so positiv begleitet, wie die Ansiedlung eines Großunternehmens in Münster behandelt würde. Allerdings gab es damals schon strenge Umweltauflagen, die teils abstrus wirken. So wurden wir bei einer Lärmmessung im Betrieb als „zu laut für die Nachbarn" eingestuft. Draußen, außerhalb der gut isolierten Mauern, wurde jedoch nicht gemessen.

Zeitschrift	Textfragmente (direkte Zitate)
Handelsblatt, 09.07.2008, S. 3	Die Firmen leiden unter staatlich verordneten Produktionsstopps, unterbrochenen Lieferketten oder strengen Einreiseregeln. So wurden Betriebe am Industriestandort Langfang – rund eine Stunde von Peking entfernt in der Provinz Hebei – vor ein paar Tagen aufgefordert, ihre Produktion vom 15. Juli bis Ende September einzustellen. (...) Chinas Behörden wollen mit den vorübergehenden Stilllegungen vor allem die Luftqualität für die Olympischen Spiele verbessern. (...) Viele Firmen hätten ohnehin ihre jährliche Wartung in diesen Zeitraum gelegt, andere lassen die in China üblichen Herbstferien ausfallen. Und die deutschen Firmen in Langfang setzen auch noch auf eine beantragte Ausnahmeregelung. (...) Nicht so streng sind die Restriktionen in der Olympia-Stadt Schanghai, dem wichtigsten Zentrum der deutschen Wirtschaft in China, wo auch die Chemiekonzerne Bayer, Lanxess, Wacker und BASF ansässig sind. Die Behörden seien hier „sehr kooperativ", heißt es etwa bei Bayer. Auch Volkswagen geht davon aus, dass in der Produktion in Schanghai „normal durchgefertigt" werde.
Handelsblatt, 01.07.2009, S. 5	Die EU-Kammer hat jedoch weniger nach China eingeführte Produkte im Visier, sondern sieht vor allem die vor Ort herstellenden Firmen benachteiligt. „Wir reden über klare Nachteile von Investoren in China", sagte Wuttke. Wenn es um Großaufträge gehe, „werden die plötzlich kaltgestellt". Die Kammer hatte bereits vor Wochen protestiert, weil bei der Vergabe von Aufträgen für Windkraftanlagen in China ausländische Anbieter leer ausgegangen sind. Deutsche Firmen haben aber vor allem Millionen in Produktionsstandorte investiert und Expertise ins Land gebracht. Peking hat inzwischen nach Angaben der Kammer klargestellt, dass die in China von ausländischen Firmen hergestellten Produkte als „chinesisch" behandelt werden. Darauf setzen offenbar viele EU-Firmen in China: Immerhin ein Viertel will dieses Jahr den lokalen Umsatz trotz Krise steigern.
Wirtschaftswoche, 07.12.2009, S. 48	Baugenehmigungen für neue Fabriken würden künftig nur noch sehr restriktiv erteilt, hieß es in dem jüngst veröffentlichten Papier. Auch würden die Behörden ab sofort die Vergabe von Land für Industrieprojekte einschränken. Neue Vorhaben sollen zudem akribisch auf die Einhaltung von Umweltschutzvorschriften überprüft werden.
Manager Magazin, 23.07.2010, S. 70	Konzernlenker wie General-Electric-Chef Jeffrey Immelt beklagen vor allem in China behördliche Willkür. Laut einer Umfrage der EU-Handelskammer in Peking fühlen sich auch viele europäische Unternehmen in China diskriminiert.
Manager Magazin, 27.08.2010, S. 86	Zudem ändern sich die Rahmenbedingungen permanent. Tendieren doch die Verantwortlichen in der Volksrepublik auf nationaler, regionaler und lokaler Ebene zu dirigistischer – und bisweilen erratischer – Industriepolitik. Wer sich noch gestern eifrig umworben fühlte, dem werden vielleicht morgen schon wichtige Genehmigungen entzogen. Allen schwierigen Bedingungen zum Trotz preist Thilo Ketterer von der internationalen Steuer- und Wirtschaftsprüfungskanzlei Rödl & Partner das Geschäftsumfeld in China aber immer noch als exzellent.

Tab. 6-21: Textfragmente zur Kategorie Einmischung des chinesischen Staates/Willkür/Auflagen der Behörden
Quelle: eigene Darstellung.

Bei der Analyse aller Textstellen und auch beim Lesen der oben auszugsweise angeführten Textfragmente fallen verschiedene Dinge auf: In vielen Fällen wird explizit ausgedrückt, dass die Einmischung des Staates für ausländische Unternehmen willkürlich, erschwerend und teuer sein kann (siehe zum Beispiel Wirtschaftswoche, 20.07.1995, S. 20; Manager Magazin 01.05.1997, S. 68; Handelsblatt, 03.03.2000, S. 12; Wirtschaftswoche, 26.09.2002, S. 16 Wirtschaftswoche, 01.10.2003, S. 66 sowie Wirtschaftswoche, 14.07.2005). Insbesondere nach dem Jahr 2000 wurde dies in den analysierten Berichten immer deutlicher kommuniziert. Diese für Unternehmen stark negativen Folgen können und sollen nicht „wegargumentiert" werden. Auffallend ist dennoch, dass in vielen Fällen in der Berichterstattung auch ausgedrückt wird, dass es so schlimm gar nicht sei mit der Einmischung des chinesischen Staates: Oftmals reduziert es sich auf die Meldung, dass sich der Staat insofern einmischt, dass ausländi-

sche Unternehmen nur als Joint Venture tätig sein dürfen und auf Probleme, die *vor* Produktionsbeginn auftreten (z. B. Manager Magazin, 01.05.1997, S. 76 – der heutige BASF-Chef und damaliger Leiter des Asien-Resorts, Jürgen Hambrecht, drückt sinngemäß aus, dass es zwar umständlich war, mit den Behörden zu einer Einigung zu kommen – er aber, wenn diese einmal erzielt wurde, fest mit der Unterstützung des Staates rechnen kann). Manchmal wird auch der Nachteil der Einmischung quasi als Vorteil dargestellt und damit ein Problem „schöngeredet": Die Behörden mischen sich zwar ein – aber wenn man einen 'guten Draht' zu ihnen hat, ist 'alles Verhandlungssache' (siehe z. B. Manager Magazin 01.12.1989, S. 280 oder VDI Nachrichten, 25.07.1997, S. 6).[653]
Der Zwang der Zusammenarbeit mit einem lokalen Partner führt damit zwar zur Einmischung des Staates – insbesondere wenn das lokale Unternehmen stark mit der kommunistischen Partei verwoben ist – dies sichert jedoch gleichwohl die dringend nötige Unterstützung des Staates und bringt auch eine ganze Reihe an essentiellen Kontakten mit sich (siehe z. B. Manager Magazin, 23.09.2005, S. 92 sowie 15.12.2006, S. 86). Weiterhin kann es in Ausnahmefällen auch die Möglichkeit geben, die Restriktion der Zusammenarbeit mit einem lokalen Partner zu umgehen (siehe z. B. Wirtschaftswoche, 01.10.2003, S. 84 sowie Handelsblatt, 15.09.2006, S. 86).

Auch die Forderung des Local Contents durch die chinesische Regierung wird zwar skeptisch gesehen, da sie die Produktion verteuert – dies würde aber überkompensiert durch die Marktchancen, die sich in China als „*profitabelste*[m] *Markt der Welt*" ergeben (Wirtschaftswoche, 01.10.2003, S. 85). Mehrfach wurde auch erwähnt, dass die Gesetzgebung im Bereich der Erneuerbaren Energien dazu führt, dass in China produzierende ausländische Unternehmen benachteiligt werden, dieses Problem aber inzwischen gelöst sei (Handelsblatt, 01.07.2009, S. 5) und die Willkür der Behörden damit nicht allmächtig oder unumkehrbar ist. Auch der sehr kritische Bericht über Probleme beim Unternehmen WMF (Wirtschaftswoche, 26.09.2002, S. 16) gibt implizit den Hinweis, dass das Unternehmen selbst schuld sei und mit Hilfe von „*China-Fachleuten*"

---

[653] Siehe hierzu auch den Artikel im Handelsblatt vom 29.09.1992, S. 19, der davon spricht, dass sich der 'kurze Draht zum Bürgermeister' von Peking bezahlt macht und dass dieser notfalls auch persönlich auf einer Baustelle erscheint, falls etwas nicht funktioniere.

diese Probleme hätte umgehen können. Der mehrwöchige Produktionsstopp vieler Unternehmen zum Zeitpunkt kurz vor und während der Olympischen Spiele wurde mehrfach thematisiert – dabei jedoch auch darauf hingewiesen, dass dies zwar die Produktion erschwere, letztlich jedoch gar nicht so schlimm sei: Es wurden anstehende jährliche Wartungen genannt, die ohnehin zu einem Produktionsstopp geführt hätten, der Verzicht auf Herbstferien bzw. das Vorziehen der Herbstferien, mögliche Ausnahmegenehmigungen und die Unterstützung der lokalen Provinzregierungen, so dass dieser staatlich verordnete Produktionsstopp die Unternehmen nicht bedeutend treffe. Darüber hinaus handelte es sich bei diesem Produktionsstopp um ein einmaliges Problem, da es nur in Verbindung mit den Olympischen Spielen vorkam. Schlussendlich wird auch Optimismus kommuniziert: es gibt zwar viele Nachteile und Restriktionen bezüglich des Gewinntransfers, doch das Geschäftsumfeld in China sei *„immer noch (...) exzellent"* (Manager Magazin, 27.08.2010, S. 86) und *„die Chancen in einem Land mit mehr als einer Milliarde Einwohnern nicht zu nutzen, wäre unverzeihlich. Risiko gehört zum Geschäft."* (Handelsblatt, 18.09.2003, S. 11).

Insgesamt wird deutlich, dass die Einmischung des Staates den Geschäftsbetrieb in China in vielen Fällen stark behindert. Diese Einmischung als der am häufigsten erwähnte Nachteil ist jedoch in der Berichterstattung weniger eindeutig sichtbar bzw. wird als weniger eindeutig wahrgenommen, als zum Beispiel die kommunizierten drei wichtigsten Vorteile: Dies liegt nicht nur an der geringeren Anzahl der Artikel, die diesen Nachteil überhaupt erwähnen. Es liegt zum einen daran, dass es eine ganze Reihe verschiedener Formen der Einmischung gibt und deshalb nicht eine einzelne Form der Einmischung als zentraler Kritikpunkt immer und immer wieder kommuniziert wird. Zum anderen wird die Einmischung des Staates vielfach zwar als hinderlich, jedoch entweder als vernachlässigbar, als durch die Chancen überkompensierbar oder als umgehbar dargestellt. Der Leser erhält vielfach den Eindruck, dass mit etwas diplomatischem Geschick und dem richtigen Partner die Einmischung des Staates nicht nur begrenzt, sondern zum eigenen Vorteil genutzt werden könne. Insbesondere in den frühen 1990er Jahren schien darüber hinaus die Berichterstattung weniger kritisch mit der Einmischung des Staates umzugehen – ein kurzer Blick auf die bei der Analyse der Artikel vergebenen Bewertungen scheint diese Annahme zu bestätigen: Während der Mittelwert aller Bewertungen solcher Artikel, welche die Einmischung des Staates nennen, im gesamten Analysezeitraum von 1989 bis 2010 bei 2,5 lag, lag er in den Jahren 1991 bis 1996[654] bei dem neutralen Wert von 3,0.

6.7.3.2 Probleme mit dem Schutz geistigen Eigentums/Technologietransfer

Probleme mit dem Schutz geistigen Eigentums wurden in 100 (6,3%) der 1.579 analysierten Artikel angesprochen; dies stellt 9,9% aller Nachteilskodierungen dar. Mit Ausnahme von zwei Artikeln im Handelsblatt im Jahr 1990, die das Thema am Rande nennen, wurde dieser Nachteil erstmals im Jahr 1995 näher beleuchtet; von 1989 bis einschließlich des Jahres 1996 wurde das Problem in lediglich fünf Beiträgen erwähnt. Dies erscheint interessant: Eines aus der Gesamtsicht gravierendsten Probleme einer Produktionsverlagerung nach China wurde in den ersten Jahren der Berichterstattung kaum erwähnt. Die Medien haben also eine Realität dargestellt, in welcher der Diebstahl geistigen Eigentums in den Anfangsjahren keinen Platz fand.[655] In der nachfolgenden Tabelle 6-22 werden wiederum konkrete Auszüge aus dem Textmaterial dargestellt. Auch hier wurde aus zwei Gründen auf teilweise längere Zitate zurückgegriffen: Zum einen kann der Inhalt der Berichterstattung damit nachvollziehbarer abgebildet werden; zum anderen scheint das Problem des geistigen Eigentums das stärkste Problem einer Produktionsverlagerung nach China zu sein, so dass eine ausführlichere Analyse gerechtfertigt erscheint.

---

[654] In diesem Zeitraum wurde die Einmischung des Staates in 11 Artikeln erwähnt und stellt etwa 10% aller genannten Nachteile in diesem Zeitraum dar.
[655] Dabei sollen im Rahmen dieser Arbeit – den (medien-)theoretischen Grundannahmen folgend – keine Spekulationen darüber angestellt werden, ob dieses Problem nicht existierte oder über dieses Problem lediglich nicht berichtet wurde. Der Annahme folgend, dass Medien eine Realität kreieren kann jedoch die Aussage getroffen werden, dass dieses Problem in der Medienrealität keinen Platz fand und damit eine Realität gezeichnet wurde, die den Diebstahl geistigen Eigentums als nicht besonders problematisch betrachtet. Mangels weiterer umfassender Informationen – so die Argumentation dieser Arbeit – müssen sich Manager zum großen Teil auf die Medienrealität verlassen. Aufgrund der späteren vielen Klagen bezüglich des Diebstahls geistigen Eigentums kann nur spekuliert werden, ob bei frühzeitigerer Berichterstattung viele Unternehmen eine Produktionsverlagerung nach China vermieden bzw. ob sie dem Problem mehr Aufmerksamkeit geschenkt hätten.

Zeitschrift	Textfragmente (direkte Zitate)
Manager Magazin, 01.04.1995, S. 173	Ähnlich flau erscheint die Begründung für eine neue Registrierungspflicht, die westliche Chemiefirmen in helle Aufregung versetzt: Angeblich aus Gründen des Umweltschutzes muß jetzt jede importierte Chemikalie auf Kosten der Westfirmen analysiert werden. Die Registrierung kostet Geld; und sie lege die Verfahrenstechnik bis ins Detail bloß, stellt BASF-Statthalter Klaus Kaltenthaler fest. Der Chemiemulti zählt in China bereits fünf Joint Ventures, beschäftigt 2500 Leute und hat 650 Millionen Mark investiert. „Jetzt kann fundamentales Know-how der BASF ganz einfach kopiert werden", sagt Kaltenthaler. Diese Erfahrung hat Siemens schon gemacht. (...) Die chinesische Mutter der Siemens Electrical Apparatus in Suzhou baut unverfroren die Relais der Münchner nach. Kein Einzelfall. Der Shanghaier Volkswagen-Direktor Peter Loew klagt über gefälschte VW-Ersatzteile wie Öl- und Luftfilter oder Lampen. Babcock erleidet Imageschäden, weil illegal nachgebaute Getriebe Qualitätsmängel aufweisen.
Handelsblatt, 05.07.1996, S. 18	Unternehmen wie Bosch oder Nippendenso haben mit ihrem China-Engagement nicht zuletzt deshalb so lange gezoegert, weil sie fuerchteten, der Technologie-Transfer werde von den chinesischen Partnern frueher oder spaeter fuer Kopien missbraucht. Dass diese Befuerchtungen nicht unberechtigt sind, erlebt gerade Marktfuehrer Volkswagen/Audi. In Changchun in Nordchina will deren Partner, die chinesischen FAW-Automobilwerke, nun ploetzlich einen eigenen Funktionaerswagen der Oberklasse bauen. Name des neuen Modells: „Die rote Fahne". (...) Bis auf den Grill sieht das Auto wie ein Audi aus. Die Chinesen hatten beim Partner Audi kurzerhand ein komplettes Auto kopiert und bringen es nun unter eigener Regie auf die Strassen.
Manager Magazin, 01.05.1997, S. 68	Das Joint-venture als Unternehmensform hat in China vorerst ausgedient, sagt Rechtsanwalt Bernd-Uwe Stucken in Schanghai. Ein konstant negativer Cash-flow, der Technologieklau der Partner und die zermürbenden Verhandlungen veranlaßten immer mehr Unternehmer, über den Sinn und die Kooperationsform ihres Engagements nachzudenken.
VDI Nachrichten, 19.02.1999, S. 26	VDI nachrichten: Wie können sich die Unternehmen gegen den gerade in China berüchtigten Know-how-Klau wehren? Sommer: Es gibt in China Beispiele, wo Produkte kopiert wurden und ganze Fabriken nach kopierten Plänen sozusagen nebenan entstanden. Dort werden dann Produkte hergestellt, die dem Original gegenüber gleichwertig oder sogar überlegen sind: Sie sind dem chinesischen [sic!] Markt besser angepaßt. Bei Neugründungen besteht darum der Trend, anstelle von Joint-Venturen eigenständige Niederlassungen zu errichten – besonders bei Produktionsbetrieben.
Wirtschaftswoche, 06.04.2000, S. 116	Vor allem Yamaha hat einiges erleiden müssen. Die Zulieferer des in China produzierenden Herstellers haben sich zusammengeschlossen und die Motorräder unter der Hand zusammengebaut. „Es ist sehr schwierig gegen solche Firmen juristisch vorzugehen", sagt Liang Xuebin, stellvertretender Generalmanager des Yamaha-Werkes im westchinesischen Chongqing. 37 solcher Firmen hat er bereits ausfindig gemacht. Das sind gute Yamaha-Produkte, so Liang. „Nur leider verdienen wir nichts daran."
VDI Nachrichten, 09.11.2001, S. 24	Der schwierigste Punkt in der Joint-Venture-Verhandlung war die Neigung der Chinesen, Plagiate anzufertigen (...). Hier sei Umdenken auf beiden Seiten notwendig gewesen. „Die Chinesen erkannten, dass sie zwar etwas nachbauen können, dann aber nicht zu einer Weiterentwicklung des Produktes reicht." Die Deutschen unterstützten diesen Denkprozess, indem sie ein winziges Detail in ihren Entwürfen wegließen, so dass das Plagiat (...) nicht voll funktionstüchtig war.
Wirtschaftswoche, 04.04.2002, S. 22	Von Anfang an haben die Pekinger Führer (...) die Rushhour der Konzerne gesteuert, gebremst, gefördert, jedenfalls konsequent genutzt, die Ansiedlung von Fabriken an Bedingungen geknüpft, um Technologie und Wissen nach China zu lotsen. Ein Vorstandsmitglied von Volkswagen erzählt fast bewundernd, „wie die Chinesen unser Know-how kontinuierlich aus uns rauspressen".
VDI Nachrichten, 28.02.2003, S. 5	VDI nachrichten: Mit seinem WTO-Beitritt hat sich China verpflichtet, geistiges Eigentum zu schützen. Macht sich das schon bemerkbar? Kathrein: Allein in China kopieren acht Anbieter westliches Know-how unserer Branche. Bis das Unrechtsbewusstsein verschwindet, wird es noch dauern. Aber zumindest können jetzt rechtsstaatliche Verfahren eingeleitet werden. Chinesische Gerichte sprechen bereits in solchen Fällen Schadensersatz zu.
Handelsblatt, 27.05.2003, S. 16	Voith ist inzwischen mit fünf Produktionsstandorten in China vertreten. Barmag, Weltmarktführer bei Maschinen zur Herstellung von Chemiefasern, will dreimal so viele Faserlinien verkaufen wie noch in diesem Jahr. Meist sind dies neue Fabriken. „Wir haben es vermieden, uns an staatlichen Unternehmen zu beteiligen, obwohl es die chinesische Plitik [sic!] gerne hätte", sagt Voith-Chef Kormann. (...) „Wir können in unsere eigenen Unternehmen unsere innovativsten Technologien transferieren", rechtfertigt der Voith-Chef seine Strategie des Alleingangs.
Handelsblatt, 23.03.2004, S. 16	Die Einhell AG aus Bayern war (...) von einer Klage wegen einer Markenverletzung bedroht. Ein Zulieferer, (...) Nostrali, hatte entdeckt, dass vermeintliche Einhell-Produkten nicht echt waren. Für den deutschen Hersteller von Werkzeugen kam die Klagedrohung überraschend: Einhell lässt einen Teil seiner Werkzeuge in China herstellen, doch es gehört zur Strategie, möglichst europäische Markenteile zu verwenden. (...) Im Nostrali-Fall war ein chinesischer Partner eigenmächtig auf eine vermeintlich kostensparende Idee gekommen: Statt des teuren Ventils verbaute er ein Ventil aus dem Eigenbau oder dem Überdruck vorbeugen, die Qualität war sehr gut. Einhells Ingenieure bemerkten keinen Unterschied. Nostrali bemerkte jedoch sofort, dass sein Markenzeichen auf dem Ventil nicht echt war. Das Problem ließ sich in Verhandlungen ausräumen, und der chinesische Hersteller verwendet jetzt nur Originale. Die Kosten von 150 000 Euro konnte Einhell beim chinesischen Partner wieder eintreiben. Schließlich ist dieser an weiteren Aufträgen aus Deutschland interessiert. Einhell prüft nach eigenen Angaben jetzt bei allen Teilen nicht nur, ob sie gut gebaut sind, sondern auch, ob sie echt sind.

Zeitschrift	Textfragmente (direkte Zitate)
Handelsblatt, 23.03.2004, S. 16	Auch ein anderes Unternehmen hatte Probleme mit Nachbauten: Die AKG Thermotechnik aus dem nordhessischen Hofgeismar erlitt zeitweilig Umsatzeinbußen, als die chinesische Niederlassung eines deutschen Unternehmens statt des gemeinsam entwickelten AKG-Kühlers ein chinesisches Imitat bezog. 1996 hatte ein deutscher Kunde eine Fabrik in China aufgebaut. „Das war für uns der Anlass, dort ebenfalls zu fertigen", erinnert sich AKG-Junior-Chef Hartwig Pietzcker. (...) Die Investition in ein Joint Venture in Schanghai fiel AKG leicht, da sie wegen dieses Kunden mit einer Grundauslastung rechnen konnte. Die Aufträge kamen nicht wie erhofft. Der Kunde war ebenfalls über ein Joint Venture in die Herstellung in China eingestiegen. Da das Joint Venture des Kunden viel zu wenig absetzte, kaufte es Spezialkühler, nicht mehr von AKG, sondern von einer chinesischen Firma. Pietzcker musste sich ansehen, als er die chinesischen Kühler sah: „Sie hatten unser Produkt kopiert, einschließlich der Abnutzungsspuren des Vorbilds." AKG Shanghai machte aus der Not eine Tugend. Die Firma senkte ihrerseits die Kosten in China und vermarktete sich als Oberklasse der Kühlerhersteller – ein Kaufargument für diejenigen Endkunden, die ihrerseits in den Westen exportieren wollen. Heute generiere die China-Tochter eine „wesentlich höhere" Umsatzrendite, als in Deutschland möglich sei.
Manager Magazin, 20.08.2004, S. 86	Was hier abgeht, ist eine der größten Räubereien der Menschheit, sagt er. Das sind starke Worte. Aber der Mann ist seit 25 Jahren im China-Geschäft. Er weiß sehr wohl, wovon er spricht. Er saß mit in den Verhandlungen, als die chinesische Seite immer wieder Know-how von den deutschen Unternehmen, denen er diente, forderte. Nur wenn sie dies lieferten, sollten sie Aufträge bekommen. „Wir hatten keine andere Wahl, wir mussten unser Know-how transferieren."
Wirtschaftswoche, 16.09.2004, S. 60	„Wir wollen nicht, dass unsere Technologie abgekupfert wird", sagt Kottmann. Dass diese Befürchtung begründet ist, zeigt der mehrfache Versuch chinesischer Konkurrenten, illegal den guten Ruf von SGL Carbon für für [sic!] sich zu nutzen. „Ich habe in der nordchinesischen Stadt Dalian einen Prospekt in die Hände bekommen von einem Unternehmen namens SLG Carbon, dekoriert mit Produktionsfotos aus unserem Werk in Griesheim", ärgert sich Günter Hermann, Managing Director der SGL Carbon Far East in Shanghai. Auf Antrag von SGL haben die chinesischen Behörden den Trittbrettfahrern die Lizenz entzogen, die Firma wurde inzwischen geschlossen. Noch nicht beendet ist dagegen der Rechtsstreit mit SGR Carbon aus Qingdao: Das 1998 gegründete Unternehmen hat sich nicht nur einen Namen gegeben, der von Chinesen ähnlich ausgesprochen wird wie SGL. SGR hat auch eine SGL-Web-Adresse gekapert: Das deutsche Unternehmen ist in China unter www.sglcarbon.com.cn vertreten. Klickt man aber auf www.sglcarbon.cn, wird der potenzielle Kunde direkt auf die SGR-Web-Seite weitergeleitet. Hermann: „Wir haben dagegen geklagt und in erster Instanz gewonnen."
Wirtschaftswoche, 30.09.2004, S. 56	Der typische Fall: Nachdem viel Geld in ein Gemeinschaftsunternehmen gesteckt wurde, machte sich die chinesische Seite mit dem frisch erworbenen Fachwissen selbstständig. „Es gibt Joint-Venture-Partner, die nebenan eine eigene Fabrik aufmachen", sagt der Verbandschef und rät dazu, „die Geheimnisse in Deutschland zu behalten".
VDI Nachrichten, 19.11.2004, S. 10	China ist in der Industrie mehr für Plagiatoren denn für ein ausgewogenes Patentrecht bekannt. Trotzdem sollte sich kein deutsches Unternehmen der Überlegung verschließen, im prosperierenden Reich der Mitte zu produzieren. (...) „Nur Betriebe, die mitspielen und bei der Entwicklung von Standards aktiv Einfluss nehmen, sichern sich langfristig ihren Geschäftserfolg – in China und darüber hinaus. (...) Wer sich in Streitigkeiten verstrickt, macht letztlich gar keine Geschäfte. Klagen sollten auf jeden Fall unterbleiben, wenn die Chancen auf dem Weltmarkt größer sind als die Verluste vor Ort." Wer statt dessen kooperiert, sichere sich den Zugang zum Markt und könne gleichzeitig neue Niedriglohnstandorte nutzen.
Wirtschaftswoche, 09.12.2004, S. 46	„Es gibt inzwischen eine unüberschaubare Zahl von Fällen, bei denen sich chinesische Wirtschaftspartner unrechtmäßig Zugang zu Know-how verschaffen und die kopierten Produkte dann mit ihren sehr viel niedrigeren Produktionskosten im Inland oder auch auf dem Weltmarkt vertreiben", sagt Ostasienexperte Rohkamm. „Der Schutz geistigen Eigentums hat noch keinen allzu hohen Stellenwert", klagt Jürgen Heraeus, China-Sprecher beim Bundesverband der Deutschen Industrie. Dabei tue China viel, um einen Eindruck entgegenzuwirken. Fälle von Razzien oder Urteilen, bei denen ausländische Hersteller ihr Recht durchsetzen konnten, werden in den chinesischen Staatsmedien prominent platziert. 400 000 Angestellte in mehr als 30 Regierungsagenturen seien damit beschäftigt, intellektuelles Eigentum zu schützen, sagt Wang Jingchuan, Kommissar des neuen State Intellectual Property Office in Peking. Die Chancen ausländischer Unternehmen, bei den Behörden auf offene Ohren zu stoßen, hätten sich durch Chinas WTO-Beitritt stark verbessert. (...) Selbst Prestigeobjekte sind vor Industriespionage nicht sicher. So filmte kürzlich ein ThyssenKrupp-Mitarbeiter heimlich chinesische Ingenieure, die nachts in der Shanghaier Transrapid-Wartungsstation illegal Teile der deutschen Führ- und Antriebstechnik vermaßen (...). Als das deutsche Unternehmen daraufhin den chinesischen Transrapid-Beauftragten Wu Xiangming empört zur Rede stellte, entgegnete er lapidar, die nächtliche Aktion habe lediglich der Forschung und Entwicklung gedient. (...) Auch die deutsche Autoindustrie hat schlechte Erfahrungen mit ihren Partnern gemacht. Etwa DaimlerChrysler: 1997 investierte der Konzern 100 Millionen Dollar in ein Bus-Joint-Venture im südchinesischen Yangzhou. Yaxing-Benz sollte jährlich 7000 Busse und 12 000 Chassis herstellen. Doch die örtlichen Partner kopierten die deutsche Technologie, bauten ein Werk in unmittelbarer Nachbarschaft und stellten dort in Eigenregie Busse her. Statt der angepeilten 7000 Busse liefen bei Yaxing-Benz 2000 nur 300 Busse vom Band, 2001 waren es noch 110 Busse. Dagegen stellt der chinesische Partner (...) mit der Daimler-Technik mehr als 800 Busse pro Jahr her. Ähnlich erging es Volkswagen. Der Partner Shanghai Automotive Industry Corp. (SAIC) erlaubte 2001 dem Autohersteller Anhui Chery Automotive, an dem SAIC zu 20 Prozent beteiligt ist, für den Kleinwagen Chery originale Volkswagen-Zulieferteile zu benutzen. Bei den Kunden fand die nicht ganz deutsche Qualität in chinesischen Preisen reißenden Absatz. VW ging auf die Barrikaden. Nach langen Verhandlungen lenkte SAIC ein – nur um Chery daraufhin mit Technik von General Motors zu beliefern.

Zeitschrift	Textfragmente (direkte Zitate)
Wirtschaftswoche, 23.12.2004, S. 80	Drollig schaut er drein mit seinen runden Schweinwerfern und der kleinen, steil abfallenden Motorhaube. Ein Schelm auf vier Rädern mit einem Grinsen auf dem Kühler. Der possierliche Autozwerg hat gut lachen, denn er ist ein unerwünschter Zwilling. Er sieht genauso aus wie der Spark aus dem Haus der General-Motors-Tochter Chevrolet. Aber er heißt QQ, rollt beim chinesischen Autobauer Chery vom Band und ist deutlich billiger als der Spark. Fast zwei Jahre lang hat der weltgrößte Autokonzern den frechen Doppelgänger seines Spark geduldet, um die Geschäftsbeziehungen nach China nicht zu gefährden. Aber der Doppelgänger verkauft sich deutlich besser als das GM-Produkt, das geht ins Geld. Und Gespräche mit der chinesischen Regierung über den Produktklau des Staatsunternehmens Chery fruchteten nichts. So griff GM doch noch zum letzten Mittel und reichte kurz vor Weihnachten Klage vor einem Gericht in Shanghai ein.
Handelsblatt, 23.12.2004, S. 20	Wir können nicht verhindern können, dass die Chinesen ihre eigene Autoindustrie aufbauen. Daher haben wir uns entschieden, es als Chance zu sehen und die Chinesen zu unterstützen. Komponenten, die wir entwickelt haben, kann unser chinesischer Partner FAW von uns haben. Wir setzen auf Kooperation.
Manager Magazin, 23.09.2005, S. 92	Wer in China investieren will, muss seine beste Technologie mitbringen – und oft hilflos zuschauen, wie sie kopiert wird.
Wirtschaftswoche, 08.12.2005, S. 12	Am augenscheinlichsten ist dabei das Risiko, dass die Chinesen mit dem Wissen, dass sie den Europäern abringen, nach und nach eine eigene Flugzeugindustrie aufbauen und ihnen schließlich im nächsten Jahrzehnt Konkurrenz machen. Zwar beschwichtigte Humbert, man wolle das Wissen nur auf kontrollierte Art teilen. „Aber die wären die Ersten, denen das gelingt", sagt ein Unternehmenskenner.
VDI Nachrichten, 27.01.2006, S. 18	Die Produktpiraterie wird verursacht durch die Tatsache, dass Marken überall in der Welt produziert werden. Wenn die Produktion nach China ausgelagert wird, um dem Markt dort zu bedienen, muss darauf geachtet werden, dass das Know-how nicht kopiert wird. Am besten macht man die Produktion hier in Europa und baut die Teile in China zusammen.
VDI Nachrichten, 26.05.2006, S. 29	Doch bei deutschen Unternehmern schwingt immer die Angst mit, dass es ihre Partner mit dem geistigen Eigentum nicht so genau nehmen. Bundeskanzlerin Merkel sprach das Problem jetzt in Peking an – und stieß auf offene Ohren. Viel spricht dafür, dass China den Kampf gegen Produktpiraten forciert. China möchte gerne fortgeschrittene Technologien aus Deutschland einführen. „Wir versprechen feierlich, dass wir geistiges Eigentum weiterhin ernsthaft schützen werden", erklärte Ministerpräsident Wen Jiabao am Montag in Peking. Bundeskanzlerin Merkel bestätigte, sie habe im Gespräch mit Wen gelernt, dass seine Regierung dem Thema wachsende Bedeutung beimesse.
VDI Nachrichten, 08.09.2006, S. 26	ABB hat trotz der Patentrechtsprobleme in China seinen Roboter-Bereich komplett dorthin verlagert.
Manager Magazin, 21.08.2008, S. 1	Weiler: Wir werden von vorne bis hinten kopiert. Es ist neben unserer gemeinsamen Fabrikation eine Art parallele Fertigungshalle entstanden. Dort werden tatsächlich alle Produktionsanlagen kopiert und die Arbeitsabläufe nachgeahmt. Dabei werden sämtliche Verträge gebrochen, die überhaupt zu brechen sind. Schlimm daran ist, dass es sich nicht um einen Einzelfall handelt. Die Chinesen werden immer radikaler, wenn es darum geht, ihre Chancen zu nutzen. mm.de: Also raten Sie von China ab? Weiler: Ich rate zur Vorsicht. mm.de: Welchen Schaden haben Sie zu verzeichnen? Weiler: Wir haben Unannehmlichkeiten, aber Schaden haben wir vermeiden können. So haben wir rechtzeitig neue Lieferanten aufgebaut, teils in China, teils in Hongkong und Indien. Ich denke, dass es unserem bisherigen Partner nach unserem Rückzug sehr schlecht gehen wird. (...) Wichtig ist außerdem ein Konzept, mit dem man spätestens nach drei Jahren die Investitionen wieder raus hat und in den folgenden zwei Jahren gute Gewinne beschert. Spätestens dann wird der chinesische Partner versuchen, Sie mit den eigenen Konstruktionen vom Markt zu verdrängen. (...) Deutsche Unternehmen gehen erstaunlich offen mit Betriebsgeheimnissen und mit ihrer Technik um. (...) Schauen Sie sich den Transrapid in China doch an! Ich habe mir zum Grundsatz gemacht, keine Produktinformationen an die ausländischen Fabriken zu geben, bevor wir zu Hause die übernächste Entwicklungsstufe fertig haben. Nur so lässt sich ein Vorsprung sichern.
Handelsblatt, 13.05.2009, S. 9	Wer in China investiert, muss vor allem mit einem rechnen: der Verlust seines geistigen Eigentums. Einschlägige China-Erfahrungen haben illustre Namen der deutschen Industrie gemacht: der Siemens-Konzern, der nach einigen Produktionsjahren dort nun Straßenbahnen antrifft, die den eigenen verdächtig ähnlich sind; Thyssen-Krupp, das in Schanghai auf dem Universitätsgelände ein optisches Double seines Transrapids begutachten kann. Und (...) Daimler-Chrysler, dessen Smart plötzlich als Elektroauto-Doppelgänger aus chinesischer Fertigung kam.
Handelsblatt, 30.09.2009, S. 23	Sorgen vor Patentklau habe das Unternehmen in China nicht mehr als anderswo auf der Welt, sagte Brudermüller: „Das ist für uns ein untergeordnetes Thema." Die Marktchancen in China seien in jedem Fall sehr viel größer als die Risiken.
VDI Nachrichten, 26.11.2010, S. 15	Zwar müssen alle 3M-Betriebe dieselben internen Standards erfüllen, aber es gibt Ausnahmen wie beim Einsatz neuer Technologien etwa in China. Wir produzieren dort jetzt Klebebänder nicht nach der allerneuesten Technik. Denn wir befürchten, dass unser Know-how in China nicht geschützt wird.

Tab. 6-22: Textfragmente zur Kategorie Probleme mit dem Schutz geistigen Eigentums/Technologietransfer
Quelle: eigene Darstellung.

Die Berichterstattung nimmt oftmals Bezug auf die Nachahmung europäischer oder deutscher Produkte – unabhängig davon, ob ein Unternehmen in China produziert oder nicht. Solche Beiträge wurden zwar mit kodiert, in der obigen Tabelle jedoch nicht mit dargestellt. Obwohl sie China in ein negatives Licht rücken, hängt dieses Problem nicht ausschließlich mit einer Produktionsverlagerung zusammen. Oder anders ausgedrückt: Die reine Produktpiraterie hängt nicht davon ab, ob ein Unternehmen dieses Produkt in China oder anderswo auf der Welt fertigt. Neben den oben genannten Beiträgen war auch das Unternehmen Vietz Teil der Berichterstattung. Da dieses Unternehmen bereits an einer früheren Stelle der Arbeit ausführlicher erwähnt wurde, soll hier nicht mehr konkret darauf eingegangen werden. Insgesamt gibt es jedoch mehrere Unternehmen, denen es in China ähnlich ergangen zu sein scheint (siehe zum Aufbau einer „kopierten" Fabrik z. B. Wirtschaftswoche, 30.09.2004, S. 56). Aus den obigen Textfragmenten geht deutlich hervor, dass der Schutz geistigen Eigentums bei einer Produktion in China problematisch ist und Unternehmen hier oftmals viel Geld verlieren. Weiterhin vermitteln die Textfragmente bzw. die Art der Berichterstattung den Eindruck, dass es sich dabei auch um das stärkste Problem bei einer Produktionsverlagerung nach China handelt – selbst wenn dieses im Rahmen der Berichterstattung lediglich als das am zweithäufigsten genannte Problem identifiziert wurde.

Aus der Berichterstattung geht hervor, dass das Problem im Laufe der Zeit von der chinesischen Regierung erkannt und bekämpft wurde – bzw. dass zumindest ein solcher Schein gewahrt wird (z. B. Wirtschaftswoche, 09.12.2004, S. 46; VDI Nachrichten, 26.05.2006, S. 29). Weiterhin können ausländische Unternehmen gegen den Diebstahl geistigen Eigentums auch in China rechtlich vorgehen (z. B. VDI Nachrichten, 28.02.2003, S. 5 oder andeutungsweise mit einem eher negativen Tenor in Wirtschaftswoche, 09.12.2004, S. 46) und dabei auch teilweise Prozesse wegen Diebstahl geistigen Eigentums gewinnen (siehe zum Beispiel Wirtschaftswoche, 16.09.2004, S. 60). Es geht aus der Berichterstattung auch hervor, dass die Unternehmen verschiedene Strategien entwickelt haben, mit diesem Problem umzugehen: Zum Beispiel wird eine gütliche Einigung erwähnt (z. B. Handelsblatt, 23.03.2004, S. 16), die Strategie, dem Partner nur unvollständige Baupläne zu überlassen (z. B. VDI Nachrichten,

09.11.2001, S. 24), eigene Unternehmen aufzubauen und dort ohne chinesische Partner zu produzieren (z. B. VDI Nachrichten, 19.02.1999, S. 26; Handelsblatt, 27.05.2003, S. 16 sowie andeutungsweise Manager Magazin, 01.05.1997, S. 68), in Europa zu produzieren und nur den Zusammenbau der Produkte in China vornehmen zu lassen (z. B. VDI Nachrichten, 27.01.2006, S. 18) oder nur Technologien einer älteren Generation in China zu verwenden (z. B. Manager Magazin, 21.08.2008, S. 1; VDI Nachrichten, 26.11.2010, S. 15).[656]

Es gibt jedoch auch Beispiele von Unternehmen, die dieses Problem mehr oder minder ignorieren (z. B. VDI Nachrichten, 08.09.2006, S. 26) und dies, weil die Marktchancen den möglichen Diebstahl geistigen Eigentums überkompensieren (z. B. Handelsblatt, 30.03.2009, S. 13), weil man es dem lokalen Partner nicht zutraut, das Produkt zu kopieren (VDI Nachrichten, 07.11.2008, S. 18[657]) oder weil man davon ausgeht, dass, wenn man nicht selbst Technologie liefert, es andere Unternehmen tun werden – und man aus diesem Grund zumindest selbst 'etwas vom großen Kuchen' hat, auch wenn man im Gegenzug geistiges Eigentum einbüßt (z. B. Handelsblatt, 23.12.2004, S. 20). Sogar die Unternehmensberatung BCG spricht sich dafür aus, diese Probleme mehr oder minder zu ignorieren, solange nur die Vorteile groß genug seien und der Marktzugang gewahrt bleibe (VDI Nachrichten, 19.11.2004, S. 10). Schließlich war noch der Hinweis zu finden, dass Unternehmen sich in Sicherheit wiegen, weil die lokalen Mitarbeiter 'sehr sorgfältig ausgewählt werden' und zusätzlich 'weitgehende

---

[656] Siehe in diesem Zusammenhang auch den sehr aufschlussreichen Beitrag von Voss (2011), in welchem der Eigentümer und Vorstandsvorsitzende des Unternehmens Manz AG, Dieter Manz, verschiedene Strategien zur Bekämpfung des Diebstahls geistigen Eigentums nennt: „Das Thema Patentschutz macht in unserer Branche kaum noch Sinn. Es gibt Dinge, die melden wir mit Absicht nicht an, weil wir beim Patentamt so viel offen legen müssen, dass jeder unserer Konkurrenten das Prinzip sofort verstehen würde. (...) Wir haben vier Klassen [an Komponenten, Anm. d. Verf.] gebildet: Klasse Eins sind Dinge, die wir nicht schützen können, weil sie jeder auf den ersten Blick erkennt. Klasse Zwei wäre nett zu schützen, ist aber nicht entscheidend. In den Klassen Drei und Vier stecken dagegen die Funktionalitäten, mit denen wir uns wirklich unterscheiden. (...) Klasse-Vier-Komponenten dürfen bei uns nur in Deutschland gebaut werden. Die Fabrik in China erhält zum Beispiel nur den fertigen Laserkopf. Dieser ist verklebt. Wenn einer da reingucken will, geht er kaputt." Zusätzlich wird dabei China als wenig problematisch angesehen: „Um die Chinesen mache ich mir dabei gar nicht einmal so große Sorgen: Die würden uns gerne imitieren, haben aber noch nicht die Fähigkeit dazu. Viel gefährlicher ist die Situation in vielen anderen asiatischen Ländern."

[657] Dieser Artikel wurde zwar mit kodiert, aber nicht in Tabelle 6-22 aufgeführt.

Vertraulichkeitsverpflichtungen' unterschreiben müssen (VDI Nachrichten, 08.09.2006, S. 26).

Letztlich gibt es in der Berichterstattung auch Hinweise darauf, dass Unternehmen zwar mit dem Problem des Diebstahls geistigen Eigentums zu kämpfen haben, aber schließlich einfach aus der 'Not eine Tugend machen' und sich dem Premiummarkt zuwenden und damit eine 'wesentlich höhere Umsatzrendite erzielen können, als in Deutschland überhaupt möglich sei' (Handelsblatt, 23.03.2004, S. 16). Hier ist damit wiederum ein „Schönreden" von problematischen Umständen zu beobachten.

Insgesamt kann festgehalten werden, dass sich das Problem des Diebstahls geistigen Eigentums in der Berichterstattung als das gravierendste Problem einer Produktionsverlagerung nach China darstellt – dies sollte auch bei der weiteren Diskussion in diesem Abschnitt im Sinn behalten werden.[658] Interessant ist jedoch, dass dieses Problem in den ersten Jahren der emporschnellenden Direktinvestitionen nach China von den Medien kaum oder gar nicht beachtet wurde. Im Rahmen der medientheoretischen Fundierung dieser Arbeit bedeutet dies, dass Unternehmen diesem Problem aus diesem Grund unter Umständen in den frühen 1990er Jahren wenig Beachtung schenkten oder es unterschätzt haben. Weiterhin werden im Rahmen der Problematik zumeist technologisch anspruchsvolle Branchen oder Unternehmen erwähnt; Unternehmen, die in China nur „niedere" Lohnarbeiten vornehmen lassen, könnten von dem Problem weniger betroffen sein.

Schließlich ergab die Analyse der Berichterstattung, dass der chinesische Staat vermehrt die Durchsetzung geistigen Eigentums (zumindest pro forma) forciert und dass Unternehmen verschiedene Strategien entwickelt haben, dem Dieb-

---

[658] Für einen guten Überblick über Probleme mit dem Schutz geistigen Eigentums in China und Strategien, um diesen Problemen zu entgehen sei auf die Werke von Fuchs (2006) und Tannert (2007) verwiesen. Dass sich an der Problematik bis heute nichts geändert hat, zeigt der Beitrag von Schneider (2013) sehr eindrucksvoll. In dem Beitrag wird im Detail nachgezeichnet, wie FAW, der chinesische Joint-Venture-Partner von Volkswagen, Motoren und Getriebe kopiert und nun in eigenen Fabriken herstellt, um sie in eigene Fahrzeuge einzubauen. Interessanterweise ging Volkswagen nicht dagegen vor, um „nicht ihre Position auf dem chinesischen Markt zu gefährden" (S. 9).

stahl geistigen Eigentums vorzubeugen bzw. damit umzugehen. Als letzte Bemerkung soll noch auf die Bewertung der Artikel eingegangen werden, die das Problem des Diebstahls geistigen Eigentums erwähnen: Die durchschnittliche Bewertung aller Artikel, in denen das Problem des Diebstahls geistigen Eigentums erwähnt wird, liegt bei 2,5.[659] Für die Betrachtungsperiode von 1991 bis 1996 ergibt sich eine mittlere Bewertung von 2,0. Diese ist jedoch mit Vorsicht zu betrachten, da sie lediglich auf drei Artikel beruht, die in diesem Zeitraum dieses Problem überhaupt thematisierten.

6.7.3.3 Hoher Wettbewerb/wachsender Wettbewerb/Überkapazitäten

Das am dritthäufigsten genannte Problem von Produktionsverlagerungen ist ein hoher bzw. wachsender Wettbewerb in China bzw. dort vorhandene Überkapazitäten. Dieses Problem wurde in 88 (5,6%) der 1.579 Artikel erwähnt und stellt 8,7% aller Nachteilskodierungen dar. Ein Anstieg der Berichterstattung ist ab dem Jahr 1997 zu beobachten; bis einschließlich zum Jahr 1996 wurde ein solcher hoher Wettbewerb bzw. Überkapazitäten lediglich in sechs Artikeln erwähnt – davon entstammen fünf Artikel dem Handelsblatt. Die Wirtschaftswoche bzw. die VDI Nachrichten beginnen mit der Berichterstattung über diesen Nachteil erst in den Jahren 2002 bzw. 2003, mit Ausnahme eines Berichtes der VDI Nachrichten im Jahr 1996. Die durchschnittliche Bewertung aller Artikel, die diesen Nachteil erwähnen, beträgt 3,0; die wenigen Artikel, die das Problem zwischen 1991 und 1996 aufgreifen, werden im Mittel mit 3,2 bewertet. In der folgenden Tabelle 6-23 werden konkrete Textfragmente aus den analysierten Beiträgen vorgestellt.

---

[659] Interessanterweise ergeben die 20 Berichte der VDI Nachrichten einen Mittelwert von 3,2.

Zeitschrift	Textfragmente (direkte Zitate)
Handelsblatt, 13.04.1994, S. 14	Der deutsche und der franzoesische Autohersteller entwickeln sich zu erbitterten Konkurrenten auf dem chinesischen Markt.
Handelsblatt, 15.09.1994, S. 26	Wie hart der Konkurrenz-Kampf in China schon geworden ist, musste die Niedersachsen-Delegation erfahren. Wie in der Fabel vom Hasen und Igel war die Konkurrenz bereits stets da, wenn die deutschen Zulieferer Fabriken besuchten.
Manager Magazin, 01.05.1997, S. 68	Plötzlich wird die Autoindustrie durch Überkapazitäten und Verdrängungswettbewerb geplagt.
Handelsblatt, 23.01.1998, S. 18	Das größte Risiko-Potential sehen über die Hälfte in der Verschärfung des Wettbewerbs.
Handelsblatt, 08.03.1999, S. 14	Trotz einer nachlassenden Konsumgüternachfrage und massiven Überkapazitäten setzt der Düsseldorfer Chemie- und Waschmittelkonzern Henkel KGaA weiterhin auf das bevölkerungsreichste Land der Erde. „Wir erwarten, daß China im nächsten Jahrhundert in unseren weltweiten Operationen eines der Länder mit dem höchsten Verkaufswachstum sein wird", sagt Ulrich Lehner, der stellvertretende Vorstandschef von Henkel. „China bleibt der strategische Schwerpunkt unserer globalen Expansion."
Handelsblatt, 30.09.1999, S. 12	„Ausländer haben die einheimische Konkurrenz im Konsumgüterbereich total unterschätzt", kritisiert Jürgen Kracht, Chef der Beratungsfirma Fiducia Limited in Hongkong und China. „Chinesische Firmen wie Haier, Kelon und Konka exportieren heute sogar Waschmaschinen nach Japan und Kühlschränke in die USA." Ein hohes Überangebot bei fast allen Konsumgütern führe zu mörderischen Preiskämpfen.
Handelsblatt, 04.09.2001, S. 14	Chinas Autoindustrie steht (...) vor einem Ausleseprozess. Von derzeit 100 Herstellern haben nur fünf bis sechs Aussichten auf eine respektable Marktposition. (...) Laut dem Beratungsunternehmen Roland Berger soll die Nachfrage nach Automobilen bis 2004 jährlich zwar um 9 % wachsen. Doch wegen drastischer Überkapazitäten werde die Nachfrage erst in acht Jahren die Produktion einholen. (...) Und obwohl die 118 Hersteller in China nicht einmal zur Hälfte ausgelastet sind, planen sie bis 2005 eine Expansion der Fertigung um fast ein Drittel auf mehr als 1,8 Mill. Einheiten pro Jahr. Nur vier von 118 Herstellern in China erzielen derzeit nach Angaben des für China zuständigen VW-Vorstandes Robert Büchelhofer Gewinne. Roland Berger erwartet, dass nach Ende eines Ausleseprozesses fünf bis sechs Hersteller Chinas Autoindustrie dominieren. Von rund 6 000 Zulieferern würden 70 % aus dem Markt ausscheiden.
Handelsblatt, 25.10.2001, S. 15	Die Zeit der „traumhaften" Renditen in China sei bald vorbei, fürchtet Jörg Blecker, Geschäftsführer von Shanghai Volkswagen. Er rechnet damit, „dass in den nächsten fünf bis sechs Jahren unser Marktanteil auf 45 Prozent schrumpfen wird." Heute liegt er bei 52 %.
Manager Magazin, 01.12.2001, S. 197	(...) der Wettbewerb wird härter. Alle Autohersteller der Welt wollen auf diesen Markt, der derzeit[,] das übersehen viele[,] mangels Kaufkraft noch relativ klein ist, aber eine große Zukunft hat.
Wirtschaftswoche, 26.06.2003, S. 52	Um sich ein Stück des größten Wachstumsmarktes zu sichern (...) schlagen die internationalen Autokonzerne in Reich der Mitte ihre härteste Schlacht seit Jahrzehnten. (...) Doch die Behörden bieten einen Ausweg, der Hersteller aufatmen lässt: Seit neuestem dürfen Autos made in China exportiert werden. Honda Werk in Kanton ist die erste Anlage, die in China für den Weltmarkt produziert. Und VW schickte kürzlich die erste Ladung Passat auf die Philippinen.
Wirtschaftswoche, 01.10.2003, S. 85	China ist einer der umkämpftesten Märkte der Welt, so Toyota-Vorstandschef Fujio Cho. (...) Hoffnungen, dass die Regierung die Autobranche den Marktkräften und damit der Übermacht der Ausländer überlassen könnte, sind gestorben. Doch die müssen deshalb nicht traurig sein: Erstens ist der chinesische Markt riesig und hat für viele Platz. Und zweitens können „Made in China"-Autos ja auch exportiert werden. Ja, sie sollen sogar ausgeführt werden.
Handelsblatt, 18.10.2003, S. 11	In das Jubelgeschrei über explodierende Absatzzahlen auf dem chinesischen Automarkt mischen sich warnende Töne: Es drohen schon bald hohe Überkapazitäten. Dennoch investieren die Hersteller munter in chinesische Werke. Denn schließlich muss ja nicht jedes in China gebaute Auto auch dort verkauft werden. Die Zukunft heißt Export, sobald alle Handelsbarrieren in der Region beseitigt sind. Das ist Sache der Politik.
Manager Magazin, 01.12.2003, S. 66	China: Die Schlacht um den am schnellsten wachsenden Automarkt der Welt ist voll entbrannt (...) Das Beratungsunternehmen KPMG warnt in einer neuen Studie bereits vor „gewaltigen Überkapazitäten" (...). „In China gibt es 15 Millionen Haushalte, die sich sofort ein Auto leisten können", halten die Morgan-Stanley-Analysten Kate Zhu und Jerry Lou in ihrem Report dagegen.
Handelsblatt, 08.01.2004, S. 13	Auch die Gewinnhoffnungen der Hersteller müssten nicht aufgehen, warnte die Ratingagentur. Der zunehmende Konkurrenzdruck im Inland sowie die Öffnung für Importe dürften die Profitabilität nachhaltig schmälern. Auch die Beratungsgesellschaft KPMG hatte vor großen Risiken auf dem chinesischen Automarkt gewarnt.
VDI Nachrichten, 25.06.2004, S. 4	Überkapazitäten im chinesischen Automobilbau bahnen sich heute schon an durch die Investitionen ausländischer Hersteller. Die Preise sinken oder es muss mehr exportiert werden.
Wirtschaftswoche, 30.09.2004, S. 56	Die Privatisierung der chinesischen Staatsunternehmen hat auch im Maschinenbau zu einem Verdrängungswettbewerb geführt. Und immer mehr chinesische Unternehmen gehen aus der Marktbereinigung gestärkt hervor.

Zeitschrift	Textfragmente (direkte Zitate)
Handelsblatt, 15.11.2004, S. 15	Besonders VW-Konkurrent General Motors reagierte mit massiven Preiszugeständnissen und zwang VW, seine Autos deutlich billiger zu verkaufen. VW operiere in China zurzeit nur noch „nahe der Gewinnschwelle", wie VW-Finanzchef Hans Dieter Pötsch einräumte.
Handelsblatt, 04.03.2005, S. 15	China wird in zehn bis 15 Jahren ein genauso großer Markt wie Europa oder die USA sein, betonte Schrempp. Doch auch der Daimler-Chef stellt sich auf einen härteren Wettbewerb und sinkende Margen in China ein. Daimler habe jedoch bereits in der Vergangenheit bewiesen, dass der Konzern regionale Schwankungen in der Gruppe ausgleichen könne.
Manager Magazin, 18.03.2005, S. 86	Trotz heftigen Wettbewerbs konnten die Finnen mit einem Marktanteil von 19 Prozent in China die Nummer-eins-Position erobern. Eine beachtliche Leistung, denn neben der internationalen Konkurrenz von Motorola, Samsung & Co. ringen mehr als 50 heimische Anbieter um Marktanteile. Derzeit werden in China über 800 Handymodelle angeboten, darunter 20 von Nokia.
Manager Magazin, 21.10.2005, S. 164	Beispiel Autos: Alle großen Hersteller der Welt haben inzwischen Fabriken in China hochgezogen und eine gewaltige Kapazitäten aufgebaut – mehr, als der Markt verträgt (...). Die Folge: Derzeit toben heftige Preiskämpfe, in die sich immer mehr chinesische Billiganbieter einmischen (...). In der Hoffnung, dass diese Prognosen zutreffen, investieren die Autokonzerne wie die Wilden. Im Jahr 2004 tätigten sie Investitionen von mehr als 20 Milliarden Dollar. Fabriken werden erweitert, neue Werkshallen gebaut. Fast alle Autobauer steigern in China ihre Kapazitäten (...) – um damit Überkapazitäten aufzubauen? Derzeit scheint es so. Die exorbitanten Wachstumsraten der vergangenen Jahre von 40 bis 75 Prozent flachen ab. Es toben heftige Preiskämpfe, von denen besonders die Massenhersteller VW und General Motors betroffen sind. So musste VW im Sommer die Preise für den Santana und den Golf um bis zu 14 Prozent senken. GM reduzierte die Preise etwas moderater.
Handelsblatt, 21.11.2005, S. 14	Volkswagen baut seit 20 Jahren Autos in China und hat auf dem lange abgeschotteten Markt gut verdient. In den vergangenen Jahren hat sich die Autobranche im Reich der Mitte jedoch (...) völlig gewandelt. Immer mehr ausländische Autofirmen drängen nach China, die Folgen sind Rabattschlachten und große Überkapazitäten. Vor allem Marktführer VW steht stark unter Druck. Dieses Jahr will der deutsche Hersteller in China 530 000 Fahrzeuge (mit der Tochter Audi) ausliefern – das wären noch einmal rund 15 Prozent weniger als im schlechten Absatzjahr 2004. Vahland räumte ein, dass es um die VW-Gruppe in China schlechter steht als bisher bekannt. Das Jahr 2005 sei der „Tiefpunkt" für VW in China, so der dann als Sanierer entsandte Ex-Skoda-Chef. Er hat bereits die Produktion heruntergefahren und geplante Milliarden-Investitionen [sic!] für den Kapazitätsausbau in China gestoppt. Auch die hohen Lagerbestände sollen bis Januar um ein Drittel abgebaut werden. VW hatte in China Ende 2004 rund 150 000 Fahrzeuge auf Halde.
Handelsblatt, 21.03.2006, S. 15	Die Schweden wollen zudem in den kommenden zwölf Monaten ein Cabrio auf den chinesischen Markt bringen. Volvo folgt damit anderen ausländischen Herstellern, die trotz massiver Überkapazitäten und heftiger Preiskämpfe nach China drängen. „Die Produktion vor Ort ist ausschlaggebend, um auf Dauer wettbewerbsfähig zu sein", begründete Volvo-Chef Fredrik Arp den Schritt.
Handelsblatt, 13.07.2007, S. 16	Das Auto hilft uns, am Markt stärker anzugreifen, sagt Manager An Tiecheng. Die Limousine soll vor allem Anbietern wie Toyota wohlhabende Kunden abjagen. Ziel von VW ist, den Marktanteil von 17 Prozent auf dem hart umkämpften Automarkt China weiter zu verteidigen.
Manager Magazin, 25.09.2009, S. 96	Am Problem überdimensionierter Produktionsmittel ändern die Programme nichts. Im Gegenteil: Die industrielle Expansion geht weiter. „Im Maschinenbau, bei Nahrungsmittel- und Verpackungsmaschinen sehe ich Überkapazitäten", sagt Martin Eisenhut, Maschinenbauexperte bei Roland Berger.
Handelsblatt, 09.12.2009, S. 24	Die Überkapazitäten am Markt und den härteren Wettbewerb bekam auch Siemens zuletzt zu spüren. Doch immerhin wuchs der China-Umsatz 2008/09 mitten in der Wirtschaftskrise aber noch um sieben Prozent. Der Umsatz mit Kunden in China legte so auf 5,2 Mrd. Euro zu. Dies sei im Krisenjahr 2009 eines der besten Ergebnisse weltweit gewesen, betonte Löscher.
Wirtschaftswoche, 17.12.2009, S. 48	In den vergangenen zwei Jahren sind die Überkapazitäten in der chinesischen Industrie kräftig gestiegen. Waren die Stahlhütten im Reich der Mitte vor zwei Jahren noch zu 85 Prozent ausgelastet, liegt die Auslastung in diesem Jahr nur noch bei 72 Prozent (...). In der Chemieindustrie werden in diesem Jahr nur 80 Prozent der bestehenden Kapazitäten genutzt. Vor zwei Jahren waren es 92 Prozent. Noch drastischer ist das Verhältnis in der Aluminiumindustrie. Dort stiegen die Überkapazitäten innerhalb von zwei Jahren von 9 auf 33 Prozent. Auch die Hersteller von Polysilizium, das für die Herstellung von Fotovoltaikanlagen benötigt wird, und Produzenten von Windkraftanlagen kämpfen mit einer immer geringeren Auslastung.
VDI Nachrichten, 22.01.2010, S. 16	Nur vermeintlichen Ausweg böten die Wachstumsmärkte Brasilien, Russland, Indien und China, so KPMG. Die Mehrheit der Befragten will dort in den nächsten fünf Jahren Kapazitäten auf- oder ausbauen – obwohl in drei bis fünf Jahren die Hälfte der Unternehmen auch dort Überkapazitäten erwarten.
Manager Magazin, 27.08.2010, S. 86	Der Wettbewerb wird von Jahr zu Jahr härter. Schließlich wollen nicht nur alle westlichen Konkurrenten von der enormen Dynamik Chinas profitieren, sondern vermehrt auch herangewachsene heimische Anbieter, die permanent ihre Produkte und Dienste verbessern.

Tab. 6-23: Textfragmente zur Kategorie hoher Wettbewerb/wachsender Wettbewerb/Überkapazitäten
Quelle: eigene Darstellung.

Die oben genannten Textausschnitte zeichnen ein prekäres Bild von den Wettbewerbsverhältnissen in China. Insbesondere seit Ende der 1990er Jahre bis heute wird von hohen Überkapazitäten und einem Verdrängungswettbewerb berichtet; auch Unternehmen sehen das Problem der Überkapazitäten als gravierend an (siehe z. B. Handelsblatt, 23.01.1998, S. 18). Überdurchschnittlich häufig wird die Automobilbranche im Rahmen dieser Diskussion erwähnt; 56 Branchennennungen – und damit fast 50% aller Branchennennungen – gehen auf die Automobilbranche zurück; alle anderen Branchen zusammengenommen kommen auf 60 Nennungen.[660] Dabei wird das Unternehmen Volkswagen in 45 der 56 Artikel mit einem Bezug zur Automobilbranche erwähnt. Der Grund ist, dass Volkswagen als der erste westliche Automobilhersteller in großem Maße in China tätig war und deshalb lange Zeit eine Art Monopolstellung innehatte. Diese Monopolstellung erodierte mit den zunehmenden Investitionen weiterer westlicher, fernöstlicher oder einheimischer Automobilhersteller in China. Im Rahmen der Berichterstattung wird deutlich, dass Volkswagen lange Zeit einen Marktanteil von über 50% innehatte und davon ausging, dass ein Anteil von etwa 45% gehalten werden könne (Handelsblatt, 25.10.2001, S. 15). Dass dies eine gravierende Fehleinschätzung war, ergibt die weitere Berichterstattung: Im Jahr 2007 verfügte Volkswagen über einen Marktanteil von nur noch 17% (Handelsblatt, 13.07.2007, S. 16); auch in den Jahren vorher hatte Volkswagen mit dem starken Wettbewerb zu kämpfen, so dass nur „nahe der Gewinnschwelle" operiert wurde (Handelsblatt, 15.11.2004, S. 15); im Jahr 2005 wurde sogar erwähnt, dass ein „Tiefpunkt" erreicht sei und „dass es um die VW-Gruppe in China schlechter steht als bisher bekannt" (Handelsblatt, 21.11.2005, S. 14).

Interessanterweise ergibt sich – wie bereits kurz angedeutet – über den gesamten Betrachtungszeitraum eine durchschnittlich neutrale Bewertung von 3,0 für

---

[660] Aufgrund von Mehrfachnennungen bestimmter Branchen in der Berichterstattung übersteigt die Summe der genannten Branchen mit insgesamt 116 Nennungen die Anzahl der Artikel, die das Problem des hohen Wettbewerbs bzw. der Überkapazitäten erwähnen. Im Rahmen aller analysierten Beiträge nimmt die Automobilindustrie zwar auch die wichtigste Stellung ein; insgesamt sind jedoch „nur" 23,4% aller Branchenmeldungen der Automobilindustrie zuzurechnen, während beim Problem des hohen Wettbewerbs/der Überkapazitäten nahezu 50% der Meldungen der Automobilindustrie zuzurechnen sind; dies zeigt, dass die Automobilindustrie überproportional häufig Gegenstand der Berichterstattung in dieser Nachteilskategorie ist.

alle Artikel, die dieses Motiv beinhalten. Warum ist das so? Zum einen wird insbesondere im Jahr 2003 zum Teil euphorisch von der Möglichkeit des Exports von in China produzierten Produkten und insbesondere von Fahrzeugen berichtet, die sich im Rahmen des Beitritts Chinas zur WTO stark erleichtert hat (z. B. Wirtschaftswoche, 26.06.2003, S. 52 und 01.10.2003, S. 85; Handelsblatt, 18.10.2003, S. 11; andeutungsweise VDI Nachrichten, 25.06.2004, S. 4); zum anderen gehen Unternehmen davon aus, dass es sich um einen Wachstumsmarkt handelt und die Überkapazitäten ein temporäres Problem darstellen bzw. eine frühe Anwesenheit in China zu strategischen Vorteilen führt und dabei hilft, an der 'enormen Dynamik' des chinesischen Marktes zu partizipieren (z. B. Handelsblatt, 08.03.1999, S. 14 und 21.03.2006, S. 15; Manager Magazin, 01.12.2001, S. 197 – hier wird von einer „großen Zukunft" des Marktes gesprochen; Manager Magazin, 27.08.2010, S. 86). Weiterhin werden Positiv-Beispiele von Unternehmen erwähnt, die trotz des Wettbewerbs eine gute Marktposition halten bzw. ausbauen können (z. B. Manager Magazin, 18.03.2005, S. 86 sowie Handelsblatt, 09.12.2009, S. 24). Daneben werden auch externe Akteure – zum Beispiel Investmentbanken – zitiert, die eine positive Meinung zu China bzw. zu einer Produktionsverlagerung nach China vertreten (Manager Magazin, 01.12.2003, S. 66).

Nicht zuletzt werden aber auch in den letzten drei bis vier Jahren die Meldungen über Überkapazitäten bzw. hohem Wettbewerb von anderslautenden Meldungen „torpediert". Die untenstehenden Textfragmente in Tabelle 6-24 sollen diese Argumentation verdeutlichen. Die dort erwähnten Textfragmente sind zum Teil aus Artikeln, die Überkapazitäten als Problem sehen und dieses damit quasi im „gleichen Atemzug" wieder relativieren. Es handelt sich zum Teil aber auch um Textfragmente aus anderen Artikeln, die in den letzten drei Jahren erschienen sind. Insbesondere ist wiederum das Unternehmen Volkswagen sehr häufig erwähnt, welches quasi wie ein „Phoenix aus der Asche" wieder aufersteht.

Zeitschrift	Textfragmente (direkte Zitate)
Handelsblatt, 11.01.2008, S. 17	VW fährt Konkurrenz in China davon – (...) Der Volkswagenkonzern hat im vergangenen Jahr auf dem Wachstumsmarkt China so viele Fahrzeuge verkauft wie noch nie zuvor. Zugleich verdoppelten sich die Gewinne aus dem China-Geschäft. „Unsere Erwartungen für das Gesamtjahr sind weit übertroffen worden", sagte VW-China-Chef Winfried Vahland gestern in Peking. (...) Erstmals wurden von der Marke Audi mehr als 100 000 Fahrzeuge in China verkauft, der Absatz stieg hier gegenüber dem Vorjahr um ein Viertel. Ähnlich stiegen auch die Verkäufe der Marke VW – mit 780 784 Autos wurden 2007 in China 170 000 VW-Fahrzeuge mehr verkauft als auf dem Heimatmarkt Deutschland. Auch in Sachen Profitabilität glänzt das Wolfsburger Unternehmen in China wieder: In den ersten drei Quartalen des Jahres 2007 konnte der VW-Konzern seinen Gewinn aus dem China-Geschäft gegenüber dem Vorjahreszeitraum auf 158 Mill. Euro mehr als verdoppeln. Ein ähnliches Ergebnis erwarte er für das Gesamtjahr, sagte Vahland. (...) Insgesamt geht man bei Volkswagen für den chinesischen Automarkt auch in Zukunft von zweistelligen Zuwachsraten aus. „Wir erwarten ein Marktwachstum von 15 bis 20 Prozent auf knapp sechs Millionen verkaufte Autos in China", lautet die Prognose.
Handelsblatt, 20.04.2009, S. 17	„Die Hoffnung aller Hersteller liegt einfach auf China", sagt Ricon Xia, Analyst des Daiwa Institute of Research in Schanghai. Und ein Kollege bringt es auf den Punkt: „Der einzige Platz, wo die Branche noch wachsen kann, ist China."
Handelsblatt, 18.08.2009, S. 14	Audi will Kapazität in China verdoppeln – Wegen glänzender Geschäfte in China erweitert der Autobauer Audi seine dortige Fabrik.
Handelsblatt, 13.10.2009, S. 14	VW erzielt in China neuen Absatzrekord – Für Europas größten Autobauer Volkswagen wird China immer wichtiger. Mit einer Mio. Autos haben die Wolfsburger auf dem chinesischen Markt in den ersten neun Monaten des Jahres soviel verkauft wie im gesamten Vorjahr zusammen. Der Absatz legte um 37 Prozent im Vergleich zum Vorjahreszeitraum zu – ein neuer Rekord. China ist damit vor Deutschland der wichtigste Markt für VW. Hierzulande rechnet der Konzern nach dem Wegfall der Abwrackprämie mit einem Markteinbruch im kommenden Jahr. Die Schere wird noch größer: Volkswagens China-Chef Winfried Vahland kündigte gestern in Peking an, die Produktionskapazitäten ausbauen und die Investitionen beschleunigen zu wollen. Bis Ende des Jahres sollen „mehrere neue Modelle" vorgestellt werden. Volkswagen betreibt zwei Joint Ventures mit lokalen Partnern in China. Große Teile der Erträge bleiben im Land. Nach den bisherigen Plänen will VW zwischen 2009 und 2011 rund vier Mrd. Euro in China investieren. Damit sollen die Kapazitäten in den Werken in Nanjing und Chengdu ausgebaut und neue Modelle entwickelt werden. Das starke Wachstum könnte die angestrebte Verdoppelung des Absatzes auf zwei Mio. Autos bis 2018 früher als erwartet ermöglichen.
Handelsblatt, 26.10.2009, S. 19	VW-Fabriken in China laufen heiß – Hersteller kann die Nachfrage kaum noch bedienen.
Handelsblatt, 03.12.2009, S. 1	„China ist weiter auf Rekordkurs", sagte Wissmann. Er rechnet damit, dass der Pkw-Absatz in der Volksrepublik in diesem Jahr wegen staatlicher Steueranreize um 44 Prozent zulegen wird. Im kommenden Jahr dürfte der Absatz in China nach VDA-Schätzungen um zwölf Prozent auf über neun Millionen Pkw wachsen. Bereits im Krisenjahr 2009 verhinderte der anhaltende Boom auf dem chinesischen Automarkt Schlimmeres für die Branche.
Handelsblatt, 09.12.2009, S. 25	China schiebt BMW und Audi an – Boomende Absätze in Fernost retten den Deutschen den Herbst
Handelsblatt, 22.02.2010, S. 34	Autohersteller wittern Eldorado in China – Der Boom in der Volksrepublik rettet viele Autohersteller durch die Krise. Volkswagen, BMW und Mercedes bauen die Produktion aus.
Handelsblatt, 23.04.2010, S. 28	Engagement wird ausgeweitet. Weil VW aber bereits an die Kapazitätsgrenze stößt, investiert der Konzern in die beiden Gemeinschaftsunternehmen mit chinesischen Staatsbetrieben bis 2012 rund 4,4 Mrd. Euro. Dort sollen neue Modelle und Produktionskapazitäten entstehen. Wie gestern am Rande der Hauptversammlung bekannt wurde, soll es bei diesem Betrag nicht bleiben: „Wir haben die Investitionen erhöht", sagte ein VW-Spitzenmanager.
VDI Nachrichten, 29.10.2010, S. 10	Volkswagen macht auf dem Weg zur Weltspitze weiter Tempo – (...) Die Volkswagen AG steigerte den Vorsteuergewinn dank des boomenden Geschäfts in China und sprudelnder Erträge bei den Hauptmarken Audi und VW im dritten Quartal auf 2,8 Mrd. EUR.
Wirtschaftswoche, 24.12.2010, S. 122	Gewinnmaschine. Volkswagen: Langer Atem zahlt sich aus. Seit Jahrzehnten ist Volkswagen in China vertreten. Verkaufte man anfangs dort ein paar Tausend Stück des Langweilers Santana, planen die Wolfsburger kommendes Jahr einen Absatz von zwei Millionen Fahrzeugen. Dafür steckt VW Milliarden an Neuinvestitionen ins Reich der Mitte.

Tab. 6-24: Textfragmente zur Relativierung der Kategorie hoher Wettbewerb/ wachsender Wettbewerb/Überkapazitäten
Quelle: eigene Darstellung.

Die obigen Zitate verdeutlichen, dass trotz vorhandener Überkapazitäten eine durchaus positive Stimmung herrscht und dass in den letzten zwei bis drei Jahren zumindest in der Automobilindustrie die Überkapazitäten scheinbar abgebaut werden konnten; zwar werden in der Automobilindustrie in China in 5 Jahren wiederum Überkapazitäten erwartet (VDI Nachrichten, 22.01.2010, S. 16) – dies ist jedoch zumindest für die Automobilindustrie in der Berichterstattung der letzten drei Jahre eher eine ignorierte Randnotiz.

Nicht zuletzt – und dies diene nur als eine Randbemerkung, da im späteren Verlauf dieser Arbeit näher darauf eingegangen werden wird – wird in der Berichterstattung implizit darauf hingewiesen, dass trotz der erwähnten Wettbewerbsverhältnisse alle Autohersteller in China investieren (z. B. Handelsblatt, 04.09.2001, S. 14, 18.10.2003, S. 11 sowie 21.03.2006, S. 15; Manager Magazin, 21.10.2005, S. 164; VDI Nachrichten, 22.01.2010, S. 16); dies könnte ein Anreiz für Unternehmen sein, auch selbst solche Investitionen vorzunehmen, was schließlich konsistent zur Argumentation im Rahmen des mimetischen Isomorphismus erscheint.

6.7.3.4 Qualitätsprobleme

Den am vierthäufigsten erwähnten Nachteil einer Produktionsverlagerung nach China stellen Qualitätsprobleme dar. Diese wurden in 59 (3,7%) der 1.579 analysierten Artikel thematisiert und repräsentieren 5,8% aller erwähnten Nachteilskodierungen.[661] Die durchschnittliche Bewertung aller Artikel, die diesen Nachteil erwähnen, lag bei 2,2. Dies stellt im Vergleich zu den anderen wichtigen Nachteilskategorien einen sehr niedrigen Wert dar. Zwischen den Jahren 1991 und 1996 liegt die Bewertung im Mittel weitaus höher bei 3,3; in diesen Mittelwert fließen jedoch lediglich drei Artikel ein, die Qualitätsprobleme während dieses Zeitraums thematisierten. In der von den Medien gezeichneten Realität fanden zu dieser Zeit Qualitätsprobleme also (fast) keinen Platz. In der nachfolgenden Tabelle 6-25 werden Auszüge aus der Berichterstattung vorgestellt, um den Nachteil der Qualitätsprobleme näher zu analysieren.

---

[661] Die im weiteren Sinne ebenfalls den Qualitätsproblemen zurechenbaren Probleme mit der Produktsicherheit wurden in 11 Artikeln erwähnt; die Summe dieser beiden Kategorien würde dennoch die vierthäufigste Nachteilskategorie darstellen.

Zeitschrift	Textfragmente (direkte Zitate)
Handelsblatt, 31.01.1989, S. 14	Laut „Textile Asia" „sind die Fabriken in Guangdong und Shenzhen trotz der unmittelbaren Naehe zu Hongkong einfach nicht in der Lage, schnell genug und qualitaetsmaessig perfekt zu liefern. Die Probleme in Suedchina liegen nicht nur bei der Herstellung (schlechte Wasserqualitaet und Probleme beim Faerben und Farbmischen), sondern auch beim Transport (...)."
Manager Magazin, 01.12.1989, S. 280	Bargmann muß sich heute mit überschrittenen Zahlungszielen und Lieferzeiten sowie Qualitätsmängeln herumschlagen
Handelsblatt, 04.11.1992, S. 27	Die VW-Produkte in China muessen ueberdies verbessert werden. Der bei Null angefangene Aufbau einer Auto- und Zulieferindustrie in China hat bedeutet, dass die bisherigen Wagen – vor allem das Anlaufmodell Santana, die Stufenheck-Version des alten Passat – noch „Experimentiercharakter" haben.
VDI Nachrichten, 30.05.1997, S. 3	Am Anfang, 1992, sei man von der Idee, im Ausland zu produzieren, ganz angetan gewesen. (...) Ein Taiwanese mit Fabriken auf dem Festland in Shanghai und in der Sonderwirtschaftszone Shen-Zhen erhielt als Partner den Zuschlag, weil er sogar kleine technische Probleme selbständig lösen konnte. Dann kam die Praxis. „Das klappte nicht immer reibungslos", berichtet der 44jährige Meyer. Jede Schiffsladung mit Empfängerboxen aus China mußte kontrolliert werden. Stichproben hatten ergeben, daß mal ein Kabel nicht fest montiert worden war, ein anderes Mal fanden sich Kratzer am Gehäuse. 1994 schickten die Taiwanesen eine Schiffsladung mit 1000 Boxen nach Deutschland, bei der Sennheisers Controller „schwere Fehler" feststellten (...). „Zurückschicken war unmöglich. Solche Ladungen sind sechs Wochen und mehr für eine Strecke unterwegs. Wir hatten jedoch Lieferverpflichtungen" (...) Die Boxen wurden schließlich in Deutschland nachgearbeitet. Ein Jahr später war auch solch eine Rettungsaktion nicht mehr möglich. 4000 Geräte gingen komplett wieder zurück nach China. „Auch zu diesem Zeitpunkt haben wir mit dem Partner immer noch freundschaftlich und intensiv geredet. Gebockt haben sie nie", nimmt Meyer die Chinesen in Schutz. Allerdings war die Begeisterung über das Abenteuer China schon nicht mehr groß. Der Geduldsfaden riß endgültig, als Sennheisers Marktbeobachter ein technisch vergleichbares Konkurrenzprodukt im angestammten Marktbereich eigen[,] hergestellt von jener Firma, die die Aufträge aus der Zentrale in Wedemark erhielt. „Wir bekamen die fehlerhaften Lieferungen. Die Qualität der eigenen, etwas modifizierten Geräte war hingegen akzeptabel."
Wirtschaftswoche, 26.06.1997, S. 42	Das Geschäft steht und fällt mit der Qualität der Partnerfabriken in Kanton: Mit jeder neuen Fabrik „beginnt ein eineinhalbjähriger Erziehungsprozeß", sagt Freidel. Denn die „Geldgier" der Südchinesen und europäische Qualitätsanforderungen vertragen sich nur schwer (...).
Handelsblatt, 06.04.1999, S. 43	Wettbewerbsfähige Qualität und deren Sicherung sind eines der Schlüsselprobleme geschäftlichen Engagements in China.
Wirtschaftswoche, 27.01.2000, S. 9	So sind Getriebe aus chinesischer Produktion nicht nur um die Hälfte teurer als Produkte aus Deutschland, sondern auch qualitativ schlechter.
Wirtschaftswoche, 13.04.2000, S. 192	Zudem ramponieren Qualitätsmängel das Image der Marke. Erboste Taxifahrer, die Hauptkunden des Santana, organisierten schon Protestfahrten nach Shanghai und konnten gerade noch vom Parteisekretär des Werkes abgefangen werden. (...) Den VW-Managern vor Ort ist es bislang nicht gelungen, die Produktion auf europäisches Qualitätsniveau zu hieven.
Wirtschaftswoche, 15.09.2005, S. 53	Zudem hatte der Unternehmer mit Qualitätsmängeln zu kämpfen. Da fast alle seine Schweißgeräte Sonderanfertigungen sind, gab es immer wieder Schwierigkeiten in der Produktion. „Die Chinesen sind gut in der Serienfertigung, aber Spezialgeräte können sie nicht", urteilt Vietz, der künftig wieder nur von Deutschland aus in die ganze Welt liefert.
VDI Nachrichten, 08.09.2006, S. 26	Vor ein, zwei Jahren war auch das ein größeres Problem als heute. Damals hatten wir mit etwa 30 % der Komponenten Probleme. Heute sind es weniger als 10 %. Die Qualitätskontrolle bei der Anlieferung sorgt dafür. In den USA lag die Fehlerquote bei weniger als 2 %.
Handelsblatt, 02.04.2007, S. c01	Während Standard-Blaumänner sich (...) kostengünstig in China produzieren lassen, ist die Verlagerung etwa für hochfunktionelle Berufsbekleidung wie Feuerschutzanzüge oder Arztkittel nicht möglich. „Die Grenze der Marktverschiebung liegt dort, wo Qualität die entscheidende Rolle spielt", sagt Kristin Große-Bölting vom Marketinginstitut für Textilwirtschaft der Universität Münster.
Handelsblatt, 11.06.2007, S. 12	Seit 2005 lässt Schieder auch dort produzieren, die Qualität ist jedoch noch immer nicht so, dass etwa IMS die Produkte aus dem Fernen Osten an prominenter Stelle in seinem liechtensteinischen Schaulager ausstellen würde.
VDI Nachrichten, 03.08.2007, S. 4	Erst werden 20 tolle Muster geliefert, der Kunde ist begeistert und bestellt. Von der ersten Lieferung ist dann oft ein Drittel Ausschuss, sagt Jochen Schleiss, Gründer von „Step To China".
Manager Magazin, 22.02.2008, S. 34	Aber teure Qualitätsprobleme und zu geringe Stückzahlen fressen den Lohnkostenvorteil regelmäßig auf, ergab eine Studie der Unternehmensberatung Boston Consulting Group.
Handelsblatt, 02.07.2008, S. 14	Trotz der deutlichen Preisvorteile bei der Herstellung sei die Produktion in Fernost „für ein Qualitätsprodukt nicht kalkulierbar", sagte Steiff-Geschäftsführer Martin Frechen (...).
Wirtschaftswoche, 18.10.2010, S. 50	Inzwischen fürchten sich die Apple-Manager (...) vor einer zu starken Abhängigkeit von Foxconn. Erst vergangene Woche meldete der Garantieanbieter Square Trade, dass für das Kulthandy iPhone 4 68 Prozent mehr Defekte gemeldet werden als beim Vorgängermodell.

Tab. 6-25: Textfragmente zur Kategorie Qualitätsprobleme
Quelle: eigene Darstellung.

Aus den obigen Textausschnitten wird deutlich, dass Qualitätsprobleme das unternehmerische Handeln in China fast zwangsläufig begleiten, was wiederum zu hohen Kosten und Unzufriedenheit – sowohl bei den Unternehmen, als auch bei den Kunden – führen kann. Insgesamt wird dabei aber nicht generell von einer Produktion vor Ort abgeraten, sondern eine zweigleisige Strategie empfohlen: Einfache Produkte können nach wie vor in China gefertigt werden – selbst wenn dann die heimische Qualitätskontrolle einen Teil nacharbeiten oder aussortieren muss; höherwertige Produkte sollten in Deutschland hergestellt werden (siehe z. B. Wirtschaftswoche, 15.09.2005, S. 53; Handelsblatt, 02.04.2007, S. c01). Darüber hinaus wird deutlich, dass ein gewisser „Erziehungsprozess" der chinesischen Partner möglich (z. B. Wirtschaftswoche, 26.06.1997, S. 42) bzw. das Problem über den Zeitverlauf einigermaßen in den Griff zu bekommen sei (z. B. VDI Nachrichten, 08.09.2006, S. 26). Weiterhin wurde bereits bei der Diskussion der Vorteile darauf hingewiesen, dass fallweise auch von einer guten Qualität einer Fertigung in China die Rede ist, was die Berichterstattung etwas ausgewogener erscheinen lässt – wenngleich in der Berichterstattung der negative Beigeschmack von aus China stammenden qualitativ minderwertigen Produkten bestehen bleibt. Schließlich fiel auf, dass Qualitätsprobleme erst sehr spät in die Medienberichterstattung eingeführt wurden.

6.7.3.5 Lohnkostensteigerungen

Am fünfthäufigsten wurde das Problem der Lohnkostensteigerungen in China angesprochen. In 44 (2,8%) der 1.579 analysierten Beiträge waren Lohnkostensteigerungen Gegenstand der Berichterstattung. Am häufigsten wurde dabei ab Mitte der 2000er Jahre berichtet – zwischen 1989 und 2004 wurde in lediglich acht Artikeln das Problem der Lohnkostensteigerungen thematisiert; von 2005 bis 2010 wurde dieses Problem in 36 Artikeln angesprochen. Es scheint hier also eine im Zeitverlauf ansteigende Wichtigkeit dieses Themas zu geben. Die durchschnittliche Bewertung aller Artikel, die Lohnkostensteigerungen thematisierten, betrug 2,2; dies stellt einen vergleichsweise sehr niedrigen Wert dar und zeigt, dass das Problem ein gravierendes zu sein scheint. Im Zeitraum von 1991 bis 1996 wurden Lohnkostensteigerungen in lediglich drei Artikeln erwähnt; die durchschnittliche Bewertung dieser drei Artikel lag bei 2,7. In der folgenden Tabelle 6-26 werden konkrete Textausschnitte vorgestellt, die das Problem der Lohnkostensteigerungen behandeln.

Zeitschrift	Textfragmente (direkte Zitate)
Handelsblatt, 03.01.1995, S. 7	Hinzu kommt, dass die Lohnkosten 1994 um 30 bis 40% gestiegen sind.
Handelsblatt, 23.01.1998, S. 18	Das Gehaltsniveau hat kräftig angezogen.
Handelsblatt, 28.02.2003, S. 8	Niedrige Kosten als Standortvorteil für China? Diese Zeiten könnten in nicht allzu ferner Zukunft vorbei sein. Denn wie Don Hanna, Asien-Chefvolkswirt bei Salomon Smith Barney, festgestellt hat, taugen niedrige Löhne immer seltener als Argument für Investitionen im Reich der Mitte. Und auch Henry Ho von Morgan Stanley fasst in einer Studie zusammen: „Die Küstenstädte sehen bei qualifizierten Leuten und Managern einen starken Lohndruck nach oben." Der Ökonom gibt zu: „Wir waren überrascht, einen steigenden Trend für Löhne in China – einem Land mit einer riesigen Zahl hungriger Arbeiter – zu beobachten." Erst jüngst hatte auch VW-Technikvorstand Folker Weissgerber den Finger in die Wunde gelegt: „China ist nicht mehr das Niedrigkostenland, wie viele denken." VW suche inzwischen nach einem dritten Standort weiter im Westen des Landes – dort, wo die Preise noch niedrig sind. (...) Allein in Peking und Schanghai sind die Gehälter für qualifizierte Kräfte in den vergangenen Jahren um je 8 bis 10 % gestiegen, berichten westliche Firmen. (...) Bei qualifizierten Mitarbeitern sieht man „die Löhne schon auf ein globales Niveau zudriften". Mehr noch: Die Lohnnebenkosten erreichen in Städten wie Schanghai bereits 70 %, heißt es bei VW.
Wirtschaftswoche, 16.06.2005, S. 32	Internationale Unternehmen können Produktionsausfälle zwar vermeiden, indem sie überdurchschnittliche Löhne zahlen, müssen aber sinkende Gewinnmargen in Kauf nehmen.
Handelsblatt, 20.02.2007, S. 18	Chinesische Mitarbeiter erwarten pro Jahr eine Gehaltserhöhung von zehn Prozent, lautet seine Erfahrung, von der auch andere Manager vor Ort berichten. Hinzu kämen deutlich steigende Lohnnebenkosten. „Die liegen bei uns momentan bei fast 50 Prozent."
Handelsblatt, 20.04.2007, S. k01	Denn auch wenn Indiens Ingenieure oder chinesische Textilexperten heute gut verdienen, führen Indien und China den Index weiter mit großem Vorsprung an. Beide Standorte können die steigenden Löhne ausgleichen mit immer mehr qualifizierten Arbeitskräften und besseren Rahmenbedingungen. Weil sie in Bildung und Infrastruktur investieren, behalten sie im globalen Vergleich die Nase vorn – selbst wenn Orte wie Malaysia mit noch billigeren High-Tech-Arbeitern um Aufträge buhlen.
VDI Nachrichten, 08.02.2008, S. 25	Vorstandschef Gerhard Pegam bekräftigte dennoch die Absicht, weiter sukzessive Stellen zu reduzieren und die Produktion in Billiglohnländer zu verlagern. Chinesische Arbeiter sind ihm auf dem Weg zu höheren Renditen bereits zu teuer. „In Indonesien betragen die Personalkosten nur die Hälfte von China", sagte er. In dem Inselstaat baut Epcos derzeit ein neues Werk.
Manager Magazin, 25.04.2008, S. 112	Die Kosten in China explodieren. Löhne, Energie, Rohstoffe – alles wird kräftig teurer. (...) Die Folge: ein Mangel an Arbeitskräften, der die Lohnkosten nach oben treibt. Inzwischen bekommt ein Arbeiter im Schnitt 120 Euro pro Monat.
Wirtschaftswoche, 28.07.2008, S. 43	Ist Ihnen China jetzt zu teuer geworden? Die Löhne, die ja von der Regierung festgelegt werden, sind allmählich zu hoch. In China werden derzeit 50 Prozent unserer Schuhe gefertigt. Das wird prozentual zurückgehen. Wir haben bereits mit einem Lieferanten die ersten Fabriken in Indien aufgemacht. Länder wie Laos, Kambodscha und Vietnam sind hinzugekommen. Auch in europäische Schwellenländer, in die GUS-Staaten und Osteuropa, wird Produktion zurückkommen.
Wirtschaftswoche, 28.07.2008, S. 38	Doch nicht nur die höheren Steuern, auch steigende Löhne und der ungünstigere Wechselkurs des Yuan vermiesen Schneider die Laune. Um zehn Prozent habe der starke Yuan die Produktionskosten hochschnellen lassen, außerdem habe er Anfang des Jahres die Löhne für seine Arbeiter um sieben Prozent anheben müssen. „Eigentlich müssten wir unseren Betrieb hier schließen", sagt Schneider.
Wirtschaftswoche, 06.10.2008, S. 60	Drittens sind die Löhne und Gehälter in den vergangenen Jahren, auch in Euro gerechnet, stark gestiegen.
VDI Nachrichten, 21.11.2008, S. 12	Nach einer kürzlich veröffentlichten Schätzung wird vermutlich jede fünfte deutsche Firma China wegen gestiegener Löhne oder Qualitätsproblemen wieder verlassen. Die Unternehmensberatung PriceWaterhouse-Coopers (PWC) bestätigt, dass die Löhne der Chinesen um bis zu 20 % gestiegen seien.
VDI Nachrichten, 13.08.2010, S. 6	Wir fertigen industrielle Kühlanlagen in Schanghai und Peking und das ist recht lohnintensiv, erzählt Lillian Chien, die das Auslandsgeschäft der Gruppe managt. „Einen Lohnschub von 60 % wie kürzlich bei der Foxconn in Shenzhen könnten wir sicher nicht verdauen. Auf alle Fälle nicht bei den Ausfuhren. Aufbesserungen der Löhne und Gehälter wie die, durch die Arbeitsniederlegungen bei Honda, Denso oder Foxconn durchgesetzt worden sind, treffen vor allem auch die Firmen, die bisher billig in China fertigten, um preisgünstig exportieren zu können."

Tab. 6-26: Textfragmente zur Kategorie Lohnkostensteigerungen
Quelle: eigene Darstellung.

Aus der obigen Tabelle geht hervor, dass während der letzten Jahre in China die Lohnkosten signifikant gestiegen sind und dass dies ein Grund sein könnte, China wieder zu verlassen und in Ländern zu produzieren, die noch niedrigere Lohnkosten aufweisen. Bei der Einordnung dieser Negativbewertungen müssen jedoch einige Sachverhalte beachtet werden: Zum einen – und dies ging aus der Diskussion der Vorteile einer Produktionsverlagerung hervor – nutzen viele deutsche Unternehmen eine Produktion in China dazu, den Markt zu erschließen und nicht primär aus Kostengründen; geringe Kostennachteile könnten deshalb in Kauf genommen werden. Zum zweiten weist die Berichterstattung darauf hin, dass nicht nur die Löhne im Zeitverlauf gestiegen sind, sondern auch die Produktivität (siehe dazu die Ausführungen in Abschnitt 6.7.1.7) und dass sich Lohnkostensteigerungen auch durch verbesserte Rahmenbedingungen kompensieren lassen (siehe z. B. Handelsblatt, 20.04.2007, S. k01).

Interessant erscheint auch, dass die 'explosionsartige' Entwicklung der Lohnkosten dazu geführt hat, dass ein Arbeiter nun 120 Euro pro Monat verdient (Manager Magazin, 25.04.2008, S. 112) – ein für deutsche Verhältnisse dennoch enorm niedriger Betrag. Schließlich ist auch ein Vergleich der Berichterstattung über den Vorteil geringer Lohnkosten mit den hier thematisierten Lohnkostensteigerungen interessant: Insgesamt wurde der Vorteil von niedrigen Lohnkosten in 155 Artikeln erwähnt; nachteilig wurde lediglich in 44 Artikeln berichtet. Eine Betrachtung der Berichterstattung dieser beiden Faktoren über den Zeitverlauf ergibt das in der folgenden Abbildung 6-21 dargestellte Bild. Dabei ist zu sehen, dass nahezu über die gesamte analysierte Periode dem Vorteil günstiger Lohnkosten weitaus mehr – oftmals um ein vielfaches mehr – Aufmerksamkeit geschenkt wurde als den Lohnkostensteigerungen. Damit wurde im Rahmen der Berichterstattung das Problem der steigenden Lohnkosten im größten Teil des analysierten Zeitraumes von einer positiven Berichterstattung überlagert.

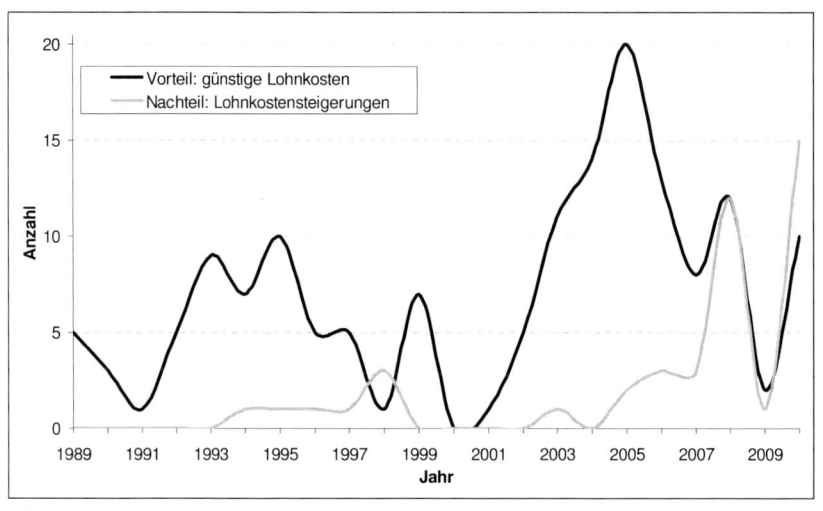

Abb. 6-21: Vergleich der Berichterstattung über günstige Lohnkosten und Lohnkostensteigerungen
Quelle: eigene Darstellung.

6.7.3.6 Kulturelle Probleme/kulturelle Unterschiede

Das Problem der kulturellen Unterschiede wurde an sechster Stelle thematisiert. Dabei fällt auf, dass zu Beginn der Berichterstattung – d. h. von Beginn bis Mitte der 1990er Jahre dieses Problem eines der meistgenannten Probleme darstellte, später jedoch stark an Relevanz einbüßte (siehe hierzu nochmals Tabelle 6-20 sowie Abbildung 6-20). Insgesamt wurden kulturelle Probleme in 41 (2,6%) der insgesamt 1.579 analysierten Beiträge erwähnt. Dabei erhielten die Artikel, in denen das Problem der kulturellen Unterschiede thematisiert wurde, eine durchschnittliche Bewertung von 2,6; zwischen 1991 und 1996 wurde eine durchschnittliche Bewertung von 3,1 vergeben. Die folgende Tabelle 6-27 enthält eine ganze Reihe an Textfragmenten zur Kategorie der kulturellen Probleme bzw. der kulturellen Unterschiede.

Zeitschrift	Textfragmente (direkte Zitate)
Manager Magazin, 01.05.1992, S. 124	Auf beiden Seiten fehlt häufig das Verständnis für den Partner. Zu groß sind die Unterschiede in Mentalität und wirtschaftlichem Denken.
VDI Nachrichten, 22.10.1993, S. 12	Vor den Kollegen erhielt der muede Fahrer einen saftigen Rueffel „Made in Germany", worauf dieser prompt seinen Hut nahm und ging. Dass er durch die oeffentliche Schelte sein Gesicht verloren hatte, ahnte der Manager nicht. Bei aller Geschaeftigkeit waren seine Kenntnisse der chinesischen Mentalitaet auf der Strecke geblieben. Anekdoten wie diese zeigen, dass sich die Deutschen noch immer schwertun, auf dem asiatischen Kontinent Fuss zu fassen.
Manager Magazin, 01.08.1995, S. 99	Die meisten deutschen Geschäftsleute, so beobachtet er, kämen mit der asiatischen Kultur, mit der Art, wie in Fernost Geschäfte abgewickelt würden, kaum zurecht
Wirtschaftswoche, 28.11.1996, S. 118	Im Manageralltag spielt das Nationalgefühl der Chinesen eine große Rolle: Wer mit kolonialistischer Herablassung meint, er könne den Chinesen sagen, wo es lang geht, hat seine Chancen schnell verspielt. Wer andererseits versucht, chinesischer zu sein als die Chinesen, macht sich lächerlich. Die Chinesen sind von den Stärken des westlichen Managers beeindruckt, nicht von ihrer vermeintlichen Anpassungsfähigkeit. „Ein Westler wird niemals ein Chinese", sagen sie. (...) Den Chinesen ist es traditionell fremd, bei Verhandlungen mit der Tür ins Haus zu fallen. Zuerst wollen sie ihre Partner kennenlernen, bevor sie zum Punkt kommen. Das kann lange dauern. Für westliche Manager ist das oft schwer zu ertragen. Sie müssen sich in Geduld üben.
VDI Nachrichten, 29.11.1996, S. 4	Im Rahmen der Reise Roman Herzogs ins Reich der Mitte gab es aber auch kritische Stimmen aus dem Munde deutscher Banker und Unternehmen zum Alltag beim Chinageschaeft. Tenor: „Interkulturelle Schwierigkeiten". (...) Die interkulturellen Schwierigkeiten sind fundamental, klagte Martin Posth, VW-Vorstand fuer das Asiengeschaeft. Nichts ginge in China problemlos.
Handelsblatt, 05.05.1997, S. 10	Auch auf deutscher Seite gab es Probleme, auf die unter anderem Siemens-Chef von Pierer bei einem internen Treffen seiner Manager in Peking hingewiesen hat. Eines davon ist die Belegschaft. Deutsche tun sich schwer mit Kultur und Sprache in China.
Handelsblatt, 24.10.1997, S. k02	Uneingestanden verfahren Chinesen nach dem Grundsatz, daß im Krieg, in der Liebe und in Geschäften alles erlaubt ist. Skrupellosigkeit und Eigennutz gegenüber ausländischen Vertragspartnern sind Ausweis von Geschick, wenn sie ungeahndet bleiben und zum Erfolg führen. Für Geschäftsbeziehungen gelten die Regeln der Kriegskunst. Und wer schont schon seine Gegner, wenn er sie zu überlisten und zu schwächen vermag?
VDI Nachrichten, 13.10.2000, S. 44	Mit den unterschiedlichen Kulturen der beiden Unternehmen gebe es keine Probleme, beteuert Denk, der sich und seinen engsten Mitarbeitern chinesischen Sprach- und Kulturunterricht verordnet hat. „Es wäre gelogen zu behaupten, es komme nicht zu Missverständnissen." Zum Beispiel arbeite man in Deutschland erheblich eigenständiger als in China. „Aber man muss den anderen und seine Art respektieren, sonst klappt's geschäftlich nicht", sagt Denk. Und der Unternehmer ist sich sicher: „Wer lautstark vor den kulturellen Gefahren von Fusionen warnt, der hat ganz einfach keinen Mut."
Wirtschaftswoche, 01.10.2003, S. 96	Verhandlungen mit Chinesen sind im Westen weithin gefürchtet: Große Delegationen von zum Verwechseln ähnlich aussehenden Menschen, die mit ausdrucksloser Miene, so als hätten sie alle Zeit der Welt, um den heißen Brei herumreden, offensichtlich Unerreichbares fordern und das abends Vereinbarte am nächsten Morgen wieder infrage stellen. Der chinesische Philosoph und Stratege SunTsu hat bereits 350 vor Christus die chinesische Vorgehensweise im Krieg oder bei Verhandlungen etabliert. „Benütze den indirekten Weg und leite den Feind um, indem du ihm einen Köder vorsetzt." (...) Aus den kulturellen Erfahrungen und gesellschaftlichen Bedingungen ergeben sich zwischen dem Westen und China somit folgende Unterschiede in der Verhandlungstechnik: Direkt – Indirekt[,] Konfrontativ – Integrativ[,] Sachorientiert – Vertrauensorientiert[,] Vertrags-Absicherung – Beziehungs-Absicherung[,] Regelwerk starr & klar – Regelwerk elastisch & verzwickt[,] Verhandlungen endlich – Verhandlung fließend[.]
Manager Magazin, 23.09.2005, S. 92	Und sie bedienen sich jahrtausendalter Taktiken der Kriegskunst, wie sie Meister Sun Tsu („Die Kunst des Krieges") hinterlassen hat (siehe auch Seite 190). Manchmal wurden seine Regeln („Bringe den Feind in Verwirrung, und packe ihn dann") durchaus wörtlich genommen. So, als einer der BASF-Unterhändler einen Vertragspunkt zum wiederholten Male als unverzichtbar bezeichnete. Da packte ihn sein Gegenüber an der Krawatte und zerrte ihn zur Tafel. „Diesen Punkt", schrie er, „musst du fallen lassen." Die fintenreiche Art der Verhandlungsführung und der Zwang, jedes Wort zu übersetzen, die stundenlangen Debatten über die Richtigkeit des Protokolls der letzten Sitzung – all dies waren Bremsklötze auf dem Weg zu Einigung, wie jeder Auslandsinvestor erlebt. (...)
Handelsblatt, 15.09.2008, S. 3	„Viele Unternehmen sind in China schon gescheitert, weil sie die Gesetze und kulturellen Gepflogenheiten vor Ort nicht kannten."
Wirtschaftswoche, 22.06.2009, S. 52	Dennoch bleiben die Gespräche aufgrund der Kulturunterschiede mühsam. Die Vorgesetzten aus dem Westen sprechen langsam und ein Simpel-Englisch und wiederholen jeden Satz noch ein-, zweimal. „Aber wer sichergehen will, erklärt lieber auf Chinesisch", sagt ein Insider.
Manager Magazin, 27.08.2010, S. 86	Chinesen sehen die Tricks als legitime Handlungsoptionen an; aus ihrer Sicht sind es schlicht praktische Mittel zur Zielerreichung – nichts Böses oder Hinterhältiges. Anders als im Westen gelten Täuschen und Tarnen keineswegs als moralisch verwerflich, sondern als bewundernswerte „Kunst des Erfolgs" – und die nutzen die Chinesen wie selbstverständlich in allen Lebenslagen.

Tab. 6-27: Textfragmente zur Kategorie kulturelle Probleme/Unterschiede
Quelle: eigene Darstellung.

In der Berichterstattung dominiert die Aussage, dass ausländische Manager lernen sollten, mit der chinesischen Kultur umzugehen, um erfolgreich im Chinageschäft tätig zu sein. Insgesamt ist von 'fundamentalen' Problemen (VDI Nachrichten, 29.11.1996, S. 4) zwischen den Kulturen die Rede. Dabei wird in der Berichterstattung die chinesische Kultur jedoch oftmals auf Konfuzius oder Sun Tsu (Handelsblatt, 24.10.1997, S. k02; Wirtschaftswoche, 01.10.2003, S. 96; Manager Magazin, 23.09.2005, S. 92) reduziert oder es werden einfach einige wenige dichotome Kategorien genannt (Wirtschaftswoche, 01.10.2003, S. 96), anhand derer sich die westliche und die chinesische Kultur (leicht) unterscheiden lassen. Es werden auch 'Patentrezepte' zum Umgang mit dieser Kultur erwähnt (z. B. Manager Magazin, 01.12.1989, S. 284: „Zehn Gebote im China-Geschäft"; Manager Magazin, 23.09.2005, S. 92: „Die kleine China-Schule").[662]

Es wird betont, dass solche kulturellen Unterschiede lösbar seien und nicht als Grund oder Ausrede gesehen werden sollten, keine geschäftlichen Beziehungen aufzubauen oder Übernahmen von chinesischen Unternehmen durchzuführen (VDI Nachrichten, 13.10.2000, S. 44). Im Zusammenhang mit den kulturellen Problemen ist auch die oftmals erwähnte Notwendigkeit von Kontakten/ Beziehungen/Guanxi zu nennen, die in 24 Artikeln Erwähnung fand sowie die Nichteinhaltung bzw. Nachverhandlungen von Verträgen, die in 18 Artikeln thematisiert wurde.[663] Auch die Probleme der Korruption bzw. der rechtlichen Unsicherheit, die im nächsten Abschnitt behandelt werden, sind vor dem Hin-

---

[662] Vgl. hierzu auch die Vielzahl an Ratgeberwerken mit solchen „Patentrezepten". Stellvertretend sollen hier die Werke von Vermeer (2002), Seeger (2005) und Zuerl et al. (2006).

[663] „„Die Chinesen fassen Verträge als lebendigen Organismus auf", stöhnt (...) Ernaelsteen, „das treibt einen manchmal zur Verzweiflung."" (Manager Magazin, 01.12.1989, S. 280).
„Der Ausländer hat nur vor Unterzeichnung der Verträge eine Chance, wichtige Punkte durchzusetzen. Steht der Vertrag, kann er wenig ändern, während die Chinesen das Papier bestenfalls als gute Diskussionsbasis betrachten." (Manager Magazin, 01.04.1995, S. 173).
„Und kaum dass Konzernchef Jürgen Schrempp diesen [Vertrag] vergangenes Jahr in Anwesenheit von Kanzler Gerhard Schröder und Chinas Premier Wen Jiabao unterschrieben hatte, strich die Planungskommission in Peking eine Position nach der anderen wieder heraus. Das Papier war plötzlich wieder eine Verhandlungsvorlage." (Wirtschaftswoche, 14.07.2005, S. 48).
„In dieser Vorgehensweise schwingt die Haltung mit, daß Verträge (...) die Fixierung der gegenwärtigen Interessenlage (...) sind. Ändern sich die Umstände, dann wird eine Vereinbarung beiseitegelegt. Es muß nachverhandelt werden." (Handelsblatt, 24.10.1997, S. k02).
„Grundlage für Geschäfte in China ist die persönliche freundschaftliche Beziehung der Kooperationspartner, ohne die auch Verträge wertlos sind." (Handelsblatt, 18.04.2005, S. 3).

tergrund kultureller Unterschiede zu betrachten. Rechnet man diese vier Rubriken noch zu dem Problem der kulturellen Unterschiede hinzu, so ergeben sich 114 Nennungen – genauso viele, wie das am häufigsten thematisierte Problem der Einmischung des chinesischen Staates aufweist.

6.7.3.7 Weitere Nachteile

In der Berichterstattung „tummeln" sich noch eine ganze Reihe weiterer Nachteile. Im Gegensatz zu den Vorteilen gibt es im Bereich der erwähnten Nachteile keine so starken „Leuchtturm"-Rubriken, sondern eher ein viel stärker ausgeprägtes „Mittelfeld" von Rubriken, die zwischen 15 und 40 Nennungen aufweisen: Es sind insgesamt noch 19 weitere Nachteilskategorien, die sich in diesem Mittelfeld aufhalten und 15 weitere Kategorien, die zwischen 2 und 14 Nennungen aufweisen (siehe hierzu auch nochmals die Abbildung 6-19). Im Rahmen der Arbeit kann und soll nicht jede dieser Kategorien besprochen werden. Es sollen nachfolgend aber die wichtigsten Erkenntnisse aus diesen verbleibenden Rubriken kurz thematisiert werden.

Probleme mit Joint-Venture-Partnern/Schwierige Suche nach Joint-Venture-Partnern

Probleme mit Joint-Venture-Partnern wurden in 38 Artikeln thematisiert. Dabei wurden insbesondere zwei Hauptprobleme genannt: Zum einen hintergingen chinesische Unternehmen oftmals westliche Unternehmen und bauten auf eigene Rechnung ähnliche Produkte nach (siehe stellvertretend Wirtschaftswoche, 17.11.2005, S. 76). Dieses Problem ist verwandt mit der Kategorie „Probleme mit dem Schutz geistigen Eigentums", welches bereits ausführlich thematisiert wurde. Weiterhin verfolgten die chinesischen Unternehmen sehr oft eigene Interessen und schlossen häufig weitere Joint Ventures mit mehreren direkten Konkurrenten – überproportional häufig wurde dabei von der Automobilindustrie gesprochen (vgl. dazu z. B. Wirtschaftswoche, 26.06.2003, S. 52; Wirtschaftswoche, 01.10.2003, S. 85; VDI Nachrichten, 30.04.2004, S. 27; siehe auch Wirtschaftswoche, 22.05.2006, S. 26 für die Stahlindustrie oder Handelsblatt, 01.10.2009, S. 18 für die Lebensmittelbranche). Insgesamt ist jedoch der

Tenor, dass es aufgrund dieser Probleme sinnvoll sei, entweder den Partner 'loszuwerden' oder 'auf eigene Faust' ohne Partner in China zu investieren und nicht etwa, sich ganz aus China zurückzuziehen (siehe z. B. Handelsblatt, 23.01.1998, S. 18; Handelsblatt, 01.10.2009, S. 18). Aber nicht nur die Arbeit in einem Joint Venture erscheint schwierig, auch die Verhandlungen, um überhaupt ein Joint Venture zu gründen bzw. den richtigen chinesischen Partner für ein Joint Venture zu finden ist kompliziert. Dieser Nachteil wurde in 20 Artikeln – und damit etwa halb so oft wie Probleme in existierenden Joint Ventures – genannt: Von *"jahrelangen zähen und pannengeplagten Verhandlungen"* (Handelsblatt, 17.02.1998, S. 14) ist die Rede, die im Extremfall bei DaimlerChrysler 15 Jahre gedauert haben, bis im Reich der Mitte damit begonnen werden konnte, eine Produktion aufzubauen (Wirtschaftswoche, 14.07.2005, S. 48). Legt man die Berichterstattung zu Grunde, so scheint es, dass es schon 'die halbe Miete' sei, den richtigen Partner gefunden und die lästigen Verhandlungen hinter sich gebracht zu haben (siehe hierzu auch das bereits erwähnte Zitat von Jürgen Hambrecht aus dem Manager Magazin, 01.05.1997, S. 76).

Politische Instabilität, soziale Spannungen und wachsende Arbeitnehmerrechte

Die Dimension Politische Instabilität/Unsicherheit, soziale Unruhen/Spannungen wird in 34 Artikeln erwähnt. Schwerpunktmäßig erfolgen die Erwähnungen in den ersten Jahren der Berichterstattung von 1989 bis 1993 – oftmals mit Hinweis auf die Ereignisse im Jahr 1989 rund um den Platz des Himmlischen Friedens – und in den Jahren von 2004 bis 2010. In letzterer Berichtsperiode wird insbesondere die wachsende Kluft zwischen der armen und reichen Bevölkerung sowie die wachsende Arbeitslosigkeit erwähnt, die zu sozialen Spannungen und Unruhen unter den Arbeitern führten. Das Jahr 2010 war dabei Spitzenreiter mit 6 Nennungen (z. B. *"Die Arbeiterunruhen in China schrecken die Wirtschaft auf und stellen das chinesische Wachstumsmodell als Standort für Billigproduktion infrage. Die Politik sollte das Problem schnellstens angehen, sonst könnten die Streiks auf ganz China übergreifen, warnt Ökonom Ma Jun von der Deutschen Bank Hongkong."* Handelsblatt, 04.06.2010, S. 20). Es wird jedoch auch vermittelt, dass die Politik dieses Problem erkannt hat und entsprechende Maßnahmen ergreift, die jedoch zum Teil zu Lasten der Unternehmen gehen (z. B. Handelsblatt, 24.11.2008, S. 8; Handelsblatt, 20.08.2010, S. 16). In diesem Zusammenhang ist auch die Nachteilskategorie Arbeitnehmerrechte wachsen/Gewerkschaften/Sozialgesetzgebung mit 15 Nennungen zu sehen: Diese wurde im Jahre 2005 erstmalig erwähnt (eine Nennung) und ist daneben nur in den Jahren 2008 und 2010 mit fünf bzw. neun Nennungen vertreten.[664]

Verfügbarkeit von qualifiziertem/geeignetem Personal

Dieses Problem wurde in 32 Zeitschriftenartikeln erwähnt – und damit genauso häufig wie der Vorteil der großen Auswahl an geeigneten/qualifizierten Arbeitskräften. Während alle Artikel, die die Vorteilsdimension enthielten, im Mittel die Bewertung 3,9 erhielten, wurden die Artikel, die die Verfügbarkeit von Personal bemängeln, im Mittel mit 2,5 bewertet. Damit war die Vorteilskategorie um 0,4 Punkte weiter von der neutralen Bewertung entfernt, als die negative Kategorie. Bemängelt wurde oftmals, dass das Ausbildungsniveau der chinesischen Arbeitskräfte weit von westlichen Standards entfernt sei. Es gäbe zwar ein 'Heer' von Ingenieuren – die Fähigkeiten dieser sei aber stark begrenzt. Insgesamt seien Fachkräfte Mangelware und das Bildungsniveau an Schulen und Hochschulen schlecht (z. B. Wirtschaftswoche, 27.04.2000, S. 48, 02.10.2006, S. 28 11.02.2008, S. 84 und Manager Magazin, 27.08.2010, S. 86).[665] Damit wird der Schluss gezogen, dass einfache Fabrikarbeiter relativ leicht zu finden seien; für

---

[664] *„Peking reagiert auf die jüngsten Arbeitskämpfe in den Fabriken des Landes: mit der Einführung geordneter Tarifverhandlungen. (...) Die neuen Regelungen zielen nun darauf, die Unabhängigkeit der Gewerkschaften zu stärken. Zudem sollen sich auch die bisher völlig rechtlosen Wanderarbeiter organisieren dürfen."* (Handelsblatt, 20.08.2010, S. 16).

[665] *„Die Hamburger wurden enttäuscht. Zwar schickten sie detaillierte Montagepläne nach China. Diese seien so unmissverständlich gewesen wie die Bauanleitungen für Lego-Spielzeug, sagt NMF-Geschäftsführer Karl-Heinz Heck. Dennoch: Mit der Montage komplexer Kranelemente waren die Arbeiter in Yangzhong offenbar überfordert – insbesondere mit dem Kranhaus, das aus 2500 Einzelteilen zusammengesetzt werden muss. „Das hat nicht funktioniert", resümiert Heck, „der Ausbildungsstand der chinesischen Kollegen ist einfach nicht derselbe."'* (Manager Magazin, 23.11.2007, S. 276).
„Ein deutscher Mechatroniker mit dreijähriger Ausbildung, der über mechanische und elektrotechnische Kenntnisse verfügt, stellt einen chinesischen Ingenieur mit Hochschulabschluss problemlos in den Schatten." (Wirtschaftswoche, 02.10.2006, S. 28).
„'Wenn wir aber Facharbeiter mit zumindest grundlegendem technischem Verständnis suchen, wird es ganz schwierig", klagt Siemund. Vor einiger Zeit hat der Wago-Geschäftsführer beispielsweise einen studierten Ingenieur zum Vorstellungsgespräch eingeladen und ihm einen Schaltplan einer einfachen elektrischen Anlage gezeigt – der Bewerber hielt das Ganze für eine Anfahrtsskizze." (Wirtschaftswoche, 11.02.2008, S. 84).

höherqualifizierte Tätigkeiten seien dagegen geeignete Arbeiter Mangelware (z. B. Wirtschaftswoche, 11.02.2008, S. 84) – und dies trotz der vielfachen Meldungen, dass jedes Jahr mehrere Hunderttausend Ingenieure die chinesischen Universitäten verlassen (z. B. Wirtschaftswoche, 22.06.2009, S. 52). In den letzten vier Jahren der analysierten Berichterstattung wurde zusätzlich vermeldet, dass auch einfach qualifizierte Arbeiter – speziell in den sogenannten Boomregionen – seltener zu finden seien (z. B. Handelsblatt, 20.02.2007, S. 18) bzw. dass ein beträchtlicher Teil der Wanderarbeiter nach den freien Tagen zum Neujahrsfest einfach nicht mehr an ihren Arbeitsplatz zurückkehren würden, weil sie Arbeit in der Nähe ihres Heimatortes gefunden haben.[666]

Im Zusammenhang mit dem Problem der Verfügbarkeit von geeignetem Personal sind auch die bereits thematisierten Lohnkostensteigerungen sowie die in 12 Artikeln erwähnte hohe Fluktuation von Mitarbeitern zu sehen. Dennoch könnte durch die Art der Berichterstattung ein Fehlschluss auftreten:[667] Unternehmen könnten geneigt sein zu glauben, dass sie aufgrund der immer wieder angegebenen enormen Lohnkostenvorteile etwas höhere Löhne zahlen können, um zum einen besser qualifizierte Arbeitskräfte zu finden und zum anderen eine Fluktuation der Arbeitskräfte zu vermeiden. Dies würde sie befähigen, aufgrund der dann immer noch hohen Lohnkostenvorteile trotzdem profitabel zu arbeiten.

---

[666] *„Vor allem die im Exportgeschäft dominierenden Regionen um Shanghai und in Hongkongs Nachbarprovinz Guangdong sind betroffen. Rund 2 Mio. Arbeitsplätze sind in Guangdong unbesetzt. Allein in Hongkongs Schwester-City, der 7 Mio. Einwohner zählenden Metropole Shenzhen, sind es zurzeit 1 Mio. Stellen. Zur Jahreswende hatte die Stadtverwaltung alarmiert vermeldet, dass 819 000 Jobs auf Interessenten warten. Huang Huiping vom Arbeitsamt in Guangdong schätzt, dass in einigen Betrieben an der Küste bis zu 80 % der Stellen unbesetzt sind. Ein Grund: Nicht wenige Wanderarbeiter finden eine Stelle im Inneren, vor allem im Westen des Landes. Ivo Hahn, der Direktor der Vermittlungsgruppe Stanton Chase in Hongkong: „Auch finanziell ist das mittlerweile dort für sie annehmbar und sie sind in der Nähe ihrer Familie. Diese Entwicklung wird zum langfristigen Trend." Nach dem National Bureau of Statistics (NBS) in Peking zogen es 29 % der Wanderarbeiter vor, am Ende des chinesischen Neujahrsfestes Mitte Februar nicht mehr zu ihrer Firma nahe der Ostküste zurückzukehren. (...) In der Region Shanghai, wo viele Unternehmen aus Taiwan oder Japan elektronische Produkte herstellen, sieht es nicht anders aus als in Guangdong. „Die Lage ist sehr ernst", klagt Chou Peng-pang, der Chef der Quankang Electronic Technology. Firmen schickten mittlerweile selbst Werber in die Provinzen Anhui, Henan und Hunan, allerdings ohne sonderlichen Erfolg. (...) Wie Chiu Chuang-Cheng, der CEO der Dahue Computer in Shanghai, herausfand, versuchen nicht wenige Arbeitnehmer die Firmen in Warteposition zu belassen und gegeneinander auszuspielen, bis attraktivere Angebote auf dem Tisch liegen."* (VDI Nachrichten, 19.03.2010, S. 3).

[667] Diese Annahme ist zwar hypothetisch, da in der Berichterstattung kein direkter Hinweis für eine solche Annahme gefunden wurde. Aufgrund der umfangreichen Analyse der Berichterstattung und den damit gewonnenen Eindrücken ist eine solche Folgerung jedoch schlüssig.

Relativierend könnten auch die Hinweise in der Berichterstattung zu verstehen sein, dass sich der Mangel an Fabrikarbeitern eher auf die sogenannten Boomregionen an der Küste und nicht auf die Regionen im Landesinneren bezieht, in denen eine ganze Reihe an Unternehmen nun investieren.

Korruption/Betrug/Diebstahl/Erpressung bzw. rechtliche Probleme/rechtliche Unsicherheit

Diese beiden Dimensionen fanden in 31 bzw. 24 Artikeln Erwähnung, was 2,0% respektive 1,5% aller Artikel darstellt. Korruption wird in der Berichterstattung über China sporadisch erwähnt – bzw. dass es üblich sei und auch erwartet werde, Schmiergeld zu zahlen (siehe z. B. Manager Magazin, 01.04.1995, S. 173; Handelsblatt, 11.12.2000, S. 12 und 30.03.2010, S. 7). Interessanterweise wird jedoch auch über eine Studie berichtet, die aussagt, dass sich die deutschen Unternehmer darüber im europäischen Vergleich eher wenig Gedanken machen bzw. diese Probleme im Vorfeld aufgrund der geschäftlichen Verlockungen verdrängen (Manager Magazin, 25.07.2008, S. 74) und dann vor Ort als sehr störend empfinden; bis zu 60% der Unternehmen fühlen sich im Aufbau ihrer Geschäftstätigkeit durch Korruption belästigt (Wirtschaftswoche, 12.03.1998, S. 59). Es kann zwar an dieser Stelle nur spekuliert werden, dass diese Vernachlässigung oder Verdrängung (auch) dadurch begründet ist, dass Korruption in der Berichterstattung eher selten einen Platz findet. Eine solche Annahme ist jedoch konsistent mit der medientheoretisch erfolgten Diskussion in dieser Arbeit.

Die in der Berichterstattung thematisierte Korruption scheint jedoch in China omnipräsent und zum Teil kulturell begründet zu sein, da die Grenze zwischen der in der chinesischen Kultur innerhalb des Guanxi-Netzwerkes begründeten Gefälligkeiten und Korruption fließend ist.[668] Die Berichterstattung deutet jedoch

---

[668] *„Die Verhandlungen mit Chinesen sind zaeh und teuer, und immerzu ist Korruption im Spiel. Wenn man denn glaubt, das Joint Venture endlich unter Dach und Fach zu haben, dann kann es passieren, dass es ploetzlich nur Strom gibt, wenn der Sohn des Kraftwerkdirektors in Europa studieren kann."* (Wirtschaftswoche, 10.06.1994, S. 33).
„Was bei uns einen leicht negativen Beigeschmack hat, ist in China ein Statussymbol: Wer über ein gutes Beziehungsnetz verfügt, ist ein bedeutender Mensch. Die Guanxi sind das

auch an, dass die Korruption mittlerweile von den Behörden stark bekämpft wird.[669] Daneben wird auch beklagt, dass die Buchhaltungen der chinesischen Partnerfirmen – oder Akquisitionsziele – undurchsichtig und oftmals gefälscht sind (Handelsblatt, 05.07.1996, S. 18 und 16.10.2007, S. 19). Die rechtlichen Probleme bzw. die rechtliche Unsicherheit hängen zum Teil ebenfalls mit dem Korruptionsproblem zusammen, da sich dieses auch durch die Gerichte zieht (z. B. Wirtschaftswoche, 09.12.2004, S. 46; Handelsblatt, 11.10.2006, S. 10). Insgesamt wird sogar davon abgeraten, den Rechtsweg zu beschreiten – dies sogar als die „schlechteste Option" (VDI Nachrichten, 30.09.2005, S. 28) deklariert, da die Chancen sehr gering sind, dort zu obsiegen (z. B. Handelsblatt, 04.07.2008, S. 23) und man auch unter weiteren (potentiellen) Geschäftspartnern den eigenen guten Ruf aufs Spiel setzt, wenn man einen seiner Partner verklagt (Handelsblatt, 24.10.1997, S. k02). Ein weiteres Problem liegt darin, dass die Regierung (oder Provinzregierung) ständig gesetzliche Rahmenbedingungen ändert (Handelsblatt, 03.01.1995, S. 7 und 05.05.1997, S. 10; Manager Magazin, 01.04.1995, S. 173 und 27.08.2010, S. 86; Wirtschaftswoche, 13.05.1999, S. 58).

Lange und unsichere Transportwege/-zeiten sowie schlechte Infrastruktur

Diese beiden Problembereiche wurden in 31 bzw. 25 Artikeln thematisiert, was 2,0% bzw. 1,6% aller Artikel darstellt. Insbesondere wurde die lange Transportdauer – in der Regel auf dem Schiff – kritisiert (z. B. VDI Nachrichten, 30.05.1997, S. 3; Manager Magazin, 19.12.2003, S. 74 und 18.03.2005, S.

Mark der chinesischen Gesellschaft und der Schlüssel zur chinesischen Wirtschaftsdynamik. Dahinter verbirgt sich nichts Geheimnisvolles: Wann immer es Schwierigkeiten gibt, wenn es gilt, Geschäfte zu machen, schnell eine Zollvergünstigung oder einen Grundstücksvertrag für sein Unternehmen zu bekommen, sucht man jemanden, der weiterhilft. Egal, ob das nun die Cousine dritten Grades ist, der Parteifreund, der Militärkamerad oder die Kommilitonin, mit der man während der Kulturrevoltion die kargen Felder in Hunan bestellen mußte." (Wirtschaftswoche, 28.11.1996, S. 118).

[669] „Der frühere Premier Zhu Rongji nutzte den Nationalen Rechnungshof, um das Übel der Vetternwirtschaft zu bekämpfen. Zhus Methode: „Wir erschießen einen, um 100 zu erschrecken." Im Jahr 2000 wurde sogar der stellvertretende Vorsitzende des Nationalen Volkskongresses, Cheng Kejie, wegen Unterschlagung hingerichtet. Wenige Monate danach brachte ein Schmuggelskandal in der südchinesischen Provinz Fujian fast die gesamte Provinzregierung zu Fall. Inzwischen werden Minister, Bankdirektoren und hochrangige Beamte vor ihrem Amtsantritt auf Herz und Nieren geprüft." (Wirtschaftswoche, 01.10.2003, S. 96); siehe dazu auch Wirtschaftswoche, 02.10.2006, S. 28.

104). Eine solche Entfernung – und damit lange Transportdauer – zu möglichen Kunden in Europa ist vielen Unternehmen einfach zu weit, da Kundennähe und schnelle Lieferzeiten für viele Unternehmen ein entscheidender Wettbewerbsvorteil sind (z. B. VDI Nachrichten, 24.03.2005, S. 41; Wirtschaftswoche, 03.11.2005, S. 132; Handelsblatt, 04.10.2006, S. 18, 04.06.2007, S. c02 und 08.07.2008, S. 7). Aber auch der Zustand der Straßen bzw. das schlecht ausgebaute Straßennetz – und damit einem Teil der Infrastruktur – vermindert die Schnelligkeit des Transports erheblich (Manager Magazin, 01.02.1994, S. 80; VDI Nachrichten, 04.07.1994, S. 6; Wirtschaftswoche, 13.05.1999, S. 58); aus diesem Grund wurden die beiden Dimensionen hier auch zusammengefasst. Hinsichtlich der Infrastruktur wurde daneben insbesondere die Verfügbarkeit von Strom bemängelt,[670] welche Unternehmen jedoch mithilfe eigener Generatoren (Manager Magazin, 01.05.1992, S. 132) oder langfristiger Verträge (Handelsblatt, 27.04.2006, S. 15) zum Teil umgehen können.[671] Insgesamt verspüren befragte Unternehmer jedoch eine Verbesserung der Infrastruktur (Handelsblatt, 23.01.1998, S. 18) und auch die Regierung in Peking versuchte sich schon frühzeitig an der Minderung dieser Probleme (Manager Magazin, 01.02.1994, S. 80).

Weitere Nachteile

Neben den bisher näher thematisierten Nachteilen wurden – insbesondere in den Jahren nach 2003 – in 25 Artikeln allgemein steigende Kosten erwähnt; im Vergleich zu den thematisierten Lohnkostenvorteilen und allgemeinen Kosten-

---

[670] *„Ein Dauerproblem ist auch die Stromknappheit in China. Borrey: „Im Sommer haben uns die Behörden donnerstags und freitags den Strom abgestellt, stattdessen sollten wir am Wochenende produzieren. Die Arbeiter machen das zum Glück mit – ohne Zuschläge." Versuche, dann wenigstens mit den zuständigen Energiebürokraten über den Strompreis zu verhandeln, wurden abschlägig beschieden: Kein Spielraum, alles wird zentral in Peking festgelegt."* (Wirtschaftswoche, 16.09.2004, S. 60).
„China droht in diesem Sommer ein massiver Energie-Engpass (...). „Wir stellen uns darauf ein, dass wir einmal pro Woche einen ganzen Tag die Produktion stoppen müssen", sagt ein deutscher Chemiemanager. China fehlen 40 Gigawatt Strom, so viel wie Australien in einem Jahr verbraucht." (Handelsblatt, 17.02.2004, S. 8).
[671] *„Bei aller Zuversicht für den chinesischen Standort verkennt Heitmann nicht die Probleme. „Energieknappheit ist für China ein ganz großes Thema", sagt der Lanxess-Chef. „Unsere Anlagen haben durch die Verbundstandorte und durch langfristige Verträge aber keine Beeinträchtigung bei der Produktion zu befürchten." Energie und Liefersicherheit seien zudem auch in anderen Ländern ein Thema, zum Beispiel in Indien."* (Handelsblatt, 27.04.2006, S. 15).

vorteilen ist dies aber vernachlässigbar. Auch ein hohes Maß an Bürokratie (24 Nennungen) behindert den Geschäftsverkehr in China. Weiterhin wurde in 20 Artikeln kritisiert, dass keine oder ungenaue Marktdaten existieren[672] und zum Teil mehr als 50% der Unternehmen (auch) aus diesem Grund den Markt stark überschätzt haben (z. B. Handelsblatt, 13.03.1997, S. 19, 05.05.1997, S. 10 sowie 31.01.2005, S. 4; Wirtschaftswoche, 12.03.1998, S. 59; VDI Nachrichten, 22.05.1998, S. 22); dabei scheint interessant, dass ein so fundamentales Problem wie die fehlende Verfügbarkeit von verlässlichen Marktinformationen, an dem einer Umfrage zufolge etwa jedes zweite Unternehmen leidet (Handelsblatt, 26.11.2004, S. b05) und zusätzlich jedes zweite Unternehmen wohl auch aus diesem Grund seine Marktchancen überschätzt hat (Wirtschaftswoche, 12.03.1998, S. 59) so selten Erwähnung findet und nur in 0,38% aller Artikel thematisiert wird.[673]

Ein weiteres interessantes Problem sind Im-/Exportbeschränkungen nach/aus China. Es wurde bereits erwähnt, dass das Umgehen von Handelshemmnissen ein nennenswerter Vorteil einer Produktionsverlagerung nach China ist. Aber dies kann sich auch nachteilig auf das Unternehmen auswirken: Zum Beispiel hat die EU sogenannte Schutzzölle und Quoten für Textilien und Schuhe aus China eingeführt: Die trifft auch die deutschen Hersteller dieser Produkte, die in China kostengünstig für den deutschen Markt produzieren (z. B. VDI Nachrichten, 12.08.2005, S. 5; Handelsblatt, 05.10.2006, S. 21, 23.08.2006, S. 7 sowie

---

[672] *„Die Sammlung von verlässlichen Marktdaten ist mit besonders hohem Aufwand verbunden. (...) 1,3 Milliarden Chinesen – macht 2,6 Milliarden verkaufte Schuhe oder Essstäbchen, denkt sich so mancher. Immer wieder lassen sich westliche Investoren von der Größe des Landes blenden. Um Pleiten zu vermeiden, sollte man vor dem Eintritt in den chinesischen Markt oder einem neuen Investment versuchen, umfangreiche Analysen zu Standorten, Partnern, Unternehmensformen, Märkten, Zielgruppen und deren Kaufkraft durchzuführen. Doch hier liegt die Crux: Die Erhebung empirischer Daten und Marktforschung stecken in China noch in den Kinderschuhen. Daten von offiziellen chinesischen Stellen wie etwa dem National Bureau of Statistics (NBS) sind mit Vorsicht zu genießen. Ihr Zu-Stande-Kommen ist oft schwer nachzuvollziehen."* (Wirtschaftswoche, 01.10.2003, S. 96).
„Die Marktanalysen sind oft nicht zuverlässig. Es gibt keinen einheitlichen chinesischen Binnenmarkt, sondern Provinzen und Wirtschaftszonen mit stark differierender Kaufkraft und abweichenden Konsumgewohnheiten." (Handelsblatt, 24.10.1997, S. k02).
„Als weitere Hemmnisse bezeichnet jedes zweite der befragten Unternehmen Schwierigkeiten im Hinblick auf die Beschaffung aussagekräftiger Marktinformationen" (Handelsblatt, 26.11.2004, S. b05).
[673] Das Problem der Nichtverfügbarkeit aussagekräftiger bzw. richtiger Marktdaten wurde in sechs Artikeln – oder 0,38% aller Artikel – thematisiert; die restlichen Nennungen in dieser Rubrik beziehen sich auf Fehleinschätzungen im Allgemeinen.

21.02.2006, S. 5; Wirtschaftswoche, 19.04.2010, S. 12). Aber auch Einfuhrzölle und lange Zollabfertigungszeiten für Investitionsgüter aus dem Ausland, die zum Aufbau einer Produktion in China dienen und für Komponenten und Vorprodukte aus dem Ausland, die zur Fertigung benötigt werden (Handelsblatt, 03.06.1997, S. 10; Wirtschaftswoche, 26.09.2002, S. 16) sowie Ausfuhrzölle für in China gefertigte Produkte für den europäischen Markt (Wirtschaftswoche, 29.04.2006, S. 18) werden als Problem angesehen.

Gelegentlich wurde noch erwähnt, dass eine Produktion in China wegen geringerer Skaleneffekte und wegen geringerer Produktivität nachteilig sein kann (18 Nennungen). Schließlich wurde auch der Beitritt Chinas zur WTO zum Teil als negativ angesehen: Vor dem Beitritt wurde insbesondere der Automobilmarkt durch hohe Importzölle geschützt: Die lokal produzierenden Unternehmen wiesen in China zwar eine unvorteilhafte Kostenstruktur auf, konnten aber trotzdem hohe Gewinne erzielen, weil kaum Fahrzeuge von außerhalb Chinas importiert wurden.[674] Dies änderte sich jedoch mit dem Beitritt Chinas zur WTO.[675] Dieses Problem wurde in 16 Artikeln thematisiert; dabei wurde in 15 Artikeln auf die

---

[674] *„Die hohen Kosten können sich Unternehmen nur leisten, weil sie die Autos dank hoher Importzölle auch teurer verkaufen können."* (Wirtschaftswoche, 26.06.2003, S. 52).
„Wie viel die ausländischen Konzerne in China verdienen, darüber geben sie zwar offiziell keine Auskunft. Doch die Gewinne müssen gemessen am Endverkaufspreis der Autos ordentlich sein. Für die meisten Hersteller ist China derzeit der profitabelste Markt der Welt. Peugeot, eines der wenigen Unternehmen, das Zahlen nennt, kam im vergangenen Jahr auf eine Marge von über zwölf Prozent operativen Gewinn in seiner Fabrik in Wuhan – dreimal so viel wie in Europa. Fords gerade erst angelaufene Fiesta-Produktion in Chongqing ist auf Anhieb profitabel. Hondas Fabrik in Kanton war es im zweiten Jahr." (Wirtschaftswoche, 01.10.2003, S. 85).

[675] *„Volkswagen baut seit 20 Jahren Autos in China und hat auf dem lange abgeschotteten Markt gut verdient. In den vergangenen Jahren hat sich die Autobranche im Reich der Mitte jedoch durch den Beitritt Chinas zur Welthandelsorganisation WTO völlig gewandelt. Immer mehr ausländische Autofirmen drängen nach China, die Folgen sind Rabattschlachten und große Überkapazitäten."* (Handelsblatt, 21.11.2005, S. 14).
„Für Unternehmen wie Volkswagen, die bereits massiv in den Aufbau einer eigenen Produktion in China investiert haben, bedeutet der WTO-Beitritt aber schlicht mehr Konkurrenz. „Wenn man ehrlich ist", so ein VW-Vorstand, „war der WTO-Beitritt Chinas ein schwarzer Tag für uns."" (Wirtschaftswoche, 30.05.2002, S. 60).
„Der Volkswagen-Konzern befürchtet bei einer Aufnahme Chinas in die Welthandelsorganisation (WTO) Verluste in Milliardenhöhe. Wie die Wirtschaftswoche erfuhr, hält VW-Chef Ferdinand Piëch die Automobilwerke in Schanghai und Changchun für nicht konkurrenzfähig, wenn die Volksrepublik ihre Zollbarrieren für Importwagen abbauen muß. Die chinesischen Werke des Wolfsburger Automobilherstellers produzieren derzeit zu Kosten, die um rund 30 Prozent über dem Weltmarktniveau liegen. Verantwortlich dafür sind nach Unternehmensangaben vor allem die extrem hohen Preise, die VW seinem vom Joint Venture Partner FAW bestimmten chinesischen Zulieferern zahlen muß." (Wirtschaftswoche, 27.01.2000, S. 9).

Automobilindustrie verwiesen und in 14 Artikeln das Unternehmen Volkswagen genannt. Aufgrund der geringen Relevanz der noch verbleibenden Nachteilskategorien, soll auf eine weitergehende Diskussion verzichtet werden.

6.7.3.8 Korrelationen zwischen den Bewertungen und den meistgenannten Nachteilen

Nachfolgend soll kurz auf den statistischen Zusammenhang zwischen vergebenen Bewertungen und genannten Nachteilen eingegangen werden. Hierbei wurde anhand einer Punkt-Biserialen Korrelation der Zusammenhang zwischen einem genannten Nachteil und der entsprechenden Bewertung des Artikels analysiert.[676] Sofern ein bestimmter Nachteil in einem Artikel erwähnt wurde, wurde dies in der Datenmatrix mit dem Wert 1 hinterlegt; wenn ein Nachteil nicht erwähnt wurde, enthält die Datenmatrix an dieser Stelle den Wert 0. Sofern angenommen wird, dass der Artikel tendenziell eine negative Bewertung erhält, sofern ein bestimmter Nachteil erwähnt wurde, ist also eine negative Korrelation zu erwarten. Oder anders ausgedrückt: ein „aufsteigender" Wert des genannten Nachteils von 0 (nicht genannt) zu 1 (genannt) wird erwartungsgemäß ein absteigender Wert der Bewertung zugeordnet. Die nachfolgende Tabelle 6-28 stellt die Korrelationen zwischen den Bewertungen und den sechs meistgenannten Nachteilen dar.

Wie der Tabelle zu entnehmen ist, korrelieren nahezu alle der Nachteile signifikant negativ zu den vergebenen Bewertungen. Lediglich bei der Dimension „hoher Wettbewerb/wachsender Wettbewerb/Überkapazitäten" ist ein solcher signifikanter Zusammenhang nicht zu ersehen. Auch hier gilt die bereits bei der Vorteilsbetrachtung erwähnte Limitation: Es ist natürlich zu beachten, dass das Zusammenspiel der Nennung verschiedener Vor- und Nachteile und die davon ausgehende Wirkung auf die Bewertung des Artikels bei dieser Analyse nicht berücksichtigt wird. Es erfolgt also immer eine isolierte Betrachtung zwischen der Nennung eines Nachteils und der in diesem Artikel vergebenen Bewertung. Dennoch können aus der Analyse folgende Schlüsse gezogen werden: Wird

---

[676] Siehe hierzu auch die Ausführungen in der Fußnote 650.

einer der meistgenannten Nachteile in einem Zeitschriftenartikel erwähnt, so wird dieser Artikel in der Regel scheinbar negativ beeinflusst.[677] Weiterhin kann geschlossen werden, dass bei der Bewertung der Artikel durchaus konsistent vorgegangen wurde und die Nennung negativer Aspekte scheinbar auch einen negativen Einfluss auf die Bewertung des Artikels hatte.

	02 Qualitätsprobleme	04 Lohnkostensteigerungen	07 Probleme mit dem Schutz geistigen Eigentums/ Technologietransfer	14 hoher Wettbewerb/ wachsender Wettbewerb/ Überkapazitäten	15 Einmischung des chinesischen Staates	20 kulturelle Probleme/ kulturelle Unterschiede
Bewertung	-,204**	-,186**	-,188**	-,044	-,221**	-,100**

** Die Korrelation ist auf dem Niveau 0,01 signifikant (zweiseitig). N = 1.579.

Tab. 6-28: Korrelation zwischen den vergebenen Bewertungen und den meistgenannten Nachteilen
Quelle: eigene Darstellung.

6.7.4 Quantifizierte Nachteile einer Produktionsverlagerung

Im Rahmen der Arbeit wurden nicht nur quantifizierte Aussagen zu Vorteilen einer Produktionsverlagerung kodiert, sondern auch quantifizierte Aussagen zu Nachteilen. Diese konnten in 22 (1,4%) der 1.579 kodierten Artikel identifiziert werden (zum Vergleich: quantifizierte Vorteile wurden etwa dreimal so häufig – und zwar in 59 (3,7%) aller Artikel identifiziert). Davon wurden etwa die Hälfte der quantifizierten Nachteile in den Jahren 2008 bis 2010 genannt; von 1989 bis 1999 dagegen gab es lediglich zwei Nennungen.

Nachfolgend werden in Tabelle 6-29 konkrete Aussagen zu quantifizierten Kostennachteilen gezeigt. Die Textfragmente zeichnen dabei ein durchaus negatives Bild von Produktionsverlagerungen nach China, was die Kosten betrifft. Dabei muss jedoch im Sinn behalten werden, dass die dargestellten zehn Zitate bereits etwa die Hälfte aller Aussagen zu quantifizierten Kostennachteilen darstellen.

---

[677] Siehe hierzu auch die Ausführungen in Fußnote 644.

313

Zeitschrift	Textfragmente (direkte Zitate)
Manager Magazin, 01.08.2000, S. 46	Die Verpflichtung, national einzukaufen, und das bei kleinen Stückzahlen, schlägt durch. Ein Passat aus Schanghai kostet 30 Prozent mehr als ein Passat aus Emden, obwohl in China der Stundenlohn zwei Mark beträgt. Der Materialeinkauf für 300 000 Autos in fünf Varianten ist in China wegen zu kleiner Stückzahlen leider noch so teuer. In Deutschland dagegen sind wir mit hohen Stückzahlen bei den Gleichteilen, die zudem hochautomatisiert hergestellt werden, tiefschwarz.
Manager Magazin, 27.05.2005, S. 126	Genau wie Marktführer Dell kauft FSC die Bestandteile eines Computers bei Zulieferern, baut dann jedes Gerät nach den spezifischen Wünschen des Käufers zusammen und liefert es binnen fünf bis acht Tagen aus. Mit solch knappen Fristen können asiatische Hersteller auch bei Lohnkostenvorteilen von acht Euro pro PC nicht kalkulieren. „Wollten sie den gleichen Service bieten wie wir, müssten sie die Rechner einzeln verpackt nach Europa fliegen. Das kostet aber rund 30 Dollar Luftfracht pro Stück", triumphiert Logistikchef Eßer.
VDI Nachrichten, 08.02.2008, S. 20	Die Studie belegt laut Lang, dass die Produktion in Fernost in zwei Drittel der Fälle gleich teuer oder bis zu 20 % teurer als in den Heimatländern der 43 befragten Autohersteller (OEM) und Zulieferer ist. (...) Die Gründe sind vielfältig, so Lang: Während in den USA pro Modell durchschnittlich 485 000 Fahrzeuge im Jahr hergestellt werden, laufen in China nur 210 000 (...) Fahrzeuge vom Band. Das reduziere die Skaleneffekte für die ausländischen Autofirmen. (...) Ein ganz wesentlicher Punkt sei der zusätzliche Aufwand für Qualitätsmanagement. „In Europa haben wir Fehlerquoten von 30 bis 70 Stück pro Million. In Fernost sind es schon mal 17 000", sagte Lang, der zehn Jahre Vorort-Erfahrung mit Zulieferern und OEM in Asien sammeln konnte.
Wirtschaftswoche, 11.02.2008, S. 84	Je nach Qualifikation liegen die Gehaltssteigerungen derzeit bei 10 bis 20 Prozent pro Jahr. (...) Vor allem bei Führungspositionen schwindet Chinas einstiger Kostenvorteil gegenüber dem Westen rapide. Ein chinesischer Finanzchef etwa verdient zwischen 50 000 und 60 000 Euro im Jahr. Dazu kommen alle möglichen Gewinnbeteiligung, ein Firmenwagen sowie Krankenversicherung für die Familie. Und wer verhindern will, dass der lang gesuchte Top-Manager schon nach wenigen Monaten zum Konkurrenten wechselt, muss sich darauf einstellen, sein Gehalt um 20 bis 30 Prozent zu erhöhen, hat Gudrun Seitz vom (...) (VDMA) in Peking beobachtet.
Manager Magazin, 25.04.2008, S. 112	Der Niedergang: Doch seit ein, zwei Jahren bleibt der Zustrom aus, weil es den Wanderarbeitern zu Hause im ländlichen China inzwischen besser geht. Die Folge: ein Mangel an Arbeitskräften, der die Lohnkosten nach oben treibt. Inzwischen bekommt ein Arbeiter im Schnitt 120 Euro pro Monat. Zudem führte die Provinzregierung ein soziales Sicherungssystem ein, in das die Arbeitgeber rund 20 Prozent der Lohnsumme einzahlen müssen.
Wirtschaftswoche, 28.07.2008, S. 38	Unsere Gewinnmargen sinken kontinuierlich, klagt der stellvertretende Geschäftsführer von Evervan. Das Unternehmen ist einer der weltgrößten Sportschuhhersteller – und kämpft mit Problemen, die hier in China bislang niemand kannte: Um 17 Prozent seien die Lohnkosten im vergangenen Jahr gestiegen, höhere Preise für Leder und Gummi würden den Rest erledigen, sagt Huang, während er durch seine Fabrikhalle läuft. „Es ist nicht mehr wie vor zehn Jahren. Damals konnte man sich hinsetzen, Schuhe machen, und das Geld floss fast von allein."
Handelsblatt, 18.08.2008, S. 1	Problem Lohnkosten: Die nationale Statistikbehörde des Landes, das NBS, beziffert den Anstieg der Arbeiterlöhne in den städtischen Regionen alleine im ersten Quartal auf 21,4 Prozent. Diese rasante Erhöhung wurde auch durch den neuen Mindestlohn ausgelöst (...). Er liegt bei 750 Yuan pro Monat, umgerechnet 70 Euro. In Vietnam zahlen Arbeitgeber gut die Hälfte. Problem Frachtkosten: Der Baltic Dry, der etablierteste Index für weltweite Frachtraten, ist seit 2004 von etwa 5 000 Punkten bis Mai dieses Jahres auf fast 12 000 Punkte gestiegen. Zwar ist der Wert seitdem wieder auf gut 7 000 Punkte abgebröckelt (...). Experten gehen aber davon aus, dass der Rückgang nur temporär ist. Problem Steuern: Der chinesische Fiskus hält inzwischen deutlich stärker die Hand auf als früher. Gemeinschaftsunternehmen mit ausländischer Beteiligung unterliegen seit Januar der chinesischen Körperschaftsteuer, die bis zu 25 Prozent betragen kann. Bislang war die Steuerlast deutlich geringer.
VDI Nachrichten, 19.03.2010, S. 3	Um die 100 EUR (...) montatlich [sic!] verdienten die Wanderarbeiter in den Fabriken Shenzhens, Dongguans, Shanghais oder Guangzhous vor der Krise. Nun wird überall notiert. Ab April wird der z. B. der Mindestlohn in Shanghai um 15 % angehoben. Auch im Landesinneren steigen die Löhne. „Der Aufwärtstrend vor allem bei den niedrigeren Löhnen und Gehältern wird anhalten", schätzt Ivo Hahn. „Die Unternehmen kommen nicht umhin, mehr zu bieten, um mitzuhalten."
Handelsblatt, 28.01.2010, S. 66	Deutschen Unternehmen bleibe aber letztlich keine andere Wahl, als mit den wilden Drachen weiter zu reiten. „Sie müssen ihre Marken und ihre Patente in China anmelden, sie müssen streiten, und sie müssen viel Geld in die Hand nehmen." (...) Letzteres hat die Offinger BWF Group getan. Der mittelständische Spezialist für hochwertige transparente Kunststoffprofile hat seit 1996 einen Standort in Wuxi unweit von Shanghai. Anfang 2007 räumte das Unternehmen dort seinen stellvertretenden Produktionsleiter. Einige Monate später entstand am selben Ort eine weitere Fabrik mit identischer Produktpalette. Besonders ärgerlich: Die Konkurrenzfirma war von der chinesischen Ehefrau des ehemaligen Arbeitnehmers gegründet worden, obwohl BWF mit ihrem Mitarbeitern umfangreiche Geheimhaltungsvereinbarungen getroffen hatte (...). BWF schaltete daraufhin einen Detektiv ein, der einen Testauftrag für neue Konkurrenz startete (...). Und BWF klagte. Nach rund zwei Jahren gab ein chinesisches Gericht dem Unterlassungsanspruch statt. Die chinesische Konkurrenz musste dicht machen. Aber: „In dieser Zeit sind über 300 000 Euro Anwalts- und Gerichtskosten entstanden. Durch entgangene Aufträge haben wir zusätzlich mehr als eine Million Euro verloren", sagt Fritz Klaiber, Managing Director der BWF Group.

Tab. 6-29: Textfragmente zur Kategorie Quantifizierte Nachteile
Quelle: eigene Darstellung.

In der Regel wurden drei Arten von Kostennachteilen erwähnt: gestiegene Lohnkosten (die jedoch im Vergleich zu Europa immer noch sehr niedrig sind und im Vergleich zu den thematisierten (Lohn-)Kostenvorteilen wenig relevant erscheinen), erhöhte Frachtkosten für einen Transport in Märkte außerhalb Chinas (was für eine lokale Produktion mit dem Ziel einer Markterschließung weniger relevant ist) sowie Steuererhöhungen. Letztere stellen aber keinen gravierenden Nachteil gegenüber den einheimischen Unternehmen dar, da ausländische Unternehmen früher bevorzugt wurden und einen niedrigeren Steuersatz zahlten, der nunmehr angeglichen wurde. In zwei Fällen wurden Aussagen zu den Kosten bzw. Verlusten durch den Diebstahl geistigen Eigentums gemacht. Interessant erscheint wiederum die Rolle von Volkswagen: In 6 der 22 Artikel wurde das Unternehmen erwähnt, davon in vier Artikeln (alle aus dem Jahr 2000), dass die Produktionskosten von Volkswagen in China in etwa 30% höher seien, als in Europa. Abschließend kann festgehalten werden, dass Artikel mit quantifizierten Nachteilen zwar sehr kritisch bewertet werden (durchschnittliche Bewertung von 2,1), jedoch insgesamt Mangelware sind.

6.7.5 Gegenüberstellung von genannten Vor- und Nachteilen

Nachdem nun die in der Berichterstattung genannten Vor- und Nachteile ausführlich analysiert wurden, sollen in diesem Abschnitt die Vor- und Nachteile noch einmal gegenübergestellt werden.[678] Auch wenn bisher bereits mehrfach angedeutet wurde, dass die Berichterstattung eher als positiv zu betrachten ist, ist ein solcher Vergleich der Vor- und Nachteile für die abschließende Beantwortung der Forschungsfrage 2 wichtig.[679]

6.7.5.1 Gegenüberstellung der wichtigsten Vor- und Nachteilskategorien

Es wurde bereits erwähnt, dass insgesamt etwa gleich viele Nachteile (1.012 Nennungen) wie Vorteile (974 Nennungen) in den analysierten Artikeln erwähnt

---

[678] Auf die Gegenüberstellung der Dimensionen Lohnkostenvorteile und Lohnkostensteigerungen wird hier nicht nochmals eingegangen. Dazu sei verwiesen auf Abschnitt 6.7.3.5.
[679] Siehe hierzu die Ausführungen in Abschnitt 7.2.

werden, mit leichter Dominanz der Nachteile. Auffällig ist jedoch, dass einige wenige Vorteile mit einer hohen Prägnanz immer und immer wieder erwähnt werden, während bei den Nachteilen eine breitere Streuung verschiedenartiger Nachteile besteht, welche jeweils eher wenige Nennungen aufweisen. Ein erstes Indiz dafür ist bereits die Anzahl verschiedener Vorteilskategorien im Vergleich zu den verschiedenen Nachteilskategorien: Während 20 verschiedene Vorteilsarten in der Berichterstattung identifiziert wurden, wurden 40 verschiedene Nachteilsarten identifiziert. Die folgende Abbildung 6-22 veranschaulicht die Anzahl der jeweils fünf meistgenannten Vor- und Nachteilskategorien. Dabei wurden aufgrund der inhaltlichen Nähe die beiden Kategorien Lohnkostenvorteile bzw. sonstige Kostenvorteile zusätzlich aggregiert dargestellt.

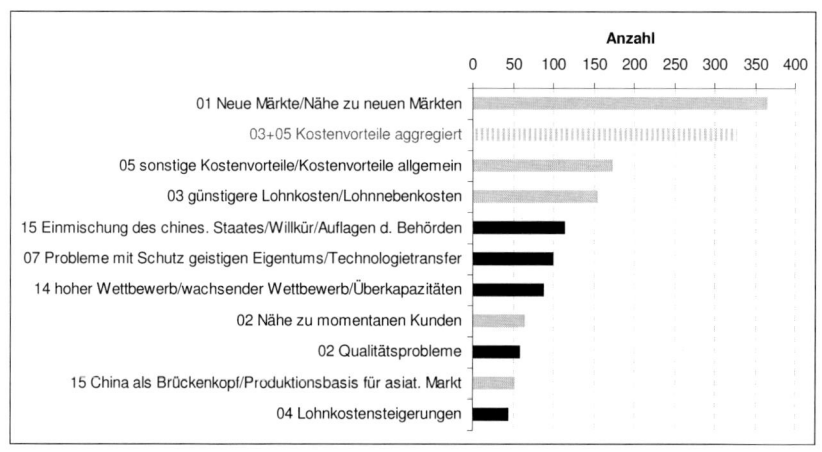

Abb. 6-22: Anzahl der fünf meistgenannten Vorteile (hellgrau dargestellt) und Nachteile (dunkelgrau dargestellt) von Produktionsverlagerungen nach China zwischen 1989 und 2010
Quelle: eigene Darstellung.

Bei der Betrachtung der obigen Abbildung fällt auf, dass die Vorteile der Neuen Märkte bzw. die Nähe zu diesen und die beiden Kategorien der Kostenvorteile alle weiteren Vor- und Nachteile dominieren. Der am häufigsten genannte Nachteil der Einmischung des chinesischen Staates wird etwa nur ein Drittel so häufig erwähnt, wie die Nähe zu neuen Märkten und die aggregierten Kostenvorteile. In Summe werden die fünf meistgenannten Vorteile (809 Nennungen) doppelt so häufig erwähnt, wie die fünf meistgenannten Nachteile (405 Nennungen). Wie bereits besprochen ist bei der Betrachtung der Vor- und Nachteile auch immer die Periode von Anfang bis Mitte der 1990er Jahre, in der die Produktionsverlagerungen nach China erstmalig eine nennenswerte Größenordnung erreichten, wichtig. Deshalb sind in der nachfolgenden Abbildung 6-23 die fünf meistgenannten Vor- und Nachteile für den Zeitraum von 1989 bis 1996 dargestellt.[680] In diesem Zeitraum dominierten zwar dieselben Vorteile (in einer leicht veränderten Reihenfolge), jedoch zum Teil andere Nachteile. Aus diesem Grund differieren die Nachteilskategorien der Abbildungen 6-22 und 6-23.

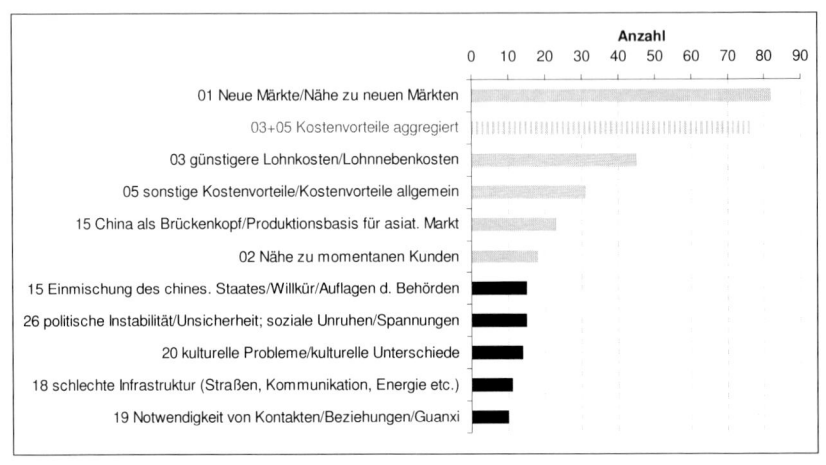

```
                                          Anzahl
                         0  10  20  30  40  50  60  70  80  90
01 Neue Märkte/Nähe zu neuen Märkten
03+05 Kostenvorteile aggregiert
03 günstigere Lohnkosten/Lohnnebenkosten
05 sonstige Kostenvorteile/Kostenvorteile allgemein
15 China als Brückenkopf/Produktionsbasis für asiat. Markt
02 Nähe zu momentanen Kunden
15 Einmischung des chines. Staates/Willkür/Auflagen d. Behörden
26 politische Instabilität/Unsicherheit; soziale Unruhen/Spannungen
20 kulturelle Probleme/kulturelle Unterschiede
18 schlechte Infrastruktur (Straßen, Kommunikation, Energie etc.)
19 Notwendigkeit von Kontakten/Beziehungen/Guanxi
```

Abb. 6-23: Anzahl der meistgenannten Vorteile (hellgrau dargestellt) und Nachteile (dunkelgrau dargestellt) von Produktionsverlagerungen nach China zwischen 1989 und 1996
Quelle: eigene Darstellung.

In der obigen Abbildung fällt eine starke Dominanz der genannten Vorteile gegenüber den genannten Nachteilen auf: Auf den ersten fünf Rängen sind alle Vorteile zu finden, gefolgt von den fünf meistgenannten Nachteilen. Insgesamt

---

[680] In der Regel wurde bei der Analyse auf einen Sechsjahreszeitraum von 1990 bis 1995 bzw. von 1991 bis 1996 zurückgegriffen. Damit wurde zum einen eine Verzerrung durch die Ereignisse in Peking im Jahr 1989 vermieden und zum anderen besser der Zeitraum abgebildet, in dem es letztlich zu einem Boom der Direktinvestitionen nach China kam. Da in den Tabellen 6-10 und 6-20 jedoch aufgrund der Unterteilung in drei nahezu gleich lange Perioden die Anfangsperiode von 1989 bis 1996 festgesetzt wurde, soll zur besseren Vergleichbarkeit hier ausnahmsweise auf diese Periode zurückgegriffen werden. Würde in Abbildung 6-23 der Zeitraum von 1991 bis 1996 betrachtet, würden sich jedoch keine großen Abweichungen ergeben; in Abbildung 6-24 kann der Zeitraum von 1991 bis 1996 leicht nachvollzogen werden.

wurden diese Vorteile 199-mal erwähnt und damit etwa dreimal so häufig, wie die Nachteile mit 65 Nennungen. Auffällig ist auch hier wieder die Dominanz der Vorteilsdimensionen „Neue Märkte/Nähe zu neuen Märkten" sowie der aggregierten Kostenvorteile: diese wurden mit jeweils etwa 80 Nennungen ungefähr fünfmal so häufig erwähnt, wie die wichtigsten Nachteilskategorien „Einmischung des chinesischen Staates" sowie „Politische Instabilität", die jeweils 15 Nennungen aufwiesen. Auch bei einer Gesamtbetrachtung aller – nicht nur der oben dargestellten – Vor- und Nachteile zwischen 1989 und 1996 weisen die Vorteile eine höhere Anzahl an Nennungen auf: die Vorteile fanden 244, die Nachteile lediglich 158 Erwähnungen.

Als letzte Überlegung soll nun noch eine dynamische Betrachtung der jeweils drei[681] wichtigsten Vor- und Nachteile zwischen 1989 und 1996 angestellt werden. Diese Nennungen und zusätzlich jeweils die Summe der Nennungen der Vor- und Nachteile sind in der folgenden Abbildung 6-24 im Zeitverlauf zwischen 1989 und 1996 separat für die Vor- und Nachteile dargestellt. Dabei fanden die drei Vorteile in der Periode von 1989 bis 1996 insgesamt 158 Erwähnungen, die drei Nachteile lediglich 44 Erwähnungen.

Aus nachfolgender Abbildung wird ersichtlich, dass die Vorteilskategorien „Neue Märkte" und „Kostenvorteile" (Lohnkosten- und sonst. Kostenvorteile) in der Berichterstattung zu jeder Zeit zwischen 1990 und 1996 die wichtigsten Nachteilskategorien stark dominieren; lediglich im Jahr 1989 wird – wohl aufgrund der Ereignisse rund um den Platz des Himmlischen Friedens – die Dimension der Politischen Instabilität häufiger genannt, als die (Nähe zu) Neuen Märkten. Diese Dominanz wird auch bei einer aggregierten Betrachtung der drei wichtigsten Vorteile im Vergleich zu den drei wichtigsten Nachteilen sichtbar: Die Vorteile werden im Mittel viermal häufiger erwähnt, als die Nachteile. Dadurch wird die Prägnanz der Sichtweise „China ist billig" und „China ist ein quasi

---

[681] Aus Gründen der Übersichtlichkeit wurde entschieden, in diese Betrachtung nur die drei häufigsten Vor- und Nachteile einzubeziehen. Darüber hinaus wird darauf hingewiesen, dass sich die hier ausgewählten drei häufigsten Vor- und Nachteile lediglich auf die Periode zwischen 1989 und 1996 beziehen; bei einer Betrachtung über den gesamten analysierten Zeitraum sind andere Nachteile dominierend.

unerschöpflicher Markt" in der Berichterstattung deutlich. Die genannten Nachteile spielen dabei in den ersten Jahren eine eher untergeordnete Rolle.

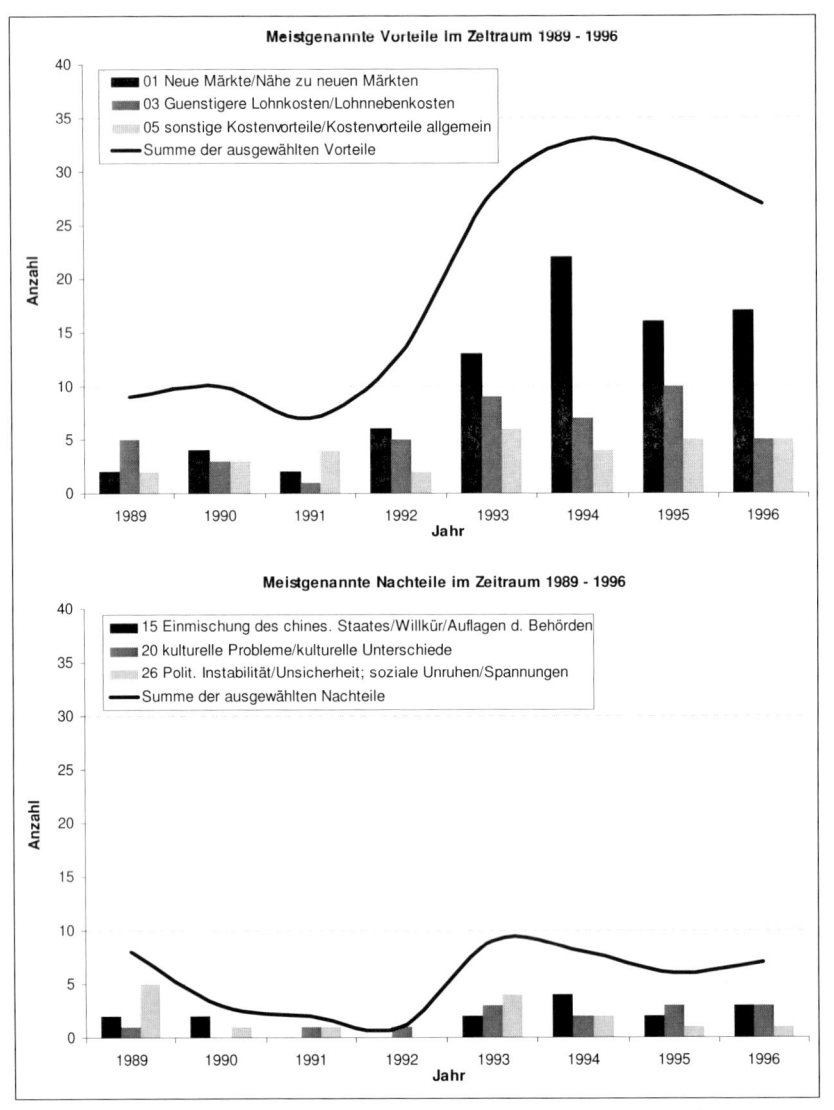

Abb. 6-24: Meistgenannte Vor- und Nachteile von Produktionsverlagerungen nach China zwischen 1989 und 1996
Quelle: eigene Darstellung.

Betrachtet man die Häufigkeiten der erwähnten Vor- und Nachteile, so konnten die obigen Ausführungen zeigen, dass die Berichterstattung über Produktionsverlagerungen nach China – trotz Nennung zahlreicher Nachteile – positiv wirkt. Dies wird insbesondere deutlich, wenn der Zeitraum von Beginn bis Mitte der 1990er Jahre separat betrachtet wird, in dem der erste starke Anstieg der Direktinvestitionen nach China erfolgte. Neben der Betrachtung der reinen Anzahl genannter Vor- und Nachteile ist jedoch auch eine vergleichende Betrachtung der Bewertungen der Artikel sinnvoll. Diese soll nun im folgenden Abschnitt vorgenommen werden. Dabei wird auch nochmals auf die Anzahl der Artikel Bezug genommen, in denen Vor- und Nachteile erwähnt werden. Diese Analyse passt zwar thematisch eher in diesen Abschnitt, aber da der Zusammenhang zu den Bewertungen der analysierten Artikel besprochen wird und Redundanzen vermieden werden sollen, wurde entschieden, dies in Gesamtheit im nächsten Abschnitt zu besprechen.

6.7.5.2 Gegenüberstellung der Bewertungen der wichtigsten Vor- und Nachteilskategorien

In diesem Abschnitt sollen überblicksweise die Bewertungen der analysierten Artikel differenziert nach Vor- und Nachteilen dargestellt werden. Zu Beginn wird dabei eine Gesamtbetrachtung vorgenommen, anschließend sollen die fünf wichtigsten Vor- und Nachteile näher analysiert werden.

Tabelle 6-30 zeigt überblicksartig die Bewertungen aller analysierten Artikel, differenziert danach, ob in den jeweiligen Artikeln Vor- und/oder Nachteile genannt wurden. Es wurde bereits erwähnt, dass die Bewertung über alle Artikel hinweg mit einem Mittelwert von 3,2 leicht oberhalb des neutralen Wertes liegt. Auf den ersten Blick ist zu sehen, dass sechs der neun Felder hellgrau eingefärbt sind (immer dann, wenn sich eine durchschnittliche Bewertung über dem mittleren neutralen Wert von 3 ergibt) und lediglich drei Felder dunkelgrau (immer dann, wenn die durchschnittliche Bewertung unterhalb des mittleren neutralen Wertes von 3 liegt). In der „inneren" Matrix, die Berichte mit genannten Vor-/Nachteilen gegenübergestellt, ergibt sich im Mittelwert lediglich eine negative Bewertung – und zwar wenn in einem Artikel Nachteile genannt wurden, jedoch keine Vorteile (258 Artikel; durchschnittliche Bewertung 2,3). Die verbleibenden Felder weisen Bewertungen auf, die leicht bis eindeutig oberhalb der neutralen Bewertung liegen. Die Mehrheit der analysierten Artikel enthält weder Aussagen zu Vor- oder Nachteilen (634 Artikel; durchschnittliche Bewertung von 3,2), gefolgt von Artikeln, in denen Vorteile, jedoch keine Nachteile genannt werden (481 Artikeln; durchschnittliche Bewertung 3,8). Damit erwähnen nahezu doppelt so viele Artikel ausschließlich Vorteile als ausschließlich Nachteile. In 206 Artikeln schließlich wurden sowohl Vorteile als auch Nachteile genannt (durchschnittliche Bewertung von 3,1). Insgesamt wurden in 687 Artikeln Vorteile erwähnt, mit einer durchschnittlichen Bewertung von 3,6. In bedeutend weniger Beiträgen (464 Artikel) wurden Nachteile genannt, mit einer durchschnittlichen Bewertung von 2,7. Wurden in einem Artikel Vorteile genannt, so ergaben sich immer positive Bewertungen, egal ob Nachteile genannt wurden oder nicht. In 739 Artikeln wurden entweder Vor- oder Nachteile genannt, in lediglich 206 Artikeln wurden sowohl Vor- als auch Nachteile erwähnt. Für bisher nicht erwähnte Felder der Matrix sei zur Information nochmals auf die Tabelle verwiesen.

		Vorteile		Gesamt
		genannt	nicht genannt	
Nachteile	genannt	206 3,1	258 2,3	464 2,7
	nicht genannt	481 3,8	634 3,2	1115 3,4
Gesamt		687 3,6	892 2,9	1579 3,2

Weiße Zahlen: Anzahl der Artikel; Schwarze Zahlen: Durchschnittliche Bewertung der Artikel

Tab. 6-30: Bewertungen aller Artikel von 1989 bis 2010 differenziert nach Vor- und Nachteilen
Quelle: eigene Darstellung.

Interessant ist im gleichen Zusammenhang auch eine Betrachtung der Jahre 1991 bis 1996, welche in der nachfolgenden Tabelle 6-31 dargestellt ist. Insgesamt fällt dabei auf, dass die Tabelle noch „heller", d. h. in der Bewertung noch positiver, geworden ist. Als einziges Feld ergibt die Kombination „Nachteile genannt" und „Vorteile nicht genannt" mit einem Mittelwert von 2,9 eine – marginal – unter der neutralen Bewertung liegende Bewertung. Dieses Feld weist darüber hinaus insgesamt auch noch die geringste Anzahl an Artikeln auf. Alle weiteren Felder enthalten Bewertungen, die oberhalb der neutralen Bewertung liegen. Sind sowohl Vor- als auch Nachteile erwähnt, ergeben sich überraschenderweise die höchsten durchschnittlichen Bewertungen von 3,8. Sind nur Vorteile, jedoch keine Nachteile erwähnt, liegt die durchschnittliche Bewertung etwas geringer bei 3,7. Sind weder Vor- noch Nachteile erwähnt, ergibt sich eine tendenziell in eine positive Richtung deutende Bewertung von 3,2. Bei der Anzahl der genannten Artikel ergeben sich im direkten Vergleich fast dreimal mehr Artikel, die Vorteile nennen, als Artikel, die Nachteile erwähnen: Vorteile wurden in 143 der 336 Artikel erwähnt, Nachteile in lediglich 54 Artikeln.

		Vorteile		Gesamt
		genannt	nicht genannt	
Nachteile	genannt	31 3,8	23 2,9	54 3,4
	nicht genannt	112 3,7	170 3,2	282 3,4
Gesamt		143 3,7	193 3,2	336 3,4
Weiße Zahlen: Anzahl der Artikel; Schwarze Zahlen: Durchschnittliche Bewertung der Artikel				

Tab. 6-31: Bewertungen der Artikel von 1991 bis 1996 differenziert nach Vor- und Nachteilen
Quelle: eigene Darstellung.

Nachdem gezeigt wurde, dass in der Regel eine positive Art der Berichterstattung bezüglich Produktionsverlagerungen nach China vorliegt, soll nachfolgend noch kurz auf die Bewertungen einzelner Vor- und Nachteilskategorien eingegangen werden. Dabei wird auf die Bewertungen der jeweils fünf wichtigsten Vor- und Nachteilskategorien abgestellt. Diese wurden zwar bereits bei der Diskussion der jeweiligen Kategorien separat erwähnt, eine vergleichende Betrachtung erscheint jedoch sinnvoll. In Abbildung 6-25 werden die Bewertungen dieser Kategorien über den gesamten Zeitverlauf von 1989 bis 2010 dargestellt.

Für eine bessere Übersichtlichkeit wurde die Y-Achse bei der neutralen Bewertung positioniert und wiederum Bewertungen oberhalb des neutralen Wertes hellgrau und unterhalb des neutralen Wertes dunkelgrau dargestellt. Es soll auch hier darauf hingewiesen werden, dass keine isolierte Betrachtung der einzelnen Vor- und Nachteile erfolgte. Die jeweiligen Artikel können mehrere Vor- und/oder Nachteile enthalten. Die Übersicht kann also nur aufzeigen, dass ein Artikel, in dem der dargestellte Vor- oder Nachteil (unter anderem) genannt wurde, eine bestimmte Bewertung erhielt. Dabei fällt auf, dass Artikel, die einen der fünf wichtigsten Vorteile enthielten, allesamt positiv bewertet wurden; Artikel mit den fünf wichtigsten Nachteilen wurden in der Mehrzahl negativ bewertet. Lediglich die Nachteilsdimension „hoher Wettbewerb/wachsender Wettbewerb" erhält eine leicht positive Bewertung. Der Mittelwert der Bewertungen der Vorteilskategorien liegt mit 3,6 minimal weiter entfernt vom neutralen Wert, als der Mittelwert der Nachteilskategorien, der 2,5 beträgt.

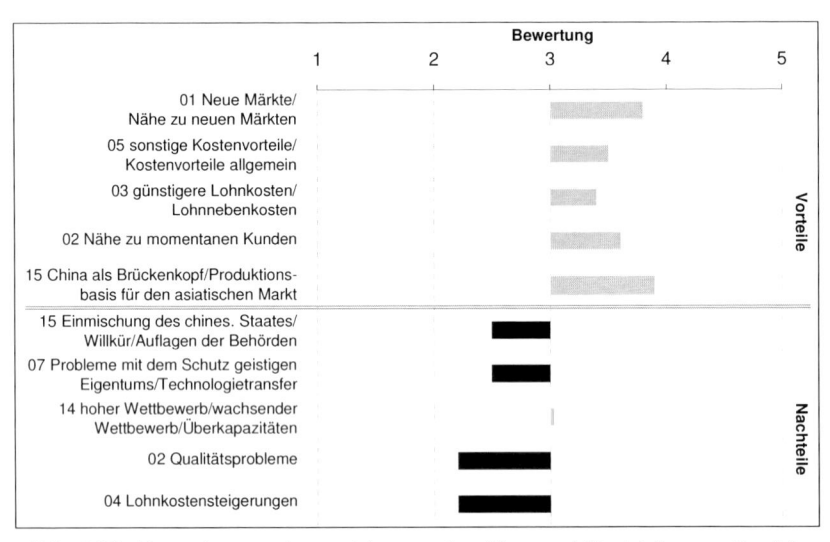

Abb. 6-25: Bewertungen der meistgenannten Vor- und Nachteile von Produktionsverlagerungen nach China zwischen 1989 und 2010
Quelle: eigene Darstellung.

Interessanter ist jedoch wiederum die Betrachtung zu Beginn/Mitte der 1990er Jahre. Die folgende Abbildung 6-26 zeigt die Bewertungen der fünf meistgenannten Vor- und Nachteile der Jahre 1991 bis 1996 auf. Dabei fällt auf, dass –

mit Ausnahme der Dimension „Einmischung des chinesischen Staates"[682] – alle Vor- und Nachteilsdimensionen eine Bewertung erhielten, die über dem mittleren Wert von 3 liegt. Damit wird also auch in solchen Artikeln, welche die fünf meistgenannten Nachteilskategorien beinhalten, in der Regel eine zumindest neutrale, aber oftmals positive Bewertung vergeben. Dies wiederum ist auch konsistent mit den Ergebnissen, die zum Beispiel bereits in den Abbildungen 6-4 und 6-5 sowie in Tabelle 6-31 dargestellt wurden, dass in den Jahren von 1991 bis 1996 im Allgemeinen besonders positiv über Produktionsverlagerungen nach China berichtet wurde.

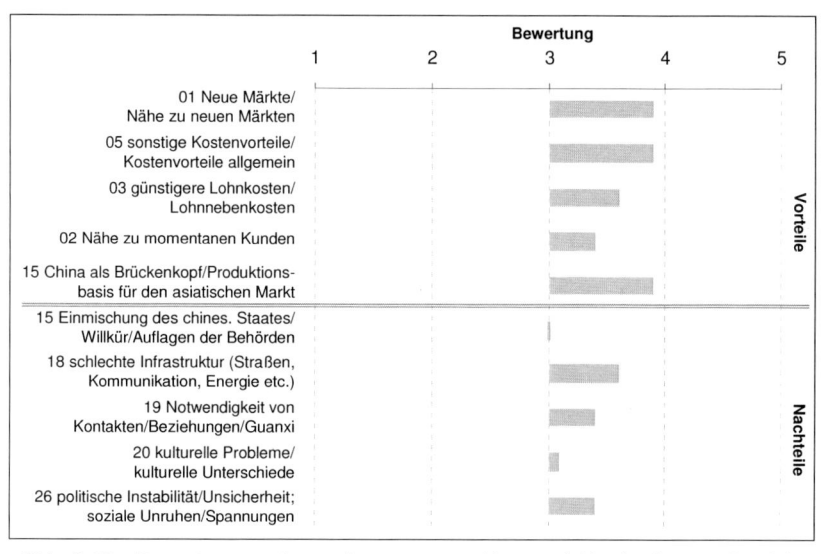

Abb. 6-26: Bewertungen der meistgenannten Vor- und Nachteile von Produktionsverlagerungen nach China zwischen 1991 und 1996
Quelle: eigene Darstellung.

Die Analyse der Vor- und Nachteile hat einen substantiellen Teil der empirischen Untersuchung eingenommen. Inwiefern war dies für die vorliegende Arbeit notwendig? Ein Motiv ist zweifellos, dem Leser einen möglichst genauen und detailreichen Überblick über die Berichterstattung – und damit über die At-

---

[682] Die Dimension „Einmischung des chinesischen Staates" weist einen Mittelwert von 3,0 auf. Aufgrund der gewählten Darstellungsform ist diese demnach im Diagramm kaum sichtbar.

mosphäre, in der sich Unternehmen befanden und Entscheidungen getroffen haben – zu geben. Dies geschieht jedoch nicht zum Selbstzweck: Wie im theoretischen Teil der Arbeit ausführlich erläutert, bestehen gute Gründe für die Annahme, dass das Bild, welches über Produktionsverlagerungen nach China vermittelt wird, einen entscheidenden und kausalen Einfluss auf die Handlungen von Unternehmen hat. Die empirischen Ergebnisse wiederum können eine solche Kausalität nicht nachweisen, aber sie können den Nachweis erbringen, dass der benötigte Nährboden für einen solchen Einfluss existiert. Wie dargestellt wurde, wurden einige wenige Vorteile immer und immer wieder in der Medienberichterstattung wiederholt, während sich die Berichterstattung der Nachteile eher auf sich im Zeitverlauf ändernde Nachteile beschränkte. Dabei fiel insbesondere auf, dass die Größe des Marktes China und dort vorhandene Kostenvorteile fast gebetsmühlenartig wiederholt wurden. Damit scheint nicht nur eine Legitimierung für Produktionsverlagerungen nach China entstanden, sondern eine umfangreiche Grundlage für die Entstehung eines Rationalitätsmythos im Sinne von Meyer/Rowan gelegt worden zu sein. Auch die vorteilhaftere Berichterstattung zu Beginn und Mitte der 1990er Jahre scheint dazu einen Beitrag geleistet zu haben. Wie im Rahmen der Arbeit jedoch mehrfach erläutert, kann anhand der gewählten Methodik weder die Entstehung und Verbreitung eines Rationalitätsmythos, noch ein kausaler Einfluss der Berichterstattung auf das Verlagerungsverhalten deutscher Unternehmen nachgewiesen werden.

Es wurde bisher in diesem Kapitel die Darstellung von Produktionsverlagerungen nach China diskutiert; damit wurde bereits bis zu dieser Stelle zum großen Teil die Grundlage zur Beantwortung der Forschungsfrage 2 gelegt. Es sollen nun nachfolgend jedoch erst noch die drei im Rahmen der Datenanalyse erhobenen Isomorphismusdimensionen besprochen werden, mit denen die Forschungsfrage 1 beantwortet werden kann, bevor eine Beantwortung der beiden Forschungsfragen im Detail diskutiert wird. Dies erscheint aus dem Grund sinnvoll, weil insbesondere aus der Analyse der Dimensionen zum mimetischen Isomorphismus weitere wichtige Erkenntnisse zur Beantwortung der Forschungsfrage 2 gezogen werden können; ebenso können aus der bisherigen Auswertung wiederum Erkenntnisse in die Beantwortung der Forschungsfrage 1 einfließen.

6.8 Indizien bzw. Treiber für Isomorphismus im Rahmen von Produktionsverlagerungen nach China

Im theoretischen Teil der Arbeit wurde bereits dargestellt, dass verschiedene Auslöser zu gleichgerichtetem – isomorphem – Produktionsverlagerungsverhalten nach China führen können. Dabei wurde die Dreiteilung verschiedener Isomorphismen von DiMaggio/Powell übernommen und bereits im Detail diskutiert. Nachfolgend sollen nun die im Rahmen der Datenerhebung kodierten Indizien bzw. Treiber für diese drei Isomorphismusdimensionen beschrieben werden. Dabei können im Rahmen der Datenanalyse zwar in manchen Fällen Aussagen zu kausalen Zusammenhängen getroffen werden (etwa wenn auf Druck der Behörden eine lokale Produktion aufgebaut wurde); in den meisten Fällen können jedoch lediglich Aussagen zu einer dem Isomorphismus begünstigenden Berichterstattung getroffen werden (insbesondere im Rahmen der Dimension des mimetischen Isomorphismus) und nicht zu kausalen Zusammenhängen. In diesem Fall konnten in der Berichterstattung Treiber bzw. begünstigende Faktoren für isomorphes Verhalten identifiziert werden, ohne dass letztlich ein Nachweis einer Kausalität vorhanden ist.

6.8.1 Indizien bzw. Treiber für Isomorphismus durch Zwang

Die erste der drei zu untersuchenden Isomorphismusdimensionen ist der Isomorphismus durch Zwang. In dieser Dimension geht es also in der Regel um externe Faktoren und Einflüsse, durch die Unternehmen gezwungen werden, eine Produktionsverlagerung nach China vorzunehmen. Im Rahmen dieser Dimension wurden bei der Datenanalyse neun Unterkategorien gebildet. Diese Unterkategorien, sowie die Anzahl der Artikel, die Hinweise auf diese Kategorien enthalten, sind in der nachfolgenden Abbildung 6-27 dargestellt. Aus der obigen Abbildung geht hervor, dass mit großem Abstand das Folgen von Schlüsselkunden sowie der Druck durch ausländische Regierungen die am häufigsten genannten Kategorien sind. Aber auch das Umgehen von Handelsbarrieren, ein erhöhter Kostendruck sowie der Druck zur Suche nach neuen Märkten wurden relativ häufig erwähnt. Diese Kategorien sollen nachfolgend näher betrachtet werden.

	Anzahl
	0 20 40 60 80

01 Druck durch bzw. Folgen von Schlüsselkunden

02 Druck durch ausländische Regierung, offizielle/inoffizelle Local-Content-Forderung

03 Druck durch Muttergesellschaft/Eigentümer

04 Druck durch Banken, Kapitalgeber

05 Umgehen restriktiver gesetzl. Anforderungen im Heimatland

06 Umgehen von Handelsbarrieren

07 Kostendruck, Druck zu Kosteneinsparungen

08 Druck zur Suche nach neuen Märkten

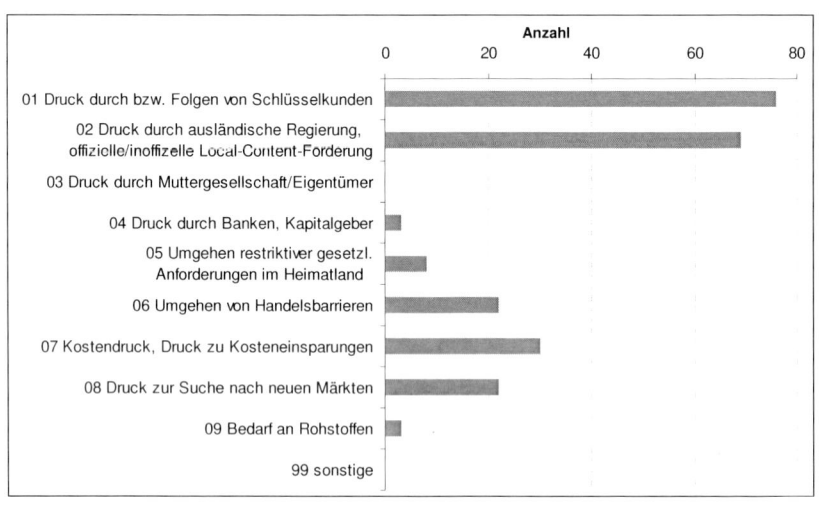

09 Bedarf an Rohstoffen

99 sonstige

Abb. 6-27: Hinweise auf Isomorphismus durch Zwang
Quelle: eigene Darstellung.

6.8.1.1 Druck durch bzw. Folgen von Schlüsselkunden

Diese Dimension wurde in 76 (4,8%) der 1.579 kodierten Beiträge erwähnt. Wie bereits in der theoretischen Diskussion dargelegt wurde, kann dabei in vielen Fällen nicht nachvollzogen werden, ob ein hohes Maß an Druck im Spiel war oder nicht. Deshalb wurden in dieser Rubrik auch Textstellen kodiert, in denen lediglich darauf hingewiesen wurde, dass Unternehmen ihren Schlüsselkunden gefolgt sind, ohne dass von speziellem Druck die Rede ist. Doch was ergibt nun die Analyse dieser Dimension? Interessanterweise erhalten die Artikel in dieser Kategorie im Durchschnitt eine Bewertung von 3,6; in den Jahren 1991 bis 1996 lag die Bewertung im Mittel bei 3,5. Es scheint damit zwar einen Druck zu geben, dieser muss jedoch nicht zwangsläufig negativ erscheinen. Weiterhin ist interessant, dass 73 der insgesamt 76 Artikel in dieser Kategorie zusätzlich auch Vorteile von Produktionsverlagerungen nach China erwähnen, während nur in 24 der 76 Artikel auch Nachteile genannt sind. Überproportional oft wurden die Branchen der Automobilindustrie sowie der Chemischen Industrie genannt. Nachfolgend sollen in der Tabelle 6-32 zur weiteren Verdeutlichung konkrete Textbeispiele genannt werden.

Zeitschrift	Textfragmente (direkte Zitate)
VDI Nachrichten, 04.09.1992, S. 5	Das groesste deutsche Engagement duerfte nach BDI-Einschaetzungen zur Zeit das VW Jointventure sein, in dessen Gefolge auch zahlreiche Zulieferer mitgezogen haben.
Handelsblatt, 29.09.1994, S. 26	Der Vorsitzende der BASF, Dr. Juergen Strube, erklaerte gegenueber deutschen Pressevertretern, angesichts der Verlagerung der Produkionstaetigkeit der Abnehmerindustrien an kostenguenstigere Standorte habe die Chemieproduktion vor Ort anstelle der bisherigen Exporte zu treten.
Manager Magazin, 01.07.1995, S. 100	Wir alle wissen heute, daß beispielsweise die Automobilindustrie in verschiedenen Ländern Produktionen aufbaut, zum Beispiel mit großem Erfolg in Amerika, Indien oder in China. Zulieferunternehmen müssen den Weg gehen, dort ebenfalls tätig zu werden.
Handelsblatt, 17.07.1995, S. 2	Folgerichtig erscheint der Nachzug deutscher Automobil-Zulieferer wie Bosch nach China.
VDI Nachrichten, 21.07.1995, S. 6	Im Kielwasser der Autohersteller kommen die Kfz-Ausruester vermehrt nach China. So will Bosch noch in diesem Jahr (...) ein Joint Venture gruenden.
VDI Nachrichten, 13.10.1995, S. 9	„Wenn der Kunde ruft, muessen wir dem Kunden folgen, wenn wir den Auftrag haben wollen," stellte Hans Wilden die enge Beziehung zwischen Zulieferer und Kunde dar. Insbesondere die Automobilindustrie erwarte von ihren Zulieferern, so Hans- Guenther Haldenwanger von Audi, dass sie auch im Ausland maximale Unterstuetzung finden. „Wenn wir nach China gehen, sind wir gezwungen, einen gehoerigen Teil der Fertigung im Lande zu etablieren. Und wir erwarten von unseren Partnern, dass sie diesen Weg mit uns gehen."
Handelsblatt, 14.06.1996, S. 23	Nach dem Produktionsaufbau in Nordamerika, Spanien und Ungarn setzt Nordenia den Fuss jetzt auch nach China. (...) Mit dieser Investition folge man den Abnehmern aus der Markenartikelindustrie, fuer die China ein Schluesselmarkt sei, betonte Mager.
Handelsblatt, 05.07.1996, S. 18	Vor vier Jahren hatte der Fabrikdirektor von Volkswagen-Schanghai den deutschen Autozulieferern gedroht: „Wenn die Deutschen nicht bald nach China kommen, werden wir unsere Auftraege an amerikanische und japanische Lieferanten vergeben". Die Drohung der Volkswagen AG, die mit mehreren Standorten in China gemeinsam mit Audi einen Marktanteil von fast 60% bei Personenwagen haelt, zeigte Wirkung – auch bei der Robert Bosch GmbH.
VDI Nachrichten, 25.07.1997, S. 6	Und so verwundert es auch nicht, daß man heute bei einer Rundreise durch Chinas boomende Küstenregion auf die Crème de la Crème des bundesdeutschen Mittelstands trifft: Fischer (Dübel), Hansgrohe (Sanitär), Hewi (Baubeschläge), Krones (Maschinen für die Getränkeindustrie), Rhode und Schwarz (Kommunikations- und Meßtechnik), Rittal (Stahlschränke für Elektronindustrie) oder auch Stihl (Motorsägen). Einige, wie der Dübelspezialist Fischer oder Hewi mit seinen Design-Beschlägen, kommen aus eigenem Antrieb, um vom Bauboom in Asien zu profitieren. Andere segeln im Windschatten der Großunternehmen mit. Hintergrund: Die chinesische Regierung schreibt ausländischen Großunternehmen einen heimischen Fertigungsanteil von 80 % vor. Lokale Unternehmen bringen jedoch oft nicht die gewünschte Qualität. Deswegen übt die Großindustrie Druck aus ihre Zulieferer aus, auch in China eine Fertigung aufzubauen. (...) So ähnlich erging es auch Bettina Schön, die gerade zusammen mit Volker Palm und acht chinesischen Mitarbeitern eine Niederlassung für Rittal (Weltmarktführer bei Stahlschränken für die Elektroindustrie) in der Waigaoquiao Freihandelszone bei Shanghai aufbaut. „Wann können wir mit Ihnen in China rechnen?" war eine Frage, die Manager von Unternehmen wie Siemens, VW, IBM oder BASF oft stellten und die nur beantwortet ist.
Manager Magazin, 01.10.1997, S. 141	Beim Kaffee wurde der P&G-Manager sehr konkret: „Innerhalb von drei Wochen sollten Sie sich entscheiden, ob Sie mit uns nach China gehen." Drei Wochen - wenig Zeit für eine solche strategische Entscheidung, die allein einen hohen zweistelligen Millionenbetrag kostet. Es folgten drei Wochen lang Beratungen, Berechnungen und schlaflose Nächte. Dann entschied Mager: Wir machen das, wir bauen eine Fabrik mit einem chinesischen Partner.
Handelsblatt, 26.11.1998, S. 23	Die Hersteller von Faltschachteln folgen der pharmazeutischen Industrie, die, wie beispielsweise Bayer, mit neuen Werken in den chinesischen Markt einsteigen.
Handelsblatt, 28.02.2001, S. 10	Außerdem meine ich, dass der Mittelstand gleichsam im Huckepackverfahren vielen Großfirmen gefolgt ist. Ich glaube, dass China für den Mittelstand bei einer genauen Marktanalyse und einem guten Management-Team sehr profitabel sein kann.
Handelsblatt, 28.06.2002, S. 2	Es gibt jedoch auch in Asien Länder, die den Mittelstand nicht abschrecken. In China sind Mittelständler mit mehr als 1 600 Firmen vertreten; ein Großteil von ihnen ist im Gefolge von Großunternehmen ins Reich der Mitte gepilgert.
Handelsblatt, 14.04.2003, S. 11	Europäische Chemiekonzerne investieren seit ein paar Jahren stark in neue Großprojekte in Asien – so auch BASF. Unter dem Asienfachmann Jürgen Hambrecht als Chef wird die BASF-Gruppe ihre Position gerade in China ausbauen „Manche Asienkenner gehen davon aus, dass China im Jahr 2030 die Werkbank der Welt sein wird. Ob das so kommt, weiß ich zwar nicht", sagte er dem Handelsblatt. Fakt sei aber, dass viele BASF-Kunden ihr Hauptwachstum in Asien erwarteten: „Wir begleiten sie dahin."
Manager Magazin, 01.07.2003, S. 71	Den Zug nach Osten erzwingen nicht nur die gravierenden Kostenvorteile. Auch die Kunden verlangen von ihrem Zulieferer Präsenz vor Ort. Nokia, Ericsson oder Siemens produzieren längst in Fernost. Heerscharen von Herstellern bauen in China oder Indien für Markenunternehmen Elektronikprodukte zusammen.

Zeitschrift	Textfragmente (direkte Zitate)
Handelsblatt, 23.03.2004, S. 16	1996 hatte ein deutscher Kunde eine Fabrik in China aufgebaut. „Das war für uns der Anlass, dort ebenfalls zu fertigen", erinnert sich AKG-Junior-Chef Hartwig Pietzcker. Der Kunde konnte nur in China hergestellte Kühler gebrauchen – damals gab es Strafzölle, wenn Produkte nur aus ausländischen Teilen zusammengesetzt wurden. Die Investition in ein Joint Venture in Schanghai fiel AKG leicht, da sie wegen dieses Kunden mit einer Grundauslastung rechnen konnte.
Handelsblatt, 29.04.2004, S. 16	Die Hamburger Tesa AG folgt ihren Kunden nach China. Die Tochter des Beiersdorf-Konzerns wird im Raum Schanghai mit 20 Mill. Euro ein Entwicklungslabor und ein Werk für Beschichtungsanlagen errichten, in dem Produkte für die Elektronik- und Automobilindustrie hergestellt werden, kündigte Tesa-Vorstandsvorsitzender Dieter Steinmeyer bei der Vorlage der Bilanz an.
VDI Nachrichten, 09.07.2004, S. 11	Für die Hersteller von Kunststoffen ist die Abwanderung des verarbeitenden Gewerbes mit ihrer Produktion nach Asien zum entscheidenden Kriterium bei der Wahl neuer Produktionsstandorte geworden, beschreibt BASF-Vorstand Feldmann einen Trend, der alle Unternehmen der Branche betreffen dürfte – und damit langfristig auch deren Produktionsstandorte in Europa.
Wirtschaftswoche, 22.07.2004, S. 34	Gleichzeitig haben wichtige Abnehmerbranchen große Teile ihrer Produktion ins Ausland verlagert. „Als Zulieferer sind die Chemieunternehmen gezwungen, ihren Kunden zu folgen", sagt Unternehmensberater Dicke. Der Textilindustrie, die nach Asien abwanderte, folgten die Hersteller von Textilfasern und -farbstoffen. Die Haushaltsgerätehersteller sind ebenfalls auf dem Sprung. In zehn Jahren, so rechnen Experten, werden 60 Prozent aller Kühlschränke weltweit in China produziert. Das dafür benötigte Polyurethan, also Hart- und Weichschaumstoffe, wird dann ebenfalls vor Ort hergestellt. Angesichts dieser Herausforderungen müssen die deutschen Unternehmen mit in die Wachstumsmärkte ziehen. So hat der weltgrößte Chemiekonzern BASF sich frühzeitig in Asien engagiert – andere Unternehmen [sic!] wie Bayer und Degussa sind erst später nachgezogen. Die Ludwigshafener bauen zurzeit eine Anlage zur Herstellung von Polyurethan in Caojing bei Shanghai. Im kommenden Frühjahr eröffnet BASF in Nanjing einen chemischen Verbundkomplex mit einem Investitionsvolumen von 2,9 Milliarden Euro.
Handelsblatt, 22.02.2005, S. 6	Und Europas Konzerne folgen ihren Kunden – und investieren verstärkt in China.
VDI Nachrichten, 23.09.2005, S. 2	Fatal: Einige sahen sich gezwungen, den Autokonzernen ins Ausland zu folgen. Manche hätten zwar das günstigste Angebot abgegeben, seien aber nicht zum Zuge gekommen, weil sie nur im Inland produzierten.
Manager Magazin, 21.10.2005, S. 164	Mit dem WTO-Beitritt war die chinesische Mauer sozusagen gefallen. Die ausländischen Konzerne – und mit ihnen im Schlepptau der eine oder andere Mittelständler – stürmten ins Land.
VDI Nachrichten, 05.01.2007, S. 17	VDI nachrichten: Auch in China haben Sie nun ein eigenes Werk. Kirchner: Ja, bei Shanghai. Siemens VDO ist schon dort und hatte uns mit sanftem Druck aufgefordert, ebenfalls zu investieren. Sonst hätten wir global nicht der Partner sein können.
Manager Magazin, 23.11.2007, S. 276	„Wer als Mittelständler zu den globalen Champions aufschließen will, muss beispielsweise unbedingt in China präsent sein." Auch Mittelstandsfinanzierer warnen vor zu starkem Zaudern bei der Internationalisierung. (...) Den Hauptgrund sieht Bankvorstand Martin Blessing darin, „dass man sich nach wie vor mehr als Getriebener denn als Treiber versteht". Der Studie zufolge schlägt ein Großteil der Unternehmen nicht aus eigenem Antrieb einen internationalen Expansionskurs ein – sondern erst auf Druck der Großabnehmer im Ausland.
Manager Magazin, 22.02.2008, S. 34	Konzerne wie GM, Toyota oder VW bauen ihre Modelle längst auf global gleichen Plattformen auf. „Wer diese Plattformen nicht weltweit bedienen kann, wird als Lieferant für entscheidende Teile nicht mehr ernst genommen", sagt Bosch-Bereichsführer Peter Tyroller (50). (...) Conti gehört wie Bosch zu denen in der Branche, für die es gut läuft in Asien, speziell auch im Wachstumsmarkt China. Und dort müssen alle hin, spätestens im Gefolge der Fabriken der Automobilhersteller. Doch regelmäßig scheitert das Management kleiner und mittelgroßer Zulieferer an den Bedingungen vor Ort. Nur ein Drittel der Automobilunternehmen produziert in China billiger als in ihrem Heimatland, und das trotz der niedrigeren Löhne. Aber teure Qualitätsprobleme und zu geringe Stückzahlen fressen den Lohnkostenvorteil regelmäßig auf, ergab eine Studie der Unternehmensberatung Boston Consulting Group.
Wirtschaftswoche, 17.03.2008, S. 18	Zudem folgt das Traditionsunternehmen den Autoherstellern in die Niedriglohnländer und investiert dort einen zweistelligen Millionenbetrag in neue Produktionskapazitäten. So baut es beispielsweise jetzt in China ein neues Werk samt Produktionsentwicklung. 2011 sollen dort mehr als 1000 Beschäftigte arbeiten.
Handelsblatt, 30.09.2009, S. 13	Unter anderem haben zum Beispiel auch deutsche Autohersteller wie BMW und Volkswagen einen Ausbau ihrer Produktion in dem Land angekündigt. BASF werde sich deshalb auch künftig vor allem in der Volksrepublik engagieren, sagte Brudermüller.
Manager Magazin, 24.09.2010, S. 24	Drittens sollen die Lieferanten in neue Fabriken in China investieren. VW, Daimler, BMW – alle planen dort neue Produktionsstätten oder bauen bereits. Wer als Zulieferer nicht mitgeht, ist schnell aus dem Geschäft.

Tab. 6-32: Textfragmente zur Kategorie Druck durch bzw. Folgen von Schlüsselkunden
Quelle: eigene Darstellung.

Es fällt auf, dass insbesondere die Automobilindustrie großen Druck auf ihre Zulieferer ausgeübt hat, eine Produktion in China aufzubauen. Weiterhin klingt in der Berichterstattung durch, dass solche Verlagerungen zum einen sehr überstürzt erfolgen können (z. B. Manager Magazin, 01.10.1997, S. 141) und nicht immer zwangsläufig profitabel sind (z. B. Manager Magazin, 22.02.2008, S. 34). Dennoch kann eine solche Investition aus Gesamtunternehmenssicht ökonomisch sinnvoll sein, da global tätige Unternehmen auch von ihren Lieferanten auf einer globalen Ebene betreut werden wollen (z. B. VDI Nachrichten, 05.01.2007, S. 17; Manager Magazin, 22.02.2008, S. 34). Die Gewinne in anderen Ländern würden in diesem Fall die Verluste in China überkompensieren. Der von Schlüsselkunden ausgeübte Druck zum Aufbau einer Fertigung im Ausland scheint insgesamt für viele Unternehmen – egal, ob Großkonzerne oder Mittelständler – ein sehr starkes Motiv zu sein, in China tätig zu werden. Ein weiterer Zwang ist in einigen dieser Zitate schon angeklungen: Auch die Local-Content-Bestimmungen bzw. andere Richtlinien der chinesischen Regierung führen dazu, dass in China eine Produktion aufgebaut wird (z. B. VDI Nachrichten, 13.10.1995, S. 9). Diese Art von Zwang soll im nächsten Abschnitt näher betrachtet werden.

6.8.1.2 Druck durch chinesische Regierung/Local-Content-Forderungen

Die zweithäufigste Kategorie der Dimension Isomorphismus durch Zwang befasst sich mit dem Druck durch die chinesische Regierung bzw. mit in China vorhandenen offiziellen und inoffiziellen Local-Content-Regelungen. In 69 (4,4%) der 1.579 Artikel wurde darüber berichtet. Die Artikel, die diesen Zwang erwähnten, erzielten im Mittel eine leicht unter dem neutralen Wert liegende Bewertung von 2,9; in den Jahren 1991 bis 1996 lag die Bewertung im Mittel leicht über dem neutralen Wert bei 3,2. Überproportional häufig wurde in diesem Zusammenhang die Branche des Maschinenbaus erwähnt, welche mit 28 Nennungen auch die absolut größte Anzahl an Nennungen aufwies, gefolgt von der Automobilindustrie mit 24 Nennungen. Nachfolgend werden in der Tabelle 6-33 zum besseren Verständnis der Berichterstattung einige konkrete Fragmente zu dieser Kategorie dargestellt.

Zeitschrift	Textfragmente (direkte Zitate)
Handelsblatt, 27.04.1990, S. 33	*Eine der wichtigsten Ausschreibungsbedingungen wird wohl sein, den Nachweis fuer eine funktionierende, zuverlaessige Zulieferindustrie zu fuehren. Hier verspricht sich Shanghai Volkswagen gute Chancen, denn der Steigerung des „local content" gilt nicht nur das Hauptaugenmerk der Joint-Venture-Partner in Anting, sondern auch der Shanghaier Provinzregierung.*
Wirtschaftswoche, 27.11.1992, S. 195	*China: Die Chinesen kaufen vorzugsweise Verkehrsflugzeuge, die sie selbst zusammenschrauben. Die amerikanische McDonnell Douglas konnte im Juli in China einen Grossauftrag ueber 1,2 Milliarden Dollar landen, weil das Unternehmen zu lokaler Montage bereit ist.*
VDI Nachrichten, 02.04.1993, S. 14	*„Bei den Grossprojekten werden wir kuenftig nur zum Zug kommen, wenn wir im jeweiligen Land auch als Produzent taetig werden." Ueber eine Waggonfertigung mit einem chinesischen Partnerunternehmen in der Naehe von Shanghai wird zur Zeit bereits nachgedacht.*
Handelsblatt, 13.04.1994, S. 14	*Das Joint Venture schreibt rote Zahlen. In Xiangfang wird das Auto bisher hauptsaechlich aus franzoesischen Bauteilen gefertigt, die lokal gefertigten Teile machen nur 16% aus. Ab 1997 fordert die chinesische Regierung einen lokalen Anteil von mindestens 60%.*
VDI Nachrichten, 09.09.1994, S. 1	*Besonders stark ist die Forderung nach einem hohen Local Content in China. Nach den Erfahrungen von Georg Acker betrug der Anteil der China-Fertigung „an unseren grossen Baoshan-Auftraegen in den 80er Jahren noch 50 %". Heute liege er bei 80 % – mit steigender Tendenz.*
Handelsblatt, 15.09.1994, S. 26	*Die Deutschen sind von den Chinesen verpflichtet worden, den lokalen Teileanteil der in China hergestellten Autos auf 85% hochzufahren.*
Manager Magazin, 01.04.1995, S. 173	*Chemiefirmen erhalten keine Handelslizenz für Produkte, die nicht in China produziert werden (...).*
VDI Nachrichten, 13.10.1995, S. 9	*Aber auch der immer haeufiger geforderte local content, wenn es um den Export geht, zwingt dazu, Produktion zumindest teilweise an den Bestimmungsort der Exportware zu verlagern; sei es, dass ganze Produktionsstaetten in neue Maerkte verlagert werden, oder dass Joint Ventures eingegangen werden.*
VDI Nachrichten, 29.11.1996, S. 4	*Im chinesischen Eisenbahnministerium wird davon ausgegangen, in Kuerze Verhandlungen mit Unternehmen aus Deutschland ueber wichtige Joint Venture abzuschliessen. Sie betreffen den Bau von U-Bahnfahrzeugen und die Produktion von Lokomotiven mit modernster Drehstromtechnik in der Volksrepublik. (...) Die chinesischen Eisenbahner setzen auf Produkte neuester Generation, die in der Volksrepublik gefertigt werden. Sie wollen U-Bahnfahrzeuge fuer ihren riesigen Bedarf im Land bauen, neue Elektroloks und Triebwagen mit modernstem Drehstromantrieb fertigen.*
VDI Nachrichten, 25.07.1997, S. 6	*Die chinesische Regierung schreibt ausländischen Großunternehmen einen heimischen Fertigungsanteil von 80 % vor.*
Handelsblatt, 22.10.1997, S. 14	*Wenn lokale Firmen mitbieten, haben Ausländer keine Chance, meint Matthew Sweeney von der amerikanischen Firma Foster Wheeler in Peking. „Die einzige Möglichkeit für ausländische Ktaftwerksbauer [sic!], im Rennen zu bleiben, besteht darin, lokal mit einem chinesischen Partner zu produzieren", sagt Karl Meier, Manager in der Pekinger Kraftwerksabteilung von Siemens.*
VDI Nachrichten, 22.05.1998, S. 22	*In einer Marktstudie stellte die Kölner Deutsche Entwicklungs- und Investitionsgesellschaft (DEG) fest, daß China besonders daran interessiert ist, gemeinsam mit ausländischen Partnern moderne Technik im eigenen Land zu produzieren.*
Wirtschaftswoche, 30.03.2000, S. 122	*Mit aller Macht wollen die Behörden die einheimischen Kunden zwingen, ihr Geld in China produzierte Fahrzeuge zu investieren. Betrug der Anteil der importierten Fahrzeuge 1993 noch 80 Prozent, waren es 1998 noch gerade einmal drei Prozent.*
Handelsblatt, 05.09.2000, S. 12	*Wir sind zunehmendem Druck von der Regierung ausgesetzt, um den Anteil lokaler Fertigung zu erhöhen, sagt Petri Vainola, der bei Nokia in der Region Asien Pazifik für Beschaffung zuständige Vizepräsident. (...) Ähnliche Lokalisierungs-Gelöbnisse wie Nokia und Siemens geben westliche Multis in China derzeit auffallend häufig ab. (...) Mindestens ebenso weit fortgeschritten ist der Lokalisierungsgrad in Chinas Autoindustrie. Die Regierung verlangt von Auto-Joint Ventures 40% lokale Fertigung, bevor eine Lizenz erteilt wird.*
Handelsblatt, 11.12.2000, S. 12	*Das Ifa rät den deutschen Umweltfirmen dringend, mehr in China zu investieren. Schon deshalb, weil die Regierung in Peking einen immer höheren Anteil an lokaler Fertigung verlangt.*
VDI Nachrichten, 03.05.2002, S. 14	*Eine besondere Herausforderung erwächst durch internationale Geschäfte, so etwa in China, wo etwa 30 % bis 40 % der Wertschöpfung mit Pumpen- und Armaturenanlagen als „local content" gefordert sind.*
VDI Nachrichten, 28.02.2003, S. 5	*Wer seinen OEM-Kunden nach Asien folgt, muss in der Regel vertraglich verbrieft mindestens 65 % Lokalisierung schaffen, also ein Produkt zu einheimischen Kosten mit jeweils einheimischen Materialien fertigen.*
Wirtschaftswoche, 01.10.2003, S. 84	*Die Regierung in Peking hatte bislang von der Autoindustrie einen lokalen Fertigungsanteil von mindestens 40 Prozent gefordert. Lag der Anteil darunter, wurde bereits seit 2005 ein Importzoll von 25 Prozent – statt zehn Prozent – auf alle eingeführten Autokomponenten erhoben.*
Handelsblatt, 12.08.2004, S. 1	*Asien kann nicht mehr nur von Deutschland aus bedient werden. Dies liegt schon daran, dass etwa die Regierung in Peking fordert, auch die Chinesen an der Wertschöpfung zu beteiligen. „In China können Sie ohne lokale Fertigung keine Anlage verkaufen", sagte Mayland.*

331

Zeitschrift	Textfragmente (direkte Zitate)
Handelsblatt, 26.11.2004, S. b05	Dies gilt insbesondere vor dem Hintergrund, dass die chinesische Regierung auf einen hohen und weiter steigenden Anteil von in China gefertigten Komponenten besteht. Insbesondere die so genannten „Tier 1 und 2"-Zulieferer sind bereits weitestgehend vor Ort, ebenso viele Mittelständler.
Wirtschaftswoche, 15.09.2005, S. 53	Anfang 2003 gründete er auf Druck seiner Hauptauftraggeber, zweier staatlicher chinesischer Ölgesellschaften, ein Produktions-Joint-Venture in Peking.
VDI Nachrichten, 05.05.2006, S. 32	Als Unternehmen in einem harten Wettbewerb könne man es sich als Hersteller von Windkraftanlagen jedenfalls trotz allem nicht leisten, China auszuklammern. Unternehmenssprecher Ralf Peters von der Nordex AG bewertete die Marktchancen für Windturbinenbauer in dem Land ebenfalls positiv. Nordex arbeite mit verschiedenen Joint-Venture-Partnern vor Ort zusammen und vergrößere jetzt sogar die Palette der direkt in der Volksrepublik China gefertigten Produkte. Dort müssen Lieferanten für chinesische Ausschreibungen seit Ende 2005 eine lokale Wertschöpfung von mindestens 70 % nachweisen.
Handelsblatt, 01.08.2006, S. 8	Noch sind 97 Prozent der EADS-Beschäftigten in Europa tätig, doch bei Airbus kommen mittlerweile fast die Hälfte der Aufträge aus Asien. Dort kommt langfristig nur zum Zuge, wer auch vor Ort fertigt. Der Aufbau einer Produktion in China ist beschlossene Sache.
Handelsblatt, 29.08.2007, S. 17	MAN will mit Weichai in China durchstarten, hieß es in Industriekreisen. Experten erwarten für den dortigen Markt mit schweren und leichten LKWs weitere starke Jahre, schwächer hingegen soll das Geschäft für mittelschwere Nutzfahrzeuge laufen. Ohne eine Produktion vor Ort haben ausländische Hersteller dabei keinerlei Chancen.
Handelsblatt, 23.04.2008, S. 7	Trotzdem bleibt vielen westlichen Managern nichts anderes übrig, als in China zu produzieren oder dort Vorprodukte einzukaufen: Internationale Firmen aus wichtigen Branchen, die den chinesischen Markt bedienen wollen, werden von den lokalen Behörden gezwungen, zumindest Teile der Wertschöpfung im Land zu belassen.
VDI Nachrichten, 08.08.2008, S. 4	Mit dem Zuschlag für die Schwimmhalle mussten sich die Bremer verpflichten, die nötigen Mengen an Folie in China mit chinesischen Mitarbeitern zu produzieren. Im Januar 2006 begann mit 75 Mitarbeitern die Arbeit. Zu Kissen verschweißt werden die zwischen 0,1 mm und 0,2 mm dicken Folien generell durch thermische Verfahren. In China wurde zum ersten Mal überhaupt im Ausland produziert. „Das hat sehr viel Spaß gemacht, zumal es keinerlei Probleme gab", resümiert Schmidt.
Wirtschaftswoche, 06.10.2008, S. 18	Deutsche Firmen klagen beim Handel mit China über nichttarifäre Hemmnisse, etwa den Zwang, einen möglichst großen Local Content in die Produktion einzubeziehen.
VDI Nachrichten, 10.10.2008, S. 18	So hat die chinesische Regierung festgelegt, dass alle in China errichteten Windanlagen zu 70 % chinesische Komponenten ausweisen müssen.
Handelsblatt, 23.03.2009, S. 15	Viele Teile kommen jedoch aus China, da Peking in allen Fertigungsbranchen auf einer lokalen Produktion besteht.
Handelsblatt, 27.05.2009, S. 18	Airbus hat sein China-Engagement immer damit begründet, Partner der chinesischen Luftfahrtindustrie sein zu wollen. Nur so könne Airbus mit eigenen Produkten auf dem Markt Fuß fassen.
Handelsblatt, 01.07.2009, S. 5	Anfang Juni hatte Peking lokalen Stellen angeordnet, bei Käufen und Aufträgen für das umgerechnet 415 Mrd. Euro schwere Konjunkturprogramm nationale Produkte möglichst zu bevorzugen. Ausländische Erzeugnisse dürfen danach nur mit Sondergenehmigung angeschafft werden. (...) Die EU-Kammer hat jedoch weniger nach China eingeführte Produkte im Visier, sondern sieht vor allem die vor Ort herstellenden Firmen benachteiligt. „Wir reden über klare Nachteile von Investoren in China", sagte Wuttke. Wenn es um Großaufträge gehe, „werden die plötzlich kaltgestellt". Die Kammer hatte bereits vor Wochen protestiert, weil bei der Vergabe von Aufträgen für Windkraftanlagen in China ausländische Anbieter leer ausgegangen sind. Deutsche Firmen haben aber vor Ort Millionen in Produktionsstandorte investiert und Expertise ins Land gebracht. Peking hat inzwischen nach Angaben der Kammer klargestellt, dass die von ausländischen Firmen hergestellten Produkte als „chinesisch" behandelt werden. Darauf setzen offenbar viele EU-Firmen in China: Immerhin ein Viertel will dieses Jahr den lokalen Umsatz trotz Krise steigern.
Manager Magazin, 23.07.2010, S. 70	Überdies haben die Münchener in China die lokale Produktstrategie intensiviert. In Schwellenländern entwickelt und verkauft Siemens abgespeckte Versionen seiner Hightech-Produkte – von Antrieben über Computertomografen bis hin zu Dampfturbinen – zu geringeren Preisen als in westlichen Industriestaaten. (...) Der Clou: Die Wertschöpfung erfolgt fast vollständig vor Ort. Das spart Kosten und verschafft Siemens den Ruf eines regional verwurzelten Unternehmens. In China scheint diese Strategie bereits aufzugehen: Regierungschef Wen Jiabao lobte unlängst bei einer Werksbesichtigung in Tianjin den hohen China-Anteil bei der Siemens-Produktion – und versprach im Gegenzug politisches Wohlwollen: „Siemens sollte in China als lokales Unternehmen behandelt werden."
Handelsblatt, 22.09.2010, S. 24	Europäische Lkw-Produzenten verkaufen in der Volksrepublik bislang erst wenige Fahrzeuge, bauen derzeit aber mit chinesischen Partnern Gemeinschaftsunternehmen auf. Denn: Ohne einen lokalen Partner haben westliche Konzerne in China in der Regel keine Chance.

Tab. 6-33: Textfragmente zur Kategorie Druck durch die chinesische Regierung/Local-Content-Forderungen
Quelle: eigene Darstellung.

Die genannten Textfragmente zeigen sehr deutlich, dass es einen Zwang gibt, in China zu produzieren, wenn man an den immer wieder thematisierten 'enormen' Marktchancen teilhaben möchte. Es wird zum Beispiel davon gesprochen, dass man ohne eine lokale Produktion stark benachteiligt wird bzw. gar keine Chance hat, auf dem chinesischen Markt Fuß zu fassen (z. B. Manager Magazin, 01.04.1995, S. 173; Handelsblatt, 22.10.1997, S. 14, 12.08.2004, S. 1 und 22.09.2010, S. 24). Aber auch für Unternehmen, die selbst nicht auf dem chinesischen Markt vertreten sein wollen, kann ein solcher Zwang existieren: Wie bereits erwähnt, erachten es viele Automobilhersteller als vorteilhaft, wenn die Zulieferer in unmittelbarer Nähe präsent sind. Da es in China die Forderung nach einem hohen Local-Content gibt, könnten Zulieferer auch aus diesem Grund gezwungen sein, ihren Schlüsselkunden zu folgen, auch wenn sie bei isolierter Betrachtung einen solchen Schritt nicht unternehmen würden. Eine ähnliche Argumentation wurde bereits im vorigen Abschnitt erwähnt, der Kern ist jedoch hier ein anderer: Wurden im vorigen Abschnitt insbesondere die Forderung der Hersteller nach Nähe der Zulieferer (zum Beispiel aus Koordinationsgründen) als Zwang gesehen, resultiert der Zwang in diesem Fall daraus, dass die chinesische Regierung Local-Content-Forderungen an die Hersteller herantragen, welche diese dann an ihre Lieferanten „weiterreichen" (müssen) und damit zu einer lokalen Produktion zwingen (siehe z. B. Wirtschaftswoche, 01.10.2003, S. 84 über den Strafzoll für aus dem Ausland eingeführte Komponenten). Darüber hinaus können sich große Konzerne mit einer Investition in China auch „politisches Wohlwollen" erkaufen (siehe z. B. Manager Magazin, 23.07.2010, S. 70).

Interessant ist in diesem Zusammenhang jedoch auch, dass eine lokale Fertigung nicht zwangsläufig zu einer Gleichbehandlung führt. Insbesondere im Zusammenhang mit der Fertigung von Windkraftanlagen ergaben sich in den letzten beiden Jahren Probleme insofern, als dass ausländische Unternehmen trotz einer lokalen Fertigung benachteiligt wurden. Dennoch bleibt die Branche optimistisch – insbesondere, weil die chinesische Regierung angekündigt hat, von ausländischen Unternehmen in China hergestellte Windkraftanlagen nun als 'chinesisch' zu behandeln (siehe z. B. Handelsblatt, 01.07.2009, S. 5).

6.8.1.3 Kostendruck, Druck zu Kosteneinsparungen

Die am dritthäufigsten genannte Unterkategorie befasst sich mit dem steigenden Kostendruck als Grund für eine Produktionsverlagerung nach China. Dieser Zwang wurde in 30 (1,9%) der 1.579 Artikel erwähnt. Interessanterweise ergibt sich eine durchschnittliche Bewertung von 3,6 für alle Artikel, die diesen Grund benennen. In der nachfolgenden Tabelle 6-34 sind wiederum Textfragmente aufgelistet, die einen detaillierten Einblick in die Berichterstattung geben.

Zeitschrift	Textfragmente (direkte Zitate)
VDI Nachrichten, 09.09.1994, S. 1	„Der Zwang zur Verlagerung von Fertigungs- und Ingenieurkapazitaeten aus Deutschland in Niedriglohnlaender haelt an (...)."
VDI Nachrichten, 13.10.1995, S. 8	Neue wirtschaftliche Herausforderungen und die Kostensituation veranlassen die Krupp Maschinentechnik GmbH, Essen, zu einer veraenderten Fertigungsstrategie, wie Prof. Dr.- Ing. Wilhelm Dalhoff am 5. Oktober auf der internationalen Kunststoffmesse K'95 in Duesseldorf erklaerte. (...) Laut Prof. Dalhoff wird die Krupp Maschinentechnik insbesondere in der Volksrepublik China, in Brasilien, den USA und Osteuropa montieren.
VDI Nachrichten, 03.11.1995, S. 14	Den neuen erheblichen Rationalisierungsbedarf will SMS durch weitere Verlagerung der Wertschoepfung ins Ausland begegnen. „Neue Gesellschaften in den USA, Indien und der Volksrepublik China tragen dem dynamischen Wachstum dieser Regionen und ihren Standortvorteilen Rechnung", betont Heinrich Weiss.
VDI Nachrichten, 05.04.1996, S. 8	Die (...) Andreas Stihl KG, Waiblingen, staerkt aus Kostengruenden weiter ihre Auslandsfertigung. Von den fuer 1996 geplanten Investitionen der Gruppe von 88 Mio. DM sollen 48 Mio. DM in die auslaendischen Produktionsstaetten fliessen und dort mit Schwerpunkt Kapazitaetserweiterung eingesetzt werden. (...) Er begruendete den weiteren Ausbau der Fertigung im Ausland damit, dass der Standort Deutschland fuer viele preissensible Produkte des Unternehmens zu teuer sei und im Markt Preiserhoehungen wegen des verschaerften Wettbewerbs generell nicht durchzusetzen seien. (...) Die Taicang Andreas Stihl Powertool Co Ltd. hat im September mit der Montage von Motorsaegen und anderen Motorgeraeten in China begonnen.
Handelsblatt, 03.08.1998, S. 16	Ohne Kooperationen im Vertrieb und in der Produktion werden wir uns kaum halten können, sagte Vorstandschef Gerding. Hohner hat bereits die Verlagerung von Fertigungsaktivitäten mit geringer Wertschöpfung (Baugruppen und Zubehör) nach China auf den Weg gebracht.
Wirtschaftswoche, 17.12.1998, S. 72	Der Wettbewerb mit Billiganbietern aus Fernost ist mörderisch und hat bereits zahlreiche andere europäische Markenhersteller in den Ruin getrieben. „Speziell im Kleinwagensegment ist der Preisdruck enorm." Sieper läßt deshalb seit einigen Jahren Komponenten und auch Komplettfahrzeuge in Polen und China bauen.
VDI Nachrichten, 29.09.2000, S. 20	Preisdruck treibt LCD-Hersteller Hitachi nach China
Wirtschaftswoche, 04.04.2002, S. 22	Investierten die ausländischen Konzerne früher hauptsächlich, um die hohen Einfuhrzölle des Landes zu umgehen und einen Fuß in den gigantischen Markt zu bekommen, so ist die Präsenz nach Chinas WTO-Beitritt im Reich der Mitte vor allem ein Muss, um von dort aus den Weltmarkt zu beliefern.
VDI Nachrichten, 17.10.2003, S. S06	Es wird in China nach Ifo-Untersuchungen aber nicht nur für den inländischen Markt produziert, sondern zunehmend verlagern US-amerikanische Zulieferunternehmen ihre Produktion, um dem Kostendruck ihrer heimischen Kunden immer besser begegnen zu können.
Wirtschaftswoche, 30.09.2004, S. 56	Der zur Ceag-Gruppe gehörende Hersteller von Ladegeräten für Mobiltelefone, Friwo, aus dem münsterländischen Ostbevern betreibt in China beispielsweise in Eigenregie drei Fabriken. Wegen der hohen Kosten und rigiden Vorschriften begannen die Deutschen schon Anfang der Neunzigerjahre mit der Verlagerung der Produktion.
Wirtschaftswoche, 28.10.2004, S. 42	Eine aktuelle Studie der Unternehmensberatung Ernst & Young zeigt, dass bereits 40 Prozent der deutschen Autozulieferer in Osteuropa oder China mit eigenen Produktionsstätten vertreten sind. Weitere 16 Prozent planen den Schritt. Grund dafür ist, dass die Zulieferer unter noch größerem Kostendruck stehen als die Autobauer.
VDI Nachrichten, 05.11.2004, S. 4	Etwa 50 % der Unternehmen verlagern nach Osteuropa, vor allem nach Tschechien. Mit 27 % folgt China. (...) Die Verlagerung von Produktionsstätten erweist sich für Unternehmen in Deutschland dabei mehr und mehr als Option, um ihre Wettbewerbsfähigkeit zu sichern: „Sie reagieren auf Kostendruck und erschließen neue Märkte (...)."

Zeitschrift	Textfragmente (direkte Zitate)
Wirtschaftswoche, 21.04.2005, S. 13	„Wenn wir da nicht verstärkt im Ausland produzieren lassen, verrecken wir", schimpft Hundt. (...) Um dem Kosten- und Preisdruck dauerhaft standzuhalten, soll der heimische Wertschöpfungsanteil in Deutschland auf 50 bis 60 Prozent sinken. Derzeit sondiert Hundt sogar das Terrain in Osteuropa und China für eigene Produktionsstätten.
VDI Nachrichten, 22.07.2005, S. 7	Wie viele andere fertigt der Büromaschinenhersteller Brother in China. Ohne China geht es nicht, macht ein Besuch im neuen Werk in Shenzhen deutlich. Sonst leidet die Konkurrenzfähigkeit.
Handelsblatt, 21.12.2006, S. 11	Fakt ist, dass Leoni in den angestammten Geschäften mit der Autoindustrie erheblich unter Druck gerät. Großabnehmer wie Volkswagen verlangen Preisabschläge, umgekehrt steigen die Preise für Kupfer, den wichtigsten Rohstoff. Leoni versucht, dem Druck mit Verlagerungen an Billigstandorte wie China oder die Ukraine entgegenzuhalten.
Handelsblatt, 24.09.2007, S. 16	Der japanische Elektronikkonzern Canon schließt sein Kopierer-Werk in Gießen und verlagert die Produktion nach China. Davon seien rund 250 Arbeitsplätze betroffen, teilte das Unternehmen mit. Der Preiskampf (...) sei so hoch, dass sich Canon zu dem Schritt gezwungen sehe.
VDI Nachrichten, 13.02.2004, S. 26	Die Produktion von DSL-Modems soll nach China verlagert werden, betriebsbedingte Kündigungen könnten nicht ausgeschlossen werden. Thomas Ganswindt, Chef des Konzernbereichs ICN, hatte erklärt, dass die Modems an dem Standort nicht mehr zu einem auf dem Weltmarkt konkurrenzfähigen Preis produziert werden könnten.

Tab. 6-34: Textfragmente zur Kategorie Kostendruck/Druck zu Einsparungen
Quelle: eigene Darstellung.

Es fällt auf, dass in vielen dieser Artikel explizit von einem Zwang (z. B. VDI Nachrichten, 09.09.1994, S. 1; Handelsblatt, 24.09.2007, S. 16) bzw. einem Druck (z. B. in Wirtschaftswoche, 17.12.1998, S. 72; VDI Nachrichten, 29.09.2000, S. 20; VDI Nachrichten, 17.10.2003, S. S06; Wirtschaftswoche, 28.10.2004, S. 42; VDI Nachrichten, 05.11.2004, S. 4; Wirtschaftswoche, 21.04.2005, S. 13; Handelsblatt, 21.12.2006, S. 11) gesprochen wird. Damit wird im Rahmen der Berichterstattung nicht nur häufig erwähnt, dass es zum Teil enorme Kostenvorteile in China gibt, sondern auch, dass ein Druck existiert, diese Kostenvorteile auch auszunutzen. Wie bereits theoretisch argumentiert, erklärt dieser Druck noch nicht unbedingt die Wahl eines spezifischen Ziellandes. Hierbei kann ein mimetischer Isomorphismus dem Isomorphismus durch Druck stärkeres Gewicht verleihen.

6.8.1.4 Umgehen von Handelsbarrieren[683]

Dieser Grund zur Produktionsverlagerung wurde insgesamt in 22 (1,4%) der 1.579 Beiträge thematisiert und insbesondere seit dem Jahr 2001 häufiger erwähnt. Die durchschnittliche Bewertung aller Artikel, die diesen Grund zur Pro-

---

[683] Diese Unterkategorie ist ähnlich der Vorteilskategorie „Zolleinsparungen/Umgehen von Handelshemmnissen". Dennoch ergeben sich leichte Unterschiede, da in der Vorteilskategorie auch die reine Nennung des Vorteils von Zolleinsparungen kodiert wurde, was in der hier vorgestellten Dimension nicht erfolgte.

duktionsverlagerung erwähnen, liegt bei 3,6. Die Branchen des Fahrzeugbaus sowie des Maschinenbaus werden dabei überproportional häufig erwähnt. Nachfolgend werden in Tabelle 6-35 Textfragmente zu dieser Kategorie vorgestellt.

Zeitschrift	Textfragmente (direkte Zitate)
Handelsblatt, 30.06.1995, S. 16	Er hatte aber gesehen, dass aufgrund hoeherer Importzoelle der China-Markt mit Einfuhren nicht mehr auszuweiten war. Die China-Fabrik wurde in 18 Monaten hochgezogen. Durch den Bau zweier identischer Fabriken kann der Mittelstaendler Osteuropa und China als Investor gut vergleichen. „Alles ist besser in China", meint Merkel.
Handelsblatt, 28.10.1998, S. 36	Der Markt der 1,2 Mrd. Chinesen schien große Umsätze zu versprechen: Lag der Bierkonsum 1979 noch bei 2 Liter pro Kopf, hatte er sich bis 1985 vervierfacht und stieg in den 90er Jahren auf 12,5 Liter jährlich. Doch 300 % Importzoll für Flaschen- und Dosenbier versperrten den Ausländern den Markteinstieg. Bis Ende 1997 hatten die ausländischen Produzenten 50 Verträge für Joint Venture-Projekte im Wert von 500 Mill. $ abgeschlossen.
VDI Nachrichten, 19.02.1999, S. 26	Wegen der hohen Einfuhrzölle haben die meisten Unternehmen hier eine Produktion aufgebaut.
Manager Magazin, 01.12.2001, S. 197	Auch BMW hat sich für die Produktion in China entschieden. Ein Joint Venture mit dem Hersteller Brilliance ist ausgemachte Sache. Günther Seemann, BMW-Chef in China, sagt: „Auch nach dem WTO-Beitritt wird es sicher noch nicht tarifäre Handelshemmnisse geben. Deshalb wollen wir hier fertigen."
Wirtschaftswoche, 04.04.2002, S. 22	Investierten die ausländischen Konzerne früher hauptsächlich, um die hohen Einfuhrzölle des Landes zu umgehen und einen Fuß in den gigantischen Markt zu bekommen, so ist die Präsenz nach Chinas WTO-Beitritt im Reich der Mitte vor allem ein Muss, um von dort aus den Weltmarkt zu beliefern.
Wirtschaftswoche, 26.06.2003, S. 52	Die Alternative, den Markt über Importe zu erschließen, funktioniert nur in der Theorie. Zwar trat China im Dezember 2001 der Welthandelsorganisation WTO bei, doch ist der Importvorschriften sind so komplex und die Behördenwege so lang, dass sie den Markt streng regulieren. (...) So treibt es auch die letzten Zauderer nach China. Kürzlich erhielt BMW nach fast zehnjährigen Verhandlungen die Genehmigung, 30 000 Fahrzeuge der 3er- und 5er-Reihe im nordchinesischen Shenyang herzustellen. (...) Auch DaimlerChrysler (siehe Wirtschaftswoche 9/2003) will endlich durchstarten. Ende Februar verkündete Vorstandschef Jürgen Schrempp, noch 2003 würden Verträge über den Aufbau einer Produktion in China unterschrieben.
Wirtschaftswoche, 01.10.2003, S. 85	Viele Jahre lang versuchten einige Autobauer deswegen, den chinesischen Markt über Importe zu erschließen. Doch das funktionierte nicht. Importautos kamen wegen der horrenden Zölle nur auf einen geringen Marktanteil. Deshalb treibt es jetzt auch die letzten Zauderer nach China. Anfang des Jahres unterschrieb BMW nach fast zehnjährigem Verhandlungsmarathon den Vertrag für den Aufbau eines Joint Ventures mit dem chinesischen Unternehmen Brilliance.
Handelsblatt, 21.03.2006, S. 15	Importzölle und Wettbewerb zwingen der Ford-Marke zur Produktion im Reich der Mitte
Handelsblatt, 17.03.2008, S. 1	„Zudem erlässt China immer wieder eine Reihe von Handelsschranken und verschafft den eigenen Unternehmen dadurch große Vorteile." Um mit diesen Herausforderungen fertig zu werden, müssen deutsche Mittelständler innovativ sein, höherwertige Produkte anbieten und sich weiter international ausrichten. Deshalb erwartet Ade, dass die größeren Mittelständer zumindest mittelfristig kaum darum herumkommen, wie Rupprecht Kemper auch in China aktiv zu wesen.
Handelsblatt, 02.09.2009, S. 13	Aber auch unter dem Kostendruck der erhöhten Importzölle haben inzwischen viele Hersteller ihre Zulieferketten in China längst angepasst. Der Wolfsburger Volkswagen-Konzern etwa bezieht nach Angaben von China-Chef Winfried Vahland bei den lokal gefertigten Modellen bereits gut 90 Prozent der Teile aus dem Reich der Mitte. Auch die Zulieferriesen wie die US-Firmen Delphi und Visteon oder die deutschen Firmen Bosch und Freudenberg haben Fertigungen in China aufgebaut. Sie gelten damit als lokale Anbieter.
Handelsblatt, 20.04.2010, S. 26	Allerdings schwächelte 2009 das Geschäft in China, wo Nordex nur 90 Prozent der Vorjahreserlöse erzielte. Richterich kritisiert: „Bei großen Ausschreibungen hatten es internationale Hersteller schwer." Der Marktanteil ausländischer Anbieter sank auf 40 Prozent; für sich künftig jedoch bei 20 bis 30 Prozent einpendeln, meint Richterich. „Für Nordex ist es ein adäquater Weg, durch eine lokale Produktion Handelshemmnisse zu umgehen", sagt Analyst Diermeier.

Tab. 6-35: Textfragmente zur Kategorie Umgehen von Handelsbarrieren
Quelle: eigene Darstellung.

Bei der Analyse der Textfragmente fällt auf, dass in vielen Fällen die Einsparung von Zöllen nicht nur ein Vorteil unter vielen, sondern kausal für den Aufbau einer Produktion in China ist. Um auch ein „Stück vom China-Kuchen" abzubekommen, sind Unternehmen aus diesem Grund gezwungen, eine Produktion in China aufzubauen.

6.8.1.5 Druck zur Suche nach neuen Märkten

Der Druck zur Suche nach neuen Märkten wurde ebenfalls in 22 (1,4%) der 1.579 Beiträge thematisiert und dabei insbesondere Mitte der 1990er Jahre und seit dem Jahr 2001 häufiger erwähnt. Die Artikel, die diese Art von Druck erwähnen, werden im Schnitt mit der Bewertung 3,7 bedacht. In der folgenden Tabelle 6-36 sind Textfragmente dieser Unterkategorie dargestellt.

Aus den unten erwähnten Textfragmenten geht oftmals ein ähnlicher Argumentationsstrang hervor: Die Unternehmen werden quasi gezwungen, eine Produktion in China aufzubauen, da in Westeuropa – oder Deutschland – aufgrund gesättigter Märkte kein Wachstum mehr zu erwarten sei. Dabei wird von China als von einem *„Magnet"* gesprochen (Handelsblatt, 03.11.2003, S. 13), von den *„Wachstumsmärkte*[n] *der Zukunft"* (Handelsblatt, 06.04.1994, S. 11) und von 'riesigem Potenzial' (Handelsblatt, 23.10.2001, S. 22). Fast euphorisch wird berichtet: *„Der einzige Platz, wo die Branche noch wachsen kann, ist China."* (Handelsblatt, 20.04.2009, S. 17). Eine solche Produktionsverlagerung nach China wird auch in folgendem Zitat als alternativlos und damit implizit als Zwang dargestellt: *„"Wir haben keine andere Wahl. Nur so können wir wachsen." (...) In Deutschland wachse nichts mehr, sagt Baur."* (Manager Magazin, 01.10.1997, S. 141).

Zeitschrift	Textfragmente (direkte Zitate)
Handelsblatt, 10.10.1991, S. 21	Das Engagement von Iveco in China ist nicht zuletzt auf die angespannte Absatzlage auf dem Lkw-Markt in Europa zurueckzufuehren. Die Zeit der Absatzrekorde liegt lange zurueck, die europaeischen Nutzfahrzeughersteller stehen vor einem massiven Verdraengungswettbewerb. In Grossbritannien sackten beispielsweise die Verkaeufe 1990 im Vergleich zum Vorjahr um fast ein Drittel weg, in Italien wurden im gleichen Zeitraum 13% weniger Lkw (...) zugelassen.
Handelsblatt, 06.04.1994, S. 11	Gesaettigte Maerkte in Westeuropa verlieren an Bedeutung (...) Nach allgemeiner Einschaetzung verliert Westeuropa, und (...) Deutschland, als Absatzmarkt fuer die Chemieindustrie zunehmend an Bedeutung. Selbst wenn die Konjunktur hier wieder anzieht, werden die in der Vergangenheit gewohnten hohen Zuwachsraten angesichts reifer Maerkte wohl kaum mehr erreichbar sein. Ganz anders stellt sich die Situation in Asien dar, wo sich in den sogenannten „Tigerlaendern" und in der Volksrepublik China neue Wohlstandsgesellschaften mit entsprechend hoher Nachfrage entwickeln. Dort sind die Wachstumsmaerkte der Zukunft (...).
Handelsblatt, 03.05.1996, S. k02	Den deutschen Markt sieht Bremer ausgereizt: „Zuwaechse gehen nur uebers Ausland." Nicht zuletzt deshalb hat das Unternehmen gerade ein Joint Venture in China gegruendet, eine Produktionsstaette, die den suedostasiatischen Markt schneller beliefern soll.
Manager Magazin, 01.10.1997, S. 141	Produktionsstätten in den USA und Ungarn, direkt neben den P&G-Fabriken, hat Nordenia bereits. Nun also, seit kurzem, auch eine in Dalian im Nordosten Chinas. Mager: „Wir haben keine andere Wahl. Nur so können wir wachsen." (...) In Deutschland wachse nichts mehr, sagt Baur.
Handelsblatt, 23.10.2001, S. 22	Im Gegensatz zum Rest der Welt wächst der Mobilfunkmarkt in China weiterhin stark. Nicht einmal jeder zehnte Bürger der Volksrepublik besitzt ein Handy, in Europa beträgt die Marktsättigung dagegen schon über 60 %. Trotzdem gilt China mittlerweile als weltweit größter Mobilfunkmarkt und zählt nach Branchenschätzungen rund 121 Mill. Nutzer. Bis zum Jahresende sollen es etwa 130 Mill. sein. Und das Potenzial ist riesig, rechnerisch zählt China etwa 1,4 Mrd. Einwohner. Siemens will über sein 1993 gegründetes deutsch-chinesisches Joint Venture SSMC von dem Wachstum des Mobilfunkmarktes profitieren (...).
Handelsblatt, 06.12.2001, S. 39	Alle Hoffnungen ruhen auf China. Weil der Absatz auf den wichtigsten Märkten Nordamerika und Westeuropa stagniert und nächstes Jahr sogar fallen wird, schaut die Autobranche nach Fernost. Weil das Reich der Mitte von rezessiven Tendenzen der Industrieländer weitgehend verschont geblieben ist, wird der Fahrzeugabsatz dort nächstes Jahr weiter wachsen. Davon dürfte vor allem der Marktführer Volkswagen profitieren.
Manager Magazin, 01.02.2003, S. 52	Viel wichtiger ist, dass sich Asien und insbesondere China zu bedeutenden Absatzmärkten entwickeln. Wir kommen gar nicht umhin, in diesen Märkten Fertigungskapazitäten aufzubauen.
Handelsblatt, 03.11.2003, S. 13	Angesichts gesättigter Märkte in Japan, Westeuropa und Nordamerika wirkt China deshalb wie ein Magnet auf die Manager der Autokonzerne.
Wirtschaftswoche, 13.11.2003, S. 14	s.Oliver betreibt in China seit Jahren eine Einkaufsagentur und eine Produktion und kann deshalb den Markt schnell und ohne Zollschranken beliefern. Das Geschäft in Deutschland, so Wiese, sei infolge neuer Marken und Preisdrucks „sehr eng" geworden. Außerdem haben „wir den deutschen Markt nahezu durchreist".
Handelsblatt, 09.09.2004, S. 17	„Das Mengenwachstum in Europa, wo Heineken den meisten Profit erzielt, ist gering. Deshalb muss der Konzern dringend stärker in China oder Russland investieren" (...).
Handelsblatt, 13.10.2005, S. 19	Wer wachsen will, muss das im Ausland. Die bevorzugten Regionen für Investitionen in neue Fertigungen liegen vor allem in Osteuropa und China.
Handelsblatt, 28.06.2007, S. 11	Seit 2003 produzieren die Münchener in China, die Fabrik könnte auf 40 000 Autos pro Jahr in einem ersten Schritt hochgefahren werden, rund 10 000 mehr als bisher. In einer weiteren Stufe könnte BMW die Fertigung von 60 000 Autos ausbauen, das entspräche der Größe des Werks in Südafrika. 2006 verkaufte BMW 45 000 Autos in China, die Wachstumsraten liegen bei 30 Prozent. BMW braucht weiterhin den Auslandsmärkten. In Deutschland brach der Absatz im ersten Halbjahr um rund elf Prozent ein.
Handelsblatt, 28.11.2007, S. 19	Der Heiztechnik-Hersteller Viessmann will durch eine verstärkte Expansion im Ausland dem schwachen Heimatmarkt entgehen. (...) In China hat Viessmann die Firma Eurocon gekauft, die Röhrenkollektoren für die Gewinnung von Wärme aus Sonnenenergie herstellt. Viessmann will die Kapazität der Fertigung für den asiatischen Markt verzehnfachen.
Handelsblatt, 20.04.2009, S. 17	Die Hoffnung aller Hersteller heißt einfach auf China, sagt Ricon Xia, Analyst des Daiwa Institute of Research in Schanghai. Und ein Kollege bringt es auf den Punkt: „Der einzige Platz, wo die Branche noch wachsen kann, ist China."
Handelsblatt, 04.11.2009, S. 26	Auslöser für den Drang der Pharmariesen nach Fernost ist zum einen das starke Wachstum des chinesischen Pharmamarktes. Er expandiert schon seit Jahren mit zweistelliger Rate und bietet damit den westlichen Konzernen große [sic!] Potenzial, um das eher magere Wachstum auf den etablierten Märkten zu kompensieren.

Tab. 6-36: Textfragmente zur Kategorie Druck zur Suche nach neuen Märkten
Quelle: eigene Darstellung.

6.8.1.6 Weitere Hinweise auf Isomorphismus durch Zwang

Die weiteren genannten Hinweise auf Isomorphismus durch Zwang sind eher zu vernachlässigen. Es wurde vereinzelt darauf hingewiesen, dass eine Verlagerung auch aus dem Grund vorgenommen wurde, restriktive gesetzliche Anforderungen im Heimatland zu umgehen (8 Nennungen).[684] Die Mehrheit dieser Nennungen wirkt jedoch eher wie ein Vorteil von Produktionsverlagerungen unter vielen, nicht jedoch wie ein kausaler Grund einer Verlagerung. Überraschenderweise wurde nur extrem selten über Druck von Banken oder Kapitalgebern berichtet (3 Nennungen). Alle drei Nennungen beziehen sich dabei auf die Meinungen bzw. Erwartungen von Analysten, womit eher indirekt ein Druck auf Unternehmen ausgeübt wird. Die Argumente der Analysten lauteten, dass eine Produktion in China 'zwingend' sei,[685] zu viel im Inland produziert werde[686] und aufgrund von gesättigten Heimatmärkten in China produziert werden müsse.[687] Insgesamt wurden gerade in dieser Unterkategorie weitaus mehr Nennungen erwartet. Von einem Druck durch die Muttergesellschaft oder durch die Eigentümer wurde in den analysierten Artikeln nichts erwähnt.[688] Schließlich führte noch der Bedarf an Rohstoffen als ein Zwang zur Produktionsverlagerung

---

[684] „Der zur Ceag-Gruppe gehörende Hersteller von Ladegeräten für Mobiltelefone, Friwo, aus dem münsterländischen Ostbevern betreibt in China beispielsweise in Eigenregie drei Fabriken. Wegen der hohen Kosten und rigiden Vorschriften begannen die Deutschen schon Anfang der Neunzigerjahre mit der Verlagerung der Produktion. Heute stellt Friwo im Reich der Mitte 98 Prozent seiner Ladegeräte her und beschäftigt in Spitzenzeiten bis zu 10 000 Mitarbeiter. Zu den größten Abnehmern gehören Siemens und Nokia. „China ist für uns ein idealer Standort", sagt Ceag-Vorstandschef Rolf Endreß, „weil wir dort mit der Arbeitnehmerschaft atmen können. In Deutschland geht das nicht.""" (Wirtschaftswoche, 30.09.2004, S. 56).
„Doch wer, wie der westfälische Stahlbauer Trendelkamp, den Sprung über die Grenze schafft, wird belohnt. Schluss mit erdrückenden Vorschriften, Meldepflichten und hohen Lohnnebenkosten. „Da", sagt Trendelkamp, „bekommt man ein ganz neues Lebensgefühl."" (Wirtschaftswoche, 17.11.2005, S. 76).

[685] „Schließlich verhandelt der Stuttgarter Konzern in China mit mehreren Lastwagen-Produzenten über ein Joint Venture. Daimler will im potenziell größten Markt der Erde präsent sein. „Wenn man Größe und Volumen will, dann sind diese Engagements zwingend", urteilt Falk Frey, Analyst beim Bankhaus Julius Bär." (Handelsblatt, 16.11.2000, S. 18).

[686] „Die Werke in China, der Slowakei und den USA sollen ausgebaut werden, um Kosten zu sparen und die Belastungen aus dem teuren Euro zu mindern. Analysten hatten in der Vergangenheit wiederholt kritisiert, das Unternehmen produziere zu viel im Inland." (Handelsblatt, 11.07.2008, S. 17).

[687] „„Das Mengenwachstum in Europa, wo Heineken den meisten Profit erzielt, ist gering. Deshalb muss der Konzern dringend stärker in China oder Russland investieren", sagte Edwin Slaghekke, Fondsmanager der Amsterdamer Gillessen Bank gestern der Nachrichtenagentur Bloomberg." (Handelsblatt, 09.09.2004, S. 17).

[688] Aktionäre sind zwar auch (Mit-)Eigentümer, wurden aber im Rahmen dieser Analyse in der Rubrik „Druck von Banken und Kapitalgebern" einbezogen.

zu drei Nennungen. In zwei Nennungen wurde dabei auf die Quasi-Monopolstellung Chinas bezüglich der Verfügbarkeit sogenannter Seltener Erden hingewiesen und die Absicht Chinas, dies als Druckmittel zur Ansiedlung von ausländischen Unternehmen zu nutzen;[689] eine weitere Meldung wies auf die Verfügbarkeit von (Alt-)metall hin.[690] Insgesamt wurden auch in dieser Kategorie eine größere Anzahl an Nennungen erwartet – insbesondere deshalb, weil die Verfügbarkeit von Seltenen Erden ein durchaus ernstzunehmendes – stellenweise sogar bedrohendes – Problem darzustellen scheint.

Zusammenfassend konnte eine ganze Anzahl an Artikeln identifiziert werden, die verschiedene Zwänge erwähnen, unter denen Unternehmen eine Produktionsverlagerung nach China vornehmen. Damit kann ein auf Zwang basierendes isomorphes – also gleichgerichtetes – Verhalten im Rahmen von Produktionsverlagerungen nach China unterstellt werden. Dabei kann durch die Analyse der Medienberichterstattung insbesondere der Druck durch Zulieferer und durch die chinesische Regierung als kausal für eine Produktionsverlagerung betrachtet werden. Aufgrund der theoretischen Fundierung im Bereich der konstruktivistischen Medientheorien ist der Nachweis einer solchen Kausalität möglich. Als nächstes soll sich nun der Dimension Isomorphismus durch normativen Druck gewidmet werden.

---

[689] *„„Im Mittleren Osten gibt es Öl, in China Seltene Erden." Mit diesem Satz von Deng Xiaoping wirbt das chinesische Industriegebiet Baotou in der Inneren Mongolei um Investoren. (...) „Ein Engpass bei der Versorgung mit diesen Rohstoffen kann ganze Wertschöpfungsketten lahmlegen", warnt der Chef der vbw, Bertram Brossardt. (...) Inzwischen ist das Problem auch in der Politik angekommen. Die EU-Kommission hat eine Rohstoffinitiative angestoßen, die sich u. a. auf die Verfügbarkeit von seltenen Hochtechnologiemetallen konzentriert. (...) Die Unternehmen bemühen sich in der Zwischenzeit um pragmatische Lösungen. So hat z. B. die Siemens-Tochter Osram im Oktober mit China Rare Earth ein Joint Venture gegründet, das für das Unternehmen und deren Tochtergesellschaften Leuchtstoffe für Energiesparlampen produzieren soll. China will jedoch seine marktbeherrschende Stellung nicht dafür nutzen, mit den steigenden Preisen für Seltene Erden Kasse zu machen. Erklärtes Ziel ist, westliche Unternehmen zur An- oder Übersiedlung von Produktionsstätten im Reich der Mitte zu bewegen."* (VDI Nachrichten, 23.04.2010, S. 10). Der gleiche Artikel belegt außerdem, dass China diese beherrschende Position zusätzlich durch Unternehmensbeteiligungen an den wenigen im Ausland ansässigen Produzenten Seltener Erden ausbauen möchte und somit den Druck auf ausländische Unternehmen, die von diesen Ressourcen abhängig sind, noch verstärken kann.

[690] *„Große Probleme verursacht auch Chinas scheinbar unstillbarer Rohstoffhunger. „China saugt den ganzen Metallschrott auf. Und unsere Unternehmen wissen nicht, wie sie an Rohstoffe kommen sollen", sagt Stefan Beißwenger von der Wirtschaftsvereinigung Metalle. (...) Deshalb erwartet Ade, dass die größeren Mittelständler zumindest mittelfristig kaum darum herumkommen, wie Rupprecht Kemper auch in China aktiv zu sein."* (Handelsblatt, 17.03.2008, S. 1).

6.8.2 Indizien bzw. Treiber für Isomorphismus durch normativen Druck

Die zweite Dimension befasst sich mit dem Isomorphismus durch normativen Druck. Insgesamt konnten nur sehr wenige Indizien in der Berichterstattung diesbezüglich identifiziert werden. Die folgende Abbildung 6-28 gibt dabei einen Überblick über die erhobenen und die letztlich in den Beiträgen vorkommenden Unterkategorien.

```
                                                         Anzahl
                                          0      5       10      15      20

01 Produktionsverlagerungen nach China
   durch Hochschulen propagiert
02 Anwerbung von Managern, die bereits Erfahrung
   mit Produktionsverlagerungen nach China haben
03 Beschäftigung von Professionen/
   Verbänden mit Produktionsverlagerungen nach China
04 Wirtschaftsnahe Chinastudiengänge begründet
05 Aus-/Weiterbildung von deutschen Studenten/
   Arbeitnehmern in China

99 sonstige
```

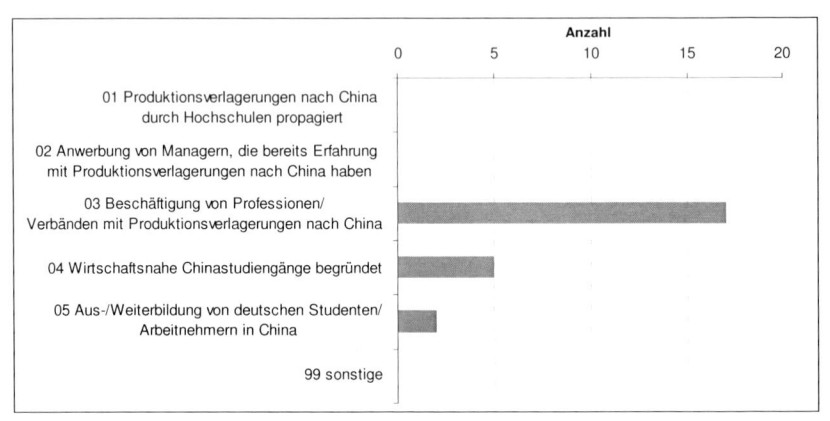

Abb. 6-28: Hinweise auf Isomorphismus durch normativen Druck
Quelle: eigene Darstellung.

Da lediglich die Unterkategorie 03 erwähnenswert zu sein scheint, soll diese nachfolgend detaillierter betrachtet werden.

6.8.2.1 Beschäftigung von Professionen/Verbänden mit Produktionsverlagerungen nach China

Für diese Unterkategorie ergeben sich Nennungen in insgesamt 17 (1,1%) der 1.579 analysierten Beiträge. Diese beziehen sich etwa zur Hälfte auf Veranstaltungen des VDI, zu denen in den VDI Nachrichten eingeladen wird und bei denen Produktionsverlagerungen nach bzw. Geschäftstätigkeiten in China thematisiert werden. Die andere Hälfte der Beiträge bezieht sich auf konkrete Empfehlungen von Verbänden für Produktionsverlagerung nach China. In der folgenden Tabelle 6-37 werden dazu einige Textfragmente vorgestellt.

Zeitschrift	Textfragmente (direkte Zitate)
VDI Nachrichten, 04.07.1994, S. 6	Kein Zweifel: Chinas Eliten blicken nach vorn. Das bevoelkerungsreichste Land der Erde legt die Fesseln der sozialistischen Wirtschaft ab und oeffnet sich Investoren aus dem Westen. Grund genug, fuer die Organisatoren des Symposiums, in diesem Jahr einen Schwerpunkt auf das Reich der Mitte zu legen.[691]
Handelsblatt, 21.12.1995, S. 14	Kleine und mittelstaendische Unternehmen mit China-Ambitionen standen im Mittelpunkt eines Symposiums des Rationalisierungs-Kuratoriums der Deutschen Wirtschaft (RKW) und der Deutschen Asia Pacific Gesellschaft (DAPG) in Koeln. „Die Zahl der Unternehmen, die sich in China engagieren wollen, nimmt rapide zu", berichtete RKW-Sprecher, Joerg Stremmel. Das RKW bringt interessierte Mittelstaendler mit potentiellen chinesischen Partnerunternehmen zusammen. Das Ziel ist die Gruendung eines Joint Ventures. Hierzu organisiert das RKW China-Reisen, bei denen deutsche Unternehmer erste Kontakte mit moeglichen Joint-Venture-Partnern aufbauen koennen. Um dem steigenden Interesse der Mittelstaendler gerecht werden zu koennen, wird das RKW noch in diesem Monat ein Buero in Peking eroeffnen.
VDI Nachrichten, 09.05.2003, S. 26	Mit Blick auf den Produktionsstandort Europa und im engeren Sinn Deutschland werde im ZVEI [Zentralverband Elektrotechnik- und Elektronikindustrie e.V., Anm. d. Verf.] sehr konkret über Abwanderungstendenzen nach Südostasien diskutiert. Harting zitiert eine interne Umfrage, nach der China inzwischen zu den bedeutendsten Ziellländern für Auslandsinvestitionen zählt. „Und bei den Investitionen im Ausland engagieren sich immer stärker mittelständische Unternehmen", warnt Harting mit Blick auf die Politiker.
VDI Nachrichten, 08.08.2003, S. 7	Deshalb kämen auch die Maschinenhersteller nicht mehr umhin, darüber nachzudenken, ebenfalls Fertigung und teilweise auch Forschung und Entwicklung dorthin zu verlagern. „An erster Stelle steht dabei die Nr. 2 unserer Abnehmerländer China", erklärte der Verbandssprecher.
Wirtschaftswoche, 30.09.2004, S. 56	Das Thema lautete „China als Wettbewerber des deutschen Maschinenbaus", die Stimmung bei einer Tagung des Verbands Deutscher Maschinen- und Anlagenbau (VDMA) im Juni in Frankfurt war angespannt.
VDI Nachrichten, 20.01.2006, S. 37	Veranstaltungen der Bezirksvereine (...) Niederrheinischer Bezirksverein Möglichkeiten, Chancen und Risiken beim Sourcing in Osteuropa und China
VDI Nachrichten, 22.09.2006, S. 47	Veranstaltungen der Bezirksvereine (...) Erfahrungen und Wege zum Erfolg eines kleinen mittelständischen Unternehmens in China
VDI Nachrichten, 02.03.2007, S. 35	Veranstaltungen der Bezirksvereine (...) Bezirksverein Bayern Nordost „Standortvergleich China-Indien, China bleibt spannend – Indien wird spannend: Ihre Chance in beiden Märkten"

Tab. 6-37: Textfragmente zur Kategorie Beschäftigung von Professionen/ Verbänden mit Produktionsverlagerungen nach China
Quelle: eigene Darstellung.

Da es sich zum einen um eine sehr überschaubare Anzahl an Textfragmenten handelt und zum zweiten auch nicht überliefert ist, was genau in den Veranstaltungen der Bezirksvereine besprochen wurde, erscheint eine weitere Diskussion dieser Textfragmente nicht zielführend. Interessant ist jedoch zu erwähnen, dass die Themenstellungen der Veranstaltungen der VDI-Bezirksvereine zum Teil eine eher positive Sicht über Produktionsverlagerungen nach China verlauten lassen.[692] Als Ergebnis bleibt außerdem festzuhalten, dass Produktionsverlagerungen nach China auf der Agenda verschiedener Verbände stehen.

---

[691] Es handelt sich hierbei um das St. Gallen Symposium. Da es sich dabei aber eher um eine Diskussionsplattform einer Hochschule und weniger um die Verbreitung der Sichtweisen einer Hochschule handelt, wurde dieses Textfragment der Unterkategorie „V14 03 Beschäftigung von Professionen/Verbänden mit Produktionsverlagerungen nach China" und nicht der Kategorie „V14 01 Produktionsverlagerungen nach China durch Hochschulen propagiert" zugeordnet.

[692] „Ihre Chance in beiden Märkten" (VDI Nachrichten, 02.03.2007); „Wege zum Erfolg (...) in China" (VDI Nachrichten 22.09.2006, S. 47).

6.8.2.2 Weitere Hinweise auf Isomorphismus durch normativen Druck

Im Rahmen der Dimension des Isomorphismus durch normativen Druck wurden lediglich noch zwei weitere Dimensionen im Rahmen der Berichterstattung erwähnt: Begründung von wirtschaftsnahen Chinastudiengängen (5 Nennungen) sowie Aus-/Weiterbildung von deutschen Studenten/Arbeitnehmern in China (2 Nennungen). Dass – zum Beispiel im Rahmen von neu erstellten Lehrplänen – deutsche Hochschullehrer vermehrt Produktionsverlagerungen nach China als adäquate Strategie zur Kostensenkung bzw. zur kostengünstigen Produktion propagieren, konnte in der Berichterstattung nicht erkannt werden. Im Rahmen der theoretischen Diskussion in dieser Arbeit wurde dies als eine potentielle Möglichkeit erwähnt, angehende Manager zu einem (normativ) isomorphen Verhalten zu bewegen.

Es wurde zwar im Rahmen der theoretischen Diskussion sowie in den forschungsleitenden Annahmen postuliert, dass normativer Druck in der Berichterstattung im Vergleich zu den anderen Isomorphismen eine untergeordnete Rolle spielt. Diese Annahme hat sich bestätigt. Es wurde dabei aber nicht erwartet, dass im Rahmen der Berichterstattung so ausgesprochen selten auf diese Dimension verwiesen werden würde.

6.8.3 Indizien bzw. Treiber für mimetischen Isomorphismus

Als letzte der drei Isomorphismusdimensionen sollen nachfolgend die Indizien bzw. Treiber für mimetischen Isomorphismus besprochen werden. Im Gegensatz zur der in Verbindung mit Forschungsfrage 2 vorgenommenen allgemeinen Analyse der Berichterstattung, welche in ihrer Gesamtheit ebenfalls als Treiber für mimetisch-isomorphe Prozesse dienen kann, sollen hier neben Hinweisen für mimetisch-isomorphes Verhalten auch Treiber für ein solches Verhalten untersucht werden, die sehr direkt sind und damit implizit Rückschlüsse auf das Vorhandensein mimetischer Prozesse zulassen. Hierbei ergibt sich – wie bereits in der Diskussion der Forschungsfragen dargestellt – eine Überschneidung, so dass später insbesondere die Kategorien 01, 02 und 05 auch zur Beantwortung der Forschungsfrage 2 mit herangezogen werden. Insgesamt finden sich relativ viele Indizien bzw. Treiber für mimetischen Isomorphismus als Grundlage für Produktionsverlagerungen nach China in der Berichterstattung. Die folgende Abbildung 6-29 gibt darüber Aufschluss, welche Unterkategorien dabei am häufigsten im Rahmen der Berichterstattung erwähnt wurden.

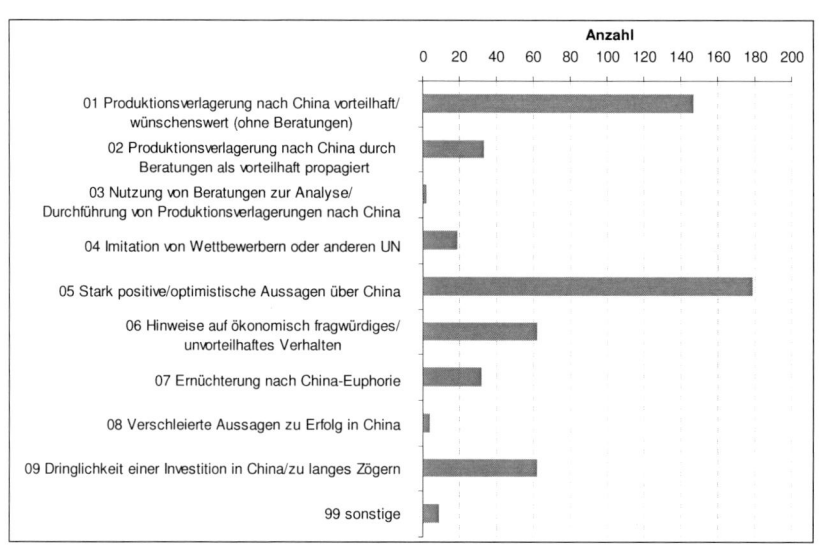

Abb. 6-29: Hinweise auf mimetischen Isomorphismus
Quelle: eigene Darstellung.

Dabei stechen zum einen eine Vielzahl an überaus optimistischen Äußerungen über China im Allgemeinen (179 Nennungen) heraus, sowie Äußerungen darüber, dass Produktionsverlagerungen nach China vorteilhaft bzw. wünschenswert sind (insgesamt 180 Nennungen, davon 33 Nennungen durch Unternehmensberatungen). Weiterhin wurde im Rahmen der Berichterstattung erwähnt, dass eine Produktionsverlagerung nach China dringend geboten sei (62 Nennungen). In gleicher Häufigkeit kam zur Sprache, dass Unternehmen zum Teil bei Produktionsverlagerungen nach China ökonomisch fragwürdiges bzw. unvorteilhaftes Verhalten an den Tag legen (ebenfalls 62 Nennungen). Schließlich wurde noch relativ häufig eine Art Ernüchterung nach einer vorausgehenden Euphorie thematisiert (32 Nennungen). Hinweise auf imitatives Verhalten waren in 19 Beiträgen zu finden. Da es sich beim mimetischen Isomorphismus um ein Kernkonzept dieser Arbeit handelt, soll nachfolgend noch etwas detaillierter auf die Häufigkeit der verschiedenen Kategorien eingegangen werden. Alle Kategorien, die mehr als 30 Nennungen aufweisen, werden in der folgenden Abbildung 6-30 im Zeitverlauf dargestellt. Da die Kategorien 01 und 02 das gleiche Konzept beinhalten, wurden diese in der folgenden Darstellung aggregiert betrachtet.

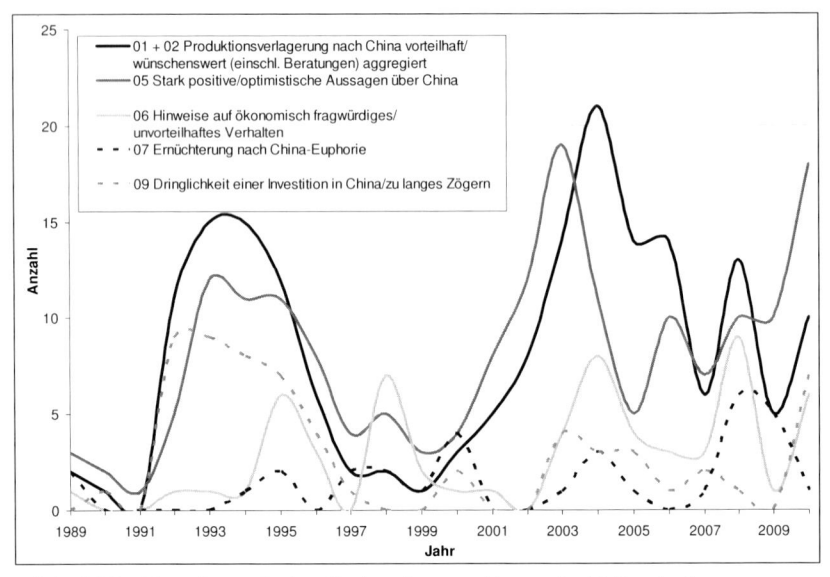

Abb. 6-30: Hinweise auf mimetischen Isomorphismus im Zeitverlauf
Quelle: eigene Darstellung.

Es fällt auf, dass sich die Kurven zum Teil einander ähneln, und dass es weiterhin Ähnlichkeiten zu der bereits bekannten „Berichterstattungskurve" – also der Kurve, welche die Anzahl der kodierten Beiträge darstellt (siehe Abbildung 6-1) – gibt. Insbesondere auffällig ist dies bei den Kategorien 01+02 (vorteilhafte Bewertungen von Produktionsverlagerungen aggregiert) sowie 05 (stark positive/optimistische Aussagen über China). Die Kategorie 06 (Hinweise auf ökonomisch fragwürdiges Verhalten) folgt diesem Verlauf außer einer starken Abweichung im Jahr 1996 ebenfalls. Die Kategorie 09 (Dringlichkeit einer Investition in China) folgt diesem Muster jedoch nur bedingt, und zwar zu Beginn/Mitte der 1990er Jahre, in der sie auch ihren Höhepunkt erreicht. Die Kategorie 07 (Ernüchterung nach China-Euphorie) scheint von diesem Muster stärker abzuweichen. Um diese „Sichtprobe" statistisch zu fundieren, sind in der folgenden Tabelle 6-38 die Korrelationen der verschiedenen Dimensionen untereinander sowie mit der Gesamtzahl der kodierten Artikel pro Jahr dargestellt.

	01 + 02 vorteilhafte Sicht von Produktionsverlagerungen nach China	04 Imitation von Wettbewerbern oder anderen Unternehmen	05 stark positive/ optimistische Aussagen über China	06 Hinweise auf ökonomisch fragwürdiges/ unvorteilhaftes Verhalten	07 Ernüchterung nach China-Euphorie	09 Dringlichkeit einer Investition in China/ zu langes Zögern	Anzahl Artikel kodiert
01 + 02 vorteilhafte Sicht von Produktionsverlagerungen nach China (aggregiert)	1						
04 Imitation von Wettbewerbern oder anderen Unternehmen	,564**	1					
05 stark positive/ optimistische Aussagen über China	,665**	,646**	1				
06 Hinweise auf ökonomisch fragwürdiges/unvorteilhaftes Verhalten	,494*	,310	,402	1			
07 Ernüchterung nach China-Euphorie	,057	,082	,044	,450*	1		
09 Dringlichkeit einer Investition in China/ zu langes Zögern	,587**	,098	,448*	,104	-,239	1	
Anzahl Artikel kodiert	,735**	,553**	,560**	,662**	,258	,202	1

*/** Die Korrelation ist auf dem Niveau 0,05/0,01 signifikant (zweiseitig). N = 22

Tab. 6-38: Korrelationen der Subkategorien zum mimetischen Isomorphismus
Quelle: eigene Darstellung.

Es ergeben sich signifikante Korrelationen zwischen verschiedenen Kategorien. Dabei sind vier der Kategorien signifikant mit der Anzahl der kodierten Artikel korreliert; dies ist ein Hinweis darauf, dass die Häufigkeit, mit der über diese Kategorien berichtet wurde, proportional zur Häufigkeit der Berichterstattung über Produktionsverlagerungen nach China verläuft, also integraler Teil der Berichterstattung ist. Lediglich die Dimensionen 07 (Ernüchterung nach China-Euphorie) und 09 (Dringlichkeit einer Investition in China) verlaufen nicht im selben „Rhythmus", wie bereits aus Abbildung 6-30 ersichtlich war. Bei letzterer Dimension geschieht dies vor allem aus dem Grund, da mehrheitlich zu Beginn der 1990er über eine Dringlichkeit einer Investition berichtet wurde, dieses Argument später jedoch nur noch selten zu finden war. Für weitere Korrelationen sei auf die obige Tabelle verwiesen. Diese wichtigsten Unterkategorien dieser Variable sollen nun nachfolgend detailliert besprochen werden.

6.8.3.1 Stark positive/optimistische Aussagen über China

Am häufigsten waren stark positive/optimistische Aussagen über China im Allgemeinen in den Artikeln zu finden. Solche Aussagen wurden insgesamt in 182 (11,5%) der 1.579 untersuchten Artikel identifiziert. Insgesamt erzielten Artikel, in denen solche Aussagen vorgenommen wurden, eine hohe durchschnittliche Bewertung von 4,0. Kodiert wurden dabei Aussagen, die China sehr positiv darstellen – insbesondere wegen des großen Marktes und des 'Booms' in China, die aber keinen direkten Bezug auf Produktionsverlagerungen aufweisen. Dies bedeutet jedoch nicht, dass auch im gesamten Artikel keine Aussage zu Produktionsverlagerungen nach China gemacht wurde. Nachfolgend sollen in Tabelle 6-39 nun eine Reihe von Zitaten vorgestellt werden, um diese Kategorie etwas genauer zu beschreiben; aufgrund der hohen Wichtigkeit dieser Unterkategorie für die Argumentation in dieser Arbeit werden deshalb ausgesprochen viele Zitate angeführt, um die positive Berichterstattung möglichst umfassend abzubilden.

Zeitschrift	Textfragmente (direkte Zitate)
VDI Nachrichten, 03.02.1989, S. 10	„Alle Welt blickt heute auf den gigantischen Markt von China.
Handelsblatt, 07.07.1989, S. 12	„Natuerlich wissen wir wie jedermann, dass die Ereignisse im Juni sehr ernst waren", sagt Ben Marsh fuer die 3-M-Company (...). „Aber auf laengere Sicht bleiben wir optimistisch. Wir koennen keinen Grund zur Aenderung unserer Perspektiven in China erkennen."
Wirtschaftswoche, 27.12.1991, S. 42	Dynamischer entwickelt sich augenblicklich nur noch eine Weltregion: der Sueden der Volksrepublik China.
Handelsblatt, 04.11.1992, S. 27	Fuer Volkswagen ist China der Markt der Zukunft.
VDI Nachrichten, 19.02.1993, S. 6	Suedostasien bleibt natuerlich wichtig. Daneben tut sich in China ein ganz grosser Markt auf. Der Bedarf an Maschinen aller Art ist unendlich.
VDI Nachrichten, 02.04.1993, S. 14	Ueberhaupt leuchten die Augen der AEG-Vorstaende, wenn das Gespraech auf China kommt. Im Sueden des Riesenreiches blueht der Kapitalismus auf. Die Wirtschaft waechst zweistellig. Und politische Unruhen, von westlichen Beobachtern immer wieder befuerchtet, vermag AEG-Chef Stoeckl auch am fernen Horizont nicht auszumachen.
VDI Nachrichten, 02.04.1993, S. 14	Kein Wunder, dass China derzeit die internationalen Wachstums-Charts anfuehrt. Und die Experten sind sich darueber einig, wenn China die gegenwaertige Entwicklung in den kommenden Jahren konservieren kann, gehoert es spaetestens Ende dieses Jahrtausends zu den fuehrenden Industrienationen auf der Welt. Die mit dem kometenhaften Aufstieg des 1,1 Milliarden-Menschen-Volkes verbundenen [sic!] Chancen will sich die internationale Unternehmenswelt natuerlich nicht entgehen lassen. Immerhin bietet sich hier ein Markt von enormer Kaufkraft an, der binnen weniger Jahre selbst dem EG-Binnenmarkt oder der Nordamerikanischen Freihandelszone (Nafta) den Rang ablaufen duerfte.
VDI Nachrichten, 22.10.1993, S. 12	So haetten mittelstaendische Betriebe mit wenig Erfahrung in diesem Raum relativ gute Chancen in Taiwan oder mit Hilfe eines Partners auch in China. Waehrend in Taiwan die Huerden fuer Newcomer relativ niedrig seien, biete Suedchina das sehr moderne Suedchina aeussert guenstige Standortbedingungen.
Wirtschaftswoche, 29.10.1993, S. 72	Wir gehen davon aus, dass dieses Wachstum wegen des unerfuellten Potentials ueber laengere Zeit andauern wird, sagt ein westlicher Diplomat in Peking. „Die Chinesen haben weder in der Industrie noch in der Landwirtschaft das Produktionsniveau erreicht, das moeglich waere." Auslaendische Investoren sehen das genauso.
VDI Nachrichten, 26.11.1993, S. 4	Land der ungebrenzten Moeglichkeiten – was frueher fuer die USA galt, ist heute das Motto in China. (...) China ist zu einem unverzichtbaren Markt der Zukunft fuer deutsche Unternehmen geworden.

Zeitschrift	Textfragmente (direkte Zitate)
Wirtschaftswoche, 25.02.1994, S. 46	Wir kuemmern uns intensiv um die Region Fernost und insbesondere um China. Das wird in der naechsten Zeit ein Schwerpunkt unserer Unternehmenspolitik.
Handelsblatt, 16.05.1994, S. 9	Den Wirtschafts-Boom in China koenne man nur als „phaenomenal" bezeichnen, sagte der Exekutiv-Vizepraesident, Ernest Stern.
Wirtschaftswoche, 10.06.1994, S. 33	Pudong ist nur eine wenn auch die groesste von vier Sonderwirtschaftszonen Shanghais. Wer sich hier ansiedelt, kann Steuervorteile beanspruchen. Doch nicht deswegen kommen die Investoren aus aller Welt hierher, wollen teilnehmen an einem Wirtschaftsboom, der seinesgleichen sucht.
Manager Magazin, 01.08.1994, S. 72	Denn in den südostasiatischen Ländern und in China wächst die Wirtschaft so schnell wie in keiner anderen Region der Welt.
Handelsblatt, 18.11.1994, S. 19	Cromme bezeichnete die Entwicklung in China und Asien als „spektakulaer". (...) „Mit China ist es jetzt einfacher als mit Russland Geschaefte zu machen," sagt Cromme.
Wirtschaftswoche, 23.02.1995, S. 33	Der Wirtschaftsboom in Ostasien ruht auf soliden Grundlagen. Politische Unsicherheiten in China koennen ihn nicht erschuettern. (...) Geht das asiatische Wunder, der fulminante Aufstieg der Tigerstaaten, zu Ende? Die Asiaten selbst zumindest bleiben gelassen: Nach Dengs Tod werde China auf Kurs bleiben, glaubt Singapurs Ex-Staatschef Lee Kuan Yew, der seit Jahren Pekings Fuehrung beraet: „Chinas Uhren gehen nicht rueckwaerts."
VDI Nachrichten, 02.06.1995, S. 5	„China ist fuer unsere Wirtschaft zukunftsentscheidend", heisst es bei ihm.
Handelsblatt, 18.10.1995, S. 15	Der Ludwigshafener Konzern unterstreicht mit dem Vorhaben seine Ambitionen, am boomenden asiatischen Chemiemarkt ueberdurchschnittlich stark zu wachsen.
Handelsblatt, 20.10.1995, S. 8	Die deutsche Industrie setze inzwischen voll auf China.
Wirtschaftswoche, 25.01.1996, S. 57	Chancen gibt es in Zukunft vor allem in Indien und China.
VDI Nachrichten, 22.11.1996, S. 4	Bayerns Staatsminister fuer Wirtschaft, Verkehr und Technologie, Otto Wiesheu, ermutigte auf dem Wirtschaftskongress in Beijing die kleinen und mittleren Unternehmen, trotz eventueller Probleme, die durch Firmengroesse und -struktur bedingt seien, den Schritt nach China zu wagen: „Wir muessen diese neuen Maerkte erschliessen und neben den traditionellen Absatzmaerkten in Europa und den USA unsere Anstrengungen auch auf den riesigen Zukunftsmarkt Asien konzentrieren. Wir muessen in Kooperationsprojekten mit Partnern in China gemeinsam alle Chancen fuer Zusammenarbeit ausloten", sagte Minister Wiesheu.
VDI Nachrichten, 29.11.1996, S. 4	„Wenn jemand einen Grund sucht, warum er keinen Erfolg in China hat, dann ist dieser ihm selbst zuzuschreiben", sagte Helge Stavenhagen, seit 35 Jahren Repraesentant der Lufthansa in China.
VDI Nachrichten, 25.07.1997, S. 6	Immer mehr Mittelständler zieht es auf den chinesischen Markt. Wer technologisch an der Spitze steht und die örtlichen Spielregeln befolgt, dem winken satte Gewinne. (...) Das heißt: Wer hartnäckig, nervenstark und flexibel genug ist, sich auf die Verhältnisse vor Ort einzustellen, dem bieten sich in vielen Regionen Chinas unternehmerische Möglichkeiten, von denen man hierzulande nur träumen kann. Dies erkennen immer mehr deutsche Mittelständler und haben dabei zum Teil spektakuläre Erfolge zu verzeichnen. (...) Er verweist auf Ergebnisse einer Studie, die kürzlich durchgeführt wurde. Danach benötigen mittelständische Investoren nur gut zwei Jahre bis sie die Gewinnschwelle erreichen. „Diese Zahlen widerlegen ganz eindeutig den Mythos, ausländische Direktinvestitionen würden sich nur in Ausnahmefällen rentieren und auch dann nur nach einer sehr langen Durststrecke", unterstreicht Grimm.
Wirtschaftswoche, 07.08.1997, S. 43	„China wird bald richtig wichtig."
Handelsblatt, 29.04.1998, S. 12	Das China-Engagement von Jürgen Heraeus war im eigenen Haus nicht immer unumstritten. Inzwischen wird dies aber anders gesehen. „Wir müssen 20 Jahre vorausdenken und Markterfahrungen sammeln. Das haben wir auch so vor 30 Jahren in Japan gemacht. In Japan haben wir jetzt 800 Mitarbeiter und sind außerordentlich erfolgreich."
Wirtschaftswoche, 13.08.1998, S. 92	„In Deutschland waren wir nur eine sehr kleine Firma, aber in China hatten wir unheimliche Entwicklungsmöglichkeiten", schwärmt die heutige Geschäftsführerin der Guangdong Huaxin Artis Fashion Company Ltd. im südchinesischen Kanton.
VDI Nachrichten, 19.02.1999, S. 26	VDI nachrichten: Herr Sommer, bei all den Turbulenzen der asiatischen Wirtschaft – sollten sich deutsche Geschäftsleute in China nicht eher zurückhalten? Sommer: Die Asienkrise ist keine Chinakrise. Chinas Probleme liegen in der Umstrukturierung der Staatsunternehmen. Unternehmer in unserem Zentrum sagen uns eher, daß man sich länger warten, sondern sich auf den chinesischen Markt vorbereiten sollte. Nur so ist man von Anfang an dabei. Meiner Ansicht nach wird die chinesische Wirtschaft in den kommenden Jahren stabil bleiben.
Handelsblatt, 08.03.1999, S. 14	Trotz einer nachlassenden Konsumgüternachfrage und massiven Überkapazitäten setzt der Düsseldorfer Chemie- und Waschmittelkonzern Henkel KGaA weiterhin auf das bevölkerungsreichste Land der Erde. „Wir erwarten, daß China im nächsten Jahrhundert in unseren weltweiten Operationen eines der Länder mit den höchsten Verkaufswachstum sein wird", sagt Ulrich Lehner, der stellvertretende Vorstandschef von Henkel. „China bleibt der strategische Schwerpunkt unserer globalen Expansion."
Handelsblatt, 25.02.2000, S. 17	China ist nach den USA und Japan schon heute der drittgrößte Hausgeräte-Markt. Der Sättigungsgrad ist noch sehr gering und entsprechend hoch sind die Wachstumschancen.

Zeitschrift	Textfragmente (direkte Zitate)
Wirtschaftswoche, 04.05.2000, S. 108	Die Vision des 46-jährigen Brasilianers ist kühn: Von Südkorea aus plant er eine Invasion auf den Zukunftsmarkt China („ein unentdecktes Auto-Paradies").
Handelsblatt, 24.01.2001, S. 27	China gilt als wahres Telekom-Eldorado
Handelsblatt, 16.10.2001, S. 16	Kolbenschmidt schwört auf Chinas Automarkt
Handelsblatt, 23.10.2001, S. 22	Im Gegensatz zum Rest der Welt wächst der Mobilfunkmarkt in China weiterhin stark.
Handelsblatt, 06.12.2001, S. 39	Alle Hoffnungen ruhen auf China. (...) Weil das Reich der Mitte von rezessiven Tendenzen der Industrieländer weitgehend verschont geblieben ist, wird der Fahrzeugabsatz dort nächstes Jahr weiter wachsen.
Handelsblatt, 11.12.2001, S. 13	Degussa-Chef Utz-Hellmuth Felcht sieht im Chinageschäft „eine Vielzahl neuer Chancen". Diese würden durch den morgigen formalen Beitritt des Landes zur Welthandelsorganisation WTO noch vermehrt.
Wirtschaftswoche, 04.04.2002, S. 22	China ist für Asiens und der gesamten Dritten Welt kategorischer Komparativ: schneller, billiger und immer öfter auch besser. (...) Es ist diese verblüffende Gleichzeitigkeit, mit der China seine Nachbarn und die ganze Welt schockt: Dass es nicht langsam wie alle Länder in ihrer Entwicklung zuvor auf der Wertschöpfungsleiter steigt und sich da breit macht, wo die anderen früher waren, sondern immer gleichzeitig auch schon da steht, wo die anderen selbst noch hin wollen.
Wirtschaftswoche, 05.09.2002, S. 62	Die Hälfte des gesamten Nutzfahrzeugmarktes liegt in Asien, deshalb ist China enorm wichtig für uns.
Wirtschaftswoche, 19.09.2002, S. 44	Natürliches Gravitationszentrum dieses Wirtschaftsraums ist China.
Wirtschaftswoche, 31.10.2002, S. 48	Manche Beobachter sehen China sogar schon als neue Wachstumslokomotive für die Weltwirtschaft. Tatsächlich weist das Land gegenwärtig die höchsten Wachstumraten [sic!] weltweit auf.
Handelsblatt, 04.11.2002, S. 13	China wird zum Gelobten Land (...) Vor wenigen Tagen sagte IWF-Chefvolkswirt Kenneth Rogoff vorher, China werde in den kommenden Jahrzehnten den USA als Treibriemen des globalen Wachstums Konkurrenz machen. Diese Prognose dürfte, selbst wenn Rückschläge in dem überaus schwierigen Transformationsprozess Chinas kommen sollten, kaum als gewagt gelten.
VDI Nachrichten, 29.11.2002, S. 8	Im Personenwagenbereich liegt die Zukunft dagegen in China.
VDI Nachrichten, 24.01.2003, S. 10	Bosch liefert teilweise konventionelle Dieseltechnik, denn der Konzern unterhält eine Tochtergesellschaft in China und „die Nachfrage nach moderner Technik und entsprechendem Know-how ist riesengroß. Auch ist der Markt total im Aufbruch", schwärmte Bohler.
VDI Nachrichten, 28.02.2003, S. 5	Und China hat schon 240 Mio. Handynutzer bei einer Steigerungsrate von 3 % bis 4 % monatlich. Da vibriert die Luft.
Wirtschaftswoche, 01.10.2003, S. 96	Kein Land bietet so große Wachstumsperspektiven wie China.
Wirtschaftswoche, 01.10.2003, S. 85	Für die meisten Hersteller ist China derzeit der profitabelste Markt der Welt.
Wirtschaftswoche, 01.10.2003, S. 85	Am Reich der Mitte kommt niemand mehr vorbei.
Wirtschaftswoche, 02.10.2003, S. 7	Asien ist zurück – und wie! Angeführt von einem dynamisch wachsenden China setzt die Region ihre Renaissance fort. Denn, was viele im Westen nicht wissen oder nicht wahrhaben wollen: Die Region war bis zur industriellen Revolution das Zentrum der Welt. Nun ist sie dabei, diese Position zurückzuerobern.
VDI Nachrichten, 10.10.2003, S. 12	China ist das gelobte Land des 21. Jahrhunderts: kaum ein Unternehmen, das sich von Investitionen dort nicht kräftige Umsatzschübe erhofft. Eine Studie im Auftrag der Messe München belegt jetzt: Vor allem die Elektronikindustrie kann auf Chinas Märkte bauen. (...) Kurz gesagt: ohne China kein neuer Chip-Boom. (...) Oder einfacher gesagt: Ohne China würde die gebeutelte Chipindustrie nur langsam aus der Krise finden.
Handelsblatt, 05.11.2003, S. c02	China hat überragende Bedeutung für uns
VDI Nachrichten, 07.11.2003, S. 27	Geografisch setzen wir große Hoffnungen auf China und Russland.
Manager Magazin, 01.12.2003, S. 66	Auf ins gelobte Land (...) Wer auf dem globalen Automarkt mitspielen will, kommt an der Volksrepublik nicht mehr vorbei. Ob Audi oder Toyota, ob Ferrari oder Rolls- Royce – sie alle sind inzwischen vor Ort und träumen von sagenhaften Wachstumsraten: Wenn nur ein Prozent der Chinesen ein Auto kaufte, wären das bereits 13 Millionen potenzielle Kunden.
Wirtschaftswoche, 04.12.2003, S. 40	Die Konjunkturbeobachter müssen sich umgewöhnen. Künftig müssen sie nicht nur nach Westen, sondern auch nach Osten, nach China, schauen. Das Reich der Mitte ist zur zweiten Konjunkturlokomotive in der Welt geworden. (...) China wird seinen steilen Aufstieg wahrscheinlich viel länger und stärker fortsetzen, als die meisten Menschen kurz- und mittelfristig erwarten, resümieren die Goldman-Sachs-Ökonomen. Das Riesenreich bleibt also eine Lokomotive der Weltwirtschaft.

Zeitschrift	Textfragmente (direkte Zitate)
Wirtschaftswoche, 29.04.2004, S. 80	China entwickelt sich zum Mekka für auslagerungswillige Unternehmen.
Handelsblatt, 18.05.2004, S. 13	Von Pierer dürfte Recht behalten, wenn er sagt: „Das Risiko, hier nicht zu sein, ist größer als das, hier zu sein."
Wirtschaftswoche, 05.08.2004, S. 26	China ist ein Superland. Die Konkurrenzfähigkeit von China sucht ihresgleichen.
Manager Magazin, 20.08.2004, S. 86	Für Manager scheint es derzeit nur ein gelobtes Land zu geben – China.
Wirtschaftswoche, 30.09.2004, S. 8	Das Risiko, in China nicht dabei zu sein, ist größer als das, dabei zu sein, sagte v. Pierer. Auch Jürgen Hambrecht, Vorstandsvorsitzender von BASF, betont, dass China deutschen Unternehmen enorme Wachstumsmöglichkeiten biete.
VDI Nachrichten, 15.10.2004, S. 21	Der chinesische Markt nimmt in unserer globalen Wachstumsstrategie eine Schlüsselposition ein.
Handelsblatt, 16.11.2004, S. 8	China ist ein wunderbarer Standort und wird wie Indien immer billiger sein als wir.
Handelsblatt, 09.12.2004, S. 6	China stellt alles in den Schatten.
Handelsblatt, 14.01.2005, S. 2	Bei den Unternehmen überlagert „die Chance China" die Bedrohung. Auf keiner Firmenpräsentation fehlt das Thema China.
Handelsblatt, 14.02.2005, S. 12	Zunehmende Sorgen, die rasante Expansion der Wirtschaft dort könne ihren Schwung verlieren, teilt von Pierer nicht. „Die politische Führung hat die Konjunktur gut unter Kontrolle," sagt er.
Manager Magazin, 21.10.2005, S. 164	Doch das China-Fieber hat nun einmal alle Konzerne erfasst. Im Riesenreich gibt es kontinuierlich hohes Wachstum (im längerfristigen Durchschnitt über 9 Prozent), eine ständig zunehmende und konsumfreudige Mittelschicht, riesige Infrastrukturprojekte – da bekommt jeder Vorstand auf dieser Welt glänzende Augen. Dass sich ein so riesiges Land in einer solchen Geschwindigkeit der Weltwirtschaft öffnet, passiert nur einmal im Leben eines Managers. Deshalb pilgern sie alle schon seit Jahren dorthin, ermuntert und eingeladen von Chinas Regierung.
VDI Nachrichten, 31.03.2006, S. 2	Das Reich der Mitte wartet mit Wachstumsraten auf, von denen andere Nationen nur träumen können.
Handelsblatt, 16.05.2006, S. 20	Der Boom der Fertigungsindustrien wird China schon in wenigen Jahren zu dem mit Abstand größten Chemieverbraucher der Welt machen
Handelsblatt, 21.11.2006, S. 2	„China und Indien repräsentieren die Zukunft Asiens – und ziemlich sicher die der Weltwirtschaft", glaubt Stephen Roach, Chef-Ökonom von Morgan Stanley.
Handelsblatt, 19.10.2007, S. 3	Chinas Neuausrichtung der Wirtschaft wird überwiegend positive Auswirkungen für ausländische Investoren haben. So lautet die Einschätzung von deutschen Firmen vor Ort. (...) Für ausländische Firmen seien die auf dem Pekinger Parteitag gesetzten Schwerpunkte „sehr positiv", sagt Jörg Wuttke, Präsident der EU-Kammer in Peking.
VDI Nachrichten, 26.10.2007, S. 22	Die weltweite Entwicklung der Kunststoffindustrie wird mehr und mehr von der Entwicklung eines einzelnen Marktes geprägt: China.
VDI Nachrichten, 30.05.2008, S. 2	Fokussierung macht die Märkte klein, Globalisierung macht sie groß. Die Hidden Champions sind in allen wichtigen Märkten mit eigenen Gesellschaften vertreten und delegieren die Beziehung zum Kunden nicht an Dritte. Sie investieren gezielt in die Märkte der Zukunft wie China und Indien.
VDI Nachrichten, 06.06.2008, S. 1	China wird mit 47 % der Nennungen erstmals als attraktivstes Zielland für Investitionen angesehen, gefolgt von Indien und Russland. (...) In der Rangliste der innovativsten Länder steht Deutschland hinter den USA und China auf dem dritten Rang.
Wirtschaftswoche, 25.08.2008, S. 104	Ziemann setzt auf Länder wie Indien oder China. „Als ich vor 30 Jahren zum ersten Mal nach China kam, haben die Chinesen pro Kopf nicht einmal zwei Liter Bier im Jahr getrunken", erinnert sich der Braumeister und studierte Verfahrensingenieur. Heute trinken die Chinesen 22 Liter. „In den Städten sind es gar 90 Liter", sagt Gunkel, „das zeigt, welches Potenzial dort steckt."
Handelsblatt, 15.09.2008, S. 3	Der chinesische Biermarkt wird ohne Frage weiter wachsen, sagt Geschäftsführer Joachim Gunkel. „Die Nachfrage ist in den vergangenen Jahren bekanntlich schon rasant gestiegen. Das wird sich weiter fortsetzen."
Handelsblatt, 20.04.2009, S. 17	„Detroit ist tot, es lebe Schanghai!" Denn ob Limousine oder Kleinwagen – China ist die große Hoffnung der internationalen Autobranche.
Handelsblatt, 27.04.2009, S. b01	Demnach entwickelt sich China bis 2020 zum „Gravitationszentrum der Mikroelektronik-Produktion".
Handelsblatt, 30.09.2009, S. 13	Die Marktchancen in China seien in jedem Fall sehr viel größer als die Risiken.
Handelsblatt, 13.10.2009, S. 14	Diese Nachfrage bringt selbst den größten Pkw-Hersteller in China an seine Grenzen.
Handelsblatt, 03.12.2009, S. 1	Autobauer suchen ihr Heil im Ausland (...) China ist weiter auf Rekordkurs, sagte Wissmann.

Zeitschrift	Textfragmente (direkte Zitate)
Handelsblatt, 16.02.2010, S. 2	Nach dem Einbruch geht es nur langsam bergauf. MAN und Daimler retten sich mit Kurzarbeit und setzen alle Hoffnungen auf China und Brasilien.
Handelsblatt, 22.02.2010, S. 34	Autohersteller wittern Eldorado in China (...) Solche Zahlen elektrisieren selbst die nüchternsten Automanager von Stuttgart bis Wolfsburg. 2009 wuchs der chinesische Automarkt um 44 Prozent auf 10,3 Mio. Stück und löste die USA als größten Absatzmarkt der Welt ab. Auch im neuen Jahr ist die Dynamik ungebremst, sehr zur Freude der deutschen Marken. (...) „Ohne China sähe es finster aus", gesteht ein hoher deutscher Automanager.
Handelsblatt, 22.02.2010, S. 34	Für die deutschen Maschinenbauer ist China der Glücksfall des neuen Jahrtausends.
Handelsblatt, 16.04.2010, S. 26	Aber China wird sicherlich künftig einer der wichtigsten Wachstumsmärkte für Elektromobilität sein und wir werden ganz vorn dabei sein.
Handelsblatt, 16.04.2010, S. 26	Die Nachfrage aus China übertrifft alle Prognosen. (...) „Chinas Premiumsegment hat das größte Wachstumspotenzial weltweit", sagte Eichiner in Peking.
Manager Magazin, 21.05.2010, S. 80	Asien und insbesondere China werden die Weltwirtschaft aus der Krise ziehen.
Manager Magazin, 23.07.2010, S. 70	Eine starke Position in der Volksrepublik hat für Konzerne wie Siemens zentrale strategische Bedeutung: Asien ist die größte Zukunftshoffnung der europäischen Firmenlenker – die scheinbar einzige Konstante in unsicherer Zeit.
Handelsblatt, 29.09.2010, S. 55	Jetzt brummt das Geschäft wieder, dank extrem guter Verkäufe in China. Schneller als gedacht, fährt BMW Traumrenditen ein.
Handelsblatt, 11.10.2010, S. 23	China bietet angesichts der geringen Ausgangsbasis große Gelegenheiten.
Handelsblatt, 22.10.2010, S. 26	Einer der Hauptgründe für das schnelle Comeback von Trumpf ist das boomende Geschäft in China, das um 40 Prozent zulegte und bereits neun Prozent des Umsatzes ausmacht. China ist nach Deutschland und den USA bereits der drittgrößte Markt der Schwaben. „Wir haben da nicht nur einen Fuß, sondern einen halben Oberschenkel im Markt", scherzt die Trumpf-Chefin.
Handelsblatt, 10.12.2010, S. 22	Hintergrund ist die unvermindert stürmische Entwicklung der asiatischen Chemiemärkte. Die Zuversicht für das Geschäft in der Region, insbesondere in China, ist damit weiter gewachsen.
Handelsblatt, 20.12.2010, S. 10	Ob Siemens, Volkswagen, Daimler oder Bosch – deutsche Manager träumen vom China-Boom 2.0. Jetzt soll sich beim Wandel des roten zum grünen Riesenreich auszahlen, dass Deutschlands Konzerne seit Jahren als führend auf dem Gebiet der Öko-Techniken gelten.

Tab. 6-39: Textfragmente zur Kategorie stark positive/optimistische Aussagen über China
Quelle: eigene Darstellung.

Die vorangehenden Textfragmente zeigen deutlich, dass über China von den Medien das Bild einer Ausnahmeerscheinung gezeichnet wird. Es soll nachfolgend nochmals in Kurzform zusammengefasst werden:[693] Es ist die Rede von einem 'gigantischen Markt' (VDI Nachrichten, 03.02.1989, S. 10) mit einem 'unendlichen Bedarf' an Produkten (VDI Nachrichten, 19.02.1993, S. 6). Es wird berichtet von einem 'kometenhaft aufsteigenden' (VDI Nachrichten, 02.04.1993, S. 14), 'spektakulären' (Handelsblatt, 18.11.1994, S. 19) und 'phänomenal boomenden' (Handelsblatt, 16.05.1994, S. 9; siehe auch Handelsblatt, 18.10.1995, S. 15; Handelsblatt, 16.05.2006, S. 20; Handelsblatt, 22.10.2010,

---

[693] Es handelt sich nachfolgend um eine artikelübergreifende Zusammenfassung überaus positiver Zitate bzw. Textfragmente; diese Zusammenfassung soll als sehr plastische Demonstration der Berichterstattung dienen und nicht als möglichst originalgetreues Abbild der gesamten Berichterstattung über China. Aufgrund der Vielzahl der Quellen ist eine etwas „lesbarere" Darstellungsform gewählt und die Literaturangaben in grauer Schrift dargestellt.

S. 26) 'Land der unbegrenzten Möglichkeiten' (VDI Nachrichten, 26.11.1993, S. 4) mit 'überragender Bedeutung' (Handelsblatt, 05.11.2003, S. c02). China wird auch als 'Eldorado' (Handelsblatt, 24.01.2001, S. 27; Handelsblatt, 22.02.2010, S. 34), 'Mekka' (Wirtschaftswoche, 29.04.2004, S. 80), 'Zentrum der Welt' (Wirtschaftswoche, 02.10.2003, S. 7), 'Paradies' (Wirtschaftswoche, 04.05.2000, S. 108) oder 'gelobtes Land' (Manager Magazin, 01.12.2003, S. 66; Manager Magazin, 20.08.2004, S. 86; Handelsblatt, 04.11.2002, S. 13; VDI Nachrichten, 10.10.2003, S. 12) bezeichnet, in welchem 'Goldgräberstimmung' (Manager Magazin, 01.02.1994, S. 80; VDI Nachrichten, 10.10.2003, S. 1; Manager Magazin, 20.08.2004, S. 86) herrscht.[694] Dieses Land bietet eine 'Vielzahl neuer Chancen' (Handelsblatt, 11.12.2001, S. 13), deren Wahrnehmung 'zukunftsentscheidend' (VDI Nachrichten, 02.06.1995, S. 5) ist. China wird dargestellt als rezessions-/krisenresistent bzw. als Krisenretter (VDI Nachrichten, 10.10.2003, S. 12; Handelsblatt, 20.04.2009, S. 17; Manager Magazin, 21.05.2010, S. 80), und damit als 'Konjunktur- oder Wachstumslokomotive' (Wirtschaftswoche, 04.12.2003, S. 40; Wirtschaftswoche, 04.12.2003, S. 40), als 'Glücksfall des Jahrtausends' (Handelsblatt, 22.02.2010, S. 34) und als 'einzige Konstante in unsicherer Zeit' (Manager Magazin, 23.07.2010, S. 70). Es wird berichtet von 'leuchtenden' (VDI Nachrichten, 02.04.1993, S. 14) oder 'glänzenden Augen' der Manager, da es 'nur einmal im Leben eines Managers' (Manager Magazin, 21.10.2005, S. 164) passiert, dass sich solche Chancen bieten. Es werden oftmals Probleme bzw. Zweifel bezüglich China zerstreut oder relativiert (VDI Nachrichten, 02.04.1993, S. 14; VDI Nachrichten, 22.11.1996, S. 4; Handelsblatt, 29.04.1998, S. 12; VDI Nachrichten, 19.02.1999, S. 26; Handelsblatt, 08.03.1999, S. 14; Handelsblatt, 14.02.2005, S. 12), da die 'Chancen die Risiken überwiegen' (Handelsblatt, 30.09.2009, S. 13). Es wird oftmals dargestellt, dass China fast ein 'Selbstläufer' sei (VDI Nachrichten, 29.11.1996, S. 4), wo auch mit 'wenig Erfahrung' (VDI Nachrichten, 22.10.1993, S. 12) 'satte Gewinne' und 'spektakuläre Erfolge' (VDI Nachrichten, 25.07.1997, S. 6) im 'für die meisten Hersteller profitabelsten Markt der Welt' (Wirtschaftswoche, 01.10.2003, S. 85) zu erzielen sind. China ist ein 'Su-

---

[694] Die erwähnten Textfragmente zum Begriff „Goldgräberstimmung" wurden ebenfalls der Kategorie „Stark positive/optimistische Aussagen über China" zugeordnet, auch wenn diese in der obigen Tabelle 6-39 nicht mit enthalten sind.

perland, dass seinesgleichen suche' (Wirtschaftswoche, 05.08.2004, S. 26), ein 'Gravitationszentrum' (Wirtschaftswoche, 19.09.2002, S. 44; Handelsblatt, 27.04.2009, S. b01), ein 'wunderbarer Standort, der immer billig sein würde' (Handelsblatt, 16.11.2004, S. 8) und mit einem 'enormen Potential' (Wirtschaftswoche, 25.08.2008, S. 104) 'alles in den Schatten stellt' (Handelsblatt, 16.11.2004, S. 8). Da China 'traumhafte Wachstumsraten' und 'enorme Wachstumsmöglichkeiten' (Wirtschaftswoche, 30.09.2004, S. 8; VDI Nachrichten, 31.03.2006, S. 2; Handelsblatt, 15.09.2008, S. 3) aufweist und als 'Markt der Zukunft' (VDI Nachrichten, 30.05.2008, S. 2) bzw. als 'Zukunft der Weltwirtschaft' (Handelsblatt, 21.11.2006, S. 2) gesehen wird, zieht es 'alle Hoffnungen' vieler Unternehmen an (Handelsblatt, 06.12.2001, S. 39; VDI Nachrichten, 07.11.2003, S. 27; Handelsblatt, 20.04.2009, S. 17; Handelsblatt, 16.02.2010, S. 2; Manager Magazin, 23.07.2010, S. 70) und nimmt in der Strategie vieler Unternehmen eine 'Schlüsselposition' ein (VDI Nachrichten, 15.10.2004, S. 21). China ist damit zum 'attraktivsten Zielland für Direktinvestitionen' (VDI Nachrichten, 06.06.2008, S. 1) geworden.

Es fällt auf, dass Aussagen im Superlativ zwar oft von bzw. über große Konzerne (BASF, Bosch, Degussa, Volkswagen) aber auch von bzw. über Mittelständler (Kolbenschmidt, Trumpf, Tox Pressotechnik, Nordenia, Fischer, Hansgrohe, Hewi, Krones, Rhode und Schwarz, Rittal, Stihl) getroffen werden. Darüber hinaus werden Mittelständler gezielt ermuntert, in China tätig zu werden (VDI Nachrichten, 22.10.1993, S. 12; VDI Nachrichten, 25.07.1997, S. 6). Dabei ist insgesamt keine Präferenz für bestimmte Branchen zu beobachten. Eine Suche nach den positiv wirkenden Schlüsselwörtern „Wirtschaftswunderland", „Eldorado", „Lokomotive",[695] „Wachstumsmotor", „Motor der Weltwirtschaft" ergab insgesamt 66 Fundstellen in 50 Zeitschriftenartikeln. Das heißt, in etwa 3% aller analysierten Beiträge werden solche stark positiven plakativen Begriffe zu China genutzt. Auf weitere positive Begriffe wie „Boommarkt", „Wachstumsmarkt", „Zukunftsmarkt", „Billiglohnland" oder „Niedriglohnland" soll hier nicht weiter

---

[695] Stellvertretend für die Begriffe „Lokomotive der Weltwirtschaft", „Wachstumslokomotive", „Konjunkturlokomotive". Eine Sichtung der Suchergebnisse ergab, dass im weitaus größten Teil der Suchergebnisse nicht auf eine Lokomotive als ein Schienenfahrzeug verwiesen wurde, sondern auf einen Begriff im Sinne der drei genannten Beispiele.

eingegangen werden, da bereits in den Abschnitten 6.7.1.1 und 6.7.1.3 gezeigt wurde, dass diese häufig – im Vergleich zu den hier analysierten Begriffen sogar noch häufiger – Verwendung finden.

6.8.3.2 Produktionsverlagerung nach China vorteilhaft/wünschenswert

Die am zweithäufigsten[696] erwähnte Unterkategorie der vorteilhaften/wünschenswerten Darstellung von Produktionsverlagerungen nach China wird in 147 (9,3%) der 1.579 analysierten Artikel erwähnt. Dabei geht es im Rahmen dieser Kategorie nicht lediglich darum, ob bestimmte Vor- und Nachteile einer Produktionsverlagerung nach China genannt werden, sondern um eine Betrachtung auf einer aggregierten Ebene, bei der insgesamt davon gesprochen wird, dass eine Produktionsverlagerung vorteilhaft, notwendig oder wünschenswert ist. Insgesamt ergibt sich eine positive durchschnittliche Bewertung von 4,1; werden nur die 49 Artikel zwischen 1991 und 1996 betrachtet, ergibt sich noch eine leicht höhere durchschnittliche Bewertung von 4,2. Stellt man eine Branchenbetrachtung an, so gibt es keine „Leuchtturmbranche" – lediglich die Branche des Maschinenbaus ist in den kodierten Beiträgen leicht überrepräsentiert. Nachfolgend sollen wieder Beispiele von Textfragmenten vorgestellt werden, welche die Berichterstattung nachvollziehbarer machen.[697]

Da es sich bei dieser Kategorie ebenfalls um eine für die Argumentation der Arbeit zentrale Kategorie handelt, soll wiederum auf eine relativ große Anzahl an Textbeispielen zurückgegriffen werden (siehe Tabelle 6-40).

---

[696] Wird eine akteursunabhängige Betrachtung vorgenommen, handelt es sich bei dieser Kategorie zusammen mit der Kategorie der vorteilhaften/wünschenswerten Betrachtung von Produktionsverlagerungen nach China durch Unternehmensberatungen um die – mit knappem Vorsprung – am häufigsten erwähnte Kategorie mit insgesamt 180 Nennungen.
[697] Einige wenige Textfragmente erwähnen Asien als vorteilhaften Ort für Produktionsverlagerungen. Aus dem Kontext geht jedoch hervor, dass hierbei insbesondere China gemeint ist.

Zeitschrift	Textfragmente (direkte Zitate)
Handelsblatt, 17.12.1992, S. 9	Um dem Vorteil Japans im Aussenhandel mit der Volksrepublik China durch geographische Naehe und damit geringere Transportkosten zu begegnen, sollte Europa weiterhin vor allem auf Direktinvestitionen in China und die Produktion vor Ort mit hohem inlaendischen Vorleistungsanteil setzen, empfiehlt das Deutsche Institut fuer Wirtschaftsforschung (DIW), Berlin, in einer Studie zur Entwicklung des chinesischen Aussenhandels.
Wirtschaftswoche, 24.12.1992, S. 75.	Die Produktion von Industriechemikalien, die sich fuer kaum einen Hersteller in Furopa noch lohnt, wurde ohnehin nach Fernost verlegt. Die guenstigsten Standorte und die groessten Wachstumsmaerkte liegen in China, Indien, Taiwan und Suedkorea. Nach Schaetzungen der Branche duerften dort im Jahr 2000 etwa 40 Prozent aller Chemikalien produziert werden.
Handelsblatt, 31.03.1993, S. 2	Binnen zehn Jahren hat sich Chinas Exportvolumen mehr als verdreifacht. Die Exportpalette hat sich stark verbreitert, seit das Billiglohnland als Produktionsstaette fuer Unternehmen aus allen Teilen der Welt attraktiv geworden ist.
VDI Nachrichten, 25.06.1993, S. 6	Die deutschen Manager muessen deshalb umdenken. Mit einer Exportmentalitaet allein wird der grosse Sprung nach Fernost nicht gelingen. Wer seine heimischen Produkte weiter als Fallschirm abwerfen will, sei auf dem Holzweg, hat AEG-Vorstand Frank Dieter Maier erkannt. Wer langfristig auf dem asiatischen Markt reuessieren will, muss klar machen, dass er ein auf Dauer verlaesslicher Partner ist. Eine eigene Fertigung vor Ort hat damit auch den Charakter einer vertrauensbildenden Massnahme. Das Unternehmen wird von seinen Kunden als lokaler Anbieter akzeptiert.
VDI Nachrichten, 06.08.1993, S. 14	Deutschlands Bahnindustrie muss sich von der Vorstellung verabschieden, weiterhin viel zu teure Systeme nach Fernost zu exportieren. (...) Im Gespraech mit den VDI-Nachrichten verdeutlichte Oertel, dass Schluesseltechnologien „made in Germany" plus Joint-venture-Fertigungen vor Ort der gangbare Weg sind. (...) Als Beispiel nannte er den anlaesslich der Metro-Inbetriebnahme in Shanghai unterzeichneten „Letter of Intent" von AEG und Shanghai Crane & Conveyor Works zur Gruendung eines Joint-ventures. (...) Leiten laesst sich der deutsche Bahnsystemanbieter dabei von der Erkenntnis: „Wir muessen selbst in China sein."
VDI Nachrichten, 22.10.1993, S. 12	Praesenz ist wichtiger als die beste Exportstrategie
Handelsblatt, 03.11.1993, S. 3	Zum Thema Wertschoepfung im Ausland verweist von Pierer auf zwei Gesichtspunkte. Einmal muesse bedacht werden, dass man nur auf Dauer in Asien erfolgreich sein koenne, wenn man diese Laender nicht als reine Importnationen behandele. Es sei notwendig, moeglichst viel Wertschoepfung in der Region zu erbringen. Das treffe in besonderer Weise auf China zu. Ein geschickt aufgezogenes Joint Venture ermoegliche zudem eine guenstigere Kostenbasis, damit koenne man auch im Export auf dem Weltmarkt erfolgreicher sein.
Handelsblatt, 04.02.1994, S. 18	Die Expansion in China sei aber rasant und koenne mit der Nestle-Geschaeftsausweitung in Japan in den sechziger Jahren verglichen werden. (...) Auf dem Milchprodukte-Sektor manoeviere [sic!] sich der Konzern in China in eine fuehrende Position gegenueber die ueberwiegend amerikanische Konkurrenz. Dies werde laut Tschan durch den Aufbau eigener Produktionsstaetten erreicht.
Manager Magazin, 01.04.1994, S. 28	China oder Malaysia benötigen den Maschinen- und Anlagenbau vor Ort. Das heißt, die Deutschen müssen mit den Märkten wandern.
Wirtschaftswoche, 02.09.1994, S. 27	Vor allem China zog Japans Investoren geradezu magisch an. Allein im vergangenen Jahr stieg das Kapitalengagement im Reich der Mitte um 58 Prozent. Selbst Toyota-Praesident Tatsuro Toyoda glaubt nicht mehr, ohne eine China-Fertigung auszukommen.
VDI Nachrichten, 30.09.1994, S. 3	Die Investition lohnt: Sei es, dass die niedrigen Loehne locken oder die Verfuegbarkeit geschickter und zuverlaessiger Arbeitskraefte den deutschen Unternehmen helfen koennen, auf dem Weltmarkt wieder wettbewerbsfaehig zu werden.
Handelsblatt, 18.11.1994, S. 19	„Man muss in der Volksrepublik produzieren, denn durch Exporte allein kann man diesen Markt nicht halten", sagt Cromme. Geplant sei auch, vom Produktionsstandort China in andere asiatische Maerkte zu exportieren.
Handelsblatt, 17.07.1995, S. 2	China wird als Produktionsstandort fuer den gesamten asiatisch-pazifischen Raum aus drei Gruenden immer wichtiger: Das Land bietet nicht nur einen grossen Binnenmarkt, sondern auch die Moeglichkeit, von dort in stark chinesisch gepraegte Maerkte wie etwa Singapur oder Indonesien zu exportieren, ferner sind die Chinesen zur Zusammenarbeit in Joint Ventures bereit.
Handelsblatt, 09.01.1997, S. 8	Will die deutsche Wirtschaft an diesem Wachstum teilhaben, muß sie sich in die Region integrieren. Das aber ist nur dann möglich, wenn sie in Asien produziert und ihre Erzeugnisse den asiatischen Bedingungen und Bedürfnissen anpaßt.
Handelsblatt, 05.05.1997, S. 10	Auch deutsche Investoren sind mit rund 1 000 Projekten dabei. Kaum eine Branche will auf eine Firmenpräsenz auf dem attraktiven China-Markt verzichten. Der deutsche Botschafter in China, Konrad Seitz, hat in den vergangenen zwei Jahren unermüdlich Anwalt für deutsche Industrie-Interessen vor Ort. Er vertritt die Ansicht, daß die Abwesenheit für deutsche Unternehmen langfristig kostspieliger wird als der schwierige Aufbau von Fabriken.
Handelsblatt, 23.01.1998, S. 18	Daß das Bild über die Situation deutscher Unternehmen in China verzehrt [sic!] sei, liegt laut Song daran, daß Berater, Botschaften und Medien meist nur von Problemfällen, Pleiten und Streitigkeiten bei Großfirmen erführen. „Mittelständische Unternehmen gehen hingegen oft ganz ruhig ihren Geschäften nach und reden nicht viel über ihre Erfolge," sagt Song. Das China-Geschäft sei aber interessanterweise stark von Mittelständlern geprägt: 42 % der deutschen Produktionsbetriebe in China beschäftigen weniger als 100 Mitarbeiter, 45 % haben eine Belegschaft von unter 500 und nur 7,5 % gaben mehr als 1000 Mitarbeiter an. Der Roland-Berger-Umfrage zufolge würden 94 % wieder in China investieren allerdings nur 67 % am selben Standort und nur 61 % in der gleichen Rechtsform.

Zeitschrift	Textfragmente (direkte Zitate)
Manager Magazin, 01.11.1999, S. 170	Jorma Ollila fliegt oft nach China, mehrmals im Jahr. Zuletzt war er Ende September da. Er glaubt fest an das Riesenreich. China spielt in seiner Expansionsstrategie eine ganz wichtige Rolle. Im Jahr 2050 rechnet er dort mit 600 Millionen Handy-Besitzern. China ist jetzt schon Nokias zweitwichtigster Markt, knapp hinter den USA. Sieben Fabriken produzieren dort Handys.
Handelsblatt, 11.12.2000, S. 12	Hier rächt sich nicht nur, dass die Firmen aus Deutschland den chinesischen Markt bislang überwiegend als Exportmarkt betrachten und ihre Präsenz vor Ort vernachlässigen. (...) Das Ifa rät den deutschen Umweltfirmen dringend, mehr in China zu investieren. Schon deshalb, weil die Regierung in Peking einen immer höheren Anteil an lokaler Fertigung verlangt.
Handelsblatt, 28.02.2001, S. 10	Deutsche (...) Firmen, die in China für den Export produzieren, haben ihre Erwartungen seit November deutlich nach oben geschraubt. Über zwei Drittel dieser Unternehmen erwarten für die kommenden zwölf Monate bessere Geschäfte.
Handelsblatt, 28.02.2001, S. 10	Während der Deutschland-Tour werden in jeder angesteuerten Stadt auch zwei Workshops angeboten. Einer trägt die Überschrift „Produzieren mit Gewinn oder Fass ohne Boden?" Welche Antwort haben Sie? Aus BASF-Erfahrung muss ich sagen, dass wir Gewinne machen. Ich glaube, dass die meisten Firmen eigentlich sehr gute Erfahrungen in China gemacht haben, gerade im produzierenden Bereich. Und deswegen ist auch diese Tournée des Vorstandes sehr wichtig. Wir müssen kommunizieren, dass China kein Fass ohne Boden ist. Es gibt sicherlich immer wieder Geschichten, die darauf hinweisen, wie risikoreich es sein kann, in China eine Produktionsstätte aufzubauen. Aber alles in allem: Ich würde sagen, China ist ein Produktionsstandort, der sich in den meisten Fällen lohnt. Die fünf führenden deutschen Firmen in China – Siemens, VW, BASF, Bayer, ThyssenKrupp – haben zusammen etwa 20 Mrd. DM Investitionen in der Pipeline. Kleine deutsche Firmen tun sich schwerer. Ist China für solche Firmen, die in Deutschland das Rückgrat der Wirtschaft bilden, vielleicht kein geeignetes Pflaster? Ich glaube, dass der Mittelstand hier viele kleine Investitionen tätigt, die gar nicht auffallen. (...) Ich glaube, dass China für den Mittelstand bei einer genauen Marktanalyse und einem guten Management-Team sehr profitabel sein kann.
Wirtschaftswoche, 04.04.2002, S. 22	China bietet alles, was Unternehmerherzen höher schlagen lässt: Die preiswerte Werkbank, dank niedriger Löhne, einen nimmersatten Markt und eine explodierende Zahl von gut ausgebildeten Wissenschaftlern und Ingenieuren. Investierten die ausländischen Konzerne früher hauptsächlich, um die hohen Einfuhrzölle des Landes zu umgehen und einen Fuß in die gigantischen Markt zu bekommen, so ist die Präsenz nach Chinas WTO-Beitritt im Reich der Mitte vor allem ein Muss, um von dort aus den Weltmarkt zu beliefern.
Handelsblatt, 23.12.2002, S. 15	Mit dem Aufbau der Verbund-Standorte in Malaysia und China bereiten wir uns auf die wachsende Bedeutung Asiens vor. Unser Ziel ist es, im Jahr 2010 dort 20 % des Umsatzes zu erwirtschaften. Besonders China wird immer wichtiger für die Chemieindustrie.
Wirtschaftswoche, 24.04.2003, S. 134	Neue Perspektiven sieht Vorstandschef Helmut Lerchner in China: „Dort beginnt der Boom der Mobilität erst noch." Denn immer mehr Privatpersonen könnten sich ein Auto leisten. Werden dort mehr Autos produziert, füllen sich auch seine Auftragsbücher: Die Schwaben produzieren in China in einem Joint Venture, das ihnen zu 78 Prozent gehört.
Wirtschaftswoche, 26.06.2003, S. 52	Und die Wolfsburger setzen weiter auf Expansion. „In der nahen Zukunft werden wir einen dritten Produktionsstandort aufmachen müssen", sagt Audi-Vorstand Schmitt.
Wirtschaftswoche, 01.10.2003, S. 85	Viele Jahre lang versuchten einige Autobauer deswegen, den chinesischen Markt über Importe zu erschließen. Doch das funktionierte nicht. (...) Deshalb treibt es jetzt auch die letzten Zauderer nach China. Anfang des Jahres unterschrieb BMW nach fast zehnjährigem Verhandlungsmarathon den Vertrag für den Aufbau eines Joint Ventures mit dem chinesischen Unternehmen Brilliance.
Wirtschaftswoche, 01.10.2003, S. 84	Deutsche Unternehmen wie BASF und Bayer planen, ganz Asien vorwiegend aus China zu versorgen und einen Großteil ihrer Umsätze zu generieren. (...) „China ist ein verlockender Markt für Spezialchemieunternehmen", meint die Degussa-Vorstandsvorsitzende Utz-Hellmuth Felcht, „wir wollen unser Engagement ausbauen." Bisher sind für insgesamt 23 Geschäftsbereiche der Degussa-Gruppe mit eigenen Produktionsstätten in China vertreten.
Wirtschaftswoche, 01.10.2003, S. 84	Weiter in der Planung sind drei Anlagen zur Herstellung von Schaumstoffrohstoffen, wie sie etwa in Schuhsohlen, Sofas oder Autositzen eingesetzt werden. Insgesamt will Bayer in Caojing 3,1 Milliarden Euro investieren. Kein Wunder, dass Werksleiter Michael König ganz begeistert ist: „Jetzt geht es in China richtig los."
VDI Nachrichten, 10.10.2003, S. 1	Große Hoffnungen setzt die gebeutelte Halbleiter- und Elektronikindustrie derzeit auf China. Zu Recht, wie eine Studie im Auftrag der Messe München zeigt: Die Elektronikindustrie im Reich der Mitte steckt mitten im Boom. (...) Kaum ein Chiphersteller, kaum ein Elektronikproduzent, der nicht bereits in einen der dynamischsten Märkte dieser Welt ausgestreckt hätte. (...) Und produziert wird [sic!] Beispiel Handys oder TV-Geräte keineswegs nur für den Export, sondern auch für den stark wachsenden Bedarf innerhalb Chinas.
Wirtschaftswoche, 06.11.2003, S. 170	Donald Evans US-Handelsminister „China wird zur Produktionsbasis der Welt, das ist gar keine Frage."
Handelsblatt, 07.01.2004, S. 43	Als besonders wichtigen Zukunftsmarkt betrachtet Boge China. „Der chinesische Markt", sagt Meier-Scheuven, „entwickelt sich explosionsartig." In Kürze werde China der nach den USA weltweit zweitwichtigste Absatzmarkt für Kompressoren sein. Deshalb plant Boge, in China Kompressoren zu fertigen.
VDI Nachrichten, 16.04.2004, S. 5	Demnach planen rund 46 % der Unternehmen in den nächsten drei Jahren ihre Produktion teilweise oder ganz nach China oder Osteuropa zu verlagern.

Zeitschrift	Textfragmente (direkte Zitate)
Handelsblatt, 18.05.2004, S. 13	Auch im Kraftwerksbau, in der Medizintechnik oder beim Autozulieferer VDO setzt von Pierer auf Partnerschaften und lokale Produktion. Die Forschungs- und Entwicklungskapazitäten sowie die Präsenz im Lande sollen deutlich ausgebaut werden – frei nach dem Motto „Alles Geschäft ist lokal". Das ist der richtige Weg.
VDI Nachrichten, 18.06.2004, S. 15	Ein Spezial-Tipp von Kapitza: In China produzieren auch um Transportzeiten zu verringern und damit die Kapitalbindungszeit.
VDI Nachrichten, 24.09.2004, S. 29	Auch die Automobilzuliefererindustrie hat deshalb den „Turbolader China" längst für sich entdeckt. Jeder zweite Zulieferer plant derzeit Verlagerungen nach China oder Osteuropa und dies vor allem um Personalkosten zu sparen.
VDI Nachrichten, 15.10.2004, S. 21	Auch die Maschinenbauer zieht es deshalb zunehmend zu den Wachstumsregionen in Asien. „Die offensive Variante heißt Investition in Produktionskapazität in der Region für die Region", fasste der Verbandsvorsitzende Helmar Franz, Geschäftsführungsvorsitzender der Demag Plastics Group, Schwaig, im Vorfeld der K 2004 die Blickrichtung vieler Branchenvertreter zusammen.
Wirtschaftswoche, 28.10.2004, S. 84	Nach den Großkonzernen setzen auch immer mehr deutsche Mittelständer auf China als strategisch bedeutenden Absatzmarkt und Produktionsstandort. (...) Galt bisher Osteuropa als Expansionsraum der Mittelständler, sehen die meisten inzwischen ihren wichtigsten Wachstumsmarkt in China. Zu diesem Ergebnis kommt die Wirtschaftsprüfungsgesellschaft Deloitte & Touche, die 165 Mittelständler mit einem Umsatzvolumen zwischen 50 Millionen und einer Milliarde Euro über ihre Wachstumsstrategien befragte. Drei Viertel sehen große Chancen in China, rund ein Drittel in Osteuropa und rund ein Viertel in Indien. Ausschlaggebend sind nicht primär die Kostenvorteile, sondern die Aussicht auf florierende Geschäfte auf dem chinesischen Markt.
VDI Nachrichten, 12.11.2004, S. 14	„China hat exzellente Langzeitperspektiven und ist derzeit ein Wachstumsmotor der Weltwirtschaft. Dort wollen wir unseren Marktauftritt gezielt verstärken", begründet Geschäftsführer Wolf D. Meier-Scheuven den Invest. (...) Gleichzeitig wolle man das Unternehmen durch den Gang nach China stärken und durch eine eigene Montage im Reich der Mitte auch die Zukunftsfähigkeit in Deutschland sichern.
VDI Nachrichten, 12.11.2004, S. 1	So hat der Bielefelder Kompressorenhersteller Boge eine erste eigene Montageanlage zur Fertigung von Schraubenkompressoren in Shanghai eröffnet. Geschäftsführer Wolf. D. Meier-Scheuven sah gute Gründe für das Engagement auf dem chinesischen Markt: „China hat exzellente Langzeitperspektiven und ist ein Wachstumsmotor der Weltwirtschaft. Dort wollen wir unseren Marktauftritt gezielt verstärken."
VDI Nachrichten, 07.01.2005, S. 2	Anders gewendet heißt dies: Um auf Dauer auf Auslandsmärkten Erfolg zu haben, genügt es nicht, von Deutschland aus zu exportieren. Dies kann nur eine kurzfristige Strategie sein; auf längere Sicht – und diese Erfahrung macht praktisch jeder Exporteur – muss man mit der Produktion vor Ort sein. Dies hat weniger mit Kosten-, als mit Image- und Akzeptanzaspekten zu tun. Und vor diesem Hintergrund wird zugleich deutlich, warum deutsche Mittelständler in den letzten Jahren nicht nur in Mittelosteuropa, sondern zugleich auch in einem erheblichen Ausmaß in China investiert haben.
VDI Nachrichten, 11.02.2005, S. 33	Offshoring sehen 57 % der Geschäftsführer mittlerweile als kritische Größe und lagern sowohl IT-Services als auch Produktion aus. „Als Top-Standort für DV-Dienstleistungen behauptet sich Indien, als Produktionsstandort ist China weiter im Kommen" (...).
VDI Nachrichten, 24.03.2005, S. 41	Fast jedes vierte Unternehmen (23 %) plant dagegen entsprechende Investitionen in China.
VDI Nachrichten, 24.03.2005, S. 41	Im weltweiten Standortvergleich stehen Tschechien und China in der Gunst der 200 befragten Geschäftsführer von Zulieferunternehmen ganz oben. (...) Mittelfristig gehen die Unternehmen davon aus, dass in China und Osteuropa die meisten neuen Produktionsstandorte aufgebaut werden.
VDI Nachrichten, 10.06.2005, S. 43	Unternehmen, die langfristig auf dem asiatischen Absatzmarkt wettbewerbsfähig bleiben wollen, exportieren nicht nur nach China, sondern bauen Produktionsstätten vor Ort auf. Somit können sie regionale Kostenvorteile nutzen und die aufkommende Konkurrenz aus Asien durch eine gesunde Flexibilität in Schach halten.
Wirtschaftswoche, 27.10.2005, S. 99	Sollten kleine Firmen unter solchen Bedingungen nicht lieber zu Hause bleiben? Göritz: Man kann den chinesischen Markt natürlich ignorieren. Die Frage ist nur, ob man damit auch die chinesische Konkurrenz meiden kann. Chinesische Firmen profitieren zurzeit enorm von dem Technologietransfer und dem Vertriebs-Know-how ausländischer Partner. Zunehmend internationalisieren diese infolge des Wettbewerbs in China teilweise extrem effizienten und schnell agierenden Unternehmen nach Europa. Wenn man selbst die Lernchance und die Kostenvorteile, die China bieten kann, nicht genutzt hat, sieht man schnell alt aus. Vorsichtig fahren – ja – auf jeden Fall, doch wer bremst, verliert.
VDI Nachrichten, 04.11.2005, S. 16	Großer Gewinner ist aber in jedem Fall die Region Asia/Pacific, zu der ja auch der anerkannte Boommarkt China gehört. Nicht nur der Trend zur Produktionsverlagerung nach China und Asien stütze das dortige Marktwachstum, die Auguren tragen mit ihrer Prognose auch dem wachsenden Bedarf an elektronischen Produkten vor allem in China Rechnung.
Handelsblatt, 03.01.2006, S. 18	Wer nicht verstärkt in Regionen wie Asien investiert, schadet sich nur selbst: Dann baut eben die Konkurrenz dort Kapazitäten auf, produziert zu chinesischen Kosten und exportiert ihre Produkte nach Europa. (...) Bei SGL liegt der Schwerpunkt der Expansion klar in Asien, speziell in Indien und China. Dort werden wir allein oder mit Partnern die Produktion ausbauen.
Handelsblatt, 27.01.2006, S. 20	China ist im Preis-Leistungs-Verhältnis unüberbietbar, sagte Heinrich Deichmann, Geschäftsführer von Europas größtem Schuheinzelhändler Deichmann, im Dezember dem Handelsblatt.
Handelsblatt, 21.03.2006, S. 15	Der schwedische Autohersteller Volvo will erstmals Fahrzeuge auch in China produzieren. (...) „China wird vielleicht der wichtigste Automarkt der Welt in den nächsten fünf bis zehn Jahren", hält Volvo-Chef Arp dagegen. „Dort nur als Importeur aufzutreten ist keine langfristige Strategie."

Zeitschrift	Textfragmente (direkte Zitate)
Manager Magazin, 21.07.2006, S. 50	*Die Produktion der Cosys, vorher undenkbar, wurde nach China vergeben. Zudem begann Steiff auch mit Lizenzprodukten zu experimentieren. Kinderkleider, Brillen und eine Pflegeserie erschienen mit dem Teddylogo. Doch dann erfasste Kleinmut die Sanierer. Anstatt weitere Aufgaben zu verlagern, beließen sie viele Funktionen in Deutschland – kurzfristig gut für die Arbeitsplätze im Land, aber schlecht für die Bilanz. Andere Markenartikler agieren da konsequenter. (...) „Steiff arbeitet noch mit angezogener Handbremse. Da muss mehr passieren", sagt denn auch ein Unternehmenskenner über das Umbauprogramm. Die Konsequenzen ficht das nicht an. So findet die Endabnahme für die Cosy-Produkte immer noch am Hochlohnstandort Deutschland statt, obwohl es bereits eine Qualitätskontrolle in China gibt. Grund: Den Knopf ins Ohr sollen die Tiere unbedingt in Giengen bekommen.*
Wirtschaftswoche, 04.09.2006, S. 118	*Es war abenteuerlich, aber es ging immer vorwärts. Paul und ich hatten uns früh mit eigenen Augen angesehen, was uns in Anting erwartete. Der schreckliche Zustand der Fabrik hatte uns beide nicht davon abgehalten, nach China zu gehen, sondern ermutigt. Die Fabrik war eine Katastrophe, gewiss, aber jeden Tag wurde es ein bisschen besser, ein wenig erträglicher, sauberer, ordentlicher, funktionstüchtiger. Und jedem, der in dieser halbwegs neugierig und mit offenen Augen durchs Land ging, war klar: Hier fängt es jetzt an, hier wächst ein Markt. Hier bewegt sich etwas – und zwar gewaltig. Die einzige offene Frage war: Wer macht's? Wer geht als Erster nach China? Wenn nicht wir, dann werden es andere tun. Also machten wir es. Es war das einzig Richtige.*
VDI Nachrichten, 22.09.2006, S. 23	*Bayer-Chef Werner Wenning (...) erklärte bei der Inbetriebnahme neuer Großanlagen in Shanghai: „China ist für uns von zentraler Bedeutung in der Region Fernost/Ozeanien – als Produktionsstandort und in unserer Geschäftsstrategie."*
Handelsblatt, 26.10.2006, S. 20	*Grenzebach Maschinenbau, Weltmarktführer für Anlagen zur Bearbeitung von Flachglas, ist seit 1998 in China präsent, seit 2001 mit eigener Fertigung. „China läuft super", sagt Geschäftsführer Bernd Minning.*
Handelsblatt, 14.03.2007, S. 16	*China ist derzeit das attraktivste Land für Investitionen der Chiphersteller.*
VDI Nachrichten, 25.05.2007, S. 15	*Die beste Geschäftsidee sei, zu lokalen Kostenstrukturen in China mit der neuesten Technologie zu produzieren, um dann nach Europa zu exportieren (...).*
Manager Magazin, 23.11.2007, S. 276	*Viele Unternehmen fürchten den Gang nach Russland, Indien oder China. Andere holen Kapazitäten nach Deutschland zurück. So laufen sie Gefahr, den Aufschwung der Wachstumsregionen zu verpassen.*
VDI Nachrichten, 16.05.2008, S. 29	*Bevorzugte Ziele waren die neuen EU-Mitgliedsstaaten und China. Die meisten Firmen zeigten sich zufrieden mit den Auswirkungen der Verlagerungen.*
VDI Nachrichten, 27.06.2008, S. 9	*China ist einer unserer Wachstumsmärkte. Wir haben jetzt in der Grundfos-Gruppe beschlossen, dass wir China als zweiten Heimatmarkt entwickeln wollen. (...) Wenn wir China wirklich in vollem Umfang bedienen wollen, dann müssen wir China genauso betrachten, als wenn es Dänemark wäre. Grundfos muss in China komplett eigenständig sein. Es muss dort eine eigene Entwicklungsabteilung geben, die Fertigung muss dort für alle Bereiche ausgebaut werden. Man muss akzeptieren, dass China in vielen Bereichen erhebliches Potenzial hat (...).*
Handelsblatt, 08.07.2008, S. 7	*China auf Rang drei ist mit Abstand das wichtigste Verlagerungsziel außerhalb der EU, unterstreichen die Fraunhofer-Forscher.*
VDI Nachrichten, 08.08.2008, S. 4	*Mit dem Zuschlag für die Schwimmhalle mussten sich die Bremer verpflichten, die nötigen Mengen an Folie in China und nur mit Chinesen zu produzieren. (...) In China wurde zum ersten Mal überhaupt im Ausland produziert. „Das hat sehr viel Spaß gemacht, zumal es keinerlei Probleme gab", resümiert Schmidt.*
Wirtschaftswoche, 06.10.2008, S. 60	*Chinas Stärke ist die Fähigkeit, große Volumen zu liefern. (...) Nach unserer Beobachtung ist China, auch was kleinere Losgrößen betrifft, unschlagbar. Im Versand machen wir ja häufig auch Tests und gehen mit kleiner Stückzahl, 200 oder 400 Stück, an den Markt, und selbst diese Stückzahlen können die Lieferanten (...) perfekt handhaben.*
Manager Magazin, 24.10.2008, S. 70	*Mithin bräuchte Heidelberger Druck Fabriken in Ländern wie China, Indien oder Brasilien, die einfache Standardware produzieren und zu wettbewerbsfähigen Preisen anbieten. „Das wäre die wirkliche Wachstumsstory", sagt ein ehemaliger Heidelberger-Druck-Aufsichtsrat. (...) „Warum ist der Vorstand nicht schon vor acht Jahren auf China gekommen, als sich die japanische Konkurrenz nicht nur in Asien breitgemacht hatte?", fragt der Ex-Aufsichtsrat.*
Handelsblatt, 18.11.2008, S. 17	*Verlagerungen nach China scheinen die Erwartungen derzeit zu erfüllen. Von dort kommen nur zwei Prozent der Rückverlagerungen. Und das, obwohl sich gut 18 Prozent der abwandernden Unternehmen für dieses Ziel entscheiden. (...) „China ist deutlicher Favorit für innovative, forschungsintensive und renditestarke Unternehmen mit einem höheren Qualifizierungsniveau, die komplexe Produkte in Mittelserien fertigen", sagte Kinkel vom ISI.*
Handelsblatt, 13.03.2009, S. p08	*Wo die Lampe gefertigt werden sollte, stand außer Frage: in China. Dort hatten die Brüder schon mit ihren Motorrädern wichtige Erfahrung gesammelt.*
Wirtschaftswoche, 22.06.2009, S. 52	*Es ist eine Pflicht für unser Unternehmen, dass wir uns ein besonders großes Stück aus dem chinesischen Kuchen herausschneiden, begründet Jean-Luc Charles das Airbus-Engagement im Reich der Mitte.*

Tab. 6-40: Textfragmente zur Kategorie Produktionsverlagerung nach China vorteilhaft/wünschenswert
Quelle: eigene Darstellung.

Produktionsverlagerungen nach China werden in den oben genannten Beispielen sehr positiv gesehen. Wie auch im vorhergehenden Abschnitt soll nochmals eine kurze plakative Zusammenfassung der Berichterstattung in dem schon oben eingeführten Format erfolgen: Es ist oftmals die Rede davon, dass man China über Exporte allein nicht bedienen kann, sondern dass bereits aus diesem Grund eine lokale Fertigung essentiell sei (z. B. VDI Nachrichten, 25.06.1993, S. 6; VDI Nachrichten, 06.08.1993, S. 14; VDI Nachrichten, 22.10.1993, S. 12; Handelsblatt, 03.11.1993, S. 3; Manager Magazin, 01.04.1994, S. 28; Handelsblatt, 18.11.1994, S. 19; Handelsblatt, 09.01.1997, S. 8; Handelsblatt, 11.12.2000, S. 12; Wirtschaftswoche, 01.10.2003, S. 85; VDI Nachrichten, 07.01.2005, S. 2; VDI Nachrichten, 10.06.2005, S. 43; Handelsblatt, 21.03.2006, S. 15). Es wird zwar nicht verschwiegen, dass es zu Schwierigkeiten bei einer Produktionsverlagerung kommen kann; dennoch wird es als die 'einzig richtige' (Wirtschaftswoche, 04.09.2006, S. 118) sowie langfristig günstigere und lohnenswertere (Handelsblatt, 05.05.1997, S. 10; Handelsblatt, 28.02.2001, S. 10) Strategie gesehen. Überhaupt weisen viele Unternehmen auf die Richtigkeit einer Produktionsverlagerung nach China aus strategischen Gründen hin (Manager Magazin, 01.11.1999, S. 170; Wirtschaftswoche, 28.10.2004, S. 84; VDI Nachrichten, 22.09.2006, S. 23). Selbst Toyota – früher immer ein Musterbeispiel effizienter Fertigung – würde nicht mehr 'ohne eine China-Fertigung auskommen' (Wirtschaftswoche, 02.09.1994, S. 27). Auch verschiedene Institutionen sehen in einer Produktionsverlagerung nach China die richtige Strategie (Handelsblatt, 17.12.1992, S. 9; Handelsblatt, 11.12.2000, S. 12). Ein Unternehmen, das sich aus China nach Problemen zurückzieht bzw. überhaupt nicht den Schritt einer Produktionsverlagerung wagt, würde dagegen eine falsche Strategie verfolgen (Manager Magazin, 23.11.2007, S. 276) und 'schadet sich nur selbst' (Handelsblatt, 03.01.2006, S. 18). Auch die Meldung, dass Unternehmen in China weiter expandieren bzw. zusätzliche Fabriken bauen, ist ein Hinweis darauf, dass eine Produktionsverlagerung eine vorteilhafte Strategie darstellt (Wirtschaftswoche, 26.06.2003, S. 52).

Weiterhin wird darauf hingewiesen, dass China als „*Billiglohnland als Produktionsstaette fuer Unternehmen aus allen Teilen der Welt attraktiv geworden ist*" (Handelsblatt, 31.03.1993, S. 2). Wurde anfangs noch häufiger das Argument genannt, dass aus der Ferne der chinesische Markt nicht zu bearbeiten sei, wurde später in der Berichterstattung vermehrt darauf verwiesen, dass eine Produktion in China essentiell sei, um neben dem chinesischen Markt andere asiatische Märkte und den Weltmarkt zu beliefern (Handelsblatt, 03.11.1993, S. 3; VDI Nachrichten, 30.09.1994, S. 3; Handelsblatt, 17.07.1995, S. 2; Handelsblatt, 28.02.2001, S. 10; Wirtschaftswoche, 04.04.2002, S. 22). In diesem Zusammenhang wird zum Ausdruck gebracht, dass China zweifellos „zur Produktionsbasis der Welt" wird (Wirtschaftswoche, 06.11.2003, S. 170). Relativ häufig wird dafür auch die Wendung „Fabrik der Welt" oder „Verlängerte Werkbank" gebraucht – was wie selbstverständlich ausdrückt, dass China als Produktionsbasis zur Versorgung des Weltmarktes dient. Eine Suche in allen kodierten Beiträgen nach den Begriffen „Fabrik der Welt" sowie „Werkbank"[698] ergab immerhin 52 Fundstellen in 44 Dokumenten; das heißt, dass fast 3% aller Artikel auf einen dieser sehr plakativen Begriffe zurückgegriffen haben. China als Produktionsstandort wird gepriesen als das *„attraktivste Land für Investitionen"* (Handelsblatt, 14.03.2007, S. 16), als im *„Preis-Leistungs-Verhältnis unüberbietbar"* (Handelsblatt, 27.01.2006, S. 20) und als *„Spezial-Tipp"* (VDI Nachrichten, 18.06.2004, S. 15). Eine Produktion in China ist damit *„der richtige Weg"* (Handelsblatt, 18.05.2004, S. 13) und 'lohnenswert', *„um auf dem Weltmarkt wieder wettbewerbsfaehig zu werden"* (VDI Nachrichten, 30.09.1994, S. 3). Ohnehin sei es die *„beste Geschäftsidee [...], zu lokalen Kostenstrukturen in China mit der neuesten Technologie zu produzieren, um dann nach Europa zu exportieren"* (VDI Nachrichten, 25.05.2007, S. 15). Auch in dieser Kategorie werden zwar oftmals Großunternehmen erwähnt, aber häufig wird auch explizit der Mittelstand angesprochen (z. B. Handelsblatt, 28.02.2001, S. 10; Wirtschaftswoche, 28.10.2004, S. 84; VDI Nachrichten, 12.11.2004, S. 1; VDI Nachrichten, 07.01.2005, S. 2; Wirtschaftswoche, 27.10.2005, S. 99).

Interessant ist überdies, wie die Strategie des Unternehmens Steiff in der Presse gesehen wurde: Es wurde kritisiert, dass Steiff lediglich einen Teil der Pro-

---

[698] Es wurde nur der Begriff „Werkbank" als Suchbegriff genutzt, da damit Begriffe wie „verlängerte Werkbank", „Werkbank der Welt", „Billige Werkbank" gefunden werden. Eine Überprüfung der Suchergebnisse hat ergeben, dass in den allermeisten Fällen das Wort Werkbank in diesem Zusammenhang genutzt wird.

duktion nach China ausgelagert hat und zum Beispiel die Qualitätskontrolle noch in Deutschland vorgenommen wurde (Manager Magazin, 21.07.2006, S. 50). Interessant ist dies vor allem aus dem Grund, als dass Steiff bereits zwei Jahre später eines der prominentesten Beispiele einer Rückverlagerung aus China war – aufgrund von langen Lieferzeiten und Qualitätsproblemen (z. B. Handelsblatt, 02.07.2008 S. 14; Handelsblatt, 08.07.2008, S. 7).[699]

6.8.3.3 Produktionsverlagerung nach China durch Unternehmensberatungen als vorteilhaft propagiert

Diese Kategorie wurde insgesamt in 33 (2,1%) der 1.579 Artikel erwähnt. Damit wurden zwei weitere Kategorien mit häufigeren Nennungen vorerst übersprungen; da sich diese Kategorie jedoch thematisch an die vorhergehende Kategorie anlehnt, erscheint es sinnvoll, diese zuerst zu behandeln. Die durchschnittliche Bewertung der dieser Kategorie zugeordneten Artikel liegt bei 4,0; die zehn Artikel, die in dieser Kategorie zwischen 1991 und 1996 kodiert wurden, wurden im Mittel mit 4,1 bewertet. Nachfolgend sollen in der Tabelle 6-41 einige Fragmente zur näheren Erläuterung vorgestellt werden.[700]

Aus den vorgestellten Textfragmenten geht hervor, dass auch Unternehmensberatungen eine Produktionsverlagerung nach China oftmals als positiv – oder sogar als essentiell für den Erfolg von Unternehmen – sehen. Aufgrund der inhaltlichen Nähe zu der in Abschnitt 6.8.3.2 thematisierten Kategorie der vorteilhaften Berichterstattung über Produktionsverlagerungen soll an dieser Stelle keine weitere Diskussion erfolgen.

---

[699] Siehe hierzu auch das bereits eingeführte Zitat von Strang/Soule (1998), S. 271.
[700] Auf den ersten Blick ist in manchen der folgenden Zitate nicht ersichtlich, dass diese von Unternehmensberatern stammen. Wenn der gesamte Artikel vorliegt, ist jedoch aus dem Kontext ersichtlich, dass Unternehmensberater diese Aussagen getätigt haben.

Zeitschrift	Textfragmente (direkte Zitate)
Manager Magazin, 01.05.1992, S. 124	Seit Juli 1991 produzieren Melitta und Partner in Dongguan Kaffeemaschinen. Melitta-Manager Kin W. Tam: „Wir wollen sukzessive unsere Produktion nach China verlagern." Melitta ist eher die Ausnahme. „Die Deutschen könnten hier viel mehr tun", sagt Jürgen Kracht, Chef der Unternehmensberatung Fiducia in Hongkong.
VDI Nachrichten, 03.12.1993, S. 1	Inzwischen draengen selbst einige deutsche Mittelstaendler nach Suedostasien, insbesondere nach China, hat Walter Stadlbauer, Leiter des Geschaeftsbereichs Chemie bei der Unternehmensberatung Dr. Wieselhuber & Partner, beobachtet. „In Suedostasien, speziell in China, haetten die Grossunternehmen viel frueher investieren muessen, um an den hohen Wachstumsraten zu partizipieren", kritisiert Stadlbauer.
Manager Magazin, 01.02.1995, S. 97	Viele Konsumgüterproduzenten schreiben Schwarz: Coca-Cola hat angeblich eine Umsatzrendite von 40 Prozent, Konkurrent Pepsi gar von 100 Prozent. „In China ist ein schneller Return üblich", sagt auch McKinsey-Berater T. C. Chu. (...) Unsere Kunden können es sich nicht leisten, in Hongkong oder China nicht vertreten zu sein, sagt auch McKinsey-Berater T. C. Chu.
Manager Magazin, 01.05.2000, S. 44	Volkswagen hat als Erster und sehr mutig langfristig in China investiert. Das war umstritten, und es hat auch lange Zeit eine Menge Geld gekostet. Ich glaube aber, dass es strategisch ein wichtiger Schritt war, der sich langfristig für die Wolfsburger auszahlen wird.
Wirtschaftswoche, 15.06.2000, S. 112	Was interessiert Mittelständlern vermessen vorkommt („Zeigen Sie mir mal, wer mit Chinesen schon erfolgreich Geschäfte gemacht hat, da verbrenne ich mir nicht die Finger"), ist für Berater Siegle „der einzig richtige Weg". Schließlich laute die Frage nicht mehr, ob der deutsche Mittelstand globalisieren solle. „Heute geht es nur noch darum, welche globale Strategie für eine Firma geeignet ist."
Wirtschaftswoche, 30.09.2004, S. 56	Wer zu sehr mauert, macht sich zudem unbeliebt und verspielt Chancen. Etwa die, von China aus preisgünstig den Weltmarkt zu bedienen.
VDI Nachrichten, 08.10.2004, S. 2	Auch für Mittelständler gibt es heute keine Ausrede, sich nicht mit Auslagerungen zu befassen. (...) Investitionen in China sollten jedoch nicht vorrangig aus Kostengründen, sondern zur Markterschließung erfolgen. Chinesische Kunden stellen weitgehend dieselben Anforderungen. Außerdem liegen die wettbewerbsfähigen Zielkosten in der Regel um mehr als 50 % unterhalb des deutschen Vergleichswertes. Deshalb muss eine „chinesische" Maschine von lokalen Teams in China entwickelt und in weiten Teilen gefertigt werden.
VDI Nachrichten, 19.11.2004, S. 10	Berater geben Tipps zur Produktion im Reich der Mitte (...) China ist in der Industrie mehr für Plagiatoren denn für ein ausgewogenes Patentrecht bekannt. Trotzdem sollte kein deutsches Unternehmen der Überlegung verschließen, im prosperierenden Reich der Mitte zu produzieren. (...) „Wer sich in Streitigkeiten verstrickt, macht letztlich gar keine Geschäfte. Klagen sollten auf jeden Fall unterbleiben, wenn die Chancen auf dem Weltmarkt größer sind als die Verluste vor Ort." Wer statt dessen kooperiert, sichere sich den Zugang zum Markt und könne gleichzeitig neue Niedriglohnstandorte nutzen. „Wer auf deren Anraten China den Rücken kehrt, versäumt den Boom."
Manager Magazin, 23.11.2007, S. 276	Der Gang ins Ausland spielt eine zentrale Rolle, sagte Hermann Simon, Chairman der Unternehmensberatung Simon, Kucher & Partners, unlängst im Interview mit manager-magazin.de. „Wer als Mittelständler zu den globalen Champions aufschließen will, muss beispielsweise unbedingt in China präsent sein."
Handelsblatt, 08.07.2008, S. 7	Auch bei der amerikanischen Consulting Firma A.T. Kearney steht China hoch im Kurs. Das Reich der Mitte rangiert auf dem ersten Platz der „attraktivsten FDI-Destinationen" (...).
VDI Nachrichten, 07.08.2009, S. 6	Sicher scheint nach dem Deloitte-Ausblick: Es wird insgesamt weniger Produktionsstätten geben und die Kapazitäten westlicher Anbieter werden sich beschleunigt vor allem nach Asien verlagern. Denn nach dem Verlassen des konjunkturellen Talsohle werde weiterhin China der Wachstumsmotor bleiben.
Manager Magazin, 22.01.2010, S. 10	Allein nach China fließen in den nächsten drei Jahren 4,4 Milliarden Euro. VW soll nicht passieren, was der Unternehmensberatung Boston Consulting dem Großteil der Autokonzerne bescheinigt: Sie verschlafen ihre Zukunft
Handelsblatt, 14.04.2010, S. 65	Handelsblatt: Der Mittelstand strebt wieder stärker ins Ausland – vor allem Asien steht im Fokus. Lohnt sich der Schritt? Thorsten Amann: Aufgrund der hohen Wachstumsraten sind gerade in Asien viele Märkte hoch attraktiv. Wer sich in den vergangenen Jahren in China mit einer produzierenden Tochtergesellschaft etabliert hat, wirtschaftet meist profitabel.
Handelsblatt, 11.06.2010, S. 15	„China wird die Rolle des größten Produktionsstandorts übernehmen und für die nächsten 20 Jahre behalten", prognostiziert Kapitza. (...) Das zwingt die einstigen Maschinen-Weltmarktführer aus Deutschland in einem Spagat: Sie müssen selbst beschleunigt wachsen, ohne sich dabei aufzugeben. „Wenn die deutschen Maschinenbauer den Anschluss in wachstumsstarken Exportmärkten nicht verlieren wollen, müssen sie sich jetzt Produktionskapazitäten in Asien sichern", sagt Unternehmensberater Roman Zeller von der Firma Alix Partners. (...) Große Spieler wie Gildemeister haben die Zeichen der Zeit verstanden und versuchen zu reagieren. „In China sind wir meist Chinesen", sagt Kapitza. Von einem eigenen Werk aus beliefert Gildemeister den Markt mit Maschinen der Mittelklasse.
Handelsblatt, 23.06.2010, S. 20	Kein global agierendes Unternehmen kann es sich noch leisten, China zu ignorieren, sagt Peter Behner vom Beratungsunternehmen Booz & Company.

Tab. 6-41: Textfragmente zur Kategorie Produktionsverlagerung nach China durch Unternehmensberatungen als vorteilhaft propagiert
Quelle: eigene Darstellung.

6.8.3.4 Dringlichkeit einer Investition in China/zu langes Zögern

Die am dritthäufigsten kodierte Kategorie befasst sich mit der Dringlichkeit einer Investition in oder Produktionsverlagerung nach China bzw. mit der Kritik, dass Unternehmen bereits zu lange gezögert haben, eine solche Handlung vorzunehmen. Diese Kategorie wurde insgesamt in 62 (3,9%) der 1.579 Artikel kodiert. Auch bei dieser Kategorie war eine relativ hohe durchschnittliche Bewertung zu beobachten, welche im Mittel bei 4,2 lag; die 37 Artikel, die zwischen 1992[701] und 1996 erschienen sind, weisen im Mittel die gleiche Bewertung auf. Diese zwischen 1992 und 1996 erschienenen Artikel stellen etwa 60% aller Artikel dar, die dieser Kategorie zugeordnet sind (zur graphischen Darstellung dieser besonderen Verteilung sei an dieser Stelle nochmals auf Abbildung 6-30 verwiesen). Dies ist insofern interessant, als dass dieser Zeitraum zum einen den Start nennenswerter Direktinvestitionen markiert und zum anderen insgesamt lediglich etwas mehr als 20% (5 von 22 Jahren) des analysierten Zeitraums darstellt in welchem nur etwa 20% (319 von 1.579) aller kodierten Beiträge erschienen sind. Überproportional häufig wurden die Branchen der chemischen Industrie, des Fahrzeugbaus und des Verarbeitenden Gewerbes im Allgemeinen erwähnt; das Textilgewerbe wurde unterproportional häufig erwähnt. Nachfolgend sollen wiederum – der Wichtigkeit dieser Kategorie für die Arbeit Rechnung tragend – eine ganze Reihe an Textfragmenten zu dieser Kategorie vorgestellt werden (siehe Tabelle 6-42).[702]

Zeitschrift	Textfragmente (direkte Zitate)
Wirtschaftswoche, 01.10.1990, S. 38	*Mittelstaendler sollten moeglichst bald ihre Chinaaktivitaeten neu beleben. Auch wenn die politischen Rahmenbedingungen noch nicht optimal sind, sollte der Mittelstand die Wende im Chinageschaeft einleiten.*
Handelsblatt, 01.04.1992, S. 9	*Angesichts des – abgesehen von der Volkswagen AG – geringen deutschen Anteils an den ausländischen Investitionen in China befuerchtet Posth allerdings, dass der Kuchen bereits aufgeteilt ist: „Wir haben in China als Investoren schon verspielt".*
Handelsblatt, 27.04.1992, S. 3	*Sehr genau beobachten will man die Entwicklung in China. Strenger: „Ich habe den Eindruck, dass sich hier etwas bewegt. Man darf den Zug, der sich langsam in Bewegung setzt, nicht verpassen."*

---

[701] Im Jahr 1991 ist kein Artikel erschienen, der dieser Kategorie zugeordnet wurde. Aus diesem Grund wird an dieser Stelle – abweichend zu den Diskussionen der anderen Kategorien – eine Betrachtung des Zeitraums von 1992 bis 1996 vorgenommen.

[702] Wiederum sei die Anmerkung gestattet, dass einige Textfragmente lediglich einen Asien- und keinen Chinabezug aufweisen. In den jeweiligen Artikeln ist jedoch in jedem Fall China explizit erwähnt. Weiterhin gibt es bei einigen wenigen Aussagen Überschneidungen mit anderen Kategorien, da in diesen Fällen mehr als eine Kategorie angesprochen wurde.

Zeitschrift	Textfragmente (direkte Zitate)
VDI Nachrichten, 04.09.1992, S. 5	Diese Entwicklung duerfte, so der BDI, auch fuer die deutsche Wirtschaft interessant werden. Denn China und im besonderen Shenzhen praesentieren sich noch mehr als verlaengerte Werkbank. Um die Kostenvorteile jedoch nutzen zu koennen, muesse auch eine Praesenz auf dem Markt bestehen – und die ist fuer deutsche Unternehmen in China noch allzu gering.
Handelsblatt, 29.09.1992, S. 19	Deutschland verschlaeft den Einstieg in China, sagt Finger etwas bitter und fuegt mit einen Seitenblick auf Alcatel sarkastisch hinzu: „Waehrend die Franzosen hier Tatsachen schaffen, schauen wir begeistert zu."
Handelsblatt, 23.10.1992, S. 12	Die Europaeer haben noch nichts von Dalian gehoert. Sie haben die Moeglichkeiten hier nicht erkannt. Fuer sie ist Dalian offenbar zu weit weg, sagt der Harada-Chef, der davon ueberzeugt ist, dass der Standort China der wichtigste in Asien fuer die japanische Industrie wird.
Handelsblatt, 04.11.1992, S. 27	Volkswagen habe sich in einer „richtigen Strategie-Entscheidung" fruehzeitig fuer den Standort China entschieden, waehrend die uebrige europaeische Industrie bis jetzt den Asien-Pazifik-Raum „straeflich" vernachlaessigt habe, meinte ueberdies Dr. Martin Posth, der das erste China-Werk von VW in Shanghai aufbaute und Mitglied des Konzernvorstandes ist.
Wirtschaftswoche, 07.05.1993, S. 128	Die Schluesselfunktion fuer die ganze Region aber hat China. Doch auch hier wiederholen die Deutschen die Fehler, die sie sonst oft in der Region machen, obwohl sie traditionell gute Kontakte ins Reich der Mitte haben. So war China im Zeitraum 1983 bis 1992 nach den USA wichtigster Kunde des deutschen Grossanlagenbaus. Doch die Investitionen im Reich der Mitte kommen hauptsaechlich aus Hongkong, Taiwan und Japan, aber auch aus Amerika, klagt Heinrich Weiss, Vorstandsvorsitzender des Duesseldorfer Stahlwerksproduzenten SMS AG und Vorsitzender des Arbeitskreises China im Ostausschuss der Deutschen Wirtschaft. An deutschen Investitionsabsichten fuer die Region mangelt es nicht, wohl aber an Taten. Die drei neuen Fabriken, die BASF in diesem Jahr gemeinsam mit chinesischen Partnern in Betrieb nehmen will, sind eine Ausnahme. Es wird mehr studiert als investiert: Hartmut Mehdorn, Chef der Deutschen Aerospace Airbus GmbH, deutet mit „Plaenen und Ideen" fuer eine Flugzeugmontage hin. Die Amerikaner packen derweil zu. McDonnell Douglas montiert bereits Flugzeuge in Shanghai. „Wer Blumen pfluecken will, muss vom Pferd steigen", raet ein chinesisches Sprichwort. AEG-Chef Stoeckl schwingt sich soeben aus dem Sattel. Er will eine Halbleiterfabrik auf dem chinesischen Festland bauen und verfolgt gleichzeitig das Ziel, gemeinsam mit einem chinesischen Partner U-Bahn-Wagen herzustellen.
VDI Nachrichten, 25.06.1993, S. 6	Asien ist derzeit ein Bestseller. Die Veranstalter von Kongressen, Symposien oder Info-Abenden verdienen am Wissensdurst deutscher Unternehmer und Manager eine gute Mark. Denn obwohl die Region seit Jahren boomt, ist Fernost von der Industrie bisher wenig beachtet worden. Die Folge: Nur jede zehnte Export-Mark wird in Asien verdient. Mehr noch. Im Vergleich zu den US-amerikanischen (60 Mrd. Dollar) und den japanischen (59,8 Mrd. Dollar) Direktinvestitionen ist die deutsche Industrie (6,3 Mrd. Dollar) fast hoffnungslos ins Hintertreffen geraten. Nun ist Gefahr in Verzug. Will die deutsche Industrie nicht vollends die lukrativen Maerkte an die Weltmarktkonkurrenten verlieren, muessen sich ihre Manager sputen.
Handelsblatt, 24.08.1993, S. 18	Aber die Vorstaende der deutschen Chemiefirmen haetten in der Vergangenheit Kooperationschancen verpasst. (...) Die Vertreter der deutschen Grosschemie haetten zu lange mit China-Engagements gezoegert. Jetzt komme jedoch ein Besucherstrom von Vorstandsmitgliedern der deutschen Chemie nach Peking. Frau Gu Xiulin zum Handelsblatt: „Ich sage immer: Meine Herren, warum kommen sie erst jetzt? Wo waren sie die ganze Zeit?"
Handelsblatt, 03.11.1993, S. 3	Von Pierer hat in Asien nicht den Eindruck gewonnen, dass die deutsche Industrie bereits eine historische Chance verspielt habe. Er glaube, dass dort mehr Engagement vorherrscht, als man manchmal zur Kenntnis nehme. Gerade seine Firma habe fruehzeitig eine ganze Reihe von Aktivitaeten unternommen, und „das beginnt sich bereits auszuzahlen". Dennoch koenne man die eine oder andere Branche verstaerkt in die Region bringen. Er sei nicht der Meinung, dass alle Positionen bereits besetzt seien. „Man sieht ja, dass gerade deutsche Unternehmen hochwillkommen sind, und dass hier gute Chancen vorhanden sind. Wir muessen sie jetzt nur nutzen."
Handelsblatt, 18.11.1993, S. 15	Gerade darin, so von Pierer, liege die besondere Staerke der deutschen Industrie. Dass sie in China einen enormen Nachholbedarf in puncto Investitionen aufzuweisen habe, blieb dabei nicht unerwaehnt, ebensowenig wie die deutsche Bereitschaft, den Technologietransfer nach China auszubauen. (...) Fuer sie hat jetzt erst, mit einiger Verspaetung, der lange Marsch nach China begonnen.
VDI Nachrichten, 26.11.1993, S. 4	Derzeit gebe es nach chinesischen Angaben rund 250 deutsch-chinesische Joint-Ventures, in die die Deutschen ca. 4 Mrd. Dollar investierten. Das seien aber nur 1 % aller Investitionen aus dem Ausland. In den letzten Jahren sei die deutsche Wirtschaft in Asien nicht genuegend in Erscheinung getreten und habe dadurch etliche Chancen versaeumt, meinen auch chinesische Wirtschaftsfachleute.
VDI Nachrichten, 03.12.1993, S. 1	„In Suedostasien, speziell in China, haetten die Grossunternehmen viel frueher investieren muessen, um an den hohen Wachstumsraten zu partizipieren", kritisiert Stadlbauer. Berater Hans-Gerd Servatius von Roland Berger & Partner sieht es positiver: „Es ist noch nicht zu spaet. Die Chemieindustrie hat frueher als andere Branchen den Sprung nach Asien gewagt."
Manager Magazin, 01.02.1994, S. 80	China — das letzte Eldorado also? In der Tat: Es herrscht Goldgräberstimmung im wilden Fernen Osten. Wo auf der rezessionsgeplagten Welt locken noch solche Wachstumsraten, wo liegt noch ein nahezu unbeackerter Markt in dieser Dimension brach? Der Treck der Geschäftsleute ist deshalb Richtung China unterwegs – vornwegs natürlich die Übersee-Chinesen, dahinter Amerikaner, Koreaner und Japaner und erst mit weitem Abstand die Deutschen. Magere 1,4 Prozent ihrer Auslandsinvestitionen fließen nach China. Ein China-Kenner: „Die Deutschen haben das Potential dieses riesigen Marktes noch nicht erkannt."

Zeitschrift	Textfragmente (direkte Zitate)
Handelsblatt, 06.04.1994, S. 11	Ganz anders stellt sich die Situation in Asien dar, wo sich in den sogenannten „Tigerlaendern" und in der Volksrepublik China neue Wohlstandsgesellschaften mit entsprechend hoher Nachfrage entwickeln. Dort sind die Wachstumsmaerkte der Zukunft, und dort entstehen auch die neuen Konkurrenten fuer die etablierten Chemieunternehmen. Und da heisst es fuer sie, Praesenz zu zeigen, wenn sie den Anschluss nicht verlieren wollen. organisieren.
Wirtschaftswoche, 10.06.1994, S. 33	Dennoch: Die Deutschen haben, so scheint es, den Aufschwung Shanghais erst mal verschlafen. Von ihnen stammen nur 1,5 Prozent der Auslandsinvestitionen. Taiwan, Hongkong, Japan und USA liegen weit vorn. Sie investieren sieben- bis zehnmal mehr als die Deutschen.
Manager Magazin, 01.08.1994, S. 72	Es wird in Deutschland immer noch nicht verstanden, daß wir am Beginn eines asiatischen Jahrhunderts stehen, glaubt Erhard Reiber, der beim Pharma- und Chemiehersteller Merck für Asien und Ozeanien zuständig ist. Auch bei Merck liegt der Investitionsschwerpunkt nach wie vor in Deutschland, doch der inländische Anteil geht immer weiter zurück – und dies kommt Asien zugute.
VDI Nachrichten, 30.09.1994, S. 3	Deutsche Unternehmen bisher in China unterrepraesentiert (...) 1,2 Mrd. Menschen leben zur Zeit in China – ein gigantischer Markt mit grosser Anziehungskraft auf Unternehmer in aller Welt. In mehr als zwei Dritteln aller Joint-ventures, die chinesische mit auslaendischen Firmen eingegangen sind, haben sich Geschaeftsleute aus Hongkong engagiert. Deutsche Unternehmen geniessen in China zwar einen hervorragenden Ruf, stellen aber nur eine Minderheit der Investoren. (...) Fuer Huang Zhiwei ist der deutsche Mittelstand ein Begriff. Er wuenscht sich mehr deutsche Unternehmen, die in seine Provinz investieren. (...) Die geringe Praesenz deutscher Unternehmen im asiatischen Markt im allgemeinen und in China im besonderen weiss Dr. Eckhard Gottschalk, Mitglied des Vorstandes der IKB, zu erklaeren. „Bisher konzentrierte sich das Interesse deutscher Unternehmer auf die Maerkte im Osten Europas."
Handelsblatt, 24.10.1994, S. 18	Wie ueberall in Asien so sind die Deutschen auch mit einem Engagement in der Kuestenprovinz Shandong – eine Perle unter den chinesischen Provinzen – zu vorsichtig.
Wirtschaftswoche, 10.11.1994, S. 97	China hat eben andere Massstaebe. Gerade deshalb duerfen wir uns nicht abhaengig machen von kurzfristigen Renditeerwartungen. Jede Investition in China ist eine langfristige Investition. Sie muessen in einen solchen Markt herein, wenn er sich zu oeffnen beginnt. Sonst ist er besetzt – die Japaner sind schon laengst da.
Manager Magazin, 01.02.1995, S. 102	Die zögerlichen deutschen Manager, so scheint es, haben den Anschluß an den derzeit größten Wachstumsmarkt auf Erden verpaßt. Sie haben – womöglich als Lehre aus etlichen Debakeln im europäischen Osten – ihre Investitionsentscheidungen falsch getroffen. Nun rennen sie der Meute, wie es ein amerikanischer Investmentbanker beschreibt, mit fast uneinholbarem Abstand hinterher.
VDI Nachrichten, 02.06.1995, S. 5	Botschafter Dr. Konrad Seitz, Deutschlands neuer Geschaeftsraeger in Beijing, sieht klar. Er zaehle aber die vielen Vorstandsvorsitzenden und -mitglieder, die ihm monatlich die Aufwartung machen. „China ist fuer unsere Wirtschaft zukunftsentscheidend", heisst es bei ihm. Das die Deutschen dies erkannt zu haben scheinen, sei an den Direktinvestitionen zu erkennen: In 16 Jahren bis 1993 betrugen die Deutschen insgesamt lediglich 1,5 Mrd. Dollar in China angelegt, dagegen beliefen sich allein im letzten Jahr die Investitionen schon auf insgesamt 1,15 Mrd. Dollar. Gemessen an den insgesamt 36 Mrd. Dollar Auslandsinvestionen [sic!] 1994 in China ist das deutsche Engagement auf diesem Markt der Zukunft aber mehr noch bescheiden.
Handelsblatt, 20.10.1995, S. 8	Helmut Kohl zieht es im November wieder nach China. Auch die Wirtschaft geht auf Kurs. Nach langem Zoegern explodieren die China-Investitionen.
Wirtschaftswoche, 16.05.1996, S. 50	Dafür greift Krupp jetzt in Südostasien an, für das das Londoner Marktforschungsinstitut CRU International mit jährlichen Zuwächsen von sechs bis zehn Prozent bis zum Jahr 2005 das größte Wachstum prognostiziert. „Wer in diesem Teil der Welt nicht mit einer eigenen Produktion präsent ist", treibt Konzernchef Cromme seine Mannschaft an, „wird die Zukunft verschlafen."
Handelsblatt, 09.01.1997, S. 8	Will die deutsche Wirtschaft an diesem Wachstum teilhaben, muß sie sich in die Region integrieren. Das aber ist nur dann möglich, wenn sie in Asien produziert und ihre Erzeugnisse den asiatischen Bedingungen und Bedürfnissen anpaßt. Mehr und mehr deutsche Unternehmen haben entsprechend zu handeln begonnen. Sie investieren, und fast alle melden nach den üblichen Anlaufzeiten größeren Erfolg als sie erwartet haben. (...) Insgesamt ist die industrielle Präsenz der deutschen Wirtschaft jedoch minimal. Der deutsche Anteil am Gesamtwert aller Auslandsinvestitionen in den südost- asiatischen Ländern liegt zwischen einem und drei Prozent. Schützenhilfe von offizieller deutscher Seite sollte gerade in Asien nicht unterschätzt werden.
Handelsblatt, 11.12.2000, S. 12	Das Ifa rät den deutschen Umweltfirmen dringend, mehr in China zu investieren.
Wirtschaftswoche, 04.09.2003, S. 42	Und während DaimlerChrysler seit Jahren erfolglos verhandelt, startet im größten Boommarkt China im Herbst die BMW-Produktion.
Manager Magazin, 01.10.2003, S. 22	Spätstarter Kurztitel: DaimlerChrysler: Der Autokonzern will sich nun in China engagieren
VDI Nachrichten, 06.02.2004, S. 7	„Chancen gehen nie verloren", so Pischetsrieder zum China-Engagement von VW. „Die, die man versäumt, nutzen andere für einen."
Wirtschaftswoche, 14.07.2005, S. 48	Der verspätete und wenig glanzvolle Eintritt der Stuttgarter als letzter großer Autobauer der Branche ist nur das vorläufige Ende der rund 15-jährigen China-Odyssee des Weltkonzerns (...).
Wirtschaftswoche, 27.10.2005, S. 99	Wenn man selbst die Lernchance und die Kostenvorteile, die China bieten kann, nicht genutzt hat, sieht man schnell alt aus. Vorsichtig fahren ja – auf jeden Fall, doch wer bremst, verliert.
Handelsblatt, 22.09.2006, S. 17	Die Platzhirsche im Westen sind unter Zeitdruck. Sie müssen dabei sein, wenn der Kuchen in den Wachstumsländern verteilt wird. Sie brauchen Partner, Produktionsstätten und neue Produkte.

Zeitschrift	Textfragmente (direkte Zitate)
Handelsblatt, 03.01.2007, S. 16	Daimler baut damit sein Engagement auf dem boomenden chinesischen Automarkt deutlich aus. Erst im September hatte Daimler-Chef Dieter Zetsche eine neue Daimler-Chrysler-Fabrik bei Peking eröffnet, die eine Jahreskapazität von bis zu 25 000 Mercedes-Fahrzeugen hat und mit dem Pekinger Autohersteller Beijing Automotive Industry (BAIC) betrieben wird. Doch Mercedes hat Nachholbedarf – wie sogar der Chef selbst zugibt. „Wir sind etwas später, aber in keiner Weise zu spät dran," betonte Zetsche bei der Werkeröffnung Ende September (...).
Manager Magazin, 23.11.2007, S. 276	Viele Unternehmen fürchten den Gang nach Russland, Indien oder China. Andere holen Kapazitäten nach Deutschland zurück. So laufen sie Gefahr, den Aufschwung der Wachstumsregionen zu verpassen.
Manager Magazin, 24.10.2008, S. 70	Warum ist der Vorstand nicht schon vor acht Jahren auf China gekommen, als sich die japanische Konkurrenz noch nicht in Asien breitgemacht hatte?, fragt der Ex-Aufsichtsrat.
Manager Magazin, 22.01.2010, S. 10	Allein nach China fließen in den nächsten drei Jahren 4,4 Milliarden Euro. VW soll nicht passieren, was die Unternehmensberatung Boston Consulting dem Großteil der Autokonzerne bescheinigt: Sie verschlafen ihre Zukunft
Handelsblatt, 04.02.2010, S. 34	Die deutschen Anbieter müssen in die neuen Wachstumsmärkte expandieren. In den am stärksten wachsenden Märkten China und den Vereinigten Staaten sind die deutschen Unternehmen Nordex, Repower und auch Enercon bislang kaum oder gar nicht vertreten. Ein Ausbau der Position in den Wachstumsmärkten ist dringend nötig, um den Anschluss an die Weltspitze nicht zu verlieren. (...) „China soll unser Brückenkopf sein." Dem Land kommt neben den USA bei der Frage eine Schlüsselrolle zu, wer künftig auf dem Windmarkt vorne liegen wird.
Handelsblatt, 11.06.2010, S. 15	„China wird die Rolle des größten Produktionsstandorts übernehmen und für die nächsten 20 Jahre behalten", prognostiziert Gnamm. (...) sehen die deutschen Maschinenbauer den Anschluss in wachstumsstarken Exportmärkten nicht verlieren wollen, müssen sie sich jetzt Produktionskapazitäten in Asien sichern" (...).
Wirtschaftswoche, 20.09.2010, S. 84	Das Wachstum des Lkw-Geschäftes wandert inzwischen unaufhaltsam von Europa und den USA in Richtung China, sagt Bain-Berater Gnamm. „Wer als europäischer Hersteller hier nicht dabei ist, wird auf Dauer abgehängt."
Handelsblatt, 11.10.2010, S. 23	„Wir sind in China spät dran, wollen aber jetzt in der Region stärker als bisher wachsen", sagte Fords Finanzchef Lewis Booth dem Handelsblatt. „China bietet angesichts der geringen Ausgangsbasis große Gelegenheiten."
Handelsblatt, 29.12.2010, S. 21	Gemessen an den Chancen in der Region sehen viele Unternehmen aber auch noch Nachholbedarf.

Tab. 6-42: Textfragmente zur Kategorie Dringlichkeit einer Investition in China/ zu langes Zögern
Quelle: eigene Darstellung.

Die oben angeführten Textfragmente sind ähnlich und relativ eindeutig in ihrer Aussage: Eine Investition in China ist notwendig, und dies lieber 'heute als morgen'. Sehr oft wird darauf Bezug genommen, dass Chancen oder Potentiale in China entweder nicht erkannt (z. B. Handelsblatt, 23.10.1992, S. 12; Manager Magazin, 01.02.1994, S. 80; Manager Magazin, 01.08.1994, S. 72), oder erkannt und dennoch nicht ausreichend genutzt wurden (VDI Nachrichten, 02.06.1995, S. 5; VDI Nachrichten, 02.06.1995, S. 5). Es ist auch immer wieder die Rede davon, dass möglichst bald investiert werden müsse (Wirtschaftswoche, 01.10.1990, S. 38; VDI Nachrichten, 25.06.1993, S. 6; Handelsblatt, 03.11.1993, S. 3), da man sonst „hoffnungslos ins Hintertreffen" gerät (VDI Nachrichten, 25.06.1993, S. 6) und Gefahr läuft, den „Anschluß an den derzeit größten Wachstumsmarkt auf Erden" zu verlieren (Manager Magazin, 01.02.1995, S. 102) bzw. Chancen verpasst, die dann andere Unternehmen wahrnehmen (Handelsblatt, 27.04.1992, S. 3; Handelsblatt, 24.08.1993, S. 18;

Handelsblatt, 06.04.1994, S. 11; VDI Nachrichten, 06.02.2004, S. 7; Manager Magazin, 23.11.2007, S. 276; Handelsblatt, 04.02.2010, S. 34; Handelsblatt, 11.06.2010, S. 15; Wirtschaftswoche, 20.09.2010, S. 84). Auch wird der Eindruck vermittelt, dass deutsche Unternehmen bereits 'spät dran' sind (Wirtschaftswoche, 04.09.2003, S. 42; Manager Magazin, 01.10.2003, S. 22; Wirtschaftswoche, 14.07.2005, S. 48; Handelsblatt, 11.10.2010, S. 23), der chinesische Markt „*sträflich vernachlässigt*" wurde (Handelsblatt, 04.11.1992, S. 27) und dass es einen „*eklatanten Nachholbedarf*" gäbe (Handelsblatt, 18.11.1993, S. 15; siehe auch Handelsblatt, 03.01.2007, S. 16; Handelsblatt, 29.12.2010, S. 21). Bereits im Jahr 1992 wurde bemängelt, „*dass der Kuchen bereits aufgeteilt ist: "Wir haben in China als Investoren schon verspielt".*" (Handelsblatt, 01.04.1992, S. 9). Es wurde also 'verspielt' (Handelsblatt, 03.11.1993, S. 3), 'verpasst' (Handelsblatt, 24.08.1993, S. 18), 'versäumt' (VDI Nachrichten, 26.11.1993, S. 4), 'vernachlässigt' (Handelsblatt, 04.11.1992, S. 27), 'verschlafen' (Handelsblatt, 29.09.1992, S. 19; Wirtschaftswoche, 10.06.1994, S. 33), 'gezögert' (Handelsblatt, 20.10.1995, S. 8) und 'nicht verstanden' (Manager Magazin, 01.08.1994, S. 72). Es wurde 'zu spät' (VDI Nachrichten, 03.12.1993, S. 1), 'zu vorsichtig' (Handelsblatt, 24.10.1994, S. 18) und 'zu wenig' (VDI Nachrichten, 25.06.1993, S. 6) investiert. Es wird vermittelt, dass deutsche Unternehmen lediglich 'begeisterte Zuschauer' in diesem globalen Rennen sind (Handelsblatt, 29.09.1992, S. 19; Wirtschaftswoche, 07.05.1993, S. 128), dass sie in China 'unterrepräsentiert' sind (VDI Nachrichten, 30.09.1994, S. 3) und damit die 'Zukunft verschlafen' (Wirtschaftswoche, 16.05.1996, S. 50; Manager Magazin, 22.01.2010, S. 10). Die angebotene Lösung: Die deutschen Unternehmen müssen sich 'sputen' (VDI Nachrichten, 25.06.1993, S. 6), 'dringend mehr investieren' (Handelsblatt, 11.12.2000, S. 12), um als erste den 'Markt zu besetzen' (Wirtschaftswoche, 10.11.1994, S. 9) und sich damit 'ein Stück vom Kuchen zu sichern' (Handelsblatt, 22.09.2006, S. 17). Dabei sollten sich Unternehmen nicht von Problemen aufhalten oder einschüchtern lassen, denn: „*wer bremst, verliert*" (Wirtschaftswoche, 27.10.2005, S. 99). Diese kurze – natürlich ein wenig überspitzte – Zusammenfassung verdeutlicht, dass eine Produktionsverlagerung nicht nur als eine adäquate Strategie von vielen gesehen wird, sondern als eine für die Zukunftsfähigkeit von Unternehmen essentielle Strategie, deren Realisierung damit dringend geboten ist.

6.8.3.5 Hinweise auf ökonomisch fragwürdiges/unvorteilhaftes Verhalten

Bereits in der theoretischen Argumentation wurde zum Ausdruck gebracht, dass Produktionsverlagerungen aus einer neo-institutionalistischen Sicht nicht zwangsläufig ökonomisch vorteilhaft sein müssen. Kern des Arguments war, dass solche Produktionsverlagerungen mehrheitlich erfolgreich zu sein scheinen und deswegen ein imitatives Verhalten beobachtet werden kann, welches legitim erscheint, jedoch nicht immer ökonomisch vorteilhaft sein muss. Aus diesem Grund wurden bei der Datenanalyse auch Hinweise auf ökonomisch fragwürdiges bzw. unvorteilhaftes Verhalten erhoben. Dabei kam ein solches Verhalten in 62 (3,9%) der 1.579 Artikel zur Sprache. Die durchschnittliche Bewertung aller dieser Artikel liegt bei 2,5; betrachtet man lediglich die Jahre 1991 bis 1996, so ergibt sich eine durchschnittliche Bewertung von 3,1. Überproportional häufig wurde das Verarbeitende Gewerbe im Allgemeinen angesprochen; etwa 35% aller Branchennennungen konnte das Verarbeitende Gewerbe im Allgemeinen auf sich vereinen; zum Vergleich: in allen analysierten Artikeln vereinte das Verarbeitende Gewerbe im Allgemeinen lediglich 14,4% der Branchennennungen auf sich. Damit wird deutlich, dass ein solches ökonomisch fragwürdiges Verhalten oftmals branchenübergreifend auf einer aggregierten Ebene thematisiert wurde.

Im Vergleich zu den bisher diskutierten Kategorien wurde das Problem des ökonomisch fragwürdigen Verhaltens in der Medienberichterstattung zeitlich leicht nach hinten verschoben erwähnt: Statt wie die meisten Kategorien von Anfang bis Mitte der 1990er Jahre wurde diese Kategorie in nennenswertem Umfang erst Mitte bis Ende der 1990 Jahre und dann nochmals ab Mitte der 2000er Jahre in den analysierten Texten identifiziert. Dies wurde auch bereits aus der Abbildung 6-30 sowie den geringen Korrelationen aus Tabelle 6-38 ersichtlich. Nachfolgend sollen wiederum konkrete Textbeispiele für diese Kategorie vorgestellt werden (siehe Tabelle 6-43).

Zeitschrift	Textfragmente (direkte Zitate)
Handelsblatt, 30.08.1993, S. 12	Als eines der zentralen Defizite in der Vorbereitungsphase erweist sich das Sammeln von Informationen, das „relativ gering ausgepraegt ist". Ein Drittel der Unternehmen begnuegte sich mit informellen Kontakten, im Schnitt zapften die 30 Befragten nur zwei Quellen an. (...) Eine detaillierte Machbarkeitsstudie erstellten nur fuenf Unternehmen, die Haelfte beschraenkte sich auf eine „grobe Schaetzung", die uebrigen verzichteten ganz darauf. In den Analysen dominieren technische Aspekte, in „erheblichem Mass" werde der Marktbereich vernachlaessigt. Dagegen nennen die Experten als zentrale Erfolgsfaktoren fuer Engagements in Russland, China und Tschechien die „realistische Darstellung der erforderlichen Investition" und die „Ausrichtung der Produkte am Markt und an den Moeglichkeiten des Partners".
Handelsblatt, 02.02.1995, S. 11	So verweist die Deutsche Bank Research auf die gefaehrlich hohe Inflationsrate, die vielfaeltigen Engpaesse in der Infrastruktur, die Klagen ueber die chinesische Zahlungsmoral sowie den drohenden Handelskrieg zwischen den USA und China wegen der Verletzung geistiger Eigentumsrechte. Dennoch betrachten fast alle Unternehmer und Marktanalytiker China als das Land der Zukunft. Kaum ein Tag vergehe, dass nicht auf die Wachstumspotentiale in bestimmten Branchen hingewiesen wird. „Von A wie Automobile bis Z wie Zement, China wird als Markt gesehen, an den man als Exporteur oder Investor zunaechst denken und wo man moeglichst bald vor Ort praesent sein muss," schreibt DB Research.
Manager Magazin, 01.04.1995, S. 173	Michael Thiess, der für die Beratungsfirma Roland Berger in Asien das Geschäft aufbaut, hat vor allem Unkenntnis als Ursache für den schlechten Start ausgemacht. Zu naiv seien die Deutschen ihre Projekte in China angegangen. Sie würden die Gesetze des Riesenmarktes nicht kennen, investierten überstürzt und erlebten so häufig böse Überraschungen. (...) Häufig nähmen die China-Pioniere Verluste zu leichtfertig hin und buchten sie als „Anlaufprobleme" oder „strategische Investition" ab, hat Book beobachtet.
Wirtschaftswoche, 13.07.1995, S. 56	Auch Siemens, in der deutschen Oeffentlichkeit ebenfalls immer wieder als Speerspitze in der Region gelobt, wirft sich einseitig auf die Volksrepublik China.
Wirtschaftswoche, 20.07.1995, S. 20	Obwohl China „auslaendische Konzerne" trickreich „gegeneinander ausspielt", so Donald St. Pierre, Vorsitzender der China Automotive Components Corporation in Peking, „kommen trotzdem alle – schliesslich sollen hier einmal fuenf Millionen Autos pro Jahr gebaut werden."
Wirtschaftswoche, 30.11.1995, S. 90	Die gegenwaertige China-Euphorie ist also uebertrieben? Berger: Die hohen Risiken und grossen Schwierigkeiten im Reich der Mitte werden eindeutig unterschaetzt. Wenn es um Asien gehen, gibt es in Deutschland regelrechte Moden, aber nur selten Strategien.
Wirtschaftswoche, 24.10.1996, S. 86	Viele Konzerne haben sich jedoch auf ein einzelnes Absatzgebiet wie die Volksrepublik China geworfen, das unter anderen asiatischen Wachstumsmärkten völlig schwach. Andere haben sich in gefährliche Abhängigkeiten von lokalen Partnern begeben, um mit schnellen Erfolgen in Asien zu glänzen. Dritte reden über Asienstrategien, so kritisiert Siemens-Japan-Chef Ralph Gündling, „und meinen, sie könnten ausgerechnet an der japanischen Volkswirtschaft vorbeigehen, die 70 Prozent des gesamten fernöstlichen Bruttosozialprodukts erwirtschaftet".
Handelsblatt, 23.01.1998, S. 18	Die Frage, ob sich Milliarden-Investitionen der deutschen Industrie im Reich der Mitte lohnen, wird seit einiger Zeit kontrovers diskutiert. Inzwischen haben 700 deutsche Firmen Produktionsstätten und 500 Konzerne und Banken Büros in China. Gleich zwei zwei [sic!] Unternehmensberatungsfirmen haben jetzt Erfolgsanaylsen [sic!] über deutsche und europäische Direktinvestitionen in China durchgeführt. Sie kommen zu leicht unterschiedlichen Ergebnissen, aber zur gleichen Schlußfolgerung: Derzeit wird in China kaum was verdient, aber alle Unternehmen sind zuversichtlich, daß irgendwann die Gewinne sprudeln. Vier von fünf deutschen Unternehmen haben bisher nicht einmal ihre Investitionen reingeholt. (...) Mißerfolgsfaktor[en]: Falsche Erwartungen (63%), Ungenügende Planung und Vorbereitung (38%).
Manager Magazin, 01.02.1998, S. 156	Die Folge dieser Nichtwahrnehmung ist eine gigantische Fehllenkung von Management-, Vertriebs- und Finanzressourcen. Statt nach Amerika gingen wir lieber in „Zukunftsmärkte" wie China, Rußland und andere. Ist doch Volkswagen in China der größte ausländische Autoproduzent; aber die Zahlen, um die es dort geht, wären in der amerikanischen Automobilstatistik kaum sichtbar. Viele „Zukunftsmärkte" weisen zwar eine große Bevölkerung auf, aber deren Kaufkraft ist gering. Amerika hingegen hat eine große Bevölkerung mit sehr viel Geld.
Handelsblatt, 17.02.1998, S. 14	Trotz sinkender Gewinne in Asiens Petrochemie als Folge der regionalen Krise und Überkapazitäten will die Shell-Gruppe 4,5 Mrd. $ in den Bau einer petrochemischen Anlage in Südchina investieren. Damit handele es sich den Angaben zufolge um die größte Auslandsinvestition in (...) China.
Wirtschaftswoche, 12.03.1998, S. 59	Die Tendenz der anonym durchgeführten Befragung ist deutlich: Obwohl China bisher von der Asienkrise kaum betroffen ist, haben über 60 Prozent der Unternehmen ihre Marktchancen überschätzt. (...) Die Studie jedenfalls sorgt dafür, so der deutsche Botschafter in Peking, Konrad Seitz, daß Unternehmen künftig „an ihre Investitionen mit realistischen Erwartungen herangehen".
Manager Magazin, 01.04.1998, S. 196	In den vergangenen Jahren rannten viele Firmen blindlings nach China, geblendet von einem Riesenmarkt von 1,2 Milliarden Menschen. Hauptsache, sie waren beim Treck nach Fernost dabei.
Manager Magazin, 01.04.1998, S. 196	Trotz Startproblemen und jährlich 500 000 Mark Verlust steht Unternehmenschef Willi Merkel zu seinem China-Engagement: „Ich bereue nichts. Dieser Markt ist für uns strategisch absolut zwingend."
Wirtschaftswoche, 13.05.1999, S. 58	Vor allem seit sich durch die Asienkrise die Marktbedingungen verschlechtert haben, erweisen sich viele übereifrig hochgezogene Gemeinschaftsunternehmen als nicht belastbar: „Viele Unternehmen wurden weitgehend ungeplant gegründet", so Bernd-Uwe Stucken, Rechtsanwalt und Chef der Schanghaier Filiale der Unternehmensberatung Haarmann, Hemmelrath & Partner.
Handelsblatt, 24.05.2000, S. 3	Marktbarrieren, hohe Steuern und Zollgebühren, steigende Kosten sowie langsame Marktöffnung und grassierende Korruption werden für die größten Hemmnisse gehalten. (...). Vier von fünf Firmen in der Kammer geben an, ihr Investment sei nicht so profitabel wie intern vorgegeben. (...) Das hält die großen Adressen der US-Wirtschaft aber nicht von einer kräftigen Ausdehnung ihrer China-Aktivitäten ab.

Zeitschrift	Textfragmente (direkte Zitate)
Handelsblatt, 04.09.2001, S. 14	Laut dem Beratungsunternehmen Roland Berger soll die Nachfrage nach Automobilen bis 2004 jährlich zwar um 9 % wachsen. Doch wegen drastischer Überkapazitäten werde die Nachfrage erst in acht Jahren die Produktion einholen. Im vergangenen Jahr wurden insgesamt 670 000 Pkw gekauft, im Jahr 2010 sollen es rund 2 Millionen sein. Und obwohl die 118 Hersteller in China nicht einmal zur Hälfte ausgelastet sind, planen sie bis 2005 eine Expansion der Fertigung um fast ein Drittel auf mehr als 1,8 Mill. Einheiten pro Jahr. Nur vier von 118 Herstellern in China erzielen derzeit nach Angaben des für China zuständigen VW-Vorstandes Robert Büchelhofer Gewinne.
Handelsblatt, 18.09.2003, S. 11	In das Jubelgeschrei über explodierende Absatzzahlen auf dem chinesischen Automarkt mischen sich warnende Töne: Es drohen schon bald hohe Überkapazitäten. Dennoch investieren die Hersteller munter in chinesische Werke.
VDI Nachrichten, 17.10.2003, S. S03	Das hohe Wachstum in China steht in enger Beziehung zu den hohen Erwartungen internationaler Investoren in die Zukunft des Landes. „Dies ist, wie die Erfahrung zeigt, nicht unproblematisch", merkt Hans-Günther Vieweg an. „Es könnten zu sehr früher Spekulationsblasen entstehen, „deren Platzen die langfristig expansive Entwicklung empfindlich stört." Vieweg bezieht sich auf die hohen Überkapazitäten in China. Andererseits werde massiv investiert, um die Nachfrage permanent befriedigen zu können. Ein wichtiger Bereich ist der Fahrzeugbau, in dem eine Kapazitäten ausweitet, auch wenn nur wenige der ausländischen Anbieter ihre Fabriken gut auslasten, wie etwa VW und GM.
Handelsblatt, 11.08.2004, S. 6	Andy Xie, der China-Stratege bei Morgan Stanley in Hongkong, registriert in seinen Seminaren derzeit „drei bis vier Mal so viele Zuhörer", wenn er über China redet. Doch Xie findet die Euphorie verdächtig. Er sagt China voraus, „die dritte große Enttäuschung in dieser Generation in Asien nach Japan und Südostasien" zu werden. Seit er die delikate Vorhersage wagte, ist der Zugang zu seinem heiklen Artikel im Internet in China gesperrt.
Manager Magazin, 20.08.2004, S. 86	Noch lassen sich viele Manager und Medien vom optimistischen Bild des Wirtschaftswunderlandes blenden. Doch Jörg Wuttke, China-Chef von BASF, ist sich sicher: „Das China-Bild wird kippen."
Wirtschaftswoche, 23.09.2004, S. 206	Langfristig finde ich Indien interessanter als China, und sympathischer sowieso. Es gibt in der deutschen Wirtschaft eine gewisse China-Besoffenheit. (Otto Graf Lambsdorff früherer Wirtschaftsminister (FDP) der Regierungen Schmidt und Kohl)
Handelsblatt, 26.11.2004, S. b05	Gerade für neu investierende Mittelständler gilt: ohne die frühzeitige Einschaltung fach- und vor allem landeskundiger Berater endet der Ausflug nach Fernost schnell als kostspieliges Abenteuer. Auch die Hindernisse auf dem chinesischen Markt werden oft nicht genügend und vor allem nicht rechtzeitig bedacht.
Handelsblatt, 12.08.2005, S. k01	Andere gehen dagegen völlig naiv nach Fernost, um Geschäfte zu machen.
Manager Magazin, 21.10.2005, S. 164	Unspektakulärer, aber nicht minder spannend sind die vielen anderen Branchen, in denen ausländische und chinesische Unternehmen ihren alltäglichen Kampf um Marktanteile austragen. Beispiel Autos: Alle großen Hersteller der Welt haben inzwischen Fabriken in China hochgezogen und damit gewaltige Kapazitäten aufgebaut – mehr, als der Markt verträgt (...). Auch die Deutschen mischen mehr oder weniger kräftig mit: Volkswagen und Audi haben schon seit vielen Jahren große Werke in Shanghai und Changchung, BMW produziert seit Frühjahr 2004 in Shenyang, und DaimlerChrysler zieht gerade eine Fabrik in Peking hoch. Sie alle sind fasziniert von der gigantischen Zahl von 160 Millionen Chinesen, die – so Berater-Berechnungen – bis zum Jahr 2020 wohl ein Auto kaufen werden. Zum Vergleich: Heute fahren gerade mal knapp zehn Millionen Chinesen ein Auto. In der Hoffnung, dass diese Prognosen zutreffen, investieren die Autokonzerne wie die Wilden. Im Jahr 2004 tätigten sie Investitionen von mehr als 20 Milliarden Dollar. Fabriken werden erweitert, neue Werkshallen gebaut. Fast alle Autobauer steigern in China ihre Kapazitäten (...) – um damit Überkapazitäten aufzubauen? Derzeit scheint es so. Die exorbitanten Wachstumsraten der vergangenen Jahre von 40 bis 75 Prozent flachen ab. Es toben heftige Preiskämpfe, von denen besonders die Massenhersteller VW und General Motors betroffen sind. So musste VW im Sommer die Preise für den Santana und den Golf um bis zu 14 Prozent senken. GM reduzierte die Preise etwas moderater.
Handelsblatt, 09.02.2006, S. 16	Niedrige Lohnkosten lassen Asien als attraktiven Standort erscheinen. Doch die Probleme einer Verlagerung werden gern unterschätzt.
Wirtschaftswoche, 13.11.2006, S. 106	Bogaschewsky warnt allerdings, den Einstieg in Global Sourcing überstürzt zu wagen. Viele Unternehmen seien von dem gegenwärtigen „China- und Indien-Hype so infiziert, dass sie den Aufwand unterschätzen, der notwendig ist, um in diesen Ländern erfolgreich Fuß zu fassen". Wer den Preisvorteil auf dem Papier nicht genügend gegen die Risiken politischer Instabilität, kostentreibender Logistik und unberechenbarer Lieferanten abwäge, verkalkuliere sich schnell.
Handelsblatt, 30.08.2007, S. 8	Doch den japanischen Partner in Ostasien behandelt die deutsche Wirtschaft, als stecke er noch in Stagnation und Bewegungslosigkeit fest. In japanischen Niederlassungen verdienen deutsche Firmen gutes Geld und verbrennen es dann in China, klagen Wirtschaftsvertreter.
Manager Magazin, 23.11.2007, S. 276	Zum Teil verschließen deutsche Unternehmen vor lauter Verlagerungseifer eine Möglichkeit völlig aus den Augen: Die Modernisierung des heimischen Standorts. Das Fazit der Forscher: Verlagerungsstrategien werden „häufig nicht bis zum Ende durchkalkuliert".
VDI Nachrichten, 11.07.2008, S. 12	Zwar verlagere noch jeder elfte Betrieb Teile seiner Produktion ins Ausland, doch der Trend sei rückläufig. „Die Zahl der Rückverlagerer zeigt uns, dass Unternehmen hier teilweise sehr kurzsichtig entschieden haben", so Braun. „Gerade kostengetriebene Produktionsverlagerungen wegen hoher Löhne sind häufig nicht sinnvoll, da diese in vielen Betrieben nur 10 % an den Gesamtkosten ausmachen. Dagegen werden die Anlaufzeiten am neuen Standort, das Netzwerk vor Ort oder etwa die Aufwände für die Betreuung und Kontrolle in vielen Fällen nicht berücksichtigt. (...) Die Unternehmenschefs sind gefordert, ihre Entscheidungen auf fundierte Analysen zu stützen und auch Optimierungspotenziale am hiesigen Standort zu überprüfen", appellierte der VDI-Präsident.

Zeitschrift	Textfragmente (direkte Zitate)
Manager Magazin, 25.07.2008, S. 74	Nur 31 Prozent der deutschen Unternehmen haben sich bei Investitionen in China über die dort grassierende Wirtschaftskriminalität intensiver Gedanken gemacht – verglichen mit 48 Prozent der Unternehmen aus anderen Ländern. Auch gegenüber Russland sind die deutschen Befragten weniger problembewusst als Manager aus anderen Nationen. (...) So viel Ignoranz sei erstaunlich, weil auch deutschen Unternehmen die Probleme vor Ort – Platz 1: Korruption, Platz 2: Rechtsunsicherheit – sehr wohl bewusst seien. Aber „angesichts der Verlockungen" würden diese Risiken wohl schlicht „verdrängt".
Wirtschaftswoche, 28.07.2008, S. 46	Doch dabei bauen die Autohersteller offenbar auf allzu optimistische Annahmen – vor allem in China. 9,3 Millionen Fahrzeuge wollen die ausländischen Autokonzerne 2010 im Reich der Mitte absetzen. So viel ist längst nicht drin, sagt aber eine exklusive Studie der Unternehmensberatung Bain & Company (...). Die Konzerne müssten sich aller Voraussicht nach mit rund 20 Prozent weniger zufriedengeben. „Unsere Studie zeigt, dass die Hersteller den Markt stark überschätzen und zu hohe Absatzziele in China ausrufen", sagt Jörg Gnamm, Partner und Autoexperte bei Bain & Company. „Es geht um eine Größenordnung von 1,5 Millionen Autos. Das entspricht etwa der Hälfte des Absatzes in Deutschland oder der Kapazität von vier bis fünf Pkw-Werken."
Wirtschaftswoche, 17.11.2008, S. 58	Sieben Jahre expandierten, vom Boom in Schwellenländern wie China oder Indien betört, die Stahlkonzerne, als kenne die stark vom Konsum abhängige Nachfrage keine konjunkturellen Schwankungen.
VDI Nachrichten, 28.11.2008, S. 2	Wer auf Betriebsverlagerungen setzt, hat nur zu oft unterlassen, sich mit einer Herangehensweise anzufreunden, in der Schritte effektiver zu produzieren mit Maßnahmen zur Effizienzsteigerung kombiniert werden. Man möchte meinen, dass hier Blauäugigkeit im Spiel ist.
VDI Nachrichten, 19.12.2008, S. 4	Doch oft klaffen zwischen dem Wunschbild der Produktion im Ausland und der betrieblichen Realität oftmals Welten, wie VDI-Direktor Dr. Willi Fuchs feststellt: „Glücklicherweise schwächt sich der Trend zur Standortverlagerung ins Ausland seit etwa vier Jahren ab. Die trügerische Euphorie der 90er-Jahre ist einer nüchternen Betrachtung gewichen, denn in den meisten Fällen ist die Rechnung nicht aufgegangen." Nur selten seien unterm Strich durch Auslandsproduktion Kostensenkungen zu erzielen. Denn indirekte und versteckte Kosten würden bei den Plänen zum Auslandsengagement oftmals nicht berücksichtigt.
Manager Magazin, 25.09.2009, S. 96	Am Problem überdimensionierter Produktionsmittel ändern die Programme nichts. Im Gegenteil: Die industrielle Expansion geht weiter. „Im Maschinenbau, bei Nahrungsmittel- und Verpackungsmaschinen sehe ich Überkapazitäten", sagt Martin Eisenhut, Maschinenbauexperte bei Roland Berger. In der Konsumgüterproduktion stehen bereits viele Räder still. So schloss kürzlich die Ba Li Shoe Company in Wenzhou, eine der größten Schuhfabriken des Landes, ihre Tore - der Inhaber war nach Australien getürmt. Zurück blieb ein riesiger Schuldenberg. Überzogene Infrastrukturinvestitionen, unnötige Zusatzkapazitäten, Subventionen für ineffiziente Unternehmen in Chinas Realwirtschaft mehren sich die Symptome einer Überhitzung. Selbst Ministerpräsident Wen Jiabao ist die Lage suspekt. Seit einigen Monaten warnt er vor „blindem Optimismus". (...) Doch vor allem zählt das Tagesgeschäft. Und das lässt Christian Blatt, Geschäftsführer der Krones AG Erk Taicang, derzeit strahlen: „Wir liegen mit unseren Getränkeabfüllanlagen wieder über unseren Erwartungen." Laut einer Umfrage der Deutschen Handelskammer unter ihren Mitgliedern blickt die Mehrheit seiner Kollegen ähnlich optimistisch in Chinas Zukunft. Wenn sie sich da nur nicht irren. Wirtschaftsprüfer Hällmayr jedenfalls warnt: „Das Kennzeichen einer Blase ist ja gerade die Euphorie. Niemand will Spielverderber sein und die Risiken betonen."
Manager Magazin, 22.01.2010, S. 10	Also will VW weiter ausbauen. Vor allem China-Chef Winfried Vahland (52) fordert immer neue Werke. Er vertraut den Prognosen der chinesischen Regierung, und die Politiker sind deutlich optimistischer als die meisten westlichen Automobilexperten.
VDI Nachrichten, 22.01.2010, S. 16	Nur vermeintlichen Ausweg böten die Wachstumsmärkte Brasilien, Russland, Indien und China, so KPMG. Die Mehrheit der Befragten will dort in den nächsten fünf Jahren Kapazitäten auf- oder ausbauen – obwohl in drei bis fünf Jahren die Hälfte der Unternehmen auch dort Überkapazitäten erwarten.
Handelsblatt, 10.06.2010, S. 9	Irrationaler Überschwang – Die China-Euphorie hat die deutsche Wirtschaft fest im Griff. Gestern hat Volkswagen die Konkurrenz in Sachen Optimismus noch einmal abgehängt: Spätestens bis 2014 soll sich die Kapazität in China auf drei Mio. Autos verdoppeln. Doch auch andere bekannte Namen glauben fest an das Riesengeschäft. Die Metro-Gruppe will die Chinesen mit Mediamärkten beglücken. Auch BASF, BMW oder Daimler bauen weiter ihre Kapazitäten aus. (...) Völlig unsicher ist, wie der Konsum sich im Vorfeld des politischen Führungswechsels 2012 entwickeln wird. Beobachter erwarten einen gesteuerten Rückgang des Wachstums, damit der neue Präsident in den Folgejahren gute Zahlen vorweisen kann. Zunehmende Unruhen unter der Arbeiterschaft stellen den Standort insgesamt infrage.
Manager Magazin, 27.08.2010, S. 86	Wanners Lehrstück suggeriert, dass sich offenbar viele deutsche Unternehmen, die in China Geld verdienen wollen, zu wenig mit dem umkämpften Markt vertraut machen. AHK-Experte Paul Bachmann bestätigt die Vermutung. Nach seiner Erfahrung sind die Firmen oft nicht ausreichend vorbereitet: „Die meisten deutschen Firmen müssen noch eine spezielle China-Strategie entwickeln." Statt sich intensiv bei Spezialisten vor Ort über die Bedingung in ihrem spezifischen Arbeitsbereich und am anvisierten Standort zu informieren, hörten sie häufig auf Aussagen von Kollegen, vertrauten auf Erfahrungen in anderen Ländern oder repetierten alte Vorurteile.

Tab. 6-43: Textfragmente zur Kategorie Hinweise auf ökonomisch fragwürdiges/unvorteilhaftes Verhalten
Quelle: eigene Darstellung.

Aus den Textbeispielen wird deutlich, dass verschiedene ökonomisch fragwürdige Handlungsweisen kritisiert werden: Investitionen in Produktionskapazitäten erfolgen trotz bereits vorhandener Überkapazitäten (z. B. Handelsblatt, 17.02.1998, S. 14; Handelsblatt, 04.09.2001, S. 14; Handelsblatt, 18.09.2003, S. 11; VDI Nachrichten, 17.10.2003, S. S03; Manager Magazin, 21.10.2005, S. 164; Manager Magazin, 25.09.2009, S. 96; VDI Nachrichten, 22.01.2010, S. 16) oder trotz geringer Profitabilität (Handelsblatt, 24.05.2000, S. 3; Handelsblatt, 30.08.2007, S. 8). Hohe Verluste werden oftmals mit der Ausrede rechtfertigt, dass die Produktionsverlagerung aus strategischer Sicht wichtig sei (Manager Magazin, 01.04.1995, S. 173; Manager Magazin, 01.04.1998, S. 196)[703] und mit der Zuversicht, dass sich irgendwann in Zukunft hohe Gewinne ergeben würden (Handelsblatt, 23.01.1998, S. 18). Daneben wird kritisiert, dass sich Unternehmen unter Umständen als Folge einer Überschätzung des chinesischen Marktes (Wirtschaftswoche, 12.03.1998, S. 59; Wirtschaftswoche, 28.07.2008, S. 46) einseitig auf China fokussieren und dabei andere lukrative Märkte außer Acht lassen (Wirtschaftswoche, 13.07.1995, S. 56; Wirtschaftswoche, 24.10.1996, S. 86; Manager Magazin, 01.02.1998, S. 156). Schließlich wird kritisiert, dass Unternehmen 'naiv' (Manager Magazin, 01.04.1995, S. 173; Handelsblatt, 12.08.2005, S. k01), 'überstürzt' (Manager Magazin, 01.04.1995, S. 173), 'kurzsichtig' (VDI Nachrichten, 11.07.2008, S. 12), 'blindlings' (Manager Magazin, 01.04.1998, S. 196) und 'ungeplant' (Wirtschaftswoche, 13.05.1999, S. 58) Produktion nach China verlagert und dabei Risiken unterschätzt bzw. ganz außer Acht gelassen haben (Wirtschaftswoche, 30.11.1995, S. 90; Handelsblatt, 26.11.2004, S. b05; Handelsblatt, 09.02.2006, S. 16; Wirtschaftswoche, 13.11.2006, S. 106; Manager Magazin, 23.11.2007, S. 276; Manager Magazin, 25.07.2008, S. 74). In diesem Zusammenhang wird von „Blauäugigkeit" (VDI Nachrichten, 28.11.2008, S. 2) oder gar einer „China-Besoffenheit" (Wirtschaftswoche, 23.09.2004, S. 206) gesprochen.

---

[703] Es soll hier nicht in Frage gestellt werden, dass solche strategischen Investitionen oftmals sinnvoll sein können, auch wenn diese nicht sofort profitabel sind. Die Berichterstattung kritisiert jedoch, dass häufig pauschal die „strategische Karte" gezogen und als Ausrede bemüht wird, um unprofitable Investitionen zu rechtfertigen.

Letztlich erscheint die Diskussion einer Studie interessant, die ausführt, dass die Einholung von Informationen über das Zielland China vor einer Produktionsverlagerungsentscheidung *„relativ gering ausgeprägt ist"* (Handelsblatt, 30.08.1993, S. 12).[704] Der Artikel führt weiter aus, dass ein Drittel der Unternehmen lediglich auf informelle Kontakte vertraute und die Unternehmen im Durchschnitt nur auf zwei verschiedene Informationsquellen zurückgegriffen haben. Weiterhin erstellte kaum ein Unternehmen eine umfangreiche Machbarkeitsstudie (etwa 17%); die weiteren Unternehmen in der Befragung verließen sich auf eine „grobe Schätzung" (50%) oder verzichteten vollständig (33%) auf eine solche Studie. In der Regel wurden – sofern überhaupt eine Machbarkeitsstudie durchgeführt wurde – Aspekte zum Absatzmarkt stark vernachlässigt. Auch die Forderung des VDI-Präsidenten, in Zukunft *„Entscheidungen auf fundierte Analysen zu stützen"* (VDI Nachrichten, 11.07.2008, S. 12) impliziert, dass in der Vergangenheit Entscheidungen durchaus wenig fundiert getroffen wurden. Ein solches Verhalten scheint betriebswirtschaftlichem Basiswissen zu widersprechen. Dies könnte die Vermutung dieser Arbeit stützen, dass die Medien bereits ein solch positives Bild von China gezeichnet und in der Meinung der Manager und Unternehmer verankert haben, dass Unternehmen sich in Sicherheit wiegen und deshalb auf solche Machbarkeitsstudien oder die Einholung umfangreicher Informationen verzichten.[705]

Die Vorteile des 'gigantischen Marktes' und der 'geringen Kosten', sowie die positiven Äußerungen über China im Allgemeinen und Produktionsverlagerungen nach China im Speziellen überwogen in der Medienberichterstattung in einem solch hohen Maße, dass diese unter Umständen bereits gar nicht mehr in Frage gestellt wurden. Diese Vermutung wird auch gestützt durch weitere Aussagen, dass die Medien ein sehr positives Bild einer Produktionsverlagerung zeichnen, welches Unternehmer zur Kenntnis nehmen und dass sich Manager und Unternehmer vor einer Investition nicht ausreichend informieren und sich

---

[704] Das Erscheinungsjahr 1993 liegt zwar noch relativ am Anfang der stark ansteigenden Direktinvestitionen nach China, dennoch wurde bereits bis zu diesem Jahr zum einen überwiegend positiv über Produktionsverlagerungen nach China berichtet und auch der Vorteil des 'gigantischen Marktes' ausreichend kommuniziert.
[705] Vgl. hierzu auch den Artikel in der Wirtschaftswoche, 01.10.2003, S. 96, wo ausgedrückt wird, dass Unternehmen die Größe des chinesischen Marktes quasi nur 'über den Daumen' schätzen (siehe auch Wirtschaftswoche, 05.01.1995, S. 37).

eher auf 'Hörensagen' verlassen (Manager Magazin, 20.08.2004, S. 86; Manager Magazin, 27.08.2010, S. 86).

6.8.3.6 Ernüchterung nach China-Euphorie

Hinweise auf eine Ernüchterung nach überaus euphorischen Erwartungen an eine Produktionsverlagerung nach China konnten in 32 (2,0%) der 1.579 analysierten Artikel identifiziert werden; dabei konnte eine Häufung von Mitte bis Ende der 1990er Jahre sowie Ende der 2000er Jahre festgestellt werden. Die durchschnittliche Bewertung dieser Artikel beträgt 2,1. Zwischen 1991 und 1996 enthalten lediglich drei Artikel dieses Argument; diese wurden im Mittel mit 2,0 bewertet. Insgesamt tritt also eine durchaus negative Sicht zu Tage. Nachfolgend sind wiederum konkrete Textfragmente zu dieser Kategorie aufgelistet (siehe Tabelle 6-44). Dabei wurden sowohl Textfragmente zu Produktionsverlagerungen als auch Textfragmente zu China im Allgemeinen kodiert.

Aus den Textfragmenten lässt sich herauslesen, dass nach der Meinung vieler Unternehmen China zwar als 'vielversprechend' betrachtet wurde, nach einer Investition jedoch Ernüchterung eintrat. Die Unternehmen wurden in China oftmals mit einer anderen Realität konfrontiert, als dies vor einer Investition in bzw. Produktionsverlagerung nach China der Fall war. Die analysierten Artikel sprechen häufig von einer Euphorie, welche die Unternehmen zu einer Investition motivierte. Das heißt, eine Investition *schien*[706] erfolgversprechend oder gar 'eine sichere Sache' zu sein. Diese hohen Erwartungen an eine Investition in China könnten durchaus eine Folge der überwiegend positiven Medienberichterstattung über China bzw. über Investitionen oder Produktionsverlagerungen nach China gewesen sein. Zusätzlich könnten diese Erwartungen als Indiz für das Vorhandensein eines mimetischen Isomorphismus bzw. auch als ein Indiz für das Vorhandensein eines sogenannten Rationalitätsmythos angesehen werden. Auch verschleierte Aussagen über den eigenen Erfolg sowie 'geschön-

---

[706] DiMaggio/Powell weisen in ihrem Artikel mit Nachdruck darauf hin, dass es nicht unbedingt darum geht, ob eine imitierte Strategie wirklich erfolgreich ist, sondern darum, dass sie erfolgreich zu sein *scheint*.

te' Berichte über das ‚Abenteuer China' von einigen Unternehmen könnten zur Entstehung und Aufrechterhaltung des ‚Mythos China' beigetragen haben.[707]

Zeitschrift	Textfragmente (direkte Zitate)
Manager Magazin, 01.04.1995, S. 173	*Angelockt von einem Markt mit 1,2 Milliarden potentiellen Kunden, suchten Ende der 80er Jahre viele deutsche Unternehmen im Reich der Mitte den schnellen Erfolg. Bei den meisten sino-deutschen Projekten folgt den hochgespannten Erwartungen nun die nüchterne Realität.*
Handelsblatt, 18.02.1997, S. 17	*Dennoch mag Jörn Kunde, seit Jahrzehnten Chefrepräsentant des Mischkonzerns Mannesmann AG, Düsseldorf, Kenner des chinesischen Behördendschungels, in die alte China-Euphorie nicht einstimmen: „Viele Dinge laufen nicht mehr so günstig."*
Manager Magazin, 01.04.1998, S. 196	*„China wird jetzt nicht mehr so euphorisch betrachtet." Und das ist gut so.*
VDI Nachrichten, 22.05.1998, S. 22	*In China ist der Bedarf an Technik für saubere Luft und Trinkwasser zwar groß, die Hoffnungen auf schnelle Gewinne aber haben sich nicht erfüllt. Die China-Euphorie der Unternehmer ist verflogen. (...) China will bis 2000 über 54 Mrd. Dollar für den Umweltschutz ausgeben. Doch Fehlschläge haben die einst verbreitete Euphorie bei deutschen Firmen getrübt und Platz für eine realistischere Einschätzung gemacht.*
Wirtschaftswoche, 13.05.1999, S. 58	*Jedes zweite europäische Unternehmen, das in China tätig ist, hat seine Umsatz- und Gewinnziele deutlich verfehlt. Das ergab eine Studie unter 2000 europäischen Unternehmen, die die Wirtschaftswoche in den vergangenen Wochen zusammen mit der EU und der renommierten Hongkonger Unternehmensberatung Fiducia durchführte. 55 Prozent der befragten Unternehmen haben das Marktpotential überbewertet. „Der Mythos China ist erst einmal weg", faßt Jürgen Kracht, seit fast 20 Jahren Chef bei Fiducia, die Lage zusammen.*
Wirtschaftswoche, 30.03.2000, S. 122	*Doch die Euphorie über den sich abzeichnenden Beitritt Chinas zur Welthandelsorganisation (WTO) ist bei den europäischen Herstellern abgeklungen.*
Wirtschaftswoche, 27.04.2000, S. 48	*Zudem zieht inzwischen der Mythos Chinas als größter Markt der Welt bei westlichen Investoren nicht mehr. „Hinter dieser faulen Karotte läuft niemand mehr her", glaubt der Handels-Diplomatin. Die deutschen Firmen seien „nicht als Entwicklungshelfer in China, sondern wollen Geld verdienen".*
Handelsblatt, 17.02.2004, S. 8	*Die China-Euphorie, die mit dem WTO-Beitritt des Landes 2001 einsetzte, hat ihren Höhepunkt überschritten. Einige deutsche Firmen überprüfen derzeit ihr Engagement im Reich der Mitte, auch wenn sie es noch nicht öffentlich zugeben. Nach sieben Quartalen mit wachsender Dynamik ist „das Wachstum in China mit Engpässen konfrontiert", meldete jüngst der China-Chef eines Dax-Unternehmens im internen Bericht an die deutsche Zentrale. Begründung: „Steigende Rohstoff- Preise, Energie-Engpässe und fortschreitende Umweltzerstörung".*
VDI Nachrichten, 25.05.2007, S. 15	*Nach der anfänglichen China-Euphorie stünden bei Hermle inzwischen wieder Umsatz und Ertrag mehr im Mittelpunkt. „Das Geschäft ist daher jetzt schleppend, weil wir nicht auf Ertrag verzichten wollen. Wir halten China weder unterbewertet, noch aufgeben, es liegt eben mehr im Rahmen der wirtschaftlichen Vorstellungen." Bisser beobachtete bei Wettbewerbern zwar hohe Umsätze, höre aber auch immer wieder Klagen über geringe Erträge.*
Handelsblatt, 18.08.2008, S. 1	*„Der Blick deutscher Firmen auf China hat sich deutlich gewandelt. Die Idee, China als billigen Produktionsstandort zu nutzen, funktioniert nicht mehr", sagt Carl Martin Welcker, Geschäftsführer des Werkzeugmaschinenanbieters Leistritz in Nürnberg und künftig Vorsitzender des Vereins Deutscher Werkzeugmaschinenfabriken. Noch steigen die ausländischen Direktinvestitionen in China; in den ersten sieben Monaten dieses Jahres flossen 60,7 Mrd. Dollar ins Land. Doch die große Euphorie der vergangenen Jahre weicht langsam einer gewissen Ernüchterung.*

---

[707] *„Mißerfolge werden von deutschen Unternehmen nicht an die große Glocke gehängt. Mittelständler, die geleimt wurden, verbergen schamhaft den Mißerfolg und ziehen sich zurück. In der Wirtschaftspresse ist über diese Fehlschläge wenig zu lesen, weil sie zwar das Unternehmen empfindlich berühren, aber meist nicht eine Größenordnung erreichen, die öffentlichkeitswirksam ist."* (Handelsblatt, 24.10.1997, S. k02).
„Offiziell ist nach wie vor alles rosig. Doch nach dem dritten Bier erzählen Generalmanager wie es wirklich ist. Bill Fischer, Dekan der Schanghaier Business School Ceibs trifft täglich China-Manager, die „kein Geld verdienen und nicht wissen wie lange sie noch durchhalten"." (Wirtschaftswoche, 13.05.1999, S. 58).
„Meyer weiß auch, daß eine Rückkehrer-Geschichte, wie sie über Sennheiser zu erzählen ist, auch in den nächsten Jahren wohl eher die Ausnahme ist, denn zur Regel werden wird. Aber und hier beginnt Meyer etwas verschmitzt zu grinsen es gebe noch mehr solch gebeutelter Unternehmen. „Ihre internen Pleiten jedoch zugeben, das mögen sie nicht." Zu peinlich wäre das Eingeständnis, öffentlich zuzugeben, daß letztlich höhere Produktionskosten dabei herausgekommen sind als bei der Herstellung am „ach so schlechten Standort Deutschland."" (VDI Nachrichten, 30.05.1997, S. 3).

Zeitschrift	Textfragmente (direkte Zitate)
Handelsblatt, 04.12.2008, S. 14	Vor allem das erste Halbjahr 2009 werde „sehr schwierig", sagt auch Vahland. In diesem Zeitraum dürften die VW-Verkäufe in China deutlich zurückgehen. Für das Gesamtjahr 2009 rechnet er auf dem zweitgrößten Absatzmarkt des Konzerns mit einer Stagnation – nach einem Plus von über 20 Prozent 2007 ein deutlicher Dämpfer. Verpufft ist damit die große Euphorie. „China ist aber immer noch einer der besseren Märkte weltweit", sagt Vahland.
Handelsblatt, 30.12.2008, S. 15	BASF verdeutlicht das Dilemma. Bis vor wenigen Wochen glaubte der weltgrößte Chemiehersteller noch, dass sich das schier unerschöpfliche Auftragsland China nach den zeitweiligen Werksstilllegungen während der Olympischen Spiele rasch wieder erholen werde. Mehr noch: Ebenso wie viele andere Industriekonzerne war BASF der Meinung, dass Asien und die vielen Schwellenländer die Schwächen im Amerikageschäft ausgleichen könnten. Doch das Gegenteil tritt ein. Es geht weiter nach unten. „Die eigentliche Enttäuschung ist Asien", sagte Konzernchef Jürgen Hambrecht kürzlich, als er die Finanzwelt zum zweiten Mal innerhalb weniger Wochen mit schlechteren Gewinnprognosen schockierte.
Wirtschaftswoche, 26.01.2009, S. 28	China, einst Hoffnungsträger der Weltwirtschaft, schlittert immer tiefer in die Krise. Bei den deutschen Investoren wächst die Nervosität. Die goldenen Zeiten mit scheinbar unbegrenztem Wachstum sind für Freudenberg in China erst mal vorbei.
Handelsblatt, 29.01.2009, S. 6	Deutsche Manager in China müssen jetzt vor allem eines – umdenken. Ging es im bislang erfolgsverwöhnten Reich der Mitte um Neuaufträge, Kapazitätsausbau und Expansion, sind nun Vokabeln wie „Kurzarbeit", „Fabrikschließung" und „Entlassung" gefragt.
Handelsblatt, 01.07.2009, S. 5	Doch auch im Reich der Mitte macht sich Ernüchterung breit: Noch vor einem Jahr hatte sich jedes zweite EU-Unternehmen optimistisch zu den Gewinnaussichten geäußert – deutlich mehr als in diesem Jahr.
Handelsblatt, 03.09.2009, S. 3	Als Beispiele nennt der Report unter anderem den Bereich Umwelttechnik, ein stets mit guten Aussichten in China dargestelltes Geschäft. Inzwischen macht sich hier aber Ernüchterung breit.

Tab. 6-44: Textfragmente zur Kategorie Ernüchterung nach China-Euphorie
Quelle: eigene Darstellung.

6.8.3.7 Imitation von Wettbewerbern oder anderen Unternehmen

Als letzte Dimension soll noch die Imitation von Wettbewerbern oder anderen Unternehmen diskutiert werden. Hinweise auf ein solches imitatives Verhalten war in insgesamt 19 (1,2%) der 1.579 analysierten Beiträge zu finden; die Bewertung dieser 19 Beiträge liegt im Mittel bei 3,9. Hinweise für imitatives Verhalten sind insgesamt also nur recht spärlich zu finden. Der Großteil dieser Textpassagen soll nachfolgend vorgestellt werden (siehe Tabelle 6-45).

Zeitschrift	Textfragmente (direkte Zitate)
Handelsblatt, 22.11.1990, S. 15	Der VW-Konzern will mit seinem starken Engagement in China u. a. verhindern, dass er gegenueber Konkurrenten ins Hintertreffen geraet. Denn immerhin hat der Peugeot/Citroen-Konzern mit dem 2. Automobilwerk in Wuhan ebenfalls ein Joint Venture fuer eine spaetere Produktion von jaehrlich 150000 Pkw unter Dach un [sic!] Fach.
Wirtschaftswoche, 15.07.1994, S. 45	Da kommt selbst bei Fachleuten gelegentlich schon Sorge auf. „Die deutschen Topmanager", so ein Unternehmensberater, „stuerzen sich alle auf dasselbe – wie in einem geheimen Einverstaendnis. Wie Lemminge."
Wirtschaftswoche, 10.11.1994, S. 97	Das typische Mitlaeufer-Syndrom: Wenn es einer macht, machen es alle. (...) Kein Wunder, bei Wachstumsraten von zwoelf Prozent.
Manager Magazin, 01.02.1995, S. 102	Die zögerlichen deutschen Manager, so scheint es, haben den Anschluß an den derzeit größten Wachstumsmarkt auf Erden verpaßt. (...) Nun rennen sie der Meute, wie es ein amerikanischer Investmentbanker beschreibt, mit fast uneinholbarem Abstand hinterher.
Manager Magazin, 01.04.1998, S. 196	Hauptsache, sie waren beim Treck nach Fernost dabei.
Wirtschaftswoche, 04.04.2002, S. 22	Ob deutsche Mittelständler wie Fischer-Dübel und Stihl-Sägen, amerikanische High-Tech-Firmen wie der Chipproduzent Intel und der Glasfaserspezialist Corning, japanische Elektronikhersteller wie Panasonic und Pioneer sie alle ziehen nach China wie ins Gelobte Land. „Alle gehen nach China, weil alle nach China gehen", beschreibt der Asien-Chef der Chemieriesen Ciba, Kuno Kohler, die suggestive Anziehungskraft des Roten Riesen.

Zeitschrift	Textfragmente (direkte Zitate)
Handelsblatt, 13.11.2002, S. 15	Denn seit dem Beitritt Chinas zur Welthandelsorganisation WTO Ende 2001 geben sich die Topmanager der großen Autokonzerne hier die Klinke in die Hand. Der vorerst letzte, der mit glänzenden Augen das Land mit einem dicken Vertrag verlassen hat, ist PSA-Chef Jean-Martin Folz. Der Peugeot-Citroen-Konzern baut künftig mit dem drittgrößten Hersteller Chinas Dongfeng ein Werk für die Fertigung von zunächst 150 000 Pkw pro Jahr. Zuvor hat Dongfeng mit Nissan eine Vereinbarung unterschrieben. Die deutschen Autokonzerne wollen da nicht zurückstecken. BMW erwartet noch für dieses Jahr grünes Licht für eine Montage der BMW 3er-Reihe.
VDI Nachrichten, 10.10.2003, S. 1	Infineon befindet sich in China in guter Gesellschaft: Kaum ein Chiphersteller, kaum ein Elektronikproduzent, der nicht bereits seine Fühler in einen der dynamischsten Märkte dieser Welt ausgestreckt hätte.
VDI Nachrichten, 09.01.2004, S. 12	Und das alles bei hordenweiser Emigration der Hersteller aus angestammten Fertigungsstandorten in das unübersichtliche Niedriglohnparadies China.
Manager Magazin, 21.10.2005, S. 164	Die ausländischen Konzerne – und mit ihnen im Schlepptau der eine oder andere Mittelständler – stürmen ins Land. Nun sind sie fast alle da. 450 der „Fortune 500" sind mit Büros, Fabriken und Forschungslabors in China vertreten. Sämtliche Dax-Konzerne sind vor Ort. (...) Alle globalen Autokonzerne, ob aus Amerika, Europa, Japan oder Korea, sind inzwischen in China vertreten. Als letzter meldete Renault seinen Einstieg in den viel versprechenden Riesenmarkt.
Handelsblatt, 27.04.2006, S. 15	Lanxess folgt mit seinem Engagement in China dem Trend der Branche. Neben Degussa und Wacker Chemie sind vor allem Bayer und BASF schon länger in China vertreten.
Handelsblatt, 23.05.2006, S. 17	Europas zweitgrößter Heiztechnik-Hersteller nach Bosch-Buderus folgt mit der Investition in China Konkurrenten, die bereits im Reich der Mitte produzieren.
Handelsblatt, 15.09.2006, S. 24	China werde in fünf bis zehn Jahren der größte Chemiemarkt der Welt sein, begründet Wacker die Expansionspläne: „Wir wollen an diesem Wachstum teilhaben." Seit Anfang 2004 produziert der Münchner Chemiekonzern in China. Mit seiner Expansion im Reich der Mitte folgt er den deutschen Chemieriesen BASF, Bayer, Degussa und Lanxess, die bereits Milliarden in China investiert haben.
Handelsblatt, 13.11.2009, S. 24	Der Münchner Autobauer BMW folgt dem Trend der Branche und investiert kräftig in China.
Handelsblatt, 10.06.2010, S. 9	Gestern hat Volkswagen die Konkurrenz in Sachen Optimismus noch einmal abgehängt: Spätestens bis 2014 soll sich die Kapazität in China auf drei Mio. Autos verdoppeln. Doch auch andere bekannte Namen glauben fest an das Riesengeschäft. (...) Auch BASF, BMW oder Daimler bauen weiter ihre Kapazitäten aus. (...) Die Manager fühlen sich trotze der Risiken mit ihrer Entscheidung pro China jedoch sicher: Alle, die etwas auf sich halten, machen es derzeit genauso. Falls die Strategie scheitert, haben sie damit auch gleich eine Entschuldigung parat.

Tab. 6-45: Textfragmente zur Kategorie Imitation von Wettbewerbern oder anderen Unternehmen
Quelle: eigene Darstellung.

Bei der Analyse der Texte bzw. Textfragmente sind dabei drei verschiedene Argumentationslinien zu erkennen: Zum ersten gehen Unternehmen nach China, weil andere Unternehmen einen solchen Schritt auch getan haben bzw. weil dies der Trend der Branche ist (z. B. Wirtschaftswoche, 10.11.1994, S. 97; Wirtschaftswoche, 04.04.2002, S. 22; Handelsblatt, 27.04.2006, S. 15; Handelsblatt, 23.05.2006, S. 17; Handelsblatt, 13.11.2009, S. 24). Hier ist keine hohe Interpretationsleistung nötig, um beim Lesen des Artikels das Vorhandensein eines imitativen Verhaltens bei einer Produktionsverlagerung nach China zumindest ernsthaft in Betracht zu ziehen. Etwas anders sieht es bei den anderen beiden Argumentationslinien aus: Es wird zum zweiten mehrfach darauf hingewiesen, dass bestimmte Hersteller in China investieren und dass die relevanten Wettbewerber auch bereits vor Ort sind (VDI Nachrichten, 10.10.2003, S. 1). Hier scheint ein imitatives Verhalten zwar nicht so deutlich erkennbar zu sein, es kann jedoch trotzdem unterstellt werden, dass eine Imitation zumindest teilweise ein Einflussfaktor der Produktionsverlagerung sein kann. Letztlich wird in mehreren Artikeln von einem 'Treck nach China' (Manager Magazin, 01.04.1998, S. 196), einer 'hordenweisen Emigration nach China' (VDI Nachrichten, 09.01.2004, S. 12) einer 'Meute' (Manager Magazin, 01.02.1995, S. 102) und von 'Lemmingen' (Wirtschaftswoche, 15.07.1994, S. 45) gesprochen. Auch hier kann aufgrund der Sprache der Berichterstattung ein imitatives Verhalten grundsätzlich in Erwägung gezogen werden, denn auch bei 'Lemmingen', einer 'Horde', einer 'Meute' oder einem 'Treck' gibt es in der Regel einen Anführer, dem – mehr oder minder unhinterfragt – gefolgt wird.

6.8.3.8 Sonstige Hinweise auf mimetischen Isomorphismus

Neben den bisher erwähnten Kategorien wurden noch drei weitere Kategorien untersucht (03 Nutzung von Beratungen zur Analyse/Durchführung von Produktionsverlagerungen nach China, 08 Verschleierte Aussagen zu Erfolg in China, 99 sonstige). Dabei konnten aber keine wichtigen Erkenntnisse erlangt werden. Überraschend war, dass nur in zwei Artikeln erwähnt wurde, dass auf Unternehmensberatungen zur Analyse bzw. Durchführung von Produktionsverlagerungen zurückgegriffen wurde. Dabei wurde in beiden Artikeln (Wirtschaftswoche, 02.06.2005, S. 68; VDI Nachrichten, 03.06.2005, S. 6) auf einen Vorschlag der Unternehmensberatung McKinsey hingewiesen, die dem Unternehmen Grohe empfohlen hat, große Teile der Produktion nach China zu verlagern. Dies wurde jedoch vom Unternehmen Grohe selbst als eine nicht unbedingt erstrebenswerte Option dargestellt.[708] Auf die Kategorie der verschleierten Aus-

---

[708] „*Um die hohen Renditeanforderungen des Finanzinvestors TPG erfüllen zu können, legt der neue Grohe-Chef David Haines ein drastisches Sparprogramm auf: Ab 2007 will er jährlich 150 Millionen Euro unter anderem bei Personal, Einkauf und Logistik sparen. Offiziell wird der Plan mit den „strukturellen Schwächen" des Konzerns begründet. (...) Zu diesem Zweck schlug die von Grohe beauftragte Unternehmensberatung McKinsey vor, rund 3000 Stellen zu streichen und einen Großteil der inländischen Produktion nach China zu verlagern. Das geht selbst dem Grohe-Management zu weit, es diskutiert derzeit mit dem Betriebsrat einen Abbau von 1500 Stellen. Denn mit mangelnder Wettbewerbsfähigkeit der Produktion ist die Verlagerung kaum zu begründen. Noch 2004 attestierten Produktionsexperten im Rahmen des WirtschaftsWoche-Wettbewerbs „Die Beste Fabrik" dem Grohe-Werk Hemer erstklassige Qualität, schlanke Prozesse und hohe Produktivität. Professor Arnd Huchzermeier von der Wissenschaftlichen Hochschule für Unternehmensführung in Vallendar kritisiert die geplanten Einschnitte: „Die Strategie erscheint eher wertvernichtend als -fördernd."*" (Wirtschaftswoche, 02.06.2005, S. 68).

sagen zum Erfolg in China wurde bereits in Abschnitt 6.8.3.6 kurz eingegangen. Aufgrund des seltenen Auftretens von Aussagen zu dieser Kategorie soll dies als Diskussion ausreichen. Schließlich wurden noch in neun Artikeln sonstige Hinweise zum mimetischen Isomorphismus gefunden, zum Beispiel, dass es ein starkes Interesse oder gar eine Art Fixierung der Unternehmer und Manager auf China gibt.[709]

Insgesamt konnte in diesem Abschnitt eindrucksvoll belegt werden, dass der Nährboden bzw. die Rahmenbedingungen, unter denen mimetischer Isomorphismus „gedeiht", durch die Medienberichterstattung vermittelt wurden. Die Vielzahl an positiven/optimistischen Äußerungen über China, darüber dass eine Produktionsverlagerung nach China vorteilhaft und wünschenswert sei sowie die für einen solchen Schritt gebotene Eile hat eine Atmosphäre der Euphorie und des Optimismus geschaffen.[710] Eine solche positive Grundeinstellung gilt als Basis für Legitimität und – auch mangels anderer Informationen – als Basis für das organisationale Handeln, wie z. B. von Greve dargelegt wurde. Somit ist der große Mehrwert dieses Abschnittes für die vorliegende Arbeit nicht der Nachweis von kausalen Beziehungen. Der Mehrwert liegt im Nachweis der „richtigen" Rahmenbedingungen zur Entstehung von mimetisch-gleichgerichtetem Handeln.

Nach dieser extensiven Analyse der Berichterstattung und der jeweils erwähnten Verknüpfungen zum theoretischen Teil der Arbeit soll nachfolgend noch eine Diskussion der Ergebnisse insbesondere hinsichtlich der aufgeworfenen Forschungsfragen und forschungsleitenden Annahmen erfolgen.

---

[709] „Globalisierung war das Thema der Diskussionsrunde am ersten Tag der Fachmesse Productronica. Doch schon nach wenigen Minuten wurde faktisch nur noch über China diskutiert. (...) „Wenn heute über Globalisierung geredet wird", so Barbier nach der Diskussion im Gespräch mit den VDI nachrichten, „engt sich der Fokus ganz schnell auf China ein."" (VDI Nachrichten, 18.11.2005, S. 7).
„Bisher waren deutsche Firmen auf China fixiert. Das Umdenken hat gerade erst begonnen." (VDI Nachrichten, 27.10.2006, S. 27).
„„Wenn heute über Globalisierung geredet wird", so Barbier nach der Diskussion im Gespräch mit den VDI nachrichten, „engt sich der Fokus ganz schnell auf China ein."" (Wirtschaftswoche, 01.07.2004, S. 28).
[710] Zuvorderst wird hier natürlich der Eindruck beschrieben, den der Verfasser dieser Arbeit bei der Inhaltsanalyse gewonnen hat. Bezüglich einer Generalisierbarkeit sei verwiesen auf die Ausführungen in Abschnitt 6.4.

*„Alle gehen nach China,
weil alle nach China gehen (...)."*
Wirtschaftswoche, 04.04.2002, S. 22.

7 ZUSAMMENFASSENDE DISKUSSION DER EMPIRISCHEN AUSWERTUNG

Im vorigen Kapitel wurde die Berichterstattung über Produktionsverlagerungen nach China und die damit zusammenhängenden Vor- und Nachteile ausführlich analysiert.[711] Die Analyse wurde in dieser Ausführlichkeit jedoch nicht zum Selbstzweck erstellt, sondern dient als Basis zur Beantwortung der aufgeworfenen Forschungsfragen. Nachfolgend sollen nun die beiden empirischen Forschungsfragen beantwortet werden. Um Redundanzen zu vermeiden wird in der Diskussion nicht mehr im Detail auf die Berichterstattung eingegangen. Es wird stattdessen an den entsprechenden Stellen auf die Kapitel dieser Arbeit verwiesen, in denen die detaillierte Analyse der Berichterstattung zu der jeweiligen Kategorie zu finden ist. Es wird auch nicht mehr auf die übergeordnete Forschungsfrage eingegangen, die bereits anhand theoretischer Überlegungen beantwortet wurde. Es soll hier also eine übergeordnete zusammenfassende Präsentation und Beantwortung der im empirischen Teil der Arbeit thematisierten Forschungsfragen erfolgen. Überblicksartig soll die nachfolgende Abbildung 7-1 verdeutlichen, ob die Forschungsfragen beantwortet bzw. welche forschungsleitenden Annahmen bestätigt werden konnten.

---

[711] Im Rahmen dieses Kapitels erfolgt die Auswertung der beiden im empirischen Teil der Arbeit thematisierten Forschungsfragen; diese werden nachfolgend lediglich als „Forschungsfragen" bezeichnet. Die übergeordnete Forschungsfrage *„Wie können Produktionsverlagerungen nach China aus einer neo-institutionalistischen Perspektive erklärt werden?"* wurde bereits im theoretisch-konzeptionellen Teil der Arbeit ausführlich und abschließend betrachtet.

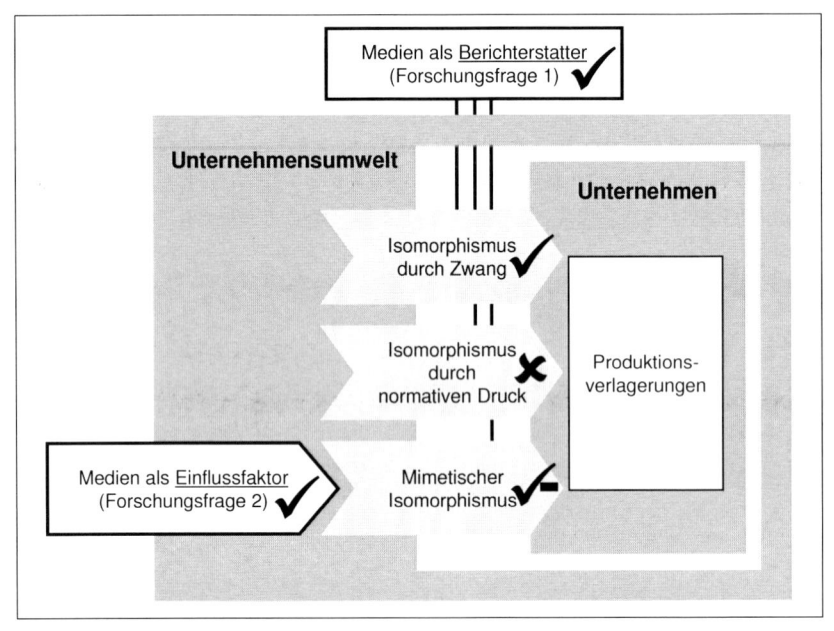

Abb. 7-1: Bestätigung der forschungsleitenden Annahmen bzw. Beantwortung der empirischen Forschungsfragen
Quelle: eigene Darstellung.

7.1 Hinweise auf institutionelle Isomorphismen bei Produktionsverlagerungen nach China

Die erste Forschungsfrage beschäftigte sich mit institutionellen Isomorphismen bei der Produktionsverlagerung nach China und lautete wie folgt:

Empirische Forschungsfrage 1:
Gibt es in der Medienberichterstattung Hinweise darauf, dass institutionelle Isomorphismen bei Produktionsverlagerungen nach China eine Rolle spielen?

Diese Forschungsfrage wurde anschließend in drei Sub-Fragen unterteilt, die sich mit dem Vorhandensein der drei verschiedenen institutionellen Isomorphismen bzw. mit begünstigenden Faktoren für solche Isomorphismen befassen. Diese sollen nun separat beantwortet werden. Insgesamt ist festzustellen, dass tatsächlich eine ganze Reihe an Hinweisen zu institutionellen Isomorphismen bei der Berichterstattung über Produktionsverlagerungen nach China Erwähnung fand. Auf die Details wird in den folgenden Abschnitten eingegangen.

7.1.1 Hinweise auf Isomorphismus durch Zwang bei Produktionsverlagerungen nach China

Die Forschungsfrage 1.1 beschäftigte sich mit dem Isomorphismus durch Zwang bei Produktionsverlagerungen nach China und lautete konkret:

Empirische Forschungsfrage 1.1:
Gibt es in der Medienberichterstattung Hinweise darauf, dass der Isomorphismus durch Zwang bei Produktionsverlagerungen nach China eine Rolle spielt?

Die Berichterstattung zeugt an vielen Stellen davon, dass ein Isomorphismus durch Zwang bei einer Produktionsverlagerung nach China eine ganz entscheidende Rolle gespielt hat. Dabei ist dieser Isomorphismus im Rahmen der Berichterstattung am deutlichsten von den drei thematisierten Isomorphismen zur Geltung gekommen, wie auch die *forschungsleitende Annahme 1.1a* postulierte. Wie in Abschnitt 6.8.1 bzw. speziell in den Abschnitten 6.8.1.1 und 6.8.1.2 gezeigt wurde, ist insbesondere der Druck, den Schlüsselkunden auf Zulieferer ausüben sowie der Druck, den die chinesische Regierung auf ausländische Unternehmen ausübt, handlungsleitend bzw. handlungsbeeinflussend für eine Produktionsverlagerung nach China. Die Berichterstattung hat gezeigt, dass Unternehmen dabei oftmals gar keine Wahl haben, selbst wenn die Produktion vor Ort in China dann wenig profitabel ist: Insbesondere im Bereich der Automobilindustrie sind Zulieferer gezwungen, selbst eine wenig profitable Produktion in einem bestimmten Ländermarkt aufrechtzuerhalten, da Automobilhersteller in der Regel nur mit solchen Zulieferern zusammenarbeiten, die sie auf einer globalen Ebene in allen Ländermärkten beliefern und dabei vor Ort produzieren. Folgt ein Automobilzulieferer einem Automobilhersteller nicht in den immer wieder als strategisch bezeichneten Markt China, ist es möglich, dass er damit auch seine Geschäftsbeziehungen in anderen Ländern einbüßt. Dieser Zwang wird durch Local-Content-Regelungen noch verschärft, wie deutlich aus der Analyse der Berichterstattung hervorging. Damit können die beiden *forschungsleitenden Annahmen 1.1b* und *1.1c* als bestätigt gelten.

Nicht bestätigt hat sich dagegen die *forschungsleitende Annahme 1.1d* zur Rolle der Banken und Kapitalgeber (siehe hierzu die Argumentation in Abschnitt 6.8.1.6). In lediglich drei der 1.579 analysierten Artikel kam zur Geltung, dass Analysten einen Druck zur Produktionsverlagerung ausüben bzw. eine solche Produktionsverlagerung als zwingend notwendig betrachten. Außer diesen sehr vereinzelten Hinweisen gab es im Rahmen der Medienberichterstattung keine Hinweise auf einen Druck durch Banken und Kapitalgeber.

Allerdings wurde mehrfach auf einen Zwang zur Kostensenkung hingewiesen (siehe hierzu Abschnitt 6.8.1.3). Wie bereits in der theoretischen Diskussion der Arbeit dargelegt wurde, widerspricht ein ökonomisches Handeln im Allgemeinen bzw. selbst ein Zwang zu ökonomischem Handeln nicht den Annahmen des Neo-Institutionalismus. Begründet wurde dies mit der Tatsache, dass das Gesellschaftssystem einer Marktwirtschaft institutionell legitimiert ist und damit auch ökonomisches Handeln institutionell erwartet wird.[712] Grundsätzlich kann die *forschungsleitende Annahme 1.1e* damit als bestätigt gelten. Es müssen jedoch Abstriche insofern gemacht werden, als dass eine etwas häufigere Nennung dieses Zwangs erwartet worden ist. Dieser kommt unter Umständen durch die vielen Nennungen der Kategorien „V09 03 Günstigere Lohnkosten/Lohnnebenkosten" sowie „V09 05 Kostenvorteile allgemein" eher implizit zum Vorschein.

Eine ähnliche Argumentation gilt für die *forschungsleitende Annahme 1.1f*, die ebenfalls mit Einschränkungen als bestätigt gelten kann. Der Zwang zur Suche nach neuen Märkten und damit zusammenhängende Produktionsverlagerungen wurden in der Berichterstattung zwar erwähnt, jedoch nicht in dem erwarteten Ausmaß. Es wurde mehrfach darauf hingewiesen, dass die Märkte in Westeu-

---

[712] Siehe hierzu die Argumentation in Abschnitt 3.1.2.

ropa und Nordamerika als gesättigt gelten und Unternehmen deshalb im 'Riesenreich' investieren („V09 01 Neue Märkte/Nähe zu neuen Märkten"; siehe hierzu Abschnitt 6.8.1.5). Auch hier wird der Druck zur Suche nach neuen Märkten unter Umständen eher implizit ausgedrückt: Durch die schon fast gebetsmühlenartige Wiederholung des Vorteils des 'riesigen' und 'dynamischen' chinesischen Marktes (siehe hierzu Abschnitt 6.7.1.1) könnten Unternehmen bereits aus einer Art Legitimationszwang geneigt sein, zur Markterschließung eine Produktion in China zu errichten, ohne dass dabei primär der gesättigte Markt in Westeuropa ausschlaggebend ist. In diesem Fall würde zwar ebenfalls eine Art Zwang bestehen, der Auslöser wäre aber ein anderer.

Nicht mit in den forschungsleitenden Annahmen war das Motiv der Umgehung von Handelsbarrieren enthalten. Dies soll an dieser Stelle aus Gründen der Vollständigkeit Erwähnung finden. Dabei wurden in der Medienberichterstattung Hinweise gefunden, dass auch solche Handelsbarrieren durchaus den Status eines Zwangs erreichen: Wollen Unternehmen an den immer wieder betonten Chancen im 'größten Zukunftsmarkt der Welt' partizipieren, sind sie häufig gezwungen, eine Produktion in China aufzubauen (siehe hierzu die Argumentation in Abschnitt 6.8.1.4).

Insgesamt kann also gefolgert werden, dass der Isomorphismus durch Zwang bei Produktionsverlagerungen nach China nicht nur existent ist, sondern auch eine fundamentale Rolle spielt. Nach der Analyse der Medienberichterstattung und im Rahmen der hier angenommenen Wirklichkeitskonstruktion der Medien bzw. der realitätskonstruierenden Rolle der Medien ist die Annahme eines kausalen Einflusses des Isomorphismus durch Zwang gerechtfertigt.

7.1.2 Hinweise auf Isomorphismus durch normativen Druck bei Produktionsverlagerungen nach China

Die Forschungsfrage 1.2 beschäftigte sich mit Isomorphismus durch normativen Druck im Rahmen einer Produktionsverlagerung nach China. Die konkrete Forschungsfrage lautete dabei wie folgt:

Empirische Forschungsfrage 1.2:
Gibt es in der Medienberichterstattung Hinweise darauf, dass der <u>Isomorphismus durch normativen Druck</u> bei Produktionsverlagerungen nach China eine Rolle spielt?

Wie die *forschungsleitende Annahme 1.2* bereits postulierte, sind in der Medienberichterstattung kaum Hinweise auf Isomorphismus durch normativen Druck zu finden (siehe hierzu den Abschnitt 6.8.2 sowie die entsprechenden Unterabschnitte). Insbesondere lassen sich keinerlei Hinweise darauf finden, dass Produktionsverlagerungen nach China durch Hochschulen – etwa im Rahmen eines betriebswirtschaftlichen Studiums – in den letzten 20 Jahren vermehrt thematisiert wurden. Dies bedeutet natürlich nicht, dass es einen solchen Prozess nicht gegeben hat; es lassen sich lediglich keine Hinweise dafür in den analysierten Zeitungen und Zeitschriften finden. Zur tiefergehenden Analyse, ob es einen solchen Prozess gegeben hat, könnte eine andere Forschungsmethodik – etwa Interviews mit Hochschullehrern oder Studenten – zielführender sein. Es gibt zwar einige wenige Hinweise darauf, dass wirtschaftsnahe Studiengänge mit Chinabezug begründet wurden oder dass Studenten bzw. Arbeitnehmer an Aus- und Weiterbildungen in China teilnahmen – aus diesen wenigen Hinweisen kann jedoch allein aus der Presseberichterstattung nicht auf einen Isomorphismus durch normativen Druck geschlossen werden.

Weiterhin waren keine Hinweise zu finden, dass bestimmte Manager, die bereits an Produktionsverlagerungen nach China beteiligt waren, auch später in anderen Unternehmen solche Produktionsverlagerungen vorgenommen haben oder von diesen aus diesem Grund gezielt angeworben wurden. Auch hier könnte eine andere Forschungsmethodik – zum Beispiel die gezielte Analyse von Lebensläufen oder Interviews mit Managern – sinnvoll erscheinen.

Schließlich wurden vereinzelt Hinweise gefunden, dass sich Berufsverbände oder Professionen mit Produktionsverlagerungen nach China beschäftigen. Aber auch daraus kann nicht auf das Vorhandensein eines Isomorphismus durch normativen Druck geschlossen werden, wenngleich einige der analysierten Textfragmente eine solche Vermutung zumindest nicht ausschließen. Ebenso wie bei den vorgenannten Indikatoren ist sicher auch hier eine andere Forschungsmethodik zielführender.

Insgesamt lassen sich also nur sehr wenige Indizien oder Hinweise auf das Vorhandensein eines Isomorphismus durch normativen Druck im untersuchten Material finden, wie dies bereits bei der Formulierung der Forschungsfrage vermutet wurde. Da die Rolle der Unternehmensberatungen im Rahmen der vorliegenden Untersuchung dem mimetischen Isomorphismus zugeschlagen wurde,[713] wird ein wesentlicher Akteur, der auch im Rahmen des normativen Isomorphismus tätig ist, bei der Analyse ausgelassen. Dies soll jedoch nur eine Randbemerkung sein und nicht über das geringe Vorhandensein des normativen Isomorphismus in der Medienberichterstattung hinwegtäuschen.

7.1.3 Hinweise auf mimetischen Isomorphismus bei Produktionsverlagerungen nach China

Die Forschungsfrage 1.3 schließlich beschäftigt sich mit mimetischem Isomorphismus im Rahmen von Produktionsverlagerungen nach China. Die Forschungsfrage lautete dabei konkret:

Empirische Forschungsfrage 1.3:
Gibt es in der Medienberichterstattung Hinweise darauf, dass der mimetische Isomorphismus bei Produktionsverlagerungen nach China eine Rolle spielt?

Die *forschungsleitende Annahme 1.3a* ging davon aus, dass es eher wenige direkte Hinweise auf einen kausalen Einfluss von mimetischem Isomorphismus im Rahmen von Produktionsverlagerungen gibt. Dies wurde im Rahmen der Datenanalyse bestätigt. Es wird zwar an einigen Stellen ein imitatives Verhalten von Unternehmen erwähnt, welche sich auch an den Strategien solcher Wett-

---

[713] Siehe hierzu die Ausführungen in Abschnitt 3.1.2 sowie in den Fußnoten 194, 196 sowie 208.

bewerber oder Unternehmen orientieren, die gegebenenfalls bereits in China Produktionsstätten unterhalten. Darüber hinaus wurde berichtet, dass Unternehmen scheinbar wie in 'Horden' nach China 'pilgern' (siehe hierzu Abschnitt 6.8.3.7); ein imitatives Verhalten kann hier ebenfalls unterstellt werden. Es erscheint jedoch nicht adäquat, aus diesen Fragmenten bereits einen kausalen Einfluss zu konstruieren – wenngleich aus der Berichterstattung einige Hinweise in diese Richtung deuten. Implizit könnte man aus der hohen Anzahl an Nennungen von Produktionsverlagerungen nach China eine Verbindung zu der häufigkeitsbasierten Imitation ziehen: Dadurch, dass China häufiger als andere Länder im Rahmen von Produktionsverlagerungen erwähnt wird[714] und gleichzeitig eine tendenziell positive Berichterstattung – insbesondere zu Beginn/Mitte der 1990er Jahre – erfolgte, kann dies als Treiber für eine häufigkeitsbasierte Imitation dienen. Dieser vermutete Zusammenhang bedarf jedoch weiterer Untersuchungen.

Dagegen sind in der Berichterstattung – wie in den *forschungsleitenden Annahmen 1.3b* und *1.3c* postuliert – eine Vielzahl von sehr positiven Aussagen sowohl über China im Allgemeinen (Abschnitt 6.8.3.1) als auch über Produktionsverlagerungen nach China im Speziellen (Abschnitt 6.8.3.2) zu finden. Die Art, Prägnanz und Häufigkeit, mit der diese beiden Kategorien in der Berichterstattung erwähnt werden, lassen den Schluss zu, dass diese als Treiber bzw. begünstigende Faktoren für einen mimetischen Isomorphismus in Verbindung mit Produktionsverlagerungen nach China angesehen werden können. Durch diese Vielzahl an positiven Aussagen wird quasi ein Nährboden für einen mimetischen Isomorphismus bereitet. Da die beiden oben genannten Dimensionen eine große Schnittmenge mit der Argumentation zu Forschungsfrage 2 aufweisen, soll an dieser Stelle nicht weiter darauf eingegangen werden.

In der Medienberichterstattung sind weiterhin Hinweise darauf zu finden, dass Unternehmensberatungen eine Produktionsverlagerung nach China als adäquate Strategie betrachten, was – wie bereits in der theoretischen Diskussion zum Ausdruck kam – zu mimetischem Isomorphismus beitragen kann. Die *for-*

---

[714] Siehe hierzu die Ausführungen in Fußnote 748.

schungsleitende Annahme 1.3d kann damit als bestätigt gelten. Von den insgesamt 180 Nennungen, die eine Produktionsverlagerung nach China als vorteilhaft propagieren, gehen mit 33 Nennungen fast 20% auf Unternehmensberatungen zurück. Damit wird deutlich, dass Unternehmensberatungen bei der Debatte über Produktionsverlagerungen ein gewichtiger Akteur sind; darüber hinaus wurden die Artikel, in denen sich Unternehmensberatungen positiv zu Produktionsverlagerungen nach China äußern, im Mittel mit einer Bewertung von 4,0 versehen, was den Eindruck der Vorteilhaftigkeit einer solchen Verlagerung weiter verstärkt. Überraschend erschien jedoch, dass in lediglich zwei Artikeln erwähnt wurde, dass Unternehmensberatungen direkt an Produktionsverlagerungen beteiligt sind bzw. eine solche Verlagerung einem Unternehmen im Rahmen eines konkreten Beratungsprojektes empfehlen. Damit kann die *forschungsleitende Annahme 1.3e* nicht bestätigt werden.

Bestätigt hat sich dagegen die *forschungsleitende Annahme 1.3f*, dass insbesondere von Beginn bis Mitte der 1990er Jahre eine Dringlichkeit zu einer Investition in China bzw. einer Produktionsverlagerung nach China in der Berichterstattung kommuniziert wurde. Unternehmen wurde dabei teilweise eine „Jetzt oder nie"- bzw. „Verlagere oder stirb"-Argumentation unterbreitet; oftmals wurde dabei erwähnt, dass eine Produktionsverlagerung zeitnah zu erfolgen hat, wenn man nicht gänzlich den Anschluss verlieren wolle bzw. dass man bereits ins 'Hintertreffen' gegenüber ausländischen Konkurrenten, die bereits in China produzieren, geraten sei (siehe hierzu Abschnitt 6.8.3.4). Dabei wurden 60% der Artikel, die dieser Kategorie zugeordnet wurden, zwischen 1992 und 1996 veröffentlicht; die durchschnittliche Bewertung dieser Artikel lag dabei bei 4,2, was im Rahmen der analysierten Dimensionen den höchsten Wert darstellt. Insgesamt kann die kommunizierte Dringlichkeit einer Investition bzw. einer Produktionsverlagerung nach China damit zu gleichgerichteten Produktionsverlagerungsentscheidungen nach China geführt haben. Insbesondere die zu Beginn der 1990er Jahre erfolgte ständige Wiederholung dieses Arguments kann dabei eine große Rolle spielen.

Schließlich konnte in der Berichterstattung eine ganze Reihe an Aussagen darüber gefunden werden, dass es eine Art Euphorie oder Aufbruchsstimmung gen

China gegeben hat (siehe Abschnitt 6.8.3.6) und dass dabei zum Teil übereilt ökonomisch scheinbar wenig sinnvolle Entscheidungen getroffen wurden (siehe Abschnitt 6.8.3.5). Damit kann auch die *forschungsleitende Annahme 1.3g* als bestätigt gelten.[715] Durch diese Aussagen konnte nachgewiesen werden, dass an einer Produktionsverlagerung nach China oftmals sehr hohe Erwartungen gestellt werden, was wiederum – möglicherweise – auf die positive Berichterstattung zurückgeht. Unter Umständen wurde damit ein Rationalitätsmythos im Sinne von Meyer/Rowan kreiert und die von den Medien als vorteilhaft propagierte Strategie einer Produktion in China oftmals nicht oder nur wenig hinterfragt zur Unternehmensstrategie gemacht, weil diese eben erfolgreich zu sein *schien*. Das Verfolgen *scheinbar* erfolgreicher bzw. legitimer Strategien auch ohne direkten Nachweis einer Vorteilhaftigkeit ist dabei – wie bereits in der theoretischen Fundierung dieser Arbeit mehrfach erwähnt – ein Kernkonzept des mimetischen Isomorphismus.

Insgesamt kann also festgehalten werden, dass es im Rahmen der empirischen Auswertung eher wenige explizite Hinweise auf einen Isomorphismus durch mimetische Prozesse gegeben hat. Die große Anzahl an impliziten Hinweisen auf bzw. Indizien für einen solchen Isomorphismus legt zum einen nahe, dass ein solcher Isomorphismus bei Produktionsverlagerungen nach China tatsächlich eine Rolle spielt und zum anderen, dass hier weitere Forschung durchaus fruchtbar sein kann.

Nachfolgend sind die thematisierten forschungsleitenden Annahmen nochmals zusammenfassend in der Tabelle 7-1 tabellarisch dargestellt.

---

[715] Interessant ist in diesem Zusammenhang die Diskussion von Süß (2009), S. 121, der argumentiert, dass das Vorhandensein von Rationalitätsmythen einen Indikator für das Vorhandensein eines mimetischen Isomorphismus darstellt. Sofern die Annahme getroffen wird, dass es sich bei dem beobachteten ökonomisch unvorteilhaften Verhalten tatsächlich um Rationalitätsmythen handelt, wären im Rahmen der empirischen Analyse damit weitere Indizien für das Vorhandensein eines mimetischen Isomorphismus aufgedeckt worden. Siehe hierzu auch die Anmerkungen in Fußnote 531 auf Seite 174.

Nummer	Forschungsleitende Annahmen	Bestätigung
1.1a	Der Isomorphismus durch Zwang nimmt im Vergleich zu den anderen beiden institutionellen Isomorphismen eine zentrale Rolle in der Berichterstattung ein. Auch Hinweise auf die Kausalität verschiedener Zwänge für eine Produktionsverlagerung nach China werden gegeben.	✓
1.1b	Es wird häufig auf einen Druck von Schlüsselkunden hingewiesen bzw. darauf, dass Unternehmen Schlüsselkunden folgen.	✓
1.1c	Es wird häufig auf einen Druck der chinesischen Regierung bzw. auf Local-Content-Vorschriften hingewiesen, die zu einer Produktionsverlagerung führen.	✓
1.1d	Es wird häufig auf einen Druck von Banken und Kapitalgebern hingewiesen, eine Produktionsverlagerung nach China vorzunehmen.	✗
1.1e	Es wird häufig berichtet, dass Unternehmen aufgrund eines Drucks zur Kostensenkung eine Produktionsverlagerung nach China vornehmen.	✓ -
1.1f	Es wird häufig berichtet, dass Unternehmen aufgrund eines Drucks zur Suche nach neuen Märkten eine Produktionsverlagerung nach China vornehmen.	✓ -
1.2	Der Isomorphismus durch normativen Druck nimmt im Vergleich zu den anderen beiden institutionellen Isomorphismen eine untergeordnete Rolle in der Berichterstattung ein und wird nur sehr selten thematisiert.	✓
1.3a	Die Medienberichterstattung enthält verhältnismäßig wenige direkte Hinweise auf das Vorhandensein eines mimetischen Isomorphismus bei Produktionsverlagerungen nach China. Kausale Aussagen zum Einfluss des mimetischen Isomorphismus auf Produktionsverlagerungen nach China werden demnach selten vorliegen.	✓
1.3b	Die Medienberichterstattung nimmt oftmals positiv auf die wirtschaftliche Entwicklung von China im Allgemeinen bzw. auf die sich dadurch bietenden wirtschaftlichen Möglichkeiten Bezug.	✓
1.3c	Die Medienberichterstattung enthält eine Vielzahl von Hinweisen darauf, dass eine Produktionsverlagerung nach China als eine wünschenswerte oder adäquate Strategie gesehen wird.	✓
1.3d	Es wird erwartet, dass Unternehmensberatungen in der Berichterstattung mit positiven Äußerungen über Produktionsverlagerungen nach China zitiert werden.	✓
1.3e	Es wird erwartet, dass sich Unternehmensberatungen oftmals bei Beratungsprojekten für eine Produktionsverlagerung nach China aussprechen.	✗
1.3f	Insbesondere zu Beginn der Betrachtungsperiode Anfang der 1990er Jahre wird vermehrt auf eine Dringlichkeit einer Produktionsverlagerung nach China hingewiesen.	✓
1.3g	Im Rahmen der Berichterstattung wird es häufig Hinweise geben, dass eine Euphorie oder Aufbruchsstimmung gen China herrschte sowie dass Unternehmen unter Umständen zum Teil ökonomisch scheinbar wenig sinnvolle Entscheidungen beim 'Gang nach China' getroffen haben.	✓

Tab. 7-1: Forschungsleitende Annahmen zur Forschungsfrage 1 und deren Bestätigung oder Ablehnung
Quelle: eigene Darstellung.

7.1.4 Zwischenfazit zu den Hinweisen auf die Rolle von institutionellen Isomorphismen bei einer Produktionsverlagerung nach China

Im Rahmen der Analyse der Berichterstattung konnte eine ganze Reihe an Indizien für das Vorhandensein institutioneller Isomorphismen oder entsprechender Treiber bzw. begünstigender Faktoren aufgezeigt werden. Die stärksten Rückschlüsse hinsichtlich des Vorhandenseins eines kausalen Einflusses konnten dabei beim Isomorphismus durch Zwang gezogen werden. Hier berichteten die Medien oftmals sehr offen und deutlich über den kausalen Einfluss verschiedener Zwänge (insbesondere durch Druck von Schlüsselkunden und von der chinesischen Regierung) auf die Entscheidung einer Produktionsverlagerung. Ganz im Sinne der konstruktivistischen Grundannahme der Realitäts- bzw. Wirklichkeitskonstruktion der Medien soll deshalb davon ausgegangen werden, dass solche Zwänge kausal für die Verlagerungsentscheidungen von Unternehmen sind, da die Medien es so berichten. Hinsichtlich des Vorhandenseins eines Isomorphismus durch normativen Druck konnten im Vergleich zu den anderen beiden Dimensionen des institutionellen Isomorphismus nur sehr spärliche und oberflächliche Hinweise gefunden werden.

Hinweise auf kausale Einflüsse des mimetischen Isomorphismus auf Produktionsverlagerungsentscheidungen sind ebenfalls wenig stark ausgeprägt. Es wird zwar mehrfach darauf hingewiesen, dass Unternehmen nach China gehen, weil auch andere Unternehmen einen solchen Schritt tun und weil dies erfolgreich zu sein *scheint;* damit könnte ein solch kausaler Zusammenhang bejaht werden. Die Stärke der Analyse in Verbindung mit Indizien zum mimetischen Isomorphismus liegt jedoch nicht unbedingt im Nachweis solch kausaler Zusammenhänge, sondern vielmehr im Nachweis des Vorhandenseins des richtigen „Nährbodens" bzw. der entsprechenden Treiber für einen solchen Prozess. Diese konnten durch die Analyse der Darstellung von vorteilhaften Aussagen über China im Allgemeinen und über Produktionsverlagerungen nach China im Speziellen detailliert aufgezeigt werden. Neben diesen eher direkten Treibern wird im nächsten Abschnitt noch die Berichterstattung im Allgemeinen diskutiert, die in ihrer Gesamtheit ebenfalls als Treiber für mimetischen Isomorphismus dienen kann.

7.2 Darstellung der Berichterstattung über China in den analysierten Medien

7.2.1 Zusammenfassende Analyse der allgemeinen Darstellung von Produktionsverlagerungen nach China

Die zweite Forschungsfrage befasst sich mit der allgemeinen Darstellung von Produktionsverlagerungen nach China in den Medien. Der Hintergrund dieser Forschungsfrage ist, dass eine eher vorteilhafte bzw. positive Berichterstattung als notwendige – wenngleich nicht hinreichende – Voraussetzung erforderlich ist, damit ein kausaler Einfluss der Medienberichterstattung auf die in den vergangenen 20 Jahren stark angestiegenen Produktionsverlagerungen nach China postuliert werden kann. Wie bereits argumentiert, wäre damit ein geeigneter „Nährboden" vorhanden, der als Grundlage für einen mimetischen Isomorphismus notwendig ist. Dieser Argumentationsstrang wurde bereits im theoretisch-konzeptionellen Teil dieser Arbeit ausreichend erläutert und soll deshalb hier nicht wiederholt werden. Die bewusst sehr offen gehaltene Forschungsfrage lautete wie folgt:

Empirische Forschungsfrage 2:
Wie werden Produktionsverlagerungen nach China in der Medienberichterstattung dargestellt?

Im Rahmen des Kapitels 6 dieser Arbeit wurde analysiert, wie Produktionsverlagerungen nach China in der Medienberichterstattung dargestellt werden. Dabei wurde insbesondere der zeitliche Verlauf der Medienberichterstattung (Abschnitt 6.1), die Bewertung der analysierten Artikel (Abschnitt 6.2), die Sicht von Produktionsverlagerungen in der unternehmensexternen Öffentlichkeit (Abschnitt 6.6) und die erwähnten Vor- und Nachteile (Abschnitte 6.7.1 und 6.7.3) sowie deren Quantifizierungen (Abschnitte 6.7.2 und 6.7.4) analysiert. Es konnte gezeigt werden, dass überwiegend eine positive Grundhaltung zu Produktionsverlagerungen nach China vorherrscht. Zum einen konnte in 18 von 22 analysierten Jahren (1989 bis 2010) eine durchschnittliche Bewertung festgestellt werden, die entweder neutral oder oberhalb der neutralen Bewertung angesiedelt ist. Die höchsten durchschnittlichen Bewertungen konnten dabei zu Beginn der 1990er Jahre ermittelt werden. Weiterhin wurde festgestellt, dass bei einer Betrachtung solcher Artikel, die neben der reinen Information, dass ein Unternehmen in China produziert auch noch wertende Aussagen enthalten haben, die Bewertung 4 (positiv) am häufigsten vergeben wurde. Somit kann die *forschungsleitende Annahme 2a* bestätigt werden, die eine insgesamt tendenziell positive Berichterstattung – vor allem zu Beginn der 1990er Jahre – postulierte. Neben der positiven Bewertung ist auch allein die Information, dass Unternehmen in China produzieren als ein Treiber für den mimetischen Isomorphismus – insbesondere im Rahmen der häufigkeitsbasierten Imitation – zu sehen. Insbesondere eine positive Berichterstattung ganz zu Beginn von nennenswerten Produktionsverlagerungen nach China zu Beginn der 1990er Jahre[716] kann für die Entstehung eines Rationalitätsmythos im Sinne von Meyer/Rowan entscheidend sein. Aus diesem Grund war es so wichtig für das gesamte Argumentationsgerüst, dass diese forschungsleitende Annahme bestätigt werden konnte. Ob die Berichterstattung nun wirklich für die Entstehung eines solchen Mythos verantwortlich ist (bzw. ob ein solcher Mythos wirklich existierte oder existiert), kann mit der vorliegenden Arbeit nicht nachgewiesen werden.[717]

Zusätzlich zu der allgemeinen Bewertung der Artikel können zur Beantwortung der *forschungsleitenden Annahme 2a* noch die im Rahmen der Dimension zum mimetischen Isomorphismus genutzten Unterkategorien (insbesondere die positive Darstellung von China bzw. von Produktionsverlagerungen nach China sowie die erwähnte Dringlichkeit einer solchen Investition) herangezogen werden, um der Annahme einer positiven Sichtweise der Medien bezüglich Produktionsverlagerungen nach China weitere Substanz zu verleihen (siehe hierzu die Argumentation in Abschnitt 7.1.3 in Bezug auf die forschungsleitenden Annahmen 1.3b, 1.3c, 1.3d und 1.3f sowie die Diskussion der zugrundeliegenden Kategorien der empirischen Auswertung in den Abschnitten 6.8.3.1 bis 6.8.3.4).

---

[716] Es gab zwar schon früher in eingeschränktem Maße Produktionsverlagerungen nach China, von besonderer Bedeutung ist jedoch der Zeitraum seit Beginn der 1990er Jahre. Siehe hierzu auch die Argumentation in Abschnitt 5.5.3.
[717] Siehe hierzu die Ausführungen in Fußnote 153.

Auch für die *forschungsleitende Annahme 2b* kann eine Bestätigung bescheinigt werden. Wie im theoretischen Teil der Arbeit argumentiert wurde, ist die Sicht von Produktionsverlagerungen in der Öffentlichkeit essentiell: Sofern sie durch die Öffentlichkeit legitimiert werden, stellen sie eine adäquate Handlungsoption dar, der sich Unternehmen bedienen können, um wiederum institutionell vorgegebene und legitimierte Ziele zu erreichen. Es wurde ebenso theoretisch diskutiert, dass Strategien zur Kostensenkung in einem marktwirtschaftlichen System generell als legitim betrachtet werden. Dennoch können einzelne Formen der Kostensenkung durchaus im Einzelfall keine Legitimität erhalten.[718] Die gesamtgesellschaftliche Betrachtung von Produktionsverlagerungen erfolgte zwar durchaus differenziert (siehe hierzu Abschnitt 6.6), dabei ist jedoch keine grundlegende Ablehnung eines solchen Vorgehens zu identifizieren. Somit kann neben der bereits theoretisch postulierten Legitimität im Rahmen eines marktwirtschaftlichen Gesellschaftssystems einer Produktionsverlagerung nach China im Allgemeinen auch auf Basis der empirischen Auswertung eine gesamtgesellschaftliche Legitimität zugesprochen werden.

Ein großer Teil der empirischen Auswertung widmete sich der Analyse der Berichterstattung über Vor- und Nachteile. Dabei fiel auf, dass einige wenige Vorteilskategorien, nämlich die Erschließung neuer Märkte (siehe Abschnitt 6.7.1.1), Kostenvorteile im Allgemeinen (siehe Abschnitt 6.7.1.2) sowie niedrigere Lohnkosten (siehe Abschnitt 6.7.1.3) die Berichterstattung zu jeder Zeit dominierten. Somit kann unterstellt werden, dass durch die Berichterstattung diese drei Vorteile fast schon zwangsläufig mit einer Produktionsverlagerung nach China assoziiert werden. Damit einher geht die Bestätigung der *forschungsleitenden Annahme 2c*. Bezüglich der Nachteilskategorien fiel auf, dass im Vergleich zu den erwähnten Vorteilskategorien eine breitere Streuung verschiedenartiger Nachteile in der Berichterstattung vorhanden war. Dabei war keine der Nachteilskategorien in einem so starken Maße dominierend oder jederzeit präsent, wie die drei wichtigsten identifizierten Vorteilskategorien; im Gegenteil – die Schwerpunkte der berichteten Nachteilskategorien verschoben sich im Zeitverlauf. Somit kann auch die *forschungsleitende Annahme 2d* bestä-

---

[718] Siehe dazu die Argumentationen in den Abschnitten 3.1.2 und 6.6.

tigt werden. Daneben fiel auf, dass verschiedene Nachteile oftmals eher „schöngeredet" wurden. Betrachtet man die Anzahl der genannten Vor- und Nachteile auf einer rein quantitativen Basis, so fällt zum einen auf, dass die Gesamtzahl der genannten Vorteile die Gesamtzahl der genannten Nachteile zu Beginn der 1990er Jahre – und damit in der Periode der stark ansteigenden Direktinvestitionen nach China – bei weitem übersteigt.[719] Auch die Bewertungen der Artikel, die Nachteile einer Produktionsverlagerung nach China erwähnen, lagen im Mittel häufig oberhalb der neutralen Bewertung. Insgesamt wurde also bei der Datenauswertung ersichtlich, dass während eines Großteils des analysierten Zeitraums eine tendenziell positive Berichterstattung dominierte. Auf Einzelheiten dieser Schlussfolgerung soll an dieser Stelle nicht weiter eingegangen werden, um Redundanzen zu vermeiden. Stattdessen sei an dieser Stelle mit Nachdruck auf Abschnitt 6.7.5 verwiesen, der eine ausführliche und detaillierte Gegenüberstellung der in der Medienberichterstattung erwähnten Vor- und Nachteilskategorien sowie der Bewertung von Artikeln, die diese Kategorien beinhalteten, enthält und damit die Dominanz einer positiven bzw. vorteilhaften Berichterstattung belegt.

Schließlich wurde gezeigt, dass quantifizierte Aussagen zu Vor- und Nachteilen eher selten in der Berichterstattung zu finden sind (siehe hierzu die Abschnitte 6.7.2 und 6.7.4). Werden solche quantifizierten Aussagen vorgenommen, so befassen sie sich häufig mit einem einzelnen Aspekt (zum Beispiel den niedrigen Lohnkosten oder den Lohnkostensteigerungen). Quantifizierte Angaben, in welchem Maße ein Unternehmen seinen Gewinn durch eine Produktionsverlagerung erhöhen kann bzw. in welchem Maße die Kosten gesenkt werden können, sind dagegen kaum bis gar nicht zu finden. Ähnliches gilt auch für die quantifizierten Nachteile. Damit können die *forschungsleitenden Annahmen 2e und 2f* bestätigt werden. Insgesamt sind häufiger Angaben zu quantifizierten Vorteilen als zu quantifizierten Nachteilen zu finden, was das Gesamtbild einer positiven Berichterstattung über China abrundet. In der nachfolgenden Tabelle

---

[719] Dabei kann nicht geklärt werden, ob sich die realen Bedingungen im Zeitverlauf geändert haben oder lediglich die Berichterstattung differenzierter und kritischer geworden ist. Für das theoretische Grundgerüst dieser Arbeit spielt dies jedoch nur eine sehr untergeordnete Rolle, da nicht die Realität, sondern die wahrgenommene Realität der ausschlaggebende Faktor ist.

7-2 sind die forschungsleitenden Annahmen zur Forschungsfrage 2 sowie deren Bestätigung überblicksartig dargestellt.

Nummer	Forschungsleitende Annahmen	Bestätigung
2a	Von Beginn bis Mitte der 1990er Jahre ist eine eher positive Berichterstattung über Produktionsverlagerungen nach China zu finden.	✓
2b	Die gesamtgesellschaftliche Bewertung von Produktionsverlagerungen ist mindestens neutral.	✓
2c	Im Rahmen der in der Berichterstattung analysierten Vorteile dominieren einige wenige dieser Vorteile, die zusätzlich auch im Zeitverlauf omnipräsent sind.	✓
2d	Im Rahmen der in der Berichterstattung analysierten Nachteile sind keine dieser Nachteile stark dominierend und auch im Zeitverlauf nicht ständig präsent.	✓
2e	Es finden sich selten quantifizierte Angaben zu den Vorteilen einer Produktionsverlagerung nach China.	✓
2f	Es finden sich selten quantifizierte Angaben zu den Nachteilen einer Produktionsverlagerung nach China.	✓

Tab. 7-2: Forschungsleitende Annahmen zur Forschungsfrage 2 und deren Bestätigung
Quelle: eigene Darstellung.

7.2.2 Zwischenfazit zur allgemeinen Darstellung von Produktionsverlagerungen nach China

Im Rahmen der Analyse der Medienberichterstattung über Produktionsverlagerungen nach China konnte gezeigt werden, dass diese in der Regel eher positiv ausfällt. Insbesondere zu Beginn des „Investitionsbooms" in China war die Berichterstattung sehr positiv, einhergehend mit der oftmaligen Nennung einiger weniger Vorteile und der seltenen Nennung vieler verschiedener Nachteile. Weiterhin wurden in diesem Zeitraum selbst Artikel, welche die am häufigsten erwähnten Nachteile thematisierten, insgesamt eher positiv bewertet, wie insbesondere in der Tabelle 6-31 und der Abbildung 6-26 zum Ausdruck gebracht wurde. Auch die in den Abschnitten 6.8.3.1 bis 6.8.3.4 thematisierten Textfragmente über die Vorteilhaftigkeit von Produktionsverlagerungen nach China bzw. positive Aussagen über China im Allgemeinen tragen stark zu dem überwiegend positiven Eindruck der Berichterstattung bei. Es wurde ausführlich gezeigt, wie oft und in welcher Prägnanz durch die Medien gefordert wurde, Produktionsverlagerungen vorzunehmen. Auch die Ausführungen in den Abschnitten

6.8.3.5 und 6.8.3.6 über ökonomisch fragwürdiges und euphorisches Verhalten stützen die Vermutung, dass die vorteilhafte Medienberichterstattung eine entscheidende Rolle für das Verhalten der Unternehmen und die mögliche Überschätzung der dortigen Geschäftsmöglichkeiten spielt.

Insgesamt kann damit aus der Analyse der Arbeit geschlussfolgert werden, dass die Medienberichterstattung als Grundlage mimetischen Verhaltens in Frage kommt, da sie nicht nur vermittelt, dass eine Produktionsverlagerung nach China erfolgreich ist, sondern dass eine solche Verlagerung auch explizit gewünscht wird. Damit wird durch die Medienberichterstattung nicht nur ein überwiegend positives, sondern auch ein imitationswürdiges Bild gezeichnet. Wie im theoretischen Teil der Arbeit betont, gilt dies als eine notwendige – jedoch nicht hinreichende – Bedingung für die Annahme, dass die Medienberichterstattung einen entscheidenden Einfluss zum mimetischen Isomorphismus bei Produktionsverlagerungen leistet. Der Nachweis dieser notwendigen Bedingung galt als eines der beiden Hauptanliegen des empirischen Teils dieser Arbeit.

„Man vergisst immer wieder, auf den Grund zu gehen.
Man setzt die Fragezeichen nicht tief genug."
Wittgenstein (1984), S. 538.

8 IMPLIKATIONEN DER ARBEIT FÜR FORSCHUNG UND PRAXIS

Nachdem die Analyse der Arbeit abgeschlossen und die Ergebnisse diskutiert wurden, soll nachfolgend auf den Beitrag der Arbeit für Forschung und Praxis, ihren Einschränkungen und Möglichkeiten zur weiteren Forschung eingegangen werden. Vorher soll als Einleitung zu diesem Kapitel nochmals ein generelles Fazit der Arbeit gezogen werden.

8.1 Einleitende Bemerkungen

Bereits bei der Diskussion darüber, wie die Isomorphismusdimensionen und eine Produktionsverlagerung in China verknüpft werden können, wurde ersichtlich, dass eine ganze Reihe an ökonomisch relevanten Faktoren eine Rolle spielt. Das gleiche gilt für die Erstellung des Kategorienschemas. Die zu erhebenden Vor- und Nachteile haben zum größten Teil *ökonomisch* positive oder negative Auswirkungen auf die jeweiligen Unternehmen – wenn nicht immer unmittelbar, dann doch häufig zumindest mittelbar. Auch die empirische Auswertung folgte diesem Trend. Muss deshalb nun am Ende dieser Arbeit akzeptiert werden, was zu Beginn der Arbeit unbedingt vermieden werden sollte? Nämlich dass es sich letztlich doch nur um eine Übung handelt, noch eine weitere Theorie auf das Internationalisierungsverhalten von Unternehmen anzuwenden?

Die Motive einer Produktionsverlagerung nach China mögen zweifellos oftmals – vielleicht sogar meistens – ökonomischer Natur sein (Nutzung großer Marktchancen, kostengünstiger Produktion usw.); dies wird in einem marktwirtschaftlich-basierten Gesellschaftssystem auch keinesfalls verwundern. Die theoretische Fundierung widerspricht dem auch nicht – im Gegenteil: Wie gezeigt wurde, sind auch Gesellschaftssysteme legitimiert. Im Rahmen einer marktwirtschaftlichen Grundordnung gelten damit ökonomische Handlungsweisen als von der Gesellschaft legitimiert.

Dennoch kommt es häufig zu (ökonomisch) irrational empfundenen Produktionsverlagerungen nach China, zu Entscheidungen, die scheinbar wenig hinterfragt werden und oftmals im ökonomischen Sinne wenig vorteilhaft sind. Auch wird davon ausgegangen, dass verschiedene andere Optionen außerhalb einer Produktionsverlagerung nach China, die unter Umständen ökonomisch sinnvoller wären, gar nicht oder nicht ausreichend geprüft wurden. Genau diese Phänomene sind durch die bisher genutzten Theorien kaum bzw. nicht erklärbar. Der soziologische Neo-Institutionalismus – und hier insbesondere das Legitimitätsargument von Meyer/Rowan sowie die drei institutionellen Isomorphismen von DiMaggio/Powell – zeigt auf, dass es nicht auf die *tatsächliche* Effizienz verschiedener Handlungsweisen ankommt, sondern auf die *zugeschriebene* Effizienz und Legitimität dieser Handlungsweisen. Unternehmen streben also nach Legitimität und richten sich dabei auch an den Handlungen anderer Unternehmen aus. Allein dieser Annahme kann im Rahmen der Erklärung der als irrational empfundenen Produktionsverlagerungen ein gewaltiges Potential zugeschrieben werden; dieses Erklärungspotential erstreckt sich jedoch keineswegs nur auf die als irrational empfundenen Produktionsverlagerungen, sondern kann auch auf Produktionsverlagerungen im Allgemeinen ausgeweitet werden.

Bezüglich der Legitimierung bestimmter Handlungsweisen spielt die öffentliche Meinung eine große Rolle. Verbunden mit den medientheoretischen Ansätzen wird klar: Die öffentliche Meinung – und damit auch die Legitimierung verschiedener Handlungsweisen – wird zum großen Teil durch die Medienberichterstattung geprägt. Diese Legitimierung kann durch eine implizite oder explizite Bewertung dieser Handlungsweisen geschehen, aber auch durch die bloße Berichterstattung darüber, dass solche Handlungsweisen alltäglicher Bestandteil des Wirtschaftslebens sind. Die Medienberichterstattung hat – zumindest in den frühen 1990er Jahren – ein positives Bild von China gezeichnet. Darüber hinaus wurde während des gesamten Untersuchungszeitraums immer und immer wieder zu Produktionsverlagerungsentscheidungen ermutigt und dabei eine große Dringlichkeit vermittelt. Dies kann – im Sinne der theoretischen Fundierung dieser Arbeit – ein entscheidendes Kriterium bei solchen Entscheidungen gewesen sein.

War die Berichterstattung wirklich (Mit-)Auslöser von Produktionsverlagerungen? Waren die Bedingungen in China in der Realität andere, als die Medienberichterstattung vorgegeben haben und sind die Unternehmen deshalb oftmals wenig erfolgreich? Nun, dies konnte im Rahmen der Arbeit nicht untersucht werden – eine solche Untersuchung wäre auch generell schwierig bis unmöglich, da eine objektive Überprüfung der Medienrealität an der Realität unter konstruktivistischen Gesichtspunkten ohnehin abgelehnt werden müsste. Aber dies ist im Rahmen der gewählten theoretischen Fundierung auch nicht tragisch: Ausschlaggebend für die Handlungen der Unternehmen ist die Realität, die vermittelt wird, nicht die „wirkliche" Realität.

8.2 Beitrag und Implikationen der Arbeit für die betriebswirtschaftliche Forschung und die Forschung zum Internationalen Management

Zur Rekapitulation wird in der nachfolgenden Abbildung 8-1 ein Kurzüberblick über die vorliegende Arbeit gegeben. Auf die verschiedenen Schritte wird in der nachfolgenden Diskussion Bezug genommen.

1. Schritt	Legitimitätsstreben und Isomorphismus als Begründung für Produktionsverlagerungen; Medien als Treiber für mimetischen Isomorphismus	Theoretisch-konzeptioneller Teil der Arbeit
2. Schritt	Werden Produktionsverlagerungen nach China in den Medien als wünschenswert, erfolgreich bzw. legitim dargestellt? / Berichten Medien explizit von Isomorphismus durch Zwang, normativem Isomorphismus und mimetischem Isomorphismus im Rahmen von Produktionsverlagerungen?	Empirischer Teil der Arbeit
3. Schritt	Spielen institutionelle Isomorphismen eine kausale Rolle bei Produktionsverlagerungen nach China? Lassen sich Unternehmen durch die Medienberichterstattung beeinflussen, ihre Produktion nach China zu verlagern?	Im Rahmen der Arbeit nur bedingt untersucht; Gegenstand weiterer Forschung

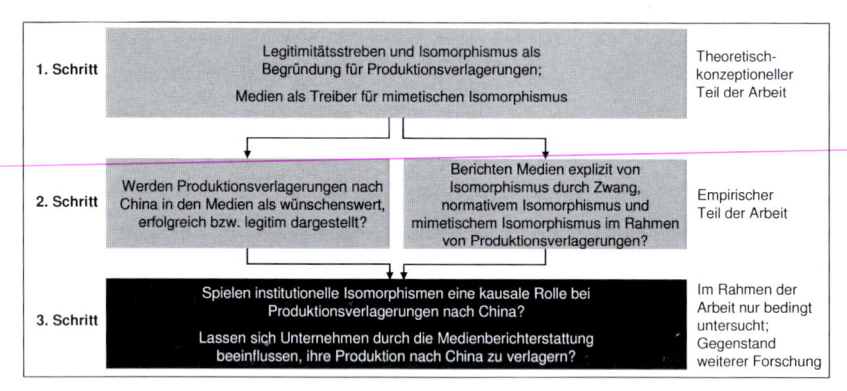

Abb. 8-1: Kurzüberblick der Arbeit
Quelle: eigene Darstellung.

Als erster Beitrag für die betriebswirtschaftliche Forschung kann erwähnt werden, dass zur Erklärung von Produktionsverlagerungen eine soziologische bzw. neo-institutionalistische Erklärung in Verbindung mit medientheoretischen Ansätzen genutzt wurde, die auch das menschliche Handeln stärker in die Betrachtung einbezieht (Schritt 1). Eine solche fachübergreifende Perspektive gilt im Rahmen der Untersuchung von Produktionsverlagerungen als innovativ.[720] Die gewählte theoretische Fundierung ist dabei eben nicht lediglich eine Übung, eine weitere Theorie auf die Internationalisierung von Unternehmen anzuwenden, wie im vorigen Abschnitt schon kurz bemerkt wurde. Es wurde damit der Feststellung – und formulierten Forschungslücke – begegnet, dass institutionalistische Theorien im Rahmen der Analyse von Internationalisierungsentscheidungen bzw. Produktionsverlagerungen zu lange vernachlässigt wurden, ihnen jedoch ein gewaltiges Erklärungspotential zugeschrieben wird.[721] Dabei wurde im theoretisch-konzeptionellen Teil der Arbeit dargelegt, inwiefern sowohl die Anforderungen und Erwartungen der Umwelt und deren Vorstellungen von effizientem und effektivem unternehmerischen Handeln, als auch die mediale Berichterstattung das menschliche bzw. unternehmerische Handeln im Allgemeinen und die Vornahme von Produktionsverlagerungen im Speziellen beeinflussen.

---

[720] Vgl. Krenn (2006), S. V.
[721] Vgl. Davis et al. (2000), S. 242. Vgl. hierzu auch die Ausführungen von Böckem/Tuschke (2010), S. 284-286, die für ein Nebeneinander von ökonomischen und soziologischen Ansätzen plädieren. Siehe ebenfalls die Ausführungen von Schäfers (2004), S. vi.

Es konnte gezeigt werden, dass sowohl ökonomisch scheinbar sinnvolle als auch ökonomisch scheinbar nicht sinnvolle Produktionsverlagerungen durch die gewählte theoretische Fundierung begründet werden und dass sowohl ökonomisch scheinbar sinnvolle als auch ökonomisch scheinbar nicht sinnvolle Produktionsverlagerungen rational sein können – nämlich dann, wenn das Handeln von der Umwelt nicht nur legitimiert, sondern auch erwartet wird. Es wird also nicht länger von einer Rationalität im Sinne einer ökonomischen Effizienz ausgegangen, sondern von einer Rationalität im Sinne der Legitimation von der Unternehmensumwelt. Mit dem Einbezug der o. g. theoretischen Strömungen wird auch der Forderung Genüge geleistet, im Rahmen der Forschung zum Internationalen Management nicht nur auf funktionalistische Perspektiven und Ansätze zu fokussieren, sondern auch andere Ansätze – wie im vorliegenden Fall einem eher dem interpretativen Paradigma zurechenbaren Ansatz – nutzbar zu machen.[722]

Daneben konnte das Konzept des mimetischen Isomorphismus präzisiert werden (ebenfalls Schritt 1). Es wird in der Literatur zwar häufig darauf hingewiesen, dass Unternehmen scheinbar erfolgreiche andere Unternehmen imitieren – aber es wird nur selten darauf verwiesen, um welche Unternehmen es sich dabei genau handelt.[723] Durch die Verknüpfung des mimetischen Isomorphismus mit konstruktivistischen Medientheorien konnte theoretisch fundiert dargelegt werden, dass als Rollenmodelle oder Vorbilder die in der Presseberichterstat-

---

[722] Vgl. Kutschker/Schmid (2011), S. 474-475; vgl. auch den Beitrag von Schmid (1994) sowie Beschorner/Fischer et al. (2004), S. 12, Scherer (2006), S. 35-38 und Schmid/Oesterle (2009), S. 15-17. Vgl. auch Frank (2009), S. 309, Zerfass (2009), S. 70-71, Sandhu (2011), S. 25 sowie Keller (2012), S. 230-231 sowie den Beitrag von Wirth (2000). Siehe auch Sandhu (2011), S. 25, der ausführt, dass sozialkonstruktivistische Ansätze dem interpretativen Paradigma zugerechnet werden. Ein dichotomisiertes Schema wie das von Burrell/Morgan erfordert eine eindeutige Positionierung, welche in der Realität jedoch schwierig erscheint. Gareth Morgan selbst beschreibt in einem späteren Aufsatz das doch relativ große Kontinuum zwischen objektivistischen Zugängen und subjektivistischen Zugängen zur sozialwissenschaftlichen Forschung (Morgan/Smircich (1980)). Auch Gioia/Pitre (1990), S. 584 kritisieren die „blurred paradigm boundaries" im Schema von Burrell/Morgan. Aus diesen Gründen wird in der vorliegenden Arbeit die genutzte theoretische Fundierung nur als „eher" dem interpretativen Paradigma zugehörig beschrieben, da durchaus Überschneidungen mit den anderen Paradigmen existieren bzw. einige der Grundannahmen von Burrell/Morgan (z. B. bezügl. der menschlichen Natur) – auch aufgrund fehlender tiefgründiger Definitionen – die Zuordnung zu einem anderen Paradigma zulassen bzw. erfordern (siehe z. B. Morgan/Smircich (1980), S. 452, 454-455, Beschorner/Fischer et al. (2004), S. 15 sowie Rese (2004), S. 55-56, 66-70).
[723] Vgl. zum Beispiel Haveman (1993), S. 596, Nicolas (1999), S. 5 und Brouthers et al. (2005), S. 228.

tung erwähnten scheinbar erfolgreichen Unternehmen bzw. dort erwähnte scheinbar erfolgreiche Strategien dienen, die von anderen Unternehmen imitiert werden. Dies resultiert aus der Tatsache, dass solche Unternehmen und Strategien durch die Medienberichterstattung leicht beobachtbar sind,[724] auch wenn keine direkten Beziehungen zwischen den jeweiligen Unternehmen bestehen.

Eine solche Annahme konnte auch im empirischen Teil der Arbeit durch Indizien gestützt werden, da mehrfach in der Medienberichterstattung darauf hingewiesen wurde, dass Unternehmen sich insgesamt vor einer Produktionsverlagerung nach China nur sehr wenig informieren. Hier könnte spekuliert werden, dass Unternehmen bereits durch die Medienberichterstattung das Gefühl haben, genug über den Zielmarkt zu wissen, ohne dass die Einholung umfangreicherer Informationen notwendig ist. Da die Analyse gezeigt hat, dass die Medienberichterstattung ein positives Bild von Produktionsverlagerungen nach China zeichnet, könnte diese als eine Grundlage für die Entscheidung einer Produktionsverlagerung angesehen werden. Dies würde bedeuten, dass durch die Medienberichterstattung bereits eine Realität konstruiert wurde, auf die verschiedene Unternehmer mehr oder weniger unhinterfragt vertrauen.

Schließlich wurde eine systematische Beschreibung und Analyse der Medienrealität bzw. der sozialen Wirklichkeit hinsichtlich Produktionsverlagerungen nach China erarbeitet (Schritt 2). Dadurch konnte gezeigt werden, mit welchen medialen Informationen und Wertungen Unternehmen in den letzten 20 Jahren in ihrem Handeln konfrontiert und beeinflusst wurden. Insgesamt bietet die systematische Beschreibung der Medienrealität bezüglich Produktionsverlagerungen nach China deshalb einen entscheidenden Mehrwert, da – wie theoretisch gezeigt wurde – die Medienberichterstattung als Basis menschlichen und unternehmerischen Handelns gewertet werden kann. Im Rahmen der empirischen Untersuchung konnte zudem gezeigt werden, dass die Medienberichterstattung bezüglich Produktionsverlagerungen nach China in der Regel insgesamt – und insbesondere zu Beginn und Mitte der 1990er Jahre – tendenziell positiv aus-

---

[724] Wie bereits im theoretischen Teil der Arbeit erwähnt, dienen Unternehmen leichter als Vorbild, wenn deren Handlungen leicht sichtbar sind; vgl. dazu zum Beispiel Greve (2000), S. 818-819 sowie Donges (2008), S. 136.

fiel. Damit ist die im theoretischen Teil postulierte notwendige Bedingung der Annahme erfüllt, dass die Medienberichterstattung das unternehmerische Handeln hinsichtlich Produktionsverlagerungen nach China im Rahmen eines mimetischen Isomorphismus beeinflusst. Diese Bedingung ist zwar nicht hinreichend, aber unbedingte Vorraussetzung für den in dieser Arbeit postulierten Zusammenhang zwischen Neo-Institutionalismus bzw. Isomorphismus, Medienberichterstattung und Produktionsverlagerungen. Wäre dieser Nachweis einer tendenziell positiven Berichterstattung nicht zu führen gewesen, hätte eine Überarbeitung oder gar eine Ablehnung der theoretischen Fundierung erfolgen müssen.

Ein kausaler Einfluss institutioneller Isomorphismen auf Produktionsverlagerungen nach China konnte im Rahmen der Arbeit allerdings nur sehr eingeschränkt nachgewiesen werden. Hierfür ist eine weitergehende Forschung – auch unter Ausnutzung anderer Methoden – erforderlich (Schritt 3). Diese Diskussion ist aber Bestandteil der späteren Empfehlungen für weitere Forschung.

8.3 Implikationen der Arbeit für die unternehmerische Praxis/Handlungsempfehlungen für Unternehmen

Wie bereits zu Beginn der Arbeit argumentiert wurde, ist die Ableitung von klaren normativen Handlungsempfehlungen aufgrund der genutzten theoretischen Fundierung schwierig.[725] Die vorliegende Arbeit hat gezeigt, dass Unternehmen stark von ihrer Umwelt beeinflusst werden. Es wird dabei zwar keine totale Abhängigkeit der Unternehmen von ihrer Umwelt angenommen, dennoch sind Unternehmen in ihren Handlungsmöglichkeiten durch die Umwelt (stark) eingeschränkt. Dies hat zur Folge, dass keine Empfehlungen für das unternehmerische Handeln abgegeben werden können, welche die Anforderungen und Erwartungen der Umwelt ignorieren bzw. diesen diametral gegenüberstehen. Das unternehmerische Handeln ist eingebettet in einen sozialen Kontext und deshalb muss sich ein Unternehmen auch als „good corporate citizen" verhalten.

---

[725] Vgl. dazu stellvertretend Zerfass (2009), S. 71.

Dies bedeutet, dass Unternehmen die Anforderungen und Erwartungen der Umwelt aufnehmen und in ihrem Handeln berücksichtigen müssen. Dabei reicht es nicht aus, lediglich im Rahmen der bestehenden Gesetze zu agieren – die Unternehmensumwelt stellt oftmals weit strengere Anforderungen an ein Unternehmen, wie zum Beispiel soziales Engagement. Ein Unternehmen kann sich diesen Anforderungen jedoch zum Teil – zum Beispiel durch das thematisierte Konzept der Entkopplung – entziehen, wie bereits im theoretischen Teil der Arbeit argumentiert wurde. Auf diesen beiden Annahmen – dass Unternehmen die Erwartungen der Umwelt erfüllen müssen, sich gleichzeitig in bestimmten Fällen diesen Anforderungen jedoch auch entziehen können – fußen die nachfolgenden Handlungsempfehlungen bezogen auf Produktionsverlagerungen nach China (oder auch anderen Ländern). Insgesamt – und dies ist vielleicht die generellste und wichtigste Handlungsempfehlung – müssen Unternehmen sensibel, feinfühlig und offen für die Anforderungen und Erwartungen der Umwelt sein, da deren Befolgen legitimierend wirkt und überlebenswichtig ist.

Es gibt Situationen, in denen sich Unternehmen – auch aus ökonomischem Kalkül – einer Produktionsverlagerung nicht entziehen können, selbst wenn diese ökonomisch nicht sinnvoll zu sein scheint. Im Falle einer starken Abhängigkeitsbeziehung, wie zum Beispiel der Hersteller-Zulieferer-Beziehung in der Automobilindustrie, kann es sinnvoll sein, dem Druck oder Zwang eines Herstellers nachzugeben und eine lokale Produktion selbst dann aufzubauen, wenn dies ökonomisch bei einer isolierten Betrachtung zu Verlusten führt. Ein solcher Schritt kann aus Gesamtunternehmenssicht sinnvoll sein, wenn man dafür Mandate in anderen Ländermärkten behalten oder noch gewinnen kann. Ein solcher Umgang mit Zwängen ist nicht unbedingt eine neue theoretische Erkenntnis, sondern anhand verschiedener Theorien erklärbar; es soll damit jedoch gezeigt werden, dass selbst solche einfachen Kosten-Nutzen-Abwägungen mit der hier gewählten theoretischen Perspektive vereinbar sind. Auch kann eine solche Produktionsverlagerung – selbst wenn ein ökonomischer Nutzen zwar möglich, aber dennoch nicht sicher ist – sinnvoll erscheinen, wenn sich ein Unternehmen damit die Legitimität von Akteuren sichert, von denen sie abhängig sind. Es könnte zum Beispiel durch eine Produktionsverlagerung demonstriert werden, dass das Unternehmen zu Kostensenkungen bereit ist und dadurch überlebenswichtige Ressourcen – etwa Kredite von Banken – erhält. Wird einer Produktionsverlagerung nach China nachgesagt, dass sie zu Kostensenkungen führt, kann ein solcher Schritt die notwendigen Ressourcen selbst dann sichern, wenn es im speziellen Fall (noch) gar keinen Nachweis einer solchen Vorteilhaftigkeit gibt.

Insgesamt erscheint es also für ein Unternehmen zielführend, die Sinnhaftigkeit von bestimmten Strategien oder Handlungsweisen nicht ausschließlich aus einer streng ökonomischen Perspektive zu beurteilen, sondern eine erweiterte Betrachtung vorzunehmen, bei der die Anforderungen und Erwartungen der Umwelt einbezogen werden. Auch bei einer retrospektiven Analyse der Sinnhaftigkeit von bereits erfolgten Produktionsverlagerungen erscheint es sinnvoll, neben der Betrachtung rein ökonomischer Faktoren auch zu berücksichtigen, in welchem institutionellen Gefüge bzw. Spannungsfeld diese Entscheidung ursprünglich getroffen wurde.

Dennoch sollten Unternehmen ihre Strategien und Handlungsweisen auch von einer ökonomischen Seite betrachten, was wiederum in einer marktwirtschaftlichen Gesellschaftsordnung nicht nur legitim, sondern auch erforderlich ist.[726] Letztlich wird von Unternehmen im Rahmen einer Marktwirtschaft erwartet, dass sie gewinnbringend agieren. Selbst wenn in der öffentlichen Meinung das Konzept „Produktionsverlagerung nach China = vorteilhaft" verankert ist, heißt dies nicht, dass Unternehmen diesem zwangsläufig folgen müssen. Wenn ein Unternehmen aus bestimmten Gründen Strategien, denen Legitimität und Vorteilhaftigkeit zugeschrieben werden, nicht nutzen möchte, kann dies jedoch offensiv kommuniziert werden. Dies demonstriert der Umwelt, dass Unternehmen die an sie gestellten Anforderungen und Erwartungen kennen, ernst nehmen und dass sie ernsthaft in Erwägung ziehen, diesen Erwartungen auch zu folgen. Auch in der Berichterstattung war eine solche Handlungsweise an einigen Stellen sichtbar: Unternehmen haben ausgedrückt, dass sie eine Produktionsverlagerung nach China in Erwägung gezogen haben und dann begründet, warum ein solcher Schritt nicht unternommen wurde. Ein solches Handeln scheint legi-

---

[726] Vgl. z. B. McKinley et al. (1995), S. 41.

timitätssichernd und deshalb vorteilhaft für ein Unternehmen zu sein. Dabei ist sicher hilfreich, dass durch die Umwelt in der Regel nicht *die eine* sinnvolle Strategie vorgeschrieben wird, sondern ein ganzes Set an Handlungsalternativen legitimiert ist, aus denen sich ein Unternehmen dann zur Zielerreichung eine adäquate Strategie auswählt.

Insgesamt erscheinen diese Handlungsempfehlungen teilweise banal. Dennoch soll nochmals darauf hingewiesen werden, dass solche gefühlt „banalen" Vorgehensweisen sicherstellen, dass ein Unternehmen auch weiterhin durch die Umwelt legitimiert wird, was wiederum überlebenswichtig ist. Schließlich erscheint es nicht angemessen, auf Basis der Theorie des Neo-Institutionalismus streng funktionale Handlungsempfehlungen abzugeben, da – wie bereits im theoretischen Teil der Arbeit erwähnt – solche Zusammenhänge in der Regel abgelehnt werden. Aus diesem Grund soll es an dieser Stelle bei den oben genannten generellen Handlungsempfehlungen belassen werden, selbst wenn diese etwas oberflächlich erscheinen.

8.4 Limitationen der vorliegenden Arbeit

Die vorliegende Arbeit weist eine ganze Reihe an Limitationen auf. Aufgrund der innovativen theoretischen Basis der Arbeit zur Erklärung von Produktionsverlagerungen sind diese Limitationen sogar sehr vielfältig. Nachfolgend soll auf die wichtigsten dieser Limitationen eingegangen werden.

Als erste Limitation der Arbeit kann erwähnt werden, dass größtenteils keine kausalen Aussagen bezüglich der Rolle institutioneller Isomorphismen bei der Produktionsverlagerung deutscher Unternehmen nach China gemacht werden können. Dies war zwar nicht Ziel der Arbeit, dennoch erscheinen solche Aussagen im Wissenschaftsbetrieb häufig als sehr wünschenswert. Die im Rahmen der Arbeit genutzte Methodik lässt solche Aussagen jedoch nicht zu.[727] Es wurde damit zwar insgesamt eine neuartige theoretische Perspektive zur Erklärung

---

[727] Vgl. Merten (1995a), S. 16 sowie Merten (1999b), S. 251.

von Produktionsverlagerungen vorgeschlagen, jedoch lediglich Indizien (und damit kein empirischer Nachweis) für die Richtigkeit dieser Perspektive erbracht. Der empirische Nachweis in dieser Arbeit bezieht sich nur auf die notwendige Bedingung einer positiven Berichterstattung, um einen Einfluss auf Produktionsverlagerungen anzunehmen. Es ist daher weitere Forschung nötig, um auch einen hinreichenden Nachweis einer solchen Annahme des Medieneinflusses auf Entscheidungen zur Produktionsverlagerung zu erbringen.

In Verbindung damit steht die Limitation, dass mit dem Neo-Institutionalismus zwar eine Theorie zur Fundierung der Arbeit genutzt wurde, die inzwischen – auch in der betriebswirtschaftlichen Forschung – etabliert ist, im Kontext von Produktionsverlagerungen jedoch bisher nur sporadisch genutzt wurde. Damit stellt sich die grundlegende Frage, ob der Neo-Institutionalismus als theoretische Fundierung zur Erklärung von Produktionsverlagerungen überhaupt nutzbar ist. Durch die Argumentationsstränge in der vorliegenden Arbeit wird davon ausgegangen, dass die Theorie des Neo-Institutionalismus durchaus sehr gut auf das Problem von Produktionsverlagerungen nach China angewendet werden kann. Da die genutzte Theorie jedoch – im Sinne der an Thorngate angelehnten Argumentation von Tacke – die Allgemeinheit und Einfachheit auf Kosten der Präzision vorzieht, mussten an einer ganzen Reihe von Stellen intuitive bis spekulative Annahmen getroffen werden, die sich später durchaus als nicht korrekt erweisen könnten.[728]

Eine andere Limitation liegt in der empirischen Betrachtung. In Kapitel 3.4 bzw. in Abbildung 3-7[729] wurde ein direkter Pfad gestellter Anforderungen aus der Unternehmensumwelt an die Unternehmen identifiziert und ein indirekter Pfad. Durch die Analyse der Medienberichterstattung wurde hauptsächlich der indirekte Pfad – und dabei schwerpunktmäßig nur ein Teil dieses indirekten Pfades – abgedeckt. Zum einen gibt es weitere indirekte Möglichkeiten des Stellens von Anforderungen an ein Unternehmen: Zum Beispiel sind dafür neben anderen Massenmedien, wie Radio, Fernsehen oder das Internet auch Veröffentlichungen von Unternehmensverbänden, Handelskammern, Gewerkschaften und

---

[728] Vgl. Tacke (2006), S. 89.
[729] Diese Abbildung findet sich auf Seite 99.

anderen Interessengruppen denkbar. Weiterhin gibt es eine Vielzahl von Zeitungen und Zeitschriften, von denen lediglich vier im Rahmen der Analyse näher betrachtet worden sind. Es wurde zwar ausführlich begründet, warum gerade diese vier Zeitungen und Zeitschriften als meinungsbildend angesehen werden können, dennoch kann nicht mit Sicherheit ausgeschlossen werden, dass auch andere Zeitungen oder Zeitschriften eine hohe Relevanz aufweisen.[730] Die analysierten Zeitschriften mögen letztlich sogar meinungsbildend für Unternehmen gewesen sein, es ist jedoch denkbar, dass für die letztliche Entscheidung einer Produktionsverlagerung insbesondere direkte Einflüsse, Kontakte oder Erfahrungen von anderen persönlich bekannten Unternehmern relevant sind. Auch wenn die Medien über solche direkten Einflüsse verschiedener Akteure – zum Beispiel durch Schlüsselkunden oder durch den chinesischen Staat – berichten, so werden diese im Rahmen der Arbeit nur eingeschränkt betrachtet.

Als Limitation kann auch das genutzte Kategorienschema genannt werden. Bisher existierten noch keine einheitlichen Kategorien, um die Konstrukte der von DiMaggio/Powell genannten institutionellen Isomorphismen zu operationalisieren. In der vorliegenden Arbeit wurde deshalb versucht, sich diesen Konstrukten über verschiedene Indikatoren zu nähern, die aus der theoretischen Diskussion abgeleitet wurden. Aber selbst in der theoretischen Diskussion erscheinen die drei Isomorphismen eher als ein Gebilde sich überschneidender Konstrukte, als trennscharf abgrenzbare Konstrukte – selbst Powell/DiMaggio nehmen keine genaue und abschließende Erklärung ihrer eigenen Konstrukte vor. Auch dies erschwerte die Kategorienbildung. Obwohl bei der Entwicklung des Kate-

---

[730] Es wurde bereits ausführlich thematisiert, warum das Nachrichtenmagazin „Der Spiegel" nicht in die Analyse einbezogen wurde. Aber auch diese als Meinungsführer geltende Zeitschrift enthält sporadisch Artikel über Produktionsverlagerungen nach China. Zu erwähnen sind hierbei zum Beispiel Artikel wie „Null Abweichungen" (Wagner (2005)), „Prinzip Sandkorn" (Dahlkamp et al. (2007)), „Ergebnis der Profitgier" (Fröhlingsdorf et al. (2007)), „Besoffen vor Glück" (Dahlkamp/Rosenbach (2007)) oder „Rolle Rückwärts" (Tietz (2007)), die in den letzten Jahren im Spiegel erschienen sind und eine Produktionsverlagerung zum Teil sehr kritisch betrachten und darüber hinaus auch interessante Anhaltspunkte für die Analyse aufzeigen. Es fällt dabei jedoch auf, dass in diesen Beiträgen häufig Unternehmen erwähnt werden, die auch in der analysierten Berichterstattung erwähnt wurden, wie die Vietz GmbH. Weiterhin werden Studien diskutiert, die ebenfalls in den analysierten Zeitschriften thematisiert wurden, wie z. B die Studie des Fraunhofer-Instituts für System- und Innovationsforschung (ISI), so dass nicht unbedingt neue Erkenntnisse von einer Analyse des Spiegels zu erwarten sind.

gorienschemas die Gütekriterien für Inhaltsanalysen berücksichtigt wurden, ist nicht auszuschließen, dass bestimmte wichtige Aspekte nicht erhoben wurden.

Eine weitere Limitation ist, dass im Rahmen der Arbeit nur auf die Verlagerung von Produktion abgestellt wurde. Es können aber zum Beispiel auch Dienstleistungen verlagert[731] oder neben der Produktion einzelne andere Funktionen der Wertschöpfungskette international erbracht werden.[732] Daneben wurde nur ein einziges Land – China – in der empirischen Analyse betrachtet. Auch der begrenzte Analysezeitraum mit Beginn im Jahr 1989 stellt eine Limitation der Arbeit dar. China öffnete sich mit der Einrichtung von vier Sonderwirtschaftszonen im Jahr 1979 bereits 10 Jahre früher für ausländische Investoren.[733] Aus diesem Grund kann auch die Berichterstattung ab diesem Datum bereits zur Meinungsbildung beigetragen haben. Da die Direktinvestitionen bzw. Produktionsverlagerungen nach China jedoch erst seit Beginn der 1990er Jahre ein nennenswertes Ausmaß aufweisen und die Berichterstattung zwischen 1979 und 1988 in elektronischer Form nicht zu beschaffen war, wurde das Jahr 1989 als Startpunkt der Analyse festgelegt. Es ist daher nicht auszuschließen, dass auch die Analyse der Medienberichterstattung vor 1989 bereits zu weiteren Erkenntnissen geführt hätte.

Schließlich wurden Produktionsverlagerungen aus einer ganz bestimmten Perspektive des Neo-Institutionalismus und zwar aus der Perspektive des Makro-Institutionalismus untersucht. Dabei werden allerdings andere sozialwissenschaftliche bzw. betriebswirtschaftliche Theorien im Allgemeinen und Theorien der Internationalisierung im Speziellen außer Acht gelassen. Es ist jedoch denkbar, dass eine Synthese aus mehreren Theorien das Internationalisierungsverhalten von Unternehmen noch treffender erklären könnte. Damit zusammenhängend ist auch die Einschränkung zu sehen, dass die gewählte theoretische Perspektive keine mikrotheoretische Betrachtung beinhaltet. Eine solche Perspektive wird im Rahmen des Makroinstitutionalismus vernachlässigt bzw. es wird zumeist nicht zwischen organisationalem und individuellem Verhal-

---

[731] Vgl. hierzu zum Beispiel die Beiträge von Schmid/Daub (2005) und Daub (2009).
[732] Vgl. zum Beispiel Schmid/Grosche (2008), S. 17-24 sowie Schmid (2011), S. 164-165.
[733] Vgl. die Beiträge von Fischer (2005a) sowie Fischer (2005b).

ten der Entscheidungsträger unterschieden.[734] Selbst wenn die im Rahmen dieser Arbeit thematisierten Isomorphismen bei der Produktionsverlagerung nach China eine Rolle spielen, so bleibt zu klären, wie der einzelne verantwortliche Manager dadurch in seiner Entscheidungsfindung genau berührt wird. Da diese Perspektive im Rahmen der gewählten Theorie vernachlässigt wird, fand sie auch im Rahmen dieser Arbeit keine Betrachtung.

Schließlich ist auch als Einschränkung zu sehen, dass keine umfangreichen Handlungsempfehlungen für Unternehmen abgegeben werden können. Jedoch ist dies zum einen der theoretischen Fundierung geschuldet, wie bereits an früherer Stelle in dieser Arbeit erläutert wurde, und zum anderen auch nicht Ziel dieser Arbeit gewesen.[735]

8.5 Empfehlungen für die zukünftige Forschung[736]

Da die Arbeit Neuland betritt, kann eine ganze Reihe an Empfehlungen für die zukünftige Forschung aufgezeigt werden. In dieser Arbeit wurde eine neo-institutionalistisch fundierte theoretische Erklärung für Produktionsverlagerungen nach China gegeben. Von dieser theoretischen Erklärung konnten jedoch nur einige wenige Aspekte (sekundär-)empirisch untersucht werden. Insbesondere erscheint eine tiefgehende primärempirische Analyse sowohl der in Abbildung 3-7[737] dargestellten direkten als auch der indirekten Wege der Äußerungen von Erwartungen und Vorstellungen der Umwelt an Unternehmen wichtig.

---

[734] „Isomorphism is a constraining process that forces <u>one unit in a population</u> to resemble other units that face the same set of environmental conditions." (DiMaggio/Powell (1983), S. 149).
„By contrast, sociological institutionalists argue that <u>organizations</u> often adopt a new institutional practice." (Hall/Taylor (1998), S. 26).
„In contrast to explanations that depict mimicry as a rational choice based on preferences or expected consequences, the psychological and sociological argument is <u>that individuals (and, indirectly, organizations)</u> are predisposed toward social conformity." (Gimeno et al. (2005), S. 301).

[735] Vgl. Beschorner/Fischer et al. (2004), S. 12 sowie Zerfass (2009), S. 71.

[736] In diesem Abschnitt sollen Empfehlungen für die zukünftige Forschung gegeben werden, die im Rahmen dieser Arbeit große Relevanz haben. Für allgemeingültige Empfehlungen, die z. B. auf den generellen Limitationen der theoretischen Fundierungen dieser Arbeit beruhen, sei auf die entsprechende Literatur verwiesen. Siehe hierzu z. B. die kritische Würdigung in Walgenbach (1999), S. 347-352, Walgenbach (2006), S. 389-401, Bleicher (2006), S. 57 61 sowie Scherm/Pietsch (2007), S. 74-76.

[737] Diese Abbildung findet sich auf Seite 99.

Hier wäre aufgrund des relativ neuen Argumentationsansatzes sicher eine qualitative Forschung indiziert, welche die Erwartungen verschiedener Akteure (z. B. die Erwartungen von Aktionären, anderen Kapitalgebern, Medienvertretern, Hochschullehrern, Verbänden etc.) untersucht. Es ist weiterhin zu untersuchen, ob sich Unternehmer bzw. Manager eher durch die kontinuierlich positive Berichterstattung der Medien oder anderer Veröffentlichungen beeinflussen lassen oder eher durch einige wenige andere Akteure, zu denen sie enge persönliche Kontakte pflegen (zum Beispiel befreundete Unternehmer). Es ist denkbar, dass Unternehmen durch die Berichterstattung stark vorgeprägt werden und deshalb zum Beispiel besonders offen für entsprechende Empfehlungen direkter Kontakte sind. Auch dies müsste primärempirisch untersucht werden. Dabei könnte auch eine Konfrontation mit den Ergebnissen der vorliegenden inhaltsanalytischen Untersuchung erfolgen. Insgesamt soll dafür plädiert werden, bei Untersuchungen zu Produktionsverlagerungen auch die öffentliche Meinung als einen Einflussfaktor in modelltheoretische und empirische Untersuchungen einzubeziehen.

Für alle drei erwähnten institutionellen Isomorphismen sind tiefergehende qualitative Analysen notwendig. Während für den Isomorphismus durch Zwang durch die Medienanalyse bereits kausale Wirkungsbeziehungen aufgedeckt werden konnten, sind diese für den mimetischen Isomorphismus sehr schwach ausgeprägt und für den Isomorphismus durch normativen Druck überhaupt nicht zu identifizieren, auch wenn für den mimetischen Isomorphismus zumindest eine Vielzahl von Indizien und Treibern vorhanden ist. Die Forschung sollte hier ansetzen, diese Mechanismen empirisch zu belegen bzw. deren kausale Wirkung auf Produktionsverlagerungen nachzuweisen. Dabei ist auch eine Analyse wünschenswert, welche die Stärke der verschiedenen Mechanismen und deren Auswirkungen auf Produktionsverlagerungen misst. Ein solches Messkonzept ist dabei in der Literatur noch nicht vorhanden und müsste erarbeitet werden.

Insgesamt mangelt es an geeigneten Kategorien zur Messung der drei institutionellen Isomorphismen bei inhaltsanalytischen Untersuchungen. Wie in Abschnitt 5.4.1 erläutert wurde, ist allgemein im Rahmen von Inhaltsanalysen zu bemängeln, dass sich noch keine einheitlichen Klassifikationskriterien durchgesetzt haben. Damit wird eine Vergleichbarkeit verschiedener Studien erschwert bzw. unmöglich. Auch hier kann die betriebswirtschaftliche Forschung ansetzen und geeignete – und einheitliche – Konstrukte insbesondere für die drei institutionellen Isomorphismen entwickeln.

Weiterhin müsste untersucht werden, ob eine Institutionalisierung von Produktionsverlagerungen nach China als adäquate Strategie zur Kostensenkung, Umsatzsteigerung oder Gewinnmaximierung stattgefunden hat und damit ein Rationalitätsmythos im Sinne Meyer/Rowans entstanden ist.[738] Ein solcher Nachweis gilt insgesamt als schwer zu führen. Ein Indiz für eine Institutionalisierung ist zum Beispiel eine Reihe an Kommentaren, die nur noch darauf Bezug nehmen, dass in China produziert wird, ohne explizit Kostenvorteile (oder andere Vorteile bzw. Motive) zu erwähnen („*Im September vergangenen Jahres hatte das Unternehmen angekündigt, die Produktion normaler Mobilfunkgeräte nach China zu verlagern*",[739] „*Produziert wird hingegen hauptsächlich in China*"[740] oder „*Die Gruppe (...) produziert längst in China*"[741]). Diese Zitate könnten ein Hinweis darauf sein, dass China längst mit billiger Produktion assoziiert wird, ohne dass darauf überhaupt noch explizit hingewiesen wird – und demnach ein Prozess der Institutionalisierung eingesetzt hat bzw. ein Rationalitätsmythos entstanden ist. In diesem Zusammenhang ist auch zu nennen, dass eine klare Abgrenzung der Institutionalisierung von Managementkonzepten von anderen ähnlichen Konzepten – wie etwa Managementmoden und -mythen – bisher nicht erfolgt ist.

Falls eine solche Institutionalisierung stattgefunden hat, müsste weiterhin untersucht werden, wann und wodurch diese genau ausgelöst wurde und welche Rolle dabei der Berichterstattung zukommt. In diesem Kontext könnten auch die Hinweise auf die Verschleierung des eigenen Erfolgs in China betrachtet wer-

---

[738] Vgl. zu Institutionalisierung von Managementkonzepten im Allgemeinen das Werk von Süß (2009). Vgl. zur Institutionalisierung auch Bleicher (2006), S. 39-41 sowie Scherm/Pietsch (2007), S. 70.
[739] VDI Nachrichten, 16.01.2004, S. 4.
[740] VDI Nachrichten, 24.08.2007, S. 14.
[741] VDI Nachrichten, 06.06.2008, S. 29.

den: Verspüren Unternehmer die Notwendigkeit, ihr Engagement in China erfolgreicher darzustellen, als es ist, weil es mittlerweile soweit institutionalisiert ist, dass der Gang nach China quasi als ein „safe bet" gilt, mit dem leicht Geld verdient werden kann? Müssen nicht erfolgreiche Unternehmer deshalb befürchten, in der Öffentlichkeit als unfähig dargestellt zu werden, weil sie es gerade in China nicht geschafft haben? Oder ist dieses in der Medienberichterstattung erwähnte Streben nach einer besseren und erfolgreicheren Darstellung einfach nur als gewöhnliches Kalkül menschlichen Handelns einzuordnen und damit nicht zwangsläufig als ein China-spezifisches Phänomen zu sehen?

Im Zuge der Untersuchung einer Institutionalisierung müsste ebenfalls untersucht werden, ob sogar bereits – auch geprägt durch eine negativere bzw. differenziertere Berichterstattung in den letzten Jahren – ein Prozess der De-Institutionalisierung des ‚Rationalitätsmythos China' eingesetzt hat. Interessant sind im Zusammenhang einer vermuteten Institutionalisierung bzw. beginnenden De-Institutionalisierung Beiträge der Medienberichterstattung, die auf eine ganze Reihe an Ländern als „das neue China" Bezug nehmen. Dies impliziert zum einen, dass China wohl ganz automatisch mit einer bestimmten positiven wirtschaftlichen Entwicklung oder mit herausragenden wirtschaftlichen Möglichkeiten assoziiert wird und bereits zu einem Synonym dafür geworden ist. Zum anderen wird jedoch ausgedrückt, dass es nunmehr andere Länder gibt, die eine ähnliche Entwicklung vor sich haben und unter Umständen als noch vorteilhafter gelten. Dies sind zum Beispiel Artikel wie *„Indien ist das neue China",*[742] *„Indonesien ist das neue China",*[743] oder *„Türkei ist das neue China",*[744] die Beiträge *„Das neue Wunderland"*[745] sowie *„Deutschland hat den Boom in Brasilien verpasst"*[746] bezeichnen Brasilien als ‚das neue China'.[747]

---

[742] Meister (2011).
[743] Kummerow (2011).
[744] o. V. (2011c).
[745] Busch (2010a).
[746] Busch (2010b).
[747] In Bezug auf Brasilien herrschte einige Jahre früher interessanterweise wiederum eine ganz andere Einschätzung, wie aus einem Artikel im Manager Magazin (Manager Magazin, 01.12.2003, S. 66) hervorgeht: „Wird China zum Schlaraffenland für die Autoindustrie oder zu einem zweiten Brasilien – erst hochgejubelt, dann tief gefallen?"

Weiterhin wäre es spannend zu analysieren, ob auch andere Wertschöpfungsfunktionen das Vorhandensein institutionalistischer Mechanismen aufweisen. Im Rahmen dieser Arbeit wurde lediglich die Produktionsfunktion betrachtet und die Ergebnisse sind aus diesem Grunde auch vorrangig auf diese anwendbar. Dennoch erscheint es zu kurz gegriffen, insbesondere die Erkenntnisse des theoretischen Teils dieser Arbeit nur auf die Produktionsfunktion anzuwenden. Gute Gründe für eine solche eingeschränkte Sichtweise sind im ersten Moment nicht erkennbar. So könnte auch das bereits zu Beginn der Arbeit kurz erwähnte Beispiel der Auslagerung von IT-Dienstleistungen nach Indien eine ähnliche Argumentationslogik unterstützen. Solche institutionalistischen Logiken müssen jedoch nicht zwangsläufig eine internationale Dimension beinhalten. So – und auch dies wurde im Rahmen dieser Arbeit bereits kurz thematisiert – ist zum Beispiel auch die Outsourcing-Debatte, bei der Wertschöpfungsfunktionen an andere Unternehmen im Heimatland ausgelagert werden, ein denkbares Forschungsobjekt. Hier könnte eine Betrachtung aller Funktionen der Porterschen Wertschöpfungskette durchaus fruchtbar sein.

Auch wäre es interessant, andere Länder in eine neo-institutionalistische Sichtweise von Produktionsverlagerungen einzubeziehen. Im Rahmen dieser Analyse wurde lediglich China betrachtet, obwohl deutsche Unternehmen ihre Produktion auch in andere Länder oder Regionen (zum Beispiel in die BRIC-Staaten oder nach Osteuropa) verlagern. Eine vergleichende Betrachtung – etwa aller vier BRIC-Staaten – könnte interessante Ergebnisse hervorbringen.[748] Dabei kann zum Beispiel analysiert werden, ob und welche Isomorphismen in den jeweiligen Ländern eine Rolle spielen. Es ist anzunehmen,

---

[748] Hierfür wären zum Beispiel neben China die weiteren BRIC-Staaten eine passende Datenbasis. Eine Suche mit den für die vorliegende Arbeit genutzten Begriffen für die verschiedenen Länder ergab, dass in den vier betrachteten Zeitschriften weitaus weniger Artikel über Brasilien (5.229), Russland (7.934) und Indien (6.394) als über China (16.670) als Suchergebnisse gefiltert wurden. Auch eine einfache Suche mit der Suchmaschine Google nach dem Begriff „Produktionsverlagerung" und dem jeweiligen Land ergibt ein ähnliches Muster an Suchergebnissen: Brasilien (24.100), Russland (31.700), Indien (38.600) und China (78.600). Die BRIC-Staaten wurden im Handelsblatt (O'Neill (2012), S. 72) kürzlich als *„Die Retter der Welt"* beschrieben; dabei kommt laut James O'Neill – dem Verfasser des Artikels, Chairman von Goldman Sachs Asset Management und Schöpfer des Begriffes „BRIC-Staaten" – China die Schlüsselposition zu. Besonders erwähnenswert ist dabei seine (euphorische) Schlussfolgerung: *„China wird damit schlichtweg zur ökonomisch wichtigsten Sache der Welt."*

dass in verschiedenen Ländern verschiedene Kombinationen der drei Isomorphismen eine Rolle spielen und zum Beispiel ein Isomorphismus durch Zwang – wie er zum Beispiel aus dem Druck der chinesischen Regierung resultiert – in den anderen Ländern weniger relevant ist.

Daneben wäre interessant, eine ähnliche Erhebung der Medienberichterstattung über Produktionsverlagerungen nach China in anderen Ländern durchzuführen. Damit könnte abgeglichen werden, ob auch in anderen Ländern Produktionsverlagerungen nach China ähnlich positiv oder optimistisch gesehen und damit untersucht werden, ob es sich um ein länderübergreifendes Phänomen handelt.[749]

Weiterhin ist noch unklar, warum Institutionen überhaupt das Handeln von Individuen und Organisationen prägen.[750] Müller beschreibt dies gleich im Titel seines Beitrages als „Die unbeantwortete Frage des Neo-Institutionalismus". Er verweist in seinem Beitrag darauf, dass sich dabei immer wieder auf das Legitimitätsargument berufen wird – die genauen Mechanismen der Wirkungsweise von Institutionen jedoch im Dunkeln bleiben. Auch die Entstehung von Institutionen kann noch nicht ausreichend erklärt werden. Walgenbach kritisiert dabei, dass im Neo-Institutionalismus „institutionalisierte Mythen ‚vom Himmel fallen'".[751] Auch hier ist weitere Forschung angebracht, welche die Entstehungsprozesse von Institutionen näher beleuchtet.

Schließlich wäre zu klären, warum viele Unternehmen Risiken unterschätzen oder nicht ernst nehmen, obwohl diese kommuniziert wurden. Neben dem Konzept des Isomorphismus könnten hier auch weitere Konzepte aus der Psychologie bzw. Soziologie in einer integrativen Betrachtung kombiniert werden. Denkbar ist zum Beispiel das Konzept der sogenannten „Overconfidence", das

---

[749] Interessanterweise fallen die *europäischen* Direktinvestitionen in Indien weit höher aus, als die Direktinvestitionen in China. Bei einer rein *deutschen* Betrachtung ist dieses Bild jedoch umgekehrt – hier übersteigen die Direktinvestitionen in China die in Indien um ein Vielfaches (vgl. o. V. (2004b) sowie PWC (2010), S. 29). Eine Untersuchung, ob isomorphe Prozesse im Allgemeinen bzw. mimetische Prozesse im Speziellen dabei eine Rolle spielen, erscheint deshalb interessant.
[750] Siehe für diesen Absatz Müller (2009).
[751] Walgenbach (1999), S. 352. Siehe auch Hiß (2005a), S. 222 sowie Bleicher (2006), S. 57.

davon ausgeht, dass sich Akteure – und damit auch Unternehmer – selbst überschätzen bzw. im Vergleich zu anderen Akteuren als überdurchschnittlich fähig einschätzen.[752] Dies könnte noch dadurch verstärkt worden sein, dass in der Berichterstattung oftmals von eher „weichen" Problemen gesprochen wurde: So könnten Unternehmer die eigenen Fähigkeiten, mit kulturellen Problemen umzugehen, überschätzen, da sie sich selbst fälschlicherweise eine hohe interkulturelle Kompetenz zuschreiben.[753]

Ein weiteres Beispiel soll diesen Argumentationsstrang verdeutlichen: Das Problem der Einmischung des Staates bzw. der dortigen Behörden wurde mehrfach 'heruntergespielt', indem ausgedrückt wurde, dass in China alles verhandelbar sei. Neben einer daraus resultierenden allgemeinen Unterschätzung der dort vorhandenen Probleme bzw. der Einflussnahme des Staates könnten Unternehmer auch noch eine andere, an das Konzept der „Overconfidence" angelehnte Schlussfolgerung ziehen: Unternehmer, die ihre eigenen Verhandlungsfähigkeiten überschätzen, könnten der Meinung sein, dass die Einmischung des chinesischen Staates letztlich wenig problematisch oder sogar vorteilhaft sei, da sie aufgrund ihrer Verhandlungskünste quasi über solche Probleme erhaben sind. Schließlich kann eine derartige Selbstüberschätzung dazu führen, dass andere ‚harte' Probleme, wie der Diebstahl geistigen Eigentums (‚so etwas passiert mir nicht', ‚ich weiß, wie ich einen solchen Diebstahl vermeiden kann')[754] ignoriert oder unterschätzt werden.

Insgesamt soll die vorgenannte – zugegebenermaßen recht oberflächliche und intuitive – Argumentation ein nochmaliges und abschließendes Plädoyer für ein

---

[752] Stellvertretend sollen hierzu die Untersuchungen von Guthrie et al. (2001), S. 814 sowie Schweizer (2005) erwähnt werden, die die Selbsteinschätzung der Fähigkeiten von Richtern untersucht haben. Dabei rechneten sich in den USA 56% der Richter zum obersten Quartil aller Richter und weitere 32% zum zweiten Quartil; damit halten sich etwa 88% der Richter zur fähigeren Hälfte aller Richter zugehörig. In der Schweiz waren dies sogar 92%, wenn auch die Verteilung etwas „bescheidener" ausfiel: 20% der Richter schätzten sich zum obersten Quartil, 72% zum zweiten Quartil zugehörig.
[753] Auch die Auseinandersetzung mit einigen Managementratgebern, die scheinbar einfache Konzepte für wirtschaftlichen Erfolg in China kommunizieren, könnte eine solche Einstellung verstärken. Stellvertretend für solche Leitfadenwerke seien die Werke von Kaufmann et al. (2005b) sowie Zinzius (2006) erwähnt. Vgl. auch die Werke von Dietz/Harnischfeger-Ksoll (1998) und Böhn et al. (2003).
[754] Vgl. hierzu auch die Ausführungen im Werk von Fuchs (2006).

berechtigtes Nebeneinander bzw. eine stärkere Verknüpfung von ökonomischen und soziologischen bzw. verhaltenstheoretischen Theorien und Ansätzen in der betriebswirtschaftlichen Forschung sein.[755] Schließlich – so scheint es – sind weder der homo oeconomicus noch der homo sociologicus als isoliert betrachtete Idealtypen in der Lage, die komplexe Wirklichkeit abzubilden. Es ist eine Synthese dieser Menschenbilder – und der ihnen zugrundeliegenden Annahmen und Theorien – notwendig, um das menschliche Handeln im Allgemeinen und das betriebswirtschaftliche Handeln im Speziellen noch besser zu begreifen.[756]

---

[755] Vgl. hierzu auch die Ausführungen von Granovetter (2000), S. 201, Schäfers (2004), S. vi sowie Böckem/Tuschke (2010), S. 284-286.
[756] Vgl. Jansen (2000), S. 16; siehe auch Weise (1989), S. 160.

ANHANG 1

Nachfolgend findet sich eine Übersicht aller im Rahmen der Datenanalyse kodierten Artikel in chronologisch aufsteigender Reihenfolge. Die Liste wurde direkt aus dem Programm MAXQDA heraus erstellt. In der dortigen Dateneingabe besteht eine Restriktion hinsichtlich der maximal verfügbaren Zeichen. Aus diesem Grund ist bei den Titelangaben in der untenstehenden Tabelle häufig nur ein Teil des gesamten Titels aufgeführt. Diese Angaben sind jedoch ausreichend, um einen Artikel zweifelsfrei zu identifizieren.

Datum	Titel	Zeitung	Seite
31.01.1989	Viele einheimische Firmen lassen in der Volksrepubli	Handelsblatt	14
03.02.1989	Der Reifen-Weltmarkt	VDI Nachrichten	10
15.02.1989	Produktionsverlagerung in die Sonderwirtschaftszonen	Handelsblatt	22
01.03.1989	Das letzte Gefecht	Manager Magazin	33
10.03.1989	Veranstaltungen der Bezirksvereine	VDI Nachrichten	65
06.04.1989	LEM Holding SA mit Joint-Venture in China	Handelsblatt	13
05.05.1989	Wasser unter dem Kiel	Wirtschaftswoche	204
19.05.1989	Japans raffiniertes Spiel	Wirtschaftswoche	44
19.05.1989	Regierung versagte	VDI Nachrichten	14
22.05.1989	Kooperation mit China erweitert	Handelsblatt	18
26.05.1989	Joint Venture mit chinesischem Partner	Handelsblatt	19
09.06.1989	Sturz in die Isolation	Wirtschaftswoche	14
16.06.1989	Chinageschäfte – Prinzip Hoffnung	Wirtschaftswoche	221
19.06.1989	Trotz der China-Krise bleiben viele Firmen optimisti	Handelsblatt	10
23.06.1989	Exportüberschuss bei Haushaltsgeräten	VDI Nachrichten	9
01.07.1989	Rennen gegen die Zeit	Manager Magazin	176
07.07.1989	USA sind nach Hongkong und Japan	Handelsblatt	12
14.07.1989	China – Der Kaiser ist weit	Wirtschaftswoche	32
14.07.1989	Puerto Rico fuer Steuerparadies	Wirtschaftswoche	29
11.08.1989	Der Wettbewerb im Mobilfunk	VDI Nachrichten	4
31.08.1989	Jahresüberschuss gesunken	Handelsblatt	18
05.09.1989	Mit Anpassungsfähigkeit und unternehmerischer	Handelsblatt	b03
15.09.1989	Wachstum duch China-Geschäft	Handelsblatt	19
15.09.1989	Weiter auf Einkaufstour	Handelsblatt	21
27.10.1989	Ausfälle in der Produktion	Handelsblatt	28
01.11.1989	Die KP und das Kapital	Manager Magazin	226
10.11.1989	Verbundfertigung sichert die Arbeitsplätze	VDI Nachrichten	37
23.11.1989	Die Internationalisierung wird fortgesetzt	Handelsblatt	22
01.12.1989	Hahn sieht durch Öffnung des Ostens gute Chancen	Handelsblatt	21
01.12.1989	Erfahrungen deutscher Manager im Ausland	Manager Magazin	280
01.12.1989	Zehn Gebote im China Geschäft	Manager Magazin	284
09.02.1990	Golf-Produktion in China	Wirtschaftswoche	124
30.03.1990	Aus Hongkong kommen nicht nur Taschenrechner	VDI Nachrichten	14
05.04.1990	Umwoelkte Geschäftsaussichten	Handelsblatt	14
05.04.1990	McDonnell Kooperation verlängert	Handelsblatt	23
13.04.1990	Die chinesische Gefahr	Wirtschaftswoche	172
27.04.1990	Mit einem weiteren Großprojekt soll der Sprung	Handelsblatt	33
04.05.1990	Ost- und Fernoststrategie	Wirtschaftswoche	154
18.05.1990	Weltumspannende Zusammenarbeit	Wirtschaftswoche	99
22.06.1990	Veranstaltungen der VDI-Bezirksvereine	VDI Nachrichten	59
31.08.1990	Joint Venture in der VR China	Handelsblatt	21
28.09.1990	Computer made in China	VDI Nachrichten	16

Datum	Titel	Zeitung	Seite
01.10.1990	Investieren in China	Wirtschaftswoche	38
31.10.1990	Ausländische Firmen zeigen Ermüdungserscheinungen	Handelsblatt	13
22.11.1990	Die Risiken des Mandschurei-Projekts sind sehr begre	Handelsblatt	15
23.11.1990	Expansion in Osteuropa und im pazifischen Raum	Handelsblatt	19
30.11.1990	Mezzogiorno-Projekt ein Wechsel auf die Zukunft	Handelsblatt	24
01.02.1991	Sprungbrett vom Meer aufs Festland	Wirtschaftswoche	36
21.02.1991	Vom Importeur zum Produzent	Handelsblatt	22
01.03.1991	Fiat gibt Gas	VDI Nachrichten	22
01.03.1991	Der kranke Riese	Manager Magazin	32
06.03.1991	Schwierigkeiten in China	Handelsblatt	23
11.03.1991	Mehr Fertigung im Ausland	Handelsblatt	20
12.03.1991	Qualitätskontrolle im Stadtstaat	Handelsblatt	b04
02.04.1991	Adidas stoppt Produktion in Australien	Handelsblatt	18
12.04.1991	VW-Chef Carl Hahn	VDI Nachrichten	52
05.07.1991	Die Aktionäre sorgen sich um die Kosten	Handelsblatt	21
30.08.1991	Elf neue NE-Metallprojekte	Handelsblatt	40
06.09.1991	Jeder zehnte	Wirtschaftswoche	123
11.09.1991	VW investiert weitere 900 Mill	Handelsblatt	21
18.09.1991	In der VR China sind eine zweite Motorradfertigung	Handelsblatt	22
10.10.1991	Engagement von Mercedes-Benz und Iveco in China	Handelsblatt	21
15.10.1991	Gruppo GFT	Handelsblatt	26
27.12.1991	Neue Hoffnungszeichen	Wirtschaftswoche	42
01.01.1992	Drahtseilakt in Wolfsburg	Manager Magazin	40
28.01.1992	Zusätzliches Modell	Handelsblatt	17
01.04.1992	Neue Chancen für die deutschen Unternehmen	Handelsblatt	9
10.04.1992	Hardware/Software	VDI Nachrichten	39
27.04.1992	Verbrauchernaher Sektor wird weiter gestärkt	Handelsblatt	3
01.05.1992	Huckepack ins Riesenreich	Manager Magazin	124
01.05.1992	Wie im Frühkapitalismus	Manager Magazin	132
01.05.1992	Konterrevolution	Manager Magazin	118
15.05.1992	Werkstoffmarkt	VDI Nachrichten	30
06.07.1992	Aufträge über 500 Millionen Dollar	Handelsblatt	9
28.07.1992	Fruehauf-Joint-Venture in der VR China	Handelsblatt	15
31.07.1992	Shenzhen bleibt das Experimentierfeld	Handelsblatt	7
04.09.1992	In Shenzen probt China den Kapitalismus	VDI Nachrichten	5
11.09.1992	Spezialanbieter sind überfordert	Wirtschaftswoche	170
24.09.1992	Mehr Auslieferungen, hohe Investitionen	Handelsblatt	19
28.09.1992	Der für die Jahrhundertwende ursprünglich geplante	Handelsblatt	17
29.09.1992	Ein Siemens-Joint-Venture im boomenden	Handelsblatt	19
23.10.1992	Im Nord-Osten entsteht der bevorzugte Standort	Handelsblatt	12
04.11.1992	Wolfsburg diagnostiziert in der VR China	Handelsblatt	27
11.11.1992	Trotz Teilung noch Polster	Handelsblatt	26
27.11.1992	Explosives Gemisch	Wirtschaftswoche	186
27.11.1992	Vorbild Airbus	Wirtschaftswoche	195
14.12.1992	Tianjin und Honda gründen KFZ-Firma	Handelsblatt	17
17.12.1992	Produktion vor Ort empfohlen	Handelsblatt	9
24.12.1992	Tiefschlaf auf Polstern	Wirtschaftswoche	75
31.12.1992	Direktinvestitionen im Ausland folgen auf hohe Expor	Handelsblatt	30
22.01.1993	Der südostasiatische Stadtstaat ist im März	Handelsblatt	23
22.01.1993	Dornroeschen im Drachenkleid	Wirtschaftswoche	36
22.01.1993	Maschinenwelt	VDI Nachrichten	15
29.01.1993	Soviel Speck drin	Wirtschaftswoche	14
04.02.1993	Teilefertigung in China erwogen	Handelsblatt	15
19.02.1993	Ab nach Asien	Wirtschaftswoche	49
19.02.1993	Angriff ist die beste Verteidigung	VDI Nachrichten	6
26.02.1993	Fliegende Tauben	Wirtschaftswoche	110
26.02.1993	Nie mit Japan	Wirtschaftswoche	107
01.03.1993	Das Geschäft in Asien expandiert	Handelsblatt	14
09.03.1993	AEG bestätigt Pläne für China-Joint-Venture	Handelsblatt	15
18.03.1993	Baumaschinenbauer hegt Produktionspläne in China	Handelsblatt	22
31.03.1993	Die Erneuerung von Chinas Mitgliedschaft	Handelsblatt	2
02.04.1993	Asien auf dem Sprung in den Chemicmarkt	VDI Nachrichten	13
02.04.1993	AEG: Zug nach Fernost	VDI Nachrichten	14

Datum	Titel	Zeitung	Seite
07.05.1993	Vom Pferd steigen	Wirtschaftswoche	128
14.05.1993	Der Bruch mit Mao ist vollzogen	VDI Nachrichten	17
24.05.1993	Im chinesischen Shanghai wird ein Werk	Handelsblatt	18
15.06.1993	Noell GmbH investiert in der Volksrepublik China	Handelsblatt	17
16.06.1993	Automobile Konkurrenz aus Korea	VDI Nachrichten	7
17.06.1993	Weiteres Projekt in der VR China	Handelsblatt	15
25.06.1993	Der Mischkonzern wächst	Handelsblatt	26
25.06.1993	Wettlauf von Hase und Igel	Wirtschaftswoche	131
25.06.1993	Exportstrategien allein reichen für Asien nicht aus	VDI Nachrichten	6
06.08.1993	Mehr Chancen als Risiken	Wirtschaftswoche	98
06.08.1993	Metro Shanghai	VDI Nachrichten	14
06.08.1993	Wir müssen selbst in China sein	VDI Nachrichten	14
24.08.1993	Deutsche Firmen haben Kooperationschancen verpasst	Handelsblatt	18
24.08.1993	Iveco montiert leichte Nutzfahrzeuge	Handelsblatt	16
30.08.1993	Ein neuer Leitfaden der KPMG	Handelsblatt	12
01.09.1993	BASF gründet weiteres Joint Venture in China	Handelsblatt	17
01.09.1993	Zweirad	Manager Magazin	105
01.09.1993	Schiefer Absatz	Manager Magazin	66
05.10.1993	VW will Transporter in China produzieren	Handelsblatt	17
07.10.1993	China um Auslandshilfe bei NE-Metallen bemüht	Handelsblatt	44
22.10.1993	Deutsche tun sich schwer in Asien	VDI Nachrichten	12
26.10.1993	Opel will Corsa und Astra in China bauen	Handelsblatt	15
28.10.1993	Volvo will in China Busse fertigen	Handelsblatt	23
29.10.1993	Stabilität eines Kochtopfs	Wirtschaftswoche	72
03.11.1993	Hermes-Kosten bedeuten realen Wettbewerbsnachteil	Handelsblatt	3
05.11.1993	Ungeahnte Chancen	Wirtschaftswoche	171
12.11.1993	Reste sammeln	Wirtschaftswoche	151
12.11.1993	Die Zukunft von Boeing	VDI Nachrichten	13
16.11.1993	Gute Chancen für Dividendenerhöhung	Handelsblatt	19
18.11.1993	Verträge im Wert von knapp 7 Mrd DM unterzeichnet	Handelsblatt	15
19.11.1993	Tausendmal besser	Wirtschaftswoche	18
23.11.1993	Sorgen mit Haushaltsueberschuss	Handelsblatt	38
24.11.1993	Firmennotizen	Handelsblatt	22
25.11.1993	Eine Produktionsbasis der Stuttgarter in Korea	Handelsblatt	32
26.11.1993	Schmerzgrenze erreicht	Wirtschaftswoche	170
26.11.1993	Das Riesenreich vor der Zerreissprobe	VDI Nachrichten	4
26.11.1993	Kooperationserfolge bei der Infrastruktur	VDI Nachrichten	4
01.12.1993	ABB mit Joint Venture in China	Handelsblatt	22
01.12.1993	Die Jagd ist auf Kurztitel	Manager Magazin	128
03.12.1993	Kuala Lumpur reagiert auf verschärften Standortwettb	Handelsblatt	12
03.12.1993	Chemie-Industrie setzt künftig mehr auf Asien	VDI Nachrichten	1
06.12.1993	Zusätzliche Produktionsverlagerungen nach Asien nich	Handelsblatt	16
08.12.1993	Weitere Aktivitäten sollen ausgelagert werden	Handelsblatt	21
22.12.1993	Engagement in China und Hong Kong	Handelsblatt	16
30.12.1993	Joint Venture in China	Handelsblatt	15
07.01.1994	Joint Venture von F&G in Peking gegründet	Handelsblatt	15
20.01.1994	Firmennotizen	Handelsblatt	14
01.02.1994	Marsch zum Markt	Manager Magazin	80
03.02.1994	Werk Eching geschlossen	Handelsblatt	16
04.02.1994	Konzern will das ganze Produktspektrum in China etab	Handelsblatt	23
04.02.1994	Spielwarenindustrie verlagert Produktion	Handelsblatt	24
04.02.1994	Schweizer Nahrungsmittelkonzern auf Expansionskurs	Handelsblatt	18
22.02.1994	Firmennotizen	Handelsblatt	16
25.02.1994	Äußerst kompliziert	Wirtschaftswoche	46
01.03.1994	Die Nudel-Nummer	Manager Magazin	172
01.03.1994	Gemeinsam lenken – Das beste Joint Venture Chinas	Manager Magazin	172
04.03.1994	Deutsche Chemie sucht Wachstum	VDI Nachrichten	1
25.03.1994	Produktionsstandtort China soll ausgebaut werden	Handelsblatt	20
01.04.1994	Berlin Top Management Forum	Manager Magazin	28
06.04.1994	Gesättigte Märkte in Westeuropa verlieren an Bedeutu	Handelsblatt	11
13.04.1994	Schwierigkeiten beim Aufbau einer Fabrik in China	Handelsblatt	14
15.04.1994	Berliner Kosmetik für den chinesischen Markt	Handelsblatt	17
25.04.1994	Skoda Plzen mit Joint-Venture in China	Handelsblatt	15

Datum	Titel	Zeitung	Seite
29.04.1994	Dieselmotor aus der Volksrepublik	Handelsblatt	25
29.04.1994	Goodyear gründen in China Joint Venture	Handelsblatt	27
29.04.1994	Der Mercedes-Stern rotiert	VDI Nachrichten	8
29.04.1994	Maschinenwelt	VDI Nachrichten	19
16.05.1994	Joint Venture in China	Handelsblatt	19
16.05.1994	Unternehmer aus aller Welt stehen fuer Termine	Handelsblatt	9
20.05.1994	Drehmaschinen in China endmontiert	VDI Nachrichten	22
24.05.1994	Joint Venture in China	Handelsblatt	13
07.06.1994	Hoffnung auf China	Handelsblatt	17
10.06.1994	Nie zur Ruhe	Wirtschaftswoche	33
14.06.1994	Firmen berichten	Handelsblatt	12
27.06.1994	Ausstellung in Peking	Handelsblatt	1
01.07.1994	China sieht in Deutschland einen wichtigen Partner	VDI Nachrichten	3
01.07.1994	Not lehrt Handeln	Manager Magazin	84
04.07.1994	China	VDI Nachrichten	6
15.07.1994	Wie die Lemminge	Wirtschaftswoche	45
29.07.1994	Absatzgesteuerte Produktion ohne Lager	VDI Nachrichten	11
01.08.1994	Auslandsinvestitionen: Deutsche kaum vertreten	Manager Magazin	72
05.08.1994	Zurück in die Zukunft	Wirtschaftswoche	40
01.09.1994	Feines Gespür für den Markt	Manager Magazin	138
01.09.1994	Japan kauft sich Asien	Manager Magazin	112
02.09.1994	Folgen der Stampede	Wirtschaftswoche	27
09.09.1994	Ingenieurleistung wandert mit den Aufträgen	VDI Nachrichten	1
15.09.1994	Deutsche KFZ-Teilelieferanten als Kundschafter	Handelsblatt	26
15.09.1994	Volkswagen-Pläne für die Expansion in China	Handelsblatt	26
16.09.1994	Mehrere neue Engagements in Fernost	Handelsblatt	18
16.09.1994	Auto-Hersteller	VDI Nachrichten	10
29.09.1994	Investitionsschwerpunkt China	Handelsblatt	26
30.09.1994	Veranstaltungen der VDI-Bezirksvereine	VDI Nachrichten	35
30.09.1994	Boom vor den Toren Hongkongs	VDI Nachrichten	3
11.10.1994	Berliner Automesse	Handelsblatt	12
18.10.1994	Hohe Investitionen deutscher und schweizer Firmen	Handelsblatt	18
21.10.1994	Varity plant in China Motoren-Joint-Venture	Handelsblatt	21
24.10.1994	Ehemalige Konzessionsstadt Qingdao	Handelsblatt	18
27.10.1994	Momentane Krise	Wirtschaftswoche	62
28.10.1994	Kommunikation	VDI Nachrichten	20
04.11.1994	Chipmarkt wächst in China am schnellsten	VDI Nachrichten	1
04.11.1994	Das China Syndrom	VDI Nachrichten	2
10.11.1994	Ich putze in Bonn keine Klinken	Wirtschaftswoche	97
17.11.1994	Joint Venture in China	Handelsblatt	24
18.11.1994	Der Konzernchef gibt grünes Licht für den raschen Au	Handelsblatt	19
18.11.1994	Chemie	VDI Nachrichten	17
30.11.1994	Neues Joint Venture in China	Handelsblatt	21
01.12.1994	China-Pläne gebilligt	Handelsblatt	25
01.12.1994	Neue Löcher	Wirtschaftswoche	61
01.12.1994	Sind wir im Streifen	Manager Magazin	86
01.12.1994	Standort Deutschland muss noch viel tun	Manager Magazin	50
01.12.1994	Der Posth geht ab	Manager Magazin	8
05.12.1994	Bosch gründet in China Joint Venture	Handelsblatt	17
06.12.1994	Leicht verbesserte Erträge	Handelsblatt	12
09.12.1994	Ausbau der Chemie	Handelsblatt	21
09.12.1994	Eigene Fertigung in Asien geplant	Handelsblatt	19
22.12.1994	In Ostasien von Erfolg gekrönt	Handelsblatt	13
01.01.1995	Kulturschock	Manager Magazin	52
03.01.1995	Loehne steigen kräftig	Handelsblatt	7
05.01.1995	Simple Rechnung	Wirtschaftswoche	37
20.01.1995	Qualität und Innovationskraft	VDI Nachrichten	6
01.02.1995	Hongkong	Manager Magazin	100
01.02.1995	Im Bann des Drachen	Manager Magazin	97
01.02.1995	Lange Leitung	Manager Magazin	102
02.02.1995	Land der Zukunft. Euphorie weicht dem Realismus	Handelsblatt	11
02.02.1995	Das große Pokern	Wirtschaftswoche	106
16.02.1995	Flucht nach vorn	Wirtschaftswoche	61

Datum	Titel	Zeitung	Seite
16.02.1995	Kein Wechsel auf die Zukunft	Wirtschaftswoche	56
23.02.1995	Härter Arbeiten	Wirtschaftswoche	33
23.02.1995	Sehr gewagt	Wirtschaftswoche	53
01.03.1995	Whirlpool verfügt künftig über vier China-Zentren	Handelsblatt	23
01.03.1995	Die Anpassung hat ihre Grenzen	Manager Magazin	104
01.03.1995	West goes East	Manager Magazin	78
01.03.1995	Der letzte Kaiser	Manager Magazin	69
02.03.1995	Ein Streik wäre dramatisch	Wirtschaftswoche	62
10.03.1995	Märkte, Branchen, Unternehmen	VDI Nachrichten	10
16.03.1995	ABB will Joint Venture in Peking gründen	Handelsblatt	15
23.03.1995	Mittelständler müssen noch viele Hürden überwinden	Handelsblatt	26
23.03.1995	Höhle des Löwen	Wirtschaftswoche	116
01.04.1995	Hinter Mauern	Manager Magazin	173
06.04.1995	Höllisch aufpassen	Wirtschaftswoche	50
07.04.1995	Chemieindustrie	VDI Nachrichten	13
10.04.1995	Nach der Restrukturierung in den USA	Handelsblatt	19
14.04.1995	Oeko-Laster	VDI Nachrichten	19
20.04.1995	Rund um die Kirche	Wirtschaftswoche	60
25.04.1995	Umsatz im ersten Halbjahr wieder gestiegen	Handelsblatt	14
27.04.1995	Giftige Wolke	Wirtschaftswoche	14
28.04.1995	Escom wird C64 und Amiga wieder produzieren	VDI Nachrichten	1
01.05.1995	Ende der Masche	Manager Magazin	116
02.05.1995	Mittelständische Unternehmen wollen sich stärker	Handelsblatt	31
05.05.1995	In USA und Fernost weiter expandiert	Handelsblatt	17
09.05.1995	Produktinosstandort in China	Handelsblatt	29
24.05.1995	Hoehere Dividende – Expansion außerhalb der Schweiz	Handelsblatt	18
01.06.1995	Jetzt geht es rund	Manager Magazin	121
02.06.1995	Bahnindustrie setzt in China auf Kooperation	VDI Nachrichten	5
07.06.1995	Die Dividende bleibt unverändert	Handelsblatt	23
13.06.1995	Internationalisierung wird vorangetrieben	Handelsblatt	24
28.06.1995	Firmen berichten	Handelsblatt	20
30.06.1995	Nippons Autohersteller versuchen Exportländer	Handelsblatt	11
30.06.1995	Aufbau von Fabriken in Rumänien und China	Handelsblatt	16
01.07.1995	Dem Kunden hinterher	Manager Magazin	124
01.07.1995	Lean – und weiter	Manager Magazin	100
01.07.1995	Der Aufbruch	Manager Magazin	117
01.07.1995	Kleines Vorbild	Manager Magazin	132
13.07.1995	Die Zugvögel-Strategen	Wirtschaftswoche	60
13.07.1995	Von allen Seiten	Wirtschaftswoche	56
14.07.1995	Staatspräsident Jiang Zemin sieht gute Perspektiven	Handelsblatt	9
14.07.1995	Deutschland hat für China hohen Stellenwert	VDI Nachrichten	4
17.07.1995	China wird für deutsche Wirtschaft zum Standbein	Handelsblatt	2
20.07.1995	Nicht zimperlich	Wirtschaftswoche	20
21.07.1995	China-Geschäft unter gutem Stern	VDI Nachrichten	6
01.08.1995	Reizvolle Insel	Manager Magazin	107
01.08.1995	Die letzte Chance	Manager Magazin	99
05.09.1995	Marktposition verstärkt	Handelsblatt	14
06.09.1995	Benz heisst auf chinesisch ben shi	Handelsblatt	27
13.09.1995	Ehrgeizige Ziele sogar in reifen Märkten	Handelsblatt	16
14.09.1995	Verhaltener Optimismus vor der Fachmesse	Handelsblatt	18
20.09.1995	Chemferm gründet Joint Venture in China	Handelsblatt	32
02.10.1995	1994 erfolgreich	Handelsblatt	22
05.10.1995	Alle Verträge gekündigt	Wirtschaftswoche	72
06.10.1995	Krupp baut Maschinen verstaerkt im Ausland	Handelsblatt	17
13.10.1995	Fuenfzehn Geschaefte mit Russland	Handelsblatt	17
13.10.1995	Deutsche Kunststoffindustrie wächst wieder	VDI Nachrichten	9
13.10.1995	Global denken, regional handeln	VDI Nachrichten	8
18.10.1995	Einstieg ins Chinageschäft	Handelsblatt	16
18.10.1995	Der Boom in Fernost lädt zu gewaltigen Investitionen	Handelsblatt	15
20.10.1995	Deutsche Investitionen im Aufwind	Handelsblatt	8
20.10.1995	Werkstoffmarkt	VDI Nachrichten	27
24.10.1995	DuPont kündigt abermals Investition in China an	Handelsblatt	19
27.10.1995	Suedostasien im Blickpunkt	VDI Nachrichten	32

Datum	Titel	Zeitung	Seite
01.11.1995	Mayer Textilmaschinen: Joint Venture in China	Handelsblatt	17
01.11.1995	Sony will Telefone in Peking bauen	Handelsblatt	18
01.11.1995	Nur Größe zählt	Manager Magazin	74
03.11.1995	SMS Schloemann-Siemag verlagert	VDI Nachrichten	14
07.11.1995	Entwicklungschef sieht großes Wachstum im asiatische	Handelsblatt	23
17.11.1995	Deutsche Chemie geht auf Rekordkurs	VDI Nachrichten	14
24.11.1995	Deutsch-chinesisches Forum	VDI Nachrichten	4
30.11.1995	Suchen noch	Wirtschaftswoche	90
01.12.1995	Auslandsscheu	Manager Magazin	8
01.12.1995	Trends setzen	Manager Magazin	278
07.12.1995	Honda will PKW-Motoren in China bauen	Handelsblatt	17
07.12.1995	Werk in China	Handelsblatt	23
18.12.1995	Weitere Globalisierung	Handelsblatt	10
21.12.1995	Mercedes-Benz veranstaltet Zulieferertage	Handelsblatt	14
21.12.1995	Feuerwerkskörper	Wirtschaftswoche	71
21.12.1995	Globale Spieler	Wirtschaftswoche	72
01.01.1996	Opel goes global	Manager Magazin	58
02.01.1996	Bosch expandiert in China	Handelsblatt	12
25.01.1996	Windkraftanlagen	Wirtschaftswoche	57
01.02.1996	Roedentaler Puppen verkaufen sich gut	Handelsblatt	19
01.02.1996	Der Druck auf die Autohersteller wächst	Handelsblatt	2
01.02.1996	Die Vortänzer	Manager Magazin	86
01.02.1996	Der große Sprung	Manager Magazin	78
14.02.1996	Die Regierung baut Steuer- und Zollprivilegien ab	Handelsblatt	10
23.02.1996	Nach der Fusion	Handelsblatt	23
01.03.1996	Indische Eröffnung	Manager Magazin	176
01.03.1996	Mattscheibe	Manager Magazin	211
21.03.1996	Zweimal überlegen	Wirtschaftswoche	52
28.03.1996	Fertigung auch in China	Handelsblatt	17
29.03.1996	In Fernost kommt die PKW-Nachfrage ins Rollen	VDI Nachrichten	8
01.04.1996	Große Ambitionen	Handelsblatt	16
01.04.1996	Chef-Sache	Manager Magazin	110
05.04.1996	Die Maschinenfabrik richtet sich an den Absatzmärkte	VDI Nachrichten	8
05.04.1996	Firmen beklagen mangelnde Finanzierungsbereitschaft	VDI Nachrichten	24
10.04.1996	Elektrokonzern plant hohes Wachstum in China	Handelsblatt	13
18.04.1996	Das Ergebnis 1996 wurde mehr als verdreifacht	Handelsblatt	19
18.04.1996	Staat unterstützt Technologiezentrum	Handelsblatt	28
22.04.1996	DuPont startet neue Produktion in Shenzhen	Handelsblatt	14
22.04.1996	Plattenspeicher	Handelsblatt	22
23.04.1996	Verpackungskonzern will in den nächsten Jahren stark	Handelsblatt	14
23.04.1996	Gruenden oder kaufen	Handelsblatt	b08
30.04.1996	Preiskampf kostet 12 Mill. DM	Handelsblatt	32
01.05.1996	Die Steilmann-Gruppe	Manager Magazin	74
01.05.1996	Programmwechsel	Manager Magazin	86
03.05.1996	Unternehmerin im Portrait	Handelsblatt	k02
16.05.1996	Volles Risiko	Wirtschaftswoche	104
16.05.1996	Führung ausbauen	Wirtschaftswoche	50
17.05.1996	Branche in Turbulenzen	Handelsblatt	20
17.05.1996	Aus den Unternehmen	VDI Nachrichten	5
17.05.1996	Verlagerung von Arbeitsplätzen	VDI Nachrichten	4
30.05.1996	Drang nach draußen	Wirtschaftswoche	102
31.05.1996	Fast alle Automobilherstellen haben die aufstrebende	Handelsblatt	14
11.06.1996	Von billigen Textilien zur High-Tech mit mehr Wert	Handelsblatt	10
14.06.1996	Rohstoffpreise belasten Ergebnis	Handelsblatt	23
22.06.1996	Aus den Unternehmen	VDI Nachrichten	6
05.07.1996	Probleme im Reich der Mitte	Handelsblatt	18
26.07.1996	Export nach Südostasien geplant	Handelsblatt	15
01.08.1996	Die Stimmung steigt	Manager Magazin	104
05.08.1996	Expansion	Handelsblatt	10
16.08.1996	Deutsche Kraftwerksleittechnik geht ins Reich der Mi	VDI Nachrichten	15
22.08.1996	Im Jahr 2000 werden ueber 40 Millionen Fahrzeuge	Handelsblatt	11
01.09.1996	Karriere bei Opel	Manager Magazin	200
12.09.1996	Dritte Öffnung	Wirtschaftswoche	46

Datum	Titel	Zeitung	Seite
12.09.1996	Scheibe abschneiden	Wirtschaftswoche	58
26.09.1996	Globale Rolle erfordert Stärke in Asien	Handelsblatt	23
01.10.1996	Das Geld wäre da	Manager Magazin	64
01.10.1996	Gewusst wie	Manager Magazin	132
01.10.1996	Kontor im Kanton	Manager Magazin	28
04.10.1996	Mergers & Acquisitions	VDI Nachrichten	11
16.10.1996	Iveco vereinbart Kooperation in China	Handelsblatt	19
18.10.1996	Kleine und mittlere Unternehmen	VDI Nachrichten	15
23.10.1996	Ehrgeizige Ziele mit Top	Handelsblatt	24
24.10.1996	Akquisition in Sichtweite?	Handelsblatt	22
24.10.1996	Zufällige Projekte	Wirtschaftswoche	86
04.11.1996	Die deutsche Wirtschaft muss in Asien mehr Produktio	Handelsblatt	2
08.11.1996	Produktionsstätte in Thailand soll den ostasiatische	Handelsblatt	32
12.11.1996	Wirtschaftswachstum und Exporte flachen in allen	Handelsblatt	2
21.11.1996	Dynamischer Effekt	Wirtschaftswoche	59
22.11.1996	Personalentwicklung im Zeichen der Globalisierung	VDI Nachrichten	8
22.11.1996	Bundespräsident Roman Herzog	VDI Nachrichten	4
26.11.1996	Erfolge im Pharmageschäft	Handelsblatt	23
28.11.1996	Geben und nehmen	Wirtschaftswoche	118
29.11.1996	Die Geschäftsbeziehungen sind verbesserungswürdig	VDI Nachrichten	4
05.12.1996	Kitzel auf der Kante	Wirtschaftswoche	61
13.12.1996	Neuordnung des Vertriebsgeschäfts	Handelsblatt	17
13.12.1996	Aus den Unternehmen	VDI Nachrichten	11
20.12.1996	Deutscher Unternehmer im Ausland	VDI Nachrichten	11
24.12.1996	Vitamin-Joint-Venture von Roche in China	Handelsblatt	10
31.12.1996	Schwerpunkt in Asien und Südamerika	Handelsblatt	25
02.01.1997	Nur eine Wohlstandspause	Wirtschaftswoche	24
09.01.1997	Warum sich die deutsche Wirtschaft mehr in Asien	Handelsblatt	8
05.02.1997	Konsolidierung gibt es nicht	Handelsblatt	18
18.02.1997	Lokale Zulieferer sichern sich ihren Anteil	Handelsblatt	17
20.02.1997	Höher als die große Mauer	Wirtschaftswoche	62
20.02.1997	Kampflos überlassen	Wirtschaftswoche	67
20.02.1997	Unverzichtbarer Standort	Wirtschaftswoche	102
06.03.1997	Frischer Ostwind	Wirtschaftswoche	46
11.03.1997	Daimler-Projekt startet in China	Handelsblatt	19
13.03.1997	Chinas Markt überschätzt	Handelsblatt	19
26.03.1997	19 Franken Dividende	Handelsblatt	16
07.04.1997	Fertigung in China aufgenommen	Handelsblatt	17
10.04.1997	Letzter Schrei	Wirtschaftswoche	106
10.04.1997	Wie bei Olympia	Wirtschaftswoche	94
17.04.1997	Gute Chancen für Astra-Montage	Wirtschaftswoche	11
18.04.1997	Siemens liefert 40 Loks	VDI Nachrichten	17
24.04.1997	Merck investiert in China	Handelsblatt	16
01.05.1997	China: Strategiewechsel deutscher Firmen	Manager Magazin	68
01.05.1997	Der große Sprung	Manager Magazin	76
05.05.1997	Unternehmen drängen auf den Markt	Handelsblatt	10
13.05.1997	Mittelständler begleiten Nordrhein-Westfalens	Handelsblatt	18
26.05.1997	China-Pläne auf Eis gelegt	Handelsblatt	17
30.05.1997	Produktion: Unternehmen verlegen wieder nach Deutsch	VDI Nachrichten	3
02.06.1997	Pekings Regierung drängt auf eine volle Autoentwickl	Handelsblatt	17
03.06.1997	Unterschiedliches Vertragsverständnis birgt Probleme	Handelsblatt	10
25.06.1997	Bald auch in China aktiv	Handelsblatt	22
26.06.1997	Weiter Geld verdienen	Wirtschaftswoche	42
10.07.1997	Eis nach 45 Minuten	Wirtschaftswoche	62
14.07.1997	Wawi-Schokolade peilt Umsatz von 100 Mill. DM an	Handelsblatt	14
23.07.1997	Asien-Pazifik-Umsatz wächst um ein Fünftel	Handelsblatt	21
25.07.1997	Asien: Wie deutsche Mittelständler	VDI Nachrichten	6
01.08.1997	Diener zweiter Herren	Manager Magazin	32
07.08.1997	Richtig wichtig	Wirtschaftswoche	43
19.08.1997	Gewinn in Sicht	Handelsblatt	14
01.09.1997	Schlichtweg Nonsens	Manager Magazin	153
04.09.1997	Sandkorn in der Auster	Wirtschaftswoche	74
05.09.1997	Steuerungstechnik	VDI Nachrichten	70

Datum	Titel	Zeitung	Seite
08.09.1997	Bayer gründet in China Joint Venture	Handelsblatt	19
01.10.1997	Mittelstand	Manager Magazin	142
01.10.1997	Reifeprüfung	Manager Magazin	8
01.10.1997	Mittelstand Globalisierung	Manager Magazin	141
13.10.1997	Chemiekonzern hat Europas Pharmamarkt im Visier	Handelsblatt	16
22.10.1997	Erfolg im Markt setzt einen langen Atem voraus	Handelsblatt	14
23.10.1997	Schlange stehen	Wirtschaftswoche	86
24.10.1997	China-Geschäfte erfordern Vorsicht und Fingerspitzen	Handelsblatt	k02
28.10.1997	VW-Tochter entwickelt sich zum internationalen PKW	Handelsblatt	20
29.10.1997	China bleibt Magnet für Investoren	Handelsblatt	12
01.11.1997	Die Kraft der leisen Töne	Manager Magazin	88
06.11.1997	Erfolg von draußen	Wirtschaftswoche	258
14.11.1997	Honda baut künftig auch in China Autos	Handelsblatt	22
21.11.1997	Aufträge aus Taiwan und Malaysia	Handelsblatt	22
21.11.1997	Branche laviert	VDI Nachrichten	29
27.11.1997	Häßlich und seelenlos	Wirtschaftswoche	25
01.12.1997	Adidas-Chef Louis-Dreyfus	Manager Magazin	62
04.12.1997	Kopf-an-Kopf-Rennen	Wirtschaftswoche	96
05.12.1997	Die Kehrseite der Globalisierung	VDI Nachrichten	3
08.12.1997	Gewinnzone erreicht	Handelsblatt	14
09.12.1997	In drei Jahren wollen die Wittener den Gang	Handelsblatt	22
12.12.1997	Kehrseite der Boomjahre	Handelsblatt	12
18.12.1997	Silberner Funkenregen	Wirtschaftswoche	93
30.12.1997	Matsushita engagiert sich in China	Handelsblatt	14
16.01.1998	Zulieferer	VDI Nachrichten	23
23.01.1998	Chinesische Partner bremsen die deutschen Investoren	Handelsblatt	18
29.01.1998	Neuer Partner in China	Wirtschaftswoche	9
01.02.1998	Der vergessene Markt	Manager Magazin	156
13.02.1998	Daimler-Benz hält trotz Asien-Krise an ehrgeizigen	Handelsblatt	18
17.02.1998	Shell wagt den Schritt nach China	Handelsblatt	14
12.03.1998	Europäische Investoren tun sich schwer in China	Wirtschaftswoche	59
12.03.1998	Altbackene Einstellung	Wirtschaftswoche	30
01.04.1998	Erträge sollen weiter zulegen	Handelsblatt	16
01.04.1998	Gefährlicher Kurs	Manager Magazin	196
02.04.1998	Schwer gestolpert	Wirtschaftswoche	76
17.04.1998	Viertes Joint Venture in China gegründet	Handelsblatt	14
29.04.1998	Familienunternehmen können in China flexibler agiere	Handelsblatt	12
01.05.1998	PC-Fertigung	VDI Nachrichten	15
22.05.1998	Umweltmärkte im Ausland	VDI Nachrichten	22
25.05.1998	Märkte in Asien und Südamerika im Blickpunkt	Handelsblatt	24
23.06.1998	Weiteres JV in China geplant	Handelsblatt	19
25.06.1998	Kraftfahrzeugindustrie	VDI Nachrichten	1
21.07.1998	Siegling fertigt in China	Handelsblatt	19
31.07.1998	Umwelt: Weitere Verbesserungen	VDI Nachrichten	10
03.08.1998	Das Unternehmen liegt auf der Intensivstation	Handelsblatt	16
04.08.1998	Unternehmensgewinne in atemberaubendem Steigflug	Handelsblatt	17
07.08.1998	Drei Viertel der Verbraucher schätzen Möbelbeschläge	Handelsblatt	17
10.08.1998	Bayer mit zwei neuen Firmen in China	Handelsblatt	22
13.08.1998	Den Patienten stabilisieren	Wirtschaftswoche	36
13.08.1998	Go East	Wirtschaftswoche	92
20.08.1998	Ehemalige Gefangene präsentieren Rechnung	Handelsblatt	12
27.08.1998	Von Panik keine Rede	Wirtschaftswoche	8
03.09.1998	Gegenwert sehen	Wirtschaftswoche	59
16.09.1998	Rinol weltweit in Expansion	Wirtschaftswoche	214
28.10.1998	Brauer holen sich blutige Nasen im Reich der Mitte	Handelsblatt	36
01.11.1998	Die Angreifer	Manager Magazin	274
01.11.1998	Abflug verspätet	Manager Magazin	272
05.11.1998	Ein Nobody aus Pforzheim erzielt Milliardenumsatz	Handelsblatt	18
26.11.1998	Neue Werke in Irland und China	Handelsblatt	23
27.11.1998	Instrumentenhersteller ist noch nicht über den Berg	Handelsblatt	22
17.12.1998	Miniaturen aus einem Guss	Wirtschaftswoche	72
13.01.1999	Phoenix hebt die Dividende an	Handelsblatt	15
26.01.1999	Bei Babcock boomt die Windkraft	Handelsblatt	14

Datum	Titel	Zeitung	Seite
29.01.1999	Bahnindustrie	VDI Nachrichten	15
19.02.1999	China: Interview	VDI Nachrichten	26
05.03.1999	Fertigungsvorbereitung	VDI Nachrichten	10
08.03.1999	Henkel setzt bei globaler Expansion weiter auf China	Handelsblatt	14
18.03.1999	Markt ist noch lange nicht gesättigt	Handelsblatt	26
06.04.1999	Wenn der Salzstreuer keine Löcher hat	Handelsblatt	43
15.04.1999	Die Abwanderung von Firmen nach China	Handelsblatt	10
29.04.1999	Bora löst unbeliebten Jetta ab	Wirtschaftswoche	12
05.05.1999	China-Investoren bemängeln Geschäftsklima	Handelsblatt	11
07.05.1999	Walter rechnet mit konstantem Ergebnis	Handelsblatt	16
10.05.1999	Expansion im Ausland	Handelsblatt	23
11.05.1999	Volkswagen will unbedingt an der Fertigung in China	Handelsblatt	16
13.05.1999	Kein Geld verdienen	Wirtschaftswoche	58
21.05.1999	Von der globalen Präsenz zum globalen Wettbewerbsvor	Handelsblatt	k04
31.05.1999	Nachgefragt: Victor Fung	Handelsblatt	10
01.06.1999	Straße der Verheißung	Handelsblatt	12
06.09.1999	Georg Fischer kauft bayerische Mössner-Gruppe	Handelsblatt	17
10.09.1999	Aus der Automobilbranche	VDI Nachrichten	28
30.09.1999	Für ausländische Investoren ist der Markteinstieg	Handelsblatt	12
07.10.1999	Kulturell Profil gewinnen	Wirtschaftswoche	48
27.10.1999	VW will 1999 in China 300000 PKW verkaufen	Handelsblatt	18
01.11.1999	Nokia: Europas beste Aktiengesellschaft	Manager Magazin	170
03.11.1999	Die Lederindustrie fürchtet die Konkurrenz aus China	Handelsblatt	b06
05.11.1999	Übung macht den Staatsmann	Handelsblatt	12
05.11.1999	BASF und Bayer setzen auf China	Handelsblatt	16
25.11.1999	Manchen Luxus geleistet	Wirtschaftswoche	85
02.12.1999	Bewegung im Handymarkt	Wirtschaftswoche	12
03.12.1999	Toshiba fertigt Laptops in China	Handelsblatt	23
03.12.1999	Welthandel: Brutaler Standort-Wettlauf	VDI Nachrichten	7
16.12.1999	Ohne Hemmungen	Wirtschaftswoche	222
20.12.1999	Korruption setzt Investoren weltweit stärker zu	Handelsblatt	10
21.01.2000	Siemens will deutlich mehr Handys verkaufen	Handelsblatt	13
27.01.2000	In China drohen hohe Verluste	Wirtschaftswoche	9
02.02.2000	Vogt will von der Börse entdeckt werden	Handelsblatt	20
25.02.2000	BSH sieht besonders in China gute Chancen	Handelsblatt	17
03.03.2000	Investoren klagen über trickreiche Barrieren	Handelsblatt	12
10.03.2000	Ein Riese namens BASF	VDI Nachrichten	S05
16.03.2000	Fabrik der Zukunft	Wirtschaftswoche	175
30.03.2000	Gezieltes Mobbing	Wirtschaftswoche	122
01.04.2000	Der Patriarch von Papenburg	Manager Magazin	126
01.04.2000	Himmels-Ängste	Manager Magazin	295
06.04.2000	Gut geklaut	Wirtschaftswoche	116
07.04.2000	Die Märkte Asiens kennen lernen	VDI Nachrichten	S22
13.04.2000	Im roten Bereich	Wirtschaftswoche	192
27.04.2000	Faule Karotte	Wirtschaftswoche	48
27.04.2000	Bunte Gläser	Wirtschaftswoche	109
01.05.2000	Nicht ist unmöglich	Manager Magazin	44
04.05.2000	Letzte Ausfahrt	Wirtschaftswoche	108
19.05.2000	Industrie: Zulieferer Huf auf der Autowoge	VDI Nachrichten	16
19.05.2000	Wegweiser nach China	VDI Nachrichten	34
24.05.2000	US-Industrie startet Investitionsoffensive in China	Handelsblatt	3
15.06.2000	Singen in der Karaokebar	Wirtschaftswoche	112
27.06.2000	Siemens startet Investitions-Offensive in Asien	Handelsblatt	25
30.06.2000	Auto: Beteiligung von Hyundai	VDI Nachrichten	5
01.07.2000	Der Angriff rollt	Manager Magazin	63
07.07.2000	Nachfrageschub der Halbleiterindustrie hilft Possehl	Handelsblatt	18
26.07.2000	Chinas Wall Street gewinnt an Zugkraft	Handelsblatt	10
01.08.2000	Der Aufstieg der Tycoon-Familie Widjaja	Handelsblatt	16
01.08.2000	Ferdinand Piech über die Krise	Manager Magazin	46
03.08.2000	Zu stark geschwankt	Wirtschaftswoche	125
28.08.2000	Ausländer verlassen Chinas Biermarkt	Handelsblatt	15
05.09.2000	China drängt Investoren zur Lokalisierung	Handelsblatt	12
26.09.2000	Balda plant mehr Produktion im Ausland	Handelsblatt	30

Datum	Titel	Zeitung	Seite
29.09.2000	Erstmals weltweit sinkende Auslieferung	VDI Nachrichten	20
05.10.2000	Vielseitige Pläne	Wirtschaftswoche	147
13.10.2000	China-Geschäft	VDI Nachrichten	44
19.10.2000	Nichts versäumt	Wirtschaftswoche	13
26.10.2000	Manager des Jahres	Wirtschaftswoche	88
02.11.2000	Tröpchen für Tröpchen ein Gewinn	Wirtschaftswoche	62
07.11.2000	BAE weitet Airbus-Produktion in China aus	Handelsblatt	19
16.11.2000	Daimler steht in Asien ein langer Marsch bevor	Handelsblatt	18
23.11.2000	Bunter Strauß	Wirtschaftswoche	142
23.11.2000	Fundament statt Fantasie	Wirtschaftswoche	49
05.12.2000	Balda erhält Großauftrag von Siemens	Handelsblatt	31
07.12.2000	Peking umgarnt Opposition und Investoren auf Taiwan	Handelsblatt	12
11.12.2000	Deutsche Abfalltechniker sind gefragte Experten	Handelsblatt	12
14.12.2000	VW setzt mit dem Lupo GTI auf Schnelligkeit	Handelsblatt	52
21.12.2000	Jagd auf Anteile	Wirtschaftswoche	137
10.01.2001	Sanyo will mehr Akkus für Handys herstellen	Handelsblatt	18
19.01.2001	Produktion: Gemeinschaftsprojekt	VDI Nachrichten	12
24.01.2001	China gilt als wahres Telekom-Eldorado	Handelsblatt	27
26.01.2001	Chemie: Investition in schnell wachsendes	VDI Nachrichten	10
07.02.2001	Wir bleiben auf China ausgerichtet	Handelsblatt	18
28.02.2001	Chinas Behörden frustrieren deutsche Firmen	Handelsblatt	10
28.02.2001	Wir liegen gut im High-Tech-Bereich	Handelsblatt	10
08.03.2001	Globaler werden	Wirtschaftswoche	60
05.04.2001	Syngenta eröffnet Produktionsstätte in China	Handelsblatt	18
05.04.2001	Konzern für die Zukunft	Wirtschaftswoche	30
09.04.2001	Harsche Kritik an Hürden in China	Handelsblatt	8
11.04.2001	Bayer und BASF investieren in Schanghai	Handelsblatt	21
25.04.2001	JDS Uniphase schreibt hohen Verlust	Handelsblatt	20
10.05.2001	Überall drin	Wirtschaftswoche	106
18.05.2001	Mobilfunk: Japaner wollen Joint Venture	VDI Nachrichten	30
01.06.2001	Heiztechnik	VDI Nachrichten	18
08.06.2001	Prestigeobjekte im Schaufenster des modernen Chinas	Handelsblatt	9
08.06.2001	Werkstoffe: Krupp Thyssen Stainless	VDI Nachrichten	31
20.06.2001	Bayer investiert stärker im Fernen Osten	Handelsblatt	13
27.06.2001	Philips gibt eigene Handy-Fertigung auf	Handelsblatt	13
12.07.2001	Revolution im Haushalt	Wirtschaftswoche	80
23.07.2001	Acer will sich als Marke etablieren	Handelsblatt	19
31.07.2001	In Kassel beginnt der Bau des Transrapid	Handelsblatt	12
10.08.2001	ZF kauft von Siemens	VDI Nachrichten	10
16.08.2001	Unter Strom	Wirtschaftswoche	54
04.09.2001	Chinas Autoindustrie steht vor massiven Veränderunge	Handelsblatt	14
07.09.2001	Japan: Harte Reformjahre	VDI Nachrichten	8
13.09.2001	Im Fettnäpfchen	Wirtschaftswoche	105
13.09.2001	Kolossaler Kurzschluss	Wirtschaftswoche	84
27.09.2001	Chinas Chancen	Wirtschaftswoche	111
16.10.2001	Kolbenschmidt schwört auf Chinas Automarkt	Handelsblatt	16
23.10.2001	Siemens weitet Handy-Produktion in Shanghai deutlich	Handelsblatt	22
25.10.2001	VW stellt sich mit Frischzellenkur auf Marktöffnung	Handelsblatt	15
01.11.2001	Toshiba vertröstet Optimisten auf 2003	Handelsblatt	16
01.11.2001	Outsourcing	Manager Magazin	294
09.11.2001	Werkstoffe	VDI Nachrichten	18
09.11.2001	Zulieferer: Kolbenhersteller startet zweites Joint	VDI Nachrichten	24
30.11.2001	South African Breweries gelingt Doppelschlag	Handelsblatt	16
30.11.2001	Automobil: DaimlerChrysler-Vorstand	VDI Nachrichten	21
01.12.2001	Heißes Rennen	Manager Magazin	197
06.12.2001	Volkswagen dominiert Chinas Automarkt	Handelsblatt	39
11.12.2001	Degussa baut in China auf Spitzentechnik	Handelsblatt	13
14.12.2001	Elektronik: Tiefpunkt der Konjunkturflaute erreicht	VDI Nachrichten	18
02.01.2002	Handy-Hersteller planen in China Investitionen	Handelsblatt	16
24.01.2002	Maßarbeit für Sportschuhe	Wirtschaftswoche	16
25.01.2002	Materialkreislauf	VDI Nachrichten	14
28.02.2002	Neuer Misserfolg	Wirtschaftswoche	13
13.03.2002	Asien hilft High-Tech-Branche aus der Patsche	Handelsblatt	16

Datum	Titel	Zeitung	Seite
14.03.2002	Sentimentaler Tyrann	Wirtschaftswoche	74
22.03.2002	BMW in China Rechts überholt	Handelsblatt	24
04.04.2002	Allmähliches Ausbluten	Wirtschaftswoche	26
04.04.2002	Mit Vorsicht voran	Wirtschaftswoche	22
09.04.2002	Sony Ericsson will in China produzieren	Handelsblatt	17
03.05.2002	Maschinenebau: Globalisierung fordert local content	VDI Nachrichten	14
07.05.2002	Nintendos Gamecube legt fulminanten Start hin	Handelsblatt	20
24.05.2002	VDI-Präsidium	VDI Nachrichten	39
30.05.2002	Free Trade sagt keiner	Wirtschaftswoche	60
31.05.2002	Gildemeister	VDI Nachrichten	S05
06.06.2002	Konkurrenten setzen Volkswagen in China unter Druck	Handelsblatt	14
06.06.2002	Preiswertes aus Bayern	Wirtschaftswoche	133
06.06.2002	Mit Baby Annabelle	Wirtschaftswoche	131
24.06.2002	BMW kann im nächsten Jahr in China produzieren	Handelsblatt	11
28.06.2002	Deutschland muss in Asien Flagge zeigen	Handelsblatt	2
28.06.2002	Gebäudetechnik	VDI Nachrichten	12
04.07.2002	Sorgen um Chinalizenz	Wirtschaftswoche	16
08.07.2002	Chinas Konjunktur-Programme sind kaum noch zu finanz	Handelsblatt	7
11.07.2002	Schrempp muss warten	Wirtschaftswoche	14
22.08.2002	Auf der Rekordpiste	Wirtschaftswoche	125
30.08.2002	Schuler	VDI Nachrichten	S04
01.09.2002	Prima Sache	Manager Magazin	94
05.09.2002	Die Grenze ist erreicht	Wirtschaftswoche	62
19.09.2002	Neue Immunität	Wirtschaftswoche	44
26.09.2002	WMF steckt fest	Wirtschaftswoche	16
01.10.2002	Mühsamer Prozess	Manager Magazin	46
03.10.2002	Japan-Joker	Wirtschaftswoche	172
04.10.2002	Start-up-Porträt	VDI Nachrichten	22
10.10.2002	BMW-Partner verstaatlicht	Wirtschaftswoche	13
31.10.2002	Die neue Lokomotive für die Weltwirtschaft	Wirtschaftswoche	48
04.11.2002	China wird zum gelobten Land	Handelsblatt	13
13.11.2002	Daimler zurrt China-Strategie fest	Handelsblatt	15
22.11.2002	VDMA: Dieses Jahr	VDI Nachrichten	4
29.11.2002	Standpunkt: BMW	VDI Nachrichten	14
29.11.2002	Südostasien: Wachstum Chip-Branche	VDI Nachrichten	8
29.11.2002	Asien: PKW-Produktionskapazitäten	VDI Nachrichten	8
01.12.2002	Der Manager des Jahres	Manager Magazin	60
10.12.2002	Infineon lässt Chips künftig auch in China herstelle	Handelsblatt	20
20.12.2002	Auftrag beschert Leoni Kurspotenzial	Handelsblatt	32
23.12.2002	Viele schütteln den Kopf	Handelsblatt	15
01.01.2003	Das weiß-blaue Wunder	Manager Magazin	38
22.01.2003	Daimler erleidet Schlappe in China	Handelsblatt	1
24.01.2003	Automobil: Dieselsysteme	VDI Nachrichten	10
29.01.2003	In China spitzt Volkswagen den Rotstift	Handelsblatt	14
01.02.2003	Wir müssen uns anstrengen	Manager Magazin	52
21.02.2003	Aktienanalyse der Woche	VDI Nachrichten	27
28.02.2003	Arbeitskosten in Chinas Boomregionen steigen rasant	Handelsblatt	8
28.02.2003	Wirtschaft	VDI Nachrichten	5
07.03.2003	Standort Deutschland	VDI Nachrichten	12
13.03.2003	Programm mit Zukunft	Wirtschaftswoche	159
13.03.2003	Plastik Tabu	Wirtschaftswoche	68
14.03.2003	Sanitärtechnik	VDI Nachrichten	17
17.03.2003	Es gab für uns keinen roten Teppich	Handelsblatt	13
27.03.2003	Lange Leine	Wirtschaftswoche	76
28.03.2003	Hochschule	VDI Nachrichten	27
31.03.2003	Daimler-Chrylser fährt mit Bus-Tochter Evobus tief	Handelsblatt	12
10.04.2003	SARS bedroht globale Lieferketten	Handelsblatt	12
10.04.2003	Globalisierung	Wirtschaftswoche	28
14.04.2003	BASF verspricht bessere Rendite	Handelsblatt	11
16.04.2003	Deutschland hat ein Standortproblem	Handelsblatt	11
17.04.2003	Neue Werke im Ausland sollen Wachstum bringen	Handelsblatt	14
17.04.2003	Die Marge im Griff	Wirtschaftswoche	144
24.04.2003	Lohnt länger	Wirtschaftswoche	134

Datum	Titel	Zeitung	Seite
01.05.2003	Klein, clever, kaputt	Manager Magazin	94
09.05.2003	Bauelemente der Elektronik	VDI Nachrichten	26
22.05.2003	Pilotfabrik in Flensburg	Wirtschaftswoche	14
27.05.2003	Deutscher Maschinenbau sieht seine Zukunft in China	Handelsblatt	16
29.05.2003	In der Rezessionsfalle	Wirtschaftswoche	32
30.05.2003	ThyssenKrupp will mit Stahl glänzen	Handelsblatt	11
26.06.2003	In Tränen Enden	Wirtschaftswoche	52
01.07.2003	VW erweitert Kapazitäten in China	Handelsblatt	13
01.07.2003	Ab nach Asien	Manager Magazin	71
03.07.2003	Jede Menge Herausforderungen	Wirtschaftswoche	52
04.07.2003	Displays: Sharp und Hitachi steigern Ausstoß	VDI Nachrichten	18
28.07.2003	Chiphersteller Infineon investiert in China	Handelsblatt	14
29.07.2003	Kursgewinne an Europas Börsen	Handelsblatt	24
08.08.2003	Produktion: Absatzboom in China und der Türkei	VDI Nachrichten	7
14.08.2003	Thailand ist zu klein	Wirtschaftswoche	120
15.08.2003	Arbeitsmarkt	VDI Nachrichten	1
25.08.2003	Körber baut Stellen bei Schleifring ab	Handelsblatt	12
28.08.2003	Philips	Wirtschaftswoche	62
29.08.2003	Bildung	VDI Nachrichten	23
02.09.2003	Kein Land profitiert mehr als Indien	Handelsblatt	2
04.09.2003	Total will Ölförderung ausbauen	Handelsblatt	10
04.09.2003	Fokus China	Wirtschaftswoche	107
04.09.2003	Mercedes treibt uns voran	Wirtschaftswoche	48
04.09.2003	Tränen in den Augen	Wirtschaftswoche	42
10.09.2003	Webasto forciert die Forschung	Handelsblatt	14
17.09.2003	Luxuswaren profitieren von hohen Standards	Handelsblatt	r03
18.09.2003	China und Taiwan greifen mit Flach-TV an	Handelsblatt	17
18.09.2003	Große Zahlen, großes Risiko	Handelsblatt	11
19.09.2003	Fertigung: Trotz Automation	VDI Nachrichten	16
19.09.2003	Handymarkt: Produktion	VDI Nachrichten	28
23.09.2003	Starke Nachfrage aus China und Übersee	Handelsblatt	8
26.09.2003	Arbeitsmarkt	VDI Nachrichten	31
01.10.2003	Schon top	Wirtschaftswoche	88
01.10.2003	Nachhaltiger Erfolg	Wirtschaftswoche	96
01.10.2003	Shanghai	Wirtschaftswoche	66
01.10.2003	Gleich doppelt	Wirtschaftswoche	70
01.10.2003	Keine Wahl	Wirtschaftswoche	85
01.10.2003	Richtig los	Wirtschaftswoche	84
01.10.2003	Spätstarter	Manager Magazin	22
01.10.2003	Schuhe am laufenden Band	Manager Magazin	108
02.10.2003	In China wird die Schlacht um Microchips entschieden	Handelsblatt	20
02.10.2003	Einblick	Wirtschaftswoche	7
10.10.2003	Elektronikindustrie: Studie der Messe München	VDI Nachrichten	1
10.10.2003	Studie: Messe München	VDI Nachrichten	12
15.10.2003	Hyundai macht gegen Daimler Front	Handelsblatt	12
17.10.2003	Absatzmärkte in China	VDI Nachrichten	S06
17.10.2003	Werkzeugmaschinen	VDI Nachrichten	S03
21.10.2003	Sony sucht neuen Bestseller	Handelsblatt	13
21.10.2003	Das China-Syndrom	Handelsblatt	12
22.10.2003	China bleibt attraktiv	Handelsblatt	r04
24.10.2003	Finanzierung: Grohe würde gern im kommenden Jahr	VDI Nachrichten	23
31.10.2003	Unterhaltungselektronik	VDI Nachrichten	17
03.11.2003	Autokonzern Toyota drängt nach China	Handelsblatt	13
05.11.2003	Die Hersteller folgen ihren Kunden	Handelsblatt	c03
05.11.2003	China hat überragende Bedeutung für uns	Handelsblatt	c02
06.11.2003	China zwingt zum Umdenken	Wirtschaftswoche	46
06.11.2003	Wer dieses Thema	Wirtschaftswoche	170
07.11.2003	MAN Gruppe	VDI Nachrichten	27
13.11.2003	Deutsche Mode in China	Wirtschaftswoche	14
14.11.2003	BV Mecklenburg-Vorpommern	VDI Nachrichten	35
14.11.2003	Chemie	VDI Nachrichten	5
19.11.2003	Wir übertreffen selbst die Chinesen	Handelsblatt	b01
28.11.2003	Schröder will in China Türen öffnen	Handelsblatt	7

Datum	Titel	Zeitung	Seite
01.12.2003	VW beginnt in China mit Auto-Export	Handelsblatt	10
01.12.2003	Auf ins gelobte Land	Manager Magazin	66
02.12.2003	VW verlängert Partnerschaft in China	Handelsblatt	18
04.12.2003	Neue Lokomotive der Weltwirtschaft	Wirtschaftswoche	40
18.12.2003	Tenaris tastet sich in den US-Markt vor	Handelsblatt	29
19.12.2003	Werkstoffe: Zu viel des Guten	VDI Nachrichten	11
19.12.2003	Der große Bluff	Manager Magazin	12
19.12.2003	Mode zum Anfassen	Manager Magazin	74
30.12.2003	In China schlägt die Stunde der Wahrheit	Handelsblatt	23
07.01.2004	Boge setzt auf regionale Kooperationen	Handelsblatt	43
08.01.2004	Chinas Automarkt droht heiß zu laufen	Handelsblatt	13
09.01.2004	Euphorie mit Hindernissen	VDI Nachrichten	12
16.01.2004	Länderspiegel	VDI Nachrichten	4
29.01.2004	Renault Trucks will LKWs in China bauen	Handelsblatt	12
30.01.2004	Siemens-Chef Heinrich von Pierer	VDI Nachrichten	21
30.01.2004	Investieren im Ausland	VDI Nachrichten	1
06.02.2004	Auto: Extreme Abgasgrenzwerte limitieren	VDI Nachrichten	7
10.02.2004	Inder akzeptieren die Globalisierung	Handelsblatt	12
12.02.2004	Extrem produktiv	Wirtschaftswoche	48
13.02.2004	Die Woche in Kürze	VDI Nachrichten	26
17.02.2004	Investitionsboom in China beginnt sich abzukühlen	Handelsblatt	8
18.02.2004	Simba will Bobby-Car übernehmen	Handelsblatt	14
19.02.2004	Deutsche Manager entdecken in Indien großes Potenzial	Handelsblatt	7
19.02.2004	Keineswegs Irgendwer	Wirtschaftswoche	86
20.02.2004	Markenimitat auf vier Rädern	Handelsblatt	10
26.02.2004	Ricardo hat recht	Handelsblatt	1
26.02.2004	Starkes Netz	Wirtschaftswoche	60
04.03.2004	Beiersdorf baut neues Tesa-Werk in China	Handelsblatt	13
11.03.2004	Der Fluch der hohen Erwartungen	Wirtschaftswoche	40
18.03.2004	Chinas Regierung tritt auf die Bremse	Wirtschaftswoche	46
23.03.2004	Plagiate behindern in China die Expansion	Handelsblatt	16
01.04.2004	Stärker als erwartet	Wirtschaftswoche	135
05.04.2004	Das Erbe von Soltau	Handelsblatt	004
08.04.2004	Arbeitsmarkt: IG Metall spricht	VDI Nachrichten	6
15.04.2004	Vor die Wand gefahren	Wirtschaftswoche	62
16.04.2004	Sennheiser	VDI Nachrichten	10
16.04.2004	Studie belegt zunehmende Abwanderung	VDI Nachrichten	5
22.04.2004	Fernöstliche Vision	Wirtschaftswoche	179
29.04.2004	Tesa investiert in eine Fabrik in Shanghai	Handelsblatt	16
29.04.2004	Heiße Nummer	Wirtschaftswoche	28
29.04.2004	Die Mischung machts	Wirtschaftswoche	80
30.04.2004	Daimler-Chrysler: Schwaben ziehen bei Mitsubishi	VDI Nachrichten	27
03.05.2004	Wir werden Muskeln aufbauen	Handelsblatt	2
05.05.2004	Deutsche Konzerne erweiteren Kunststoffkapazitäten	Handelsblatt	15
07.05.2004	Standort Deutschland	VDI Nachrichten	19
07.05.2004	KSB: In Europa wird jede zehnte Stelle abgebaut	VDI Nachrichten	29
10.05.2004	VW will Kleintransporter Caddy auch in China bauen	Handelsblatt	16
13.05.2004	Das Risiko des Scheiterns	Wirtschaftswoche	58
13.05.2004	Technologie aus Japan	Wirtschaftswoche	139
14.05.2004	Deutschland bleibt wichtig für Know-how-Produkte	VDI Nachrichten	10
18.05.2004	China soll Wachstumstreiber werden	Handelsblatt	13
19.05.2004	Von der Tüftlergarage zum Global Player	Handelsblatt	b06
19.05.2004	Die Sorgen der Väter	Manager Magazin	30
19.05.2004	Wir brauchen keine Harmoniesauce	Manager Magazin	36
26.05.2004	Airbus hofft in China auf weiteren Groß-Auftrag	Handelsblatt	12
27.05.2004	Völlig durchgedreht	Wirtschaftswoche	42
28.05.2004	Mehr Geschäfte für die Kunden	VDI Nachrichten	24
10.06.2004	Verfall der Autopreise	Wirtschaftswoche	10
10.06.2004	Drang an die Spitze	Wirtschaftswoche	52
11.06.2004	Industrie legt den Hebel um	VDI Nachrichten	1
17.06.2004	Streitfall	Wirtschaftswoche	208
18.06.2004	Messe Metav gibt Anstöße	VDI Nachrichten	15
24.06.2004	Anflug zur weichen Landung	Wirtschaftswoche	42

Datum	Titel	Zeitung	Seite
25.06.2004	China wird weltmarktfähig	VDI Nachrichten	4
01.07.2004	Klarer Fahrplan	Wirtschaftswoche	52
01.07.2004	Täter statt Opfer	Wirtschaftswoche	28
09.07.2004	Geringere Polymervielfalt verspricht mehr Gewinn	VDI Nachrichten	11
16.07.2004	Die Deutschland-Aktie würde ich sofort kaufen	VDI Nachrichten	16
16.07.2004	Honda Jazz für Westeuropa	VDI Nachrichten	14
21.07.2004	Bosch erreicht Sparprogramme in Frankreich	Handelsblatt	14
22.07.2004	Verlassen und verkauft	Wirtschaftswoche	34
23.07.2004	Chipindustrie in der Kostenfalle	VDI Nachrichten	17
23.07.2004	Das starke Herz der deutschen Wirtschaft	Manager Magazin	84
04.08.2004	BLG hat Etikettenschwindel nicht nötig	Handelsblatt	12
05.08.2004	Wir fürchten uns nicht	Wirtschaftswoche	26
11.08.2004	China lockt Investoren in Scharen an	Handelsblatt	6
12.08.2004	Deutsche Maschinenbauer verlagern Produktion ins	Handelsblatt	1
13.08.2004	MAN Nutzfahrzeuge kommt im Reich der Mitte auf Toure	VDI Nachrichten	12
20.08.2004	Wir wollen in Asien stärker als in anderen Weltmärkt	VDI Nachrichten	7
20.08.2004	China dreht auf	Manager Magazin	86
20.08.2004	Schneller als Japan	Manager Magazin	99
31.08.2004	Engpässe in der Infrastruktur bremsen Chinas Wirtsch	Handelsblatt	8
31.08.2004	Mittelständler verlassen Deutschland	Handelsblatt	6
01.09.2004	BASF baut neuen Standort in China	Handelsblatt	11
09.09.2004	Heineken sieht Ende der Dollar-Probleme	Handelsblatt	17
13.09.2004	Der Häretiker	Handelsblatt	7
14.09.2004	Automobil-Zulieferer expandieren fast nur noch	Handelsblatt	9
16.09.2004	Der Kampf gegen die Überläufer	Wirtschaftswoche	23
16.09.2004	Unaufhaltsame Lawine	Wirtschaftswoche	68
16.09.2004	Wege finden	Wirtschaftswoche	60
17.09.2004	Die VDI Nachrichten fragen	VDI Nachrichten	2
22.09.2004	Michelin verordnet deutschen Werken ein Sparprogramm	Handelsblatt	19
23.09.2004	Perspektiven	Wirtschaftswoche	206
24.09.2004	Zulieferer drängen verstärkt nach China und Osteurop	VDI Nachrichten	29
24.09.2004	Die leisen Sieger	Manager Magazin	226
29.09.2004	Adidas nimmt Zulieferer in die Pflicht	Handelsblatt	16
30.09.2004	China wird Exporteur	Wirtschaftswoche	14
30.09.2004	Farbe gegen Fälscher	Wirtschaftswoche	16
30.09.2004	Näher rücken	Wirtschaftswoche	56
30.09.2004	Gemeinsame Erfahrung der Teilung	Wirtschaftswoche	48
30.09.2004	Reiche Ernte erwartet	Wirtschaftswoche	142
30.09.2004	Deutsch-chinesischer Kongress	Wirtschaftswoche	8
06.10.2004	Renault produziert Logan ab 2006 auch im Iran	Handelsblatt	12
08.10.2004	Überragende Leistungen	VDI Nachrichten	17
08.10.2004	Wir halten wenig vom Outsourcen	VDI Nachrichten	26
08.10.2004	Auch für Mittelständler gibt es keine Ausreden mehr	VDI Nachrichten	2
15.10.2004	Kunststoffindustrie expandiert nach Asien	VDI Nachrichten	21
20.10.2004	Die Wahrheit kommt ans Licht	Handelsblatt	11
20.10.2004	Gesucht sind intelligente Lösungen	Handelsblatt	c02
22.10.2004	Deutsche Materialfluss-Firmen erfolgreich	VDI Nachrichten	28
22.10.2004	Deutsche Industrieproduktion: Billigimporte	VDI Nachrichten	1
22.10.2004	Innovative Chemie kann sich weltweit behaupten	VDI Nachrichten	8
22.10.2004	Heimliche Champions	Manager Magazin	124
28.10.2004	Rollende Gesichter	Wirtschaftswoche	42
28.10.2004	Expansion nach China	Wirtschaftswoche	84
02.11.2004	Toyota will mehr im Ausland produzieren	Handelsblatt	15
05.11.2004	Risiken neuer Standorte werden häufig unterschätzt	VDI Nachrichten	4
11.11.2004	Drohende Auszehrung	Wirtschaftswoche	60
12.11.2004	Pischetsrieder ändert das Machtgefüge	Handelsblatt	15
12.11.2004	Industrie: Vor hundert Jahren	VDI Nachrichten	10
12.11.2004	Produktion: Weiche Landung	VDI Nachrichten	10
12.11.2004	Druckluft expandiert mit Hightech	VDI Nachrichten	14
12.11.2004	Industrie: Ausland lockt	VDI Nachrichten	1
15.11.2004	VW streicht ehrgeizige China-Pläne zusammen	Handelsblatt	15
16.11.2004	ASEAN eignet sich ideal als Zweitstandort	Handelsblatt	8
18.11.2004	Wie sich Asien gegen China behaupten kann	Wirtschaftswoche	46

Datum	Titel	Zeitung	Seite
19.11.2004	Autoindustrie: Ford investiert	VDI Nachrichten	28
19.11.2004	World engineering index	VDI Nachrichten	30
19.11.2004	Studenten und Jungingenieure	VDI Nachrichten	51
19.11.2004	Verkehr: Bahnsystemhaus baut	VDI Nachrichten	18
19.11.2004	Studie: Berater geben Tipps	VDI Nachrichten	10
19.11.2004	Der Rund-Erneuerer	Manager Magazin	62
22.11.2004	Leichte Beute	Handelsblatt	9
23.11.2004	Asien wird Hauptstandort der Chemie	Handelsblatt	12
25.11.2004	Volkswagen unter Druck	Wirtschaftswoche	9
26.11.2004	Produkte müssen chinafähig sein	Handelsblatt	b05
26.11.2004	Weltmarktführer	VDI Nachrichten	17
29.11.2004	Kooperation statt Konfrontation	Handelsblatt	11
02.12.2004	Eine Frage der Ehre	Wirtschaftswoche	70
03.12.2004	Wettbewerb fordert und fördert	VDI Nachrichten	15
03.12.2004	Globalisierung: Bosch Rexroth investiert	VDI Nachrichten	18
06.12.2004	Letzte deutsche Skiproduktion in Gefahr	Handelsblatt	10
08.12.2004	EADS will mehr in China fertigen	Handelsblatt	13
09.12.2004	Globalisierung verleiht Indien Aufwind	Handelsblatt	6
09.12.2004	Böses Erwachen	Wirtschaftswoche	142
09.12.2004	Nur Lippenbekenntnisse	Wirtschaftswoche	46
10.12.2004	Bahn: Auftrag für 350 Mio.	VDI Nachrichten	10
10.12.2004	Deutsch-chinesische Zusammenarbeit	VDI Nachrichten	33
14.12.2004	IBM gründet Joint Venture in China	Handelsblatt	14
17.12.2004	Simulation: Produktion auf dem virtuellen Prüfstand	VDI Nachrichten	20
20.12.2004	Adidas-Tochter Salomon verlagert Produktion	Handelsblatt	14
22.12.2004	Toshiba verlagert PC-Produktion nach China	Handelsblatt	15
23.12.2004	Wir müssen unsere Produktion im Dollarraum stärken	Handelsblatt	20
23.12.2004	Nichts wie raus hier	Wirtschaftswoche	80
23.12.2004	Blick nach vorn	Wirtschaftswoche	94
07.01.2005	Produktion im Ausland sichert Arbeitsplätze	VDI Nachrichten	2
14.01.2005	Machtkampf in Fernost	Handelsblatt	2
20.01.2005	Standort Deutschland: Licht und Schatten liegen eng	Handelsblatt	6
26.01.2005	Eurocopter setzt auf Militärhubschrauber	Handelsblatt	16
27.01.2005	Der Mann der Woche	Wirtschaftswoche	14
28.01.2005	Kommentar	VDI Nachrichten	17
31.01.2005	Wie erobere ich einen schwierigen Markt	Handelsblatt	004
04.02.2005	Preiswertes Klangverngügen	VDI Nachrichten	19
09.02.2005	Höhere Löhne, Skandale und knappe Rohstoffe	Handelsblatt	8
11.02.2005	US-Regierung prüft IBM-Lenovo-Deal	VDI Nachrichten	8
11.02.2005	Informationstechnik wird wieder zur treibenden Kraft	VDI Nachrichten	33
14.02.2005	Siemens fokussiert auf Indien und China	Handelsblatt	12
16.02.2005	Glaskonzern Schott investiert in die Zukunftsmärkte	Handelsblatt	16
17.02.2005	Auf Talfahrt	Wirtschaftswoche	24
17.02.2005	Kleine Stoffe	Wirtschaftswoche	38
18.02.2005	Chemie	VDI Nachrichten	16
22.02.2005	Überregulierung bedroht Chemie-Industrie	Handelsblatt	6
24.02.2005	Solvay meldet sich mit Rekordgewinn zurück	Handelsblatt	12
03.03.2005	Inbev steigert den Absatz in Osteuropa	Handelsblatt	13
04.03.2005	Daimler will es in Asien alleine schaffen	Handelsblatt	15
11.03.2005	Wiedergeburt eines Riesen	Handelsblatt	8
11.03.2005	Mercedes Hybrid-Sprinter	VDI Nachrichten	23
15.03.2005	Auslandsinvestitionen auf Rekordhoch	Handelsblatt	5
17.03.2005	Fabelhafte Biker-Boys	Wirtschaftswoche	52
18.03.2005	Der China-Deal	Manager Magazin	86
18.03.2005	Global Playerchen	Manager Magazin	104
23.03.2005	Persönliche Kontakte sind das A und O	Handelsblatt	c05
24.03.2005	Automobilbranche blickt weiter in Richtung Osten	VDI Nachrichten	41
01.04.2005	Herrn Rakows Gespür für den Trend	VDI Nachrichten	3
01.04.2005	Produktionsverbund bringt Vorteile	VDI Nachrichten	18
07.04.2005	Neue Partitur	Handelsblatt	20
07.04.2005	Farbige Drähte	Wirtschaftswoche	46
08.04.2005	Chinas kurzer Marsch auf die großen Automärkte	VDI Nachrichten	18
15.04.2005	Wissen ist unser kostbarstes Gut	VDI Nachrichten	22

Datum	Titel	Zeitung	Seite
18.04.2005	Vorsprung durch Forschung	Handelsblatt	003
21.04.2005	Sonst verrecken wir	Wirtschaftswoche	13
22.04.2005	Wir profitieren vom Bedarf an optimierten	VDI Nachrichten	16
22.04.2005	Das Phantom spricht	Manager Magazin	70
28.04.2005	Tore zur Welt	Wirtschaftswoche	30
28.04.2005	Wachsen oder Weichen	Wirtschaftswoche	76
29.04.2005	Möbelproduzenten ordern vor allem Flexibilität	VDI Nachrichten	14
05.05.2005	Briefe	Wirtschaftswoche	110
05.05.2005	Von Toyota lernen	Wirtschaftswoche	14
05.05.2005	Neue Familie	Wirtschaftswoche	63
09.05.2005	Wir haben Chancen in Europa	Handelsblatt	2
12.05.2005	Lieber auf die sanfte Tour	Wirtschaftswoche	124
18.05.2005	Ein Volkswagen für China	Handelsblatt	18
18.05.2005	Gefahr aus Fernost	Handelsblatt	11
20.05.2005	Aufwertung des Yuan	VDI Nachrichten	7
20.05.2005	Honda startet Chinas Export-Offensive	VDI Nachrichten	7
25.05.2005	Neue Anforderungen an die Logistik-Fachleute	Handelsblatt	c03
27.05.2005	Nintendo dämpft Gewinnerwartungen	Handelsblatt	18
27.05.2005	Die Fabrik Europas	Manager Magazin	94
27.05.2005	Hall of Fame	Manager Magazin	76
27.05.2005	Überleben in Deutschland	Manager Magazin	126
27.05.2005	Riskantes Geschäft	Manager Magazin	86
30.05.2005	Marktchancen vor Ort nutzen	Handelsblatt	001
02.06.2005	Ungleiche Zwillinge	Wirtschaftswoche	68
03.06.2005	Erneuerbare Energien suchen Chancen in China	VDI Nachrichten	12
03.06.2005	Grohe: Sinnvolle Sanierung oder Ausbluten?	VDI Nachrichten	6
03.06.2005	Wir haben auch in Deutschland gute Perspektiven	VDI Nachrichten	18
08.06.2005	Heidelberger Druck geht nach China	Handelsblatt	16
08.06.2005	Sanierung in der Feinchemie bereitet große Probleme	Handelsblatt	20
10.06.2005	Maschinenbau-Markt China	VDI Nachrichten	43
16.06.2005	Daimler darf in China Limousinen produzieren	Handelsblatt	15
16.06.2005	Bewusstsein geändert	Wirtschaftswoche	32
17.06.2005	Lanxess restrukturiert und sendet ermutigende Signal	Handelsblatt	14
24.06.2005	Nur schöner Schein	Manager Magazin	48
27.06.2005	Honda exportiert Autos aus China nach Deutschland	Handelsblatt	13
30.06.2005	Der Diebstahl geistigen Eigentums	Wirtschaftswoche	3
01.07.2005	Robuste Mobilrechner trotzen Schmutz und Feuchtigkei	VDI Nachrichten	18
07.07.2005	Castro – oder Revolution auf israelisch	Handelsblatt	8
07.07.2005	Hartz V	Wirtschaftswoche	42
14.07.2005	Langer Atem	Wirtschaftswoche	48
14.07.2005	Proteste in China	Wirtschaftswoche	11
22.07.2005	Handarbeit statt Automatisierung	VDI Nachrichten	7
22.07.2005	Deutschland kriegt die Kurve	Manager Magazin	74
22.07.2005	Hungrig und verrückt	Manager Magazin	52
25.07.2005	Deutsche Industrie bleibt noch gelassen	Handelsblatt	29
28.07.2005	Geld nach Ansage	Wirtschaftswoche	100
29.07.2005	Tausend Mitarbeiter sind Tausend Erfinder	VDI Nachrichten	14
01.08.2005	VW mit überraschend guten Ergebnissen	Handelsblatt	14
05.08.2005	Zurück ins Hochlohnland	Handelsblatt	k01
05.08.2005	Linde baut Geschäft in China aus	Handelsblatt	12
12.08.2005	Wie fühlt man sich eigentlich...	Handelsblatt	k01
12.08.2005	MAN-Konzern verhandelt über Produktion in Indien	Handelsblatt	11
12.08.2005	Quoten für Textilimporte aus China umstritten	VDI Nachrichten	5
18.08.2005	Miele trotzt der Konsumflaute	Handelsblatt	10
22.08.2005	Auf dem Sprung nach Asien	Handelsblatt	001
24.08.2005	Textilhandel sprengt längst alle Grenzen	Handelsblatt	2
25.08.2005	Volkswagen-Führung stellt deutsche Standorte in Frag	Handelsblatt	1
01.09.2005	Nürnberger AEG-Werk vor dem Aus	Handelsblatt	11
01.09.2005	Nur billiger	Wirtschaftswoche	14
09.09.2005	Balda profitiert vom Boom in Asien	Handelsblatt	38
09.09.2005	Deutschland bleibt Automobilstandort	VDI Nachrichten	2
12.09.2005	Produktionsstandort China birgt Risiken	Handelsblatt	001
15.09.2005	Die Rückkehrer	Wirtschaftswoche	53

Datum	Titel	Zeitung	Seite
23.09.2005	Keine Arbeitsplatzgarantie für Handy-Standorte	Handelsblatt	15
23.09.2005	Rückkehr	VDI Nachrichten	2
23.09.2005	Terminals werden zurückgenommen	VDI Nachrichten	13
23.09.2005	Der China-Cracker	Manager Magazin	92
28.09.2005	Kooperationen helfen beim Gang nach China	Handelsblatt	c02
29.09.2005	Grausame Wachmacher	Wirtschaftswoche	102
29.09.2005	Spezial Logistik	Wirtschaftswoche	55
30.09.2005	Die Möbel retten, wenn es brennt	VDI Nachrichten	28
05.10.2005	Auslagerung nach China oder Indien ist nicht nur	Handelsblatt	c04
06.10.2005	Best of Show	Wirtschaftswoche	50
12.10.2005	Opel ist umsatzstärkstes US-Unternehmen in Deutschla	Handelsblatt	15
13.10.2005	Produktionsverlagerung nicht immer erfolgreich	Handelsblatt	19
17.10.2005	Airbus lagert im großen Stil Geschäft aus	Handelsblatt	11
21.10.2005	Neue Bandgeneration senkt Kosten	VDI Nachrichten	17
21.10.2005	Brennpunkt Asien	Manager Magazin	164
21.10.2005	Starkes Comeback	Manager Magazin	252
27.10.2005	Gas geben	Wirtschaftswoche	62
27.10.2005	Ohne Beispiel	Wirtschaftswoche	28
27.10.2005	Ins grübeln	Wirtschaftswoche	68
27.10.2005	Große Aufholjagd	Wirtschaftswoche	50
27.10.2005	Wer bremst, verliert	Wirtschaftswoche	99
28.10.2005	In China baut die Chemie	VDI Nachrichten	14
03.11.2005	Neue Aufträge, starke Preise	Wirtschaftswoche	132
03.11.2005	Ernst und Scherz	Wirtschaftswoche	78
04.11.2005	Chipmarkt vor weicher Landung	VDI Nachrichten	16
07.11.2005	EU steht vor Handelsstreit mit Peking um Autos	Handelsblatt	8
07.11.2005	Transplantationsbank China	Handelsblatt	16
11.11.2005	Zahl der Jobs sinkt weiter	VDI Nachrichten	27
16.11.2005	Vaillant plant weitere Expansion	Handelsblatt	12
17.11.2005	Gemeinsame Sache	Wirtschaftswoche	145
17.11.2005	Nur einen Schuss frei	Wirtschaftswoche	76
17.11.2005	IT neu bewertet	Wirtschaftswoche	13
18.11.2005	Bosch verstärkt Investitionen in China	Handelsblatt	17
18.11.2005	Aus den Unternehmen	VDI Nachrichten	24
18.11.2005	Chips & Co. verfehlen die Erwartungen	VDI Nachrichten	1
18.11.2005	Globalisierung nicht auf China begrenzt	VDI Nachrichten	7
18.11.2005	Siemens erhält Großauftrag	VDI Nachrichten	10
21.11.2005	VW China wird chinesischer	Handelsblatt	14
25.11.2005	Storopack plant Expansion in China	Handelsblatt	20
25.11.2005	Geld einsammeln, wenn es günstig ist	VDI Nachrichten	17
25.11.2005	Wir nehmen unseren Mitbewerbern	VDI Nachrichten	16
07.12.2005	Airbus weckt Angst vor China-Kopien	Handelsblatt	17
07.12.2005	Siemens mit starkem Wachstum in China	Handelsblatt	17
08.12.2005	Großes Wagnis	Wirtschaftswoche	12
13.12.2005	Siemens baut Geschäft in China weiter aus	Handelsblatt	16
22.12.2005	Verlierer sind die Massenhersteller	Wirtschaftswoche	94
23.12.2005	Türkei spürt Lohndruck	Handelsblatt	42
03.01.2006	Expansion vor allem in Asien	Handelsblatt	18
09.01.2006	China plant Airbus-Konkurrenten	Handelsblatt	12
12.01.2006	Trost in neuen Partnerschaften	Handelsblatt	12
13.01.2006	Kurzfristiges Renditedenken	Handelsblatt	18
13.01.2006	Die Auslagerungswelle ist abgeebbt	VDI Nachrichten	4
13.01.2006	Aus den Unternehmen	VDI Nachrichten	16
20.01.2006	Veranstaltungen der Bezirksvereine	VDI Nachrichten	37
23.01.2006	Alle profitieren von offenen Märkten	Handelsblatt	2
26.01.2006	BASF plant weitere Kunststoff-Anlage in China	Handelsblatt	26
27.01.2006	Conti verspricht steigende Gewinne	Handelsblatt	18
27.01.2006	Sportindustrie fürchtet Importzölle	Handelsblatt	20
27.01.2006	Der deutsche Standort ist besser als sein Ruf	VDI Nachrichten	18
31.01.2006	Autokonzerne entdecken indischen Markt	Handelsblatt	12
03.02.2006	Wir machen hier nicht die Lichter aus	VDI Nachrichten	24
09.02.2006	China lockt Maschinenbauer	Handelsblatt	16
10.02.2006	Leifheit profitiert von Radikalkur	Handelsblatt	15

Datum	Titel	Zeitung	Seite
17.02.2006	Über den Wolken	Manager Magazin	104
21.02.2006	EU plant Strafzölle gegen Schuhe aus Asien	Handelsblatt	5
24.02.2006	Conti lässt die Muskeln spielen	Handelsblatt	11
01.03.2006	Eine einmalige historische Chance	Handelsblatt	2
03.03.2006	Pressenbauer leben von der Globalisierung	VDI Nachrichten	14
10.03.2006	Den Märkten hinterherfliegen	VDI Nachrichten	8
10.03.2006	Kreativität und Engagement sind genauso wichtig	VDI Nachrichten	32
17.03.2006	Fertigungsnetze erfolgreich etablieren	VDI Nachrichten	14
21.03.2006	Volvo jetzt auch made in China	Handelsblatt	15
24.03.2006	Champion auf Bewährung	Manager Magazin	84
24.03.2006	Die Zukunft der Arbeit	Manager Magazin	120
27.03.2006	Das war	Wirtschaftswoche	10
27.03.2006	Eine interessante Wette	Wirtschaftswoche	164
31.03.2006	Die Risiken und Gefahren des Zukunftsmarkts China	VDI Nachrichten	2
03.04.2006	Bangalore in Böhmen	Wirtschaftswoche	24
04.04.2006	Tipps für den Zukauf in China	Handelsblatt	23
04.04.2006	Neue Modelle sollen VW in China aufpäppeln	Handelsblatt	20
07.04.2006	Die Schrumpfkur ist jetzt vorbei	VDI Nachrichten	37
19.04.2006	Staatsanwälte stochern bei Hyundai	Handelsblatt	14
21.04.2006	Der Ausbildungstipp	VDI Nachrichten	35
24.04.2006	Thyssen-Krupp will Umsatz in China verdoppeln	Handelsblatt	20
24.04.2006	Schnell expandieren	Wirtschaftswoche	122
27.04.2006	Lanxess setzt ganz auf Asien	Handelsblatt	15
29.04.2006	Mehr Ostwaren	Wirtschaftswoche	18
05.05.2006	Windkraft: Luft raus aus China	VDI Nachrichten	32
08.05.2006	Offensiv in Indien	Wirtschaftswoche	14
12.05.2006	Der Druck auf Airbus steigt	VDI Nachrichten	6
16.05.2006	Chemie für die Welt	Handelsblatt	20
19.05.2006	Wir kommen am Standort Deutschland gut zurecht	VDI Nachrichten	20
19.05.2006	Markensammler investieren in Traditionsfirmen	VDI Nachrichten	19
22.05.2006	Riesige DDR	Wirtschaftswoche	26
23.05.2006	Vaillant wagt den Schritt nach China	Handelsblatt	17
24.05.2006	Exporte nach China stiegen 2005 nur marginal	Handelsblatt	3
24.05.2006	Das beste aus aller Welt	Manager Magazin	206
26.05.2006	Produktpiraten machen auch Chinesen immer häufiger	VDI Nachrichten	29
26.05.2006	Wir arbeiten hart daran, vernünftige Margen zu erzie	VDI Nachrichten	28
03.06.2006	Mit der Nase	Wirtschaftswoche	60
03.06.2006	Neue Säulen	Wirtschaftswoche	94
12.06.2006	Deutsche Wertarbeit	Wirtschaftswoche	158
16.06.2006	Globalisierung stärkt deutsche Wettbewerbsfähigkeit	VDI Nachrichten	1
23.06.2006	Volkswagen kämpft um chinesische Kunden	Handelsblatt	19
27.06.2006	Globales Missverständnis	Handelsblatt	11
30.06.2006	Spagat zwischen Ethik und Gewinnstreben	VDI Nachrichten	25
07.07.2006	Osteuropa für Produktion attraktiv	VDI Nachrichten	13
11.07.2006	Niedrige Kosten sind nicht alles	Handelsblatt	18
11.07.2006	BASF und Sinopec bauen Chemiewerk in China aus	Handelsblatt	14
14.07.2006	Die Oberklasse sit für uns durchaus ein Thema	VDI Nachrichten	15
17.07.2006	Zum Zahlen erzieht	Wirtschaftswoche	82
21.07.2006	Selbst bei starkem Wachstum	VDI Nachrichten	14
21.07.2006	Wir steigen nicht aus	Manager Magazin	46
21.07.2006	Der Problembär	Manager Magazin	50
21.07.2006	Klingeltod	Manager Magazin	62
25.07.2006	Allianzen bringen Fiat in Fahrt	Handelsblatt	11
31.07.2006	Im Zweijahrestakt	Wirtschaftswoche	60
01.08.2006	Neue Grenzen	Handelsblatt	8
11.08.2006	INA stolpert in China	Handelsblatt	14
21.08.2006	Apple ermahnt Lieferanten aus China	Handelsblatt	16
21.08.2006	Wieder belebt	Wirtschaftswoche	48
23.08.2006	Erste japanische Firmen überdenken ihr Engagement	Handelsblatt	7
25.08.2006	Wir setzen künftig noch stärker auf Local Engineerin	VDI Nachrichten	13
28.08.2006	Sozialer Kapitalismus	Wirtschaftswoche	22
30.08.2006	SAIC bildet chinesischen Auto-Riesen	Handelsblatt	12
04.09.2006	Das einzig richtige	Wirtschaftswoche	118

Datum	Titel	Zeitung	Seite
06.09.2006	Bayer expandiert in China	Handelsblatt	20
07.09.2006	VW macht in China wieder Gewinn	Handelsblatt	15
08.09.2006	China: Schluss mit billig	VDI Nachrichten	24
08.09.2006	Nominiert für Excellence in Procution	VDI Nachrichten	22
08.09.2006	Über Shanghai an die Spitze	VDI Nachrichten	26
11.09.2006	Prestige aus Deutschland für Geschäfte in Fernost	Handelsblatt	b03
11.09.2006	Deutschland ist weltweit Technologieführer	Handelsblatt	b04
11.09.2006	Mit vollen Büchern gegen raue Sitten	Handelsblatt	b04
15.09.2006	Wacker baut Werk in China kräftig aus	Handelsblatt	24
22.09.2006	In Asien brummen die LKW-Motoren	Handelsblatt	17
22.09.2006	Veranstaltungen der Bezirksvereine	VDI Nachrichten	47
22.09.2006	XXL-Brummi fördert Ruf als Jobmotor	VDI Nachrichten	33
22.09.2006	In China finden Kunststoffhersteller	VDI Nachrichten	23
27.09.2006	Handy-Zulieferer Balda schockt die Märkte	Handelsblatt	19
27.09.2006	Brückenkopf für das Geschäft mit China	Handelsblatt	b01
29.09.2006	Mit Mut und Biss	VDI Nachrichten	27
02.10.2006	Wunde Punkte	Wirtschaftswoche	28
02.10.2006	Ready for Take-off	Wirtschaftswoche	64
04.10.2006	Hochwertige Handys aus Deutschland	Handelsblatt	18
05.10.2006	EU verlängert Strafzölle für Asien	Handelsblatt	21
06.10.2006	BenQ-Mobile-Pleite	VDI Nachrichten	5
09.10.2006	Schritt zurück	Wirtschaftswoche	40
11.10.2006	Prüfstein China	Handelsblatt	10
16.10.2006	Die Finger danach lecken	Wirtschaftswoche	78
16.10.2006	Bin ich zu blöd	Wirtschaftswoche	113
19.10.2006	Standort Deutschland bereitet Maschinenbau Probleme	Handelsblatt	12
20.10.2006	Unsere Platten stecken in jedem vierten Handy	VDI Nachrichten	32
20.10.2006	Die Wiederentdeckung Deutschlands	Manager Magazin	206
20.10.2006	Schwäbische Lehrstunde	Manager Magazin	76
23.10.2006	Unterste Schublade	Wirtschaftswoche	3
26.10.2006	BenQ-Pleite reißt Zulieferer mit	Handelsblatt	13
26.10.2006	Glasmaschinenbauer profitieren von starker Stellung	Handelsblatt	20
27.10.2006	China bekommt sein eigenes Airbus-Werk	Handelsblatt	17
27.10.2006	Mit Doi Moi hat Vietnam Anschluss gefunden	VDI Nachrichten	27
30.10.2006	Wieder im Sattel	Wirtschaftswoche	162
31.10.2006	Schneider-Zukauf gilt als zu teuer	Handelsblatt	16
01.11.2006	Fiat kauft Motoren in China	Handelsblatt	16
03.11.2006	Aus den Unternehmen	VDI Nachrichten	22
13.11.2006	Weltweite Karawane	Wirtschaftswoche	106
20.11.2006	Audi-Chef: China wird zweiter Heimatmarkt	Handelsblatt	18
21.11.2006	Der Weg nach "Chindia" ist noch weit	Handelsblatt	2
24.11.2006	Mit Plattformkonzepten zur durchgängigen Automation	VDI Nachrichten	27
27.11.2006	Neue Dimension	Wirtschaftswoche	26
01.12.2006	Die Angst vor dem Sand im Getriebe	Handelsblatt	k03
08.12.2006	Hoover wird an TTI in Hongkong verkauft	Handelsblatt	18
08.12.2006	Menschenverachtende Handyteilefertigung in Asien	VDI Nachrichten	10
08.12.2006	Der Standort Deutschland erlebt eine Renaissance	VDI Nachrichten	12
15.12.2006	Rote Front	Manager Magazin	86
19.12.2006	Deutz gründet Joint Venture in China	Handelsblatt	15
21.12.2006	Leoni-Aktie unter Druck	Handelsblatt	11
03.01.2007	Daimler schmiedet neue Asien-Allianzen	Handelsblatt	16
05.01.2007	Die meisten Ideen stammen von unseren Kunden	VDI Nachrichten	17
05.01.2007	Stahlharter Wettstreit der Giganten	VDI Nachrichten	12
09.01.2007	A320 hält Airbus auf Kurs	Handelsblatt	11
18.01.2007	Conti verspricht weiteres Rekordjahr	Handelsblatt	12
26.01.2007	Auf den Markt hören	VDI Nachrichten	20
29.01.2007	Schmale Werkbank	Handelsblatt	8
29.01.2007	Wir müssen neu nachdenken	Wirtschaftswoche	57
31.01.2007	Qimonda plant Milliarden-Investition	Handelsblatt	12
09.02.2007	Mit Präzision Hidden Champion werden	VDI Nachrichten	12
16.02.2007	China läuft die Zeit davon	VDI Nachrichten	7
19.02.2007	Ende der Illusion	Handelsblatt	8
20.02.2007	Begehrt im Reich der Mitte	Handelsblatt	18

Datum	Titel	Zeitung	Seite
23.02.2007	Profis aus der Provinz	Manager Magazin	72
28.02.2007	Volvo kauft Hersteller von Baumaschinen	Handelsblatt	17
28.02.2007	Weltfabrik der Bohrmaschinen	Handelsblatt	16
02.03.2007	Schlechte Zeiten für Blechbatscher	Handelsblatt	16
02.03.2007	Veranstaltungen der Bezirksvereine	VDI Nachrichten	35
06.03.2007	Vor der Zerreißprobe	Handelsblatt	12
09.03.2007	Globale Produktentwicklung erfordert	VDI Nachrichten	9
12.03.2007	Qualitatives Wachstum	Wirtschaftswoche	43
14.03.2007	Intel darf Chipfabrik in China bauen	Handelsblatt	16
19.03.2007	Große Ziele	Wirtschaftswoche	154
30.03.2007	IT-News	VDI Nachrichten	12
02.04.2007	Die Nähe zum Kunden bleibt nur im Service	Handelsblatt	c01
02.04.2007	Pioniere in Fernost erzählen	Handelsblatt	18
02.04.2007	Schneller entwickeln	Wirtschaftswoche	38
04.04.2007	Fresenius-Tochter FMC setzt auf Asien	Handelsblatt	1
04.04.2007	Ressourcen im Gesundheitswesen werden knapper	Handelsblatt	15
10.04.2007	VW will in China Öko-Vorreiter sein	Handelsblatt	16
20.04.2007	Schluss mit dem Wanderzirkus	Handelsblatt	k01
20.04.2007	Erfolg mit Beziehungen und Geduld	VDI Nachrichten	35
23.04.2007	BMW stärkt Fertigung in China	Handelsblatt	12
30.04.2007	Japan gibt Gas	Handelsblatt	8
02.05.2007	2030 sind die Ostlöhne halb so hoch wie hier	Handelsblatt	6
04.05.2007	Bald mehr Handys als Zahnbürsten auf der Welt	VDI Nachrichten	19
08.05.2007	Boom statt Bomben	Handelsblatt	10
10.05.2007	Die Kinder kennen das Original	Handelsblatt	20
14.05.2007	Banken in Panik	Wirtschaftswoche	119
25.05.2007	Der Umgang mit chinesischen Kunden will gelernt sein	VDI Nachrichten	15
25.05.2007	Made in Germany	Manager Magazin	180
25.05.2007	Zweiter Fall USA?	Manager Magazin	20
26.05.2007	Neuer Stolz	Wirtschaftswoche	54
04.06.2007	Autozulieferer entdecken Standort Deutschland neu	Handelsblatt	c02
11.06.2007	Schieders Schreckgespenst	Handelsblatt	12
11.06.2007	Geselliger Angreifer	Wirtschaftswoche	98
13.06.2007	BASF will Kunststoffproduktion in China weiter	Handelsblatt	17
18.06.2007	Alstom	Wirtschaftswoche	146
18.06.2007	Eng und konturbetont	Wirtschaftswoche	90
22.06.2007	Wir investieren hier für 45 Mio. Euro	VDI Nachrichten	25
25.06.2007	Qualität kennt kein gut genug	Wirtschaftswoche	80
25.06.2007	Riskanter Kurs	Wirtschaftswoche	44
28.06.2007	BMW globalisiert die Fertigung	Handelsblatt	11
29.06.2007	Airbus fertigt seinen Bestseller in China	Handelsblatt	12
04.07.2007	BASF denk an weitere Kunststoff-Zukäufe	Handelsblatt	12
06.07.2007	In China wird so mancher eine böse Überraschung	VDI Nachrichten	15
13.07.2007	VW bringt neuen Passat in China auf den Markt	Handelsblatt	16
16.07.2007	Boom mit Auto, Chips und Solar	Wirtschaftswoche	128
27.07.2007	Chinesen produzieren Mercedes	VDI Nachrichten	13
30.07.2007	Kurs halten	Wirtschaftswoche	30
03.08.2007	Blei im Spielzeug belastet Mattel	Handelsblatt	11
03.08.2007	Chinesischen Herstellern auf die Finger schauen	VDI Nachrichten	4
06.08.2007	Das war	Wirtschaftswoche	8
16.08.2007	Pfusch aus Fernost	Handelsblatt	2
17.08.2007	Rückrufe schaden Chinas Produktionsbetrieben	VDI Nachrichten	4
22.08.2007	Motorenhersteller Deutz will erneut in China investi	Handelsblatt	12
23.08.2007	Von Sanierung zur Expansion	Handelsblatt	12
24.08.2007	Von Menschen und Mäusen	VDI Nachrichten	14
24.08.2007	Erleuchtende Gewinne	Manager Magazin	92
28.08.2007	In China geht es vorwärts, nicht rückwärts	Handelsblatt	7
29.08.2007	MAN bekräftigt Engagement in China	Handelsblatt	17
30.08.2007	Unterschätzt	Handelsblatt	8
07.09.2007	Selbstbewusstsein in China nimmt zu	VDI Nachrichten	26
14.09.2007	Mit jeder Verlagerung steigt das Sicherheitsrisiko	VDI Nachrichten	2
14.09.2007	Veranstaltungen der Bezirksvereine	VDI Nachrichten	53
18.09.2007	Industrie setzt auf Qualität	Handelsblatt	b12

Datum	Titel	Zeitung	Seite
21.09.2007	Made in China – und was nun?	Handelsblatt	15
21.09.2007	Bestnoten für Made in Germany	VDI Nachrichten	28
21.09.2007	Fertigung in Deutschland	VDI Nachrichten	25
21.09.2007	Die Produkte von Morgen	Manager Magazin	118
24.09.2007	Barbie macht den Kotau	Handelsblatt	14
24.09.2007	Canon beendet Produktion von Kopierern	Handelsblatt	16
28.09.2007	US-Firma ruft China-Laufställe zurück	Handelsblatt	20
28.09.2007	Woche in Kürze	VDI Nachrichten	27
01.10.2007	An der Schnittstelle	Wirtschaftswoche	114
01.10.2007	Agieren, nicht reagieren	Wirtschaftswoche	50
04.10.2007	Die Kehrseite des Booms	Handelsblatt	2
05.10.2007	Inzwischen schreibt Dürr wieder schwarze Zahlen	VDI Nachrichten	23
05.10.2007	Autoindustrie: Erfolgsstrategien für die nächsten Ja	VDI Nachrichten	9
09.10.2007	Vaillant kauft Marktführer in der Türkei	Handelsblatt	20
09.10.2007	Der Golfkrieg	Manager Magazin	110
12.10.2007	PC-Markt: Design künftig wichtiger	VDI Nachrichten	1
16.10.2007	Deutsche Firmen agieren sorglos	Handelsblatt	19
16.10.2007	Rückrufe drücken Mattel-Gewinn	Handelsblatt	16
19.10.2007	Manager geben Chinas Kurs gute Noten	Handelsblatt	3
26.10.2007	Asien treibt die Kunststoffbranche	VDI Nachrichten	22
29.10.2007	Continental baut Reifenwerk in China	Handelsblatt	14
02.11.2007	Perlen der Provinz	VDI Nachrichten	3
09.11.2007	Die Provinz macht chic	Handelsblatt	b03
23.11.2007	Feinripp und die Folgen	Manager Magazin	22
23.11.2007	Die Achsenmacht	Manager Magazin	42
23.11.2007	Wie der Schritt ins Ausland klappt	Manager Magazin	276
27.11.2007	Sanofi baut in China für 100 Millionen neues Werk	Handelsblatt	18
28.11.2007	Viessmann stärkt internationales Geschäft	Handelsblatt	19
03.12.2007	Besser im Osten	Wirtschaftswoche	174
03.12.2007	Impulse im Kloster	Wirtschaftswoche	84
03.12.2007	Verbrauch ist das wichtigste Kriterium	Wirtschaftswoche	105
04.12.2007	Daimler justiert LKW-Geschäft neu	Handelsblatt	18
04.01.2008	Fachkräftemangel lässt Chipfirmen abwandern	VDI Nachrichten	7
07.01.2008	Am Hillary Step	Wirtschaftswoche	62
11.01.2008	VW fährt Konkurrenz in China davon	Handelsblatt	17
11.01.2008	IT-News	VDI Nachrichten	8
11.01.2008	Wir können in Europa noch lange produzieren	VDI Nachrichten	16
18.01.2008	Rekordjahr für die Luftfahrtindustrie	VDI Nachrichten	5
22.01.2008	Die Zulieferer als Nachbarn	Handelsblatt	19
25.01.2008	Die Rahmenbedingungen hier sind einzigartig	VDI Nachrichten	21
28.01.2008	Kühl gerechnet	Wirtschaftswoche	46
30.01.2008	Asiens Spitzenstandorte werden teuer	Handelsblatt	7
08.02.2008	Die Woche in Kürze	VDI Nachrichten	25
08.02.2008	Produktion in Fernost oft nicht billiger	VDI Nachrichten	20
11.02.2008	Ausflug mit Familie	Wirtschaftswoche	84
13.02.2008	Daimler Reloaded	Handelsblatt	10
22.02.2008	Wir kooperieren leidenschaftlich gerne	VDI Nachrichten	20
22.02.2008	Das Duell	Manager Magazin	34
25.02.2008	Elektroautos sind rentabel	Wirtschaftswoche	60
29.02.2008	Von der Sättigung des Solarmarktes sind wir noch	VDI Nachrichten	27
03.03.2008	EADS rollt den US-Markt auf	Handelsblatt	1
10.03.2008	Continental prüft weitere Werksschließung	Handelsblatt	14
10.03.2008	Langfristig neue Jobs	Wirtschaftswoche	16
12.03.2008	Reinigungsspezialist Kärcher weiter auf Wachstumskurs	Handelsblatt	17
17.03.2008	Zaghafte Schritte in den fernen Osten	Handelsblatt	1
17.03.2008	Kunden gefolgt	Wirtschaftswoche	18
19.03.2008	Lindt will China Schokoladenkultur lehren	Handelsblatt	16
28.03.2008	Werkzeugmaschinenbauer bleiben optimistisch	VDI Nachrichten	13
01.04.2008	Der Westen wird billig	Handelsblatt	19
11.04.2008	Internationalisierung als Garant für Geschäftserfolg	VDI Nachrichten	18
21.04.2008	Audi will den Absatz im Reich der Mitte verdoppeln	Handelsblatt	18
23.04.2008	Fernbleiben ist auch eine Strategie	Handelsblatt	7
25.04.2008	Nach dem Wunder	Manager Magazin	112

Datum	Titel	Zeitung	Seite
08.05.2008	Heideldruck setzt den Rotstift an	Handelsblatt	15
10.05.2008	Wieder in der Spur	Wirtschaftswoche	139
16.05.2008	Arbeitsplätze auf Wanderschaft	VDI Nachrichten	29
16.05.2008	Pharmazeutische Spezialverpackungen aus Glas	VDI Nachrichten	17
19.05.2008	Schäden von 20 Milliarden Dollar	Handelsblatt	9
19.05.2008	Direkte Drohung	Wirtschaftswoche	68
19.05.2008	Wir bauen Zeitmaschinen	Wirtschaftswoche	104
20.05.2008	Die unterschätzte Macht	Handelsblatt	9
23.05.2008	Wir sind kein Sanierungsfall	Handelsblatt	21
23.05.2008	Wir haben uns erfolgreich in Nischenmärkten platziert	VDI Nachrichten	21
23.05.2008	Ingenieure gesucht wie nie	VDI Nachrichten	23
30.05.2008	Hidden Champions folgen dem gesunden Menschenverstan	VDI Nachrichten	2
02.06.2008	Unsere lieben Nachbarn	Wirtschaftswoche	64
06.06.2008	Manager loben deutsche Innovationskraft	VDI Nachrichten	1
06.06.2008	Weltmeister bei Werkzeugstahl	VDI Nachrichten	29
16.06.2008	Konzerne im Visier	Wirtschaftswoche	65
24.06.2008	Asien verliert seine Kostenvorteile	Handelsblatt	14
27.06.2008	China als zweiter Heimatmarkt	VDI Nachrichten	9
30.06.2008	Segeln und sägen	Wirtschaftswoche	42
02.07.2008	Steiff holt Produktion aus China zurück	Handelsblatt	14
02.07.2008	Anlagenbauer Singulus verlagert Fertigung nach China	Handelsblatt	14
04.07.2008	Jeder fünfte Betrieb bereut Gang ins Ausland	Handelsblatt	21
04.07.2008	Die Lizenz zum Abkupfern	Handelsblatt	23
08.07.2008	Standorte der Zukunft	Handelsblatt	7
09.07.2008	Peking macht vor Olympia deutsche Fabriken dicht	Handelsblatt	3
10.07.2008	Deutsche Firmen verklagen Peking	Handelsblatt	1
11.07.2008	Heideldruck spart halbherzig	Handelsblatt	17
11.07.2008	Deutsche Qualität Made in China	VDI Nachrichten	20
11.07.2008	Produktionsverlagerung ins Ausland ist oft ein Irrwe	VDI Nachrichten	12
18.07.2008	Wir kontrollieren auch unangemeldet	VDI Nachrichten	18
24.07.2008	Keine positive Botschaft	Handelsblatt	12
25.07.2008	Elektroautos werden in großen urbanen Gegenden eine	VDI Nachrichten	9
25.07.2008	Deals mit Despoten	Manager Magazin	74
25.07.2008	Massenhaft Probleme	Manager Magazin	28
28.07.2008	Betrieb schließen	Wirtschaftswoche	38
28.07.2008	Fünf Fabriken zuviel	Wirtschaftswoche	46
28.07.2008	Schlechtes Gewissen	Wirtschaftswoche	43
29.07.2008	Daimler baut Laster in China	Handelsblatt	14
08.08.2008	Daimler besiegelt LKW-Allianz in China	Handelsblatt	16
08.08.2008	Blaues Wunder	VDI Nachrichten	4
18.08.2008	Kostenexplosion bremst Boom in China	Handelsblatt	1
21.08.2008	Guru gegen Glückskeks	Manager Magazin	1
22.08.2008	In den Osten zu gehen, war meine beste Entscheidung	VDI Nachrichten	30
22.08.2008	Der Mitarbeiter ist nicht nur eine Nummer	VDI Nachrichten	35
22.08.2008	Jahr der Entscheidung	Manager Magazin	26
22.08.2008	Prinzip Hoffnung	Manager Magazin	86
25.08.2008	Bock zum Gärtner gemacht	Wirtschaftswoche	167
25.08.2008	Bier und Profit	Wirtschaftswoche	104
01.09.2008	Auferstanden aus Ruinen	Wirtschaftswoche	84
04.09.2008	Made in Europe	Handelsblatt	11
08.09.2008	Augeben? Niemals!	Handelsblatt	13
15.09.2008	Deutsche Firmen zieht es in den Osten	Handelsblatt	4
15.09.2008	Voller Einsatz für Chinas Brauereien	Handelsblatt	3
17.09.2008	Computer kommen jetzt mit dem Zug aus China	Handelsblatt	16
19.09.2008	EU-Staaten fordern Ende der Strafzölle gegen Schuhe	Handelsblatt	9
19.09.2008	Auch der Mittelstand geht mutig Richtung Osten	Handelsblatt	4
19.09.2008	Schutzzölle laden ausländische Investoren ein	VDI Nachrichten	29
22.09.2008	Beim Klimaschutz gibt es kein Bremsen	Wirtschaftswoche	60
22.09.2008	Kein Pardon	Wirtschaftswoche	22
25.09.2008	Finanzkrise bremst Engagement im Ausland	Handelsblatt	7
29.09.2008	In China aufs Kreuz gelegt und daraus gelernt	Handelsblatt	18
30.09.2008	Toyota kürzt Produktion in China	Handelsblatt	17
06.10.2008	Schrittweise mehr für die Menschenrechte	Wirtschaftswoche	18

Datum	Titel	Zeitung	Seite
06.10.2008	Beliebter Schaum	Wirtschaftswoche	7
06.10.2008	Die Zeit der Geschenke ist vorbei	Wirtschaftswoche	60
08.10.2008	Außenhandel rettet deutsche Hersteller	Handelsblatt	22
10.10.2008	Chinesische Mauer um den Windenergie-Markt	VDI Nachrichten	18
24.10.2008	Maschinenschaden	Manager Magazin	70
04.11.2008	Pepsico investiert in China	Handelsblatt	20
05.11.2008	Die Krise bietet auch Chancen	Handelsblatt	2
07.11.2008	Unser Ziel ist es, Systemlieferant zu werden	VDI Nachrichten	18
10.11.2008	In der Krise nicht an Qualität sparen	Handelsblatt	2
17.11.2008	Prinzip Hoffnung	Wirtschaftswoche	58
17.11.2008	Fehler Vermeiden	Wirtschaftswoche	44
21.11.2008	Elektronikfertigung als Service	VDI Nachrichten	12
21.11.2008	Auf gläsernen Füßen	Manager Magazin	22
24.11.2008	In China wächst die Angst vor sozialen Unruhen	Handelsblatt	8
28.11.2008	Schlank produzieren reicht für Deutschland nicht aus	VDI Nachrichten	2
04.12.2008	VW peilt in China Absatzrekord an	Handelsblatt	14
12.12.2008	Energiespiegel	VDI Nachrichten	16
15.12.2008	Geplatzter Deal	Wirtschaftswoche	34
18.12.2008	Verlagerung in Europas Osten bereitet Probleme	Handelsblatt	17
19.12.2008	Rückverlagerung der Fertigung wird strategische Opti	VDI Nachrichten	4
30.12.2008	Tapfer stemmen sie sich gegen die Krise	Handelsblatt	15
08.01.2009	Daimler investiert in chinesisches Joint Venture	Handelsblatt	15
16.01.2009	Mindestlohn wird teilweise unterboten	VDI Nachrichten	4
19.01.2009	Putztuch im Futter	Wirtschaftswoche	58
23.01.2009	Ein Herz für Mode	Manager Magazin	12
26.01.2009	Auf Eis gelegt	Wirtschaftswoche	28
29.01.2009	Firmen stellen sich auf Abkühlung ein	Handelsblatt	6
30.01.2009	Deutsche Normen	Handelsblatt	p14
02.02.2009	Blutende Wunde	Wirtschaftswoche	60
13.02.2009	Bayer erobert Chinas Gesundheitsmarkt	Handelsblatt	14
16.02.2009	Getarnte Kollegen	Wirtschaftswoche	68
16.02.2009	Nicht nur Apokalypse	Wirtschaftswoche	52
10.03.2009	China war für uns frustrierend	Handelsblatt	20
13.03.2009	Lichtpiraten	Handelsblatt	p08
19.03.2009	Volkswagens Wachstum bekommt eine Delle	Handelsblatt	12
23.03.2009	Der Weg nach China ist zu weit	Handelsblatt	b02
23.03.2009	China-Auftrag weckt bei Siemens Hoffnung	Handelsblatt	15
06.04.2009	Schöner beißen	Wirtschaftswoche	74
20.04.2009	Autobranche schöpft in China Mut	Handelsblatt	17
27.04.2009	Lanxess investiert in den Bric-Staaten	Handelsblatt	15
27.04.2009	Die große Verlockung aus Fernost	Handelsblatt	b01
30.04.2009	Arbeitskosten allein führen in die Irre	Handelsblatt	8
13.05.2009	In der Kulturfalle	Handelsblatt	9
27.05.2009	Airbus vereitelt Spionage in chinesischem Werk	Handelsblatt	18
09.06.2009	Lanxess akquiriert in China und Indien	Handelsblatt	14
18.06.2009	Ein sehr bedenkliches Signal	Handelsblatt	3
19.06.2009	Metall in Bestform hebt das automobile Leichtbaupote	VDI Nachrichten	12
22.06.2009	Exakte Kopie	Wirtschaftswoche	52
01.07.2009	Europäer verlieren Vertrauen in China	Handelsblatt	5
31.07.2009	Bei Luxus-Fahrzeugen ist Porsche heute schon	VDI Nachrichten	4
05.08.2009	Festplattenhersteller Seagate verlässt Heimat	Handelsblatt	12
07.08.2009	Chemie steigert Produktion in Asien	VDI Nachrichten	6
07.08.2009	Solartechnik made in China setzt neue Maßstäbe	VDI Nachrichten	7
18.08.2009	Audi will Kapazität in China verdoppeln	Handelsblatt	14
21.08.2009	Piechs Vollstrecker	Manager Magazin	22
24.08.2009	Abgekapselt	Wirtschaftswoche	52
27.08.2009	Siemens verstärkt Strom-Sparte in China	Handelsblatt	12
01.09.2009	General Motors baut Präsenz in China aus	Handelsblatt	14
02.09.2009	Autoindustrie profitiert von Chinas Zollsenkung	Handelsblatt	13
03.09.2009	Firmen in Europa bangen um ihre Geschäfte in China	Handelsblatt	3
03.09.2009	Und Jako schweigt	Handelsblatt	15
11.09.2009	Ich habe schon tausend Ohrfeigen kassiert	Handelsblatt	p06
14.09.2009	In drei Stufen	Wirtschaftswoche	24

Datum	Titel	Zeitung	Seite
25.09.2009	Die Drachen-Blase	Manager Magazin	96
28.09.2009	Über den Preis	Wirtschaftswoche	94
30.09.2009	BASF baut Kapazitäten in China stark aus	Handelsblatt	13
01.10.2009	Danone beendet Hickhack um Joint Venture in China	Handelsblatt	18
12.10.2009	Chemie traut dem Aufschwung nicht	Handelsblatt	17
13.10.2009	VW erzielt in China neuen Absatzrekord	Handelsblatt	14
16.10.2009	China bekämpft Überkapazitäten	VDI Nachrichten	4
23.10.2009	Mahle will in Asien wachsen	Handelsblatt	13
23.10.2009	Schicksalsjahr 2010	Manager Magazin	96
26.10.2009	VW-Fabriken in China laufen heiß	Handelsblatt	19
30.10.2009	Militzers letzte Schlacht	Handelsblatt	12
02.11.2009	Einen Tick härter	Wirtschaftswoche	54
04.11.2009	China lockt westliche Pharmakonzerne	Handelsblatt	26
09.11.2009	Otto in Bagdad	Wirtschaftswoche	82
13.11.2009	BMW baut neues Werk in China	Handelsblatt	24
16.11.2009	Alles nur Blase	Wirtschaftswoche	20
16.11.2009	Kopf kaputt	Wirtschaftswoche	64
19.11.2009	Traditionsunternehmen aus Gütersloh profitiert	Handelsblatt	30
20.11.2009	Studie belegt: Produktionsstandort Deutschland	VDI Nachrichten	4
23.11.2009	Reifenhersteller bauen ihre Produktion	Handelsblatt	32
30.11.2009	Großer Fortschritt	Wirtschaftswoche	84
01.12.2009	Belegschaft kämpft gegen Verlagerung der C-Klasse	Handelsblatt	23
03.12.2009	Autobauer suchen ihr Heil im Ausland	Handelsblatt	1
04.12.2009	Daimler verlagert Produktion	VDI Nachrichten	4
07.12.2009	China produziert zu viel	Wirtschaftswoche	48
09.12.2009	Siemens verfehlt Geschäftsziele in China	Handelsblatt	24
09.12.2009	China schiebt BMW und Audi an	Handelsblatt	25
18.12.2009	Kampf ums Geld	Manager Magazin	78
11.01.2010	Warum eigentlich	Wirtschaftswoche	32
18.01.2010	Trügerischer Schein	Wirtschaftswoche	62
22.01.2010	China und Indien werden echte Entwicklungsländer	Handelsblatt	31
22.01.2010	Für Automobilzulieferer besteht weiterhin erhöhtes	VDI Nachrichten	16
22.01.2010	Hybridautos: Toyota will bis 2012 Produktion verdopp	VDI Nachrichten	16
22.01.2010	Attacke in Asien	Manager Magazin	10
28.01.2010	Das Risiko des geistigen Eigentums	Handelsblatt	66
29.01.2010	Selektive Emitter steigern den Wirkungsgrad	VDI Nachrichten	10
02.02.2010	Mit Vollgas auf den Parkplatz	Handelsblatt	4
04.02.2010	Deutsche Windspezialisten müssen ihre Position	Handelsblatt	34
13.02.2010	Eine Frage der Zeit	Wirtschaftswoche	60
15.02.2010	Fackelmann verkauft mehr Haushaltsartikel	Handelsblatt	30
16.02.2010	Lkw-Branche erwartet magere Jahre	Handelsblatt	2
19.02.2010	Der Fluch der Größe	Manager Magazin	10
22.02.2010	Autohersteller wittern Eldorado in China	Handelsblatt	34
22.02.2010	Maschinenbau sieht Nachfrage ungebrochen	Handelsblatt	34
24.02.2010	Conti sucht sein Glück in China und das Kapital der	Handelsblatt	29
01.03.2010	Der Schuhmarkt wird angeführt von der Deichmann-Grup	Handelsblatt	32
01.03.2010	Schöne kleine Welt	Wirtschaftswoche	38
02.03.2010	Daimler verbündet sich mit Chinesen	Handelsblatt	24
08.03.2010	Europipe strebt nach Asien	Handelsblatt	34
12.03.2010	BMW verspricht Kavalierstart für die 5er-Reihe	Handelsblatt	24
15.03.2010	LG Display will mehr Produktion von Flachbildschirme	Handelsblatt	28
15.03.2010	Melitta hält den Umsatz fast unverändert	Handelsblatt	30
19.03.2010	Arbeitskräftemangel in China ist ein Problem	VDI Nachrichten	3
19.03.2010	In zwei Jahren werden wir eine Hochleistungsbatterie	VDI Nachrichten	4
29.03.2010	Kooperationen im Reich der Motoren	Handelsblatt	24
30.03.2010	China statuiert ein Exempel	Handelsblatt	7
14.04.2010	Thorsten Amann: Auslandsprojekte sind Chefsache	Handelsblatt	65
16.04.2010	Thomas Weber: China wird einer der wichtigsten Märkt	Handelsblatt	26
19.04.2010	Sportkonzerne klagen	Wirtschaftswoche	12
20.04.2010	Nordex kann nicht auf Rückenwind zählen	Handelsblatt	26
23.04.2010	VW muss um Spitzenposition in China fürchten	Handelsblatt	28
23.04.2010	Der China-Faktor: Hightechmetalle	VDI Nachrichten	10
26.04.2010	Ein Stück Elefant	Wirtschaftswoche	54

Datum	Titel	Zeitung	Seite
28.04.2010	Stihl baut leise Akkugeräte für die Innenstädte	Handelsblatt	28
14.05.2010	Die Hälfte des Wachstums findet in Asien statt	Handelsblatt	6
17.05.2010	Günther Braun	Wirtschaftswoche	14
19.05.2010	Ein Leben nach China	Handelsblatt	25
21.05.2010	Die Ära der Exzesse	Manager Magazin	80
21.05.2010	Gegen den Mainstream	Manager Magazin	112
26.05.2010	Selbstmord-Serie bei Apple-Partner	Handelsblatt	26
28.05.2010	Chinas Arbeiter lehnen sich auf	Handelsblatt	20
31.05.2010	unser Pad gib uns heute	Wirtschaftswoche	54
04.06.2010	Chinas Arbeiter fordern mehr Geld	Handelsblatt	20
07.06.2010	Angst vor Sympathisanten	Wirtschaftswoche	14
10.06.2010	Irrationaler Überschwang	Handelsblatt	9
11.06.2010	Fallbeispiel Gildemeister: Deutsche Industrie muss	Handelsblatt	15
11.06.2010	ZF erfolgreich auf Chinas KFZ-Markt	VDI Nachrichten	9
14.06.2010	Am Wendepunkt	Wirtschaftswoche	7
15.06.2010	Chinas Arbeiter treiben die Preise	Handelsblatt	20
23.06.2010	Erneuter Streik legt Produktion von Toyota in China	Handelsblatt	27
23.06.2010	Firmen forschen bei den Kunden	Handelsblatt	20
24.06.2010	Märklin verliert chinesischen Hauptlieferanten	Handelsblatt	26
25.06.2010	Duell der Giganten	Manager Magazin	26
25.06.2010	Das Maß der Dinge	Manager Magazin	29
25.06.2010	Stunde der Sieger	Manager Magazin	50
25.06.2010	Zitterpartie	Manager Magazin	86
02.07.2010	Deutschen Hightechmaschinenbauern erwächst in Asien	VDI Nachrichten	9
12.07.2010	Peugeot baut mit Changan Autos für China	Handelsblatt	27
12.07.2010	Ruck durchs Wunderland	Wirtschaftswoche	30
16.07.2010	Zukunft von Made in Germany im Visier	VDI Nachrichten	2
19.07.2010	Kanzlerin Merkel in China	Handelsblatt	17
20.07.2010	Schaeffler expandiert in Asien	Handelsblatt	21
22.07.2010	China: Werk von BMW-Zulieferer wird bestreikt	Handelsblatt	24
23.07.2010	Auf schmalem Brett	Manager Magazin	70
02.08.2010	Verdächtig nah	Wirtschaftswoche	40
13.08.2010	Steigende Lohnkosten in China vergraulen Firmen	VDI Nachrichten	6
20.08.2010	China will seine Gewerkschaften in die Freiheit	Handelsblatt	16
23.08.2010	Betteln und Buhlen	Wirtschaftswoche	48
27.08.2010	Mit List und Tücke	Manager Magazin	86
31.08.2010	Foxconn leidet unter Lohnerhöhungen	Handelsblatt	25
01.09.2010	Skoda soll sein Sprungbrett zur Konzernspitze werden	Handelsblatt	55
03.09.2010	China bestellt weitere Schnellzüge in Deutschland	VDI Nachrichten	13
03.09.2010	Expresszüge verknüpfen Chinas Metropolen	VDI Nachrichten	13
03.09.2010	Ingenieurskunst soll Werften aus der Krise führen	VDI Nachrichten	19
06.09.2010	Foxconn wächst langsamer	Handelsblatt	23
16.09.2010	Airbus lässt weitere A350-Teile in China herstellen	Handelsblatt	25
17.09.2010	BMWs konservative Prognose wackelt	Handelsblatt	25
20.09.2010	Wir müssen internationaler werden	Handelsblatt	28
20.09.2010	Offene Tore	Wirtschaftswoche	70
20.09.2010	Süßes Truckerleben	Wirtschaftswoche	84
21.09.2010	Nissan will in China Produktion verdoppeln	Handelsblatt	23
22.09.2010	LKW-Bauer sind bester Stimmung	Handelsblatt	24
24.09.2010	Krieg der Autowelten	Manager Magazin	24
24.09.2010	Lektion gelernt	Manager Magazin	60
29.09.2010	Vertragsverlängerung	Handelsblatt	55
04.10.2010	Neue Weltmarktführer	Wirtschaftswoche	46
04.10.2010	Wir wollen geliebt werden	Wirtschaftswoche	70
08.10.2010	Maschinenbau im Auftragsrausch	Handelsblatt	20
11.10.2010	Ford muss im Schlüsselmarkt China endlich voran	Handelsblatt	23
11.10.2010	Agressive Politik	Wirtschaftswoche	24
15.10.2010	Im Wettbewerb mit chinesischen Herstellern	VDI Nachrichten	10
18.10.2010	Das dunkle Imperium hinter den Kultmarken	Wirtschaftswoche	50
22.10.2010	Chinageschäft belügelt Trumpf	Handelsblatt	26
22.10.2010	Einen Standort wie diesen wünscht man sich	VDI Nachrichten	3
22.10.2010	Uncle Sam's Blues	Manager Magazin	112
22.10.2010	Offenlegung: Löschers Strategie	Manager Magazin	62

Datum	Titel	Zeitung	Seite
22.10.2010	Zwei tolle Käfer	Manager Magazin	28
29.10.2010	Airbus will in Indien mitmischen	VDI Nachrichten	7
29.10.2010	Aus den Unternehmen	VDI Nachrichten	13
29.10.2010	Volkswagen macht auf dem Weg zur Weltspitze weiter	VDI Nachrichten	10
29.10.2010	Aus der Industrie	VDI Nachrichten	14
30.10.2010	Knatsch mit Partner in China	Wirtschaftswoche	11
03.11.2010	Konzerne sagen Deutschland Ade	Handelsblatt	18
05.11.2010	Deutsche Firmen forschen verstärkt im Ausland	VDI Nachrichten	13
08.11.2010	Mit Volldampf ins neue Bahnzeitalter	Wirtschaftswoche	162
12.11.2010	Deutsche Mittelständler starten durch	VDI Nachrichten	16
17.11.2010	Maschinenbauer erhält Großauftrag von VW	Handelsblatt	29
19.11.2010	Angriff in der Oberklasse	Manager Magazin	117
26.11.2010	3M mit neuer Nachhaltigkeitsstrategie	VDI Nachrichten	15
26.11.2010	Wir reden über neue Produkte und können sie liefern	VDI Nachrichten	20
29.11.2010	Attraktives Asien	Wirtschaftswoche	D20
03.12.2010	Vossloh zieht es in die weite Welt	Handelsblatt	26
06.12.2010	Verdrehte Welt	Handelsblatt	27
06.12.2010	Neue Metallgesellschaft	Wirtschaftswoche	44
10.12.2010	Bayer expandiert in China	Handelsblatt	22
10.12.2010	Aus den Unternehmen	VDI Nachrichten	13
15.12.2010	Immer schön an den Kunden denken	Handelsblatt	10
20.12.2010	Der neue China-Boom	Handelsblatt	10
24.12.2010	Auf Rekordjagd	Wirtschaftswoche	122
27.12.2010	Peking erschreckt die Autobauer	Handelsblatt	4
29.12.2010	Globalisierung verringert das Dollar-Risiko	Handelsblatt	21

Tab. A-1: Überblick über alle kodierten Artikel dieser Arbeit
Quelle: eigene Darstellung.

ANHANG 2

Nachfolgend soll anhand von zwei Beispielen die Kodierung der Artikel dargestellt werden. Hierbei wird ein Artikel gewählt, bei dem nur eine sehr eingeschränkte Anzahl an Codes genutzt wurde und ein Artikel, bei dem mehrere Codes vergeben wurden.

Beispiel 1: Melitta hält den Umsatz fast unverändert
Artikel aus dem Handelsblatt Nr. 51 vom 15.03.2010, Seite 30.

Über das Programm MAXQDA erfolgte eine einzige Kodierung, wie in der folgenden Abbildung A-1 veranschaulicht wird. Diese ordnet dem Unternehmen Melitta die Branche der Herstellung von elektrischen Haushaltsgeräten zu, wie aus der unterstrichenen Passage im Text hervorgeht. Weitere Kodierungen wurden nicht vorgenommen, da werder Vor- oder Nachteile genannt noch andere Informationen zu der Produktionsverlagerung gegeben werden. Im Rahmen des Kodierprozesses wurden etwa 330 Artikel (21% aller Artikel) identifiziert, die lediglich eine Branchennennung aufwiesen und daneben keinerlei kodierbare (wertende) Details enthielten.

Neben den Kodierungen wurden über die Variablentabelle in MAXQDA nähere Angaben zum Artikel eingefügt, und zwar der Name der Zeitschrift, das Erscheinungsdatum, die Seitenzahl, die Gesamtbewertung von Produktionsverlagerungen im Artikel (Skala von 1-5) sowie ob deutsche oder ausländische Unternehmen thematisiert wurden (1 für deutsche Unternehmen, 2 für ausländische Unternehmen, 3 für deutsche und ausländische Unternehmen und 99 sofern keine Unternehmen genannt wurden). Als Gesamtbewertung wurde dem Artikel eine 3 (neutral) zugeordnet, da weder explizit noch implizit eine Wertung der Produktion in China erfolgt. Die Variablentabelle ist als Screenshot in Abbildung A-2 eingefügt.

Handelsblatt Nr. 051 vom 15.03.2010 Seite 30 / Familienunternehmen	
Melitta hält den Umsatz fast unverändert	
MINDEN. Melitta hat das Geschäftsjahr 2009 weitgehend unbeschadet überstanden. Der Umsatz blieb nach vorläufigen Zahlen mit 1,2 Mrd. Euro nahezu unverändert. Angaben zu Gewinn oder Verlust macht das Familienunternehmen traditionell nicht. Die Gruppe habe das schwierige Jahr durchaus befriedigend gemeistert, hieß es in Minden. Die endgültigen Zahlen sollen im Mai bekanntgegeben werden.	**V07 Erwähnte Branchen** 10 Herstellung elektrischer Haushaltsgeräte
Die Zahl der Mitarbeiter stieg von 3188 auf etwa 3400. Grund sei besonders der <u>Aufbau</u> der Geschäfte in den USA und Japan sowie <u>einer Kaffeemaschinen-Produktion in China</u>. Die Investitionen in Sachanlagen sanken von 37 Mio. auf etwa 22 Mio. Euro. Die Wirtschaftskrise habe die Industriegeschäfte der Gruppe wie Spezialpapiere und Kaffeeautomaten für die Gastronomie deutlich stärker negativ beeinflusst als das Konsumgütergeschäft. Hier sei allerdings die Situation durch eine Zunahme der Handelsprodukte, ein weiteres Wachstum der Discounter und einen erheblichen Preiswettbewerb im Lebensmitteleinzelhandel erschwert worden.	
Wichtige Produktgruppen wie Röstkaffee und Kaffeevollautomaten für den privaten Haushalt hätten sich durchaus positiv entwickelt, hieß es in der Mitteilung. Filtertüten konnten in allerdings schrumpfenden Märkten ihre Marktanteile im Wesentlichen behaupten. Der Absatz von Melitta-Filterkaffee in Deutschland habe sich besser entwickelt als der Markt.	
In diesem Jahr setze man mit bewährten, aber auch innovativen Produkten auf Wachstum. Wesentliches Ziel bleibe, Markenprodukte zu profilieren. Zudem soll der zusätzliche Bedarf an ökologischen Produkten bedient werden. dpa	

Abb. A-1: MAXQDA-Kodierungen im Beispielartikel 1 (schematische Darstellung, Unterstreichung durch den Verfasser)
Quelle: eigene Darstellung.

Dokumenten-Name	Zeitung	Datum	Seite	Darstellung	Erwähnte UN	Deutsche vs. Ausländ. UN
20100315 - Melitta hält den Umsatz fast unverändert	Handelsblatt	15.03.2010	30	3	Melitta	1

Abb. A-2: MAXQDA-Variablen im Beispielartikel 1 (Screenshot)
Quelle: eigene Darstellung.

Schließlich wurden die vergebenen Codes sowie die Variablentabelle in das Programm Microsoft Excel exportiert und zu einer Datenmatrix aufbereitet. In dieser wurden schließlich über eine Formel automatisiert Codes für die bei einigen Variablen vorhandenen Rubriken „keine Nennung" vergeben, nämlich immer dann, wenn bei der jeweiligen Variable keine andere Rubrik beansprucht wurde. Da der Platz nicht ausreicht, die gesamte Datenmatrix hier darzustellen, folgt nachstehend eine tabellarische Übersicht der erhobenen Variablen/ Kodierungen. Alle in untenstehender Tabelle nicht erwähnten Variablen/ Kategorien erhielten in der Datenmatrix den Wert 0 und werden hier aus Gründen der Übersichtlichkeit nicht aufgeführt.

Variable/Kategorie	
V01 Zeitung/Zeitschrift	Handelsblatt
V02 Datum	15.03.2010
V03 Seite	30
V04 Bewertung gesamt	3
V05 Erwähnte Unternehmen	Melitta
V06 Deutsche vs. ausländische Unternehmen	1
V07 Erwähnte Branchen	
10 Herstellung elektrischer Haushaltsgeräte	1
V08 Sicht von Produktionsverlagerungen nach China in der Öffentlichkeit/Allgemein	
99 keine Aussage	1
V09 Genannte UN-spezifische Vorteile/Motive von Produktionsverlagerungen nach China	
98 keine Nennung von Vorteilen	1
V11 Genannte UN-spezifische Nachteile/Probleme von Produktionsverlagerungen nach China	
98 keine Nennung von Nachteilen	1
V13 Indizien bzw. Treiber für Isomorphismus durch Zwang	
98 keine Nennung	1
V14 Indizien bzw. Treiber für Isomorphismus durch normativen Druck	
98 keine Nennung	1
V15 Indizien bzw. Treiber für mimetischen Isomorphismus	
98 keine Nennung	1

Tab. A-2: Überblick über alle erhobenen Daten im Beispielartikel 1
Quelle: eigene Darstellung.

Beispiel 2: Steiff holt Produktion aus China zurück
Artikel aus dem Handelsblatt vom 02.07.2008, S. 14.

Über das Programm MAXQDA erfolgten vier Kodierungen, wie in der folgenden Abbildung A-3 verdeutlicht wird: Dem Unternehmen Steiff wird die Branche der Spielwarenindustrie zugeordnet und dem Textinhalt Kodierungen zu genannten Vor- und Nachteilen. Da die Preisvorteile nicht näher erläutert wurden, wurde hier die Kategorie „sonstige Kostenvorteile" genutzt. Es wird im Artikel zwar nicht explizit erwähnt, dass Steiff unter Qualitätsproblemen durch die Produktion in China litt – durch die Aussage der ‚Nichtkalkulierbarkeit für ein Qualitätsprodukt' werden solche Qualitätsprobleme jedoch implizit erwähnt und deshalb auch kodiert. Hingegen werden die langen Transportwege explizit genannt. Die im letzten Drittel des Artikels kurz thematisierte Flexibilität wurde nicht separat als Nachteil gewertet, da sich diese – laut Interpretation des Verfassers dieser Arbeit – auf die langen Transportwege und Transportzeiten bezieht, welche bereits kodiert wurden. Weiterhin wird nicht thematisiert, in welcher Hinsicht eine Produktion in China – abgesehen von den langen Transportwegen – wenig flexibel sei.

Daneben wurden – wie bei jedem kodierten Artikel – über die Variablentabelle in MAXQDA nähere Angaben zum Artikel erhoben, und zwar wiederum der Name der Zeitschrift, das Erscheinungsdatum, die Seitenzahl, die Gesamtbewertung von Produktionsverlagerungen im Artikel (Skala von 1-5) sowie ob deutsche oder ausländische Unternehmen thematisiert wurden (1 für deutsche Unternehmen, 2 für ausländische Unternehmen, 3 für deutsche und ausländische Unternehmen und 99 sofern keine Unternehmen genannt wurden). Als Gesamtbewertung wurde dem Artikel eine 1 (sehr negativ) zugeordnet. Trotz der thematisierten Preisvorteile wirkt der Artikel aufgrund des feststehenden China-Rückzuges des Unternehmens Steiff, der Aussage der Nichtkalkulierbarkeit und der langen Transportwege auf den Verfasser der Arbeit sehr negativ.[757] Die Variablentabelle ist als Screenshot in Abbildung A-4 eingefügt.

---

[757] Für Hersteller von billigen Massenartikeln ist hier durchaus eine weitaus positivere Bewertung denkbar. Siehe in diesem Zusammenhang auch die Ausführungen in Fußnote 502 sowie in Abschnitt 6.7.3.4.

> Handelsblatt Nr. 126 vom 02.07.08 Seite 14 / Nachrichten
> Unternehmen und Märkte
> **Steiff holt Produktion aus China zurück**
>
> Der Stofftier-Hersteller Steiff holt seine vor vier Jahren teilweise nach China verlegte Produktion zurück an den Stammsitz nach Giengen an der Brenz (Baden-Württemberg). Trotz der deutlichen Preisvorteile bei der Herstellung sei die Produktion in Fernost "für ein Qualitätsprodukt einfach nicht kalkulierbar", sagte Steiff-Geschäftsführer Martin Frechen den "Stuttgarter Nachrichten". Auch die langen Transportwege seien ein Problem. Der 1880 gegründete Betrieb gilt zwar als Premium-Hersteller, muss nach Umsatzeinbrüchen aber flexibel auf Markttrends reagieren. Der Importwert der Spielwaren, die die gesamte Branche aus Fernost bezogen hat, lag 2007 bei 1,8 Mrd. Euro. dpa

V07 Erwähnte Branchen
16 Spielwarenindustrie

V09 Genannte Vorteile
05 sonstige Kostenvorteile/ Kostenvorteile allgemein

V11 Genannte Nachteile
02 Qualitätsprobleme

V11 Genannte Nachteile
10 lange und unsichere Transportwege/-zeiten

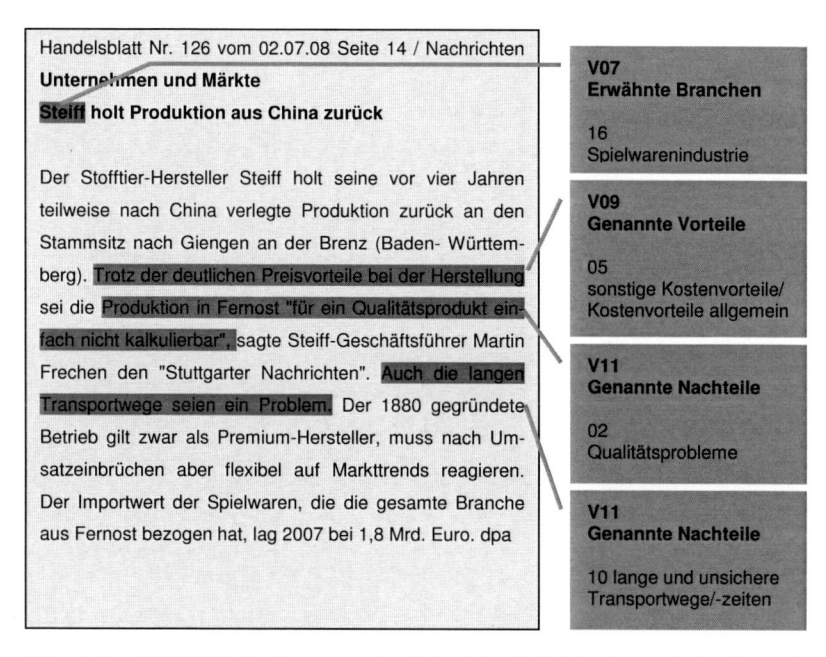

Abb. A-3: MAXQDA-Kodierungen im Beispielartikel 2 (schematische Darstellung)
Quelle: eigene Darstellung.

Dokumenten-Name	Zeitung	Datum	Seite	Darstellung	Erwähnte UN	Deutsche vs. Ausländ. UN
20080702 - Steiff holt Produktion aus China zurück	Handelsblatt	02.07.2008	14	1	Steiff	1

Abb. A-4: MAXQDA-Variablen im Beispielartikel 2 (Screenshot)
Quelle: eigene Darstellung.

Mit der vorgenannten Kodierung und Vergabe von Variablen ergibt sich die unten dargestellte „Gesamttabelle".

Variable/Kategorie	
V01 Zeitung/Zeitschrift	Handelsblatt
V02 Datum	02.07.2008
V03 Seite	14
V04 Bewertung gesamt	1
V05 Erwähnte Unternehmen	Steiff
V06 Deutsche vs. ausländische Unternehmen	1
V07 Erwähnte Branchen	
16 Spielwarenindustrie	1
V08 Sicht von Produktionsverlagerungen nach China in der Öffentlichkeit/Allgemein	
99 keine Aussage	1
V09 Genannte UN-spezifische Vorteile/Motive von Produktionsverlagerungen nach China	
05 sonstige Kostenvorteile/Kostenvorteile allgemein	1
V11 Genannte UN-spezifische Nachteile/Probleme von Produktionsverlagerungen nach China	
02 Qualitätsprobleme	1
10 lange und unsichere Transportwege /-zeiten	1
V13 Indizien bzw. Treiber für Isomorphismus durch Zwang	
98 keine Nennung	1
V14 Indizien bzw. Treiber für Isomorphismus durch normativen Druck	
98 keine Nennung	1
V15 Indizien bzw. Treiber für mimetischen Isomorphismus	
98 keine Nennung	1

Tab. A-3: Überblick über alle erhobenen Daten im Beispielartikel 2
Quelle: eigene Darstellung.

LITERATURVERZEICHNIS

Abrahamson, Eric (1996): Management Fashion. In: Academy of Management Review, 21. Jg., Nr. 1, 1996, S. 254-285.

Acock, Alan C./Martin, J. David (1973): The Undermeasurement Controversy: Should Ordinal Data be Treated as Interval? In: Sociology and Social Research, 58. Jg., Nr. 4, 1973, S. 427-433.

Adidas (2010): Nachhaltigkeitsbericht 2009. Adidas, Herzogenaurach, 2010.

Adjouri, Nicholas (2009): Von der Vernunft zur blanken Panik. Financial Times Deutschland online, 2009. URL: http://www.ftd.de/meinung/kommentare/: gastkommentar-von-der-vernunft-zur-blanken-panik/477335.html (Stand 18.01.2011).

AGMA (2011): Die Media-Analyse. Arbeitsgemeinschaft Media-Analyse e.V., 2011. URL: http://www.agma-mmc.de (Stand 11.03.2011).

Aharoni, Yair (1966): The Foreign Investment Decision Process. Harvard University, Boston, 1966.

Ahmadjian, Christina L./Robinson, Patricia (2001): Safety in Numbers: Downsizing and the Deinstitutionalization of Permanent Employment in Japan. In: Administrative Science Quarterly, 46. Jg., Nr. 4, 2001, S. 622-654.

AID (2010): Schmidt's 2010 BRIC Study. Automotive Industry Data, Warwick, 2010.

Allerbeck, Klaus R. (1978): Meßniveau und Analyseverfahren – Das Problem "strittiger Intervallskalen". In: Zeitschrift für Soziologie, 7. Jg., Nr. 3, 1978, S. 199-214.

Anselm, Marina/Dowideit, Martin (2008): Boykott von Nokia-Handys hat kaum eine Chance. Welt Online, 2008. URL: http://www.welt.de/wirtschaft/art icle1627308/Boykott_von_Nokia_Handys_hat_kaum_eine_Chance.html (Stand 23.08.2010).

Aronson, Elliot/Wilson, Timothy/Akert, Robin M. (2008): Sozialpsychologie. Pearson, München, 2008.

Asmussen, Christian G./Benito, Gabriel R. G./Petersen, Bent (2009): Organizing Foreign Market Activities: From Entry Mode Choice to Configuration Decisions. In: International Business Review, 18. Jg., Nr. 2, 2009, S. 145-155.

Atteslander, Peter (1993): Methoden der empirischen Sozialforschung. 7. Aufl., de Gruyter, Berlin, 1993.

Atteslander, Peter (2000): Methoden der empirischen Sozialforschung. 9. Aufl., de Gruyter, Berlin, 2000.

AWA (2011): Reichweiten. Allensbacher Markt- und Werbeträgeranalyse, 2011. URL: http://www.awa-online.de/ (Stand 11.03.2011).

Ballensiefen, Moritz (2009): Bilder machen Sieger – Sieger machen Bilder. VS Verlag, Wiesbaden, 2009.

Barley, Stephen R./Tolbert, Pamela S. (1997): Institutionalization and Structuration: Studying the Links Between Action and Institution. In: Organization Studies, 18. Jg., Nr. 1, 1997, S. 93-117.

Baron, Jonathan/Hershey, John C. (1988): Outcome Bias in Decision Evaluation. In: Journal of Personality and Social Psychology, 54. Jg., Nr. 4, 1988, S. 569-579.

Barreto, Ilidio/Baden-Fuller, Charles (2006): To Conform or To Perform? Mimetic Behaviour, Legitimacy-Based Groups and Performance Consequences. In: Journal of Management Studies, 43. Jg., Nr. 7, 2006, S. 1559-1581.

Baum, Joel A. C./Haveman, Heather A. (1997): Love Thy Neighbor? Differentiation and Agglomeration in the Manhattan Hotel Industry, 1898-1990. In: Administrative Science Quarterly, 42. Jg., Nr. 2, 1997, S. 304-338.

Baumann, Eva (2001): Graduell oder grundsätzlich? Unterschiede der inhaltsanalytischen Grundlagenliteratur von K. Merten und W. Früh. In: Wirth, Werner/Lauf, Edmund (2001, Hrsg.): Inhaltsanalyse: Perspektiven, Probleme, Potentiale. Halem, Köln, 2001, S. 362-373.

Bäurle, Iris (1996): Internationalisierung als Prozeßphänomen: Konzepte, Besonderheiten, Handhabung. Gabler, Wiesbaden, 1996.

BDVZ (2004): Glaubwürdigkeit der Medien. Bundesverband deutscher Zeitungsverleger, 2004. URL: http://www.bdzv.de/schaubilder+M56fcbdd32 c2.html (Stand 13.01.2011).

BDVZ (2009): Die deutschen Zeitungen in Zahlen und Daten. Auszug aus dem Jahrbuch "Zeitungen 2009". Bundesverband deutscher Zeitungsverleger, Berlin, 2009.

Beck, Klaus/Dogruel, Leyla/Reineck, Dennis (2009): Online-Wirtschaftsjournalismus. Studie im Auftrage der Deutschen Industrie- und Handelskammern e.V. für den Ernst-Schneider-Preis: Abschlussbericht. Freie Universität Berlin, Berlin, 2009.

Beck, Klaus/Reineck, Dennis/Schubert, Christiane (2010): Journalistische Qualität in der Wirtschaftskrise. Freie Universität Berlin, Berlin, 2010.

Bentele, Günter (1992): Fernsehen und Realität: Ansätze zu einer rekonstruktiven Medientheorie. In: Hickethier, Knut/Schneider, Irmela (1992, Hrsg.): Fernsehtheorien. Bohn, Berlin, 1992, S. 45-67.

Bentele, Günter/Beck, Klaus (1994): Information – Kommunikation – Massenkommunikation: Grundbegriffe und Modelle der Publizistik- und Kommunikationswissenschaften. In: Jarren, Otfried (1994, Hrsg.): Medien und Journalismus. Leske + Budrich, Opladen, 1994, S. 16-50.

Berger, Peter L./Luckmann, Thomas (2003): Die gesellschaftliche Konstruktion der Wirklichkeit. Fischer, Frankfurt/Main, 2003.

Beschorner, Thomas (2004): Unternehmensethische Untersuchungen aus gesellschaftlicher Perspektive. Von der gesellschaftsorientierten Unternehmenslehre zur unternehmensorientierten Gesellschaftslehre. In: Zeitschrift für Wirtschafts- und Unternehmensethik, 5. Jg., Nr. 3, 2004, S. 255-276.

Beschorner, Thomas/Fischer, Dirk/Pfriem, Reinhard/Ulrich, Günter (2004): Perspektiven einer kulturwissenschaftlichen Theorie der Unternehmung – zur Heranführung. In: FUGO – Forschungsgruppe Unternehmen und gesellschaftliche Organisation (2004, Hrsg.): Perspektiven einer kulturwissenschaftlichen Theorie der Unternehmung. Metropolis, Marburg, 2004, S. 9-64.

Beschorner, Thomas/Lindenthal, Alexandra/Behrens, Torsten (2004): Unternehmenskultur II – Zur kulturellen Einbettung von Unternehmen. In: FUGO – Forschungsgruppe Unternehmen und gesellschaftliche Organisation (2004, Hrsg.): Perspektiven einer kulturwissenschaftlichen Theorie der Unternehmung. Metropolis, Marburg, 2004, S. 273-308.

Beschorner, Thomas/Osmers, Henning (2005): Jenseits einer Unternehmensethik des Stakeholder-Managements. Von der gesellschaftsorientierten Unternehmenslehre zur unternehmensorientierten Gesellschaftslehre. In: Schmidt, Matthias/Beschorner, Thomas (2005, Hrsg.): Werte- und Reputationsmanagement. Rainer Hampp, München, 2005, S. 83-119.

Birkinshaw, Julian/Bouquet, Cyril/Ambos, Tina C. (2007): Managing Executive Attention in the Global Company. In: MIT Sloan Management Review, 48. Jg., Nr. 4, 2007, S. 39-45.

Blau, Peter Michael/Schoenherr, Richard A. (1971): The Structure of Organizations. Basic Books, New York, 1971.

Bleicher, André (2006): Die Institutionalisierung eines organisationalen Feldes – das Beispiel der Elektrizitätswirtschaft. Kooperativer Bibliotheksverbund Berlin-Brandenburg, 2006. URL: opus.kobv.de/btu/volltexte/2007/344/ pdf/Bleicher_Diss.pdf (Stand 08.02.2013).

Bloech, Jürgen/Bogaschewsky, Ronald/Götze, Uwe/Roland, Folker (2004): Einführung in die Produktion. 5. Aufl., Springer, Berlin, 2004.

BMWi (2010a): Grundlagen produzierendes Gewerbe. Bundesministerium für Wirtschaft und Technologie, 2010. URL: http://lexikon.bmwi.de/BMWi/ Navigation/wirtschaft,did=186874.html?zknotenId=80280&zdid=80280&artikel_i d=50000509 (Stand 09.12.2010).

BMWi (2010b): Grundlagen verarbeitendes Gewerbe, verarbeitende Industrie. Bundesministerium für Wirtschaft und Technologie, 2010. URL: http://lexikon.bmwi.de/BMWi/Navigation/wirtschaft,did=186874.html?zkno tenId=80280&zdid=80280&artikel_id=50003295 (Stand 09.12.2010).

Böckem, Sabine/Tuschke, Anja (2010): A Tale of Two Theories: Foreign Direct Investment Decisions from the Perspectives of Economic and Institutional Theory. In: Schmalenbach Business Review, 62. Jg., Nr. 3, 2010, S. 260-290.

Böhn, Dieter/Bosch, Aida/Haas, Hans-Dieter/Kühlmann, Torsten/Schmidt, Gert (2003, Hrsg.): Deutsche Unternehmen in China: Märkte, Partner, Strategien. DUV, Wiesbaden, 2003.

Bollen, Kenneth A./Barb, Kenney H. (1981): Pearson's R and Coarsely Categorized Measures. In: American Sociological Review, 46. Jg., Nr. 2, 1981, S. 232-239.

Bonazzi, Giuseppe (2008): Geschichte des organisatorischen Denkens. VS Verlag, Wiesbaden, 2008.

Bonfadelli, Heinz (2002): Medieninhaltsforschung: Grundlagen, Methoden, Anwendungen. UVK, Konstanz, 2002.

Bonfadelli, Heinz (2003): Medieninhalte. In: Bentele, Günter/Brosius, Hans-Bernd/Jarren, Otfried (2003, Hrsg.): Öffentliche Kommunikation. Westdeutscher Verlag, Wiesbaden, 2003, S. 79-100.

Bonfadelli, Heinz (2005): Was ist öffentliche Kommunikation? Grundbegriffe und Modelle. In: Bonfadelli, Heinz/Jarren, Otfried/Siegert, Gabriele (2005, Hrsg.): Einführung in die Publizistikwissenschaft. 2. Aufl., UTB, Stuttgart, 2005, S. 73-102.

Bonfadelli, Heinz (2011): Medienwirkungsforschung 2: Anwendungen in Politik, Wirtschaft und Kultur. 2. Aufl., UVK, Konstanz, 2011.

Bonfadelli, Heinz/Friemel, Thomas N. (2011): Medienwirkungsforschung: Grundlagen und theoretische Perspektiven. 4. Aufl., UVK, Konstanz, 2011.

Bonnedahl, Karl Johan/Jensen, Tommy (2007): Internationalization of the Organizational Field: Swedish Grocery Retailers in the European Integration Process. In: International Review of Retail, Distribution & Consumer Research, 17. Jg., Nr. 3, 2007, S. 283-302.

Booz Allen Hamilton (2008): China's Shifting Competitive Equation: How Multinational Manufacturers Must Respond. Booz Allen Hamilton, New York, 2008.

Borgmann, Claudius/Klostermeyer, Axel/Lüdicke, Tanja (2000): Strategische und organisatorische Erfolgsmuster der Herstellung von Einfachprodukten am Standort Deutschland. In: Schmierl, Klaus (2000, Hrsg.): Intelligente Produktion einfacher Produkte am Standort Deutschland. Campus, Frankfurt, 2000, S. 61-96.

Bortz, Jürgen (2005): Statistik für Human- und Sozialwissenschaftler. 6. Aufl., Springer, Heidelberg, 2005.

Bortz, Jürgen/Döring, Nicola (2003): Forschungsmethoden und Evaluation für Human- und Sozialwissenschaftler. 3. Aufl., Springer, Berlin, 2003.

Bortz, Jürgen/Lienert, Gustav A./Klaus, Boehnke (2000): Verteilungsfreie Methoden in der Biostatistik. 2. Aufl., Springer, Berlin, 2000.

Boudon, Raymond/Bourricaud, François (2002): A Critical Dictionary of Sociology. Routledge, London, 2002.

BPB (2006, Hrsg.): Volksrepublik China. Informationen zur politischen Bildung (Heft 289). Bundeszentrale für politische Bildung, Bonn, 2006.

Braudel, Fernand (1992): Civilization and Capitalism, 15th-18th Century. University of California Press, Berkeley, 1992.

Brettschneider, Frank (1994): Agenda-Setting: Forschungsstand und politische Konsequenzen. In: Jäckel, Michael/Winterhoff-Spurk, Peter (1994, Hrsg.): Politik und Medien: Analysen zur Entwicklung der politischen Kommunikation. Vistas, Berlin, 1994, S. 211-229.

Brettschneider, Frank (2000): Reality Bytes: Wie die Medienberichterstattung die Wahrnehmung der Wirtschaftslage beeinflusst. In: Falter, Jürgen W./Gabriel, Oscar W./Rattinger, Hans (2000, Hrsg.): Wirklich ein Volk? Die politischen Orientierungen von Ost- und Westdeutschen im Vergleich. Leske + Budrich, Opladen, 2000, S. 539-593.

Brettschneider, Frank (2003a): Agenda-Setting, Agenda-Cutting, Agenda-Surfing. Statement auf dem Politikkongress 2003, Berlin.

Brettschneider, Frank (2003b): Medienberichterstattung, Mediennutzung und die Bevölkerungseinstellung zum Euro in Ost- und Westdeutschland. In: Brettschneider, Frank/Van Deth, Jan/Roller, Edeltraut (2003, Hrsg.): Europäische Integration in der öffentlichen Meinung. Leske + Budrich, Opladen, 2003, S. 213-233.

Brettschneider, Frank (2005a): Massenmedien und politische Kommunikation in Deutschland. In: Gabriel, Oscar W./Holtmann, Everhard (2005, Hrsg.): Handbuch Politisches System der Bundesrepublik Deutschland. Oldenbourg, München, 2005, S. 687-725.

Brettschneider, Frank (2005b): Massenmedien und Wählerverhalten. In: Falter, Jürgen W./Schoen, Harald (2005, Hrsg.): Handbuch Wahlforschung. VS Verlag, Wiesbaden, 2005, S. 473-500.

Brettschneider, Frank (2009): Massenmedien und Wahlkampf. Amerikanisierung, Kandidaten- oder Themenorientierung? In: Der Bürger im Staat, 59. Jg., Nr. 2, 2009, S. 103-111.

Brosius, Felix (2011): SPSS 19. HJR, Heidelberg, 2011.

Brosius, Hans-Bernd (2003): Medienwirkungen. In: Bentele, Günter/Brosius, Hans-Bernd/Jarren, Otfried (2003, Hrsg.): Öffentliche Kommunikation: Handbuch Kommunikations- und Medienwissenschaft. Westdeutscher Verlag, Wiesbaden, 2003, S. 128-148.

Brosius, Hans-Bernd/Esser, Frank (1995): Eskalation durch Berichterstattung. Massenmedien und fremdenfeindliche Gewalt. Westdeutscher Verlag, Opladen, 1995.

Brosius, Hans-Bernd/Koschel, Friederike/Haas, Alexander (2009): Methoden der empirischen Kommunikationsforschung. 5. Aufl., VS Verlag, Wiesbaden, 2009.

Brosius, Hans-Bernd/Scheufele, Bertram (2001): Zwischen Eskalation und Verantwortung: Die Berichterstattung der Massenmedien und fremdenfeindliche Gewalt- und Straftaten. In: Zeitschrift für politische Psychologie, 9. Jg., Nr. 2/3, 2001, S. 99-112.

Brouthers, Lance Eliot/O'Donnell, Edward/Hadjimarcou, John (2005): Generic Product Strategies for Emerging Market Exports into Triad Nation Markets: A Mimetic Isomorphism Approach. In: Journal of Management Studies, 42. Jg., Nr. 1, 2005, S. 225-245.

Budros, Art (1999): A Conceptual Framework for Analyzing Why Organizations Downsize. In: Organization Science, 10. Jg., Nr. 1, 1999, S. 69-82.

Bühner, Markus/Ziegler, Matthias (2009): Statistik für Psychologen und Sozialwissenschaftler. Pearson, München, 2009.

Bühner, Rolf/Stiller, Patrick/Tuschke, Anja (2004): Legitimität und Innovation: Einführung wertorientierten Managements in Deutschland. In: Schmalenbachs Zeitschrift für betriebswirtschaftliche Forschung, 56. Jg., Nr. 12, 2004, S. 715-736.

Bund, Kerstin (2009): Zwischen Alarmismus und Aufklärung: Der Ton wird ruhiger, die Bilder bleiben dramatisch: Wie Zeitungen und Zeitschriften über die Finanzkrise berichten. Zeit online, 2009. URL: http://www.zeit.de/2008/47/Medien-und-Krise-2 (Stand 15.12.2010).

Bund, Kerstin/Fischermann, Thomas/Sieren, Frank (2010): Zu weit gegangen. In: Die Zeit, 15.04.2010, S. 23-24.

Burkart, Roland (1999a): Alter Wein in neuen Schläuchen? Anmerkungen zur Konstruktivismus-Debatte in der Publizistik- und Kommunikationswissenschaft. In: Rusch, Gebhard/Schmidt, Siegfried J. (1999, Hrsg.): Konstruktivismus in der Medien- und Kommunikationswissenschaft. Suhrkamp, Frankfurt/Main, 1999, S. 55-72.

Burkart, Roland (1999b): Was ist eigentlich ein "Medium"? Überlegungen zu einem kommunikationswissenschaftlichen Medienbegriff angesichts der Konvergenzdebatte. Anmerkungen zu den Beiträgen von Werner A. Meier und Joachim R. Höflich. In: Latzer, Michael/Maier-Rabler, Ursula/Siegert, Gabriele/Steinmaurer, Thomas (1999, Hrsg.): Die Zukunft der Kommunikation: Phänomene und Trends in der Informationsgesellschaft. Studien Verlag, Innsbruck, 1999, S. 61-71.

Burkart, Roland (2002): Kommunikationswissenschaft: Grundlagen und Problemfelder: Umrisse einer interdisziplinären Sozialwissenschaft. UTB, Stuttgart, 2002.

Burkart, Roland (2003): Kommunikationstheorien. In: Bentele, Günter/Brosius, Hans-Bernd/Jarren, Otfried (2003, Hrsg.): Öffentliche Kommunikation. Westdeutscher Verlag, Wiesbaden, 2003, S. 169-192.

Burkhardt, Steffen (2009): Praktischer Journalismus. Oldenbourg, München, 2009.

Burns, Tom/Stalker, George Macpherson (1961): The Management of Innovation. Tavistock Publications, London, 1961.

Burrell, Gibson/Morgan, Gareth (1979): Sociological Paradigms and Organisational Analysis: Elements of the Sociology of Corporate Life. Heinemann, London, 1979.

Busch, Alexander (2010a): Das neue Wunderland. Handelsblatt online, 2010. URL: http://www.handelsblatt.com/politik/international/das-neue-wunderland/3543386.html?p3543386=all (Stand 26.09.2011).

Busch, Alexander (2010b): Deutschland hat den Boom in Brasilien verpasst. Wirtschaftswoche online, 2010. URL: http://www.wiwo.de/politik-weltwirtschaft/deutschland-hat-den-boom-in-brasilien-verpasst-428388/ (Stand 26.09.2011).

Campbell, John L. (2004): Institutional change and globalization. Princeton University Press, Princeton, 2004.

Cheng, Hsiang-Lin/Yu, Chow-Ming Joseph (2008): Institutional Pressures and Initiation of Internationalization: Evidence from Taiwanese Small- and Medium-sized Enterprises. In: International Business Review, 17. Jg., Nr. 3, 2008, S. 331-348.

Chill, Hanni/Meyn, Hermann (1998): Funktionen der Massenmedien in der Demokratie. In: Bundeszentrale für Politische Bildung (1998, Hrsg.): Massenmedien. Informationen zur politischen Bildung, Nr. 260. Bundeszentrale für Politische Bildung, Bonn, 1998, S. 3-5.

Chua, Wai Fong (1986): Radical Developments in Accounting Thought. In: The Accounting Review, 61. Jg., Nr. 4, 1986, S. 601-632.

Cohen, Jacob/Cohen, Patricia/West, Stephen G./Aiken, Leona S. (2002): Applied Multiple Regression Correlation Analysis for the Behavioral Sciences. 3. Aufl., Lawrence Earlbaum, Mahwah, 2002.

Connolly, Ciaran/Reeves, Eoin/Wall, Anthony (2009): Isomorphism: An Explanation for the Popularity of Public-Private Partnerships? In: Irish Accounting Review, 16. Jg., Nr. 1, 2009, S. 1-19.

Cutler, Brian L./Penrod, Steven (1995): Mistaken Identification: The Eyewitness, Psychology, and the Law. Cambridge University Press, Cambridge, 1995.

Cyert, Richard M./March, James G. (1963): A Behavioral Theory of the Firm. Prentice Hall, Englewood-Cliffs, 1963.

Dacin, M. Tina/Goodstein, Jerry/Scott, W. Richard (2002): Institutional Theory and Institutional Change: Introduction to the Special Research Forum. In: Academy of Management Journal, 45. Jg., Nr. 1, 2002, S. 45-56.

Dahlkamp, Jürgen/Rosenbach, Marcel (2007): Besoffen vor Glück. In: Der Spiegel, 27.08.2007, S. 28.

Dahlkamp, Jürgen/Rosenbach, Marcel/Schmitt, Jörg/Stark, Holger/Wagner, Wieland (2007): Prinzip Sandkorn. In: Der Spiegel, 27.08.2007, S. 18-34.

Dalan, Marco (2008): Der mit der Börse tanzt. Welt online, 2008. URL: http://www.welt.de/welt_print/article2647962/Der-mit-der-Boerse-tanzt.html (Stand 25.08.2010).

Daub, Matthias (2009): Coordination of Service Offshoring Subsidiaries in Multinational Corporations. Gabler, Wiesbaden, 2009.

Davis, Gerald F. (1991): Agents without Principles? The Spread of the Poison Pill through the Intercorporate Network. In: Administrative Science Quarterly, 36. Jg., Nr. 4, 1991, S. 583-619.

Davis, Peter S./Desai, Ashay B./Francis, John D. (2000): Mode Of International Entry: An Isomorphism Perspective. In: Journal of International Business Studies, 31. Jg., Nr. 2, 2000, S. 239-258.

de la luz Fernández-Alles, Maria/Valle-Cabrera, Ramón (2006): Reconciling Institutional Theory with Organizational Theories: How Neoinstitutionalism Resolves Five Paradoxes. In: Journal of Organizational Change Management, 19. Jg., Nr. 4, 2006, S. 503-517.

Deetz, Stanley (1996): Describing Differences in Approaches to Organization Science: Rethinking Burrell and Morgan and Their Legacy. In: Organization Science, 7. Jg., Nr. 2, 1996, S. 191-207.

Deuster, Jens (1996): Internationale Standortverlagerungen deutscher Unternehmen: Systematisierung – Bestimmungsfaktoren – Auswirkungen. Gabler, Wiesbaden, 1996.

Deutsche Bank (2004): Foreign Direct Investment in China – Good Prospects for German Companies? China Special. Deutsche Bank, 2004. URL: http://www.dbresearch.de/PROD/DBR_INTERNET_DE-PROD/PROD00 00000000196028.pdf (Stand 03.04.2011).

Deutsche Bank (2006): China & Indien: Der Aufstieg der Mittelschicht. Deutsche Bank, 2006. URL: http://www.dbresearch.de/PROD/DBR_INTERNET_D E-PROD/PROD0000000000203622/Pr%C3%A4sentation%3A+China+% 26+Indien%3A+Der+Aufstieg+der+Mittelschicht.pdf (Stand 09.04.2012).

DFG (1987, Hrsg.): Medienwirkungsforschung in der Bundesrepublik Deutschland. Teil I: Berichte und Empfehlungen. Teil II: Dokumentation, Katalog der Studien. Acta Humaniora, Weinheim, 1987.

Dietz, Karin/Harnischfeger-Ksoll, Magdalena (1998, Hrsg.): Erfahrungen im China-Geschäft: Erfolgsfaktoren, Perspektiven und Denkanstöße. Gabler, Wiesbaden, 1998.

DIHK (2009): Auslandsinvestitionen in der Industrie. Frühjahr 2009: Ergebnisse der DIHK-Umfrage bei den Industrie- und Handelskammern. DIHK, Berlin, 2009.

DIHK (2010): Auslandsinvestitionen in der Industrie. Frühjahr 2010: Ergebnisse der DIHK-Umfrage bei den Industrie- und Handelskammern. DIHK, Berlin, 2010.

DIHK (2011): Auslandsinvestitionen in der Industrie. Frühjahr 2011: Ergebnisse der DIHK-Umfrage bei den Industrie- und Handelskammern. DIHK, Berlin, 2011.

DiMaggio, Paul J./Powell, Walter W. (1983): The Iron Cage Revisited: Institutional Isomorphism and Collective Rationality in Organizational Fields. In: American Sociological Review, 48. Jg., Nr. 2, 1983, S. 147-160.

DiMaggio, Paul J./Powell, Walter W. (1991): Introduction. In: Powell, Walter W./DiMaggio, Paul J. (1991, Hrsg.): The New Institutionalism in Organizational Analysis. The University of Chicago Press, Chicago, 1991, S. 1-40.

Dittmar, Jakob F. (2009): Grundlagen der Medienwissenschaft. Universitätsverlag der TU Berlin, Berlin, 2009.

Dogruel, Leyla/Reineck, Dennis/Beck, Klaus (2010): Wirtschaft Online: Zweitverwertung oder publizistischer Mehrwert? Eine Analyse aus Kommunikatorsicht. In: Publizistik, 55. Jg., Nr. 3, 2010, S. 231-251.

Dohmen, Caspar (2009): Der Teddy kommt zurück. Süddeutsche Zeitung online, 2009. URL: http://www.sueddeutsche.de/wirtschaft/stofftiere-steiff-verlaesst-china-der-teddy-kommt-zurueck-1.30480 (Stand 05.08.2010).

Donges, Patrick (2006): Medien als Institutionen und ihre Auswirkungen auf Organisationen. In: M&K, 54. Jg., Nr. 4, 2006, S. 563-578.

Donges, Patrick (2008): Medialisierung politischer Organisationen: Parteien in der Mediengesellschaft. VS Verlag, Wiesbaden, 2008.

Dudenhöffer, Ferdinand (2005): Wieviel Deutschland steckt im Porsche? In: ifo Schnelldienst, 58. Jg., Nr. 24, 2005, S. 3-5.

Ebbesen, Ebbe B./Konecni, Vladimir J. (1996): Eyewitness Memory Research: Probative v. Prejudicial Value. In: Expert evidence: The International Digest of Human Behaviour, Science, and the Law, 4. Jg., Nr. 5, 1996, S. 2-28.

Electrolux (2007): Annual Report 2006. Electrolux, Stockholm, 2007.

Engelhard, Johann/Schmidt-Wellenburg, Christian/Steinhausen, Dirk (2009): Institutionelle Entwicklung des Internationalen Managements als wissenschaftliche Disziplin. In: Oesterle, Michael-Jörg/Schmid, Stefan (2009, Hrsg.): Internationales Management. Forschung – Lehre – Praxis. Schäffer-Poeschel, Stuttgart, 2009, S. 69-92.

Erbsland, Manfred (2011): Hypothesenprüfung. Skript der FH Ludwigshafen, 2011.

Esser, Frank/Scheufele, Bertram/Brosius, Hans-Bernd (2002): Fremdenfeindlichkeit als Medienthema und Medienwirkung. Deutschland im internationalen Scheinwerferlicht. Westdeutscher Verlag, Wiesbaden, 2002.

Europäische Kommission (2010): Spielzeug aus China führt gefährliche Produktliste an. Europäische Komission, 2010. URL: http://ec.europa.eu/deutschland/press/pr_releases/9108_de.htm (Stand 11.01.2011).

Fabian, Frances/Molina, Henry/Labianca, Giuseppe (2009): Understanding Decisions to Internationalize by Small and Medium-sized Firms Located in an Emerging Market. In: Management International Review, 49. Jg., Nr. 5, 2009, S. 537-563.

Falcão Vieira, Marcelo Milano/Carvalho, Cristina Amélia/Carvalho da Silva, Rosimeri (2009): The Process of Historic Evolution of Organizational Fields: An Analysis of Museums and Theatres in Southern and Northeastern Brazil. In: International Journal of Arts Management, 11. Jg., Nr. 2, 2009, S. 20-28.

Faßler, Manfred (1997): Was ist Kommunikation? Fink, München, 1997.

Faulstich, Werner (2004): Grundwissen Medien. Fink, München, 2004.

Field, Andy (2000): Discovering Statistics Using SPSS for Windows: Advanced Techniques for Beginners. Sage, Thousand Oaks, 2000.

Fischer, Doris (2005a): China in der Weltwirtschaft In: Informationen zur politischen Bildung, Nr. 289, 2005, S. 15-21.

Fischer, Doris (2005b): Chinas sozialistische Marktwirtschaft. In: Informationen zur politischen Bildung, Nr. 289, 2005, S. 9-14.

Fischer, Peter Michael (1982): Inhaltsanalytische Auswertung von Verbaldaten. In: Mandl, Huber H. (1982, Hrsg.): Verbale Daten. Beltz, Weinheim, 1982, S. 179-196.

Flick, Uwe (2007): Qualitative Sozialforschung – eine Einführung. Rowohlt, Reinbek, 2007.

Fligstein, Neil (1990): The Transformation of Corporate Control. Harvard University Press, Cambridge, 1990.

Fligstein, Neil (1991): The Structural Transformation of American Industry. In: Powell, Walter W./DiMaggio, Paul J. (1991, Hrsg.): The New Institutionalism in Organizational Analysis. The University of Chicago Press, Chicago, 1991, S. 311-336.

Fligstein, Neil (1997): Fields, Power, and Social Skill: A Critical Analysis of The New Institutionalisms. University of California, Berkeley, 1997.

Fligstein, Neil (2001): Social Skill and the Theory of Fields. In: Sociological Theory, 19. Jg., Nr. 2, 2001, S. 105-125.

Francis, John/Zheng, Concong/Mukherji, Ananda (2009): An Institutional Perspective on Foreign Direct Investment: A Multi-level Framwork. In: Management International Review, 49. Jg., Nr. 5, 2009, S. 565-583.

Frank, Hermann (2009): Corporate Entrepreneurship. 2. Aufl., Facultas, Wien, 2009.

Freiberg, Nicole (2004): Rationales Herdenverhalten – Theorie, Empirie und Lösungsansätze. Dissertation Universität Würzburg. Julius-Maximilians-Universität Würzburg, 2004. URL: http://www.opus-bayern.de/uni-wuerzburg/volltexte/2004/1117/pdf/DissertationFreiberg.pdf (Stand 15.11.2010).

Frey, Fritz (1970): Der entscheidende Zeit-not-wendige Schritt: Welt- und Ichbewusstsein, Illusion oder Realität? Grin, München, 1970.

Friedland, Roger/Alford, Robert R. (1991): Bringing Society Back In: Symbols, Practices, and Institutional Contradictions. In: Powell, Walter W./DiMaggio, Paul J. (1991, Hrsg.): The New Institutionalism in Organizational Analysis. The University of Chicago Press, Chicago, 1991, S. 232-263.

Friedman, Monroe (1999): Consumer Boycotts. Routledge, London, 1999.

Friedrichs, Jürgen (1990): Methoden empirischer Sozialforschung. VS Verlag, Wiesbaden, 1990.

Fröhlingsdorf, Michael/Hornig, Frank/Wagner, Wieland (2007): Ergebnis der Profitgier. In: Der Spiegel, 27.08.2007, S. 32-33.

Fromm, Sabine (2012): Datenanalyse mit SPSS für Fortgeschrittene 2: Multivariate Verfahren für Querschnittsdaten. 2. Aufl., Springer, Wiesbaden, 2012.

Früh, Werner (1994): Realitätsvermittlung durch Massenmedien – Die permanente Transformation der Wirklichkeit. Westdeutscher Verlag, Opladen, 1994.

Früh, Werner (2004): Inhaltsanalyse: Theorie und Praxis. 5. Aufl., UVK, Konstanz, 2004.

Früh, Werner (2007): Inhaltsanalyse: Theorie und Praxis. 6. Aufl., UVK, Konstanz, 2007.

Fuchs, Hans Joachim (2006, Hrsg.): Piraten, Fälscher und Kopierer: Strategien und Instrumente zum Schutz geistigen Eigentums in der Volksrepublik China. Gabler, Wiesbaden, 2006.

Garfield, Eugene (1998): From Citation Indexes to Informetrics: Is the Tail Now Wagging the Dog? In: Libri, 48. Jg., Nr. 2, 1998, S. 67-80.

Gerlach, Lutz/Brussig, Martin (2004): Wenn der Kunde ins Ausland geht – Option einer Globalisierungsstrategie für Zulieferer. In: von Behr, Marhild/Semlinger, Klaus (2004, Hrsg.): Internationalisierung kleiner und mittlerer Unternehmen – Neue Entwicklungen bei Arbeitsorganisation und Wissensmanagement. ISF, München, 2004, S. 99-140.

GIC (2007): German Business Expansion in China 2008-2010. German Industry & Commerce, Shanghai, 2007.

Gienke, Helmuth/Kämpf, Rainer (2007): Handbuch Produktion. Innovatives Produktionsmanagement: Organisation, Konzepte, Controlling. Hanser, München, 2007.

Gillmann, Wolfgang (2011): Maschinenbau: Auf nach China! In: Handelsblatt, 13.01.2011, S. 28.

Gimeno, Javier/Hoskisson, Robert E./Beal, Brent D./Wan, William P. (2005): Explaining The Clustering of International Expansion Moves: A Critical Test in The U.S. Telecommunications Industry. In: Academy of Management Journal, 48. Jg., Nr. 2, 2005, S. 297-319.

Gioia, Dennis A./Pitre, Evelyn (1990): Multiparadigm Perspectives on Theory Building. In: The Academy of Management Review, 15. Jg., Nr. 4, 1990, S. 584-602.

Gläser, Jochen/Laudel, Grit (2004): Experteninterviews und qualitative Inhaltsanalyse. VS Verlag, Wiesbaden, 2004.

Glogauer, Werner (1993): Kriminalisierung von Kindern und Jugendlichen durch Medien. 3. Aufl., Nomos, Baden-Baden, 1993.

Granlund, Markus/Lukka, Kari (1998): It's a Small World of Management Accounting Practices. In: Journal of Management Accounting Research, 10. Jg., 1998, S. 153-179.

Granovetter, Mark (2000): Ökonomisches Handeln und soziale Struktur: Das Problem der Einbettung. In: Müller, Hans-Peter/Sigmund, Steffen (2000, Hrsg.): Zeitgenössische amerikanische Soziologie. Leske + Budrich, Opladen, 2000, S. 175-207.

Graumann, Carl-Friedrich (1972): Interaktion und Kommunikation. In: Graumann, Carl-Friedrich (1972, Hrsg.): Handbuch der Psychologie. Hogrefe, Göttingen, 1972, S. 1109-1262.

Greenberg, Bradley S./Salwen, Michael B. (1996): Mass Communication Theory and Research: Concepts and Models. In: Salwen, Michael B./Stacks, Don W. (1996, Hrsg.): An Integrated Approach to Communication Theory and Research. Lawrence Earlbaum, Mahwah, 1996, S. 63-78.

Greenwood, Royston/Meyer, Renate E. (2008): Influencing Ideas – A Celebration of DiMaggio and Powell (1983). In: Journal of Management Enquiry, 17. Jg., Nr. 4, 2008, S. 258-264.

Greve, Henrich R. (1995): Jumping Ship: The Diffusion of Strategy Abandonment. In: Administrative Science Quarterly, 40. Jg., Nr. 3, 1995, S. 444-473.

Greve, Henrich R. (1998): Managerial Cognition and the Mimetic Adoption of Market Positions: What You See Is What You Do. In: Strategic Management Journal, 19. Jg., Nr. 10, 1998, S. 967-988.

Greve, Henrich R. (2000): Market Niche Entry Decisions: Competition, Learning, and Strategy in Tokyo Banking, 1894-1936. In: Academy of Management Journal, 43. Jg., Nr. 5, 2000, S. 816-836.

Grimm, Fred (2010): Verlogene Slogans: Nachhaltig? Nein, danke! Spiegel Online, 2010. URL: http://www.spiegel.de/wirtschaft/soziales/0,1518,7033 58,00.html (Stand 24.08.2010).

Großmann, Brit (1999): Der Einfluß des radikalen Konstruktivismus auf die Kommunikationswissenschaft. In: Rusch, Gebhard/Schmidt, Siegfried J. (1999, Hrsg.): Konstruktivismus in der Medien- und Kommunikationswissenschaft. Suhrkamp, Frankfurt/Main, 1999, S. 14-51.

GTAI (2009): VR China unterwirft sich WTO-Entscheidung zu Kfz-Teileimporten. Germany Trade and Invest, 2009. URL: http://www.gtai. de/DE/Content/__SharedDocs/Links-Einzeldokumente-Datenbanken/ fachdokument.html?fIdent=MKT200909078028 (Stand 23.08.2010).

Guillen, Mauro F. (2002): Structural Inertia, Imitation, and Foreign Expansion: South Korean Firms and Business Groups in China, 1987-95. In: Academy of Management Journal, 45. Jg., Nr. 3, 2002, S. 509-525.

Gunkel, Christoph (2010): Krieg in der Nordsee. Spiegel online, 2010. URL: http://einestages.spiegel.de/static/topicalbumbackground/8201/krieg_in_ der_nordsee.html (Stand 23.12.2010).

Günther, Hans-Otto/Tempelmeier, Horst (2004): Produktion und Logistik. Springer, Berlin, 2004.

Guthrie, Chris/Rachlinski, Jeffrey/Wistrich, Andrew J. (2001): Inside the Judicial Mind. In: Cornell Law Review, 86. Jg., Nr. 4, 2001, S. 777-830.

Häder, Michael (2006): Empirische Sozialforschung: Eine Einführung. VS Verlag, Wiesbaden, 2006.

Hagen, James M./Hennart, Jean-Francois (2004): Foreign Production: The Weak Link in Tests of the Internationalization Process Model. Department of Applied Economics and Management Working Paper 2003-41. Cornell University, Ithaca, 2004.

Hagen, Lutz M. (2001): Freitextrecherche in Mediendatenbanken als Verfahren zur computergestützten Inhaltsanalyse. Beschreibung, theoretische und praktische Überlegungen zur Validität und ein Anwendungsbeispiel. In: Wirth, Werner/Lauf, Edmund (2001, Hrsg.): Inhaltsanalyse: Perspektiven, Probleme, Potentiale. Halem, Köln, 2001, S. 337-352.

Hagen, Lutz M. (2005): Konjunkturnachrichten, Konjunkturklima und Konjunktur: Wie sich die Wirtschaftsberichterstattung der Massenmedien, Stimmungen der Bevölkerung und die aktuelle Wirtschaftslage wechselseitig beeinflussen – eine transaktionale Analyse. Herbert von Halem, Köln, 2005.

Hagenhoff, Vera (2003): Analyse der Printmedien-Berichterstattung und deren Einfluß auf die Bevölkerungsmeinung. Eine Fallstudie über die Rinderkrankheit BSE 1990-2001. Kovac, Hamburg, 2003.

Hall, Peter A./Taylor, Rosemary C. R. (1998): Political Science and the Three Institutionalisms. In: Soltan, Karol Edward/Uslaner, Eric M./Haufler, Virginia (1998, Hrsg.): Institutions and Social Order. University of Michigan Press, Michigan, 1998, S. 15-43.

Haller, Michael (1994): Recherche und Nachrichtenproduktion als Konstruktionsprozesse. In: Merten, Klaus/Schmidt, Siegfried/Weischenberg, Siegfried (1994, Hrsg.): Die Wirklichkeit der Medien. Westdeutscher Verlag, Opladen, 1994, S. 276-290.

Han, Shin-Kap (1994): Mimetic Isomorphism and Its Effect on the Audit Services Market. In: Social Forces, 73. Jg., Nr. 2, 1994, S. 637-664.

Handelsblatt (2011): Die Nr. 1 für exklusive Wirtschafts- und Finanznachrichten! Handelsblatt online, 2011. URL: http://abo.handelsblatt.com/portal/praemienauswahl.php?aboart=2WK&na=1200 (Stand 09.02.2011).

Hanfeld, Michael (2007): „Manager-Magazin" spekuliert über Verkauf von Gruner + Jahr. Frankfurter Allgemeine Zeitung online, 2007. URL: http://www.faz.net/s/RubEC1ACFE1EE274C81BCD3621EF555C83C/Doc~EEB8B89AAD24B4F798C6E23F1BE8E210D~ATpl~Ecommon~Scontent.html (Stand 24.01.2011).

Hannan, Michael T./Freeman, John H. (1977): The Population Ecology of Organizations. In: American Journal of Sociology, 82. Jg., Nr. 5, 1977, S. 929-964.

Hasse, Raimund/Krücken, Georg (2005): Neo-Institutionalismus. 2. Aufl., Transcript, Bielefeld, 2005.

Haunschild, Pamela R. (1993): Interorganizational Imitation: The Impact of Interlocks on Corporate Acquisition Activity. In: Administrative Science Quarterly, 38. Jg., Nr. 4, 1993, S. 564-592.

Haunschild, Pamela R./Miner, Anne S. (1997): Modes of Interorganizational Imitation: The Effects of Outcome Salience and Uncertainty. In: Administrative Science Quarterly, 42. Jg., Nr. 3, 1997, S. 472-500.

Haveman, Heather A. (1993): Follow the Leader: Mimetic Isomorphism and Entry Into New Markets. In: Administrative Science Quarterly, 38. Jg., Nr. 4, 1993, S. 593-627.

Haveman, Heather A./Nonnemaker, Lynn (2000): Competition in Multiple Geographic Markets: The Impact on Growth and Market Entry. In: Administrative Science Quarterly, 45. Jg., Nr. 2, 2000, S. 232-267.

Hawley, Amos (1968): Human Ecology. In: Sills, David L. (1968, Hrsg.): International Encyclopedia of the Social Sciences. Macmillan, New York, 1968, S. 328-337.

Hays, David (1969): Linguistic Foundations for a Theory of Content Analysis. In: Gerbner, George/Holsti, Ole R./Krippendorff, Klaus/Paisley, William J./Stone, Philip J. (1969, Hrsg.): The Analysis of Communication Content: Developments in Scientific Theories and Computer Techniques. Wiley, New York, 1969, S. 57-67.

Hellmann, Kai-Uwe (2006): Organisationslegitimität im Neo-Institutionalismus. In: Senge, Konstanze/Hellmann, Kai-Uwe (2006, Hrsg.): Einführung in den Neo-Institutionalismus. VS Verlag, Wiesbaden, 2006, S. 75-88.

Henisz, Witold J./Delios, Andrew (2001): Uncertainty, Imitation and Plant Location: Japanese Multinational Corporations, 1990-1996. In: Administrative Science Quarterly, 46. Jg., Nr. 3, 2001, S. 443-475.

Hepp, Andreas (2004): Cultural Studies und Medienanalyse. 2. Aufl., VS Verlag, Wiesbaden, 2004.

Heß, Stefan (2010): Unternehmer brauchen die Akzeptanz der Gesellschaft. Handelsblatt Online, 2010. URL: http://www.handelsblatt.com/politik/oekonomie/nachrichten/herrhausen-laureate-2010-unternehmer-brauchen-die-akzeptanz-der-gesellschaft-seite-all/3372280-all.html (Stand 05.05.2013).

Hillenbrand, Thomas/Streitz, Matthias/Baron, Stefan (2005): "WiWo"-Chef Baron im Interview: "Die Linken verbreiten nun mal häufiger Unsinn". Spiegel Online, 2005. URL: http://www.spiegel.de/wirtschaft/0,1518,3771 35,00.html (Stand 24.01.2011).

Hirsch-Kreinsen, Hartmut (2004): Koordination und Rationalität. Arbeitspapier Nr. 8 der Wirtschafts- und Sozialwissenschaftlichen Fakultät der Universität Dortmund, Dortmund, 2004.

Hirsch, Paul/Whisler, Thomas (1982): The View from the Boardroom. New York, 1982.

Hiß, Stefanie B. (2005a): Durch Reden zum Handeln?!: Zur Rolle freiwilliger Unternehmensinitiativen bei der Verbreitung von Sozialstandards. In: Zeitschrift für Wirtschafts- und Unternehmensethik, 6. Jg., Nr. 2, 2005, S. 215-230.

Hiß, Stefanie B. (2005b): Warum übernehmen Unternehmen gesellschaftliche Verantwortung? Gabler, Wiesbaden, 2005.

Hiß, Stefanie B. (2009): From Implicit to Explicit Corporate Social Responsibility: Institutional Change as a Fight for Myths. In: Business Ethics Quarterly, 19. Jg., Nr. 3, 2009, S. 433-451.

Hoffbauer, Andreas/Herz, Carsten/Fasse, Markus (2009): Autoindustrie profitiert von Chinas Zollsenkung. Handelsblatt Online, 2009. URL: http://www.handelsblatt.com/unternehmen/industrie/autoindustrie-profitiert-von-chinas-zollsenkung;2452064 (Stand 23.08.2010).

Hoffman, Andrew J. (1999): Institutional Evolution and Change: Environmentalism and the U.S. Chemical Industry. In: The Academy of Management Journal, 42. Jg., Nr. 4, 1999, S. 351-371.

Hoffman, Andrew J. (2001): Linking Organizational and Field-level Analyses: The Diffusion of Corporate Environmental Practice. In: Organization & Environment, 14. Jg., Nr. 2, 2001, S. 133-158.

Hoffmann, Bernward (2003): Medienpädagogik. Schöningh, Paderborn, 2003.

Hoffmann, Stefan (2002): Geschichte des Medienbegriffs. Meiner, Hamburg, 2002.

Hoffmann, Stefan (2008): Boykottpartizipation. Gabler, Wiesbaden, 2008.

Holsti, Ole R. (1969): Content Analysis for the Social Sciences and Humanities. Addison-Wesley, Reading, 1969.

Holtbrügge, Dirk/Welge, Martin (2010): Internationales Management. Theorien, Funktionen, Fallstudien. 5. Aufl., Schäffer-Poeschel, Stuttgart, 2010.

Holtz-Bacha, Christina/Reus, Gunter/Becker, Lee B. (2009, Hrsg.): Wissenschaft mit Wirkung: Beiträge zu Journalismus- und Medienwirkungsforschung. VS Verlag, Wiesbaden, 2009.

Hungenberg, Harald/Wulf, Torsten (2011): Grundlagen der Unternehmensführung. 4. Aufl., Springer, Heidelberg, 2011.

Hüning, Wolfgang (2001): Standardisierung von Inhaltsanalysen für Fernsehnachrichten? Eine exemplarische Meta-Analyse zum Stand der Methode. In: Wirth, Werner/Lauf, Edmund (2001, Hrsg.): Inhaltsanalyse: Perspektiven, Probleme, Potentiale. Halem, Köln, 2001, S. 13-30.

Inglis, Ruth A. (1938): An Objective Approach to the Relation Between Fiction and Society. In: American Sociology Review, 3. Jg., Nr. 4, 1938, S. 526-533.

IQM (2011): Wirtschaftswoche. IQ Media Marketing, 2011. URL: http://www.iqm.de/medien/magazine/wirtschaftswoche.html (Stand 15.07.2011).

IVW (2010): IVW-Auflagen im 2. Quartal 2010. Informationsgemeinschaft zur Feststellung der Verbreitung von Werbeträgern e.V., Berlin, 2010.

Jäckel, Michael (2008): Medienwirkungen: Ein Studienbuch zur Einführung. 4. Aufl., VS Verlag, Wiesbaden, 2008.

Jansen, Dorothea (2000): Der neue Institutionalismus. Antrittsvorlesung an der Deutschen Hochschule für Verwaltungswissenschaften Speyer. Speyerer Vorträge, Heft 57. Speyer, 2000.

Jansen, Dorothea (2005): Von Organisationen und Märkten zur Wirtschaftssoziologie. In: Faust, Michael/Funder, Maria/Moldaschl, Manfred (2005, Hrsg.): Die „Organisation" der Arbeit. Hampp, München, 2005, S. 227-258.

Janssen, Helmut/Riehle, Eckart (2002): Strafrecht für soziale Arbeit: Eine fallbezogene Einführung. Juventa, Weinheim, 2002.

Janssen, Jürgen/Laatz, Wilfried (2007): Statistische Datenanalyse mit SPSS für Windows. 6. Aufl., Springer, Berlin, 2007.

Jensch, Michael/Thünker, Axel (2008): Manipulierte Bilder: Finden Sie die Fehler! Spiegel online, 2008. URL: http://einestages.spiegel.de/external/ShowTopicAlbumBackgroundXXL/a2344/l0/l0/F.html (Stand 05.11.2011).

Jepperson, Ronald L. (1991): Institutions, Institutional Effects, and Institutionalism. In: Powell, Walter W./DiMaggio, Paul J. (1991, Hrsg.): The New Institutionalism in Organizational Analysis. The University of Chicago Press, Chicago, 1991, S. 143-163.

Jones, Allan P./Johnson, Lee A./Butler, Mark C./Main, Deborah S. (1983): Apples and Oranges: An Empirical Comparison of Commonly Used Indices of Interrater Agreement. In: Academy of Management Journal, 26. Jg., Nr. 3, 1983, S. 507-519.

Kabst, Rüdiger/Matiaske, Wenzel/Schmelter, Anja (2003): Gewinn- und Kapitalbeteiligungen in britischen, französischen und deutschen Unternehmen. Eine institutionalistisch orientierte empirische Untersuchung. In: Zeitschrift für Personalforschung, 17. Jg., Nr. 3, 2003, S. 259-277.

Kaesler, Dirk (2005): Aktuelle Theorien der Soziologie: Von Shmuel N. Eisenstadt bis zur Postmoderne. Beck, München, 2005.

Kaufmann, Lutz/Panhans, Dirk/Poovan, Boney/Sobotka, Benedikt (2005a): China Champions – How German Companies Can Successfully Integrate China Into Their Global Strategies. European Management Publications, Frankfurt, 2005.

Kaufmann, Lutz/Panhans, Dirk/Poovan, Boney/Sobotka, Benedikt (2005b): China Champions – Wie deutsche Unternehmen den Standort China für ihre globale Strategie nutzen. Gabler, Wiesbaden, 2005.

Keller, Reiner (2008): Wissenssoziologische Diskursanalyse – Grundlegung eines Forschunsgprogramms. 2. Aufl., VS Verlag, Wiesbaden, 2008.

Keller, Reiner (2012): Das interpretative Paradigma: Eine Einführung. Springer, Wiesbaden, 2012.

Kepplinger, Hans Mathias/Dahlem, Stefan/Brosius, Hans-Bernd (1993): Helmut Kohl und Oskar Lafontaine im Fernsehen. Quellen der Wahrnehmung ihres Charakters und ihrer Kompetenz. In: Holtz-Bacha, Christina/Kaid, Lynda Lee (1993, Hrsg.): Die Massenmedien im Wahlkampf. Westdeutscher Verlag, Opladen, 1993, S. 144-184.

Kepplinger, Hans Mathias/Roth, Herbert (1978): Kommunikation in der Ölkrise des Winters 1973/74. Ein Paradigma für Wirkungsstudien. In: Publizistik, 23. Jg., 1978, S. 537-556.

Keuper, Frank/Schunk, Henrik A./Luu, Nha Thi (2011): Internationalisierung deutscher kleiner und mittlerer Unternehmen in der VR China vor dem Hintergrunde strategischer Erfolgsfaktoren und strategischer Erfolgspotentiale. In: Keuper, Frank/Schunk, Henrik A. (2011, Hrsg.): Internationalisierung deutscher Unternehmen: Strategien, Instrumente und Konzepte für den Mittelstand. 2. Aufl., Gabler, Wiesbaden, 2011.

Kiefer, Marie Luise (2005): Medienökonomik: Einführung in eine ökonomische Theorie der Medien. Oldenbourg, München, 2005.

Kieser, Alfred (1997): Rhetoric and Myth in Management Fashion. In: Organization, 4. Jg., Nr. 1, 1997, S. 49-74.

Kieser, Alfred (2006): Der Situative Ansatz. In: Kieser, Alfred/Ebers, Mark (2006, Hrsg.): Organisationstheorien. 6. Aufl., Kohlhammer, Stuttgart, 2006, S. 215-245.

Kieser, Alfred/Ebers, Mark (2006): Organisationstheorien. 6. Aufl., Kohlhammer, Stuttgart, 2006.

Kinkel, Steffen/Jung Erceg, Petra/Lay, Gunter (2002): Auslandsproduktion – Chance oder Risiko für den Produktionsstandort Deutschland? Fraunhofer Institut, Karlsruhe, 2002.

Kinkel, Steffen/Lay, Gunter/Maloca, Spomenka (2004): Produktionsverlagerungen ins Ausland und Rückverlagerungen. Fraunhofer Institut, Karlsruhe, 2004.

Kinkel, Steffen/Maloca, Spomenka (2008): Produktionsverlagerungen rückläufig. Fraunhofer Institut, Karlsruhe, 2008.

Kinkel, Steffen/Maloca, Spomenka (2009): Produktionsverlagerung und Rückverlagerung in Zeiten der Krise. Fraunhofer Institut, Karlsruhe, 2009.

Kinkel, Steffen/Maloca, Spomenka/Jäger, Angela (2008): Produktions- und FuE-Verlagerungen ins Ausland – Verbreitung, Motive und strategische Implikationen für die Betriebsrats- und Gewerkschaftsarbeit. Fraunhofer Institut, Karlsruhe, 2008.

Klammer, Bernd (2005): Empirische Sozialforschung: Eine Einführung für Kommunikationswissenschaftler und Journalisten. UVK, Konstanz, 2005.

Klein, Daniel/Chiang, Eric (2004): The Social Science Citation Index: A Black Box – With an Ideological Bias? In: Econ Journal Watch, 1. Jg., Nr. 1, 2004, S. 134-165.

Klingemann, Hans-Dieter (1984): Computergestützte Inhaltsanalyse in der empirischen Sozialforschung. Campus, Frankfurt/Main, 1984.

Knauß, Ferdinand (2013): Manager lassen den Bauch entscheiden. Wirtschaftswoche online, 2013. URL: http://www.wiwo.de/erfolg/management/fuehrung-manager-lassen-den-bauch-entscheiden/7617760.html (Stand 05.02.2013).

Knickerbocker, Frederick T. (1973): Oligopolistic Reaction and Multinational Enterprise. Harvard Business School, Boston, 1973.

Kolbe, Richard H./Burnett, Melissa S. (1991): Content-Analysis Research: An Examination of Applications with Directives for Improving Research Reliability and Objectivity. In: Journal of Consumer Research, 18. Jg., Nr. 2, 1991, S. 243-250.

Konrad, Wolf-A. (1999): Das Ich-Bewußtsein – Anmerkungen zur Konstruktion der Identität. In: Rusch, Gebhard/Schmidt, Siegfried J. (1999, Hrsg.): Konstruktivismus in der Medien- und Kommunikationswissenschaft. Suhrkamp, Frankfurt/Main, 1999, S. 301-319.

Kops, Manfred (1977): Auswahlverfahren in der Inhaltsanalyse. Anton Hain, Meisenheim, 1977.

Kops, Manfred (1980): Auswahlverfahren in der Inhaltsanalyse: Die bewusste Auswahl als mögliche Alternative zur Wahrscheinlichkeitsauswahl. In: Mochmann, Ekkehard (1980, Hrsg.). Campus, Frankfurt/Main, 1980, S. 47-67.

Kostova, Tatiana/Roth, Kendall/Dacin, M. Tina (2008): Institutional Theory in the Study of Multinational Corporations: A Critique and New Directions. In: Academy of Management Review, 33. Jg., Nr. 4, 2008, S. 994-1006.

Kreikebaum, Hartmut/Gilbert, Dirk Ulrich/Reinhard, Glenn O. (2002): Organisationsmanagement internationaler Unternehmen. 2. Aufl., Gabler, Wiesbaden, 2002.

Krenn, Susanne (2006): Imitation von Auslandsmarkteintritten. Gabler, Wiesbaden, 2006.

Krippendorff, Klaus (2004): Content Analysis – An Introduction to its Methodology. Sage, Thousand Oaks, 2004.

Kröger, Michael (2010): Daimler, Made in China. Spiegel Online, 2010. URL: http://www.spiegel.de/wirtschaft/unternehmen/0,1518,712753,00.html (Stand 23.08.2010).

Kron, Friedrich Wilhelm (2008): Grundwissen Didaktik. 5. Aufl., Reinhardt, München, 2008.

Krüger, Claudia/Borgmann, Lars/Antonik, Tobias/Meyer, Ann-Kathrin (2012): Datenauswertung mit SPSS. Lehrstuhl für Personalentwicklung und Veränderungsmanagement, Zentrum für Hochschulbildung, TU Dortmund, 2012.

Kuckartz, Udo (2010): Einführung in die computergestützte Analyse qualitativer Daten. 3. Aufl., VS Verlag, Wiesbaden, 2010.

Kuckartz, Udo/Dresing, Thorsten/Rädiker, Stefan/Stefer, Claus (2008, Hrsg.): Qualitative Evaluation. Der Einstieg in die Praxis. VS Verlag, Wiesbaden, 2008.

Kuckartz, Udo/Grunenberg, Heiko/Dresing, Thorsten (2007): Qualitative Datenanalyse: computergestützt. Methodische Hintergründe und Beispiele aus der Forschungspraxis. 2. Aufl., VS Verlag, Wiesbaden, 2007.

Kummerow, Anja (2011): Indonesien ist das neue China. Nürnberger Zeitung online, 2011. URL: http://www.nordbayern.de/nuernberger-zeitung/stadt leben/indonesien-ist-das-neue-china-1.1376488 (Stand 26.09.2011).

Kunczik, Michael/Zipfel, Astrid (2005): Publizistik. 2. Aufl., Böhlau, Köln, 2005.

Künzler, Matthias/Hribal, Lucie/Jarren, Otfried (2005): Mediensysteme – Medienorganisationen. In: Bonfadelli, Heinz/Jarren, Otfried/Siegert, Gabriele (2005, Hrsg.): Einführung in die Publizistikwissenschaft. 2. Aufl., UTB, Stuttgart, 2005, S. 179-202.

Kutschker, Michael/Schmid, Stefan (2011): Internationales Management. 7. Aufl., Oldenbourg, München, 2011.

Laamanen, Tomi/Simula, Tatu/Torstila, Sami (2012): Cross-border Relocation of Headquarters in Europe. In: Journal of International Business Studies, 43. Jg., Nr. 2, 2012, S. 187-210.

LAE (2009): Leseranalyse Entscheidungsträger 2009. Leseranalyse Entscheidungsträger in Wirtschaft und Verwaltung e.V., 2009. URL: http://www.m-cloud.de/lae2009/titelportraits/Site/default.html (Stand 13.01.2011).

Lamnek, Siegfried (2005): Qualitative Sozialforschung. 4. Aufl., Beltz, Weinheim, 2005.

Lang, Kurt/Lang, Gladys (1973): Mac Arthur Day in Chicago: Die Einseitigkeit des Fernsehens und ihre Wirkungen. In: Aufermann, Jörg/Bohrmann, Hans/Sülzer, Rolf (1973, Hrsg.): Gesellschaftliche Kommunikation und Information. Athenäum Fischer, Frankfurt/Main, 1973, S. 498-525.

Larsen, Otto N. (1966): Social Effects of Mass Communication. In: Faris, Robert E. L. (1966, Hrsg.): Handbook of Modern Sociology. Rand McNally, Chicago, 1966, S. 349-381.

Lauf, Edmund (2001): ".96 nach Holsti": Zur Reliabilität von Inhaltsanalysen und deren Darstellung in kommunikationswissenschaftlichen Fachzeitschriften. In: Publizistik, 46. Jg., Nr. 1, 2001, S. 57-68.

Lawner Weinberg, Sharon/Knapp Abramowitz, Sarah (2008): Statistics Using SPSS: An Integrative Approach. Cambridge University Press, Cambridge, 2008.

Lechtenböhmer, Stefan/Kristof, Kora/Irrek, Wolfgang (2004): Braunkohle – ein subventionsfreier Energieträger? Kurzstudie im Auftrag des Umweltbundesamtes. Wuppertal Institut für Klima, Umwelt, Energie, Wuppertal, 2004.

Lederle, Sabine (2008): Die Ökonomisierung des Anderen. Verlag für Sozialwissenschaften, Wiesbaden, 2008.

Leigh, Nancy (2002): Local Content Requirements After China's WTO Entry. In: China Law & Practice, 16. Jg., Nr. 1, 2002, S. 40.

LeMar, Bernd (2001): Menschliche Kommunikation im Medienzeitalter: Im Spannungsfeld technischer Möglichkeiten und sozialer Kompetenz. 2. Aufl., Springer, Berlin, 2001.

Leonhard, Joachim-Felix/Ludwig, Hans-Werner/Schwarze, Dietrich/Straßner, Erich (1999): Medienwissenschaft. de Gruyter, Berlin, 1999.

Leschke, Rainer (2003): Einführung in die Medientheorie. Fink, München, 2003.

Lewins, Ann/Silver, Christina (2007): Using Software in Qualitative Research: A Step-by-Step Guide. Sage, Thousand Oaks, 2007.

Li, Jiatao/Yao, Fiona Kun (2010): The Role of Reference Groups in International Investment Decisions by Firms from Emerging Economies. In: Journal of International Management, 16. Jg., Nr. 2, 2010, S. 143-153.

Lieberman, Marvin B./Asaba, Shigeru (2006): Why Do Firms Imitate Each Other? In: Academy of Management Review, 31. Jg., Nr. 2, 2006, S. 366-385.

Lippmann, Walter (1964): Die öffentliche Meinung. Rütten und Loening, Frankfurt/Main, 1964.

Lisch, Ralf/Kriz, Jürgen (1978): Grundlagen und Modelle der Inhaltsanalyse. Rowohlt, Reinbek, 1978.

Liu, Ling (2005): China's Industrial Policies and the Global Business Revolution: The Case of the Domestic Appliance Industry. Routledge, Milton Park, 2005.

Lombard, Matthew/Snyder-Cuch, Jennifer/Bracken, Cheryl Campanella (2002): Content Analysis in Mass Communication: Assessment and Reporting of Intercoder Reliability. In: Human Communication Research, 28. Jg., Nr. 4, 2002, S. 287-604.

Lorenz, Konrad (1973): Die Rückseite des Spiegels: Versuch einer Naturgeschichte menschlichen Erkennens. Piper, München, 1973.

Lu, Jane W. (2002): Intra- and Inter-organizational Imitative Behavior: Institutional Influences on Japanese Firms' Entry Mode Choice. In: Journal of International Business Studies, 33. Jg., Nr. 1, 2002, S. 19-37.

Luhmann, Niklas (2004): Die Realität der Massenmedien. 3. Aufl., VS Verlag, Wiesbaden, 2004.

Machado-da-Silva, Clóvis L./Guarido Filho, Edson R./Rossoni, Luciano (2006): Organizational Fields and the Structuration Perspective: Analytical Possibilities. In: Brazilian Administration Review, 3. Jg., Nr. 2, 2006, S. 32-56.

Makino, Shige/Delios, Andrew (2002): Bunched Foreign Market Entry: Competition And Imitation Among Japanese Firms, 1980-1998. SSRN Working Paper Series. 2002.

Maletzke, Gerhard (1963): Psychologie der Massenkommunikation: Theorie und Systematik. Hans-Bredow-Institut, Hamburg, 1963.

Maletzke, Gerhard (1998): Kommunikationswissenschaft im Überblick: Grundlagen, Probleme, Perspektiven. Westdeutscher Verlag, Wiesbaden, 1998.

Manager Magazin (2011): Manager Magazin Abo. Manager Magazin online, 2011. URL: http://abo.manager-magazin.de/go/place?from=MMHONAV ABO (Stand 24.01.2011).

Martens, Jul (2003): Statistische Datenanalyse mit SPSS für Windows. Oldenbourg, München, 2003.

Martin, Xavier/Swaminathan, Anand/Mitchell, Will (1998): Organizational Evolution in the Interorganizational Environment: Incentives and Constraints on International Expansion Strategy. In: Administrative Science Quarterly, 43. Jg., Nr. 3, 1998, S. 566-601.

Mast, Claudia (1999): Wirtschaftsjournalismus. Westdeutscher Verlag, Opladen, 1999.

Maturana, Humberto (1982): Erkennen: Die Organisation und Verkörperung von Wirklichkeit. Vieweg, Braunschweig, 1982.

Maturana, Humberto (1998): Biologie der Realität. Suhrkamp, Frankfurt/Main, 1998.

Maurer, Andrea/Schmid, Michael (2002): Die ökonomische Herausforderung der Soziologie? In: Maurer, Andrea/Schmid, Michael (2002, Hrsg.): Neuer Institutionalismus. Zur soziologischen Erklärung von Organisationen, Moral und Vertrauen. Campus, Frankfurt/Main, 2002, S. 9-38.

Maurer, Marcus/Jandura, Olaf (2001): Kontrast oder Konsistenz? Ein Feldexperiment zum Einfluß der Kanzlerpräferenz auf das Codierverhalten bei Inhaltsanalysen in Wahlkämpfen. In: Wirth, Werner/Lauf, Edmund (2001, Hrsg.): Inhaltsanalyse: Perspektiven, Probleme, Potentiale. Halem, Köln, 2001, S. 183-198.

Maurer, Marcus/Reinemann, Carsten (2006): Medieninhalte: Eine Einführung. VS Verlag, Wiesbaden, 2006.

Mayer-Kuckuk, Finn (2010a): Expandieren bis es kracht. Handelsblatt online, 2010. URL: http://www.handelsblatt.com/meinung/kommentar-unternehmen/china-expandieren-bis-es-kracht;2597998 (Stand 25.09.2010).

Mayer-Kuckuk, Finn (2010b): Irrationaler Überschwang. In: Handelsblatt, 10.06.2010, S. 9.

Mayring, Philipp (2002): Einführung in die qualitative Sozialforschung. 5. Aufl., Beltz, Weinheim, 2002.

Mayring, Philipp (2008): Qualitative Inhaltsanalyse. 10. Aufl., Beltz, Weinheim, 2008.

Mazza, Carmelo/Alvarez, Jose Luis (2000): Haute Couture and Pret-a-Porter: The Popular Press and the Diffusion of Management Practices. In: Organization Studies, 21. Jg., Nr. 3, 2000, S. 567-588.

McKinley, William/Sanchez, Carol M./Schick, Allen G. (1995): Organizational Downsizing: Constraining, Cloning, Learning. In: Academy of Management Executive, 9. Jg., Nr. 3, 1995, S. 32-42.

Meckl, Reinhard (2010): Internationales Management. 2. Aufl., Vahlen, München, 2010.

Mediatenor (2011): Spiegel ohne Konkurrenz. Mediatenor, 2011. URL: http://www.mediatenor.de/charts.php (Stand 27.02.2011).

Meinefeld, Werner (1995): Realität und Konstruktion. Erkenntnistheoretische Grundlagen einer Methodologie der empirischen Sozialforschung. Leske + Budrich, Opladen, 1995.

Meißner, Betina/Ruhrmann, Georg (2000): Das Ausländerbild in den Thüringer Tageszeitungen 1995-1999. Eine quantitative und qualitative Inhaltsanalyse. Harden, Sömmerda, 2000.

Meister, Anja-Maria (2011): Indien ist das neue China. Welt online, 2011. URL: http://www.welt.de/print/wams/vermischtes/article13491284/Indien-ist-das-neue-China.html (Stand 26.09.2011).

Mendel, Wolfgang (2006): Weihnachten in China: Spielzeug aus der Hölle. Focus online, 2006. URL: http://www.focus.de/kultur/weihnachten/made-in-china_aid_121210.html (Stand 11.01.2011).

Merten, Klaus (1981): Inhaltsanalyse als Instrument der Sozialforschung. In: Analyse und Kritik, 3. Jg., Nr. 1, 1981, S. 48-63.

Merten, Klaus (1985): Re-Rekonstruktion von Wirklichkeit durch Zuschauer von Fernsehnachrichten. In: Media Perspektiven, Nr. 10, 1985, S. 753-763.

Merten, Klaus (1990a): Inszenierung von Alltag. Kommunikation, Massenkommunikation, Medien. In: Deutsches Institut für Fernstudien (1990, Hrsg.): Medien und Kommunikation: Konstruktion von Wirklichkeit. Beltz, Weinheim, 1990, S. 79-109.

Merten, Klaus (1990b): Wissensveränderung durch Medien – Aufriß und Kritik. In: Böhme-Dürr, Karin/Emig, Jürgen/Seel, Norbert M. (1990, Hrsg.): Wissenveränderung durch Medien: Theoretische Grundlagen und empirische Analysen. Saur, München, 1990, S. 21-39.

Merten, Klaus (1991a): Allmacht oder Ohnmacht der Medien? Erklärungsmuster der Medienwirkungsforschung. In: Deutsches Institut für Fernstudien an der Universität Tübingen (1991, Hrsg.): Studienbrief 9 zum Funkkolleg "Medien und Kommunikation – Konstruktionen von Wirklichkeit". Beltz, Weinheim, 1991, S. 38-73.

Merten, Klaus (1991b): Artefakte der Medienwirkungsforschung: Kritik klassischer Annahmen. In: Publizistik, 36. Jg., Nr. 1, 1991, S. 36-55.

Merten, Klaus (1992a): Begriff und Funktion von Public Relations. In: PRMagazin, 23. Jg., Nr. 11, 1992, S. 35-46.

Merten, Klaus (1992b): Meinungsführer in der Mediengesellschaft. In: Markenartikel, 54. Jg., Nr. 1, 1992, S. 26-27.

Merten, Klaus (1995a): Inhaltsanalyse: Einführung in Theorie, Methode und Praxis. 2. Aufl., Westdeutscher Verlag, Opladen, 1995.

Merten, Klaus (1995b): Konstruktivismus als Theorie für die Kommunikationswissenschaft. In: Medien Journal, 19. Jg., Nr. 4, 1995, S. 3-20.

Merten, Klaus (1995c): Konstruktivismus in der Wirkungsforschung. In: Schmidt, Siegfried J. (1995, Hrsg.): Empirische Literatur- und Medienforschung. LUMIS, Siegen, 1995, S. 73-86.

Merten, Klaus (1996): Reactivity in Content Analysis. In: Communications, 21. Jg., Nr. 1, 1996, S. 65-76.

Merten, Klaus (1997): Die Rolle der Medien bei der Vermittlung zwischen Recht und Gesellschaft. In: Zeitschrift für Rechtssoziologie, 18. Jg., Nr. 1, 1997, S. 16-30.

Merten, Klaus (1999a): Gewalt durch Gewalt im Fernsehen? Westdeutscher Verlag, Opladen, 1999.

Merten, Klaus (1999b): Sozialwissenschaftliche Methoden der Medienanalyse. In: Leonhard, Joachim-Felix/Ludwig, Hans-Werner (1999, Hrsg.): Medienwissenschaft. de Gruyter, Berlin, 1999, S. 244-256.

Merten, Klaus (2001): Die Berichterstattung über Gentechnik in Presse und Fernsehen. In: Hampel, Jürgen/Renn, Ortwin (2001, Hrsg.): Gentechnik in der Öffentlichkeit: Wahrnehmung und Bewertung einer umstrittenen Technologie. Campus, Frankfurt/Main, 2001, S. 317-339.

Merten, Klaus (2003): Gewalt aus Medien? Fakt oder Fiktion? In: Unsere Jugend, 55. Jg., Nr. 4, 2003, S. 157-169.

Merten, Klaus (2004): A Constructivist Approach to Public Relations. In: van Ruler, Betteke/Vercic, Dejan (2004, Hrsg.): Public Relations and Communication Management in Europe. de Gruyter, Berlin, 2004, S. 45-54.

Merten, Klaus (2007): Einführung in die Kommunikationswissenschaft. 3. Aufl., LIT, Berlin, 2007.

Merten, Klaus/Giegler, Helmut/Uhr, Friederike (1992): Grundlegende Ansätze und Methoden der Medienwirkungsforschung. Bundesinstitut für Bevölkerungsforschung, Wiesbaden, 1992.

Merton, Robert K. (1995): The Thomas Theorem and The Matthew Effect. In: Social Forces, 74. Jg., Nr. 2, 1995, S. 379-424.

Meyer, John W./Rowan, Brian (1977): Institutionalized Organizations: Formal Structure as Myth and Ceremony. In: American Journal of Sociology, 83. Jg., Nr. 2, 1977, S. 340-363.

Meyer, Marshall W./Zucker, Lynne G. (1989): Permanently Failing Organizations. Sage, Newbury Park, 1989.

Meyring, Norbert (2009): Chinas nationaler Automarkt. In: GIC (2009, Hrsg.): BusinesFocus China: Automobilindustrie. Daten und Analysen zum größten Kraftfahrzeugmarkt der Welt. German Industry & Commerce, Karlsruhe, 2009, S. 30-35.

Miller, George A. (1956): The Magical Number Seven, Plus or Minus Two: Some Limits on our Capacity for Processing Information. In: Psychological Review, 63. Jg., Nr. 2, 1956, S. 81-97.

Misoczky, Mari Ceci A. (2006): Leituras Enamoradas de Marx, Bourdieu e Deleuze: Indicações Para o Primado das Relações Nos Estudos Organizacionais. In: Falcão Vieira, Marcelo Milano/Zouain, Deborah Moraes (2006, Hrsg.): Pesquisa Qualitativa em Administração. 2. Aufl., FGV, Rio de Janeiro, 2006, S. 71-96.

Mizruchi, Mark S./Fein, Lisa C. (1999): The Social Construction of Organizational Knowledge: A Study of the Uses of Coercive, Mimetic, and Normative Isomorphism. In: Administrative Science Quarterly, 44. Jg., Nr. 4, 1999, S. 653-683.

Morgan, Gareth/Smircich, Linda (1980): The Case for Qualitative Research. In: Academy of Management Review, 5. Jg., Nr. 4, 1980, S. 491-500.

Morschett, Dirk (2007): Institutionalisierung und Koordination von Auslandseinheiten. Gabler, Wiesbaden, 2007.

Mühlmeyer-Mentzel, Agnes (2011): Das Datenkonzept von ATLAS.ti und sein Gewinn für "Grounded-Theory"-Forschungsarbeiten. In: Forum: Qualitative Sozialforschung, 12. Jg., Nr. 1, 2011.

Mühlmeyer-Mentzel, Agnes/Schürmann, Ingeborg (2011): Softwareintegrierte Lehre der Grounded-Theory-Methodologie. In: Forum: Qualitative Sozialforschung, 12. Jg., Nr. 3, 2011.

Müller, Nils (2009): Warum prägen Institutionen das Handeln in Organisationen? Die unbeantwortete Frage des Neo-Institutionalismus. In: Schreyögg, Georg/Sydow, Jörg (2009, Hrsg.): Verhalten in Organisationen. Gabler, Wiesbaden, 2009, S. 221-238.

Nafroth, Katja (2002): Zur Konstruktion von Nationenbildern in der Auslandsberichterstattung: Das Japanbild der deutschen Medien im Wandel. LIT, Münster, 2002.

Narat, Ingo (2012): Euphorische Berichte sind ein Warnsignal. In: Handelsblatt, 13.09.2012, S. 30-31.

NBSC (1996a): Rural Household Year-end Ownership of Major Durable Consumer Goods per 100 Households. National Bureau of Statistics of China, 1996. URL: http://www.stats.gov.cn/english/statisticaldata/yearly data/YB1996e/I9-25e.htm (Stand 17.04.2012).

NBSC (1996b): Urban Household Year-end Ownership of Major Durable Consumer Goods per 100 Households. National Bureau of Statistics of China, 1996. URL: http://www.stats.gov.cn/english/statisticaldata/yearly data/YB1996e/I9-7e.htm (Stand 17.04.2012).

Neuendorf, Kimberly A. (2002): The Content Analysis Guidebook. Sage, Thousand Oaks, 2002.

Nicolas, Bertrand (1999): Sector-specific Paradigms: The Dynamics of Exemplary Examples in Organizations. Meso Organization Studies Group 10th Conference, The Fuqua School of Business, Duke University.

Nike (2010): Corporate Responsibility Report FY07-09. Nike, Beaverton, 2010.

Noelle-Neumann, Elisabeth (1980): Die Schweigespirale: Öffentliche Meinung – unsere soziale Haut. Piper, München, 1980.

O'Neill, James (2012): Die Retter der Welt. In: Handelsblatt, 24./25./26.08.2012, S. 72.

o. V. (1995): Proteste gegen Shell weiten sich aus. Welt online, 1995. URL: http://www.welt.de/print-welt/article659638/Proteste_gegen_Shell_weiten _sich_aus.html (Stand 12.08.2010).

o. V. (2003): Hintergrundpapier: Abbau der Steinkohlesubventionen – Ergebnisse von Modellrechnungen. Umweltbundesamt, 2003. URL: http://www. umweltdaten.de/publikationen/fpdf-l/3583.pdf (Stand 20.04.2012).

o. V. (2004a): 800 Euro pro Kopf, aber 8,6 Millionen Autos. Frankfurter Allgemeine Zeitung online, 2004. URL: http://www.faz.net/aktuell/technik-motor/auto-verkehr/auf-nach-china-800-euro-pro-kopf-aber-8-6-millionen-autos-1159480.html (Stand 09.04.2012).

o. V. (2004b): Bilder, die lügen: X für U. Begleitbuch zur Ausstellung im Haus der Geschichte der Bundesrepublik Deutschland. 3. Aufl., Bouvier, Bonn, 2004.

o. V. (2006): Nike beendet Zusammenarbeit mit pakistanischem Lieferanten. Wirtschaftswoche online, 2006. URL: http://www.wiwo.de/unternehmen-maerkte/nike-beendet-zusammenarbeit-mit-pakistanischem-lieferanten-160856/ (Stand 12.08.2010).

o. V. (2007): Giftiges Spielzeug aus China: Gift-Ware auch in Deutschland. Süddeutsche Zeitung online, 2007. URL: http://www.sueddeutsche.de/ wissen/2.220/giftiges-spielzeug-aus-china-gift-ware-auch-in-deutschland-1.358145 (Stand 11.01.2011).

o. V. (2009a): GE's Immelt Says U.S. Economy Needs Industrial Renewal. Reuters online, 2009. URL: http://www.reuters.com/article/idUSTRE55P4ZT20090626 (Stand 21.10.2010).

o. V. (2009b): Neuer Besitzer bei Zeit und Handelsblatt. Handelsblatt online, 2009. URL: http://www.handelsblatt.com/unternehmen/it-medien/neuer-besitzer-bei-zeit-und-handelsblatt;2215868 (Stand 24.01.2011).

o. V. (2009c): Zwischen Mobilität und Klimawandel. Manager Magazin online, 2009. URL: http://www.manager-magazin.de/unternehmen/energie/0,2828,665795,00.html (Stand 09.04.2012).

o. V. (2010a): EU lässt Subventionen bis 2018 zu. Frankfurter Allgemeine Zeitung online, 2010. URL: http://www.faz.net/aktuell/wirtschaft/wirtschaftspolitik/deutsche-steinkohle-eu-laesst-subventionen-bis-2018-zu-11079022.html (Stand 20.04.2012).

o. V. (2010b): Verbraucherschutz: China überschwemmt Europa mit gefährlichem Spielzeug. Focus online, 2010. URL: http://www.focus.de/finanzen/news/verbraucherschutz-china-ueberschwemmt-europa-mit-gefaehrlichem-spielzeug_aid_498947.html (Stand 11.01.2011).

o. V. (2011a): Aus für Steinkohlesubventionen in 2018. Bundesregierung Deutschland, 2011. URL: http://www.bundesregierung.de/Content/DE/Artikel/2010/11/2010-11-17-steinkohlesubvention-beenden.html (Stand 07.05.2012).

o. V. (2011b): Einzelhandel: Schlecker erprobt neues Filialkonzept. Focus Online, 2011. URL: http://www.focus.de/finanzen/news/unternehmen/einzelhandel-schlecker-erprobt-neues-filialkonzept_aid_597301.html (Stand 15.03.2011).

o. V. (2011c): Türkei ist das neue China. Focus online, 2011. URL: http://www.focus.de/finanzen/news/konjunktur/wirtschaftswachstum-tuerkei-ist-das-neue-china_aid_664402.html (Stand 26.09.2011).

o. V. (2013): Photo Tampering throughout History. Fourandsix Technologies, 2013. URL: http://www.fourandsix.com/photo-tampering-history/ (Stand 17.03.2013).

Oerter, Rolf (1999): Psychologie des Spiels: Ein handlungstheoretischer Ansatz. Beltz, Weinheim, 1999.

Oesterle, Michael-Jörg/Schmid, Stefan (2009): Bedeutung der Notwendigkeit anwendungsorientierter Forschung im Bereich des Internationalen Managements. In: Oesterle, Michael-Jörg/Schmid, Stefan (2009, Hrsg.): Internationales Management. Forschung – Lehre – Praxis. Schäffer-Poeschel, Stuttgart, 2009, S. 169-197.

OICA (2012): 2011 Production Statistics. International Organization of Motor Vehicle Manufacturers, 2012. URL: http://oica.net/category/production-statistics (Stand 13.04.2012).

Olsen, Karsten Bjerring (2006): Productivity Impacts of Offshoring and Outsourcing: A Review. STI Working Paper 2006/1. OECD, Paris, 2006.

Ortmann, Günther/Sydow, Jörg/Türk, Klaus (2000): Organisation, Strukturation, Gesellschaft. Die Rückkehr der Gesellschaft in die Organisationstheorie. In: Ortmann, Günther/Sydow, Jörg/Türk, Klaus (2000, Hrsg.): Theorien der Organisation: Die Rückkehr der Gesellschaft. 2. Aufl., Westdeutscher Verlag, Wiesbaden, 2000, S. 15-34.

Peng, Mike W./Wang, Denis Y. L./Yi, Jiang (2008): An Institution-based View of International Business Strategy: A Focus on Emerging Economies. In: Journal of International Business Studies, 39. Jg., Nr. 5, 2008, S. 920-936.

Peters, Hans-Rudolf (2000): Wirtschaftspolitik. 3. Aufl., Oldenbourg, München, 2000.

Peters, Sönke/Stelling, Johannes N./Brühl, Rolf (2005): Betriebswirtschaftslehre. 12. Aufl., Oldenbourg, München, 2005.

Petersen, Jens (2004): Local Content-Auflagen. Betriebswirtschaftliche Relevanz und Handhabung am Beispiel des internationalen Großanlagenbaus. Gabler, Wiesbaden, 2004.

Piotti, Geny (2007): Why Do Companies Relocate? The German Discourse on Relocation. Discussion Paper 07/14. Max-Planck-Institut für Gesellschaftsforschung, Köln, 2007.

Piotti, Geny (2009a): Cost Reduction through Relocation, or the Construction of Myths in Discourse. In: Competition & Change, 13. Jg., Nr. 3, 2009, S. 305-326.

Piotti, Geny (2009b): German Companies Engaging in China Decision-Making Processes at Home and Management Practices in Chinese Subsidiaries. Discussion Paper 09/14. Max-Planck-Institut für Gesellschaftsforschung, Köln, 2009.

Piotti, Geny (2009c): Wenn Erwartungen schwer zu erfüllen sind: die deutschen Unternehmen in China. In: Max-Planck-Institut für Gesellschaftsforschung (2009, Hrsg.): MPIfG Jahrbuch 2009-2010. Max-Planck-Institut für Gesellschaftsforschung, Köln, 2009, S. 65-70.

Piotti, Geny (2010): Deutsche Unternehmen im Reich der Mitte: Entscheidungsprozesse in den Headquarters und ihre Konsequenzen für die Beziehung zu den Tochtergesellschaften. In: Schmid, Stefan (2010, Hrsg.): Internationale Unternehmungen und das Management ausländischer Tochtergesellschaften. Gabler, Wiesbaden, 2010, S. 85-113.

Piotti, Geny (2011): Der Mythos China. In: Max-Planck-Institut für Gesellschaftsforschung (2011, Hrsg.): Gesellschaftsforschung. Aktuelle Themen und Nachrichten. Nr. 2/2011. Max-Planck-Institut für Gesellschaftsforschung, Köln, 2011, S. 10-11.

Piwinger, Manfred/Zerfaß, Ansgar (2007): Handbuch Unternehmenskommunikation. Gabler, Wiesbaden, 2007.

Pongratz, Hans J. (2005): Industriesoziologie als Institution. Eine organisationstheoretische Deutung ihrer organisationstheoretischen Defizite. In: Faust, Michael/Funder, Maria/Moldaschl, Manfred (2005, Hrsg.): Die „Organisation" der Arbeit. Hampp, München, 2005, S. 21-41.

Pool, Ithiel de Sola (1959): Trends in Content Analysis. University of Illionois Press, Urbana, 1959.

Porsche (2011): Made in Germany. Porsche, 2011. URL: http://www.porsche.com/germany/aboutporsche/porschephilosophy/principalperson/madeingermany/ (Stand 17.01.2011).

Porter, Michael E. (1986): Competition in Global Industries: A Conceptual Framework. In: Porter, Michael E. (1986, Hrsg.): Competition in Global Industries. Harvard Business School Press, Boston, 1986, S. 15-60.

Powell, Walter W. (1991): Expanding the Scope of Institutional Analysis. In: Powell, Walter W./DiMaggio, Paul (1991, Hrsg.): The New Institutionalism in Organizational Analysis. University of Chicago Press, Chicago, 1991, S. 183-203.

Powell, Walter W./White, Douglas R./Koput, Kenneth W./Owen-Smith, Jason (2005): Network Dynamics and Field Evolution: The Growth of Interorganizational Collaboration in the Life Sciences. In: American Journal of Sociology, 110. Jg., Nr. 4, 2005, S. 1132-1205.

Preisendörfer, Peter (2008): Organisationssoziologie – Grundlagen, Theorien und Problemstellungen. 2. Aufl., VS Verlag, Wiesbaden, 2008.

Pürer, Heinz (2003): Publizistik- und Kommunikationswissenschaft: Ein Handbuch. UVK, Konstanz, 2003.

Pütz, Wolfgang (1993): Das Italienbild in der deutschen Presse: Eine Untersuchung ausgewählter Tageszeitungen. Ölschläger, München, 1993.

PWC (2010): Investitionsgarantien der Bundesrepublik Deutschland: Jahresbericht 2009. PWC, Hamburg, 2010.

Raithel, Jürgen (2006): Quantitative Forschung: Ein Praxiskurs. VS Verlag, Wiesbaden, 2006.

Raupp, Juliana/Vogelgesang, Jens (2009): Medienresonanzanalyse – Eine Einführung in Theorie und Praxis. VS Verlag, Wiesbaden, 2009.

Reich, Kersten/Sehnbruch, Lucia/Wild, Rüdiger (2005): Medien und Konstruktivismus: Eine Einführung in die Simulation als Kommunikation. Waxmann, Münster, 2005.

Reisach, Ulrike/Tauber, Theresia/Yuan, Xueli (1997): China – Wirtschaftspartner zwischen Wunsch und Wirklichkeit. Ueberreuter, Wien, 1997.

Reppesgaard, Lars (2008): In China aufs Kreuz gelegt – und daraus gelernt. In: Handelsblatt, 29.09.2008, S. 18.

Rese, Alexandra (2004): Organisationsverständnis von Unternehmensgründern: Eine organisationssoziologische Untersuchung zur Herausbildung der Organisationsstruktur im Multimediabereich. DUV, Wiesbaden, 2004.

Reuter, Norbert (1996): Der Institutionalismus. Geschichte und Theorie der evolutionären Ökonomie. Metropolis, Marburg, 1996.

Reuter, Wolfgang/Bognanni, Massimo (2013): Amazon und die erzwungene Ethik. In: Handelsblatt, 19.02.2013, S. 18.

Roloff, Eckart Klaus (1982): Journalistische Textgattungen. Oldenbourg, München, 1982.

Rössler, Patrick (2002): Von der Agenturwirklichkeit zur Pressewirklichkeit: Vielfalt und Fokussierung auf der Mikroebene: Berichterstattung von Tageszeitungen und deren Abhängigkeit von Nachrichtenlieferanten. In: Baum, Achim/Schmidt, Siegfried J. (2002, Hrsg.): Fakten und Fiktionen: Über den Umgang mit Medienwirklichkeiten. UVK, Konstanz, 2002, S. 165-180.

Rössler, Patrick (2005): Inhaltsanalyse. UVK, Konstanz, 2005.

Rowley, Timothy J. (1997): Moving Beyond Dyadic Ties: A Network Theory of Stakeholder Influences. In: Academy of Management Review, 22. Jg., Nr. 4, 1997, S. 887-910.

Rusch, Gebhard (1994): Kommunikation und Verstehen. In: Merten, Klaus/ Schmidt, Siegfried/Weischenberg, Siegfried (1994, Hrsg.): Die Wirklichkeit der Medien. Westdeutscher Verlag, Opladen, 1994, S. 60-78.

Rusch, Gebhard (1999): Kommunikation der Wirklichkeit der Medien der Wirklichkeit der Kommunikation. In: Rusch, Gebhard/Schmidt, Siegfried J. (1999, Hrsg.): Konstruktivismus in der Medien- und Kommunikationswissenschaft. Suhrkamp, Frankfurt/Main, 1999, S. 7-12.

Rusch, Gebhard/Schmidt, Siegfried (1999): Konstruktivismus in der Medien- und Kommunikationswisschenschaft. Suhrkamp, Frankfurt/Main, 1999.

Sabisch, Helmut/Tintelnot, Claus (1997): Integriertes Benchmarking. Springer, Berlin, 1997.

Sandhu, Swaran (2009): Strategic Communication: An Institutional Perspective. In: International Journal of Strategic Communication, 3. Jg., Nr. 2, 2009, S. 72-92.

Sandhu, Swaran (2010): Unternehmenskommunikation aus (neo-)institutioneller Perspektive. Gastvortrag an der Universität Zürich. Universität Luzern, 2010. URL: http://www.iou.uzh.ch/bwl/downloads/1268214195Seminar% 20UK%20HS%202010%20Sitzung2%20Praesentation%20Neo-Institutio nalismus.pdf (Stand 13.06.2011).

Sandhu, Swaran (2011): Public Relations und Legitimität: Der Beitrag des organisationalen Neo-Institutionalismus für die PR-Forschung. Springer, Wiesbaden, 2011.

Saxer, Ulrich (1999): Der Forschungsgegenstand der Medienwissenschaft. In: Leonhard, Joachim-Felix/Ludwig, Hans-Werner/Schwarze, Dietrich/ Straßner, Erich (1999, Hrsg.): Medienwissenschaft 1. Teilband. deGruyter, Berlin, 1999, S. 1-14.

Schäfer, Karl-Hermann (2005): Kommunikation und Interaktion: Grundbegriffe einer Pädagogik des Pragmatismus. VS Verlag, Wiesbaden, 2005.

Schäfers, Bernhard (2004): Geleitwort. In: Rese, Alexandra (2004, Hrsg.): Organisationsverständnis von Unternehmensgründern: Eine organisationssoziologische Untersuchung zur Herausbildung der Organisationsstruktur im Multimediabereich. DUV, Wiesbaden, 2004, S. v-vi.

Schaltegger, Stefan/Sturm, Andreas (1990): Ökologische Rationalität: Ansatzpunkte zur Ausgestaltung von ökologieorientierten Managementinstrumenten. In: Die Unternehmung, 44. Jg., Nr. 4, 1990, S. 273-290.

Schenk, Michael (2007): Medienwirkungsforschung. 3. Aufl., Mohr Siebeck, Tübingen, 2007.

Scherer, Andreas Georg (2006): Kritik der Organisation oder Organisation der Kritik? Wissenschaftstheoretische Bemerkungen zum kritischen Umgang mit Organisationstheorien. In: Kieser, Alfred/Ebers, Mark (2006, Hrsg.): Organisationstheorien. 6. Aufl., Kohlhammer, Stuttgart, 2006, S. 19-61.

Scherm, Ewald/Pietsch, Gotthard (2007): Organisation: Theorie, Gestaltung, Wandel. Oldenbourg, München, 2007.

Scheufele, Bertram (2005): Sexueller Missbrauch – Mediendarstellung und Medienwirkung. VS Verlag, Wiesbaden, 2005.

Scheufele, Bertram (2007): Kommunikation und Medien: Grundbegriffe, Theorien und Konzepte. In: Piwinger, Manfred/Zerfaß, Ansgar (2007, Hrsg.): Handbuch Unternehmenskommunikation. Gabler, Wiesbaden, 2007, S. 89-122.

Scheufele, Bertram (2008): Das Erklärungsdilemma der Medienwirkungsforschung: Eine Logik zur theoretischen und methodischen Modellierung von Medienwirkungen auf die Meso- und Makro-Ebene. In: Publizistik, 53. Jg., Nr. 3, 2008, S. 339-361.

Scheufele, Bertram/Brosius, Hans-Bernd (2001): Gewalt durch "Fremde" – Gewalt gegen "Fremde": Die Berichterstattung über PKK- und Kurden-Gewalt und fremdenfeindliche Straftaten. In: Politische Vierteljahresschrift, 42. Jg., Nr. 3, 2001, S. 447-473.

Scheufele, Bertram/Haas, Alexander (2008a): Die Rolle der Unternehmensberichterstattung am Aktienmarkt: Eine Zeitreihenanalyse des Zusammenhangs zwischen der Print-, Online- und Fernsehberichterstattung sowie den Handelsvolumina und Kursen ausgewählter deutscher Aktien. In: M&K, 56. Jg., Nr. 3/4, 2008, S. 347-367.

Scheufele, Bertram/Haas, Alexander (2008b): Medien und Aktien. Theoretische und empirische Modellierung der Rolle der Berichterstattung für das Börsengeschehen. VS Verlag, Wiesbaden, 2008.

Schmid, Stefan (1994): Orthodoxer Positivismus und Symbolismus im Internationalen Management – Eine kritische Reflexion situativer und interpretativer Ansätze. Diskussionsbeitrag Nr. 49 der Wirtschaftswissenschaftlichen Fakultät Ingolstadt der Katholischen Universität Eichstätt, 1994.

Schmid, Stefan (2011): Strategische Analysen und ihre Bedeutung im Kontext der Internationalisierung. In: Puck, Jonas F./Leitl, Christoph (2011, Hrsg.): Außenhandel im Wandel. Springer, Berlin, 2011, S. 153-174.

Schmid, Stefan/Daub, Matthias (2005): Service Offshoring Subsidiaries – Towards a Typology. Working Paper Nr. 12 der ESCP-EAP European School of Management, Berlin, 2005.

Schmid, Stefan/Grosche, Philipp (2008): Management internationaler Wertschöpfung in der Automobilindustrie. Strategie, Struktur und Kultur. Bertelsmann Stiftung, Gütersloh, 2008.

Schmid, Stefan/Kretschmer, Katharina (2007): Adidas – Drei Streifen "made in Asia". In: Schmid, Stefan (2007, Hrsg.): Strategien der Internationalisierung. 2. Aufl., Oldenbourg, München, Wien, 2007, S. 53-67.

Schmid, Stefan/Oesterle, Michael-Jörg (2009): Internationales Management als Wissenschaft – Herausforderungen und Zukunftsperspektiven. In: Oesterle, Michael-Jörg/Schmid, Stefan (2009, Hrsg.): Internationales Management. Forschung – Lehre – Praxis. Schäffer-Poeschel, Stuttgart, 2009, S. 3-36.

Schmid, Stefan/Schulze, Stephan (2007): Arthur Andersen – Ein renommiertes internationales Unternehmen zerbricht. In: Schmid, Stefan (2007, Hrsg.): Strategien der Internationalisierung. 2. Aufl., Oldenbourg, München, Wien, 2007, S. 223-245.

Schmidt, Siegfried J. (1987, Hrsg.): Der Diskurs des Radikalen Konstruktivismus. Suhrkamp, Frankfurt/Main, 1987.

Schmidt, Siegfried J. (1994): Die Wirklichkeit des Beobachters. In: Merten, Klaus/Schmidt, Siegfried J./Weischenberg, Siegfried (1994, Hrsg.): Die Wirklichkeit der Medien. Westdeutscher Verlag, Opladen, 1994, S. 3-19.

Schmidt, Siegfried J. (1999): Blickwechsel: Umrisse einer Medienepistemologie. In: Rusch, Gebhard/Schmidt, Siegfried J. (1999, Hrsg.): Konstruktivismus in der Medien- und Kommunikationswissenschaft. Suhrkamp, Frankfurt/Main, 1999, S. 119-145.

Schmidt, Siegfried J. (2000): Kalte Faszination: Medien, Kultur, Wissenschaft in der Mediengesellschaft. 9. Aufl., Velbrück, Weilerswist-Metternich, 2000.

Schmidt, Siegfried J. (2002a): Medien als Wirklichkeitskonstrukteure. In: Medien-Impulse, 10. Jg., Nr. 40, 2002, S. 5-10.

Schmidt, Siegfried J. (2002b): Was heißt "Wirklichkeitskonstruktion"? In: Baum, Achim/Schmidt, Siegfried J. (2002, Hrsg.): Fakten und Fiktionen: Über den Umgang mit Medienwirklichkeiten. UVK, Konstanz, 2002, S. 17-35.

Schneider, Mark C. (2012): Piëch bremst China-Euphorie. In: Handelsblatt, 12.09.2012, S. 4.

Schneider, Mark C. (2013): Patentklau bei Volkswagen in China. In: Handelsblatt, 27./28./29.07.2012, S. 1, 9.

Schnell, Rainer/Hill, Paul B./Esser, Elke (1999): Methoden der empirischen Sozialforschung. 6. Aufl., Oldenbourg, München, 1999.

Schopenhauer, Arthur (1917): Aphorismen zur Lebensweisheit. Insel, Leipzig, 1917.

Schreiber, Norbert (1999): Wie mache ich Inhaltsanalysen? Vom Untersuchungsplan zum Ergebnisbericht. Fischer, Frankfurt/Main, 1999.

Schulte, Anja (2002): Das Phänomen der Rückverlagerung. Gabler, Wiesbaden, 2002.

Schultheiß, Dominik (2011): Verlagerung und Rückverlagerung ausländischer Produktionsaktivitäten nach Deutschland. NMP, Bayreuth, 2011.

Schulz, Winfried (1976): Die Konstruktion von Realität in den Nachrichtenmedien. Karl Alber, Freiburg, 1976.

Schulz, Winfried (1989): Massenmedien und Realität: Die "ptolemäische" und die "kopernikanische" Auffassung. In: Kaase, Max/Schulz, Winfried (1989, Hrsg.): Massenkommunikation: Methoden, Befunde. Leske + Budrich, Opladen, 1989, S. 135-149.

Schulz, Winfried (2001): Was bestimmt die Wahrnehmung in der modernen Gesellschaft? Manuskript zum Vortrag beim interdisziplinären Tagesseminar „Technik zwischen Vernunft und Ideologie" am 23.06.2001, veranstaltet vom Arbeitskreis „Technik-Umwelt-Gesellschaft" an der Friedrich-Alexander-Universität Erlangen-Nürnberg.

Schulz, Winfried (2008): Politische Kommunikation: Theoretische Ansätze und Ergebnisse empirischer Forschung. 2. Aufl., VS Verlag, Wiesbaden, 2008.

Schulz, Winfried/Groebel, Jo (1987, Hrsg.): Medienwirkungsforschung in der Bundesrepublik Deutschland. Studienausgabe. Wiley, Weinheim, 1987.

Schulze, Holger (1997): Neo-Institutionalismus: Ein analytisches Instrument zur Erklärung gesellschaftlicher Transformationsprozesse. Arbeitspapier Nr. 4/1997 des Bereichs Politik und Gesellschaft des Osteuropa-Instituts der Freien Universität Berlin. Berlin, 1997.

Schweizer, Mark (2005): Kognitive Täuschungen vor Gericht. Dissertation an der Universität Zürich, 2005. URL: http://www.decisions.ch/dissertation/ diss_selbstueberschaetzung.html (Stand 22.09.2011).

Scott, W. Richard (1987): The Adolescence of Institutional Theory. In: Administrative Science Quarterly, 32. Jg., Nr. 4, 1987, S. 493-511.

Scott, W. Richard (1991): Unpacking Institutional Arrangements. In: Powell, Walter W./DiMaggio, Paul (1991, Hrsg.): The New Institutionalism in Organizational Analysis. The University of Chicago Press, Chicago, 1991, S. 164-182.

Scott, W. Richard (2004): Reflections on a Half-Century of Organizational Sociology. In: Annual Review of Sociology, 30. Jg., Nr. 1, 2004, S. 1-21.

Scott, W. Richard (2008): Institutions and Organizations. Sage, Los Angeles, 2008.

Scott, W. Richard/Meyer, John W. (1983): The Organization of Societal Sectors. In: Meyer, John W./Scott, W. Richard (1983, Hrsg.): Organizational Environments: Ritual and Rationality. Sage, Los Angeles, 1983, S. 129-153.

Scott, W. Richard/Meyer, John W. (1991): The Organization of Societal Sectors: Propositions and Early Evidence. In: Powell, Walter W./DiMaggio, Paul (1991, Hrsg.): The New Institutionalism in Organizational Analysis. The University of Chicago Press, Chicago, 1991, S. 108-140.

Seeger, Christoph (2005): China: Das Land verstehen – Verhandlungen führen – Konkurrenten abwehren. Redline, Frankfurt, 2005.

Senge, Konstanze (2005): Der Neo-Institutionalismus als Kritik der ökonomistischen Perspektive. Dissertation an der Universität Darmstadt, Darmstadt, 2005.

Senge, Konstanze (2007): Was ist neu am Neo-Institutionalismus? Eine vergleichende Betrachtung der Organisationsumwelten zwischen dem Neo-Institutionalismus und anderen dominanten Ansätzen der US-amerikanischen Organisationssoziologie. In: Österreichische Zeitschrift für Soziologie, 32. Jg., Nr. 1, 2007, S. 42-65.

Senge, Konstanze/Hellmann, Kai-Uwe (2006): Einleitung. In: Senge, Konstanze/Hellmann, Kai-Uwe (2006, Hrsg.): Einführung in den Neo-Institutionalismus. VS Verlag, Wiesbaden, 2006, S. 7-31.

Siebert, Horst/Lorz, Jens Oliver (2007): Einführung in die Volkswirtschaftslehre. 15. Aufl., Kohlhammer, Stuttgart, 2007.

Sonnenschein, Hugo (1988): Terrhan oder Der Traum von meiner Erde. Zsolnay, Wien, 1988.

Spiegel (2011): Manager Magazin – Wirtschaft aus erster Hand. Spiegel Gruppe online, 2011. URL: http://www.spiegelgruppe.de/spiegelgruppe/home.nsf/Navigation/C68A93955B9C7ED9C1256F720034CB4D?OpenDocument (Stand 24.01.2011).

Statistisches Bundesamt (2008a): Klassifikation der Wirtschaftszweige. Statistisches Bundesamt, Wiesbaden, 2008.

Statistisches Bundesamt (2008b): Klassifikation der Wirtschaftszweige – Mit Erläuterungen. Statistisches Bundesamt, 2008. URL: http://www.destatis.de/jetspeed/portal/cms/Sites/destatis/Internet/DE/Content/Klassifikationen/GueterWirtschaftklassifikationen/klassifikationwz2008__erl,property=file.pdf (Stand 20.01.2011).

Statistisches Bundesamt (2011): Basisdaten Personenkraftwagen. Statistisches Bundesamt, 2011. URL: https://www.destatis.de/DE/ZahlenFakten/LaenderRegionen/Internationales/Thema/Tabellen/Basistabelle_Pkw.html (Stand 09.04.2012).

Steffens, Manfred (1971): Das Geschäft mit der Nachricht. DTV, München, 1971.

Steininger, Christian (2005): Zur Öffentlichkeit des öffentlich-rechtlichen Rundfunks. In: Ridder, Christa-Maria/Langenbucher, Wolfgang R./Saxer, Ulrich/Steininger, Christian (2005, Hrsg.): Bausteine einer Theorie des öffentlich-rechtlichen Rundfunks. VS Verlag, Wiesbaden, 2005, S. 223-239.

Stelzer, Franziska (2008): Legitimierungsstrategien junger Unternehmen – Ergebnisse einer experimentellen Studie. Schumpeter Discussion Paper Nr. 2008-006, Schumpeter School of Business and Economics, Universität Wuppertal. Wuppertal, 2008.

Steven, Marion (2007): Handbuch Produktion: Theorie – Management – Logistik – Controlling. Kohlhammer, Stuttgart, 2007.

Stevens, Stanley Smith (1946): On the Theory of Scales of Measurement. In: Science, 103. Jg., Nr. 2684, 1946, S. 677-680.

Strang, David/Soule, Sarah A. (1998): Diffusion in Organizations and Social Movements: From Hybrid Corn to Poison Pills. In: Annual Review of Sociology, 24. Jg., Nr. 1, 1998, S. 265-290.

Strohmeier, Gerd (2004): Politik und Massenmedien. Nomos, Baden-Baden, 2004.

Strohner, Hans (2006): Kommunikation: Kognitive Grundlagen und praktische Anwendungen. Vandenhoeck&Ruprecht, Göttingen, 2006.

Stryker, Jo Ellen/Wray, Ricardo J./Hornik, Robert C./Yanovitzky, Itzik (2006): Validation of Database Search Terms for Content Analysis: The Case of Cancer News Coverage. In: Journalism and Mass Communication Quarterly, 83. Jg., Nr. 2, 2006, S. 413-430.

Suchman, Mark C. (1995): Managing Legitimacy: Strategic and Institutional Approaches. In: The Academy of Management Review, 20. Jg., Nr. 3, 1995, S. 571-610.

Süß, Stefan (2009): Die Institutionalisierung von Managementkonzepten. Rainer Hampp, München, 2009.

Swedberg, Richard (2004): The Toolkit of Economic Sociology. CSES Working Paper Series Nr. 22 der Cornell University. Ithaca, 2004.

Swoboda, Bernhard/Elsner, Stefan/Foscht, Thomas (2010): Organizational Imprinting in Retail Firms' Entry Mode Choice. EIBA 2010, Porto.

Tacke, Veronica (2006): Rationalität im Neo-Institutionalismus: Vom exakten Kalkül zum Mythos. In: Senge, Konstanze/Hellmann, Kai-Uwe (2006, Hrsg.): Einführung in den Neo-Institutionalismus. VS Verlag, Wiesbaden, 2006, S. 89-101.

Tannert, Norman (2007): Produkt- und Markenpiraterie in der VR China. Lang, Frankfurt/Main, 2007.

Thomas, William Isaac (1928): The Methodology of Behavior Study. In: Thomas, William Isaac/Thomas, Dorothy Swaine (1928, Hrsg.): The Child in America: Behavior Problems and Programs. Knopf, New York, 1928.

Thorngate, Warren (1976): "In General" vs. "It Depends": Some Comments on the Gergen-Schlenker Debate. In: Personality and Social Psychology Bulletin, 2. Jg., Nr. 4, 1976, S. 404-410.

Tietz, Janko (2007): Rolle Rückwärts. In: Der Spiegel, 24.09.2007, S. 66-68.

Tolbert, Pamela S./Zucker, Lynne G. (1983): Institutional Sources of Change in the Formal Structure of Organizations: The Diffusion of Civil Service Reform, 1880-1935. In: Administrative Science Quarterly, 28. Jg., Nr. 1, 1983, S. 22-39.

Top, Jasmin (2006): Konsensanalyse: Ein neues Instrument der Inhaltsanalyse. Theoretische Fundierung und empirische Kalibrierung. BoD, Norderstedt, 2006.

Tse, Edward C. (2010): Eine Strategie für China. In: Harvard Business Manager, 32. Jg., Nr. 6, 2010, S. 66-73.

Tuchman, Barbara (2010): Der ferne Spiegel. Pantheon, München, 2010.

Türk, Klaus (2000): Organisation als Institution der kapitalistischen Gesellschaftsformation. In: Ortmann, Günther/Sydow, Jörg/Türk, Klaus (2000, Hrsg.): Theorien der Organisation: Die Rückkehr der Gesellschaft. 2. Aufl., Westdeutscher Verlag, Wiesbaden, 2000, S. 124-176.

Tuschke, Anja (2005): Legitimität und Effizienz administrativer Innovationen. DUV, Wiesbaden, 2005.

van Buiren, Shirley (1980): Die Kernenergie-Kontroverse im Spiegel der Tageszeitungen: Inhaltsanalytische Auswertung eines exemplarischen Teils der Informationsmedien. Oldenbourg, München, 1980.

van Husen, Christian/Zähringer, Daniel (2006): Dienstleistungen erfolgreich exportieren – Services Made in Germany. In: ZWF, 101. Jg., Nr. 12, 2006, S. 704-708.

VDA (2012): China wird zum wichtigsten Automobilmarkt. Verband der Automobilindustrie, 2012. URL: http://www.vda.de/de/meldungen/news/2011 0920-3.html (Stand 13.04.2012).

VDI Nachrichten (2011): VDI Nachrichten Abonnements. VDI Nachrichten, 2011. URL: http://www.vdi-nachrichten.com/vdi-nachrichten/abo/abo.asp (Stand 24.01.2011).

Velleman, Paul F./Wilkinson, Leland (1993): Nominal, Ordinal, Interval, and Ratio Typologies Are Misleading. In: The American Statistician, 47. Jg., Nr. 1, 1993, S. 65-72.

Verlagsgruppe Handelsblatt (2011a): Seit über 50 Jahren die Kompetenz in Wirtschaftspublikationen. Verlagsgruppe Handelsblatt, 2011. URL: http:// www.vhb.de/VHBContent/Unternehmen/Daten-und-Fakten/default_25. aspx (Stand 24.02.2011).

Verlagsgruppe Handelsblatt (2011b): VDI Verlag GmbH: Technik – Wirtschaft – Gesellschaft. Verlagsgruppe Handelsblatt, 2011. URL: http://www.vhb.de /VHBContent/Portfolio/VDI-Verlag/default_61.aspx (Stand 24.01.2011).

Verlagsgruppe Handelsblatt (2011c): WirtschaftsWoche – Die Zeitschrift für das globale Zeitalter. Verlagsgruppe Handelsblatt, 2011. URL: http://www. vhb.de/VHBContent/Portfolio/WirtschaftsWoche/default_41.aspx (Stand 24.01.2011).

Vermeer, Manuel (2002): China.de: Erfolgreich verhandeln mit chinesischen Geschäftspartnern. Gabler, Wiesbaden, 2002.

Vernon, Raymond (1974): The Location of Economic Activity. In: Dunning, John H. (1974, Hrsg.): Economic Analysis and the Multinational Enterprise. Allan and Unwin, London, 1974, S. 89-114.

Viehmann, Sebastian (2013): Chinas Rache für den Erfolg der Deutschen. Focus Online, 2013. URL: http://www.focus.de/auto/news/autoabsatz/tid-30455/auge-um-auge-zahn-und-zahn-chinas-rache-fuer-den-erfolg-der-deutschen_aid_954475.html (Stand 06.04.2013).

von Foerster, Heinz/Pörksen, Bernhard (2006): Wahrheit ist die Erfindung eines Lügners. Gespräche für Skeptiker. 7. Aufl., Carl Auer, Heidelberg, 2006.

von Foerster, Heinz/von Glaserfeld, Ernst (1999): Wie wir uns erfinden. Eine Autobiographie des radikalen Konstruktivismus. Carl Auer, Heidelberg, 1999.

von Glaserfeld, Ernst (1996): Der Radikale Konstruktivismus: Ideen, Ergebnisse, Probleme. Suhrkamp, Frankfurt/Main, 1996.

Voss, Markus (2011): Patentklau in Asien: Bis die Konkurrenz unsere Maschine nachbaut, haben wir eine neue. Focus online, 2011. URL: http://www.focus.de/finanzen/news/hannovermesse/tid-25554/es-wird-nie-mehr-besser-es-wird-eher-schlimmer_aid_740082.html (Stand 20.04.2012).

Wagner, Wieland (2005): Null Abweichungen. In: Der Spiegel, 14.02.2005, S. 96-97.

Walgenbach, Peter (1999): Neoinstitutionalistische Ansätze in der Organisationstheorie. In: Kieser, Alfred (1999, Hrsg.): Organisationstheorien. 3. Aufl., Kohlhammer, Stuttgart, 1999, S. 319-353.

Walgenbach, Peter (2002): Neoinstitutionalistische Organisationstheorie – State of the Art und Entwicklungslinien. In: Schreyögg, Georg/Conrad, Peter (2002, Hrsg.): Theorien des Managements. Gabler, Wiesbaden, 2002, S. 155-202.

Walgenbach, Peter (2006): Neoinstitutionalistische Ansätze in der Organisationstheorie. In: Kieser, Alfred/Ebers, Mark (2006, Hrsg.): Organisationstheorien. 6. Aufl., Kohlhammer, Stuttgart, 2006, S. 353-401.

Walgenbach, Peter/Meyer, Renate E. (2008): Neoinstitutionalistische Organisationstheorie. Kohlhammer, Stuttgart, 2008.

Watzlawick, Paul/Beavin, Janet H./Jackson, Don D. (1972): Menschliche Kommunikation: Formen, Störungen, Paradoxien. Huber, Bern, 1972.

Weber, Max (2006): Die protestantische Ethik und der Geist des Kapitalismus. 2. Aufl., Beck, München, 2006.

Weber, Stefan (1999): Was können Systemtheorie und nicht-dualisierende Philosophie zu einer Lösung des medientheoretischen Realismus/Konstruktivismus-Problems beitragen? In: Rusch, Gebhard/Schmidt, Siegfried J. (1999, Hrsg.): Konstruktivismus in der Medien- und Kommunikationswissenschaft. Suhrkamp, Frankfurt/Main, 1999, S. 189-222.

Weber, Stefan (2001): Reales Grauen – konstruierte Bilder. Zur Medienlogik eines echtzeitmedialisierten Terrorangriffs. In: Medienimpulse – Beiträge zur Medienpädagogik, Nr. 10, 2001, S. 3-14.

Weber, Stefan (2002): Was heißt „Medien konstruieren Wirklichkeit"? Von einem ontologischen zu einem empirischen Verständnis von Konstruktion. In: Medienimpulse, Nr. 40, 2002, S. 11-16.

Weber, Stefan (2003): Konstruktivistische Medientheorien. In: Weber, Stefan (2003, Hrsg.): Theorien der Medien. UVK, Konstanz, 2003, S. 180-201.

Weick, Karl E. (1985): Der Prozeß des Organisierens. Suhrkamp, Frankfurt/Main, 1985.

Weischenberg, Siegfried (1995): Journalistik: Theorie und Praxis aktueller Medienkommunikation. Band 2: Medientechnik, Medienfunktionen, Medienakteure. Westdeutscher Verlag, Opladen, 1995.

Weischenberg, Siegfried/Malik, Maja/Scholl, Armin (2006): Journalismus in Deutschland 2005. In: Media Perspektiven, Nr. 7, 2006, S. 346-361.

Weise, Peter (1989): Homo oeconomicus und homo sociologicus: Die Schreckensmänner der Sozialwissenschaften. In: Zeitschrift für Soziologie, 18. Jg., Nr. 2, 1989, S. 148-161.

Welge, Martin K./Böttcher, Roland/Paul, Thomas (1998): Das Management globaler Geschäfte. Hanser, München, 1998.

Westphal, James D./Gulati, Ranjay/Shortell, Stephen M. (1997): Customization or Conformity? An Institutional and Network Perspective on the Content and Consequences of TQM Adoption. In: Administrative Science Quarterly, 42. Jg., Nr. 2, 1997, S. 366-394.

Westphal, James D./Zajac, Edward J. (1998): The Symbolic Management of Stockholders: Corporate Governance Reforms and Shareholder Reactions. In: Administrative Science Quarterly, 43. Jg., Nr. 1, 1998, S. 127-153.

Westphal, James D./Zajac, Edward J. (2001): Decoupling Policy from Practice: The Case of Stock Repurchase Programs. In: Administrative Science Quarterly, 46. Jg., Nr. 2, 2001, S. 202-228.

White, Douglas R./Owen-Smith, Jason/Moody, James/Powell, Walter W. (2004): Networks, Fields and Organizations: Micro-Dynamics, Scale and Cohesive Embeddings. In: Computational and Mathematical Organization Theory, 10. Jg., Nr. 1, 2004, S. 95-117.

Willems, Herbert (2009): Theatralisierung der Gesellschaft: Soziologische Theorie und Zeitdiagnose. VS Verlag, Wiesbaden, 2009.

Winter, Carsten (2003): Der Zusammenhang von Medienentwicklung und Wandel als theoretische Herausforderung: Perspektiven für eine artikulationstheoretische Ergänzung funktionaler Analysen. In: Behmer, Markus/Krotz, Friedrich/Stöber, Rudolf/Winter, Carsten (2003, Hrsg.): Medienentwicklung und gesellschaftlicher Wandel: Beiträge zu einer theoretischen und empirischen Herausforderung. Westdeutscher Verlag, Wiesbaden, 2003, S. 65-101.

Wirth, Carsten (2000): Industrielle Beziehungen als "negotiated order". In: Industrielle Beziehungen, 7. Jg., Nr. 1, 2000, S. 43-68.

Wirtz, Markus/Nachtigall, Christof (2012a): Berechnungen mit SPSS. Universität Freiburg, 2012. URL: http://www4.psychologie.uni-freiburg.de/signatures/ wirtz/statistik-fuer-psychologen/buch1spsstab.html (Stand 25.12.2012).

Wirtz, Markus/Nachtigall, Christof (2012b): Deskriptive Statistik: Statistische Methoden fur Psychologen. 6. Aufl., Beltz Juventa, Weinheim, 2012.

Wissing, Frank (2008): Die Mitarbeiterbefragung als Institution. LIT, Berlin, 2008.

Wittgenstein, Ludwig (1984): Vermischte Bemerkungen. In: Anscombe, Gertrude Elizabeth Margaret/von Wright, Georg Henrik/Nyman, Heikki (1984, Hrsg.): Über Gewißheit. Werkausgabe Band 8: Bemerkungen über die Farben. Suhrkamp, Berlin, 1984, S. 445-575.

Wolff, Tanja (2005): Outsourcing-Mythen und ihre Folgen. CIO online, 2005. URL: http://www.cio.de/814966 (Stand 13.08.2010).

Woodward, Joan (1965): Industrial Organization: Theory and Practice. Oxford University Press, Oxford, 1965.

Wulf, Torsten/Stubner, Stephan/Brands, Christian/Roleder, Kati/Meißner, Philip/Hoffmann, Christian (2012): Planungs- und Entscheidungsverhalten deutscher Familien- und Nichtfamilienunternehmen. Arbeitspapier des Lehrstuhls für Strategisches Management und Organisation an der Handelshochschule Leipzig, Leipzig, 2012.

Yusuf, Shahid/Nabeshima, Kaoru/Perkins, Dwight H. (2007): China and India Reshape Global Industrial Geography. In: Winters, Alan L./Yusuf, Shahid (2007, Hrsg.): Dancing With Giants: China, India, And the Global Economy. World Bank, Washington, 2007, S. 35-66.

Zelewski, Stephan (2008): Grundlagen. In: Corsten, Hans/Reiß, Michael (2008, Hrsg.): Betriebswirtschaftslehre. Band 1. 4. Aufl., Oldenbourg, München, 2008, S. 3-97.

Zentes, Joachim/Swoboda, Bernhard/Morschett, Dirk (2004): Internationales Wertschöpfungsmanagement. Vahlen, München, 2004.

Zerfass, Ansgar (2009): Institutionalizing Strategic Communication: Theoretical Analysis and Empirical Evidence. In: International Journal of Strategic Communication, 3. Jg., Nr. 2, 2009, S. 69-71.

Ziesemer, Bernd (2009): Holtzbrinck-Brüder im Interview: „In bewährten Familienhänden". Handelsblatt online, 2009. URL: http://www.handelsblatt. com/unternehmen/it-medien/in-bewaehrten-familienhaenden;2215753 (Stand 24.01.2011).

Zietsma, Charlene/Winn, Monika/Branzei, Oana/Vertinsky, Ilan (2002): The War of the Woods: Facilitators and Impediments of Organizational Learning Processes. In: British Journal of Management, 13. Jg., Nr. S2, 2002, S. S61-S74.

Zimmermann, Klaus F. (2009): Prognosekrise: Warum weniger manchmal mehr ist. Institut zur Zukunft der Arbeit, Bonn, 2009.

Zinzius, Birgit (2006): China Business: Der Ratgeber zur erfolgreichen Unternehmensführung im Reich der Mitte. 2. Aufl., Springer, Berlin, 2006.

Zoll, Ralf/Hennig, Eike (1970): Massenmedien und Meinungsbildung: Angebot, Reichweite, Nutzung und Inhalt der Medien der BRD. Juventa, München, 1970.

Zuerl, Karl-Heinz/Lei-Reuter, Hanxiu/Feng, Qian (2006): Managerwissen kompakt: China. Hanser, München, 2006.